2022年版

行政書士

過去問マスターDX デラックス

V東京法経学院

はしがき

　資格試験の学習において，過去問の重要性はいうまでも
ありません。どういうところが問われるのか，どの部分を
学習しておけばよいのか教えてくれる唯一の素材であり，
学習を進めていくにあたり有用な指針となるものです。特
に近年の問題を分析して出題傾向を知っておくことは合格
のために必須といえます。

　本書は，平成29年度から令和3年度までの過去5年分
の本試験問題を体系別に収録した行政書士試験の過去問集
です（法改正等の関係で未掲載のものもあります）。配点
の高い，多肢選択式・記述式につきましては平成18年度
以降の問題（過去16年分）を掲載しております（法改正
等の関係で未掲載のものもあります）。

　なお，各問題は最近の改正法令により問題をアレンジし，
解説してあります。

　本書を利用されるすべての受験生が，本試験において合
格を果たされることを祈願いたします。

2022年2月

東京法経学院　編集部

本書の見方・使い方

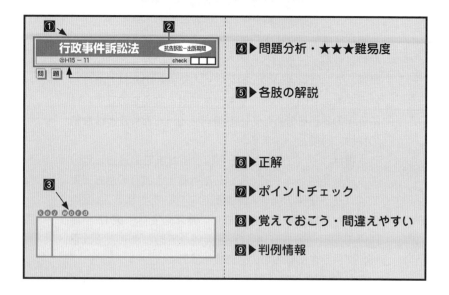

④ ▶ 問題分析・★★★難易度

⑤ ▶ 各肢の解説

⑥ ▶ 正解

⑦ ▶ ポイントチェック

⑧ ▶ 覚えておこう・間違えやすい

⑨ ▶ 判例情報

　本書は，本試験の問題を法令ごとに項目別に分類し，掲載しています。左（偶数）ページに問題を，右（奇数）ページに解説等を配置し，１問あたり各２ページで構成されています。ページを構成する様々な項目の内容については，以下の説明をご覧いただき，本書を最大限にご活用下さい。

① タイトル

　法令科目名と内容の分類を表示しています。分類ごとに配列していますので，学習しやすいかたちになっています。

② 出題年度と㋑マーク

　本試験での出題年度と問題番号を表示しています。巻末に出題一覧表がありますので，各年度ごとに問題を見たいときなどにご利用下さい。㋑は法改正により問題文をアレンジしたという表示です。

③ key word・ワンポイントアドバイス

左ページ（偶数ページ）の下に『key word』又は『ワンポイントアドバイス』を記しました（記述のない頁もあります）。これは，問題文の中で分かりにくい用語を中心に，簡潔に紹介しています。問題を解くためのヒントではありません。

④ 問題分析・難易度

出題の内容（何について問われているか）と出題の根拠（条文からか，判例からかなど）を表示しています。また，注意すべきポイントや解法（考え方）などについても紹介しています。

また，★印の数で，問題の難易度を表わしました。

★☆☆＝易しい　　★★☆＝普通　　★★★＝難しい

⑤ 各肢の解説

問題の5肢を解説しています。正解肢以外の肢についても，しっかり読むようにして下さい。なお，かっこ内の法令名のない条文は当該法令科目の条文です。

⑥ 正解番号

正解肢の番号です。問題を解く際には，奇数ページを本のカバーなどで隠して解くようにしてみて下さい。

⑦ ポイントチェック

問題の中心となっている事項を簡潔にまとめました（記述のない頁もあります）。問題を解答するだけで終わるのではなく，「知識」として身につけるようこころがけて下さい。

⑧ 覚えておこう・間違えやすい

最重要事項や間違えやすいポイントを，まとめました（記述のない頁もあります）。知識の整理や確認に役立てて下さい。

⑨ 判例情報

各肢の解説で紹介された判例や関連する判例について，紹介しています（記述のない頁もあります）。

ご利用上の注意

1 本書は，平成29年度から令和３年度までの過去５年間分の業務法令科目及び一般知識の本試験問題について収録しています。また，多肢選択式・記述式につきましては，平成18年度以降の問題を掲載しています。収録にあたっては，講学上の体系にそって項目別に配列しなおしています。項目は，各法令の編・章に準じています。

2 本書は，原則として，2021年11月１日現在の法令に基づいて，編集しています。本書の編集基準日から，本試験の法令基準日（2022年４月１日）までの法令改正の情報につきましては，「法改正（正誤）情報」（下記）へアクセス下さい（なお，追録の送付はございませんのでご了承下さい）。
URL　https://www.thg.co.jp/support/book/

3 本書では，本年度試験に対応するため，法令改正等により，一部問題文をアレンジして編集しています。

4 巻末に，科目別出題一覧をつけました。

5 さらに効果的な学習のため，本書と併せて弊社刊行の「明快！これ一冊で合格行政書士」のご利用をお勧めします。

TABLE OF CONTENTS

❶ 業務法令

❷ 一般知識

基礎法学

次のア～オの記述と，それらの記述が示す法思想等との組合せとして，最も適切なものはどれか。

ア 法を現実に通用している制定法および慣習法等の実定法とする考え方

イ 人身の自由および思想の自由等の人格的自由とともに経済的自由を最大限に尊重し，経済活動に対する法規制を最小限にとどめるべきであるとする考え方

ウ 事物の本性や人間の尊厳に基づいて普遍的に妥当する法があるとする考え方

エ 法制度の内容は，その基礎にある生産諸要素および経済的構造によって決定されるとし，私有財産制度も普遍的なものではなく，資本主義経済によって生み出されたとする考え方

オ 法制度を経済学の手法を用いて分析し，特に効率性の観点から立法および法解釈のあり方を検討する考え方

	ア	イ	ウ	エ	オ
1	パンデクテン法学	リベラリズム	自然法	社会主義法学	利益法学
2	概念法学	リバタリアニズム	パターナリズム	コミュニタリアニズム	法と経済学
3	法実証主義	リベラリズム	善きサマリア人の法	マルクス主義法学	利益法学
4	概念法学	レッセ・フェール	善きサマリア人の法	コミュニタリアニズム	ネオリベラリズム
5	法実証主義	リバタリアニズム	自然法	マルクス主義法学	法と経済学

問 題 分 析　★★☆

本間は，法思想等に関する知識を問う問題です。

各 肢 の 解 説

ア　**「法実証主義」である。**実定法以外に法の存在を認めない考え方を法実証主義という。自然法思想と対立する。

イ　**「リバタリアニズム」である。**人身の自由および思想の自由等の人格的自由とともに経済的自由を最大限尊重し，経済活動に対する法規制を最小限にとどめるべきであるとする考え方をリバタリアニズムという。

ウ　**「自然法」である。**事物の本性や人間の尊厳に基づいて普遍的に妥当する法があるとする考え方を自然法（思想）という。

エ　**「マルクス主義法学」である。**カール・マルクス（1818〜1883）は，法や国家の制度（上部構造）は，経済構造（下部構造）によって規定されるとの唯物史観を唱えた。この考え方によれば，法制度の内容は，その基礎にある生産諸要素および経済的構造によって決定されることになるから，私有財産制度は，普遍的なものではなく，資本主義経済によって生み出されたとする考え方を生んだ。このような考え方をマルクス主義法学という。

オ　**「法と経済学」である。**法制度をモラル等の単純な正邪によって解釈したり，構築（立法）するのではなく，それを経済学の手法を用いて分析し，経済的合理性，特に効率性の観点から解釈したり，構築（立法）する考え方を「法と経済学」と呼んでいる。

　以上により，アは「法実証主義」，イは「リバタリアニズム」，ウは「自然法」，エは「マルクス主義法学」，オは「法と経済学」であるから，正解は5である。

正解　5

ポイントチェック

法と正義

「悪法は法にあらず」	「正義」を標榜する法であっても，それが自然法に反する以上，法的拘束力を有しないとする考え方。自然法思想に基づく
「悪法もまた法なり」	正当な権限を有する機関が制定した法は，その標榜する「正義」の内容いかんにかかわらず，法的拘束力を認めるべきであるとする考え方。法実証主義に基づく

問　題

　次の文章の空欄　ア　～　エ　に当てはまる語句の組合せとして，妥当なものはどれか。

　「『犯罪論序説』は　ア　の鉄則を守って犯罪理論を叙述したものである。それは当然に犯罪を　イ　に該当する　ウ　・有責の行為と解する概念構成に帰着する。近頃，犯罪としての行為を　イ　と　ウ　性と責任性とに分ちて説明することは，犯罪の抽象的意義を叙述したまでで，生き生きとして躍動する生の具体性を捉えて居ないという非難を受けて居るが，…（中略）…　イ　と　ウ　性と責任性を区別せずして犯人の刑事責任を論ずることは，いわば空中に楼閣を描くの類である。私はかように解するから伝統的犯罪理論に従い，犯罪を　イ　に該当する　ウ　・有責の行為と見，これを基礎として犯罪の概念構成を試みた。

　本稿は，京都帝国大学法学部における昭和7－8年度の刑法講義の犯罪論の部分に多少の修正を加えたものである。既に『公法雑誌』に連載せられたが，このたび一冊の書物にこれをまとめた。」

　以上の文章は，昭和8年に起きたいわゆる　エ　事件の前年に行われた講義をもとにした　エ　の著作『犯罪論序説』の一部である（旧漢字・旧仮名遣い等は適宜修正した）。

	ア	イ	ウ	エ
1	罪刑法定主義	構成要件	違法	瀧川
2	自由主義	形成要件	相当	矢内原
3	罪刑専断主義	侵害要件	違法	澤柳
4	責任主義	構成要件	違法	矢内原
5	罪刑法定主義	侵害要件	必要	瀧川

key word

罪刑法定主義

　罪刑法定主義とは，ある行為を犯罪とし，これについて刑罰を科すためには，行為以前にあらかじめその行為が犯罪である旨を定める法律が存在しなければならず，またその行為に科される刑罰もあらかじめ法律によって定められていなければならないという建前をいう。

問題分析　　★★☆

本問は，犯罪論と瀧川事件に関する知識を問う問題です。

各肢の解説

　刑法は，国家刑罰権の行使を規律する法律である。このような刑法により国家刑罰権の行使を規律するという考え方は，一定の行為を犯罪とし，これに刑罰を科するためには，あらかじめ成文の法律の規定が存在しなければならないという罪刑法定主義に基づいている。『犯罪論序説』は，この罪刑法定主義の鉄則を守って犯罪理論を叙述したものである。したがって，　ア　には，「罪刑法定主義」が入る。

　そして，この罪刑法定主義の下に置いては，犯罪は，少なくとも，成文の刑罰法規の規定する構成要件に該当するものでなければならないことになる。これを構成要件該当性と言う。したがって，　イ　には，「構成要件」が入る。

　構成要件に該当する行為は，一般に違法・有責な行為であるが，その行為が急迫不正の侵害に対する正当防衛行為として行われたり，また，構成要件に該当する行為を行った者が幼者であり，その行為をすることが悪いと思わないまま行うこともある。そこで，犯罪が成り立つためには，行為が，単に，構成要件に該当する行為であるというだけでは足りず，その行為が違法，かつ，有責な行為でなければならない。したがって，　ウ　には「違法」が入る。

　『犯罪論序説』は，京都帝国大学法学部教授瀧川幸辰（ゆきとき）によって著されたものである。

　なお，瀧川教授は，その著書『刑法読本』の内容等が危険な思想であるとして問題視され，1933（昭和8）年に大学を辞職することになった。これを「瀧川事件」と呼んでいる。したがって，　エ　には，「瀧川」が入る。

　以上により，　ア　には「罪刑法定主義」，　イ　には「構成要件」，　ウ　には「違法」，　エ　には「瀧川」が入るから，正解は1である。

正解　1

ポイントチェック

罪刑法定主義の派生原則

慣習刑法の排除	刑罰法規の法源は法律あるいは法律の委任を受けた政令などであることを要し，慣習法による処罰は禁止されるという原則
刑法の不遡及	刑法は，その施行後の行為についてのみ適用され，それ以前の行為は犯罪として処罰することは許されないとする原則
類推解釈の禁止	刑罰法規の解釈に当たって，法令の文言の意味の範囲内での拡張解釈は許されるが，被告人に不利な類推解釈は許されないとする原則
絶対的不定期刑の禁止	上限と下限を定めて言い渡される刑罰（たとえば，5年以上10年以下の懲役刑）と異なり，刑期を定めないで言い渡される刑罰は，個人の自由を不合理に侵害する危険があることから，禁止されている。

次の文章の空欄 ア ～ エ に当てはまる語句の組合せとして、正しいものはどれか。

そもそも、刑罰は ア 的に科すべきものであるか（ ア 刑論）あるいは イ を目的として科すべきものであるか（目的刑論）が、いわゆる刑法理論の争いである。 ア 刑論すなわち絶対論では、善因に善果あるべきが如く、悪因に悪果あるべきは当然とするのである。しかして、刑罰は、国家がこの原理に基づいてその権力を振るうもので、同時にこれによって国家ないし法律の権威が全うされるというのである。これに対して、 イ 論すなわち相対論においては、 イ の必要に基づきて国家は刑罰を行うというのである。たとい小さな犯罪といえども、それが ウ となれば重く罰する必要があろう。たとい重い犯罪といえども、それが偶発的な犯罪であるならば、刑の エ ということにしてよかろうというのである。

（出典 牧野英一「法律に於ける正義と公平」1920年から〈適宜新かな新漢字に修正した。〉）

	ア	イ	ウ	エ
1	応報	社会防衛	故意犯	仮執行
2	教育	社会防衛	累犯	執行猶予
3	応報	国家防衛	故意犯	仮執行
4	教育	国家防衛	累犯	執行猶予
5	応報	社会防衛	累犯	執行猶予

key word

刑の執行猶予

犯人に刑罰を言い渡したうえで、一定期間、その刑罰の執行を猶予し、その間に、その犯人が善行を保持したときは、その刑罰の執行をしないこと。

問　題　分　析　　　★★☆

本問は，刑法理論の争いに関する知識を問う問題です。

各肢の解説

ア　「応報」が入る。刑罰の目的については，大きく応報刑論と目的刑論の対立がある。ここに応報刑論とは，刑罰は過去の犯罪行為に対する応報として犯人に苦痛を与えるためのものであるとする考え方をいう。これに対し，目的刑論とは，刑罰は，それ自体として意味があるものではなく，社会防衛等の一定の目的に奉仕することに意味があるとする考え方をいう。この知識をもとに，「そもそも，刑罰は　ア　的に科すべきものであるか（　ア　刑論）あるいは　イ　を目的として科すべきものであるか（目的刑論）が，いわゆる刑法理論の争いである。」との記述を読むと，　ア　には「応報」が，　イ　には「社会防衛」が当てはまることが分かる。

イ　「社会防衛」が入る。上記肢アの解説参照。

ウ　「累犯」が入る。社会防衛論は，一般に，犯人の反社会的性格，すなわち犯罪行為を反復する犯人の危険性という主観的側面を重視し（主観主義），その犯人の反社会的性格を矯正するため，教育を施し（教育刑論），その犯人が将来再び犯罪に陥ることを予防し（特別予防主義），これにより社会を犯罪から防止することができると主張する。この知識をもとに，「　イ　論すなわち相対論においては，　イ　の必要に基づきて国家は刑罰を行うというのである。たとい小さな犯罪といえども，それが　ウ　となれば重く罰する必要があろう。」との記述を読むと，　ウ　には「累犯」（犯罪を繰り返して行うこと）が当てはまることが分かる。

エ　「執行猶予」が入る。社会防衛論の考え方によれば，たとえ重い犯罪であっても，それが偶発的な犯罪であるならば，刑罰を言い渡したとしても，その刑罰を執行する必要はないことになる。それゆえ，　エ　には，刑の「執行猶予」（犯人に刑罰を言い渡したうえで，一定期間，その刑罰の執行を猶予し，その間に，その犯人が善行を保持したときは，その刑罰の執行をしないこと）が当てはまることが分かる。なお，「刑の仮執行」という用語は，存在しない。

以上により，正解は5である。

正解　5

問題

　次の文章の空欄　ア　～　エ　に当てはまる語句の組合せとして，正しいものはどれか。

　明治の日本が受容した西洋法のなかでとくに重要な意味をもったのは，民法である。第一に，日本は　ア　の時代に中国を手本とした成文法をもったが，その内容は刑法と行政法だけであって，民法は含まれていなかった。法は基本的に，支配者が秩序を維持するための手段であり，互いに対等な関係に立つ人々が相互の関係を規律するための民法を―少なくともその原型を―生み出すことはなかったのである。第二に，明治以降の日本が手本とした西洋でも，ドイツやフランスのいわゆる「　イ　」諸国では，すべての法分野のなかで民法が最も長い伝統をもつものであった。「　イ　」の歴史は古代　ウ　に遡る。その　ウ　法の主要部分を成したのは，　ウ　市民（当初は大部分農民であった）が相互の関係を規律するために生み出した市民法（ius civile）であって，これが後の民法の出発点となったのである。日本法に始めから欠けていたものが西洋法では始めから中心的な意義をもっていた，と言ってもよい。この違いがあればこそ，後にイェーリングが『　エ　』（初版は1872年）において「諸国民の政治的教育の本当の学校は憲法ではなく私法である」と喝破しえた一方，明治の自由民権運動では「よしやシビルは不自由でもポリチカルさへ自由なら」と唄われるという，正反対の現象が見られたのである。

（出典　村上淳一「〈法〉の歴史」1997年から）

	ア	イ	ウ	エ
1	律令制	大陸法	ローマ	権利のための闘争
2	律令制	判例法	ギリシア	犯罪と刑罰
3	武家法	大陸法	ギリシア	近代国家における自由
4	武家法	ゲルマン法	ガリア	法の精神
5	律令制	ゲルマン法	ローマ	ローマ人盛衰原因論

key word

ゲルマン法

　ゲルマン人の部族法であり，ローマ法のような普遍性を指向せず，慣習法を特徴とする法体系を採った。

16

問 題 分 析　　★☆☆

本問は，日本の法制史に関する知識を問う問題です。

各 肢 の 解 説

ア　**「律令制」**が入る。律令制とは，刑罰法規等の律令に基づき国を統治する制度をいう。日本は，律令制の時代（おおむね，飛鳥時代～平安時代）に中国を手本とした成文法をもった。

イ　**「大陸法」**が入る。英米法との比較において，ヨーロッパ大陸にあるドイツ，フランス等の法制度は，大陸法と呼ばれる。

ウ　**「ローマ」**が入る。ローマ法は，東ローマ帝国等を経て，ドイツ，フランス等の大陸諸国に受け継がれた。

エ　**「権利のための闘争」**が入る。選択肢のうち，ドイツの法哲学者ルドルフ＝フォン＝イェーリング（1818年～1892年）の著作は，『権利のための闘争』である。

以上により，正解は１である。

正解　1

ポイントチェック

大陸法と英米法との比較

	大陸法	英米法
成文法主義・判例法主義	成文法主義（＝成文法を主要な法源とする建前）	判例法主義
公法と私法の区別	公法と私法の区別が重視される。	公法と私法の区別は重視されない。
法曹養成	一般に法曹養成機関等を修了した者を直ちに裁判官に任用する職業裁判官の制度（キャリアシステム）を採用	一般に弁護士の経験を有する者の中から裁判官を選任する法曹一元の制度が採られている。

問題

　裁判の審級制度等に関する次のア～オの記述のうち，妥当なものの組合せはどれか。

ア　民事訴訟および刑事訴訟のいずれにおいても，簡易裁判所が第1審の裁判所である場合は，控訴審の裁判権は地方裁判所が有し，上告審の裁判権は高等裁判所が有する。

イ　民事訴訟における控訴審の裁判は，第1審の裁判の記録に基づいて，その判断の当否を事後的に審査するもの（事後審）とされている。

ウ　刑事訴訟における控訴審の裁判は，第1審の裁判の審理とは無関係に，新たに審理をやり直すもの（覆審）とされている。

エ　上告審の裁判は，原則として法律問題を審理するもの（法律審）とされるが，刑事訴訟において原審の裁判に重大な事実誤認等がある場合には，事実問題について審理することがある。

オ　上級審の裁判所の裁判における判断は，その事件について，下級審の裁判所を拘束する。

　　1　ア・イ
　　2　ア・オ
　　3　イ・ウ
　　4　ウ・エ
　　5　エ・オ

key word

三審制度

　　第一審・第二審・第三審の三つの審級の裁判所を設け，当事者が望めば，原則として，3回までの反復審理を受けられるという制度。

問 題 分 析　★★☆

本問は，裁判の審級制度等に関する知識を問う問題です。

各 肢 の 解 説

ア　妥当でない。 民事訴訟において，簡易裁判所が第1審の裁判所である場合は，控訴審の裁判権は地方裁判所が有し（裁判所法24条3号），上告審の裁判権は高等裁判所が有する（同法16条1項）。これに対し，刑事訴訟において，簡易裁判所が第1審である場合は，控訴審の裁判権は高等裁判所が有し（同法16条1号），上告審の裁判権は最高裁判所が有する（同法7条1号）。

イ　妥当でない。 民事訴訟における控訴審の裁判は，第1審裁判所の判決に対する当事者の不服の限度において，事実問題（たとえば，事実の確定）および法律問題（たとえば，法律の適用）を併せて審理する続審（＝下級審の審理を基礎としながら，上級審においても新たな訴訟資料の提出を認めて事件の審理を続行する審理方法）である。

ウ　妥当でない。 刑事裁判の控訴審は，基本的には，事後審（＝下級審の判断の当否を上級審として審査する審理方法）である。

エ　妥当である。 上告審の裁判は，原則として，法律審（＝法律問題を審理するもの）であるが，刑事訴訟においては，原審の裁判に重大な事実誤認等がある場合には，事実問題について審理することができる（刑事訴訟法411条3号）。

オ　妥当である。 上級審の裁判所の裁判における判断は，その事件について下級審の裁判所を拘束する（裁判所法4条）。

以上により，妥当なものは，エ及びオであるから，正解は5である。

正解　5

ポイントチェック

民事裁判・刑事裁判

	民事裁判	刑事裁判
審理の対象	私人間の権利義務の存否	国家刑罰権行使の可否
法律関係	私人対私人	国家対私人
訴状・起訴状	証拠を記載	予断排除の原則
立証責任	事実の存在により利益を受ける者	検察

19

問題

簡易裁判所に関する次のア〜オの記述のうち，正しいものの組合せはどれか。

ア 簡易裁判所は，禁固刑および懲役刑を科すことができず，これらを科す必要を認めたときは，事件を地方裁判所へ移送しなければならない。

イ 簡易裁判所における一部の民事事件の訴訟代理業務は，法務大臣の認定を受けた司法書士および行政書士にも認められている。

ウ 簡易裁判所で行う民事訴訟では，訴えは口頭でも提起することができる。

エ 少額訴訟による審理および裁判には，同一人が同一の簡易裁判所において同一の年に一定の回数を超えて求めることができないとする制限がある。

オ 簡易裁判所判事は，金銭その他の代替物または有価証券の一定の数量の給付を目的とする請求について，債権者の申立てにより，支払督促を発することができる。

1 　ア・イ
2 　ア・ウ
3 　イ・オ
4 　ウ・エ
5 　エ・オ

key word

簡易裁判所

　民事訴訟については訴訟の目的の価額が140万円を超えない請求（行政事件訴訟に係る請求を除く。），刑事訴訟については罰金以下の刑に当たる罪，選択刑として罰金が定められている罪等に係る訴訟の裁判権を有する裁判所。

問題分析　★★★

本問は，簡易裁判所に関する総合的知識を問う問題です。

各肢の解説

ア　誤り。簡易裁判所は，原則として，禁錮以上の刑を科することができない（裁判所法33条2項本文）が，一定の罪に係る事件等においては，3年以下の懲役を科することができる（同項ただし書）。なお，簡易裁判所は，裁判所法33条2項の制限を超える刑を科するのを相当と認めるときは，訴訟法の定めるところにより事件を地方裁判所に移さなければならない（同条3項）。

イ　誤り。法令により裁判上の行為をすることができる代理人のほか，弁護士でなければ訴訟代理人となることができない（民事訴訟法54条1項本文）。もっとも，簡易裁判所における一定の業務（以下「簡裁訴訟代理等関係業務」という。）については，法務大臣から簡裁訴訟代理等関係業務を行うのに必要な能力を有すると認定された司法書士は，行うことができる（司法書士法3条1項6号〜8号，2項）。これに対し，行政書士法には，司法書士法のような規定は置かれていない。よって，行政書士は，簡易裁判所における民事事件の訴訟代理業務を行うことはできない。

ウ　正しい。簡易裁判所においては，訴えは，口頭で提起することができる（民事訴訟法271条）。裁判所を利用しやすくするためである。もっとも，裁判所の運用は，本人訴訟によるトラブルなどを防止するため，訴訟類型に応じた各種定型書式に記入してもらう方式が主流になってきている。

エ　正しい。簡易裁判所においては，訴訟の目的の価額が60万円以下の金銭の支払の請求を目的とする訴えについて，少額訴訟による審理及び裁判を求めることができる（民事訴訟法368条1項本文）。もっとも，同一の簡易裁判所において同一の年に最高裁判所規則で定める回数を超えてこれを求めることができない（同項ただし書）。

オ　誤り。金銭その他の代替物又は有価証券の一定の数量の給付を目的とする請求については，裁判所書記官は，債権者の申立てにより，支払督促を発することができる（民事訴訟法382条本文）。このように，支払督促を発することができるのは，簡易裁判所判事ではなく，裁判所書記官である。

以上により，正しいものは，ウ及びエであるから，正解は4である。

正解　4

問題

　次の文章の空欄 ア ～ エ に当てはまる語句の組合せとして，正しいものはどれか。

　現代の法律上の用語として「 ア 」というのは，紛争当事者以外の第三者が イ の条件（内容）を紛争当事者に示して，当事者の合意（ イ ）によって紛争を解決するように当事者にはたらきかけること，を意味する。このような意味での ア は，法律上の用語としての「 ウ 」とは区別されなければならない。「 ウ 」というのは，紛争解決の手段として，紛争当事者以外の第三者たる私人（ ウ 人）…が紛争に対し或る決定を下すこと，を意味する。

　「 ア 」は，紛争当事者の合意によって紛争を解決すること（ イ を第三者が援助し促進することであって，紛争を終わらせるかどうかの最終決定権は当事者にあるのに対し，「 ウ 」においては， ウ 人が紛争について決定を下したときは，紛争当事者はそれに拘束されるのであって…，この点で ウ は エ に似ている…。

（中略）

　しかし，このような用語法は，西洋の法意識を前提としそれに立脚したものであって，わが国の日常用語では，「 ア 」と「 ウ 」という二つのことばの間には明確な区別がない。『広辞苑』には，「 ア 」ということばの説明として，「双方の間に立って争いをやめさせること。中に立って双方を円くまとめること。 ウ 」と書かれている。そうして，奇しくもこの説明は，日本の伝統的な紛争解決方法においては ア と ウ とが明確に分化していなかったという事実を，巧まずして示しているのである。

（出典　川島武宜「日本人の法意識」1967年から〈送り仮名を改めた部分がある。〉）

	ア	イ	ウ	エ
1	調停	和解	仲裁	裁判
2	仲裁	和解	調停	裁判
3	和解	示談	仲裁	調停
4	示談	仲裁	和解	調停
5	調停	示談	和解	仲裁

問 題 分 析　　★★☆

本問は，裁判によらない紛争の解決方法に関する総合的知識を問う問題です。

各 肢 の 解 説

ア　「調停」が入る。裁判によらない紛争の解決方法の代表的なものに，和解，調停および仲裁がある。和解とは，紛争当事者が互いに譲歩して，紛争当事者間に存在する争いを止めることを約束することをいう。また，調停とは，紛争当事者間に第三者が入り，話し合いによる当事者の合意により，紛争当事者間に存在する争いを止めることをいう。問題文では，「『　ア　』というのは，紛争当事者以外の第三者が　イ　の条件（内容）を紛争当事者に示して，当事者の合意（　イ　）によって紛争を解決するように当事者にはたらきかけること，を意味する。」とあるから，　ア　には「調停」，　イ　には「和解」が入る。

イ　「和解」が入る。上記アの解説参照。

ウ　「仲裁」が入る。仲裁とは，紛争当事者が争いの解決のため，第三者を選び，その判断に服することを約束することによって争いを止めることをいう。問題文では，「『　ウ　』というのは，紛争解決の手段として，紛争当事者以外の第三者たる私人（　ウ　人）…が紛争に対し或る決定を下すこと，を意味する。」とあるから，　ウ　には「仲裁」が入る。

エ　「裁判」が入る。仲裁は，紛争当事者が第三者の判断に拘束される点で，裁判に似ている。問題文では，「『　ウ　』においては，　ウ　人が紛争について決定を下したときは，紛争当事者はそれに拘束されるのであって…，この点で　ウ　は　エ　に似ている…。」とあるから，　エ　には「裁判」が入る。

以上により，正解は1である。

正解　1

ポイントチェック

裁判上の和解	裁判上の和解には，訴え提起前の和解と訴訟上の和解とがあり，和解内容は，和解調書に記載され，その記載は，確定判決と同一の効力を有し（民事訴訟法267条），債務名義となる（民事執行法22条1号）。
裁判外の和解	裁判外の和解は，民法上の和解契約（民法695条）としてされるので，確定判決と同一の効力はなく，債務名義とはならない。

問題

次の文章の空欄 ア ～ エ に当てはまる語の組合せとして，妥当なものは
どれか。

もとより，わが国におけるヨーロッパ法輸入の端緒は，明治以前に遡り，わが
留学生が最初に学んだヨーロッパ法学は ア 法学であった。又，明治初年に
イ が来朝して，司法省法学校に法学を講じ又1810年の ウ 刑法を模範と
して旧刑法を起草するに及んで， ウ 法学が輸入されることとなった。そうし
て，これらの ア 及び ウ の法学は自然法論によるものであった。…（中略）
…。しかし…解釈学の立場からは，一層論理的・体系的な エ 法学が ウ 法
学よりも喜び迎えられることとなり， エ 法学の影響は漸次に ウ 法学の影
響を凌駕するに至った。 イ の起案に成る旧民法典の施行が延期された後，現
行民法典の草案が エ 民法典第一草案を範として作られるに至ったことは，か
かる情勢を反映する。

（出典　船田享二「法律思想史」1946年から〈旧漢字・旧仮名遣い等は適宜修
正した。〉）

	ア	イ	ウ	エ
1	オランダ	ボアソナード	フランス	ドイツ
2	イタリア	ロエスレル	イギリス	フランス
3	オランダ	ボアソナード	ドイツ	フランス
4	イタリア	ボアソナード	オランダ	ドイツ
5	オランダ	ロエスレル	イギリス	ドイツ

key word

民法

　民法は，1896（明治29）年に第1編（総則），第2編（物権），第3編（債権）
が，1898（明治31）年に第4編（親族），第5編（相続）が定められ，1898
（明治31）年に施行された。

問題分析　★★☆

本問は，日本の法律思想史に関する知識を問う問題です。

各肢の解説

ア　「オランダ」が入る。日本では，江戸時代，鎖国政策が採られており，欧米を通じてオランダだけが例外とされた。この流れを受けて，日本の留学生が最初に学んだ法制度は，オランダ法学であった。

イ　「ボアソナード」が入る。日米和親条約等の不平等条約の改正のため，明治政府は，法整備を迫られた。この過程で，明治初期にフランス人法学者ボアソナードが来日し，司法省法学校において，法学を講じた。

ウ　「フランス」が入る。ボアソナードは，司法省法学校において法学の講義をし，また，1810年のフランス刑法を模範として旧刑法を起草した。なお，旧刑法は，1880（明治13）年に太政官布告として公布された。

エ　「ドイツ」が入る。日本の現行民法典は，当初，フランス民法典を模範としてボアソナードらが起草した旧民法典草案がたたき台となった。しかし，その旧民法典草案は，その内容が日本の実情を反映したものではないなどの批判を受け（民法典論争。特に，穂積八束の『民法出デテ忠孝亡ブ』という宣伝文句は有名。），施行延期となった（結局，施行されないまま終わった。）。その後，ドイツ法学の影響がフランス法学の影響を凌駕するに至り，ドイツ民法草案第一（ドイツ民法典第一草案）を模範として現行民法典の草案が起草され，日本の現行民法典は，1896（明治29）年に制定された（第１編～第３編〔総則・物権・債権〕のみ。第４編および第５編〔親族・相続〕が制定されたのは1898（明治31）年）。

以上により，正解は１である。

正解　1

ポイントチェック

日本の法継受

江戸時代	オランダ法を学ぶ
明治初期	フランス人法学者ボアソナード，ブスケ，ドイツ人法学者テヒョーなどのいわゆる「お雇い外国人」を招聘。ボアソナードは，「日本近代法の父」と呼ばれている。
1880年	旧刑法公布
1889年	大日本帝国憲法公布（２月11日）※施行は1890年11月29日
1896年	民法制定

問題

「法」に関する用語を説明する次のア～オの記述のうち，妥当なものの組合せはどれか。

ア 自然法に対して，国家機関による制定行為や，慣習などの経験的事実といった人為に基づいて成立した法を「実定法」という。

イ 手続法に対して，権利の発生，変更および消滅の要件など法律関係について規律する法を「実質法」という。

ウ ある特別法との関係において，当該特別法よりも適用領域がより広い法を「基本法」という。

エ 社会の法的確信を伴うに至った慣習であって，法的効力が認められているものを「社会法」という。

オ 渉外的な法律関係に適用される法として，国際私法上のルールによって指定される法を「準拠法」という。

1　ア・イ
2　ア・オ
3　イ・ウ
4　ウ・エ
5　エ・オ

key word

社会法

　労働法，社会福祉法等のように，人間の実質的平等や社会的調和を達成することを目的として国家・国民間などを規律する法をいう。

26

問　題　分　析　　★★★

本問は，「法」に関する用語に関する知識を問う問題です。

各 肢 の 解 説

ア　妥当である。 自然法とは，理性の法をいい，普遍性（＝時代や場所を問わず妥当する），不変性（＝人為によって変更されない）等を特徴としており，実定法を超越したものとして存在するとされている。これに対し，実定法は，国家機関による制定行為や，慣習等の経験的事実といった人為に基づいて成立した法をいう。

イ　妥当でない。 権利の発生，変更及び消滅の要件などの法律関係について規律する法を「実体法」と呼んでいる。なお，これに対し，そのような法律関係の変動を実現するための方法，手続などについて規律する法を手続法と呼んでいる。

ウ　妥当でない。 ある特別法との関係において，当該特別法よりも適用領域がより広い法を「一般法」と呼んでいる。なお，基本法とは，ある分野を規律するにおいて，基本的理念を掲げる法をいう。

エ　妥当でない。 社会の法的確信を伴うに至った慣習であって，法的効力が認められているものを「慣習法」と呼んでいる。なお，社会法とは，労働法，社会福祉法等のように，人間の実質的平等や社会的調和を達成することを目的として国家・国民間などを規律する法をいう。

オ　妥当である。 国内だけでなく外国にも関連する渉外的な法律関係に適用される法として，国際私法上のルールによって指定される法を準拠法と呼んでいる。

以上により，妥当なものは，ア及びオであるから，正解は2である。

正解　2

ポイントチェック

法の効力による分類

1　一般法・特別法

一般法	法の効力が人，事物，領域の全般に及ぶ法をいう。
特別法	法の効力が特定の人，事物，領域に及ぶ法をいう。

2　強行法規・任意法規

強行法規	当事者が法律の規定と異なる特約をした場合に，その特約を無効とする規定をいう。
任意法規	当事者が法律の規定と異なる特約をした場合に，特約が優先され，法律の規定の適用が排除されるものをいう。

法令の効力に関する次の記述のうち，妥当なものはどれか。

1 法律の内容を一般国民に広く知らせるには，法律の公布から施行まで一定の期間を置くことが必要であるため，公布日から直ちに法律を施行することはできない。

2 法律の効力発生日を明確にする必要があるため，公布日とは別に，必ず施行期日を定めなければならない。

3 日本国の法令は，その領域内でのみ効力を有し，外国の領域内や公海上においては，日本国の船舶および航空機内であっても，その効力を有しない。

4 一般法に優先する特別法が制定され，その後に一般法が改正されて当該特別法が適用される範囲について一般法の規定が改められた場合には，当該改正部分については，後法である一般法が優先して適用され，当該特別法は効力を失う。

5 法律の有効期間を当該法律の中で明確に定めている場合には，原則としてその時期の到来により当該法律の効力は失われる。

key word

限時法

一定の有効期間を限って制定される法律。

問 題 分 析　　★★☆

本問は，法令の効力に関する総合的知識を問う問題です。

各 肢 の 解 説

1　妥当でない。 法律の内容を一般国民に広く知らせるため，法律の公布から施行まで一定の期間を置くことが望ましい。しかし，緊急に施行することが必要な場合もあり，また，憲法により禁止されていないことから，法律の附則に「この法律は，公布の日から施行する。」という定めをおいて即日施行とすることが認められている。したがって，公布日から直ちに法律を施行することはできないわけではない。

2　妥当でない。 法律に施行期日を定めなくとも，法律は，公布の日から起算し20日を経過した日から施行される（法の適用に関する通則法2条本文）。

3　妥当でない。 日本国の法令は，日本国の主権が及ぶ日本国の領域内で効力を有する（属地主義）ことは当然のこととして，刑法は，その属人主義の延長として，日本国外にある日本船舶または日本航空機内において罪を犯した者についても効力が及ぶとしている（旗国主義，刑法1条2項）。

4　妥当でない。 特別法とは，一般法（広く一般の人，場所，事柄等に適用される法）に対する概念であり，特定の人，場所，事柄等に適用される法をいう。特別法は，一般法に優先して適用される（「特別法は一般法を破る」の原則）。したがって，特別法が適用される範囲について一般法の規定が改められた場合でも，特別法は，改正された一般法に優先して適用される。

5　妥当である。 一定の有効期間を限って制定される法律を限時法と呼んでいる。限時法については，その有効期間を経過したときは，その法律の効力は失われる。なお，法律の有効期間内の違反行為について，その法律の有効期間経過後であっても処罰することができる（限時法の追及効）かどうかは，別個の問題であり，これについては，その法律の有効期間内の違法行為は，その法律の有効期間経過後であっても処罰し得る旨の明文の規定が存在しない限り，その違反行為を処罰することはできないと解されている。

正解　5

ポイントチェック

刑法の場所的適用範囲

	内容	対象となる犯罪	根拠条文
属地主義	犯罪地が日本国内	すべての犯罪	1条1項
旗国主義	犯罪地が日本国外にある日本船舶または日本航空機内	すべての犯罪	1条2項
属人主義	犯人が日本国民	殺人，窃盗等	3条
	被害者が日本国民	殺人，強盗等	3条の2
保護主義	犯罪地や犯人の国籍を問わない。自国の利益を保護	内乱罪等	2条
世界主義	犯罪地や犯人の国籍を問わない。世界各国に共通する一定の法益を保護	条約で罰すべきとされている犯罪（ハイジャック行為等）	4条の2

法令用語

推定	当事者間に別段の取決めのない場合または反証があがらない場合に，ある事柄について法令が一応こうであろうと判断を下すこと。 「BをAと推定する」Aではないという反証を許す（↔みなす）
遅滞なく	正当な，又は合理的な理由による遅延は許容される場合
直ちに	一切の遅延を許さない場合
勧告	相手にある事項を伝達しそれに添うような措置を採るよう勧めること
期間	その始期と終期との間の一定の時間的長さを表す場合
期限	法律行為の効力の発生・消滅を，将来発生することの確実な事実にかからせる附款のこと。
条件	将来発生することが不確実な事実に，法律行為の効力の発生・消滅をかからしめる附款のこと。将来発生することが不確実な点で，確実な事実にかからせる「期限」と異なる。
停止条件	条件の成就によって法律行為の効力を発生させる条件
解除条件	条件の成就によって法律行為の効力を消滅させる条件
適用	法令の規定を個々具体的な場合について，特定の人，事項，地域等に関して実際に当てはめ，その効力を現実に働かせること
準用	法令の規定を他の類似事項について，必要な修正を加えつつ，あてはめること
規定	法令における個々の条項の定め
規程	官庁や委員会などの内部の組織権限に関する定め
又は，若しくは	いずれも，その前後の語句を選択的に結びつける場合に用いる。使い分けは，選択される語句に段階がない場合には，「又は」を用い，選択される語句に段階がある場合には，段階がいくつあっても，一番大きな選択的接続には，「又は」を用い，その他の小さな選択的接続には重複して「若しくは」を用いる。
及び，並びに	いずれも語句を併合（並列）的に結びつける場合に用いる。使い分けは，結びつける語句に段階がない場合には，「及び」を用い，結びつける語句に段階がある場合において，小さな併合（並列）的接続には，「及び」を用い，大きな併合（並列）的接続には，「並びに」を用いる。

憲法

問 題

憲法の概念に関する次の記述のうち，妥当なものはどれか。

1 通常の法律より改正手続が困難な憲法を硬性憲法，法律と同等の手続で改正できる憲法を軟性憲法という。ドイツやフランスの場合のように頻繁に改正される憲法は，法律より改正が困難であっても軟性憲法に分類される。

2 憲法の定義をめぐっては，成文の憲法典という法形式だけでなく，国家統治の基本形態など規定内容に着目する場合があり，後者は実質的意味の憲法と呼ばれる。実質的意味の憲法は，成文の憲法典以外の形式をとって存在することもある。

3 憲法は，公権力担当者を拘束する規範であると同時に，主権者が自らを拘束する規範でもある。日本国憲法においても，公務員のみならず国民もまた，憲法を尊重し擁護する義務を負うと明文で規定されている。

4 憲法には最高法規として，国内の法秩序において最上位の強い効力が認められることも多い。日本国憲法も最高法規としての性格を備えるが，判例によれば，国際協調主義がとられているため，条約は国内法として憲法より強い効力を有する。

5 憲法には通常前文が付されるが，その内容・性格は憲法によって様々に異なっている。日本国憲法の前文の場合は，政治的宣言にすぎず，法規範性を有しないと一般に解されている。

key word

前文

　法令の条項の前に置かれ，法令の目的や精神を述べる文章。憲法前文の場合には，憲法制定の由来，目的ないし憲法制定権者の決意などが表明される例が多い。日本国憲法の前文は，憲法の一部をなす。

問 題 分 析　　★☆☆

本問は，憲法の概念についての理解を問う問題です。

各 肢 の 解 説

1　**妥当でない**。硬性憲法，軟性憲法の説明は妥当である。とすると，頻繁に改正があるか否かは硬性憲法,軟性憲法を判断する基準となる事情ではないので，後段の記述が妥当ではない。

2　**妥当である**。実質的意味の憲法は，その内容に着目した分類方法であるので，その形式が憲法という名称をもつことは必要とされていない。例えば，旧西ドイツにおけるボン基本法は実質的意味の憲法であると理解されている。

3　**妥当でない**。日本国憲法は，公務員に憲法尊重擁護義務を課しているが，国民には課していない（99条）。

4　**妥当でない**。日本国憲法において国際協調主義が採られていることは正しいが，その結論として認められているのは条約を法律の上位におくことである。条約を憲法の上位とする考え方は採られていない。判例（最大判昭和34・12・16）は，日米安保条約の合憲性が争われた砂川事件において，高度に政治的な条約について「一見極めて明白に違憲無効であると認められない限りは，裁判所の司法審査権の範囲外のもの」としているが，少なくとも条約が一見明白に違憲無効であるかは審査しうるとするものであり，条約について憲法より強い効力を有するとはしていない。

5　**妥当でない**。日本国憲法の前文の法的性格については議論があるところだが，一般的には法規範性は肯定されている。裁判規範性については否定する見解が多い。

正解　2

ポイントチェック

憲法の分類

形式的意味の憲法	「憲法」という名称で呼ばれる成文の法典をいう。
実質的意味の憲法	法形式のいかんを問わず（憲法という名前がついているか否か，成文の形式で存在するか否か等），内実において憲法の実質を有する規範をいう。
固有の意味の憲法	国家統治の基本法。
立憲的意味の憲法	専断的な権力を制限して広く国民の権利を保障するという立憲主義の思想に基づく憲法。

問題

次の文章の空欄 ア ～ オ に当てはまる語句の組合せとして，妥当なものはどれか。

大赦，特赦，減刑，刑の執行の免除及び復権は， ア においてこれを決定し…（中略）…， イ はこれを ウ することにした。ここにあげた エ 権は，旧憲法では イ の オ に属していたが，新憲法において，その決定はこれを ア の権能とし， イ はただこれを ウ するに止まることになったのであるが，議会における審議に当って， エ は，栄典とともに イ の権能として留保すべきであるという主張があった。これに対して，政府は， エ は法の一般性又は裁判の法律に対する忠実性から生ずる不当な結果を調節する作用であり，立法権，司法権及び行政権の機械的分立から生ずる不合理を是正するための制度であって，その運用には，政治的批判を伴うものであることを理由として，その実質的責任はすべてこれを ア に集中するとともに，「それが国民にもたらす有難さを ウ の形式を以て表明する」こととしたと説明している。

（出典　法学協会編「註解日本国憲法上巻」1948年から）

	ア	**イ**	**ウ**	**エ**	**オ**
1	最高裁判所	国会	議決	免訴	自立権
2	内閣	天皇	認証	恩赦	大権
3	内閣	天皇	裁可	免訴	専権
4	内閣総理大臣	内閣	閣議決定	恩赦	専権
5	国会	天皇	認証	恩赦	大権

key word

恩赦

　行政機関が，裁判所による刑の言渡しの効果の全部又は一部を消滅させ，また特定の罪の公訴権を消滅させる行為をいう。大赦，特赦，減刑，刑の執行の免除，復権を総称したもの。

問 題 分 析　　★☆☆

本問は，恩赦について問う問題です。

各 肢 の 解 説

ア　「内閣」が入る。 大赦，特赦，減刑，刑の執行の免除及び復権の決定は，内閣の権限である（憲法73条7号）。設問文3行目の「新憲法において」以降は現行憲法（日本国憲法）の規定について書かれているので，アには「内閣」が入る。

イ　「天皇」が入る。 日本国憲法において，大赦，特赦，減刑，刑の執行の免除及び復権は天皇が国事行為として認証する（憲法7条6号）。

ウ　「認証」が入る。 肢イの解説参照。

エ　「恩赦」が入る。 大赦，特赦，減刑，刑の執行の免除及び復権を総称して恩赦という。

オ　「大権」が入る。 明治憲法において天皇に認められていた，議会の協力なしに行使できる権限を天皇大権と呼んでいた。そして，大赦特赦等は天皇の権限として規定されていた（明治憲法16条）。

以上により，正解は2である。

正解　2

ポイントチェック

内閣総理大臣・最高裁判所長官の指名・任命

	指　名	任　命
内閣総理大臣	国　会	天　皇
最高裁判所長官	内　閣	天　皇

問題

　人権の享有主体性をめぐる最高裁判所の判例に関する次の記述のうち，妥当でないものはどれか。

1　わが国の政治的意思決定またはその実施に影響を及ぼすなど，外国人の地位に照らして認めるのが相当でないと解されるものを除き，外国人にも政治活動の自由の保障が及ぶ。

2　会社は，自然人と同様，国や政党の特定の政策を支持，推進し，または反対するなどの政治的行為をなす自由を有する。

3　公務員は政治的行為を制約されているが，処罰対象となり得る政治的行為は，公務員としての職務遂行の政治的中立性を害するおそれが，実質的に認められるものに限られる。

4　憲法上の象徴としての天皇には民事裁判権は及ばないが，私人としての天皇については当然に民事裁判権が及ぶ。

5　憲法が保障する教育を受ける権利の背後には，子どもは，その学習要求を充足するための教育を施すことを，大人一般に対して要求する権利を有する，との観念がある。

key word

外国人

　日本の国籍をもたない者。日本と外国の国籍とを併せもつ重国籍者は，外国人ではない。

問 題 分 析　　★☆☆

本問は，人権享有主体性に関する判例知識を問う問題です。

各 肢 の 解 説

1　妥当である。判例（最大判昭和53・10・4，マクリーン事件判決）は，外国人の「政治活動の自由についても，わが国の政治的意思決定又はその実施に影響を及ぼす活動等外国人の地位にかんがみこれを認めることが相当でないと解されるものを除き，その保障が及ぶ」と判示している。

2　妥当である。判例（最大判昭和45・6・24，八幡製鉄政治献金事件判決）は，「憲法第3章に定める国民の権利および義務の各条項は，性質上可能なかぎり，内国の法人にも適用されるものと解すべきであるから，会社は，自然人たる国民と同様，国や政党の特定の政策を支持，推進し，または反対するなどの政治的行為をなす自由を有する」と判示している。

3　妥当である。公務員の政治的行為の制約について，判例（最判平成24・12・7）は，禁止される「「政治的行為」とは，公務員の職務の遂行の政治的中立性を損なうおそれが，観念的なものにとどまらず，現実的に起こり得るものとして実質的に認められるものを指」すとしている。

4　妥当でない。判例（最判平成元・11・20）は，「天皇は日本国の象徴であり日本国民統合の象徴であることにかんがみ，天皇には民事裁判権が及ばない」と判示している。もっとも，同判例は私人としての天皇については言及がなく，かえって「訴状において天皇を被告とする訴えについては，その訴状を却下すべき」と被告となる天皇が私人であるか否かにかかわらず訴えを却下すべきとしていることから，後段の記述は妥当でない。

5　妥当である。判例（最大判昭和51・5・21，旭川学テ事件判決）は，「憲法26条の背後には，国民各自が，一個の人間として，また，一市民として，成長，発達し，自己の人格を完成，実現するために必要な学習をする固有の権利を有すること，特に，みずから学習することのできない子どもは，その学習要求を充足するための教育を自己に施すことを大人一般に対して要求する権利を有するとの観念が存在していると考えられる」と判示している。

正解　4

問題

　次の文章の空欄　ア　〜　オ　に当てはまる語句の組合せとして，妥当なものはどれか。

　未決勾留は，刑事訴訟法の規定に基づき，逃亡又は罪証隠滅の防止を目的として，被疑者又は被告人の　ア　を監獄内に限定するものであつて，右の勾留により拘禁された者は，その限度で　イ　的行動の自由を制限されるのみならず，前記逃亡又は罪証隠滅の防止の目的のために必要かつ　ウ　的な範囲において，それ以外の行為の自由をも制限されることを免れない…。また，監獄は，多数の被拘禁者を外部から　エ　して収容する施設であり，右施設内でこれらの者を集団として管理するにあたつては，内部における規律及び秩序を維持し，その正常な状態を保持する必要があるから，…この面からその者の　イ　的自由及びその他の行為の自由に一定の制限が加えられることは，やむをえないところというべきである…被拘禁者の新聞紙，図書等の閲読の自由を制限する場合…具体的事情のもとにおいて，その閲読を許すことにより監獄内の規律及び秩序の維持上放置することのできない程度の障害が生ずる相当の　オ　性があると認められることが必要であり，かつ，…制限の程度は，右の障害発生の防止のために必要かつ　ウ　的な範囲にとどまるべきものと解するのが相当である。

（最大判昭和58年6月22日民集第37巻5号793頁）

	ア	イ	ウ	エ	オ
1	居住	身体	合理	隔離	蓋然
2	活動	身体	蓋然	遮断	合理
3	居住	日常	合理	遮断	蓋然
4	活動	日常	蓋然	隔離	合理
5	居住	身体	合理	遮断	蓋然

key word

未決勾留

　被疑者または被告人を対象として，逃亡または罪証隠滅を防止する目的で住居を監獄内に限定するもの。有罪判決が確定した受刑者とは異なる概念である。

問 題 分 析　　★★☆

　本問は，在監者の人権享有主体性に関する判例の理解を問う問題です。多肢選択式対策も含めて判決文を確認することが試験対策上必須です。

各 肢 の 解 説

　この形式の問題は，容易に埋めることができる空欄の語句を確定しながら選択肢を絞っていけばよい。まず，ウに入るのは「合理」または「蓋然」であるところ，２か所あるウの後は「的な範囲」である。「蓋然」性は可能性の程度に関する語句であり，範囲を限定する用語ではない。したがって，ここには「合理」が入る。とすると，正解肢は１，３，５に絞られ，アに「居住」，オに「蓋然」が入ることが分かる。

　次に，エに入るのは「隔離」または「遮断」であるが，監獄にいる被拘禁者であっても外部者との面会や文書の授受は限定的であるが認められている。したがって，「遮断」はここに入る語句として適切ではなく，エには「隔離」が入ることが分かる。選択肢を見ると，ここまでで１が正解との結論が導かれる。念のためイを確認すると，被拘禁者は身体を拘束されている者なのでイに「身体」が入ることに問題はない。

正解　1

ポイントチェック

最大判昭和58・6・22

　　監獄法，監獄法施行規則等の各規定は，未決勾留により拘禁されている者の新聞紙，図書等の閲読の自由を監獄内の規律及び秩序維持のため制限する場合においては，具体的事情のもとにおいて当該閲読を許すことにより右の規律及び秩序の維持上放置することのできない程度の障害が生ずる相当の蓋然性があると認められるときに限り，右の障害発生の防止のために必要かつ合理的な範囲においてのみ閲読の自由の制限を許す旨を定めたものとして，憲法13条，19条，21条に違反しない。

問　題

　公務員の政治的自由に関する次の文章の空欄　ア　～　エ　に当てはまる語句を，枠内の選択肢（1～20）から選びなさい。

　〔国家公務員法〕102条1項は，公務員の職務の遂行の政治的　ア　性を保持することによって行政の　ア　的運営を確保し，これに対する国民の信頼を維持することを目的とするものと解される。

　他方，国民は，憲法上，表現の自由（21条1項）としての政治活動の自由を保障されており，この精神的自由は立憲民主政の政治過程にとって不可欠の基本的人権であって，民主主義社会を基礎付ける重要な権利であることに鑑みると，上記の目的に基づく法令による公務員に対する政治的行為の禁止は，国民としての政治活動の自由に対する必要やむを得ない限度にその範囲が画されるべきものである。

　このような〔国家公務員法〕102条1項の文言，趣旨，目的や規制される政治活動の自由の重要性に加え，同項の規定が刑罰法規の構成要件となることを考慮すると，同項にいう「政治的行為」とは，公務員の職務の遂行の政治的　ア　性を損なうおそれが，観念的なものにとどまらず，現実的に起こり得るものとして　イ　的に認められるものを指し，同項はそのような行為の類型の具体的な定めを人事院規則に委任したものと解するのが相当である。…（中略）…。

　…本件配布行為は，　ウ　的地位になく，その職務の内容や権限に　エ　の余地のない公務員によって，職務と全く無関係に，公務員により組織される団体の活動としての性格もなく行われたものであり，公務員による行為と認識し得る態様で行われたものでもないから，公務員の職務の遂行の政治的　ア　性を損なうおそれが　イ　的に認められるものとはいえない。そうすると，本件配布行為は本件罰則規定の構成要件に該当しないというべきである。

（最二小判平成24年12月7日刑集66巻12号1337頁）

1	従属	2	平等	3	合法	4	穏健	5	裁量
6	実質	7	潜在	8	顕在	9	抽象	10	一般
11	権力	12	現業	13	経営者	14	指導者	15	管理職
16	違法	17	濫用	18	逸脱	19	中立	20	強制

問 題 分 析　　★★☆

本問は，公務員の政治活動の自由を論じた判例の理解を問う問題です。

各 肢 の 解 説

　まず，本判決のテーマが設問文で公務員の政治的自由と明記されていることから，ここで問題になるのは公務員個人の自由と行政の政治的中立性との関係である。そして1，2段落でそれぞれの意義が論じられている。したがって，アには「中立」が入ると分かる。

　次に，「　ウ　的地位になく，その職務の内容や権限に　エ　の余地のない公務員」とあるので，これはセットで考える必要がある。このような者が職務と無関係に行った行為は公務員の行為と認識することができないというのであるから，　ウ　的地位にある者の行為は職務を離れて行っていても公務員の行為であると認識される可能性があるということになる。このような地位を指す用語は「管理職」である。そして，エは，管理職でない者にはないものであるから，それは「裁量」である。したがって，ウには「管理職」が，エには「裁量」が入る。

　最後にイは，観念的なものではなく現実的に起こり得るものであるとする用語が入る。選択肢の中でこの趣旨を含んで文脈的に入り得るのは「実質」のみであるので，イには「実質」が入る。

正解　ア－19（中立）　　イ－6（実質）

ウ－15（管理職）　エ－5（裁量）

ポイントチェック

公務員の政治活動の自由の制約根拠（判例）
・行政の政治的中立及びそれに対する国民の信頼の確保
・国民全体の共同利益を擁護する措置

問題

　動物愛護や自然保護に強い関心を持つ裁判官A氏は，毛皮の採取を目的とした野生動物の乱獲を批判するため，休日に仲間と語らって派手なボディペインティングをした風体でデモ行進を行い，その写真をソーシャルメディアに掲載したところ，賛否両論の社会的反響を呼ぶことになった。事態を重く見た裁判所は，A氏に対する懲戒手続を開始した。このニュースに関心を持ったBさんは，事件の今後の成り行きを予測するため情報収集を試みたところ，裁判官の懲戒手続一般についてインターネット上で次の1～5の出所不明の情報を発見した。このうち，法令や最高裁判所の判例に照らし，妥当なものはどれか。

1　裁判官の身分保障を手続的に確保するため，罷免については国会に設置された弾劾裁判所が，懲戒については独立の懲戒委員会が決定を行う。

2　裁判官の懲戒の内容は，職務停止，減給，戒告または過料とされる。

3　司法権を行使する裁判官に対する政治運動禁止の要請は，一般職の国家公務員に対する政治的行為禁止の要請よりも強い。

4　政治運動を理由とした懲戒が憲法21条に違反するか否かは，当該政治運動の目的や効果，裁判官の関わり合いの程度の3点から判断されなければならない。

5　表現の自由の重要性に鑑みれば，裁判官の品位を辱める行状があったと認定される事例は，著しく品位に反する場合のみに限定されなければならない。

key word

戒告

　国家公務員の懲戒処分のひとつで，職員の非違行為の責任を確認し，その将来を戒める処分。

問　題　分　析　　★★☆

本問は，裁判官の表現の自由に関する理解を問う問題です。

各 肢 の 解 説

1 **妥当でない。**裁判官の懲戒は高等裁判所及び最高裁判所が管轄する（裁判官分限法3条）。

2 **妥当でない。**裁判官の懲戒の内容は戒告または1万円以下の過料である（裁判官分限法2条）。

3 **妥当である。**判例（最決平成10・12・1）は，「裁判官の独立及び中立・公正を確保し，裁判に対する国民の信頼を維持するとともに，三権分立主義の下における司法と立法，行政とのあるべき関係を規律することにその目的があると解されるのであり，右目的の重要性及び裁判官は単独で又は合議体の一員として司法権を行使する主体であることにかんがみれば，裁判官に対する政治運動禁止の要請は，一般職の国家公務員に対する政治的行為禁止の要請より強いものというべきである」と判示している。

4 **妥当でない。**判例（最決平成10・12・1）は，「裁判官に対し『積極的に政治運動をすること』を禁止することは，必然的に裁判官の表現の自由を一定範囲で制約することにはなるが，右制約が合理的で必要やむを得ない限度にとどまるものである限り，憲法の許容するところであるといわなければならず，右の禁止の目的が正当であって，その目的と禁止との間に合理的関連性があり，禁止により得られる利益と失われる利益との均衡を失するものでないなら，憲法21条1項に違反しないというべきである。」と判示しており，本肢のような判断枠組みは採用されていない。

5 **妥当でない。**判例（最大決平成30・10・17）は，「『品位を辱める行状』とは，職務上の行為であると，純然たる私的行為であるとを問わず，およそ裁判官に対する国民の信頼を損ね，又は裁判の公正を疑わせるような言動をいうものと解するのが相当である。」と判示しており，本肢のように限定的に解していない。

正解　3

ポイントチェック

裁判官の罷免

	分限裁判	弾劾裁判	国民審査
最高裁判所の裁判官	裁判所が罷免（78条1文前段，心身の故障のために職務をとることができないと決定された場合）	弾劾裁判所が罷免（78条1文後段）	国民が罷免（79条2項，3項）
下級裁判所の裁判官			なし

憲法

プライバシー

R3-4

check □□□

問題

　捜査とプライバシーに関する次の記述のうち，最高裁判所の判例に照らし，妥当なものはどれか。

1　個人の容ぼうや姿態は公道上などで誰もが容易に確認できるものであるから，個人の私生活上の自由の一つとして，警察官によって本人の承諾なしにみだりにその容ぼう・姿態を撮影されない自由を認めることはできない。

2　憲法は，住居，書類および所持品について侵入，捜索および押収を受けることのない権利を定めるが，その保障対象には，住居，書類および所持品に限らずこれらに準ずる私的領域に侵入されることのない権利が含まれる。

3　電話傍受は，通信の秘密や個人のプライバシーを侵害するが，必要性や緊急性が認められれば，電話傍受以外の方法によって当該犯罪に関する重要かつ必要な証拠を得ることが可能な場合であっても，これを行うことが憲法上広く許容される。

4　速度違反車両の自動撮影を行う装置により運転者本人の容ぼうを写真撮影することは憲法上許容されるが，運転者の近くにいるため除外できないことを理由としてであっても，同乗者の容ぼうまで撮影することは許されない。

5　GPS端末を秘かに車両に装着する捜査手法は，車両使用者の行動を継続的・網羅的に把握するものであるが，公道上の所在を肉眼で把握したりカメラで撮影したりする手法と本質的に異ならず，憲法が保障する私的領域を侵害するものではない。

key word

捜査

　犯罪があると考えた場合に，捜査機関が，犯罪の証拠を保全し，被疑者の身柄を保全すること。

問 題 分 析　　★★☆

本問は，捜査とプライバシーに関する判例の知識を問う問題です。

各 肢 の 解 説

1　妥当でない。 判例（最大判昭和44・12・24）は，「個人の私生活上の自由の一つとして，何人も，その承諾なしに，みだりにその容ぼう・姿態（以下「容ぼう等」という。）を撮影されない自由を有するものというべきである。」と判示している。

2　妥当である。 判例（最大判平成29・3・15）は，「憲法35条は，「住居，書類及び所持品について，侵入，捜索及び押収を受けることのない権利」を規定しているところ，この規定の保障対象には，「住居，書類及び所持品」に限らずこれらに準ずる私的領域に「侵入」されることのない権利が含まれるものと解する」と判示している。

3　妥当でない。 判例（最決平成11・12・16）は，「重大な犯罪に係る被疑事件について，被疑者が罪を犯したと疑うに足りる十分な理由があり，かつ，当該電話により被疑事実に関連する通話の行われる蓋然性があるとともに，電話傍受以外の方法によってはその罪に関する重要かつ必要な証拠を得ることが著しく困難であるなどの事情が存する場合において，電話傍受により侵害される利益の内容，程度を慎重に考慮した上で，なお電話傍受を行うことが犯罪の捜査上真にやむを得ないと認められるときには，法律の定める手続に従ってこれを行うことも憲法上許される」と判示している。

4　妥当でない。 判例（最判昭和61・2・14）は，「速度違反車両の自動撮影を行う本件自動速度監視装置による運転者の容ぼうの写真撮影は，現に犯罪が行われている場合になされ，犯罪の性質，態様からいつて緊急に証拠保全をする必要性があり，その方法も一般的に許容される限度を超えない相当なものであるから，憲法13条に違反せず，また，右写真撮影の際，運転者の近くにいるため除外できない状況にある同乗者の容ぼうを撮影することになつても，憲法13条，21条に違反しない」と判示している。

5　妥当でない。 判例（最大判平成29・3・15）は，「GPS捜査は，対象車両の時々刻々の位置情報を検索し，把握すべく行われるものであるが，その性質上，公道上のもののみならず，個人のプライバシーが強く保護されるべき場所や空間に関わるものも含めて，対象車両及びその使用者の所在と移動状況を逐一把握することを可能にする。このような捜査手法は，個人の行動を継続的，網羅的に把握することを必然的に伴うから，個人のプライバシーを侵害し得るものであり，また，そのような侵害を可能とする機器を個人の所持品に秘かに装着することによって行う点において，公道上の所在を肉眼で把握したりカメラで撮影したりするような手法とは異なり，公権力による私的領域への侵入を伴うものというべきである。」と判示している。なお同判例は「個人のプライバシーの侵害を可能とする機器をその所持品に秘かに装着することによって，合理的に推認される個人の意思に反してその私的領域に侵入する捜査手法であるGPS捜査は，個人の意思を制圧して憲法の保障する重要な法的利益を侵害するものとして，刑訴法上，特別の根拠規定がなければ許容されない強制の処分に当たる」としていることも確認しておこう。

正解　2

問題

　家族・婚姻に関する次の記述のうち，最高裁判所の判例に照らし，妥当なものはどれか。

1　嫡出でない子の法定相続分を嫡出子の2分の1とする民法の規定は，当該規定が補充的に機能する規定であることから本来は立法裁量が広く認められる事柄であるが，法律婚の保護という立法目的に照らすと著しく不合理であり，憲法に違反する。

2　国籍法が血統主義を採用することには合理性があるが，日本国民との法律上の親子関係の存否に加え，日本との密接な結びつきの指標として一定の要件を設け，これを満たす場合に限り出生後の国籍取得を認めるとする立法目的には，合理的な根拠がないため不合理な差別に当たる。

3　出生届に嫡出子または嫡出でない子の別を記載すべきものとする戸籍法の規定は，嫡出でない子について嫡出子との関係で不合理な差別的取扱いを定めたものであり，憲法に違反する。

4　厳密に父性の推定が重複することを回避するための期間（100日）を超えて女性の再婚を禁止する民法の規定は，婚姻および家族に関する事項について国会に認められる合理的な立法裁量の範囲を超え，憲法に違反するに至った。

5　夫婦となろうとする者の間の個々の協議の結果として夫の氏を選択する夫婦が圧倒的多数を占める状況は実質的に法の下の平等に違反する状態といいうるが，婚姻前の氏の通称使用が広く定着していることからすると，直ちに違憲とまではいえない。

key word

血統主義

　出生による国籍の取得について，父母のいずれか一方が自国民であることを要件に，子に国籍を付与する主義。

本問は，平等原則に関する近時の著名判例の知識を問う問題です。

各 肢 の 解 説

1　妥当でない。 判例（最大決平成25・9・4）は，非嫡出子の法定相続分を嫡出子の2分の1とする民法の規定を違憲と判断しているので本肢の結論部分は妥当である。しかし，状況の変化を理由に本問規定が違憲になるにいたったとしており，「法律婚の保護という立法目的に照らすと著しく不合理」とはしていない。

2　妥当でない。 判例（最大判平成20・6・4）は，「日本国民を血統上の親として出生した子であっても，日本国籍を生来的に取得しなかった場合には，その後の生活を通じて国籍国である外国との密接な結び付きを生じさせている可能性があるから，国籍法3条1項は，同法の基本的な原則である血統主義を基調としつつ，日本国民との法律上の親子関係の存在に加え我が国との密接な結び付きの指標となる一定の要件を設けて，これらを満たす場合に限り出生後における日本国籍の取得を認めることとしたものと解される。このような目的を達成するため準正その他の要件が設けられ，これにより本件区別が生じたのであるが，本件区別を生じさせた上記の立法目的自体には，合理的な根拠があるというべきである。」としている。

3　妥当でない。 判例（最判平成25・9・26）は，本肢の戸籍法の「規定は，嫡出でない子について嫡出子との関係で不合理な差別的取扱いを定めたものとはいえず，憲法14条1項に違反するものではない。」と判示している。

4　妥当である。 判例（最大判平成27・12・16）は，本肢のように判示している。

5　妥当でない。 判例（最大判平成27・12・16）は，「本件規定は，夫婦が夫又は妻の氏を称するものとしており，夫婦がいずれの氏を称するかを夫婦となろうとする者の間の協議に委ねているのであって，その文言上性別に基づく法的な差別的取扱いを定めているわけではなく，本件規定の定める夫婦同氏制それ自体に男女間の形式的な不平等が存在するわけではない。我が国において，夫婦となろうとする者の間の個々の協議の結果として夫の氏を選択する夫婦が圧倒的多数を占めることが認められるとしても，それが，本件規定の在り方自体から生じた結果であるということはできない。」と判示している。本肢のように法の下の平等に違反する状態になっているとはしていない。

正解　4

問 題

　次の文章は，ある最高裁判所判決の一節である。空欄 ア ～ エ に当てはまる語句を，枠内の選択肢（1～20）から選びなさい。

　「公職選挙法の制定又はその改正により具体的に決定された選挙区割と議員定数の配分の下における選挙人の投票の有する ア に不平等が存し，あるいはその後の イ の異動により右のような不平等が生じ，それが国会において通常考慮し得る諸般の要素をしんしやくしてもなお，一般に ウ 性を有するものとは考えられない程度に達しているときは，右のような不平等は，もはや国会の ウ 的裁量の限界を超えているものと推定され，これを正当化すべき特別の理由が示されない限り，憲法違反と判断されざるを得ないものというべきである。
　もつとも，制定又は改正の当時合憲であつた議員定数配分規定の下における選挙区間の議員一人当たりの選挙人数又は イ （この両者はおおむね比例するものとみて妨げない。）の較差がその後の イ の異動によつて拡大し，憲法の選挙権の平等の要求に反する程度に至つた場合には，そのことによつて直ちに当該議員定数配分規定が憲法に違反するとすべきものではなく，憲法上要求される ウ 的 エ 内の是正が行われないとき初めて右規定が憲法に違反するものというべきである。」

（最大判昭和60年7月17日民集39巻5号1100頁以下）

1	羈束	2	数量	3	地域	4	人事	5	権力	6	価値
7	人工	8	結果	9	票決	10	厳格	11	期間	12	効果
13	機関	14	囲繞	15	合理	16	関連	17	人口	18	明確
19	要件	20	秩序								

key word

議員定数配分規定

　公職選挙法上の規定。平成6年の改正前の公職選挙法は，衆議院議員選挙において，いわゆる中選挙区単記投票制を採用しており，同法の衆議院議員定数配分規定では，各選挙区間の一票の較差が最大1対4.40に及んでいた（最大判昭和60・7・17）。

問 題 分 析　　★★☆

本問は，議員定数不均衡に関する最高裁判決の理解を問う問題です。

各 肢 の 解 説

　この論点の前提として，選挙権の平等の内容としては，各選挙人の投票価値の平等まで要求されているので，アには「価値」が入る。さらに，異動によって投票価値に変更を生じさせ得るものは「人口」である。よって，イには「人口」が入る。

　ウ・エについて，この論点に関する判例は，選挙制度設計に関する国会の合理的裁量権の範囲を超え，定数不均衡を是正するための合理的期間が経過すれば違憲となるとしているので，ウには「合理」，エには「期間」が入る。

正解　アー6（価値）　イー17（人口）
　　　ウー15（合理）　エー11（期間）

判 例 情 報

衆議院議員定数配分規定に関する判例

① **昭和51年判決（最大判昭和51・4・14）**
　　最大較差1対4.99→較差は平等の要求に反する。衆議院議員定数配分規定は，合理的期間内に是正が行われなかったため違憲。しかし，選挙自体はこれを無効としない（行政事件訴訟法31条「事情判決の法理」を援用）。

② **昭和58年判決（最大判昭和58・11・7）**
　　最大較差1対3.94→合理性を有するものとは考えられないが，昭和50年に議員定数配分規定が改正され，最大1対2.92の較差に是正されたことにより，上記51年判決によって違憲と判断された改正前の不平等は一応解消され，合理的期間内に是正がされていなかったとはいえず本件選挙当時の定数配分規定は違憲ではない。

③ **昭和60年判決（最大判昭和60・7・17）**
　　最大較差1対4.40→較差は平等の要求に反する。合理的期間内の是正が行われなかったものとして，定数配分規定は全体として違憲。しかし，選挙は違法と宣言するにとどめ，無効としない（昭和51年判決を踏襲）。

④ **平成5年判決（最大判平成5・1・20）**
　　最大較差1対3.18→較差は平等の要求に反する。憲法上要求される合理的期間内における是正がなされなかったものとはいえず，違憲ではない。

⑤ **平成11年判決（最大判平成11・11・10）**
　　最大較差1対2.309→公職選挙法改正（平成6年）による小選挙区比例代表並立制における選挙当時の最大較差1対2.3は，一般に合理性を有するとは考えられない程度に達しているとはいえず，違憲ではない。

⑥ **平成23年判決（最大判平成23・3・23）**
　　平成21年8月30日施行の総選挙当時において，衆議院小選挙区議員の選挙区割りの基準のうち，いわゆる1人別枠方式に係る部分及び同基準に従った公職選挙法の定める選挙区割りは，憲法の投票価値の平等の要求に反する状態に至っていたが，いずれも憲法上要求される合理的期間内における是正がなされなかったとはいえず，違憲ではない。

問題

　次の文章は，宗教法人Ｘへの解散命令の合憲性に関して，Ｘの特別抗告に対して下された最高裁判所決定の一節である。空欄　ア　～　エ　に当てはまる語句を，枠内の選択肢（1～20）から選びなさい。

　「（宗教法人）法81条に規定する宗教法人の解散命令の制度は，前記のように，専ら宗教法人の　ア　側面を対象とし，かつ，専ら　ア　目的によるものであって，宗教団体や信者の精神的・　イ　側面に容かいする意図によるものではなく，その制度の目的も合理的であるということができる。そして…（中略）…抗告人が，法令に違反して，著しく公共の福祉を害すると明らかに認められ，宗教団体の目的を著しく逸脱した行為をしたことが明らかである。抗告人の右のような行為に対処するには，抗告人を解散し，その法人格を失わせることが　ウ　かつ適切であり，他方，解散命令によって宗教団体であるＸやその信者らが行う宗教上の行為に何らかの支障を生ずることが避けられないとしても，その支障は，解散命令に伴う　エ　で事実上のものであるにとどまる。したがって，本件解散命令は，宗教団体であるＸやその信者らの精神的・　イ　側面に及ぼす影響を考慮しても，抗告人の行為に対処するのに　ウ　でやむを得ない法的規制であるということができる。」

（最一小決平成8年1月30日民集50巻1号199頁以下）

1	直接的	2	間接的	3	積極的	4	消極的
5	明白	6	具体的	7	抽象的	8	容易
9	中立的	10	宗教的	11	可能	12	政治的
13	支配的	14	指導的	15	必要	16	社会的
17	裁量的	18	手続的	19	世俗的	20	有効

key word

解散命令

　裁判所は，宗教法人に，①法令違反行為又は著しく公共の福祉を害する行為，②宗教団体の目的を著しく逸脱した行為などがあった場合，解散命令をすることができる（宗教法人法81条1項）。

問 題 分 析　★★☆

本問は，宗教法人の解散が問題となった判例の理解を問う問題です。

各 肢 の 解 説

本問決定は，解散命令が宗教法人の世俗的側面に着目していること，及び解散命令によって宗教法人が解散しても信者は法人格を有しない宗教団体を存続させたり，新たにこれを結成して活動すること自体は禁止しておらず，宗教上の行為に何らかの支障が生じるとしてもそれは解散命令に伴う間接的で事実上のものであることから信教の自由の侵害にはならないとしたものである。

まず，解散命令が宗教団体等の精神的側面に容かいする意図によるものでないとしていることから，アには「世俗的」が入る。また，イはアと対立する概念が入ることは文脈上明らかであり，信者の「精神的」と類似するものであるから「宗教的」以外ない。さらにウについては，「……でやむを得ない」という人権制約を肯定する場合のキーフレーズであり，「必要」が入ることが分かる。解散命令による支障は事実上のものにとどまるとして被侵害利益の軽微性を根拠にしていることから，支障の態様を示すエには「間接的」が入る。

正解　ア－19（世俗的）　　イ－10（宗教的）
　　　ウ－15（必要）　　　エ－2（間接的）

判 例 情 報

オウム真理教解散命令事件（最決平成8・1・30）

本決定は，宗教法人法に規定する解散命令事由があるとしてされた解散命令を以下の理由から必要でやむを得ない法的規制であり，憲法20条1項に違反しないとしている。

①解散命令が，専ら宗教法人の世俗的側面を対象とし，宗教団体や信者の精神的・宗教的側面に容かいする意図によるものではないこと。

②宗教法人の行為に対処するには，その法人格を失わせることが必要かつ適切であること。

③解散命令によって宗教団体やその信者らが行う宗教上の行為に何らかの支障を生ずることが避けられないとしても，その支障は解散命令に伴う間接的で事実上のものにとどまること。

問題

地方公共団体がその土地を神社の敷地として無償で提供することの合憲性に関連して，最高裁判所判決で考慮要素とされたものの例として，妥当でないものはどれか。

1 国または地方公共団体が国公有地を無償で宗教的施設の敷地として提供する行為は，一般に，当該宗教的施設を設置する宗教団体等に対する便宜の供与として，憲法89条*との抵触が問題となる行為であるといわなければならない。

2 一般的には宗教的施設としての性格を有する施設であっても，同時に歴史的，文化財的な保護の対象となったり，観光資源，国際親善，地域の親睦の場としての意義を有するなど，文化的・社会的な価値に着目して国公有地に設置されている場合もあり得る。

3 日本では，多くの国民に宗教意識の雑居性が認められ，国民の宗教的関心が必ずしも高いとはいえない一方，神社神道には，祭祀儀礼に専念し，他の宗教にみられる積極的な布教・伝道などの対外活動をほとんど行わないという特色がみられる。

4 明治初期以来，一定の社寺領を国等に上知（上地）させ，官有地に編入し，または寄附により受け入れるなどの施策が広く採られたこともあって，国公有地が無償で社寺等の敷地として供される事例が多数生じており，これが解消されないまま残存している例もある。

5 当該神社を管理する氏子集団が，宗教的な行事等を行うことを主たる目的とする宗教団体であり，寄附等を集めて当該神社の祭事を行っている場合，憲法89条*の「宗教上の組織若しくは団体」に該当するものと解される。

（注）　＊　憲法89条
　　　　公金その他の公の財産は，宗教上の組織若しくは団体の使用，便益若しくは維持のため，又は公の支配に属しない慈善，教育若しくは博愛の事業に対し，これを支出し，又はその利用に供してはならない。

key word

氏子

氏神を信奉する地域集団の成員。

問　題　分　析　　★★☆

　本問は，政教分離に関する最高裁判例（最大判平成22・1・20）の理解を問う問題です。

各　肢　の　解　説

　判例（最大判平成22・1・20）は，「国又は地方公共団体が国公有地を無償で宗教的施設の敷地としての用に供する行為は，一般的には，当該宗教的施設を設置する宗教団体等に対する便宜の供与として，憲法89条との抵触が問題となる行為であるといわなければならない。」とする一般論を提示する。しかし，当該施設の性格や来歴，無償提供に至る経緯，利用の態様等には様々なものがあり得るとして，その具体例として

①　一般的には宗教的施設としての性格を有する施設であっても，同時に歴史的，文化財的な建造物として保護の対象となるものであったり，観光資源，国際親善，地域の親睦の場などといった他の意義を有していたりすることも少なくなく，それらの文化的あるいは社会的な価値や意義に着目して当該施設が国公有地に設置されている場合もあり得る。

②　明治初期以来，一定の社寺領を国等に上知（上地）させ，官有地に編入し，又は寄附により受け入れるなどの施策が広く採られたこともあって，国公有地が無償で社寺等の敷地として供される事例が多数生じた。このような事例については，戦後，国有地につき「社寺等に無償で貸し付けてある国有財産の処分に関する法律」が公布され，公有地についても同法と同様に譲与等の処分をすべきものとする内務文部次官通牒が発出された上，これらによる譲与の申請期間が経過した後も，譲与，売払い，貸付け等の措置が講じられてきたが，それにもかかわらず，現在に至っても，なおそのような措置を講ずることができないまま社寺等の敷地となっている国公有地が相当数残存していることがうかがわれるところである。

ということを挙げており，これらは政教分離の判断においても考慮されるとしている。

　次に利用主体である氏子集団については，「宗教的行事等を行うことを主たる目的としている宗教団体であって，寄附を集めて本件神社の祭事を行っており，憲法89条にいう「宗教上の組織若しくは団体」に当たるものと解される。」と判断している。

　以上より，同判例で考慮要素として挙がっていないのは3である。

正解　3

ポイントチェック

　肢3に記載されている事情は，市体育館建設にあたり神道方式での地鎮祭を行ったことの政教分離原則違反が問われた津地鎮祭事件判決（最大判昭和46・5・14）において考慮要素として挙げられたものである。

問　題

　次の文章の空欄　ア　～　エ　に当てはまる語句を，枠内の選択肢（1～20）から選びなさい。

　ある主張や意見を社会に伝達する自由を保障する場合に，その表現の　ア　を確保することが重要な意味をもっている。特に表現の自由の行使が行動を伴うときには表現の　ア　が必要となってくる。表現の　ア　が提供されないときには，多くの意見は受け手に伝達することができないといってもよい。　イ　が自由に出入りできる　ア　は，それぞれその本来の利用目的を備えているが，それは同時に表現の　ア　として役立つことが少なくない。道路，公園，広場などは，その例である。これを　ウ　と呼ぶことができよう。この　ウ　が表現の　ア　として用いられるときには，　エ　に基づく制約を受けざるをえないとしても，その機能にかんがみ，表現の自由の保障を可能な限り配慮する必要があると考えられる。

　もとより，道路のような公共用物と，　イ　が自由に出入りすることのできる　ア　とはいえ，私的な　エ　に服するところとは，性質に差異があり，同一に論ずることはできない。しかし，後者にあっても，　ウ　たる性質を帯有するときには，表現の自由の保障を無視することができないのであり，その場合には，それぞれの具体的状況に応じて，表現の自由と　エ　とをどのように調整するかを判断すべきこととなり，前述の較量の結果，表現行為を規制することが表現の自由の保障に照らして是認できないとされる場合がありうるのである。

　　（最三小判昭和59年12月18日刑集38巻12号3026頁以下に付された伊藤正己裁判官の補足意見をもとに作成した）

1	手段	2	とらわれの聴衆	3	ガバメント・スピーチ
4	時間	5	一般公衆	6	プライバシー
7	公共の福祉	8	敵対的聴衆	9	フェア・コメント
10	デモ参加者	11	パブリック・フォーラム	12	内容
13	警察官	14	思想の自由市場	15	方法論
16	管理権	17	権力関係	18	社会的権力
19	場	20	現実的悪意の法理		

問 題 分 析　　★★☆

　本問は，伊藤正己裁判官の補足意見をもとに，パブリック・フォーラムについての理解を問う問題です。一般的にこの言葉を知っている方であれば容易に解答できますが，知らない方にとっては現場思考によって解答することが求められます。

内 容 の 解 説

　アについては，パブリック・フォーラム（一般公衆が自由に出入りできる場所のことをさす。道路，公園，広場がこれに該当し，表現の場としての役割を担う）が表現の場についての議論であることから19の「場」が入る。特に表現の自由の行使が行動を伴うときに表現の［ア］が必要となるとあることや，道路，公園，広場などが例とされることからも，アには「場」が入るとわかる。イについては，パブリック・フォーラムが，人の出入りが自由な場所であることから，5の「一般公衆」が入る。ウについては，11の「パブリック・フォーラム」が入る。エについては，1段落目の道路等を表現の場として用いるときに「［エ］に基づく制約を受けざるを得ない」という表現や，2段落目に「私的な［エ］」とあることから，16「管理権」が入ることは想像できると思われる。

正解　アー19（場）　イー5（一般公衆）

ウー11（パブリック・フォーラム）　エー16（管理権）

ポイントチェック

パブリック・フォーラムの類型（トライブ3類型）

　マス・メディア等の情報伝達手段を持たない一般国民に，表現の自由を可能な限り認めようとするものがパブリック・フォーラム論である。もっとも，自己の所有地で行うものではないので，他人や国・公共団体の管理権と衝突し，その間の調整が常に問題となる。
① パブリック・フォーラム（道路，歩道，公園，公立劇場，公会堂など）
　　→重大な政府利益を達成するために必要であると証明された場合を除いて，表現活動の規制は許されない。
② セミパブリック・フォーラム（公立学校，図書館など）
　　→政府は当該施設の主要目的に必要な静穏保持権限を有するが，その主要目的と両立しうる平穏な言論・集会を排除できない。
③ ノンパブリック・フォーラム（公立病院，社会福祉事務所，刑務所，軍事施設など）
　　→政府は平穏な言論・集会を，基本的な意思伝達のための代替手段が存在すれば排除できる。

問　題

　次の文章は，ある最高裁判所判決の一節（一部を省略）である。空欄　ア　～
　エ　に当てはまる語句を，枠内の選択肢（1～20）から選びなさい。

　確かに，　ア　は，民主主義社会において特に重要な権利として尊重されなけ
ればならず，被告人らによるその政治的意見を記載したビラの配布は，　ア　の
行使ということができる。しかしながら，……憲法21条1項も，　ア　を絶対無
制限に保障したものではなく，公共の福祉のため必要かつ合理的な制限を是認す
るものであって，たとえ思想を外部に発表するための手段であっても，その手段
が他人の権利を不当に害するようなものは許されないというべきである。本件で
は，　イ　を処罰することの憲法適合性が問われているのではなく，　ウ　すな
わちビラの配布のために「人の看守する邸宅」に　エ　権者の承諾なく立ち入っ
たことを処罰することの憲法適合性が問われているところ，本件で被告人らが立
ち入った場所は，防衛庁の職員及びその家族が私的生活を営む場所である集合住
宅の共用部分及びその敷地であり，自衛隊・防衛庁当局がそのような場所として
　エ　していたもので，一般に人が自由に出入りすることのできる場所ではない。
たとえ　ア　の行使のためとはいっても，このような場所に　エ　権者の意思に
反して立ち入ることは，　エ　権者の　エ　権を侵害するのみならず，そこで私
的生活を営む者の私生活の平穏を侵害するものといわざるを得ない。

（最二小判平成20年4月11日刑集62巻5号1217頁）

1	出版の自由	2	統治	3	集会の手段	4	良心そのもの
5	出版それ自体	6	良心の自由	7	管理	8	居住の手段
9	居住・移転の自由	10	表現の自由	11	集会それ自体	12	良心の表出
13	支配	14	集会の自由	15	出版の手段	16	居住
17	表現の手段	18	居住それ自体	19	所有	20	表現そのもの

key word

住居侵入罪（刑法130条前段）

　「正当な理由なく，人の住居若しくは人の看守する邸宅，建造物若しくは艦船
に侵入し…た者は，3年以下の懲役又は10万円以下の罰金に処する。」

→侵入とは，他人の看守する建造物等に管理権者の意思に反して立ち入ること
をいう（最判昭和58・4・8）。

問 題 分 析　　★★☆

　本問は，近時問題となった表現の自由に関する判例を素材として，表現の自由に対する規制のあり方の理解を問う問題です。エに入れる語句を確定するのがやや難しい問題といえます。

内 容 の 解 説

　まず，アは「憲法21条1項」が保障するものであり，また，ビラの配布は表現の自由として憲法上保障されているので，アには「表現の自由」が入る。

　そして，イ，ウは対になっていることが文脈で分かる。まず一般論として，「思想を外部に発表するための手段であっても，その手段が他人の権利を不当に害するようなものは許されない」（注：傍点は解説者が付けた。）としており，かつ，ウを言い換えて，「ビラの配布のために『人の看守する邸宅』に　エ　権者の承諾なく立ち入ったこと」と判示している。これは，表現行為を外形的に捉えて規制の合憲性を検討するものであるから，ウには「表現の手段」が入ることになる。これと対になり得る語句は，選択肢の中では「表現そのもの」しかないので，これがイに入ることが分かる。

　最後に，本判決は「人の看守する邸宅」に無断で立ち入ることを犯罪として処罰することの憲法適合性が問題となっているが，この犯罪とは建造物侵入罪（刑法130条）である。通説・判例は同罪の「侵入」は建物の管理権者の意思に反する立ち入りを意味すると解しているので，エには「管理」が入る。

正解　アー10（表現の自由）　イー20（表現そのもの）
　　　ウー17（表現の手段）　エー7（管理）

ポイントチェック

司法審査の範囲・限界

表現内容規制	表現の内容そのものを直接に規制するやり方。規制の合憲性は「明白かつ現在の危険」の基準など極めて厳格な違憲審査基準を用いて判断すべきとされる。
表現内容中立規制	表現の内容そのものを直接規制するのではなく，表現の時・所・方法（手段）を規制するやり方。「より制限的でない他の選びうる手段」の基準（LRAの基準）など厳格な違憲審査基準を用いて判断すべきとされる。

問 題

　次の文章は，最高裁判所判決の一節である。空欄　ア　～　エ　に当てはまる語句を，枠内の選択肢（1～20）から選びなさい。

　公立図書館は，住民に対して思想，意見その他の種々の情報を含む図書館資料を提供してその教養を高めること等を目的とする　ア　ということができる。

　そして，公立図書館の図書館職員は，公立図書館が上記のような役割を果たせるように，独断的な評価や個人的な好みにとらわれることなく，公正に図書館資料を取り扱うべき　イ　を負うものというべきであり，閲覧に供されている図書について，独断的な評価や個人的な好みによってこれを廃棄することは，図書館職員としての基本的な　イ　に反するものといわなければならない。

　他方，公立図書館が，上記のとおり，住民に図書館資料を提供するための　ア　であるということは，そこで閲覧に供された図書の　ウ　にとって，その思想，意見等を　エ　する　ア　でもあるということができる。

　したがって，公立図書館の図書館職員が閲覧に供されている図書を　ウ　の思想や信条を理由とするなど不公正な取扱いによって廃棄することは，当該　ウ　が著作物によってその思想，意見等を　エ　する利益を不当に損なうものといわなければならない。

　そして，　ウ　の思想の自由，表現の自由が憲法により保障された基本的人権であることにもかんがみると，公立図書館において，その著作物が閲覧に供されている　ウ　が有する上記利益は，法的保護に値する人格的利益であると解するのが相当であり，公立図書館の図書館職員である公務員が，図書の廃棄について，基本的な　イ　に反し，　ウ　又は著作物に対する独断的な評価や個人的な好みによって不公正な取扱いをしたときは，当該図書の　ウ　の上記人格的利益を侵害するものとして国家賠償法上違法となるというべきである。

（最判平成17年7月14日民集59巻6号1569頁）

1	読者	2	客観的良心	3	制度的保障	4	公衆に伝達
5	道義上の責務	6	啓発施設	7	政治倫理	8	出版者
9	利用者	10	学習施設	11	研究者	12	世論に訴求
13	職務上の義務	14	図書館の自由	15	著作者	16	有効に批判
17	教育の場	18	無料で収集	19	公的な場	20	広汎に流通

業務法令

問題分析 ★☆☆

　本問は，図書司書文書破棄事件の最高裁判所判決の一節に関する問題です。判例を詳しく知らなくても，文章の流れをしっかりと見極め，論理的に推測していくことで正答を出すことができます。

各肢の解説

　アには，公立図書館が持つ性格を表す言葉が入る。そしてそれは，一部の者のみが利用するものではなく住民に対してサービスを行うのであるから公的な性格を有するものとなる。選択肢の中では，その趣旨の言葉は「19　公的な場」だけなので，アにはこれが入る。

　イは図書館職員の負う義務である。職員として要求される義務であるから，イには「13　職務上の義務」が入る。

　ウ及びエは，利用者ではない者について議論されている箇所である。ウは，利用者と対峙されている関係から図書・著作物の「15　著作者」であることが分かる。エは，著作者が公の場で著者物を通じて行うことであるから，その意見等を「4　公衆に伝達」することである。

正解　アー19　（公的な場）　イー13　（職務上の義務）
　　　ウー15　（著作者）　エー4　（公衆に伝達）

判例情報

最判平成17・7・14

　閲覧に供されている図書について，独断的な評価や個人的な好みによってこれを廃棄することは，図書館職員としての基本的な職務上の義務に反する。

　公立図書館の図書館職員が閲覧に供されている図書を著作者の思想や信条を理由とするなど不公正な取扱いによって廃棄することは，当該著作者が著作物によってその思想，意見等を公衆に伝達する利益を不当に損なうものといわなければならない。そして，著作者の思想の自由，表現の自由が憲法により保障された基本的人権であることにもかんがみると，公立図書館において，その著作物が閲覧に供されている著作者が有する上記利益は，法的保護に値する人格的利益であると解するのが相当であり，公立図書館の図書館職員である公務員が，図書の廃棄について，基本的な職務上の義務に反し，著作者又は著作物に対する独断的な評価や個人的な好みによって不公正な取扱いをしたときは，当該図書の著作者の上記人格的利益を侵害するものとして国家賠償法上違法となるというべきである。

次の文章は，最高裁判所判決の一節である。空欄　ア　〜　エ　に当てはまる語句を，枠内の選択肢（1〜20）から選びなさい。

　憲法二一条二項前段は，「検閲は，これをしてはならない。」と規定する。憲法が，表現の自由につき，広くこれを保障する旨の一般的規定を同条一項に置きながら，別に検閲の禁止についてかような特別の規定を設けたのは，検閲がその性質上表現の自由に対する最も厳しい制約となるものであることにかんがみ，これについては，公共の福祉を理由とする例外の許容（憲法一二条，一三条参照）をも認めない趣旨を明らかにしたものと解すべきである。けだし，諸外国においても，表現を事前に規制する検閲の制度により思想表現の自由が著しく制限されたという歴史的経験があり，また，わが国においても，旧憲法下における出版法（明治二六年法律第一五号），新聞紙法（明治四二年法律第四一号）により，文書，図画ないし新聞，雑誌等を出版直前ないし発行時に提出させた上，その発売，頒布を禁止する権限が内務大臣に与えられ，その運用を通じて　ア　な検閲が行われたほか，映画法（昭和一四年法律第六六号）により映画フイルムにつき内務大臣による典型的な検閲が行われる等，思想の自由な発表，交流が妨げられるに至つた経験を有するのであつて，憲法二一条二項前段の規定は，これらの経験に基づいて，検閲の　イ　を宣言した趣旨と解されるのである。

　そして，前記のような沿革に基づき，右の解釈を前提として考究すると，憲法二一条二項にいう「検閲」とは，　ウ　が主体となつて，思想内容等の表現物を対象とし，その全部又は一部の発表の禁止を目的として，対象とされる一定の表現物につき　エ　に，発表前にその内容を審査した上，不適当と認めるものの発表を禁止することを，その特質として備えるものを指すと解すべきである。

（最大判昭和59年12月12日民集38巻12号1308頁）

1　行政権	2　絶対的禁止	3　例外的	4　否定的体験
5　外形的	6　原則的禁止	7　形式的	8　制限の適用
9　抜き打ち的	10　積極的廃止	11　実質的	12　個別的具体的
13　警察権	14　法律的留保的	15　国家	16　網羅的一般的
17　司法権	18　裁量的	19　公権力	20　排他的

問 題 分 析　　★★☆

本問は，検閲の定義に関する判例の立場の理解を問う問題です。

各 肢 の 解 説

　まず，設問判決が第2段落で検閲の定義を論じているので，判例の検閲の定義を埋めていくことが必要となる。ウは検閲を行う主体であるから「1　行政権」が入る。表現物について「網羅的一般的」に行われるのでエには「16　網羅的一般的」が入る。

　次に，憲法21条2項前段により，ある国家行為が検閲に該当すれば当該行為は憲法上禁止される。この憲法上の検閲禁止に例外を認めないようにするため，判例は検閲の定義を限定的に介している。検閲禁止に例外を認めないのであるから，イには「2　絶対的禁止」が入る。

　最後に，アは検閲という名目でなく検閲が行われた事例について述べたものであるから，「11　実質的」が入る。

正解　ア－11（実質的）　イ－2　（絶対的禁止）

ウ－1　（行政権）　エ－16（網羅的一般的）

表現の自由の規制に関する次の記述のうち，妥当でないものはどれか。

1 表現の内容規制とは，ある表現が伝達しようとするメッセージを理由とした規制であり，政府の転覆を煽動する文書の禁止，国家機密に属する情報の公表の禁止などがその例である。

2 表現の内容を理由とした規制であっても，高い価値の表現でないことを理由に通常の内容規制よりも緩やかに審査され，規制が許されるべきだとされる場合があり，営利を目的とした表現や，人種的憎悪をあおる表現などがその例である。

3 表現内容中立規制とは，表現が伝達しようとするメッセージの内容には直接関係なく行われる規制であり，学校近くでの騒音の制限，一定の選挙運動の制限などがその例である。

4 表現行為を事前に規制することは原則として許されないとされ，検閲は判例によれば絶対的に禁じられるが，裁判所による表現行為の事前差し止めは厳格な要件のもとで許容される場合がある。

5 表現行為の規制には明確性が求められるため，表現行為を規制する刑罰法規の法文が漠然不明確であったり，過度に広汎であったりする場合には，そうした文言の射程を限定的に解釈し合憲とすることは，判例によれば許されない。

key word

事前抑制
　表現行為がなされるのに先立って公権力が行う表現の抑制。憲法21条1項により原則として禁止されている。検閲については特に憲法21条2項で絶対的に禁止される。

問　題　分　析　　　★★☆

　本問は，表現の自由に関する問題です。判例だけではなく，講学上の概念が出題されているので，判断に迷うことがあるかもしれません。

各　肢　の　解　説

1　妥当である。表現内容規制とは，表現の内容に着目した規制であり，具体例も妥当である。

2　妥当である。表現内容規制は，表現を「思想の自由市場」に登場させる前に排除するものであるから，最も厳格な基準で審査すべきとする考え方であるが，表現の内容によってはその価値が高くないとして緩やかな基準による制限を認めてもよいとする見解がある。

3　妥当である。表現内容中立規制とは，表現の内容ではなく表現行為の外形に着目した規制であり，挙げられた具体例も妥当である。

4　妥当である。検閲は絶対的に禁止されている（最判昭和59・12・12）が，事前抑制は「表現の自由を保障し検閲を禁止する憲法21条の趣旨に照らし，厳格かつ明確な要件のもとにおいてのみ許容されうる」（最判昭和61・6・11）。裁判所による表現行為の事前差し止めは，事前抑制にあたり，厳格な要件のもとで許容される。

5　妥当でない。本肢のような合憲限定解釈の手法を用いた判例（最判平成19・9・18等）は存在する。

正解　5

ポイントチェック

表現内容規制	表現内容に着目して行う規制をいう。表現が思想の自由市場へ登場する機会を失わせるため厳格な審査が要求される。
表現内容中立規制	表現をその伝達する内容に直接関係なく行う規制をいう。別の方法による表現は禁止されていないこと等を理由に厳格度の弱い基準が適用される。

問題

　教科書検定制度の合憲性に関する次の記述のうち, 最高裁判所の判例に照らし, 妥当でないものはどれか。

1　国は, 広く適切な教育政策を樹立, 実施すべき者として, また, 子供自身の利益を擁護し, 子供の成長に対する社会公共の利益と関心にこたえるため, 必要かつ相当な範囲で教育内容についてもこれを決定する権能を有する。

2　教科書検定による不合格処分は, 発表前の審査によって一般図書としての発行を制限するため, 表現の自由の事前抑制に該当するが, 思想内容の禁止が目的ではないから, 検閲には当たらず, 憲法21条2項前段の規定に違反するものではない。

3　教育の中立・公正, 教育水準の確保などを実現するための必要性, 教科書という特殊な形態での発行を禁ずるにすぎないという制限の程度などを考慮すると, ここでの表現の自由の制限は合理的で必要やむを得ない限度のものというべきである。

4　教科書は学術研究の結果の発表を目的とするものではなく, 検定制度は一定の場合に教科書の形態における研究結果の発表を制限するにすぎないから, 学問の自由を保障した憲法23条の規定に違反しない。

5　行政処分には, 憲法31条による法定手続の保障が及ぶと解すべき場合があるにしても, 行政手続は行政目的に応じて多種多様であるから, 常に必ず行政処分の相手方に告知, 弁解, 防御の機会を与える必要はなく, 教科書検定の手続は憲法31条に違反しない。

key word

教科書検定

　民間で著作された教科書について, 文部科学大臣が一定の基準に基づいて教科書として適性かどうかを審査し, これに合格したものを教科書として使用することを認める制度。

問 題 分 析　　★★☆

本問は，教科書検定制度の合憲性に関する判例の理解を問う問題です。

各 肢 の 解 説

1　妥当である。 判例（最判平成9・8・29）は，「一般に社会公共的な問題について国民全体の意思を組織的に決定，実現すべき立場にある国は，国政の一部として広く適切な教育政策を樹立，実施すべく，また，し得る者として，あるいは子供自身の利益の擁護のため，あるいは子供の成長に対する社会公共の利益と関心にこたえるため，必要かつ相当と認められる範囲において，教育内容についてもこれを決定する権能を有する」としている。

2　妥当でない。 判例（最判平成9・8・29）は，「憲法21条2項にいう検閲とは，行政権が主体となって，思想内容等の表現物を対象とし，その全部又は一部の発表の禁止を目的として，対象とされる一定の表現物につき網羅的一般的に，発表前にその内容を審査した上，不適当と認めるものの発表を禁止することを，その特質として備えるものを指す」とした上で，「本件検定は，前記のとおり，一般図書としての発行を何ら妨げるものではなく，発表禁止目的や発表前の審査などの特質がないから，検閲には当たらず，憲法21条2項前段の規定に違反するものではない。」と判示している。教科書検定は，一般図書としての発行を妨げるものではなく，発表禁止目的等の特質はないことから検閲にあたらないとする。

3　妥当である。 判例（最判平成9・8・29）は，「普通教育の場においては，教育の中立・公正，一定水準の確保等の要請があり，これを実現するためには，これらの観点に照らして不適切と認められる図書の教科書としての発行，使用等を禁止する必要があること，その制限も，右の観点からして不適切と認められる内容を含む図書についてのみ，教科書という特殊な形態において発行することを禁ずるものにすぎないことなどを考慮すると，教科書の検定による表現の自由の制限は，合理的で必要やむを得ない限度のものというべきである。」と判示している。

4　妥当である。 判例（最判平成9・8・29）は，「教科書は，教科課程の構成に応じて組織，配列された教科の主たる教材として，普通教育の場において使用される児童，生徒用の図書であって，学術研究の結果の発表を目的とするものではなく，本件検定は，申請図書に記述された研究結果が，たとい執筆者が正当と信ずるものであったとしても，いまだ学界において支持を得ていないとき，あるいは当該教科課程で取り上げるにふさわしい内容と認められないときなど旧検定基準の各条件に違反する場合に，教科書の形態における研究結果の発表を制限するにすぎない。」として教科書検定が憲法23条に反しないとしている。

5　妥当である。 判例（最判平成9・8・29）は，「行政処分について，憲法31条による法定手続の保障が及ぶと解すべき場合があるにしても，行政手続は，行政目的に応じて多種多様であるから，行政処分の相手方に事前の告知，弁解，防御の機会を与えるかどうかは，行政処分により制限を受ける権利利益の内容，性質，制限の程度，行政処分により達成しようとする公益の内容，程度，緊急性等を総合較量して決定されるべきものであって，常に必ずそのような機会を与えることを必要とするものではない。」と判示している。

正解　2

問　題

　次の文章の空欄 ア ～ エ に当てはまる語句を，枠内の選択肢（1～20）から選びなさい。

　その保障の根拠に照らして考えるならば，表現の自由といつても，そこにやはり一定の限界があることを否定し難い。 ア が真実に反する場合，そのすべての言論を保護する必要性・有益性のないこともまた認めざるをえないのである。特に，その ア が真実に反するものであつて，他人の イ としての名誉を侵害・毀損する場合においては， イ の保護の観点からも，この点の考慮が要請されるわけである。私は，その限界は以下のところにあると考える。すなわち，表現の事前規制は，事後規制の場合に比して格段の慎重さが求められるのであり，名誉の侵害・毀損の被害者が公務員，公選による公職の候補者等の ウ 人物であつて，その ア が ウ 問題に関する場合には，表現にかかる事実が真実に反していてもたやすく規制の対象とすべきではない。しかし，その表現行為がいわゆる エ をもつてされた場合，換言すれば，表現にかかる事実が真実に反し虚偽であることを知りながらその行為に及んだとき又は虚偽であるか否かを無謀にも無視して表現行為に踏み切つた場合には，表現の自由の優越的保障は後退し，その保護を主張しえないものと考える。けだし，右の場合には，故意に虚偽の情報を流すか， ア の真実性に無関心であつたものというべく，表現の自由の優越を保障した憲法二一条の根拠に鑑み，かかる表現行為を保護する必要性・有益性はないと考えられるからである。

　　　（最大判昭和61年6月11日民集40巻4号872頁・裁判官谷口正孝の補足意見）

1	差別的表現	2	不公正な論評	3	私的領域
4	相当な誤信	5	公益的	6	社会的
7	人物評価	8	自己決定権	9	公的
10	誹謗中傷	11	表現手段	12	ダブル・スタンダード
13	公的領域	14	公知の	15	自己実現
16	明白かつ現在の危険	17	人格権	18	論争的
19	現実の悪意	20	表現内容		

問題分析　　★★☆

本問は，名誉権と表現の自由が衝突する場合について論じた北方ジャーナル事件（最大判昭和61・6・11）の補足意見を題材として，両者の関係の理解を問う問題です。

各肢の解説

まず，設問文章が表現の自由の制限についてのものであり，アは真実性が問題となる対象を述べたものであるから，ここには「表現内容」が入る。

次にイは，名誉権の憲法上の根拠であるからここには「人格権」が入る。

ウ及びエは，制限できる場合に関する具体的な話の中で論じられているものである。「　ウ　人物」とあり，ウには「公務員，公選による公職の候補者等」をまとめて評する言葉が入るので，「公的」が入る。エは，「表現にかかる事実が真実に反し虚偽であることを知りながらその行為に及んだとき又は虚偽であるか否かを無謀にも無視して表現行為に踏み切った場合」を言い換えた言葉であるから，「現実の悪意」である。

正解　アー20（表現内容）　イー17（人格権）
　　　ウー9（公的）　　　エー19（現実の悪意）

ポイントチェック

補足意見，意見，少数意見

最高裁判所の裁判では，多数意見の他に，補足意見，意見，少数意見が表示される。

補足意見	多数意見の結論（主文・理由）に同意しつつ，それに付加して裁判官が自分の意見を述べるもの
意見	結論においては多数意見と一致するが，理由づけにおいて異なる場合に述べるもの
少数意見	結論において多数意見に反対の意見

問題

　次の文章は，NHKが原告として受信料の支払等を求めた事件の最高裁判所判決の一節である。空欄　ア　～　エ　に当てはまる語句を，枠内の選択肢（1～20）から選びなさい。

　放送は，憲法21条が規定する表現の自由の保障の下で，国民の知る権利を実質的に充足し，健全な民主主義の発達に寄与するものとして，国民に広く普及されるべきものである。放送法が，「放送が国民に最大限に普及されて，その効用をもたらすことを保障すること」，「放送の不偏不党，真実及び　ア　を保障することによって，放送による表現の自由を確保すること」及び「放送に携わる者の職責を明らかにすることによって，放送が健全な民主主義の発達に資するようにすること」という原則に従って，放送を公共の福祉に適合するように規律し，その健全な発達を図ることを目的として（1条）制定されたのは，上記のような放送の意義を反映したものにほかならない。

　上記の目的を実現するため，放送法は，・・・旧法下において社団法人日本放送協会のみが行っていた放送事業について，公共放送事業者と民間放送事業者とが，各々その長所を発揮するとともに，互いに他を啓もうし，各々その欠点を補い，放送により国民が十分福祉を享受することができるように図るべく，　イ　を採ることとしたものである。そして，同法は，　イ　の一方を担う公共放送事業者として原告を設立することとし，その目的，業務，運営体制等を前記のように定め，原告を，民主的かつ　ウ　的な基盤に基づきつつ　ア　的に運営される事業体として性格付け，これに公共の福祉のための放送を行わせることとしたものである。

　放送法が，・・・原告につき，　エ　を目的として業務を行うこと及び他人の営業に関する広告の放送をすることを禁止し・・・，事業運営の財源を受信設備設置者から支払われる受信料によって賄うこととしているのは，原告が公共的性格を有することをその財源の面から特徴付けるものである。

（最大判平成29年12月6日民集71巻10号1817頁）

1	国営放送制	2	党利党略	3	政府広報	4	特殊利益
5	良心	6	自由競争体制	7	品位	8	誠実
9	自律	10	二本立て体制	11	多元	12	国際
13	娯楽	14	全国	15	地域	16	部分規制
17	集中	18	免許制	19	自主管理	20	営利

問 題 分 析　　★★☆

本問は，NHK受信料の支払についての判例の理解を問う問題です。

各 肢 の 解 説

まず，アは放送における表現の自由を確保するために保障されていることであるので，ここに入るのは「自律」である。

次に，イは「□イ□の一方」という言葉が続く空欄があるので複数の何かが並列している状況を示す言葉が入るはずである。そのような語句は選択肢の中に「二本立て体制」しかなく，イにはこれが入る。

そして本判決がNHKの受信料に関して論じているものであり，第2段落の記述から「二本立て」とは公共放送と民間放送の二本であることが分かる。したがって，本判決では民間放送と比較したときの公共放送の特徴について述べられていると予想できる。これを前提にみると，エは，「他人の営業に関する広告の放送」とともに，公共放送の担い手であるNHKが禁止されていることであるから，ここには「営利」が入る。ウは，放送法が定める公共放送の運営基盤を民間放送と比較したときの特徴で「民主的」以外のものが入るが，選択肢の中で適切なものは「多元」しかない。

正解　ア－9（自律）　イ－10（二本立て体制）

ウ－11（多元）　エ－20（営利）

判 例 情 報

取材源秘匿の自由（最判平成18・10・3）

　民事事件において証人となった報道関係者は，当該報道が公共の利益に関するものであって，その取材の手段，方法が一般の刑罰法令に触れるとか，取材源となった者が取材源の秘密の開示を承諾しているなどの事情がなく，しかも，当該民事事件が社会的意義や影響のある重大な民事事件であるため，当該取材源の秘密の社会的価値を考慮してもなお公正な裁判を実現すべき必要性が高く，そのために当該証言を得ることが必要不可欠であるといった事情が認められない場合には，民訴法197条1項3号に基づき，原則として，当該取材源に係る証言を拒絶することができる。

学問の自由に関する次の記述のうち，妥当でないものはどれか。

1　学問研究を使命とする人や施設による研究は，真理探究のためのものであるとの推定が働くと，学説上考えられてきた。

2　先端科学技術をめぐる研究は，その特性上一定の制約に服する場合もあるが，学問の自由の一環である点に留意して，日本では罰則によって特定の種類の研究活動を規制することまではしていない。

3　判例によれば，大学の学生が学問の自由を享有し，また大学当局の自治的管理による施設を利用できるのは，大学の本質に基づき，大学の教授その他の研究者の有する特別な学問の自由と自治の効果としてである。

4　判例によれば，学生の集会が，実社会の政治的社会的活動に当たる行為をする場合には，大学の有する特別の学問の自由と自治は享有しない。

5　判例によれば，普通教育において児童生徒の教育に当たる教師にも教授の自由が一定の範囲で保障されるとしても，完全な教授の自由を認めることは，到底許されない。

key word

大学の自治

　大学の運営がその構成員の意思によって自主的に行われること。その主な内容として，人事の自治と施設・学生の管理の自治がある。

問題分析　★★☆

本問は，学問の自由に関する判例等を問う問題である。

各肢の解説

1　妥当である。 憲法23条が保障する学問の自由は，真理探究そのものに向けられる作用であるから，実社会に働きかける実践的な政治的社会的活動はその保障の範囲外である。もっともこの区別は必ずしも明確ではないため，学問研究を使命とする人や施設による研究は真理探究のためのものであるとの推定をすることによって，学問の自由の保障を実質的に確保しようと考えられている。

2　妥当でない。 先端科学技術研究のうち，臓器移植やヒトクローンの生成については禁止され，罰則が設けられている。

3　妥当である。 判例（東大ポポロ事件，最大判昭和38・5・22）は，「大学の学生としてそれ（一般の国民として享有する学問の自由［※引用者注］）以上に学問の自由を享有し，また大学当局の自治的管理による施設を利用できるのは，大学の本質に基づき，大学の教授その他の研究者の有する特別な学問の自由と自治の効果としてである。」と判示している。

4　妥当である。 判例（東大ポポロ事件，最大判昭和38・5・22）は，「学生の集会が真に学問的な研究またはその結果の発表のためのものでなく，実社会の政治的社会的活動に当る行為をする場合には，大学の有する特別の学問の自由と自治は享有しないといわなければならない。」と判示している。

5　妥当である。 判例（旭川学テ事件，最大判昭和51・5・21）は，「憲法の保障する学問の自由は，単に学問研究の自由ばかりでなく，その結果を教授する自由をも含むと解されるし，更にまた，専ら自由な学問的探求と勉学を旨とする大学教育に比してむしろ知識の伝達と能力の開発を主とする普通教育の場においても，例えば教師が公権力によつて特定の意見のみを教授することを強制されないという意味において，また，子どもの教育が教師と子どもとの間の直接の人格的接触を通じ，その個性に応じて行われなければならないという本質的要請に照らし，教授の具体的内容及び方法につきある程度自由な裁量が認められなければならないという意味においては，一定の範囲における教授の自由が保障されるべきことを肯定できないではない。」とした上で，「大学教育の場合には，学生が一応教授内容を批判する能力を備えていると考えられるのに対し，普通教育においては，児童生徒にこのような能力がなく，教師が児童生徒に対して強い影響力，支配力を有することを考え，また，普通教育においては，子どもの側に学校や教師を選択する余地が乏しく，教育の機会均等をはかる上からも全国的に一定の水準を確保すべき強い要請があること等に思いをいたすときは，普通教育における教師に完全な教授の自由を認めることは，とうてい許されないところといわなければならない。」と判示している。

正解　2

次の記述は，ため池の堤とう（堤塘）の使用規制を行う条例により「ため池の堤とうを使用する財産上の権利を有する者は，ため池の破損，決かい等に因る災害を未然に防止するため，その財産権の行使を殆んど全面的に禁止される」ことになった事件についての最高裁判所判決に関するものである。判決の論旨として妥当でないものはどれか。

1 社会生活上のやむを得ない必要のゆえに，ため池の堤とうを使用する財産上の権利を有する者は何人も，条例による制約を受忍する責務を負うというべきである。

2 ため池の破損，決かいの原因となるため池の堤とうの使用行為は，憲法でも，民法でも適法な財産権の行使として保障されていない。

3 憲法，民法の保障する財産権の行使の埒外にある行為を条例をもって禁止，処罰しても憲法および法律に抵触またはこれを逸脱するものとはいえない。

4 事柄によっては，国において法律で一律に定めることが困難または不適当なことがあり，その地方公共団体ごとに条例で定めることが容易かつ適切である。

5 憲法29条2項は，財産権の内容を条例で定めることを禁じているが，その行使については条例で規制しても許される。

key word

財産権

経済的取引の客体を目的とする権利の総称。日本国憲法は，これを不可侵の権利として保障するが，同時にその内容は公共の福祉に適合するように法律で定められるとしており，私有財産には社会的な制約があるとの考え方をとっている。

問 題 分 析　　★★☆

　本問は，奈良県ため池条例事件判決（最大判昭和38・6・26）の理解を問う問題です。

各 肢 の 解 説

1　**妥当である。** 設問判例は，「ため池の堤とうを使用する財産上の権利を有する者は，本条例1条の示す目的のため，その財産権の行使を殆んど全面的に禁止されることになるが，それは災害を未然に防止するという社会生活上の已むを得ない必要から来ることであつて，ため池の堤とうを使用する財産上の権利を有する者は何人も，公共の福祉のため，当然これを受忍しなければならない責務を負うというべきである。」と判示している。

2　**妥当である。** 設問判例は，「ため池の破損，決かいの原因となるため池の堤とうの使用行為は，憲法でも，民法でも適法な財産権の行使として保障されていない」と判示している。

3　**妥当である。** 設問判例は，ため池の破損，決かいの原因となるため池の堤とうの使用行為は「憲法，民法の保障する財産権の行使の埒外にあるものというべく，従つて，これらの行為を条例をもつて禁止，処罰しても憲法および法律に牴触またはこれを逸脱するものとはいえない」と判示している。

4　**妥当である。** 設問判例は，「事柄によつては，特定または若干の地方公共団体の特殊な事情により，国において法律で一律に定めることが困難または不適当なことがあり，その地方公共団体ごとに，その条例で定めることが，容易且つ適切なことがある。」と判示している。

5　**妥当でない。** 本判決は，「憲法29条2項は，財産権の内容を条例で定めることを禁じている」とは判示していない。

正解　5

ポイントチェック

財産権の保障

憲法29条　財産権は，これを侵してはならない。
2　財産権の内容は，公共の福祉に適合するやうに，法律でこれを定める。
3　私有財産は，正当な補償の下に，これを公共のために用ひることができる。

問題

　インフルエンザウイルス感染症まん延防止のため，政府の行政指導により集団的な予防接種が実施されたところ，それに伴う重篤な副反応により死亡したXの遺族が，国を相手取り損害賠償もしくは損失補償を請求する訴訟を提起した（予防接種と副反応の因果関係は確認済み）場合に，これまで裁判例や学説において主張された憲法解釈論の例として，妥当でないものはどれか。

1　予防接種に伴う特別な犠牲については，財産権の特別犠牲に比べて不利に扱う理由はなく，後者の法理を類推適用すべきである。

2　予防接種自体は，結果として違法だったとしても無過失である場合には，いわゆる谷間の問題であり，立法による解決が必要である。

3　予防接種に伴い，公共の利益のために，生命・身体に対する特別な犠牲を被った者は，人格的自律権の一環として，損失補償を請求できる。

4　予防接種による違法な結果について，過失を認定することは原理的に不可能なため，損害賠償を請求する余地はないというべきである。

5　財産権の侵害に対して損失補償が出され得る以上，予防接種がひき起こした生命・身体への侵害についても同様に扱うのは当然である。

key word

損失補償

　適法な公権力の行使によって加えられた特別の犠牲に対して，公平の見地から全体の負担においてこれを補てんするための財産的補償。適法行為に基づく財産権の侵害に対する補償である点で，不法行為に基づく損害賠償と区別される。

問題分析　★★☆

本問は，予防接種で損害が生じた場合の取扱いに関する考え方を問う問題です。

各肢の解説

1　妥当である。 本肢の内容は，東京地判昭和59・5・18が採用した論理である。

2　妥当である。 予防接種禍は，「損害賠償と損失補償の谷間」と呼ばれる問題として立法的解決が必要であると議論があった。

3　妥当である。 公的目的からする公権力の活動に起因して特別の犠牲類似の被害・結果が特定個人に生じた場合，これに対して憲法13条を根拠として損失補償請求権が認められるべきと考えることが可能である。

4　妥当でない。 最判平成3・4・19は，厚生大臣（当時）が禁忌該当者に予防接種を実施しないために必要な措置を講じることを怠った過失を認め国に賠償責任を認めている。

5　妥当である。 本肢の内容は，大阪地判昭和62・9・30が採用した論理である。

正解　4

ポイントチェック

予防接種による健康被害と憲法29条3項による補償請求

肯定説	予防接種に随伴する公共のための特別犠牲とみることができ，この犠牲は生命・身体に課せられたもので，財産権の特別犠牲に比べて不利に扱われる合理的理由はないため，憲法29条3項の類推適用を認めるべき。
	財産権侵害に保障が行われるなら，本来侵してはならない生命・身体への侵害に保障がなされるのは当然であるから，憲法29条3項の勿論解釈をとるべき。
否定説	財産権に対する適法な侵害に対する補償を定めた憲法29条3項を根拠に損失補償請求権を導き出すことはできない。正当な補償の下に，生命・身体を公共のために用いるとすることはできない。

問題

　生存権に関する次の記述のうち，最高裁判所の判例に照らし，妥当なものはどれか。

1　憲法が保障する「健康で文化的な最低限度の生活」を営む権利のうち，「最低限度の生活」はある程度明確に確定できるが，「健康で文化的な生活」は抽象度の高い概念であり，その具体化に当たっては立法府・行政府の広い裁量が認められる。

2　行政府が，現実の生活条件を無視して著しく低い基準を設定する等，憲法および生活保護法の趣旨・目的に反し，法律によって与えられた裁量権の限界を越えた場合または裁量権を濫用した場合には，違法な行為として司法審査の対象となり得る。

3　憲法25条2項は，社会的立法および社会的施設の創造拡充により個々の国民の生活権を充実すべき国の一般的責務を，同条1項は，国が個々の国民に対しそうした生活権を実現すべき具体的義務を負っていることを，それぞれ定めたものと解される。

4　現になされている生活保護の減額措置を行う場合には，生存権の自由権的側面の侵害が問題となるから，減額措置の妥当性や手続の適正さについて，裁判所は通常の自由権の制約と同様の厳格な審査を行うべきである。

5　生活保護の支給額が，「最低限度の生活」を下回ることが明らかであるような場合には，特別な救済措置として，裁判所に対する直接的な金銭の給付の請求が許容される余地があると解するべきである。

key word

生活保護法

　日本国憲法25条に規定する理念に基き，国が生活に困窮するすべての国民に対し，その困窮の程度に応じ，必要な保護を行い，その最低限度の生活を保障するとともに，その自立を助長することを目的とする法律。

問 題 分 析　　★☆☆

本問は，生存権の理解を問う問題です。

各 肢 の 解 説

1　妥当でない。 判例（堀木訴訟，最大判昭和57・7・7）は「「健康で文化的な最低限度の生活」なるものは，きわめて抽象的・相対的な概念であつて，その具体的内容は，その時々における文化の発達の程度，経済的・社会的条件，一般的な国民生活の状況等との相関関係において判断決定されるべきもの」とし，「憲法25条の規定の趣旨にこたえて具体的にどのような立法措置を講ずるかの選択決定は，立法府の広い裁量にゆだねられ」るとしている。本肢のように，「最低限度の生活」をある程度明確にすることができるとはしていない。

2　妥当である。 判例（朝日訴訟，最大判昭和42・5・24）は，厚生大臣（当時）が，「現実の生活条件を無視して著しく低い基準を設定する等憲法および生活保護法の趣旨・目的に反し，法律によつて与えられた裁量権の限界をこえた場合または裁量権を濫用した場合には，違法な行為として司法審査の対象となる」と判示している。

3　妥当でない。 判例（堀木訴訟，最大判昭和57・7・7）は，「憲法25条1項…が，いわゆる福祉国家の理念に基づき，すべての国民が健康で文化的な最低限度の生活を営みうるよう国政を運営すべきことを国の責務として宣言したものであること，また，同条2項…が，同じく福祉国家の理念に基づき，社会的立法及び社会的施設の創造拡充に努力すべきことを国の責務として宣言したものであること，そして，同条1項は，国が個々の国民に対して具体的・現実的に右のような義務を有することを規定したものではなく，同条2項によって国の責務であるとされている社会的立法及び社会的施設の創造拡充により個々の国民の具体的・現実的な生活権が設定充実されてゆくものであると解すべき」と判示している。

4　妥当でない。 判例は本肢のような議論を正面から論じたことはないが，最判平成24・2・28において，老齢加算を廃止する立法の憲法適合性を最大判昭和57・7・7を引用して，行政に裁量権の逸脱濫用がないかの観点から判断しており，本肢のような立場を採用していない。

5　妥当でない。 肢1の解説にあるように，判例（堀木訴訟，最大判昭和57・7・7）は「健康で文化的な最低限度の生活」は抽象的・相対的な概念であって一義的に確定することができないとしており，生存権の規定を根拠とする直接請求を認めていない。

正解　2

判 例 情 報

堀木訴訟（最判昭和57・7・7）

　　25条1項は，国が個々の国民に対して具体的・現実的に右のような義務を有することを規定したものではなく，同条2項によって国の責務であるとされている社会的立法及び社会的施設の創造拡充により個々の国民の具体的・現実的な生活権が設定充実されてゆくものである。

問題

　次の文章は，公教育をめぐる2つの対立する考え方に関する最高裁判所判決の一節（一部を省略）である。空欄　ア　～　エ　に当てはまる語句を，枠内の選択肢（1～20）から選びなさい。

　一の見解は，子どもの教育は，親を含む国民全体の共通関心事であり，公教育制度は，このような国民の期待と要求に応じて形成，実施されるものであつて，そこにおいて支配し，実現されるべきものは国民全体の教育意思であるが，この国民全体の教育意思は，憲法の採用する議会制民主主義の下においては，国民全体の意思の決定の唯一のルートである国会の法律制定を通じて具体化されるべきものであるから，法律は，当然に，公教育における　ア　についても包括的にこれを定めることができ，また，教育行政機関も，法律の授権に基づく限り，広くこれらの事項について決定権限を有する，と主張する。これに対し，他の見解は，子どもの教育は，憲法二六条の保障する子どもの教育を受ける権利に対する責務として行われるべきもので，このような責務をになう者は，親を中心とする国民全体であり，公教育としての子どもの教育は，いわば親の教育義務の共同化ともいうべき性格をもつのであつて，それ故にまた，教基法＊一〇条一項も，教育は，国民全体の信託の下に，これに対して直接に責任を負うように行われなければならないとしている。したがつて，権力主体としての国の子どもの教育に対するかかわり合いは，右のような国民の教育義務の遂行を側面から助成するための　イ　に限られ，子どもの　ア　については，国は原則として介入権能をもたず，教育は，その実施にあたる教師が，その　ウ　としての立場から，国民全体に対して教育的，文化的責任を負うような形で，……決定，遂行すべきものであり，このことはまた，憲法二三条における学問の自由の保障が，学問研究の自由ばかりでなく，　エ　をも含み，　エ　は，教育の本質上，高等教育のみならず，普通教育におけるそれにも及ぶと解すべきことによつても裏付けられる，と主張するのである。

（最大判昭和51年5月21日刑集30巻5号615頁）

1	初等教育	2	教科書検定	3	諸条件の整備	4	教授の自由
5	教育公務員	6	第三者	7	教科用図書	8	学習指導要領
9	教育専門家	10	教育の内容及び方法			11	研究者
12	管理者	13	中等教育	14	学習権	15	懲戒権
16	私立学校の自治	17	大学の自治	18	公の支配	19	職務命令
20	指揮監督						

（注）　＊　教育基本法

問 題 分 析　　★☆☆

本問は，旭川学テ訴訟判決（最大判昭和51・5・21）の理解を問う問題である。

各 肢 の 解 説

アに入るのは，公教育における国の役割であるところ，国民全体の教育意思を具体化するという文脈で，包括的に定められるとされるものは公教育における「教育の内容及び方法」である。ここでは，「国民全体の意思＝国会の意思＝法律」で教育の内容を決定できるという見解が語られている。

これに対する見解が語られているのが，設問文の後段である。この見解は，親から委託を受けた教師こそが教育内容を決定する権限を有しているとするものである。この見解では，国の役割は限定的に解され，学校設備等の「諸条件の整備」（イ）に限定され，子どもの「教育の内容及び方法」については，「教育専門家」（ウ）である教師がその専門的知見から決定すると考えるのである。これは普通教育の教師にも「教授の自由」（エ）が，学問の自由を規定する憲法23条によって保障されていることでも裏付けられるとする。

正解　ア－10（教育の内容及び方法）　イ－3（諸条件の整備）

ウ－9（教育専門家）　　　　　エ－4（教授の自由）

ポイントチェック

教育権の所在

国家教育権説	教育についての権能，とくに教育内容の決定権は国家にある。
国民教育権説	教育についての権能，とくに教育内容の決定権は国民（親，親の付託を受けた教師等国民全体）にある。
判例（旭川学テ事件，最大判昭和51・5・21）	親は一定範囲において教育の自由をもち，教師の教授の自由も限られた範囲において認められる。国は，必要かつ相当と認められる範囲において，子どもの教育内容を決定する権能を有する（判例は，国家教育権説と国民教育権説の折衷的見解に立つ）。

問題

　次の文章の空欄 ア ～ エ に当てはまる語句を，枠内の選択肢（1～20）から選びなさい。

　このような労働組合の結成を憲法および労働組合法で保障しているのは，社会的・経済的弱者である個々の労働者をして，その強者である ア との交渉において，対等の立場に立たせることにより，労働者の地位を向上させることを目的とするものであることは，さきに説示したとおりである。しかし，現実の政治・経済・社会機構のもとにおいて，労働者がその経済的地位の向上を図るにあたつては，単に対 ア との交渉においてのみこれを求めても，十分にはその目的を達成することができず，労働組合が右の目的をより十分に達成するための手段として，その目的達成に必要な イ や社会活動を行なうことを妨げられるものではない。

　この見地からいつて，本件のような地方議会議員の選挙にあたり，労働組合が，その組合員の居住地域の生活環境の改善その他生活向上を図るうえに役立たしめるため，その ウ を議会に送り込むための選挙活動をすること，そして，その一方策として，いわゆる統一候補を決定し，組合を挙げてその選挙運動を推進することは，組合の活動として許されないわけではなく，また，統一候補以外の組合員であえて立候補しようとするものに対し，組合の所期の目的を達成するため，立候補を思いとどまるよう勧告または説得することも，それが単に勧告または説得にとどまるかぎり，組合の組合員に対する妥当な範囲の エ 権の行使にほかならず，別段，法の禁ずるところとはいえない。しかし，このことから直ちに，組合の勧告または説得に応じないで個人的に立候補した組合員に対して，組合の エ をみだしたものとして，何らかの処分をすることができるかどうかは別個の問題である。

　　　　　　　　　　　　　　（最大判昭和43年12月4日刑集22巻13号1425頁）

1	統制	2	過半数代表	3	争議行為	4	指揮命令
5	政治献金	6	国民	7	地域代表	8	政治活動
9	支配	10	公権力	11	職能代表	12	経済活動
13	管理運営	14	自律	15	公益活動	16	純粋代表
17	利益代表	18	国	19	私的政府	20	使用者

問 題 分 析　　★★☆

本問は，労働組合の統制権の限界に関する三井美唄労組事件判決の理解を問う問題です。労働組合と各構成員の利益が衝突する場面において，労働組合にどの程度の権限を認めてよいのかという視点が必要です。

各 肢 の 解 説

アは弱者である労働者と対比される強者であるので，「使用者」が入る。

イは，労働組合の本来的目的である団体交渉以外の行動として認められるべきものであり，その具体例として地方議会選挙の選挙運動が挙げられている。したがって，ここに入るのは「政治活動」である。その選挙運動の目的は，組合員の代表を地方議会に送り込むことであるので，ウに入るのはそのような趣旨を含む語句で選択肢の中にある「利益代表」である。「職能代表」はそのような趣旨を含んでいるが，「その組合員の居住地域の生活環境の改善その他生活向上を図るうえに役立たせるため」とあり，労働者としての利益一般を代表する趣旨ではないのでこれは適切ではない。

最後にエは，労働組合の選挙運動に賛成ではない組合員に対して労働組合が一定の働きかけを行うことができる権限の名称である「統制」がエに入る。

正解　アー20（使用者）　イー8（政治活動）
ウー17（利益代表）　エー1（統制）

ポイントチェック

（労働組合の）統制権

労働組合の組織の維持・強化のために，組合員に対し一定の規制を加えたり，制裁を加えたりすることができる労働組合の権能。労働者の団結権の一環として憲法28条の精神に由来する。そのため，労働者の経済的地位の向上という目的の範囲内であることが必要である。

問題

　デモクラシーの刷新を綱領に掲げる政党Xは，衆議院議員選挙の際の選挙公約として，次のア〜エのような内容を含む公職選挙法改正を提案した。

ア　有権者の投票を容易にするために，自宅からインターネットで投票できる仕組みを導入する。家族や友人とお茶の間で話し合いながら同じ端末から投票することもでき，身近な人々の間での政治的な議論が活性化することが期待される。

イ　有権者の投票率を高めるため，選挙期間中はいつでも投票できるようにするとともに，それでも3回続けて棄権した有権者には罰則を科するようにする。

ウ　過疎に苦しむ地方の利害をより強く国政に代表させるため，参議院が都道府県代表としての性格をもつことを明文で定める。

エ　地方自治と国民主権を有機的に連動させるため，都道府県の知事や議会議長が自動的に参議院議員となり，国会で地方の立場を主張できるようにする。

　この提案はいくつか憲法上論議となり得る点を含んでいる。以下の諸原則のうち，この提案による抵触が問題となり得ないものはどれか。

1　普通選挙

2　直接選挙

3　自由選挙

4　平等選挙

5　秘密選挙

key word

公職選挙法

　憲法の規定を受けて，衆議院議員，参議院議員並びに地方公共団体の議員及び長の選挙に関して，その選挙権・被選挙権，選挙区，選挙人名簿，投票・開票の手続，選挙運動，争訟，罰則等を定める法律。

問 題 分 析　　★★☆

本問は，具体的事例をもとに選挙の原則の理解を問う問題です。

各 肢 の 解 説

1　**問題となり得ない**。普通選挙とは財産や性別等で選挙資格の制限を行わない選挙制度をいう。設問の事例で選挙資格の制限は問題になっていないので，この原則は無関係である。

2　**問題となり得る**。直接選挙とは，有権者の投票によって代表が選出される選挙制度をいう。設問の肢エは，都道府県の知事や地方議会の議長が参議院議員となる制度であり，参議院議員を有権者が直接選出するものではないので，この原則が問題となる。

3　**問題となり得る**。自由選挙とは，選挙で投票するかどうかを有権者の自由に委ねている選挙制度である。設問の肢イは，選挙権を行使しないことを理由に罰則を科するものであるので，この原則が問題となる。

4　**問題となり得る**。平等選挙とは，一人一票のみならず，各有権者の投票価値を実質的に平等とする選挙制度である。設問の肢ウは過疎地域の利害をより強く代表させるとしており，当該地域については人口に比べて多くの議員を選出することになる可能性があるから，この原則が問題となり得る。

5　**問題となり得る**。秘密選挙とは，各有権者がどのような投票をしたのか本人の意に反して他人に知られない選挙制度である。設問の肢アは複数の有権者が同一の端末から投票することができる制度であるため，投票の秘密が害されないか問題となる。

正解　1

ポイントチェック

選挙の原則

普通選挙	選挙人の資格を資産や性別等で差別しない選挙制度
平等選挙	選挙権を一人一票とする選挙制度
秘密選挙	選挙人の投票が第三者に知られることのない選挙制度
直接選挙	選挙人が候補者を直接選出する選挙制度
自由選挙	投票しないことによって不利益を受けない選挙制度

問 題

選挙権・選挙制度に関する次の記述のうち，最高裁判所の判例に照らし，妥当でないものはどれか。

1 国民の選挙権それ自体を制限することは原則として許されず，制約が正当化されるためにはやむを得ない事由がなければならないが，選挙権を行使するための条件は立法府が選択する選挙制度によって具体化されるものであるから，選挙権行使の制約をめぐっては国会の広い裁量が認められる。

2 立候補の自由は，選挙権の自由な行使と表裏の関係にあり，自由かつ公正な選挙を維持する上で，きわめて重要な基本的人権であることに鑑みれば，これに対する制約は特に慎重でなければならない。

3 一定の要件を満たした政党にも選挙運動を認めることが是認される以上，そうした政党に所属する候補者とそれ以外の候補者との間に選挙運動上の差異が生じても，それが一般的に合理性を有するとは到底考えられない程度に達している場合に，はじめて国会の裁量の範囲を逸脱し，平等原則に違反することになる。

4 小選挙区制は，死票を多く生む可能性のある制度であることは否定し難いが，死票はいかなる制度でも生ずるものであり，特定の政党のみを優遇する制度とはいえないのであって，選挙を通じて国民の総意を議席に反映させる一つの合理的方法といい得る。

5 比例代表選挙において，選挙人が政党等を選択して投票し，各政党等の得票数の多寡に応じて，政党等があらかじめ定めた当該名簿の順位に従って当選人を決定する方式は，投票の結果，すなわち選挙人の総意により当選人が決定される点で選挙人が候補者個人を直接選択して投票する方式と異ならず，直接選挙といい得る。

key word

死票

有効投票であるが，当選人の決定に寄与しなかった投票。

問題分析　　★★☆

本問は，選挙制度に関する判例の理解を問う問題です。

各肢の解説

1 **妥当でない。**判例（最判平成17・9・14）は，「自ら選挙の公正を害する行為をした者等の選挙権について一定の制限をすることは別として，国民の選挙権又はその行使を制限することは原則として許されず，国民の選挙権又はその行使を制限するためには，そのような制限をすることがやむを得ないと認められる事由がなければならないというべきである。そして，そのような制限をすることなしには選挙の公正を確保しつつ選挙権の行使を認めることが事実上不能ないし著しく困難であると認められる場合でない限り，上記のやむを得ない事由があるとはいえず，このような事由なしに国民の選挙権の行使を制限することは，憲法15条1項及び3項，43条1項並びに44条ただし書に違反するといわざるを得ない。」と判示している。本肢のように立法府に広い裁量権を与えているわけではない。

2 **妥当である。**判例（最判昭和43・12・4）は「立候補の自由は，選挙権の自由な行使と表裏の関係にあり，自由かつ公正な選挙を維持するうえで，きわめて重要である。このような見地からいえば，憲法15条1項には，被選挙権者，特にその立候補の自由について，直接には規定していないが，これもまた，同条同項の保障する重要な基本的人権の一つと解すべき」とし，「これに対する制約は，特に慎重でなければなら」ないと判示している。

3 **妥当である。**判例（最大判平成11・11・10）は，「選挙制度を政策本位，政党本位のものとすることに伴って，小選挙区選挙においては，候補者届出政党に所属する候補者とこれに所属しない候補者との間に，選挙運動の上で実質的な差異を生ずる結果となっていることは否定することができない。」としつつも，「国会が正当に考慮することのできる政策的目的ないし理由を考慮して選挙運動に関する規定を定めた結果，選挙運動の上で候補者間に一定の取扱いの差異が生じたとしても，国会の具体的に決定したところが，その裁量権の行使として合理性を是認し得ず候補者間の平等を害するというべき場合に，初めて憲法の要請に反することになると解すべきである。」と判示している。

4 **妥当である。**判例（最大判平成11・11・10）は，「小選挙区制の下においては死票を多く生む可能性があることは否定し難いが，死票はいかなる制度でも生ずるものであり，当選人は原則として相対多数を得ることをもって足りる点及び当選人の得票数の和よりその余の票数（死票数）の方が多いことがあり得る点において中選挙区制と異なるところはなく，各選挙区における最高得票者をもって当選人とすることが選挙人の総意を示したものではないとはいえないから，この点をもって憲法の要請に反するということはできない。このように，小選挙区制は，選挙を通じて国民の総意を議席に反映させる一つの合理的方法ということができ」ると判示している。

5 **妥当である。**判例（最判平成11・11・10）は，「政党等にあらかじめ候補者の氏名及び当選人となるべき順位を定めた名簿を届け出させた上，選挙人が政党等を選択して投票し，各政党等の得票数の多寡に応じて当該名簿の順位に従って当選人を決定する方式は，投票の結果すなわち選挙人の総意により当選人が決定される点において，選挙人が候補者個人を直接選択して投票する方式と異なるところはない。」と判示している。

正解　1

次の文章の空欄 ア ～ エ に当てはまる語句の組合せとして，妥当なものはどれか。

　国民投票制には種々の方法があるが，普通にこれを ア ， イ 及び ウ の三種に大別する。 ア という言葉は，通俗には広く国民投票一般を意味するもののようにも用いられているが，その語の本来の意義は，代表者たる議会が一度議決した事柄を，主権者たる国民が確認又は否認して終局的に決定するということであって，国民表決という訳語も必ずしも正確ではない。…（中略）…。
　 ア が議会の為したことの過誤を是正する手段であるのに対して， イ は議会が為さないことの怠慢を補完する方法である。即ち議会が国民の要望を採り上げないで，必要な立法を怠っている場合に，国民自ら法律案を提出し国民の投票によってその可否を決する制度である。…（中略）…。 ウ 即ち公務員を国民の投票によって罷免する制度は，元来選挙と表裏を成して人の問題を決定するもので， エ を前提とするものであるから，厳密な意味における オ ではないけれども，その思想及び制度の歴史に於いて他の国民投票制と形影相伴って発達して来たのみならず，その実行の方法に於いても，概ね共通しているから，通常やはり国民投票制の一種として取り扱われている。
　（出典　河村又介「新憲法と民主主義」1948年から〈原文の表記の一部を改めた。〉）

	ア	イ	ウ	エ	オ
1	レファレンダム	国民発案	国民拒否	命令委任	プレビシット
2	イニシアティブ	国民拒否	不信任投票	直接民主制	代議制
3	レファレンダム	国民発案	国民拒否	代議制	直接民主制
4	イニシアティブ	国民拒否	解職投票	プレビシット	命令委任
5	レファレンダム	国民発案	解職投票	代議制	直接民主制

key word

プレビシット

　実際上は支配者個人の信任を国民に問うような国民投票。独裁制を民主的な手続で粉飾するために用いられる。

問　題　分　析　　★☆☆

本問は，国民投票制度に関する概念の理解を問う問題です。

各　肢　の　解　説

アは，「国民投票一般」や「国民評決」として理解されている語句である。選択肢には「レファレンダム」と「イニシアティブ」があるが，上記の意味で用いられる語句は前者である。よって，肢2および肢4は誤りであることが分かる。

次にウは，「公務員を国民の投票によって罷免する制度」であるとするので，ここに入るのは「解職投票」である。したがって，正解は5である。

念のため他の空欄も確認してみる。

イは「議会が国民の要望を採り上げないで，必要な立法を怠っている場合に，国民自ら法律案を提出し国民の投票によってその可否を決する制度」であるので，単なる拒否のみを意味する「国民拒否」ではなく「国民発案」が入る。

エとオはセットで考える。解職投票は，「　エ　を前提とするので厳密な意味での　オ　ではない」となっており，エは投票による公務員選出を前提とする制度，オはその反対の制度を指す語句が入る。肢5の選択肢を見るとエは「代議制」，オは「直接民主制」であり，これと合致する。

正解　5

ポイントチェック

レファレンダム	代表者たる議会が一度議決した事柄を，主権者たる国民が確認又は否認して終局的に決定する制度。
イニシアティブ	議会が国民の要望を採り上げないで，必要な立法を怠っている場合に，国民自ら法律案を提出し国民の投票によってその可否を決する制度（国民発案）。

問　題

　次の文章の空欄　ア　～　エ　に当てはまる語句を，枠内の選択肢（1～20）から選びなさい。

　……憲法以下の法令相互の効力関係を定めることも，憲法のなすべき事項の範囲に属する。憲法は，　ア　・　イ　などの制定権をそれぞれ特別の　ウ　に授権すると同時に，それらの法令の効力関係をも定めなければならない。明治憲法には，　ア　と　イ　との効力関係について，第九条但書に，「　イ　ヲ以テ　ア　ヲ変更スルコトヲ得ス」とあり，第八条に，緊急　イ　は，　ア　に代わる効力をもつ旨を示す規定があった。日本国憲法には，そのような明文の規定はない。政令と　ア　，最高裁判所規則と　ア　，地方公共団体の条例と　ア　・　イ　など，個々の場合について，憲法の趣旨を考えてみるより仕方がない。例えば，政令と　ア　との関係においては，憲法は，　エ　を唯一の立法　ウ　とし，また，政令としては，　ア　の規定を実施するための政令，いわゆる執行　イ　的政令と，　ア　の委任にもとづく政令，いわゆる委任　イ　的政令としか認めていないから，一般に政令の効力は　ア　に劣るとしているものと解せられ，最高裁判所規則と　ア　との関係においては，憲法は，国民の代表　ウ　であり，国権の最高　ウ　，かつ，唯一の立法　ウ　である　エ　の立法として，憲法に次ぐ形式的効力を与えている　ア　に優位を認めているものと解せられる。　　　　（出典　清宮四郎「憲法Ⅰ〔第3版〕」より）

1	主体	2	内閣	3	条約	4	権力	5	慣習法
6	憲法付属法	7	機関	8	天皇	9	命令	10	判例
11	公務員	12	法規	13	国会	14	詔勅	15	習律
16	官職	17	内閣総理大臣	18	法律	19	通達	20	行政各部

key word

勅令

　明治憲法下において，天皇が帝国議会の協賛を経ることなく，法規を制定する際に用いられた法形式をいう。勅令には，例えば，明治憲法8条の規定する緊急勅令，同法9条の独立命令等がある。

問 題 分 析　　★☆☆

　本問は，憲法の定める成文法の各種の形式（例えば，法律，命令等）の形式的効力に関する問題です。分かりやすい空欄から埋めていきましょう。

各 肢 の 解 説

　　ア ， イ には形式の異なる法令が入ることが文脈から読み取ることができる。選択肢の中で該当するのは「条約」「命令」「法律」である（「法規」は次元の異なる概念である）。そこで，それぞれにどのような言葉が入るかを検討すると，問題文に緊急 イ とあり，これは明治憲法では認められていたが現行憲法では禁止されている「緊急命令」であることが分かる。また，執行 イ や委任 イ との言葉からも イ に「命令」が入ることが分かる。一方の ア は裁判所規則との関係が問題となり，「命令」よりも上位規範であること，憲法に次ぐ形式的効力が与えられていることが書かれているので，「法律」が入ることが分かる。

　次に，問題文には「国権の最高 ウ 」，「唯一の立法 ウ である エ 」とあり，41条から ウ には「機関」， エ には「国会」が入ることが分かる。

　　　　　　　　　　　　　　　正解　アー18（法律）　イー9（命令）
　　　　　　　　　　　　　　　　　　ウー7（機関）　エー13（国会）

ポイントチェック

明治憲法8条	①　天皇ハ公共ノ安全ヲ保持シ又ハ其ノ災厄ヲ避クル為緊急ノ必要ニ由リ帝国議会閉会ノ場合ニ於テ法律ニ代ルヘキ勅令ヲ発ス ②　此ノ勅令ハ次ノ会期ニ於テ帝国議会ニ提出スヘシ若議会ニ於テ諾セサルトキハ政府ハ将来ニ向テ其ノ効力ヲ失フコトヲ公布スヘシ
明治憲法9条	天皇ハ法律ヲ執行スル為ニ又ハ公共ノ安寧秩序ヲ保持シ及臣民ノ幸福ヲ増進スル為ニ必要ナル命令ヲ発シ又ハ発セシム但シ命令ヲ以テ法律ヲ変更スルコトヲ得ス

問　題

　次の文章の空欄 ア ・ イ に当てはまる語句の組合せとして，妥当なもの
はどれか。

　憲法で，国会が国の「唯一の」立法機関であるとされるのは，憲法自身が定め
る例外を除き， ア ，かつ， イ を意味すると解されている。

	ア	イ
1	内閣の法案提出権を否定し （国会中心立法の原則）	議員立法の活性化を求めること （国会単独立法の原則）
2	国権の最高機関は国会であり （国会中心立法の原則）	内閣の独立命令は禁止されること （国会単独立法の原則）
3	法律は国会の議決のみで成立し （国会単独立法の原則）	天皇による公布を要しないこと （国会中心立法の原則）
4	国会が立法権を独占し （国会中心立法の原則）	法律は国会の議決のみで成立すること （国会単独立法の原則）
5	国権の最高機関は国会であり （国会中心立法の原則）	立法権の委任は禁止されること （国会単独立法の原則）

key word

独立命令
　法律から独立して制定される命令。日本国憲法では認められていないが，明治
憲法では認められていた。

問 題 分 析 　★☆☆

本問は，国会の「唯一の立法機関」の概念の理解を問う問題です。

各 肢 の 解 説

選択肢から，本問は「国会中心立法の原則」及び「国会単独立法の原則」の内容を問う問題であることが分かる。

国会中心立法とは，実質的な意味の立法は原則として国会が行うものであって，他の機関が行うことは許されないとする建前である。国会単独立法は，国会による立法には他の機関の関与を必要としないとする建前である。

この二つの原則を正しく言及しているのは肢4なので，正解は4である。

正解　4

ポイントチェック

	国会中心立法の原則	国会単独立法の原則
意味	実質的意味の立法を行うことができるのは国会のみである	国会の意思のみによって立法は完結的に成立する
例外	・両議院の規則制定権（58条2項） ・最高裁判所の規則制定権（77条1項）	地方特別法の住民投票（95条）

問題

　議員の地位に関する次の記述のうち，法令および最高裁判所の判例に照らし，妥当なものはどれか。

1　衆参両議院の比例代表選出議員に欠員が出た場合，当選順位に従い繰上補充が行われるが，名簿登載者のうち，除名，離党その他の事由により名簿届出政党等に所属する者でなくなった旨の届出がなされているものは，繰上補充の対象とならない。

2　両議院の議員は，国会の会期中逮捕されないとの不逮捕特権が認められ，憲法が定めるところにより，院外における現行犯の場合でも逮捕されない。

3　両議院には憲法上自律権が認められており，所属議員への懲罰については司法審査が及ばないが，除名処分については，一般市民法秩序と関連するため，裁判所は審査を行うことができる。

*4　地方議会が議員に対してする出席停止の懲罰は，議員の権利行使の一時的制限にすぎないものであるから，その適否は，司法審査の対象とならない。

5　地方議会の議員は，住民から直接選挙されるので，国会議員と同様に免責特権が認められ，議会で行った演説，討論または表決について議会外で責任を問われない。

　　＊　問題文をアレンジしてあります。

key word

繰上補充

　当選人または議員が欠けたとき，次点者または比例代表選挙における名簿の次順位登載者で補充する制度。

問 題 分 析　　★★☆

本問は，国会及び地方議会の議員の地位に関する知識を問う問題です。

各 肢 の 解 説

1 **妥当である。** 公職選挙法98条3項前段に本肢のような規定が置かれている。

2 **妥当でない。** 憲法は，国会議員の不逮捕特権を定めるとともに，その例外を法律で定めることができることを認めている（50条）。これに基づき不逮捕特権の例外として，院外における現行犯逮捕が国会法に規定されている（国会法33条）。したがって，憲法が定める不逮捕特権の例外として，院外における現行犯の場合は逮捕される。

3 **妥当でない。** 議院の自律権は憲法上認められており，その行使について司法審査の範囲外とするのが判例（最大判昭和37・3・7，最大判昭35・6・8等）の立場である。なお，本肢のように除名が司法審査の対象となると判断されたのは地方議会である（最判昭和35・3・9）。

4 **妥当でない。** 従前の判例（最大判昭和35・10・19）は，地方議会の議員の出席停止のごとく議員の権利行使の一時的制限にすぎないものは，司法審査の対象とならないと判示していた。しかし，近時の判例（最大判令2・11・25）は，上記判例を変更した。すなわち，当該判例は，出席停止の懲罰が科されると，議員はその期間，会議及び委員会への出席が停止され，議事に参与して議決に加わるなどの議員としての中核的な活動をすることができず，住民の負託を受けた議員としての責務を十分に果たすことができなくなるから，これが議員の権利行使の一時的制限にすぎないものとして，その適否が専ら議会の自主的，自律的な解決に委ねられるべきであるということはできないとした上で，そうすると，出席停止の懲罰は，議会の自律的な権能に基づいてされたものとして，議会に一定の裁量が認められるべきであるものの，裁判所は，常にその適否を判断することができるというべきであり，したがって，普通地方公共団体の議会の議員に対する出席停止の懲罰の適否は，司法審査の対象となると判示した。

5 **妥当でない。** 最大判昭和42・5・24は，「憲法上，国権の最高機関たる国会について，広範な議院自律権を認め，ことに，議員の発言について，憲法51条に，いわゆる免責特権を与えているからといつて，その理をそのまま直ちに地方議会にあてはめ，地方議会についても，国会と同様の議会自治・議会自律の原則を認め，さらに，地方議会議員の発言についても，いわゆる免責特権を憲法上保障しているものと解すべき根拠はない」と判示している。したがって，地方議会議員に国会議員同様の免責特権は認められない。

正解　1

問 題

次の文章の下線部の趣旨に，最も適合しないものはどれか。

　議院が独立的機関であるなら，みずからの権能について，行使・不行使をみずから決定しえなければならない。議院の権能行使は，議院の自律にまかせられるを要する。けれども，憲法典は，通常，議院が，このような自律権を有することを明文で規定しない。独立の地位をもつことの，当然の帰結だからである。これに比べれば制度上の意味の限定的な議員の不逮捕特権や免責特権がかえって憲法典に規定されるのは，それが，独立的機関の構成員とされることからする当然の帰結とは考ええないことによる。憲法典に規定されなくても，議院の自律権は，議院の存在理由を確保するために不可欠で，議員特権などより重い意味をもっている。

　しかし，日本国憲法典をじっくり味読するなら，議院に自律権あることを前提とし，これあることを指示する規定がある。

（出典　小嶋和司「憲法学講話」1982年から）

1　両議院は，各々その会議その他の手続及び内部の規律に関する規則を定めることができる。

2　両議院は，各々国政に関する調査を行い，これに関して，証人の出頭及び証言並びに記録の提出を要求することができる。

3　両議院は，各々その議長その他の役員を選任する。

4　両議院は，各々その議員の資格に関する争訟を裁判する。

5　両議院は，各々院内の秩序をみだした議員を懲罰することができる。

問 題 分 析　　★★☆

　本問は，議院の自律権に関して論理的思考ができるか問う問題です。ようするに各肢の内容が自律権を前提とするものであるかを判断すればよい問題です。

各 肢 の 解 説

1　適合する。内部規律や手続を自ら規定することは自律権の表れである。

2　適合しない。各院が独自に国政調査権を行使できることは，院の権限の問題であって，自律権とは無関係である。

3　適合する。人事権を各院が有することは自律権の表れである。

4　適合する。院の構成員について，その資格の判断をすることは自律権の表れである。

5　適合する。構成員に対する懲罰権限は，人事権と共に院の自律に不可欠なものである。

正解　2

ポイントチェック

議院自律権

　議院の憲法上独立した地位に由来するその内部準則に関する自由な決定権。組織と運営に関する事項が規定されている。

組織に関する事項	議員の逮捕に関する許諾（50条） 議員の資格争訟の裁判（55条） 役員選任権（58条1項）
運営に関する事項	規則制定権（58条2項） 議員に対する懲罰権（58条2項）

問題

内閣に関する次の記述のうち，憲法の規定に照らし，妥当なものはどれか。

1　内閣総理大臣は，国会の同意を得て国務大臣を任命するが，その過半数は国会議員でなければならない。

2　憲法は明文で，閣議により内閣が職務を行うべきことを定めているが，閣議の意思決定方法については規定しておらず，慣例により全員一致で閣議決定が行われてきた。

3　内閣の円滑な職務遂行を保障するために，憲法は明文で，国務大臣はその在任中逮捕されず，また在任中は内閣総理大臣の同意がなければ訴追されない，と規定した。

4　法律および政令には，その執行責任を明確にするため，全て主任の国務大臣が署名し，内閣総理大臣が連署することを必要とする。

5　内閣の存立は衆議院の信任に依存するので，内閣は行政権の行使について，参議院に対しては連帯責任を負わない。

key word

閣議

　自己の職務を行うに際し，内閣がその意思を決定するために開く会議。内閣総理大臣が主宰し，内閣を構成する内閣総理大臣及びすべての国務大臣が出席する。具体的な閣議の手続は，すべて慣例に委ねられている。

問 題 分 析　　★★☆

本問は，内閣に関する条文知識を問う問題である。

各 肢 の 解 説

1　妥当でない。内閣総理大臣は国務大臣を任命するが，任命にあたり国会の同意は必要ない（68条1項本文）。なお，過半数が国会議員でなければならないとする点は妥当である（同条項但書）。

2　妥当でない。内閣が職務を閣議により行うべきことは，憲法上明記されていない。閣議に関する規定が置かれているのは内閣法である（内閣法4条1項参照）。閣議の意思決定方法は本肢のとおりである。

3　妥当でない。国務大臣は内閣総理大臣の同意がなければ訴追されない（75条）が，国務大臣の不逮捕特権を定めた憲法の明文規定はない。

4　妥当である。主任の国務大臣及び内閣総理大臣の法令への署名は憲法74条に規定されている。

5　妥当でない。内閣は，行政権の行使について「国会」に対して連帯して責任を負う（66条3項）。「国会」は衆議院と参議院で構成されるから（42条），内閣不信任決議をすることができる衆議院に対してのみ責任を負うものではない。

正解　4

ポイントチェック

内閣法
第4条　内閣がその職権を行うのは，閣議によるものとする。
2　閣議は，内閣総理大臣がこれを主宰する。この場合において，内閣総理大臣は，内閣の重要政策に関する基本的な方針その他の案件を発議することができる。
3　各大臣は，案件の如何を問わず，内閣総理大臣に提出して，閣議を求めることができる。

問題

　次の文章は，ある最高裁判所判決の一節である。空欄 ア ～ エ に当てはまる語句を，枠内の選択肢（1～20）から選びなさい。

　 ア は，憲法上，―（中略）―国務大臣の任免権（六八条）， イ を代表して ウ を指揮監督する職務権限（七二条）を有するなど， イ を統率し， ウ を統轄調整する地位にあるものである。そして， イ 法は， エ は ア が主宰するものと定め（四条）， ア は， エ にかけて決定した方針に基づいて ウ を指揮監督し（六条）， ウ の処分又は命令を中止させることができるものとしている（八条）。このように， ア が ウ に対し指揮監督権を行使するためには， エ にかけて決定した方針が存在することを要するが， エ にかけて決定した方針が存在しない場合においても， ア の右のような地位及び権限に照らすと，流動的で多様な行政需要に遅滞なく対応するため， ア は，少なくとも， イ の明示の意思に反しない限り， ウ に対し，随時，その所掌事務について一定の方向で処理するよう指導，助言等の指示を与える権限を有するものと解するのが相当である。

（最大判平成7年2月22日刑集49巻2号1頁以下）

1	衆議院	2	閣議	3	政府	4	内閣官房長官	5	省庁
6	国民	7	内閣	8	特別会	9	事務次官会議	10	執政
11	国政	12	官僚	13	国会	14	内閣総理大臣	15	参議院
16	日本国	17	行政各部	18	天皇	19	事務	20	常会

key word

内閣総理大臣

　内閣という合議体の「首長」をいう。内閣総理大臣は，国会議員の中から国会の議決で指名され（67条1項本文），天皇が任命する（6条1項）。なお，内閣総理大臣は，文民でなければならない（66条2項）。

問 題 分 析　　★☆☆

　本問は，内閣総理大臣の権限に関する判例からの出題です。条文を正確に押さえていれば解答できる問題です。

各 肢 の 解 説

　まず，国務大臣の任免権を有するのは内閣総理大臣であり（68条），アには，「内閣総理大臣」が入る。そして，内閣総理大臣は「内閣」を代表して，「行政各部」を指揮監督する権限を有する（72条）。したがって，イには「内閣」がウには「行政各部」が入る。最後に，内閣の基本方針を決定するのは「閣議」であるので，エには「閣議」が入る。

　なお，最後の3行は内閣総理大臣の権限についての有名なフレーズであるので，ここでア〜ウを埋める方法もあり得る。

正解　ア—14（内閣総理大臣）　　イ—7（内閣）
　　　ウ—17（行政各部）　　　　エ—2（閣議）

ポイントチェック

内閣総理大臣の主な権限

①　国務大臣の任免権（68条）
②　内閣を代表して議案を国会に提出し，一般国務及び外交関係について国会に報告し，ならびに行政各部を指揮監督すること（72条）
③　法律・政令に主任の国務大臣として署名し，又は主任の国務大臣とともに連署すること（74条）
④　国務大臣の訴追に対して同意を与えること（75条）

内閣総理大臣と国務大臣

内閣総理大臣	文民で国会議員であること。国会が指名し，天皇が任命する。
国務大臣	文民で過半数が国会議員であること。内閣総理大臣が任命し，天皇が認証する。

問題

衆議院の解散に関する次の記述のうち，妥当なものはどれか。

1　衆議院議員総選挙は，衆議院議員の任期が満了した場合と衆議院が解散された場合に行われるが，実際の運用では，任期満了による総選挙が過半数を占め，解散による総選挙は例外となっている。

2　内閣による衆議院の解散は，高度の政治性を有する国家行為であるから，解散が憲法の明文規定に反して行われるなど，一見極めて明白に違憲無効と認められる場合を除き，司法審査は及ばないとするのが判例である。

3　最高裁判所が衆議院議員選挙における投票価値の不均衡について憲法違反の状態にあると判断した場合にも，内閣の解散権は制約されないとするのが政府見解であるが，実際には，不均衡を是正しないまま衆議院が解散された例はない。

4　衆議院が内閣不信任案を可決し，または信任案を否決したとき，内閣は衆議院を解散できるが，この場合には，内閣によりすでに解散が決定されているので，天皇は，内閣の助言と承認を経ず，国事行為として衆議院議員選挙の公示を行うことができると解される。

5　天皇の国事行為は本来，厳密に形式的儀礼的性格のものにすぎない，と考えるならば，国事行為としての衆議院の解散の宣言について内閣が助言と承認の権能を有しているからといって，内閣が憲法上当然に解散権を有していると決めつけることはできない，という結論が導かれる。

key word

衆議院の解散

　衆議院議員の任期満了前に衆議院議員全員の身分を失わせる行為。内閣の助言と承認により天皇が行う（7条3号）。衆議院にだけ認められ，参議院に解散はない。

問 題 分 析　　★★★

　本問は，衆議院の解散に関して総合的に問う問題です。学説の見解に踏み込む出題ですが，他の肢との関係で解答を導き出してほしいところです。

各 肢 の 解 説

1　**妥当でない**。衆議院議員総選挙は任期満了を待って行われることがほとんどなく，大半は解散により選挙がなされている。

2　**妥当でない**。判例（最判昭和35・6・8）は，「衆議院の解散は，極めて政治性の高い国家統治の基本に関する行為であつて，かくのごとき行為について，その法律上の有効無効を審査することは司法裁判所の権限の外にありと解すべき」と判示している。本肢の内容は条約に関する砂川事件（最判昭和34・12・16）のロジックである。

3　**妥当でない**。最判平成23・3・23で違憲状態と判断された選挙区割りについて，判決で指摘された点を是正することなく，平成24年に解散による衆議院議員選挙が実施されている。

4　**妥当でない**。憲法69条に基づく解散が行われた場合であっても，国事行為としての総選挙の公示については内閣の助言と承認が必要である（3条，7条4号）。

5　**妥当である**。本肢の内容は，解散権の実質的所在が内閣にあることの根拠を憲法7条に求める見解に対する批判をして述べられているものである。形式的儀礼的行為を行うことを決定する権限があったとしても，そのことは必ずしもその行為を実施するかどうかの実質的決定権が存在することにはならないというものである。

正解　5

ポイントチェック

衆議院の解散権の実質的所在

　通説・実務は憲法7条にその根拠を求める（7条説）。この見解は，天皇の国事行為に対する助言と承認に実質的決定権を読み込んで理解する。したがって，内閣の助言と承認によって天皇の国事行為が形式化すると理解することになる。このような理解に対しては，天皇の国事行為は本来的に形式的なものであり（実質的決定権の所在が憲法上に明記されている），形式的行為を行う決定権自体に行為の実質的決定権を読み込むことはできないという批判がある。

問　題

　次の文章は，ある最高裁判所判決の一節である。空欄　ア　～　エ　に当てはまる語句を，枠内の選択肢（1～20）から選びなさい。

　右安全保障条約*は，その内容において，主権国としてのわが国の平和と安全，ひいてはわが国　ア　に極めて重大な関係を有するものというべきであるが，また，その成立に当っては，時の　イ　は憲法の条章に基き，米国と数次に亘る交渉の末，わが国の重大政策として適式に締結し，その後，それが憲法に適合するか否かの討議をも含めて衆参両院において慎重に審議せられた上，適法妥当なものとして国会の承認を経たものであることも公知の事実である。

　ところで，本件安全保障条約は，前述のごとく，主権国としてのわが国の　ア　に極めて重大な関係をもつ　ウ　性を有するものというべきであって，その内容が違憲なりや否やの法的判断は，その条約を締結した　イ　およびこれを承認した国会の　ウ　的ないし　エ　的判断と表裏をなす点がすくなくない。

（昭和34年12月16日刑集13巻13号3225頁）

1	存立の基礎	2	国権	3	建国の理念	4	幸福追求
5	自由裁量	6	憲法体制	7	衆議院	8	天皇
9	内閣総理大臣	10	内閣	11	国家	12	権力分立
13	合目的	14	合法	15	高度の政治	16	要件裁量
17	民主	18	自由主義	19	大所高所	20	明白な違憲

　（注）　*　日本国とアメリカ合衆国との間の安全保障条約

統治行為
　直接国家統治の基本に関する高度の政治性をもった政治部門の行為。

問　題　分　析　　　★☆☆

本問は，統治行為を論じた砂川事件判決の理解を問う問題です。

各　肢　の　解　説

　まず，アは，主権国としての平和・安全に関わる語句が入るが，選択肢の中に
そのような語句は「存立の基礎」しかなく，これが入ることになる。

　次に，イは条約を制定する主体であり，条約を承認する国会とは区別して書か
れているので「内閣」が入る。

　そして，ウ及びエは「内閣」及び国会といった政治的部門の判断の性格につい
ての語句である。したがって，選択肢の中にあるここに入りそうな語句は「高度
の政治」，「自由裁量」及び「要件裁量」である。ウは，米国との交渉に基づくわ
が国の重大政策である安全保障条約の有する性質に関わることから，上記語句の
中では「高度の政治」が入る。エは，「政治」的判断と並列的に並べられている
ので，政策的・専門的判断を意味する「自由裁量」が入る。

正解　アー1（存立の基礎）　　イー10（内閣）

ウー15（高度の政治）　　エー5（自由裁量）

ポイントチェック

統治行為論

内容	直接国家統治の基本に関する高度の政治性をもった政治部門の行為について，それが法律上の争訟を構成する場合でも，その高度の政治性の故に司法審査の対象外とする理論。
根拠	高度の政治性を帯びた行為は，国民によって直接選任されていない裁判所の審査の範囲外にあり，その当否は国会・内閣の判断に委ねられている（内在的制約説）。

問題

次の文章の空欄 ア ～ エ に当てはまる語句を，枠内の選択肢（1～20）から選びなさい。

問題は，裁判員制度の下で裁判官と国民とにより構成される裁判体が， ア に関する様々な憲法上の要請に適合した「 イ 」といい得るものであるか否かにある。…（中略）…。

以上によれば，裁判員裁判対象事件を取り扱う裁判体は，身分保障の下，独立して職権を行使することが保障された裁判官と，公平性，中立性を確保できるよう配慮された手続の下に選任された裁判員とによって構成されるものとされている。また，裁判員の権限は，裁判官と共に公判廷で審理に臨み，評議において事実認定， ウ 及び有罪の場合の刑の量定について意見を述べ， エ を行うことにある。これら裁判員の関与する判断は，いずれも司法作用の内容をなすものであるが，必ずしもあらかじめ法律的な知識，経験を有することが不可欠な事項であるとはいえない。さらに，裁判長は，裁判員がその職責を十分に果たすことができるように配慮しなければならないとされていることも考慮すると，上記のような権限を付与された裁判員が，様々な視点や感覚を反映させつつ，裁判官との協議を通じて良識ある結論に達することは，十分期待することができる。他方，憲法が定める ア の諸原則の保障は，裁判官の判断に委ねられている。

このような裁判員制度の仕組みを考慮すれば，公平な「 イ 」における法と証拠に基づく適正な裁判が行われること（憲法31条，32条，37条1項）は制度的に十分保障されている上，裁判官は ア の基本的な担い手とされているものと認められ，憲法が定める ア の諸原則を確保する上での支障はないということができる。

（最大判平成23年11月16日刑集65巻8号1285頁）

1	憲法訴訟	2	民事裁判	3	裁決	4	行政裁判
5	情状酌量	6	判例との関係	7	司法権	8	公開法廷
9	判決	10	紛争解決機関	11	決定	12	法令の解釈
13	裁判所	14	人身の自由	15	立法事実	16	評決
17	参審制	18	議決	19	法令の適用	20	刑事裁判

問 題 分 析　★★☆

本問は，裁判員制度の合憲性を論じた判例の理解を問う問題です。

各 肢 の 解 説

　まず，最後の段落で人身の自由の条文を引用して裁判員裁判がこれらの規定に抵触しないことを論じている中に「公正な　イ　」と文言があるので，イには「裁判所」が入る。次にアは，「　ア　の諸原則」という言葉や「裁判官が　ア　の基本的担い手」といったことが書かれているので，ここに入るのは「刑事裁判」である。

　ウ及びエは裁判員の権限について論じられている中にある。裁判は，事実認定→法令の解釈・適用→判断という過程を経て判決がなされるが，裁判員に法令の解釈権限はなく，それは裁判官が行うことになっている。したがって，ウには「法令の適用」が入る。最後に裁判員裁判において裁判官と裁判員からなる合議体の行う議論を「評議」，評議での決定を「評決」と呼ぶので，エに入るのは「評決」である。

正解　ア―20（刑事裁判）　　イ―13（裁判所）
　　　ウ―19（法令の適用）　エ―16（評決）

ポ イ ン ト チ ェ ッ ク

裁判員制度
　国民の中から選任された裁判員が裁判官と共に刑事訴訟手続に関与し，被告人が有罪かどうか，有罪の場合にどのような刑にするかを裁判官と一緒に決める制度をいう。

問　題

　次の文章の空欄 _____ に当てはまる語句（ア）と，本文末尾で述べられた考え方（イ）（現在でも通説とされる。）との組合せとして，妥当なものはどれか（旧漢字・旧仮名遣い等は適宜修正した。）。

　法の形式はその生産方法によって決定せられる。生産者を異にし，生産手続を異にするに従って異る法の形式が生ずる。国家組織は近代に至っていよいよ複雑となって来たから，国法の形式もそれに応じていよいよ多様に分化してきた…。

　すべて国庫金の支出は必ず予め定められた準則——これを実質的意味の予算または予算表と呼ぼう——にもとづいてなされることを要し，しかもその予定準則の定立には議会の同意を要することは，近代立憲政に通ずる大原則である。諸外国憲法はかくの如き予算表は「_____」の形式をとるべきものとなし，予算表の制定をもって「_____」の専属的所管に属せしめている。わが国ではこれと異り「_____」の外に「予算」という特殊な形式をみとめ，予算表の制定をもって「予算」の専属的所管に属せしめている。

（出典　宮澤俊義「憲法講義案」1936年から）

	（ア）	**（イ）**
1	法律	予算法形式説
2	法律	予算法律説
3	議決	予算決定説
4	命令	予算行政説
5	議決	予算決算説

key word

国庫

　財産権の主体として国家をみたときの表現。国庫に属する現金の総称を国庫金という。

問 題 分 析　　★★☆

本問は，予算の法的性格に関する文章の理解を問う問題です。

各 肢 の 解 説

設問の文章は，第2段落から予算に関するものであることが分かり，第1段落からそれがどの国法の形式で制定されるのかについて論じたものであることが分かる。そして，第2段落の最後の方に，（ア）と予算は異なる形式であること，予算は「特殊な形式」とあることから，（ア）は一般的な法形式であって特殊な法形式である予算とは異なることが分かる。一般的な国法の形式であるから（ア）は「法律」である。（イ）は予算を法律とは異なる特殊な法形式とみる「予算法形式説」である。

したがって，（ア）に「法律」,（イ）に「予算法形式説」が入る1が正解となる。

正解　　1

ポイントチェック

予算の法的性質

予算行政説	予算は行政行為であって，議決は議会による承認にすぎない。
予算法律説	予算は法律である。
予算法形式説	予算は通常の法律とは異なる手続で定立される国法の一形式である。

問 題

　憲法81条の定める違憲審査制の性格に関する次の文章の空欄 ア ～ エ に当てはまる言葉を，枠内の選択肢（1～20）から選びなさい。

　違憲審査制の性格に関する最高裁判所のリーディングケースとされるのは，1952年のいわゆる ア 違憲訴訟判決である。ここで最高裁は次のように判示し， ア の憲法違反を主張する原告の訴えを却下した。「わが裁判所が現行の制度上与えられているのは司法権を行う権限であり，そして司法権が発動するためには イ な争訟事件が提起されることを必要とする。我が裁判所は イ な争訟事件が提起されないのに将来を予想して憲法及びその他の法律命令等の解釈に対し存在する疑義論争に関し ウ な判断を下すごとき権限を行い得るものではない。けだし最高裁判所は法律命令等に関し違憲審査権を有するが，この権限は司法権の範囲内において行使されるものであり，この点においては最高裁判所と下級裁判所との間に異るところはないのである（憲法七六条一項参照）。……要するにわが現行の制度の下においては，特定の者の イ な法律関係につき紛争の存する場合においてのみ裁判所にその判断を求めることができるのであり，裁判所がかような イ 事件を離れて ウ に法律命令等の合憲性を判断する権限を有するとの見解には，憲法上及び法令上何等の根拠も存しない」。かような性格の違憲審査制を通例は付随的違憲審査制と呼び，これを採用している最も代表的な国としては エ を挙げることができる。

1	治安維持法	2	独立的	3	直接的	4	ドイツ	5	抽象的
6	一般的	7	客観的	8	フランス	9	付随的	10	オーストリア
11	間接的	12	アメリカ	13	政治的	14	不敬罪	15	警察予備隊
16	具体的	17	終局的	18	主観的	19	農地改革	20	イギリス

key word

違憲審査制

　憲法81条は，「最高裁判所は，一切の法律，命令，規則又は処分が憲法に適合するかしないかを決定する権限を有する終審裁判所である」と規定し，違憲審査制について定めているが，その性質について具体的に定めた規定は存在しない。

問 題 分 析　　★★☆

　本問は，判例を引用した文章を素材にして，我が国の違憲審査制度に関する理解を問うものです。

各 肢 の 解 説

　違憲審査制には，大きく分けて，アメリカ合衆国に代表される通常の司法裁判所に行わせる型（司法裁判所型）と，ドイツにおいて採用されている憲法裁判所という特別の裁判所を設けて行わせる型（憲法裁判所型）とがある。我が国は前者の型の違憲審査制を採用していると解される。すなわち，通常の司法裁判所が具体的事件の処理に必要な限度で憲法判断を行うというものである。これを付随的違憲審査制という。

正解　ア－15（警察予備隊）　　イ－16（具体的）
　　　ウ－5　（抽象的）　　　　エ－12（アメリカ）

ポイントチェック

違憲審査制の性格

付随的違憲審査制	具体的事件の解決に必要な限度で法令の合憲性について審査を行う制度（通説・判例）。
抽象的違憲審査制	具体的な争訟事件とかかわりなく，一般的，抽象的に，法令の合憲性について審査を行う制度。

問 題

　憲法訴訟における違憲性の主張適格が問題となった第三者没収に関する最高裁判所判決*について，次のア〜オの記述のうち，法廷意見の見解として，正しいものをすべて挙げた組合せはどれか。

ア　第三者の所有物の没収は，所有物を没収される第三者にも告知，弁解，防禦の機会を与えることが必要であり，これなしに没収することは，適正な法律手続によらないで財産権を侵害することになる。

イ　かかる没収の言渡を受けた被告人は，たとえ第三者の所有物に関する場合であっても，それが被告人に対する附加刑である以上，没収の裁判の違憲を理由として上告をすることができる。

ウ　被告人としても，その物の占有権を剥奪され，これを使用・収益できない状態におかれ，所有権を剥奪された第三者から賠償請求権等を行使される危険に曝される等，利害関係を有することが明らかであるから，上告により救済を求めることができるものと解すべきである。

エ　被告人自身は本件没収によって現実の具体的不利益を蒙ってはいないから，現実の具体的不利益を蒙っていない被告人の申立に基づき没収の違憲性に判断を加えることは，将来を予想した抽象的判断を下すものに外ならず，憲法81条が付与する違憲審査権の範囲を逸脱する。

オ　刑事訴訟法では，被告人に対して言い渡される判決の直接の効力が被告人以外の第三者に及ぶことは認められていない以上，本件の没収の裁判によって第三者の所有権は侵害されていない。

　（注）　*　最大判昭和37年11月28日刑集16巻11号1593頁

1　ア・イ
2　ア・エ
3　イ・オ
4　ア・イ・ウ
5　ア・エ・オ

問 題 分 析　　★★☆

本問は，憲法上の権利の主張適格に関する判例の理解を問う問題です。

各 肢 の 解 説

設問判例（最判昭和37・11・28）は，没収の対象となる物の所有者について手続保障が求められ，かつ被告人である占有者についても自己の利益に関わる者として憲法適合性の主張適格を認めている。

ここで，ア〜オの選択肢を見てみると，アは所有者に対する手続保障が必要であることを，イは占有者（被告人）が憲法上の主張ができることを，ウは占有者（被告人）に憲法上の主張をする利益があることが記載されており，これらは上記の判例の内容に沿うものである。一方，エは占有者（被告人）に憲法上の出張をする利益がないことを，オは所有者に手続保障は不要であることが記載されており，上記判例の結論と異なる見解に基づくものである。

以上により，ア，イ，ウの選択肢が挙げられている4が正解となる。

正解　4

ポイントチェック

最判昭和37・11・28

第三者の所有物の没収は，被告人に対する附加刑として言い渡され，その刑事処分の効果が第三者に及ぶものであるから，所有物を没収せられる第三者についても，告知，弁解，防禦の機会を与えることが必要であって，これなくして第三者の所有物を没収することは，適正な法律手続によらないで，財産権を侵害する制裁を科するに外ならない。かかる没収の言渡を受けた被告人は，たとえ第三者の所有物に関する場合であっても，被告人に対する附加刑である以上，没収の裁判の違憲を理由として上告をなしうることは，当然である。のみならず，被告人としても没収に係る物の占有権を剥奪され，またはこれが使用，収益をなしえない状態におかれ，更には所有権を剥奪された第三者から賠償請求権等を行使される危険にさらされる等，利害関係を有することが明らかであるから，上告により救済を求めることができる。

問　題

　次の文章は，最高裁判所の判例（百里基地訴訟）の一節である。空欄□□□に
当てはまる文章として，妥当なものはどれか。

　憲法九八条一項は，憲法が国の最高法規であること，すなわち，憲法が成文法
の国法形式として最も強い形式的効力を有し，憲法に違反するその余の法形式の
全部又は一部はその違反する限度において法規範としての本来の効力を有しない
ことを定めた規定であるから，同条項にいう「国務に関するその他の行為」とは，
同条項に列挙された法律，命令，詔勅と同一の性質を有する国の行為，言い換え
れば，公権力を行使して法規範を定立する国の行為を意味し，したがって，行政
処分，裁判などの国の行為は，個別的・具体的ながらも公権力を行使して法規範
を定立する国の行為であるから，かかる法規範を定立する限りにおいて国務に関
する行為に該当するものというべきであるが，国の行為であっても，私人と対等
の立場で行う国の行為は，右のような法規範の定立を伴わないから憲法九八条一
項にいう「国務に関するその他の行為」に該当しないものと解すべきである。…
原審の適法に確定した事実関係のもとでは，本件売買契約は，□□□

（最三小判平成元年6月20日民集43巻6号385頁）

1　国が行った行為であって，私人と対等の立場で行った単なる私法上の行為と
　はいえず，右のような法規範の定立を伴うことが明らかであるから，憲法九八
　条一項にいう「国務に関するその他の行為」には該当するというべきである。

2　私人と対等の立場で行った私法上の行為とはいえ，行政目的のために選択さ
　れた行政手段の一つであり，国の行為と同視さるべき行為であるから，憲法
　九八条一項にいう「国務に関するその他の行為」には該当するというべきであ
　る。

3　私人と対等の立場で行った私法上の行為とはいえ，そこにおける法規範の定
　立が社会法的修正を受けていることを考慮すると，憲法九八条一項にいう「国
　務に関するその他の行為」には該当するというべきである。

4　国が行った法規範の定立ではあるが，一見極めて明白に違憲とは到底いえな
　いため，憲法九八条一項にいう「国務に関するその他の行為」には該当しない
　ものというべきである。

5　国が行った行為ではあるが，私人と対等の立場で行った私法上の行為であり，
　右のような法規範の定立を伴わないことが明らかであるから，憲法九八条一項
　にいう「国務に関するその他の行為」には該当しないものというべきである。

問 題 分 析　　★★☆

　本問は，憲法適合性が問題となる「国務に関する…行為」について判示した判例の理解を問う問題です。

各 肢 の 解 説

　設問文に引用判決が百里基地訴訟（最判平成元・6・20）であると書かれている。この判例を理解していれば，当該判決は，私人と対等の立場で行った取引行為は「国務に関するその他の行為」に該当せず，したがって当該行為が直接憲法適合性の問題とならない旨を判示したものであることから，肢5が正答と分かる。

正解　5

判例情報

百里基地訴訟（最判平成元・6・20）

　憲法9条は，その憲法規範として有する性格上，私法上の行為の効力を直接規律することを目的とした規定ではなく，人権規定と同様，私法上の行為に対しては直接適用されるものではないと解するのが相当であり，国が一方当事者として関与した行為であつても，たとえば，行政活動上必要となる物品を調達する契約，公共施設に必要な土地の取得又は国有財産の売払いのためにする契約などのように，国が行政の主体としてでなく私人と対等の立場に立つて，私人との間で個々的に締結する私法上の契約は，当該契約がその成立の経緯及び内容において実質的にみて公権力の発動たる行為となんら変わりがないといえるような特段の事情のない限り，憲法9条の直接適用を受けず，私人間の利害関係の公平な調整を目的とする私法の適用を受けるにすぎないものと解するのが相当である。

行政法の一般的な法理論

問題

　法の一般原則に関わる最高裁判所の判決に関する次の記述のうち，妥当なものはどれか。

1　地方公共団体が，将来にわたって継続すべき一定内容の施策を決定した場合，その後社会情勢が変動したとしても，当該施策を変更することは住民や関係者の信頼保護の観点から許されないから，当該施策の変更は，当事者間に形成された信頼関係を不当に破壊するものとして，それにより損害を被る者との関係においては，違法となる。

2　租税法律主義の原則が貫かれるべき租税法律関係においては，租税法規に適合する課税処分について，法の一般原則である信義則の法理の適用がなされることはなく，租税法規の適用における納税者の平等，公平という要請を犠牲にしてもなお保護しなければ正義に反するといえるような特別の事情が存する場合であっても，課税処分が信義則の法理に反するものとして違法となることはない。

3　法の一般原則として権利濫用の禁止が行政上の法律関係において例外的に適用されることがあるとしても，その適用は慎重であるべきであるから，町からの申請に基づき知事がなした児童遊園設置認可処分が行政権の著しい濫用によるものであっても，それが，地域環境を守るという公益上の要請から生じたものである場合には，当該処分が違法とされることはない。

4　地方自治法により，金銭の給付を目的とする普通地方公共団体の権利につきその時効消滅については援用を要しないとされているのは，当該権利の性質上，法令に従い適正かつ画一的にこれを処理することが地方公共団体の事務処理上の便宜および住民の平等的取扱の理念に資するものであり，当該権利について時効援用の制度を適用する必要がないと判断されたことによるものと解されるから，普通地方公共団体に対する債権に関する消滅時効の主張が信義則に反し許されないとされる場合は，極めて限定されるものというべきである。

5　国家公務員の雇傭関係は，私人間の関係とは異なる特別の法律関係において結ばれるものであり，国には，公務の管理にあたって公務員の生命および健康等を危険から保護するよう配慮する義務が認められるとしても，それは一般的かつ抽象的なものにとどまるものであって，国家公務員の公務上の死亡について，国は，法律に規定された補償等の支給を行うことで足り，それ以上に，上記の配慮義務違反に基づく損害賠償義務を負うことはない。

問 題 分 析　　★☆☆

法の一般原則に関わる行政判例の理解を問う問題です。

各 肢 の 解 説

1　**妥当でない。**判例（最判昭和56・1・27）は，地方公共団体が，一定内容の将来にわたって継続すべき施策を決定した場合でも，当該施策が社会情勢の変動等に伴って変更されることがあることはもとより当然であって，地方公共団体は原則として当該決定に拘束されるものではないとしている。したがって，施策の変更が許されないわけではないから，本肢は妥当でない。

2　**妥当でない。**判例（最判昭和62・10・30）は，租税法規に適合する課税処分について，法の一般原理である信義則の法理の適用により，当該課税処分を違法なものとして取り消すことができる場合があるとしても，租税法律主義の原則が貫かれるべき租税法律関係においては，当該法理の適用については慎重でなければならず，租税法規の適用における納税者間の平等，公平という要請を犠牲にしてもなお当該課税処分に係る課税を免れしめて納税者の信頼を保護しなければ正義に反するといえるような特別の事情が存する場合に，初めて当該法理の適用の是非を考えるべきものであるとする。したがって，信義則の法理の適用がなされることはないとはしていないから，本肢は妥当でない。

3　**妥当でない。**判例（最判昭和53・6・16）は，個室付浴場業の営業を阻止することを主な目的とする児童遊園に対する知事の設置認可処分は，行政権の濫用に相当する違法性があり，効力を有しないとしている。したがって，行政権の濫用による処分が違法とされることはあるから，本肢は妥当でない。

4　**妥当である。**判例（最判平成19・2・6）は，地方自治法236条2項所定の普通地方公共団体に対する権利で金銭の給付を目的とするものの時効消滅につき当該普通地方公共団体による援用を要しないこととしたのは，当該権利については，その性質上，法令に従い適正かつ画一的にこれを処理することが，当該普通地方公共団体の事務処理上の便宜及び住民の平等的取扱いの理念に資することから，時効援用の制度を適用する必要がないと判断されたことによるものと解され，このような趣旨にかんがみると，普通地方公共団体に対する債権に関する消滅時効の主張が信義則に反し許されないとされる場合は極めて限定されるとしている。したがって，本肢は妥当である。

5　**妥当でない。**判例（最判昭和50・2・25）は，国は，公務員に対し，国が公務遂行のために設置すべき場所，施設もしくは器具等の設置管理又は公務員が遂行する公務の管理にあたって，公務員の生命及び健康等を危険から保護するよう配慮すべき義務を負っているものと解され，国は公務員に対する当該安全配慮義務を懈怠し，違法に公務員の生命，健康等を侵害して公務員に損害を与えた場合，当該公務員に対し損害賠償義務を負うとしている。したがって，安全配慮義務違反に基づく損害賠償義務を負うことがあるから，本肢は妥当でない。

正解　4

問題

行政上の法律関係に関する次の記述のうち，最高裁判所の判例に照らし，妥当なものはどれか。

1 公営住宅の使用関係については，一般法である民法および借家法（当時）が，特別法である公営住宅法およびこれに基づく条例に優先して適用されることから，その契約関係を規律するについては，信頼関係の法理の適用があるものと解すべきである。

2 食品衛生法に基づく食肉販売の営業許可は，当該営業に関する一般的禁止を個別に解除する処分であり，同許可を受けない者は，売買契約の締結も含め，当該営業を行うことが禁止された状態にあるから，その者が行った食肉の買入契約は当然に無効である。

3 租税滞納処分は，国家が公権力を発動して財産所有者の意思いかんにかかわらず一方的に処分の効果を発生させる行為であるという点で，自作農創設特別措置法（当時）所定の農地買収処分に類似するものであるから，物権変動の対抗要件に関する民法の規定の適用はない。

4 建築基準法において，防火地域または準防火地域内にある建築物で外壁が耐火構造のものについては，その外壁を隣地境界線に接して設けることができるとされているところ，この規定が適用される場合，建物を築造するには，境界線から一定以上の距離を保たなければならないとする民法の規定は適用されない。

5 公営住宅を使用する権利は，入居者本人にのみ認められた一身専属の権利であるが，住宅に困窮する低額所得者に対して低廉な家賃で住宅を賃貸することにより，国民生活の安定と社会福祉の増進に寄与するという公営住宅法の目的にかんがみ，入居者が死亡した場合，その同居の相続人がその使用権を当然に承継することが認められる。

key word

信頼関係の法理

公営住宅の使用者が法の定める公営住宅の明渡請求事由に該当する行為をした場合であっても，賃貸人である事業主体との間の信頼関係を破壊するとは認め難い特段の事情があるときには，事業主体の長は，当該使用者に対し，その住宅の使用関係を取り消し，その明渡を請求することはできない（最判昭和59・12・13）。賃貸借が当事者相互の信頼関係を基礎とする継続的契約であることを考慮し，明渡請求事由がある場合であっても，賃貸人賃借人間の信頼関係の破壊まで至っていることを要求することによって，賃借人を保護する法理をいう。

問 題 分 析　　★☆☆

行政上の法律関係の最高裁判例の理解を問う問題です。

各 肢 の 解 説

1 **妥当でない。**判例（最判昭和59・12・13）は，公営住宅の使用関係については，公営住宅法およびこれに基づく条例が特別法として民法および借家法に優先して適用されるが，公営住宅法および条例に特別の定めがない限り，原則として一般法である民法および借家法の適用があり，その契約関係を規律するについては，信頼関係の法理の適用があるとする。したがって，特別法である公営住宅法およびこれに基づく条例が一般法である民法および借家法に優先して適用されるから，本肢は妥当でない。

2 **妥当でない。**判例（最判昭和35・3・18）は，食品衛生法は単なる取締法規にすぎないものと解するのが相当であるから，食肉販売業の許可を受けていないとしても，当該法律により本件取引の効力が否定される理由はないとする。したがって，本肢は妥当でない。

3 **妥当でない。**判例（最判昭和31・4・24）は，国税滞納処分においては，国は，その有する租税債権につき，自ら執行機関として，強制執行の方法により，その満足を得ようとするものであって，滞納者の財産を差し押えた国の地位は，あたかも，民事訴訟法上の強制執行における差押債権者の地位に類するものであり，租税債権がたまたま公法上のものであることは，この関係において，国が一般私法上の債権者より不利益の取扱を受ける理由となるものではないとし，滞納処分による差押えの関係においても，民法177条の適用があるとする。したがって，本肢は妥当でない。

4 **妥当である。**判例（最判平成元・9・19）は，建築基準法65条は，防火地域又は準防火地域内にある外壁が耐火構造の建築物について，その外壁を隣地境界線に接して設けることができる旨規定しているが，これは，同条所定の建築物に限り，その建築については民法234条1項の規定の適用が排除される旨を定めたものであるとする。したがって，本肢は妥当である。

5 **妥当でない。**判例（最判平成2・10・18）は，公営住宅は，住宅に困窮する低額所得者に対して低廉な家賃で住宅を賃貸することにより，国民生活の安定と社会福祉の増進に寄与することを目的とするものであって，そのために，公営住宅の入居者を一定の条件を具備するものに限定し，政令の定める選考基準に従い，条例で定めるところにより，公正な方法で選考して，入居者を決定しなければならないものとした上，さらに入居者の収入が政令で定める基準を超えることになった場合には，その入居年数に応じて，入居者については，当該公営住宅を明け渡すように努めなければならない旨，事業主体の長については，当該公営住宅の明渡しを請求することができる旨を規定しており，このような公営住宅の規定の趣旨にかんがみれば，入居者が死亡した場合には，その相続人が公営住宅を使用する権利を当然に承継すると解する余地はないとする。したがって，本肢は妥当でない。

正解　4

行政法の法理論

　次の文章は，公有水面埋立てに関する最高裁判所判決の一節である。次の下線を引いたア〜オの用語のうち，誤っているものの組合せはどれか。

　(1)海は，特定人による独占的排他的支配の許されないものであり，現行法上，海水に覆われたままの状態でその一定範囲を区画してこれを私人の所有に帰属させるという制度は採用されていないから，海水に覆われたままの状態においては，私法上（ア）所有権の客体となる土地に当たらない（略）。また，海面を埋め立てるために土砂が投入されて埋立地が造成されても，原則として，埋立権者が竣功認可を受けて当該埋立地の（ア）所有権を取得するまでは，その土砂は，海面下の地盤に付合するものではなく，公有水面埋立法・・・に定める原状回復義務の対象となり得るものである（略）。これらのことからすれば，海面の埋立工事が完成して陸地が形成されても，同項に定める原状回復義務の対象となり得る限りは，海面下の地盤の上に独立した動産たる土砂が置かれているにすぎないから，この時点ではいまだ当該埋立地は私法上（ア）所有権の客体となる土地に当たらないというべきである。

　(2)公有水面埋立法・・・に定める上記原状回復義務は，海の公共性を回復するために埋立てをした者に課せられた義務である。そうすると，長年にわたり当該埋立地が事実上公の目的に使用されることもなく放置され，（イ）公共用財産としての形態，機能を完全に喪失し，その上に他人の平穏かつ公然の（ウ）占有が継続したが，そのため実際上公の目的が害されるようなこともなく，これを（イ）公共用財産として維持すべき理由がなくなった場合には，もはや同項に定める原状回復義務の対象とならないと解すべきである。したがって，竣功未認可埋立地であっても，上記の場合には，当該埋立地は，もはや公有水面に復元されることなく私法上所有権の客体となる土地として存続することが確定し，同時に，（エ）明示的に公用が廃止されたものとして，（オ）消滅時効の対象となるというべきである。

（最二小判平成17年12月16日民集59巻10号2931頁）

1　ア・ウ

2　ア・オ

3　イ・ウ

4　イ・エ

5　エ・オ

問 題 分 析　　★★☆

本問は，公用水面埋立てに関する判例についての問題です。

各 肢 の 解 説

　公用廃止がされたことを明示する事情はないから，エは「明示」ではなく，「黙示」が正しい用語である。また，「他人の平穏かつ公然の占有が継続」していることや，当該埋立地が「所有権の客体となる土地」になっていることから，当該埋立地は取得時効の対象になっているものといえる。したがって，オは「取得時効」が正しい用語である。

正解　5

判例情報

公共用財産について取得時効が成立する場合（最判昭和51・12・24）

　公共用財産が，長年の間事実上公の目的に供用されることなく放置され，公共用財産としての形態，機能を全く喪失し，その物のうえに他人の平穏かつ公然の占有が継続したが，そのため実際上公の目的が害されることもなく，もはやその物を公共用財産として維持すべき理由がなくなつた場合には，右公共用財産について，黙示的に公用が廃止されたものとして，取得時効の成立を妨げない。

次の文章は,地方公共団体の施策の変更に関する最高裁判所判決の一節である。空欄　ア　〜　エ　に当てはまる語句を,枠内の選択肢（1〜20）から選びなさい。

　…　ア　の原則は地方公共団体の組織及び運営に関する基本原則であり,また,地方公共団体のような行政主体が一定内容の将来にわたって継続すべき施策を決定した場合でも,右施策が社会情勢の変動等に伴って変更されることがあることはもとより当然であって,地方公共団体は原則として右決定に拘束されるものではない。

　しかし,右決定が,単に一定内容の継続的な施策を定めるにとどまらず,特定の者に対して右施策に適合する特定内容の活動をすることを促す個別的,具体的な勧告ないし勧誘を伴うものであり,かつ,その活動が相当長期にわたる当該施策の継続を前提としてはじめてこれに投入する資金又は労力に相応する効果を生じうる性質のものである場合には,右特定の者は,右施策が右活動の基盤として維持されるものと　イ　し,これを前提として右の活動ないしその準備活動に入るのが通常である。このような状況のもとでは,たとえ右勧告ないし勧誘に基づいてその者と当該地方公共団体との間に右施策の維持を内容とする契約が締結されたものとは認められない場合であっても,右のように密接な交渉を持つに至った当事者間の関係を規律すべき　ウ　の原則に照らし,その施策の変更にあたってはかかる　イ　に対して法的保護が与えられなければならないものというべきである。すなわち,右施策が変更されることにより,前記の勧告等に動機づけられて前記のような活動に入った者がその　イ　に反して所期の活動を妨げられ,社会観念上看過することのできない程度の積極的損害を被る場合に,地方公共団体において右損害を補償するなどの代償的措置を講ずることなく施策を変更することは,それがやむをえない客観的事情によるのでない限り,当事者間に形成された　イ　関係を不当に破壊するものとして違法性を帯び,地方公共団体の　エ　責任を生ぜしめるものといわなければならない。そして,前記　ア　の原則も,地方公共団体が住民の意思に基づいて行動する場合にはその行動になんらの法的責任も伴わないということを意味するものではないから,地方公共団体の施策決定の基盤をなす政治情勢の変化をもってただちに前記のやむをえない客観的事情にあたるものとし,前記のような相手方の　イ　を保護しないことが許されるものと解すべきではない。

（最三小判昭和56年1月27日民集35巻1号35頁）

1	信義衡平	2	私的自治	3	公平	4	信頼
5	確約	6	契約	7	財産	8	債務不履行
9	不法行為	10	団体自治	11	平等	12	刑事
13	住民自治	14	比例	15	権利濫用禁止	16	過失
17	期待	18	継続	19	監督	20	措置

問 題 分 析　　　★★☆

本問は，地方公共団体の施策の変更に関する判例知識を問う問題です。

各 肢 の 解 説

　まず，アには，「　ア　の原則は地方公共団体の組織及び運営に関する基本原則であ」るという部分，および，「前記　ア　の原則も，地方公共団体が住民の意思に基づいて行動する場合にはその行動になんらの法的責任も伴わないということを意味するものではない」という部分から，地方公共団体の施策を住民の意思に基づいて行うべきものとする「13　住民自治」の原則が入ることが分かる。

　次に，イについては，「右特定の者は，右施策が右活動の基盤として維持されるものと　イ　し，これを前提として右の活動ないしその準備活動に入るのが通常である」，「相手方の　イ　を保護しないことが許されるものと解すべきではない」という部分から，イには，「4　信頼」または「17　期待」が入ると予測することできる。もっとも，「当事者間に形成された　イ　関係を不当に破壊するものとして違法性を帯び」という部分に，「17　期待」を入れることは適切でないことが分かる。よって，イには，「4　信頼」が入ることになる。

　さらに，ウには，「密接な交渉を持つに至った当事者間の関係を規律すべき，　ウ　の原則に照らし，その施策の変更にあたってはかかる　イ　に対して法的保護が与えられなければならないものというべきである」という部分から，社会生活上，密接な交渉関係を持つに至った当事者は，相手方の信頼を裏切ることがないように行動すべきであるとする「1　信義衡平」の原則が入ることが分かる。

　最後に，エについては，「地方公共団体の　エ　責任を生ぜしめる」という部分から，「8　債務不履行」または「9　不法行為」が入ると予測することができる。もっとも，本文中に，地方公共団体とその相手方の間において，「契約が締結されたものとは認められない」という記述があり，「8　債務不履行」を入れることは適切でないことが分かる。よって，エには，「9　不法行為」が入ることになる。

正解　ア－13（住民自治）　イ－4　（信頼）
　　　ウ－1　（信義衡平）　エ－9　（不法行為）

ポイントチェック

「地方自治の本旨」の内容

　「地方自治の本旨」（憲法92条）は，住民自治と団体自治の2つの内容を有していると解されている。

住民自治の原則	その地域社会の公的事務を住民の意思に基づいて処理すべきことを意味する
団体自治の原則	国家から独立した地域団体に地域社会の公的事務を処理させることを意味する。

問題

次の文章の空欄 ア ～ エ に当てはまる語句を，枠内の選択肢（1 ～ 20）から選びなさい。

　　ア 法上の基礎概念である イ は，大きく二つの類型に分類して理解されている。一つは，行政主体とその外部との関係を基準として捉える作用法的 イ 概念である。例えば，行政処分を行う ウ がその権限に属する事務の一部をその エ である職員に委任し，またはこれに臨時に代理させて，私人に対する権限行使を行うような場合，この ウ と エ という区分は，上記の作用法的 イ 概念に基づくものである。もう一つは，各々の イ が担当する事務を単位として捉える事務配分的 イ 概念である。この概念は，現行法制の下では，国家 ア 法のとる制定法上の イ 概念であって，行政事務を外部関係・内部関係に区分することなく全体として把握するとともに，さまざまな行政の行為形式を現実に即して理解するために適している。

1	行政指導	2	行政訴訟	3	損失補償	4	公務員
5	行政委員会	6	諮問機関	7	責任者	8	賠償
9	警察	10	行政庁	11	行政代執行	12	土地収用
13	内閣	14	行政手続	15	補助機関	16	行政機関
17	参与機関	18	行政救済	19	行政組織	20	法治主義

key word

行政機関

　行政主体の手足となって活動する機関。作用法的行政機関概念と事務配分的行政機関概念という，観点を異にした分類がある。

問 題 分 析　　★☆☆

　本問は，行政機関についての基礎的分類を問う問題です。最初の空欄から埋めようとせずに，分かる空欄から順番に埋めていくと全体が見えてきたりすることがあります。落ち着いて考えることがポイントです。

各 肢 の 解 説

　まずは，　ウ　と　エ　から検討するとよい。「行政処分を行う　ウ　がその権限に属する事務の一部をその　エ　である職員に委任し，またはこれに臨時に代理させて，…」という部分から，　ウ　には，行政処分を行う10の「行政庁」が入り，「職員」との文言から　エ　には15の「補助機関」が入ると判断できる。

　次に，　ア　であるが，「　ア　法上の…」とか「国家　ア　法」などの表現がとられているので，「法」につながる語句を入れなければならないと分かるだろう。そして，テーマが行政組織に関するものであるということは文章全体から見て明らかなので，　ア　には19の「行政組織」が入ることが分かる。

　最後に　イ　を検討すると，「　イ　概念」という表現が多く，また，　ウ　と　エ　が「行政庁」や「補助機関」などの行政機関の種類が入ることが既に分かっているので，16の「行政機関」が入ると判断できる。

正解　ア－19（行政組織）　イ－16（行政機関）

ウ－10（行政庁）　　エ－15（補助機関）

ポイントチェック

　作用法的行政機関概念は，「行政主体とその外部との関係」を基準として捉えるもので，行政庁，参与機関，諮問機関，執行機関，監査機関，補助機関などの分類をさす。

　事務配分的行政機関概念は，行政機関が担当する「事務」を単位として捉えるものであり，国家行政組織法・内閣府設置法は，これを採用している。具体的には，府・省，委員会や庁などの分類がある。詳細は，内閣府設置法64条，国家行政組織法別表第1を参照のこと。

問 題

　内閣法および国家行政組織法の規定に関する次の記述のうち，正しいものはどれか。

1　各省大臣は，国務大臣のうちから内閣総理大臣が命ずるが，内閣総理大臣が自ら各省大臣に当たることはできない。

2　各省大臣は，その機関の事務を統括し，職員の服務について，これを統督するが，その機関の所掌事務について，命令または示達をするため，所管の諸機関および職員に対し，告示を発することができる。

3　各省大臣は，主任の行政事務について，法律または政令の制定，改正または廃止を必要と認めるときは，案をそなえて，内閣総理大臣に提出して，閣議を求めなければならない。

4　各省大臣は，主任の行政事務について，法律もしくは政令を施行するため，または法律もしくは政令の特別の委任に基づいて，それぞれその機関の命令として規則その他の特別の命令を発することができる。

5　各省大臣は，主任の大臣として，それぞれ行政事務を分担管理するものとされ，内閣総理大臣が行政各部を指揮監督することはできない。

key word

国務大臣

内閣の構成員（閣僚）

問 題 分 析　　★★☆

本問は，内閣法および国家行政組織法の規定に関する問題です。

各 肢 の 解 説

1　誤り。国家行政組織法5条3項は，「各省大臣は，国務大臣のうちから，内閣総理大臣が命ずる。ただし，内閣総理大臣が自ら当たることを妨げない。」としている。したがって，内閣総理大臣が自ら各省大臣に当たることもできる。

2　誤り。各省大臣は，その機関の所掌事務について，命令又は示達をするため，所管の諸機関及び職員に対し，「訓令又は通達」を発することができる（国家行政組織法14条2項）。告示ではない。

3　正しい。各省大臣は，主任の行政事務について，法律又は政令の制定，改正又は廃止を必要と認めるときは，案をそなえて，内閣総理大臣に提出して，閣議を求めなければならない（国家行政組織法11条）。

4　誤り。各省大臣は，主任の行政事務について，法律若しくは政令を施行するため，又は法律若しくは政令の特別の委任に基づいて，それぞれその機関の命令として「省令」を発することができる（国家行政組織法12条1項）。規則その他の特別の命令ではない。

5　誤り。内閣法6条は，「内閣総理大臣は，閣議にかけて決定した方針に基いて，行政各部を指揮監督する。」としている。したがって，内閣総理大臣は行政各部を指揮監督することができる。

正解　3

ポイントチェック

国務大臣の権限

　国務大臣は，案件を内閣総理大臣に提出して閣議を求めることができる（内閣法4条3項）。

　各国務大臣は，主任の大臣として行政事務を分担管理するが，行政事務を分担管理しない大臣（無任所大臣）が存することを妨げない（内閣法3条）。

問題

次の文章の空欄 ア ～ エ に当てはまる語句を，枠内の選択肢（1～20）から選びなさい。

　地方公務員法の目的は，「地方公共団体の人事機関並びに……人事行政に関する ア を確立することにより，地方公共団体の行政の イ 的かつ ウ 的な運営並びに特定地方独立行政法人の事務及び事業の確実な実施を保障し，もつて エ の実現に資すること」（同法1条）にあると定められている。まず，これを，国家公務員法の目的規定（同法1条1項）と比べてみると， ア ， イ ， ウ という文言は共通であるが， エ は含まれていない。 ア という文言は，法律による規律は大枠にとどめ，地方公務員制度の場合には地方公共団体の，国家公務員制度の場合には独立行政委員会たる人事院の判断を尊重する趣旨である。次に，地方公務員法の目的規定を，国家行政組織法の目的規定（同法1条）と比べてみると，「 ウ 」という文言だけが共通に用いられている。この文言は，国民・住民の税負担に配慮した行政組織運営を心がけるべきことを言い表していると考えられる。なお， イ 的行政運営と ウ 的行政運営とはしばしば相対立するが，行政組織が国民主権・住民自治を基盤とすることに鑑みれば， イ 的な運営が優先されるべきであろう。さらに，地方公務員法の目的規定を，地方自治法の目的規定（同法1条）と比べてみると， イ ， ウ ， エ という文言が共通に用いられている。すなわち同法は，「 エ に基づいて，…… イ 的にして ウ 的な行政の確保を図るとともに，地方公共団体の健全な発達を保障すること」をその目的として掲げているのである。 エ は，これらの立脚点であるとともに，実現すべき目標でもあるということになる。

1	処分基準	2	基本的人権	3	一般	4	成績主義
5	根本基準	6	安定	7	系統	8	能率
9	健全な財政運営	10	総合	11	自主	12	職階制
13	一体	14	地方自治の本旨	15	地域	16	審査基準
17	科学的人事管理	18	民主	19	職域自治	20	権限配分原則

問 題 分 析　　　★★☆

　本問は，地方公務員法の目的について，条文をベースにしながら作成された問題です。条文知識そのものというよりは，文章の流れの中から空欄に入れるべき語句を確定する力が試されています。

各 肢 の 解 説

　まず，「人事行政に関する　ア　を確立する」や「　ア　という文言は，法律による規律は大枠にとどめ，地方公務員制度の場合には地方公共団体の，国家公務員制度の場合には独立行政委員会たる人事院の判断を尊重する趣旨である。」という記述から，　ア　には大枠的・大綱的な基準といった類の語句が入ることがわかる。そこで，「5　根本基準」を入れてほしい。

　次に，　イ　と　ウ　はセットで考えていく必要がある。決め手となるのは，「　イ　的行政運営と　ウ　的行政運営とはしばしば相対立するが，行政組織が国民主権・住民自治を基盤とすることに鑑みれば，　イ　的な運営が優先されるべきであろう。」という記述である。国民主権・住民自治を強調すれば「民主主義的」という方向に流れるため，　イ　には「18　民主」が入る。そして，　イ　的行政運営と　ウ　的行政運営とはしばしば相対立するのであるから，　ウ　には「18　民主」とは逆の発想の語句を入れなければならない。また，「国家行政組織法の目的規定（同法1条）と比べてみると『　ウ　』という文言だけが共通で用いられている」との記述や，　ウ　という文言が「国民・住民の税負担に配慮した行政組織運営を心がけるべきことを言い表している」との記述から，行政組織は効率や能率を意識して活動すべきという発想が思い浮かべば，　ウ　には「8　能率」が入ることがわかるだろう。

　最後に，　エ　は，国家公務員法の目的規定に含まれないもので，地方公務員法が実現しようとしているものであるから，地方に関わるものである。また，地方自治法の目的規定（同法1条）が「　エ　に基づいて，…」としており，さらに　エ　は同法の実現すべき目標ともなるものであるから，「14　地方自治の本旨」を入れてほしい。

正解　ア－5（根本基準）　　イ－18（民主）

ウ－8（能率）　　　　エ－14（地方自治の本旨）

ポイントチェック

地方公務員法の目的

　この法律は，地方公共団体の人事機関並びに地方公務員の任用，人事評価，給与，勤務時間その他の勤務条件，休業，分限及び懲戒，服務，退職管理，研修，福祉及び利益の保護並びに団体等人事行政に関する根本基準を確立することにより，地方公共団体の行為の民主的かつ能率的な運営並びに特定地方独立行政法人の事務及び事業の確実な実施を保障し，もって地方自治の本旨の実現に資することを目的とする（地方公務員法1条）。

問　題

　行政立法に関する次の文章の空欄 ［ ア ］〜［ エ ］に当てはまる語句を，枠内の選択肢（1〜20）から選びなさい。

　行政立法は，学説上，法規命令と ［ ア ］の二つに分類される。［ ア ］にはさまざまな内容のものがある。例えば，地方公務員に対する懲戒処分について，「正当な理由なく10日以内の間勤務を欠いた職員は，減給又は戒告とする。」といった形の基準が定められることがあるが，これもその一例である。

　このような基準は，処分を行う際の ［ イ ］としての性格を有するものであるが，それ自体は ［ ウ ］としての性格を有するものではなく，仮に8日間無断欠勤した公務員に対して上掲の基準より重い内容の懲戒処分が行われたとしても，当該処分が直ちに違法とされるわけではない。しかし，もし特定の事例についてこの基準より重い処分が行われたとき，場合によっては，［ エ ］などに違反するものとして違法とされる余地がある。

1　執行命令	2　罪刑法定主義	3　条例	4　権利濫用	5　裁判規範
6　公定力	7　自力執行力	8　平等原則	9　指導要綱	10　行政規則
11　組織規範	12　適正手続	13　所掌事務	14　営造物規則	15　委任命令
16　特別権力関係	17　裁量基準	18　告示	19　施行規則	20　法令順守義務

ⓚⓔⓨ ⓦⓞⓡⓓ

裁量基準

　行政裁量を行使する際の公正・透明さを確保するための基準。例えば，行政手続法2条8号ロに規定する「審査基準」やハに規定する「処分基準」がある。

問　題　分　析　　★★☆

本問は，行政立法のうち行政規則に関する問題です。

各肢の解説

ア（10）行政規則。 行政立法は，法規命令と行政規則に分類される。法規命令とは，行政機関の定立する一般的定めのうち，国民の権利義務に関する法規範を内容とするものである。他方，行政規則とは，行政機関の定立する一般的定めのうち，法規の性質を有しないものである。本問では，アの直前に法規命令が出ているので，アには行政規則が入る。

イ（17）裁量基準。 懲戒処分は裁量行為である。そして，本問の基準は，懲戒処分を行うにあたり設定されたものであるから，裁量権行使の基準となっている。これを裁量基準という。したがって，イには裁量基準が入る。

ウ（5）裁判規範。 裁量基準は，法規ではなく裁量権行使に関する行政内部の基準であるから，外部的効果を有しない。よって，裁量基準が，裁判所を拘束することはない。そうすると，本問のように裁量基準に反する懲戒処分がなされたとしても，裁判所は裁量基準に反するから違法であるという判断をするわけではない。したがって，裁量基準は裁判の際に裁判所を拘束しないから，ウには裁判規範が入る。

エ（8）平等原則。 裁量基準よりも重い処分が行われたとしても，その処分が自由裁量行為であれば，裁量基準には外部的効果がない以上，当不当の問題しか生じず直ちには違法とはならない（最大判昭和53・10・4）。しかし，だれもが裁量基準に従い処分がなされているにもかかわらず，1人だけ基準より重い処分がなされているような場合，不平等な取り扱いを受けたことになる。このような場合，かかる取り扱いについて平等原則違反を主張することができる（最判昭和30・6・24）。したがって，エには平等原則が入る。

正解　ア－10（行政規則）　　イ－17（裁量基準）
　　　ウ－5（裁判規範）　　エ－8（平等原則）

ポイントチェック

行政立法の分類

		委任命令	法律の委任に基づいて，国民の権利義務を新たに定める
法規命令	国民の権利義務に影響を与える法規たる性質を有する	執行命令	上級の法令に基づいて実施に必要な具体的細目事項を定める
行政規則	国民の権利義務に影響を与える法規たる性質を有しない		

問　題

次の文章の空欄 ア ～ エ に当てはまる語句を，枠内の選択肢（1～20）から選びなさい。

行政機関は，多くの場合，自らその活動のための基準を設定する。この種の設定行為および設定された基準は，通例， ア と呼ばれる。この ア には，行政法学上で イ と ウ と呼ばれる2種類の規範が含まれる。前者が法的拘束力を持つのに対し後者はこれを持たないものとして区別されている。 エ は，行政機関が意思決定や事実を公に知らせる形式であるが， ア の一種として用いられることがある。この場合，それが イ に当たるのかそれとも ウ に当たるのかがしばしば問題とされてきた。例えば，文部科学大臣の エ である学習指導要領を イ だと解する見解によれば，学習指導要領には法的拘束力が認められるのに対し，学習指導要領は単なる指導助言文書だと解する見解によれば，そのような法的拘束力は認められないことになる。また， エ のうち，政策的な目標や指針と解される定めは， ウ と位置付けられることになろう。以上のように， エ の法的性質については一律に確定することができず，個別に判断する必要がある。

1	行政指導指針	2	行政処分	3	行政規則	4	施行規則
5	定款	6	行政立法	7	処分基準	8	解釈基準
9	法規命令	10	職務命令	11	政令	12	省令
13	告示	14	訓令	15	通達	16	審査基準
17	委任命令	18	附款	19	裁量基準	20	執行命令

問 題 分 析　　★★☆

本問は，行政立法に関する総合的知識を問う問題です。

各 肢 の 解 説

　行政機関が自らその活動のために設定する基準は，「行政立法」と呼ばれる。この行政立法は，法的拘束力を持つ「法規命令」と法的拘束力を持たない「行政規則」に区別される。

　そして，行政機関が意思決定や事実を公に知らせる形式を「告示」と呼んでいる。告示について法的拘束力があるか否かについては，問題文のとおり，一律に確定することができず，個別に判断する必要がある。なお，判例（最判平成2・1・18）は，高等学校学習指導要領（昭和35年文部省告示第94号）は法規としての性質を有するとした原審の判断は，正当として是認することができると判示した。

正解　アー6（行政立法）　イー9（法規命令）

ウー3（行政規則）　エー13（告示）

ポイントチェック

行政規則の種類

訓令	①上級行政機関が下級行政機関の権限行使を指揮・監督するために発する命令，②行政機関の長などが，その機関の所掌事務に関して職員に示達するものなど
通達	訓令が文書によって示達された場合など
要綱	行政機関の基本的な，又は重要な内部事務の取扱いについて定めたもの

問題

行政立法についての最高裁判所の判決に関する次の記述のうち，妥当なものはどれか。

1 国家公務員の退職共済年金受給に伴う退職一時金の利子相当額の返還について定める国家公務員共済組合法の規定において，その利子の利率を政令で定めるよう委任をしていることは，直接に国民の権利義務に変更を生じさせる利子の利率の決定という，本来法律で定めるべき事項を政令に委任するものであり，当該委任は憲法41条に反し許されない。

2 監獄法（当時）の委任を受けて定められた同法施行規則（省令）において，原則として被勾留者と幼年者との接見を許さないと定めていることは，事物を弁別する能力のない幼年者の心情を害することがないようにという配慮の下に設けられたものであるとしても，法律によらないで被勾留者の接見の自由を著しく制限するものであって，法の委任の範囲を超えるものといえ，当該施行規則の規定は無効である。

3 薬事法（当時）の委任を受けて，同法施行規則（省令）において一部の医薬品について郵便等販売をしてはならないと定めることについて，当該施行規則の規定が法律の委任の範囲を逸脱したものではないというためには，もっぱら法律中の根拠規定それ自体から，郵便等販売を規制する内容の省令の制定を委任する授権の趣旨が明確に読み取れることを要するものというべきであり，その判断において立法過程における議論を考慮したり，根拠規定以外の諸規定を参照して判断をすることは許されない。

4 児童扶養手当法の委任を受けて定められた同法施行令（政令）の規定において，支給対象となる婚姻外懐胎児童について「（父から認知された児童を除く。）」という括弧書きが設けられていることについては，憲法に違反するものでもなく，父の不存在を指標として児童扶養手当の支給対象となる児童の範囲を画することはそれなりに合理的なものともいえるから，それを設けたことは，政令制定者の裁量の範囲内に属するものであり，違憲，違法ではない。

5 銃砲刀剣類所持等取締法が，銃砲刀剣類の所持を原則として禁止した上で，美術品として価値のある刀剣類の所持を認めるための登録の方法や鑑定基準等を定めることを銃砲刀剣類登録規則（省令）に委任している場合に，当該登録規則において登録の対象を日本刀に限定したことについては，法律によらないで美術品の所有の自由を著しく制限するものであって，法の委任の範囲を超えるものといえ，当該登録規則の規定は無効である。

問 題 分 析　★☆☆

行政立法に関する判例の理解を問う問題です。

各 肢 の 解 説

1　**妥当でない。**判例（最判平成27・12・14）は，国家公務員共済組合法の退職
　　一時金に付加して返還すべき利子の利率の定めを政令に委任している規定は，
　　退職一時金に付加して返還すべき利子の利率の定めを白地で包括的に政令に委
　　任するものということはできないから，憲法41条に違反しないとする。したが
　　って，本肢は妥当でない。

2　**妥当である。**判例（最判平成3・7・9）は，旧監獄法（以下，単に法とい
　　う。）50条による委任により，被拘留者と14歳未満の幼年者との接見を原則と
　　して禁止している旧監獄法施行規則（以下,単に規則という。）120条について，
　　たとえ事物を弁別する能力の未発達な幼年者の心情を害することがないように
　　という配慮の下に設けられたものであるとしても，それ自体，法律によらない
　　で，被勾留者の接見の自由を著しく制限するものであって，法50条の委任の範
　　囲を超えるものといわなければならないとし，規則120条は，法50条の委任の
　　範囲を超えた無効のものであるとする。したがって，本肢は妥当である。

3　**妥当でない。**判例（最判平成25・1・11）は，旧薬事法（以下，単に法とい
　　う。）の委任により，一部の医薬品について郵便等販売をしてはならないと定
　　めている同法施行規則（以下，単に規則という。）について，規則の規定が，
　　これを定める根拠となる法の委任の範囲を逸脱したものではないというために
　　は，立法過程における議論をも斟酌した上で，法中の諸規定を見て，そこから，
　　郵便等販売を規制する内容の省令の制定を委任する授権の趣旨が，当該規制の
　　範囲や程度等に応じて明確に読み取れることを要するとする。したがって，薬
　　事法の委任の範囲内か判断するにあたり，立法過程における議論を考慮するこ
　　とは許されないとはしていないから，本肢は妥当でない。

4　**妥当でない。**判例（最判平成14・1・31）は，児童扶養手当法（以下，単に
　　法という。）4条1項5号による委任により，父から認知された児童を支給対
　　象児童から除外した児童扶養手当施行令1条の2第3号は，法の委任の趣旨に
　　反するものであり，本件括弧書は法の委任の範囲を逸脱した違法な規定として
　　無効となるとする。したがって，本肢は妥当でない。

5　**妥当でない。**判例（最判平成2・2・1）は，銃砲刀剣類登録規則が文化財
　　的価値のある刀剣類の鑑定基準として，美術品として文化財的価値を有する日
　　本刀に限る旨を定め，この基準に合致するもののみを我が国において前記の価
　　値を有するものとして登録の対象にすべきものとしたことは，銃砲刀剣類所持
　　等取締法14条1項の趣旨に沿う合理性を有する鑑定基準を定めたものというべ
　　きであるから，これをもって法の委任の趣旨を逸脱する無効のものということ
　　はできないとする。したがって，本肢は妥当でない。

正解　2

問題

次の文章の空欄 ア ～ エ に当てはまる語句を，枠内の選択肢（1～20）から選びなさい。

　行政救済制度としては，違法な行政行為の効力を争いその取消し等を求めるものとして行政上の不服申立手続及び抗告訴訟があり，違法な公権力の行使の結果生じた損害をてん補するものとして… ア 請求がある。両者はその目的・要件・効果を異にしており，別個独立の手段として，あいまって行政救済を完全なものとしていると理解することができる。後者は，憲法17条を淵源とする制度であって歴史的意義を有し，被害者を実効的に救済する機能のみならず制裁的機能及び将来の違法行為を抑止するという機能を有している。このように公務員の不法行為について国又は公共団体が…責任を負うという憲法上の原則及び ア 請求が果たすべき機能をも考えると，違法な行政処分により被った損害について ア 請求をするに際しては，あらかじめ当該行政処分についての取消し又は イ 確認の判決を得なければならないものではないというべきである。この理は，金銭の徴収や給付を目的とする行政処分についても同じであって，これらについてのみ，法律関係を早期に安定させる利益を優先させなければならないという理由はない。原審は，…固定資産税等の賦課決定のような行政処分については，過納金相当額を損害とする ア 請求を許容すると，実質的に ウ の取消訴訟と同一の効果を生じさせることとなって， ウ 等の不服申立方法・期間を制限した趣旨を潜脱することになり， ウ の エ をも否定することになる等として， ウ に イ 原因がない場合は，それが適法に取り消されない限り， ア 請求をすることは許されないとしている。しかしながら，効果を同じくするのは ウ が金銭の徴収を目的とする行政処分であるからにすぎず， ウ の エ と整合させるために法律上の根拠なくそのように異なった取扱いをすることは，相当でないと思われる。

（最一小判平成22年6月3日民集64巻4号1010頁・裁判官宮川光治の補足意見）

1	不当	2	損失補償	3	授益処分	4	撤回
5	住民監査	6	無効	7	執行力	8	強制徴収
9	既判力	10	課税処分	11	国家賠償	12	不存在
13	取立	14	形成力	15	差止	16	支払
17	不作為	18	不可変更力	19	通知	20	公定力

問 題 分 析　　★★☆

本問は，取消訴訟と国家賠償請求に関する問題です。

各 肢 の 解 説

　違法な公権力の行使の結果生じた損害をてん補する請求は，「国家賠償」請求である。そして，問題文に掲げられている判決が出る以前から，判例（最判昭和36・4．21）は，行政処分が違法であることを理由として国家賠償請求をするについては，あらかじめ当該行政処分についての取消しまたは「無効」確認の判決を得なければならないものではないと判示していた。なぜなら，国家賠償請求は，行政行為の効力自体を否定しようとするものではなく，公定力を侵害しないからである。

　この点，原審は，固定資産税等の過納金相当額に係る国家賠償請求を許容することは，実質的に，その過納金が生ずることとなった課税処分を取り消した場合と同様の経済的効果が得られることになるから，課税処分の不服申立方法・期間を制限した趣旨を潜脱することになり，また，課税処分が取り消されるまでその行為は適法であるとする課税処分の「公定力」をも否定することになるから，課税処分に無効原因がない場合は，課税処分が取り消されない限り，国家賠償請求をすることは許されないと判示した。

　これに対し，宮川裁判官補足意見は，たとえ効果が同じようになるとしても，それは，課税処分が金銭の徴収を目的とする処分であるという性質によるものであって，課税処分の公定力と整合させるために何らの法律上の根拠なく，上記取扱い（＝行政処分が違法であることを理由として国家賠償請求をするについては，あらかじめ当該行政処分についての取消しまたは無効確認の判決を得なければならないものではないとの取扱い）と異なる取扱いをすべきではないと批判した。

正解　アー11（国家賠償）　イー6 （無効）

ウー10（課税処分）　エー20（公定力）

問題

　行政裁量に関する次の文章の空欄　ア　～　エ　に当てはまる語句を，枠内の選択肢（1～20）から選びなさい。

　法律による行政の原理の下においても，法律が行政活動の内容を完全に規律しつくすことはできない。従って，法律が行政機関に自由な判断の余地を認めている場合があるが，これを裁量という。

　例えば，国家公務員法82条1項3号は，職員に「国民全体の奉仕者たるにふさわしくない非行のあつた場合」，「懲戒処分として，免職，停職，減給又は戒告の処分をすることができる」と規定しているが，例えば，公務員が争議行為を行い，同号にいう「国民全体の奉仕者たるにふさわしくない非行のあつた場合」という　ア　に当たると判断される場合，処分の　イ　について裁量が認められるとするならば，当該公務員について免職処分を選択するか，あるいは停職その他の処分を選択するかについては，懲戒権者の判断に委ねられることになる。しかしながら，その場合にあっても，当該非行が極めて軽微なものにとどまるにもかかわらず，免職処分を選択した場合は，　ウ　に違反し，裁量権の濫用・踰越となる。

　また，土地収用法20条3号は，土地収用を行うことのできる事業の認定にあたっては，当該事業が「土地の適正且つ合理的な利用に寄与するもの」でなければならないとしている。この場合，　ア　についての裁量が問題となるが，判例は，その場合の裁量判断について，「本来最も重視すべき諸要素，諸価値を不当，安易に軽視し，その結果当然尽くすべき考慮を尽くさず，また本来考慮に容れるべきでない事項を考慮に容れもしくは本来過大に評価すべきでない事項を過重に評価し」，これらのことにより判断が左右された場合には，裁量権の濫用・踰越にあたるとして，違法となるとしている。これは処分における　エ　について，司法審査を及ぼしたものといえる。

1	訴訟要件	2	目的	3	信義則	4	相当の期間の経過
5	効果	6	補充性要件	7	理由の提示	8	判断過程
9	過失	10	行政便宜主義	11	時の裁量	12	手続規定
13	紛争の成熟性	14	違法性阻却事由	15	保護義務	16	要件
17	行政規則	18	比例原則	19	手段	20	行政の内部問題

問 題 分 析　　　★★☆

　行政機関による裁量行為について，その裁量判断の方法と，裁量権の濫用・ゆ越として司法審査に服する場合に関する問題である。

各 肢 の 解 説

　行政裁量のうち，要件裁量は判断裁量とも言われ，法令が不確定概念を用いて定める場合に，行政庁が政治的あるいは専門技術的判断をするものである。これは事実の認定についての裁量ではなく，その事実が要件に当たるのかの裁量である。

　また，その判断過程について合理性を欠けば，裁判所が行政庁に代わって判断をするわけではないが，第三者的立場から審査（判断過程審査）をすることとなる（最判平成4・10・29，東京高裁昭和48・7・13）。

　一方，効果裁量は，ふたつに大別され，処分するのか否かの行為裁量のほか，いかなる処分とするのかの選択裁量がある。ただし，行政法の一般原則である比例原則に服するため，処分の選択を誤れば裁量権の濫用・逸脱となる。

正解　アー16（要件）　　イー5（効果）
　　　ウー18（比例原則）　　エー8（判断過程）

ポイントチェック

裁量行為のゆ越・濫用とは

　法律によって与えられている裁量権の範囲を逸脱した場合や，法律によって与えられた裁量権の範囲内であっても，適正にみえる外見と異なり，実際には不当な動機や目的により判断している場合や，実質的に法律から与えられた権限の目的からはずれた目的のために権限を行使している場合等をいう。

　具体的に，裁量権の濫用・ゆ越を審査する基準として，平等原則や比例原則がある。

平等原則	憲法14条を根拠とした原則。同じような状況にある者のうち，特定の者を合理的理由なく差別して不利益な取扱いをすることを禁止する原則である。
比例原則	憲法13条を根拠とした原則であり，必要な限度を超えた不利益を課するような手段を用いることのないよう，目的と手段との間の比例バランスを保つことを求める原則。

行政行為に司法審査が及ぶか

139

問題

　次の文章は，ある最高裁判所判決の一節である。空欄 ア ～ エ に当てはまる語句を，枠内の選択肢（1～20）から選びなさい。

　原子炉施設の安全性に関する判断の適否が争われる原子炉設置許可処分の取消訴訟における裁判所の審理，判断は，原子力委員会若しくは原子炉安全専門審査会の専門技術的な ア 及び判断を基にしてされた被告行政庁の判断に イ があるか否かという観点から行われるべきであって，現在の科学技術水準に照らし，右 ア において用いられた具体的 ウ に イ があり，あるいは当該原子炉施設が右の具体的 ウ に適合するとした原子力委員会若しくは原子炉安全専門審査会の ア 及び エ に看過し難い過誤，欠落があり，被告行政庁の判断がこれに依拠してされたと認められる場合には，被告行政庁の右判断に イ があるものとして，右判断に基づく原子炉設置許可処分は違法と解すべきである。原子炉設置許可処分についての右取消訴訟においては，右処分が前記のような性質を有することにかんがみると，被告行政庁がした右判断に イ があることの主張，立証責任は，本来，原告が負うべきものと解されるが，当該原子炉施設の安全審査に関する資料をすべて被告行政庁の側が保持していることなどの点を考慮すると，被告行政庁の側において，まず，その依拠した前記の具体的 ウ 並びに ア 及び エ 等，被告行政庁の判断に イ のないことを相当の根拠，資料に基づき主張，立証する必要があり，被告行政庁が右主張，立証を尽くさない場合には，被告行政庁がした右判断に イ があることが事実上推認されるものというべきである。

（最一小判平成4年10月29日民集46巻7号1174頁以下）

1	妥当性	2	要綱	3	重大な事実の誤認
4	予見可能性	5	合理性	6	審査基準	7	答申
8	不合理な点	9	重大かつ明白な瑕疵			10	判断枠組み
11	省令	12	事業計画	13	勧告	14	判断の過程
15	政令	16	根拠事実	17	調査審議	18	裁量の余地
19	法令違背	20	知見				

key word

裁量基準

　行政庁の裁量を地域ごとの判断に委ねたのでは，裁量決定に恣意の介入するおそれがあり，また，予測可能性にも反することから，行政の側が一定の裁量の基準を設けることがある。これを裁量基準と呼んでいる。例えば，本判旨の原子炉設置許可処分に係る具体的審査基準は，これに当たる。

問 題 分 析　　★★★

　本問は，行政行為における行政庁の裁量に関する問題です。空欄ウ以外は，確信を持って選択することができないため，迷っていると時間ばかりが過ぎていきます。見切りが必要な問題です。

各 肢 の 解 説

　まず，　ウ　を埋めるのが実際的であろう。最初に出てくる　ウ　には直前に「～において用いられた具体的」とあり，次には「具体的　ウ　に適合するとした」とあることから，「審査基準」という言葉を選択して欲しい。　ウ　が入れば直後の　イ　には「不合理な点」が入るのではないかと推測できる。3の「重要な事実の誤認」と悩むところであるが，審査基準に重要な事実の誤認という流れは不自然である。素直に「不合理な点」と入れるのがよい。次に　ア　について，最初に出てくる　ア　の直前には「専門技術的な」ときていることから，入りうるのは，10「判断枠組み」14「判断の過程」17「調査審議」といったところであろうと予想できる。しかし，　ア　の直後に「及び判断を基にしてされた被告行政庁の判断」と続くことからすると，　ア　には被告行政庁の判断の基になるものが入るので，17「調査審議」を入れるべきである。最後に　エ　であるが，ここは17「調査審議」と「及び」でつながるのは14「判断の過程」である。本判決が，判断過程についての言及が主たる要素であるということを知っていれば，ここには「判断の過程」という言葉が入るであろう。

正解　アー17（調査審議）　イー8（不合理な点）
　　　ウー6（審査基準）　エー14（判断の過程）

判 例 情 報

神戸高専事件判決（最判平成8・3・8）―判断過程審査

　高等専門学校の校長が学生に対し原級留置処分又は退学処分を行うかどうかの判断は，校長の合理的な教育的裁量にゆだねられるべきものであり，裁判所がその処分の適否を審査するに当たっては，校長と同一の立場に立って当該処分をすべきであったかどうか等について判断し，その結果と当該処分とを比較してその適否，軽重等を論ずべきものではなく，校長の裁量権の行使としての処分が，全く事実の基礎を欠くか又は社会観念上著しく妥当を欠き，裁量権の範囲を超え又は裁量権を濫用してされたと認められる場合に限り，違法であると判断すべきものである。

問　題

　次の文章は，都市計画における建設大臣（当時）の裁量権の範囲に関する原審の判断を覆した最高裁判所判決の一節である。空欄　Ⅰ　～　Ⅳ　には，それぞれあとのア～エのいずれかの文が入る。原審の判断を覆すための論理の展開を示すものとして妥当なものの組合せはどれか。

　都市施設は，その性質上，土地利用，交通等の現状及び将来の見通しを勘案して，適切な規模で必要な位置に配置することにより，円滑な都市活動を確保し，良好な都市環境を保持するように定めなければならないものであるから，都市施設の区域は，当該都市施設が適切な規模で必要な位置に配置されたものとなるような合理性をもって定められるべきものである。この場合において，民有地に代えて公有地を利用することができるときには，そのことも上記の合理性を判断する一つの考慮要素となり得ると解すべきである。

Ⅰ

。しかし，

Ⅱ

。

そして，

Ⅲ

のであり，

Ⅳ

。

　以上によれば，南門の位置を変更することにより林業試験場の樹木に悪影響が生ずるか等について十分に審理することなく，本件都市計画決定について裁量権の範囲を逸脱し又はこれを濫用してしたものであるということはできないとした

142

原審の判断には，判決に影響を及ぼすことが明らかな法令の違反がある。

（最二小判平成18年9月4日判例時報1948号26頁）

ア 原審は，南門の位置を変更し，本件民有地ではなく本件国有地を本件公園の用地として利用することにより，林業試験場の樹木に悪影響が生ずるか，悪影響が生ずるとして，これを樹木の植え替えなどによって回避するのは困難であるかなど，樹木の保全のためには南門の位置は現状のとおりとするのが望ましいという建設大臣の判断が合理性を欠くものであるかどうかを判断するに足りる具体的な事実を確定していないのであって，原審の確定した事実のみから，南門の位置を現状のとおりとする必要があることを肯定し，建設大臣がそのような前提の下に本件国有地ではなく本件民有地を本件公園の区域と定めたことについて合理性に欠けるものではないとすることはできないといわざるを得ない

イ 本件国有地ではなく本件民有地を本件公園の区域と定めた建設大臣の判断が合理性を欠くものであるということができるときには，その建設大臣の判断は，他に特段の事情のない限り，社会通念に照らし著しく妥当性を欠くものとなるのであって，本件都市計画決定は，裁量権の範囲を超え又はその濫用があったものとして違法となるのである

ウ 樹木の保全のためには南門の位置は現状のとおりとするのが望ましいという建設大臣の判断が合理性を欠くものであるということができる場合には，更に，本件民有地及び本件国有地の利用等の現状及び将来の見通しなどを勘案して，本件国有地ではなく本件民有地を本件公園の区域と定めた建設大臣の判断が合理性を欠くものであるということができるかどうかを判断しなければならない

エ 原審は，建設大臣が林業試験場には貴重な樹木が多いことからその保全のため南門の位置は現状のとおりとすることになるという前提の下に本件民有地を本件公園の区域と定めたことは合理性に欠けるものではないとして，本件都市計画決定について裁量権の範囲を逸脱し又はこれを濫用してしたものであるということはできないとする

	I	II	III	IV
1	ア	ウ	エ	イ
2	イ	エ	ア	ウ
3	イ	エ	ウ	ア
4	ウ	イ	エ	ア
5	エ	ア	ウ	イ

本問は，行政裁量の裁量権の範囲に係る最高裁判所の判例に関する問題です。

各 肢 の 解 説

本問の事案における最高裁判所は，「都市施設の区域は，当該都市施設が適切な規模で必要な位置に配置されたものとなるような合理性をもって定められるべきものである。この場合において，民有地に代えて公有地を利用することができるときには，そのことも上記の合理性を判断する一つの考慮要素となり得ると解すべきである」としている。そして，原審の判断を覆す論理が展開されるのであるから，この文章に続く　I　の後の接続詞「しかし」に着目すると，　I　には，原審の判断が入り，　II　には，　I　の内容に対し，反対または批判する内容の文章が入ることが分かる。ア～エを検討すると，エは，「原審は，建設大臣が…と定めたことは合理性に欠けるものではない」としているのに対し，アは，「原審は，…建設大臣の判断が合理性を欠くものであるかどうかを判断するに足りる具体的な事実を確定していない」と批判している。したがって，　I　にはエが，　II　にはアが入ることが分かる。

　II　の後の接続詞「そして」は，前の文章の内容に後の文章の内容を付け加えるものである。これを前提に，アを見てみると，「建設大臣がそのような前提の下に本件国有地ではなく本件民有地を本件公園の区域と定めたことについて合理性に欠けるものではないとすることはできない」という文章が出てくる。この文章は，イの「本件国有地ではなく本件民有地を本件公園の区域と定めた建設大臣の判断が合理性を欠くものであるということができる」と同内容の文章である。そこで，　III　にイを入れてみるが，その直後の「のであり，」にうまく繋がっていかない。そこで，　III　に残りのウを入れると，うまく繋がっていく。そして，　IV　に残りのイを挿入して，文章の流れを確認すると，文章としてうまく流れることが分かる。

以上により，　I　にはエ，　II　にはア，　III　にはウ，　IV　にはイが入るから，正解は5である。

正解　5

判例情報

小田急高架事業認可取消訴訟（最判平成18・11・2）

　都市施設の規模,配置等に関する事項を定めるに当たってなされる行政庁の判断は,これを決定する行政庁の広範な裁量にゆだねられているというべきであって,裁判所が都市施設に関する都市計画の決定または変更の内容の適否を審査するに当たっては,当該決定または変更が裁量権の行使としてされたことを前提として,その基礎とされた重要な事実に誤認があること等により重要な事実の基礎を欠くこととなる場合,または,事実に対する評価が明らかに合理性を欠くこと,判断の過程において考慮すべき事情を考慮しないこと等によりその内容が社会通念に照らし著しく妥当性を欠くものと認められる場合に限り,裁量権の範囲を逸脱しまたはこれを濫用したものとして違法となる。

問題

行政裁量に関する次のア～オの記述のうち，最高裁判所の判例に照らし，妥当なものの組合せはどれか。

ア 教科書検定の審査，判断は，申請図書について，内容が学問的に正確であるか，中立・公正であるか，教科の目標等を達成する上で適切であるか，児童，生徒の心身の発達段階に適応しているか，などの観点から行われる学術的，教育的な専門技術的判断であるから，事柄の性質上，文部大臣（当時）の合理的な裁量に委ねられる。

イ 国家公務員に対する懲戒処分において，処分要件にかかる処分対象者の行為に関する事実は，平素から庁内の事情に通暁し，配下職員の指揮監督の衝にあたる者が最もよく把握しうるところであるから，懲戒処分の司法審査にあたり，裁判所は懲戒権者が当該処分に当たって行った事実認定に拘束される。

ウ 公害健康被害の補償等に関する法律に基づく水俣病の認定は，水俣病の罹患の有無という現在または過去の確定した客観的事実を確認する行為であって，この点に関する処分行政庁の判断はその裁量に委ねられるべき性質のものではない。

エ 生活保護法に基づく保護基準が前提とする「最低限度の生活」は，専門的，技術的な見地から客観的に定まるものであるから，保護基準中の老齢加算に係る部分を改定するに際し，最低限度の生活を維持する上で老齢であることに起因する特別な需要が存在するといえるか否かを判断するに当たって，厚生労働大臣に政策的な見地からの裁量権は認められない。

オ 学校施設の目的外使用を許可するか否かについては，原則として，管理者の裁量に委ねられており，学校教育上支障があれば使用を許可することができないことは明らかであるが，集会の開催を目的とする使用申請で，そのような支障がないものについては，集会の自由の保障の趣旨に鑑み，これを許可しなければならない。

1 ア・ウ
2 ア・オ
3 イ・ウ
4 イ・エ
5 エ・オ

問 題 分 析 ★★☆

行政裁量に関する判例の理解を問う問題です。

各 肢 の 解 説

ア　妥当である。 判例（最判平成5・3・16）は，本件検定の審査，判断は，申請図書について，内容が学問的に正確であるか，中立・公正であるか，教科の目標等を達成する上で適切であるか，児童，生徒の心身の発達段階に適応しているか，などの様々な観点から多角的に行われるもので，学術的，教育的な専門技術的判断であるから，事柄の性質上，文部大臣の合理的な裁量に委ねられるとする。したがって，妥当である。

イ　妥当でない。 判例（最判昭和52・12・20）は，裁判所が懲戒処分の適否を審査するにあたっては，懲戒権者の裁量権の行使に基づく処分が社会観念上著しく妥当を欠き，裁量権を濫用したと認められる場合に限り違法であると判断すべきものであるとする。したがって，司法審査にあたって裁判所は懲戒権者の行った事実認定に拘束されるわけではないから，本肢は妥当でない。

ウ　妥当である。 判例（最判平成25・4・16）は，公害健康被害の補償等に関する法律に基づく水俣病であることの認定自体は，客観的事象としての水俣病のり患の有無という現在又は過去の確定した客観的事実を確認する行為であって，この点に関する処分行政庁の判断はその裁量に委ねられるべき性質のものではないとする。したがって，本肢は妥当である。

エ　妥当でない。 判例（最判平成24・2・28）は，保護基準中の老齢加算に係る部分を改定するに際し，最低限度の生活を維持する上で老齢であることに起因する特別な需要が存在するといえるか否か及び高齢者に係る改定後の生活扶助基準の内容が健康で文化的な生活水準を維持することができるものであるか否かを判断するに当たっては，厚生労働大臣に専門技術的かつ政策的な見地からの裁量権が認められるとする。したがって，裁量権が認められるから，本肢は妥当でない。

オ　妥当でない。 判例（最判平成18・2・7）は，学校施設の目的外使用を許可するか否かは，原則として，管理者の裁量にゆだねられており，学校教育上支障があれば使用を許可することができないことは明らかであるが，そのような支障がないからといって当然に許可しなくてはならないものではなく，行政財産である学校施設の目的及び用途と目的外使用の目的，態様等との関係に配慮した合理的な裁量判断により使用許可をしないこともできるとする。したがって，支障がないものについて許可しなければならないとはしていないから，本肢は妥当でない。

以上により，妥当なものは，ア及びウであるから，正解は1である。

正解　1

問　題

　次の文章は，ある最高裁判所判決の一節である。空欄 ア ～ エ に当てはまる語句を，枠内の選択肢（1～20）から選びなさい。

　…課税処分につき ア の場合を認めるとしても，このような処分については，… イ の制限を受けることなく，何時まででも争うことができることとなるわけであるから，更正についての期間の制限等を考慮すれば，かかる例外の場合を肯定するについて慎重でなければならないことは当然であるが，一般に，課税処分が課税庁と被課税者との間にのみ存するもので，処分の存在を信頼する ウ の保護を考慮する必要のないこと等を勘案すれば，当該処分における内容上の過誤が課税要件の根幹についてのそれであって，徴税行政の安定とその円滑な運営の要請を斟酌してもなお，不服申立期間の徒過による エ 的効果の発生を理由として被課税者に右処分による不利益を甘受させることが，著しく不当と認められるような例外的な事情のある場合には，前記の過誤による瑕疵は，当該処分を ア ならしめるものと解するのが相当である。

（最一小判昭和48年4月26日民集27巻3号629頁以下）

1	審査庁	2	違法	3	除斥期間	4	確定	5	当然無効
6	裁量	7	納税者	8	失効	9	第三者	10	遡及
11	裁定	12	出訴期間	13	消滅	14	失権	15	時効
16	不可争	17	取消し	18	公益	19	公権	20	不法

key word

「無効な行政行為」（重大明白説）

　行政行為に内在する瑕疵が重大な法規違反であり，瑕疵の存在が明白であれば，その行政行為は成立時から何らの効力もないとされる。瑕疵が明白であるか否かは，処分の外形上，客観的に，誤認が一見看取し得るものであるかどうかにより決する（最判昭和36・3・7）。

問 題 分 析　　★★☆

　無効な行政行為とは「行政行為に内在する瑕疵が重大な法規違反であり，かつ瑕疵の存在が明白であること」（重大明白説）とするのが通説ですが，その明白性を要件とせずに無効を判断したのが本判例です。著名な判例なのでその内容を知っていた人は多かったでしょうが，判旨の言葉遣いまでは正確に記憶していなかったのではないでしょうか。

各 肢 の 解 説

　判旨のフレーズを正確に覚えていれば容易であるが，そうでなければ国語的に空欄を埋めていくしかない。本判例が無効の行政行為についての判決だと分かっていればアは「当然無効」を入れられるはず。2行目「何時までででも争うこととなる」とあるので「イの制限なく」のイは「出訴期間」と分かるだろう。4〜5行目「課税処分が……との間にのみ存する」というフレーズから信頼を保護する必要がないのは「第三者」（＝ウ）であることを導いてほしい。8行目「不服申立期間の徒過」で不可争力を想起できればエ＝「不可争」と入れることができるであろう。

正解　ア－5（当然無効）　イ－12（出訴期間）

ウ－9（第三者）　エ－16（不可争）

ポイントチェック

　本問判例は行政行為の無効を認定するにあたり明白性を要件としなかったが，これは例外的な措置である。すなわち，本判例は課税処分の無効確認を求めた事案であり，課税処分が課税庁と被課税者との間にのみ存し，第三者の信頼を保護することを考慮しなくてよいことから，明白性を不要としたのである。判例の原則はあくまで重大明白説を採る，と考えてよい。

問　題

次の文章は，ある最高裁判所判決の一節である。空欄　ア　～　エ　に当てはまる語句を，枠内の選択肢（1～20）から選びなさい。

旧行政事件訴訟特例法のもとにおいても，また，行政事件訴訟法のもとにおいても，行政庁の　ア　に任された　イ　の　ウ　を求める訴訟においては，その　ウ　を求める者において，行政庁が，右　イ　をするにあたつてした　ア　権の行使がその範囲をこえまたは濫用にわたり，したがつて，右　イ　が違法であり，かつ，その違法が　エ　であることを主張および立証することを要するものと解するのが相当である。これを本件についてみるに，本件…売渡処分は，旧自作農創設特別措置法四一条一項二号および同法施行規則二八条の八に基づいてなされたものであるから，右売渡処分をするにあたつて，右法条に規定されたものの相互の間で，いずれのものを売渡の相手方とするかは，政府の　ア　に任されているものというべきである。しかるに，上告人らは，政府のした右　ア　権の行使がその範囲をこえもしくは濫用にわたり，したがつて違法視されるべき旨の具体的事実の主張または右違法が　エ　である旨の具体的事実の主張のいずれをもしていない…。

（最二小判昭和42年4月7日民集21巻3号572頁）

1	命令	2	無効確認	3	許可	4	重大
5	監督	6	取消し	7	承認	8	重大かつ明白
9	指揮	10	行政処分	11	明らか	12	裁決
13	真実	14	支給	15	明確	16	救済
17	釈明処分	18	審判	19	認定	20	裁量

key word

行政事件訴訟特例法

　民事事件の訴訟手続とは別に行政事件について規律するために1948年に制定された法律。なお，1962年には現行法である行政事件訴訟法が制定された。

問 題 分 析　　★★☆

本問は，行政行為の無効の瑕疵について問う問題です。

各 肢 の 解 説

本問では，「行政庁が，右□イ□をするにあたつてした□ア□権の行使がその範囲をこえまたは濫用にわたり，したがつて，右□イ□が違法であり，かつ，その違法が□エ□であることを主張および立証することを要する」という記述から，まず，□ア□には「20　裁量」が入ることがわかる。「権」につながる用語を入れなければならないことや，「その範囲をこえまたは濫用にわたり」という言い回しが行政裁量の違法性判断の際に用いられることなどがその根拠となる。次に，□ア□に「20　裁量」が入る以上，□イ□には「10　行政処分」を入れるべきである。行政裁量は行政処分をする際に行使するものだからである。さらに，□エ□については，「右行政処分が違法であり，かつ，その違法が□エ□であることを主張および立証することを要する」という記述から，この流れの中で入れるべき用語は，行政処分が「無効」になるための要件である。よって，□エ□には「8　重大かつ明白」が入る。そして，ここまでくれば「□ウ□を求める訴訟」として，□ウ□に「2　無効確認」が入ると確定できる。

正解　ア－20（裁量）　　　イ－10（行政処分）
　　　ウ－2（無効確認）　　エ－8（重大かつ明白）

ポイントチェック

行政行為の瑕疵

	違法な行政行為＝取り消しすべき行政行為（軽微な瑕疵）	無効な行政行為（重大かつ明白な瑕疵）
効果	取り消されるまでは有効＝公定力あり→取り消されて初めて遡及的に無効となる	当然に無効＝公定力なし→何もしなくても最初から無効
期間制限（不可争力）	あり（出訴期間・不服申立期間）	なし

問題

無効の行政行為に関する次の記述のうち，妥当なものはどれか。

1　無効の行政行為については，それを争う訴訟として無効確認訴訟が法定されており，その無効を実質的当事者訴訟や民事訴訟において主張することは許されない。

2　無効の行政行為については，それを取り消すことはできないから，たとえ出訴期間内であっても，それに対して提起された取消訴訟は不適法とされる。

3　無効の行政行為については，当該処分の取消訴訟について，個別法に審査請求前置が規定されていても，直ちに無効確認訴訟を提起することが許される。

4　無効の行政行為については，客観的に効力が認められないのであるから，その無効を主張する者は，何人でも，無効確認訴訟を提起して，これを争うことができる。

5　無効の行政行為については，その執行は認められず，これを何人も無視できるから，無効確認訴訟には，仮の救済のための執行停止制度の準用はなされていない。

key word

実質的当事者訴訟

公法上の法律関係に関する確認の訴えその他の公法上の法律関係に関する訴訟をいう。

問 題 分 析　　★★☆

本間は，無効の行政行為の訴訟形態及び無効等確認訴訟について問う問題です。

各 肢 の 解 説

1　妥当でない。 行政行為が無効であることは，実質的当事者訴訟（行政事件訴訟法4条後段）において主張したり，処分の無効を前提とした民事訴訟（行政事件訴訟法45条。争点訴訟）の中で主張することができる。

2　妥当でない。 無効の行政行為についても，その瑕疵を理由に取り消すことはでき，取消訴訟の対象とすることはできる。

3　妥当である。 無効の行政行為について，当該処分の取消訴訟について審査請求前置が個別法に定められていても，取消訴訟でなく無効確認訴訟を提起する場合は審査請求を前置せずに直ちに提起することができる（行政事件訴訟法38条において，8条1項は無効確認訴訟に準用されていない。）。

4　妥当でない。 無効等確認の訴えは，当該処分又は裁決に続く処分により損害を受けるおそれのある者その他当該処分又は裁決の無効等の確認を求めるにつき法律上の利益を有する者で，当該処分若しくは裁決の存否又はその効力の有無を前提とする現在の法律関係に関する訴えによって目的を達することができないものに限り，提起することができる（行政事件訴訟法36条）。したがって，何人でも提起して争うことができるというわけではないから，本肢は妥当でない。

5　妥当でない。 無効確認訴訟には，仮の救済のための執行停止制度が準用されている（行政事件訴訟法38条3項，25条）。

正解　3

ポイントチェック

無効の行政行為

行政処分が当然無効であるというためには，処分に重大かつ明白な瑕疵がなければならずここに重大かつ明白な瑕疵というのは，「処分の要件の存在を肯定する処分庁の認定に重大明白な瑕疵がある場合」を指す（最判昭和36・3・7）。

問題

行政処分の無効と取消しに関する次の記述のうち，正しいものはどれか。

1　行政処分が無効である場合，当該処分はその成立当初から効力を認められないから，当該処分に対する取消訴訟を提起することはできない。

2　行政処分が無効である場合，行政不服審査法が定める審査請求期間にかかわらず，当該行政処分の審査請求をすることができる。

3　行政処分の職権取消しは，当該処分に対する相手方等の信頼を保護する見地から，取消訴訟の出訴期間内に行わなければならない。

4　行政処分が職権により取り消された場合，取消しの対象となった処分の効力は消滅するので，これを争う相手方は，当該処分の有効確認の訴えを提起しなければならない。

5　行政処分の違法を理由として国家賠償を請求するためには，その取消しまたは無効確認の確定判決をあらかじめ得ておく必要はない。

key word

無効と取消し

　行政行為の瑕疵には，その瑕疵の程度に応じて，取消しうべき瑕疵と無効の瑕疵がある。その相違は，前者には公定力や不可争力があるが，後者にはそれらがない点である。

問 題 分 析 ★☆☆

行政処分の無効と取消しの理解を問う問題です。

各 肢 の 解 説

1 **誤り**。取消訴訟を提起し，当該訴訟の中で無効原因に当たる瑕疵が主張された場合，取消訴訟として審理すれば足りると解されているから，取消訴訟を提起することはできる。したがって，本肢は誤っている。

2 **誤り**。行政不服審査法上，行政処分が無効であることを理由として審査請求期間の制限に服しないとする旨の規定は置かれていない。したがって，本肢は誤っている。

3 **誤り**。行政行為は，一定期間を経過すると，私人の側から行政行為の効力を争うことができなくなる（不可争力，行政不服審査法18条1項・2項等，行政事件訴訟法14条1項・2項等）。この不可争力は，私人の側から行政行為の効力を争うことができないとするものであって，処分庁の職権取消しを排除するものではない。不服申立て期間に関するものであるが，判例（最判昭和43・11・7）は，買収計画，売渡計画のごとき行政処分が違法または不当であれば，すでに法定の不服申立期間の徒過により争訟手続によってその効力を争い得なくなったものであっても，処分をした行政庁その他正当な権限を有する行政庁においては，自らその違法または不当を認めて，これを取り消すことができるとしている。したがって，取消訴訟の出訴期間を経過しても，処分庁は職権取消しをすることができるから，本肢は誤っている。

4 **誤り**。職権取消しは，行政処分であるから，これを争う者は，処分の取消しの訴えを提起することができる（行政事件訴訟法3条2項）。したがって，当該処分の有効確認の訴えを提起しなければならないわけではない。よって，本肢は誤っている。

5 **正しい**。判例（最判昭和36・4・21）は，行政処分が違法であることを理由として国家賠償の請求をするについては，あらかじめ当該行政処分につき取消しまたは無効確認の判決を得なければならないものではないとする。したがって，本肢は正しい。

正解　5

判 例 情 報

最判昭36・3・7

行政処分が当然無効であるというためには，処分に重大かつ明白な瑕疵がなければならず，ここに重大かつ明白な瑕疵というのは，処分の要件の存在を肯定する処分庁の認定に重大・明白な瑕疵がある場合をいう。

問　題

　砂利採取法26条1号から4号までによる「認可の取消し」に関する次の記述のうち，正しいものはどれか。

1　1号による「認可の取消し」および2号による「認可の取消し」は，いずれも行政法学上の取消しである。

2　1号による「認可の取消し」および3号による「認可の取消し」は，いずれも行政法学上の取消しである。

3　2号による「認可の取消し」および3号による「認可の取消し」は，いずれも行政法学上の撤回である。

4　2号による「認可の取消し」および4号による「認可の取消し」は，いずれも行政法学上の撤回である。

5　3号による「認可の取消し」および4号による「認可の取消し」は，いずれも行政法学上の撤回である。

（参照条文）
　砂利採取法
　（採取計画の認可）
　第16条　砂利採取業者は，砂利の採取を行おうとするときは，当該採取に係る砂利採取場ごとに採取計画を定め，（当該砂利採取場の所在地を管轄する都道府県知事等）の認可を受けなければならない。
　（遵守義務）
　第21条　第16条の認可を受けた砂利採取業者は，当該認可に係る採取計画…に従つて砂利の採取を行なわなければならない。
　（緊急措置命令等）
　第23条第1項　都道府県知事又は河川管理者は，砂利の採取に伴う災害の防止のため緊急の必要があると認めるときは，採取計画についてその認可を受けた砂利採取業者に対し，砂利の採取に伴う災害の防止のための必要な措置をとるべきこと又は砂利の採取を停止すべきことを命ずることができる。（第2項以下略）
　（認可の取消し等）
　第26条　都道府県知事又は河川管理者は，第16条の認可を受けた砂利採取業者が次の各号の一に該当するときは，その認可を取り消し，又は6月以内の期間を定めてその認可に係る砂利採取場における砂利の採取の停止を命ずることができる。
　　1　第21条の規定に違反したとき。
　　2　…第23条第1項の規定による命令に違反したとき。
　　3　第31条第1項の条件に違反したとき。
　　4　不正の手段により第16条の認可を受けたとき。
　（認可の条件）
　第31条第1項　第16条の認可…には，条件を附することができる。（第2項以下略）

問 題 分 析 ★☆☆

　本問は，行政法総論における「取消し」と「撤回」の相違の理解を問う問題です。

各 肢 の 解 説

1　**誤り**。取消しは成立時から処分に瑕疵がある場合になされ，撤回は処分の成立時には瑕疵はないが，その後違法となった場合になされる。1号による「認可の取消し」は，認可成立時の瑕疵を問題とするものではなく，認可が適法に成立したことを前提として，認可処分後に砂利採取業者が遵守義務を守らなくなったときから違法となるから，撤回に当たる。2号による「認可の取消し」は，認可成立時の瑕疵を問題とするものではなく，認可が適法に成立したことを前提として，認可後，命令に違反したときから違法となるからこれも撤回に当たる。いずれも撤回に当たるから，本肢は誤っている。

2　**誤り**。1号による「認可の取消し」は撤回に当たる（肢1解説参照）。3号による「認可の取消し」は，認可成立時の瑕疵を問題とするものではなく，認可後，「条件に違反したとき」に認可が取り消されるのであるから，撤回に当たる。いずれも撤回に当たるから，本肢は誤っている。

3　**正しい**。2号による「認可の取消し」は撤回に当たる（肢1解説参照）。3号による「認可の取消し」は撤回に当たる（肢2解説参照）。いずれも撤回に当たるから，本肢は正しい。

4　**誤り**。2号による「認可の取消し」は撤回に当たる（肢1解説参照）。4号による「認可の取消し」は，不正な手段で認可を受けたという処分の成立時の瑕疵を理由とすることから，取消しに当たる。4号は取消しに当たるから，本肢は誤っている。

5　**誤り**。3号による「認可の取消し」は撤回に当たる（肢2解説参照）。4号による「認可の取消し」は取消しに当たる（肢4解説参照）。4号は取消しに当たるから，本肢は誤っている。

正解　3

ポイントチェック

　問題文の肢に，行政法学上の取消しと行政法学上の撤回という言葉が出てきている。そうすると，取消しと撤回の区別の問題だと分かる。それから，いったん問題文を離れ，両者の違いを考えてみる。取消しは原始的瑕疵，撤回は後発的瑕疵であることを思い出し，それに気をつけて1号から4号までを見ると識別できるはずである。本試験では，ぱっと見でびっくりするような問題が出題されることもあるが，焦ったりせずに冷静に問題に向き合ってもらいたい。

問 題

　行政行為（処分）に関する次の記述のうち，最高裁判所の判例に照らし，妥当なものはどれか。

1　処分に重大かつ明白な瑕疵があり，それが当然に無効とされる場合において，当該瑕疵が明白であるかどうかは，当該処分の外形上，客観的に誤認が一見看取し得るものであるかどうかにより決すべきである。

2　行政庁の処分の効力の発生時期については，特別の規定のない限り，その意思表示が相手方に到達した時ではなく，それが行政庁から相手方に向けて発信された時と解するのが相当である。

3　課税処分における内容の過誤が課税要件の根幹にかかわる重大なものである場合であっても，当該瑕疵に明白性が認められなければ，当該課税処分が当然に無効となることはない。

4　相手方に利益を付与する処分の撤回は，撤回の対象となる当該処分について法令上の根拠規定が定められていたとしても，撤回それ自体について別途，法令上の根拠規定が定められていなければ，適法にすることはできない。

5　旧自作農創設特別措置法に基づく農地買収計画の決定に対してなされた訴願を認容する裁決は，これを実質的に見れば，その本質は法律上の争訟を裁判するものであるが，それが処分である以上，他の一般的な処分と同様，裁決庁自らの判断で取り消すことを妨げない。

key word

撤回

　行政行為の適法な成立後，後発的な事情の変化により，将来的にその効力を消滅させる行為。

問 題 分 析　　★★☆

行政行為（処分）についての最高裁判例の理解を問う問題です。

各 肢 の 解 説

1　**妥当である。**瑕疵が明白であるかどうかは，処分の外形上，客観的に，誤認が一見看取し得るものであるかどうかにより決すべきである（最判昭和36・3・7）。

2　**妥当でない。**行政庁の処分の効力発生時期については，特別の規定のない限り，意思表示の一般的法理に従い，その意思表示が相手方に到達した時である（最判昭和29・8・24）。

3　**妥当でない。**課税処分における内容上の過誤が課税要件の根幹についてのそれであって，徴税行政の安定とその円滑な運営の要請を斟酌してもなお，被課税者に当該処分による不利益を甘受させることが，著しく不当と認められるような例外的な事情のある場合には，当該過誤による瑕疵は，当該処分を当然無効ならしめるものである（最判昭和48・4・26）として，明白性要件には触れずに無効と判断している。

4　**妥当でない。**法令上その撤回について直接明文の規定がなくとも，指定医師の指定の権限を付与されている医師会は，その権限において当該指定を撤回することができる（最判昭和63・6・17）。

5　**妥当でない。**本件裁決が行政処分であることは言うまでもないが，実質的に見ればその本質は法律上の争訟を裁判するものであり，かかる性質を有する裁決は，他の一般行政処分とは異なり，特別の規定がない限り，裁決庁自らにおいて取り消すことはできない（最判昭和29・1・21）。争訟裁断的性質を持つ行政行為に認められる不可変更力である。

正解　1

ポイントチェック

最判昭和48・4・26

　一般に，課税処分が課税庁と被課税者との間にのみ存するもので，処分の存在を信頼する第三者の保護を考慮する必要のないこと等を勘案すれば，当該処分における内容上の過誤が課税要件の根幹についてのそれであって，徴税行政の安定とその円滑な運営の要請を斟酌してもなお，不服申立期間の徒過による不可争的効果の発生を理由として被課税者に右処分による不利益を甘受させることが，著しく不当と認められるような例外的な事情のある場合には，前記の過誤による瑕疵は，当該処分を当然無効ならしめるものと解するのが相当である。

問　題

　普通地方公共団体が締結する契約に関する次の記述のうち，地方自治法の定めに照らし，妥当なものはどれか。

1　売買，賃借，請負その他の契約は，一般競争入札，指名競争入札，随意契約，せり売りのほか，条例で定める方法によっても締結することができる。

2　売買，賃借，請負その他の契約を，指名競争入札，随意契約またはせり売りの方法により締結することができるのは，政令が定める場合に該当するときに限られる。

3　一般競争入札により契約を締結する場合においては，政令の定めるところにより，契約の目的に応じ，予定価格の制限の範囲内で最高または最低の価格をもって申込みをした者を契約の相手方とするものとされており，この点についての例外は認められていない。

4　随意契約の手続に関し必要な事項は，当該普通地方公共団体が条例でこれを定める。

5　契約を締結する場合に議会の議決を要するのは，種類および金額について政令で定める基準に従い条例で定めるものを締結するときであって，かつ指名競争入札による場合に限られる。

key word

随意契約
　競争の方法によらないで，特定の相手方を任意に選択して締結する方法。

問 題 分 析　　★★☆

普通地方公共団体が締結する契約について問う問題です。

各 肢 の 解 説

1　**妥当でない。**売買，貸借，請負その他の契約は，一般競争入札，指名競争入札，随意契約又はせり売りの方法により締結する（地方自治法234条1項）。条例で定める方法によって締結するものではない。したがって，本肢は妥当でない。

2　**妥当である。**売買，貸借，請負その他の契約の指名競争入札，随意契約又はせり売りは，政令で定める場合に該当するときに限り，これによることができる（地方自治法234条2項）。したがって，本肢は妥当である。

3　**妥当でない。**普通地方公共団体は，一般競争入札に付する場合においては，政令の定めるところにより，契約の目的に応じ，予定価格の制限の範囲内で最高又は最低の価格をもって申込みをした者を契約の相手方とするものとする（地方自治法234条3項本文）。ただし，普通地方公共団体の支出の原因となる契約については，政令の定めるところにより，予定価格の制限の範囲内の価格をもって申込みをした者のうち最低の価格をもって申込みをした者以外の者を契約の相手方とすることができる（地方自治法234条3項ただし書）。したがって，例外が認められているから，本肢は妥当でない。

4　**妥当でない。**随意契約の手続に関し必要な事項は，政令でこれを定める（地方自治法234条6項）。したがって，条例でなく政令であるから，本肢は妥当でない。

5　**妥当でない。**普通地方公共団体の議会は，種類及び金額について政令で定める基準に従い条例で定める契約を締結する事件について議決しなければならない（地方自治法96条1項5号）。したがって，指名競争入札による場合に限られないから，本肢は妥当でない。

正解　2

ポイントチェック

行政契約

行政主体が行政目的達成のために締結する契約である。行政契約は，行政主体と相手方の合意によるものであるから，行政契約を活用するにつき，法律の根拠を要しない。

問　題

　行政代執行法（以下「同法」という。）に関する次のア～オの記述のうち，正しいものの組合せはどれか。

ア　代執行に要した費用については，義務者に対して納付命令を発出したのち，これが納付されないときは，国税滞納処分の例によりこれを徴収することができる。

イ　代執行を行うに当たっては，原則として，同法所定の戒告および通知を行わなければならないが，これらの行為について，義務者が審査請求を行うことができる旨の規定は，同法には特に置かれていない。

ウ　行政上の義務の履行確保に関しては，同法の定めるところによるとした上で，代執行の対象とならない義務の履行確保については，執行罰，直接強制，その他民事執行の例により相当な手段をとることができる旨の規定が置かれている。

エ　代執行の実施に先立って行われる戒告および通知のうち，戒告においては，当該義務が不履行であることが，次いで通知においては，相当の履行期限を定め，その期限までに履行がなされないときは代執行をなすべき旨が，それぞれ義務者に示される。

オ　代執行の実施に当たっては，その対象となる義務の履行を督促する督促状を発した日から起算して法定の期間を経過してもなお，義務者において当該義務の履行がなされないときは，行政庁は，戒告等，同法の定める代執行の手続を開始しなければならない。

- **1**　ア・イ
- **2**　ア・エ
- **3**　イ・ウ
- **4**　ウ・オ
- **5**　エ・オ

key word

国税滞納処分

　法定納期限等一定の期日までに納付されない税について，徴収権者が，その税にかかる債権を滞納者の意思に関わりなく実現する行政処分をいう。

問 題 分 析　　★★☆

行政代執行法の条文知識を問う問題です。

各 肢 の 解 説

ア　正しい。代執行に要した費用の徴収については，実際に要した費用の額及び
その納期日を定め，義務者に対し，文書をもってその納付を命じなければなら
ない（行政代執行法5条）。そして，代執行に要した費用は，国税滞納処分の
例により，これを徴収することができる（行政代執行法6条1項）。したがって，
本肢は正しい。

イ　正しい。行政代執行法上の戒告および通知について，義務者が審査請求を行
うことができる旨の規定は，同法上には特に置かれていない。したがって，本
肢は正しい。

ウ　誤り。行政代執行法上，代執行の対象とならない義務の履行確保について，
執行罰，直接強制，その他民事執行の例により相当な手段をとることができる
旨の規定は置かれていない。したがって，本肢は誤っている。

エ　誤り。代執行をなすには，相当の履行期限を定め，その期限までに履行がな
されないときは，代執行をなすべき旨を，予め文書で戒告しなければならない
（行政代執行法3条1項）。そして，義務者が，この戒告を受けて，指定の期限
までにその義務を履行しないときは，当該行政庁は，代執行令書をもって，代
執行をなすべき時期，代執行のために派遣する執行責任者の氏名及び代執行に
要する費用の概算による見積額を義務者に通知する（行政代執行法3条2項）。
したがって，本肢は誤っている。

オ　誤り。行政代執行法上，本肢のような規定は置かれていない。したがって，
本肢は誤っている。

　　以上により，正しいものは，ア及びイであるから，正解は1である。

正解　1

ポイントチェック

・代執行に要した費用の徴収については，実際に要した費用の額及びその納期日を定め，
義務者に対し，文書をもってその納付を命じなければならない（行政代執行法5条）。
・代執行に要した費用は，国税滞納処分の例により，これを徴収することができる（行政
代執行法6条1項）。

問題

　行政上の義務の履行確保手段に関する次の文章の空欄　ア　～　エ　に当てはまる言葉を，枠内の選択肢（1〜20）から選びなさい。

　行政代執行法によれば，代執行が行われるのは，　ア　の場合に限られるので，その他の義務の履行確保については，別に法律で定めることを必要とする。例えば，代執行以外の義務の履行確保手段の一つとして　イ　が挙げられるが，これは，義務者の身体又は財産に直接実力を行使して，義務の履行があった状態を実現するものである。

　　イ　に類似したものとして，　ウ　がある。　ウ　も，直接私人の身体又は財産に実力を加える作用であるが，義務の履行強制を目的とするものでないところにその特徴がある。　ウ　の例としては，警察官職務執行法に基づく保護や避難等の措置などが挙げられる。

　さらに行政上の義務の履行確保手段には，間接的強制手段として，行政罰がある。その中で　エ　は，届出，通知，登記等の義務を懈怠した場合などに科される罰である。

1　反則金	2　課徴金	3　直接強制	4　法定受託事務	5　執行罰
6　自治事務	7　秩序罰	8　即時強制	9　金銭給付義務	10　行政刑罰
11　機関委任事務	12　直接執行	13　自力執行	14　非代替的作為義務	
15　間接強制	16　滞納処分	17　代替的作為義務	18　職務命令違反	
19　不作為義務	20　延滞金			

key word

代替的作為義務

　他人が代わってすることができる「〜しなさい」という義務である。逆に「非代替的作為義務」とは，他人が代わってすることができない「〜しなさい」という義務である。

問 題 分 析　　★☆☆

行政上の義務の履行確保手段からの出題です。

各 肢 の 解 説

ア　17　（代替的作為義務）

　行政代執行法の対象は，「代替的作為義務」である（行政代執行法2条）。代替的作為義務とは，行政上の義務のうち，第三者が本人に代わってすることができる義務である。

イ　3　（直接強制）

　「直接強制」は，義務の存在を前提に，義務の不履行があったときに，義務者の身体又は財産に直接実力を行使して，義務の履行があった状態を実現するものである。行政上の強制執行に分類される。

ウ　8　（即時強制）

　「即時強制」は，目前急迫の必要性があるときに，相手方の義務の不履行を前提とすることなく，直接国民の身体又は財産に実力を行使して，行政上必要な状態をつくりだすことである。行政上の強制執行と並んで行政強制に分類される。

エ　7　（秩序罰）

　行政罰のうち，「秩序罰」は軽微な違反行為に対して科される。

正解　アー17（代替的作為義務）　　　イー3（直接強制）
　　　ウー8（即時強制）　　　　　　　エー7（秩序罰）

ポイントチェック

行政上の義務の履行確保手段の分類

行政上の義務の履行確保手段 ── 行政上の強制執行（義務の履行強制を目的とする）
　　　　　　　　　　　　　　　　①代執行
　　　　　　　　　　　　　　　　②直接強制
　　　　　　　　　　　　　　　　③執行罰
　　　　　　　　　　　　　　　　④強制徴収

　　　　　　　　　　　　　　── 行政罰（間接的強制手段）
　　　　　　　　　　　　　　　　①行政刑罰
　　　　　　　　　　　　　　　　②行政上の秩序罰

行政法の法理論（多肢選択式）　行政強制

R3 − 42check ☐☐☐

問　題

感染症法*の令和3年2月改正に関する次の会話の空欄 ア ～ エ に当てはまる語句を，枠内の選択肢（1～20）から選びなさい。

教授A：　今日は最近の感染症法改正について少し検討してみましょう。

学生B：　はい，新型コロナウイルスの感染症防止対策を強化するために，感染症法が改正されたことはニュースで知りました。

教授A：　そうですね。改正のポイントは幾つかあったのですが，特に，入院措置に従わなかった者に対して新たに制裁を科すことができるようになりました。もともと，入院措置とは，感染者を感染症指定医療機関等に強制的に入院させる措置であることは知っていましたか。

学生B：　はい，それは講学上は ア に当たると言われていますが，直接強制に当たるとする説もあって，講学上の位置づけについては争いがあるようです。

教授A：　そのとおりです。この問題には決着がついていないようですので，これ以上は話題として取り上げないことにしましょう。では，改正のポイントについて説明してください。

学生B：　確か，当初の政府案では，懲役や100万円以下の イ を科すことができるとなっていました。

教授A：　よく知っていますね。これらは，講学上の分類では ウ に当たりますね。その特徴はなんでしょうか。

学生B：　はい，刑法総則が適用されるほか，制裁を科す手続に関しても刑事訴訟法が適用されます。

教授A：　そのとおりですね。ただし，制裁として重すぎるのではないか，という批判もあったところです。

学生B：　結局，与野党間の協議で当初の政府案は修正されて，懲役や イ ではなく， エ を科すことになりました。この エ は講学上の分類では行政上の秩序罰に当たります。

教授A：　そうですね，制裁を科すとしても，その方法には様々なものがあることに注意しましょう。

（注）　*　感染症の予防及び感染症の患者に対する医療に関する法律

1	罰金	2	過料	3	科料	4	死刑
5	公表	6	即時強制	7	行政代執行	8	仮処分
9	仮の義務付け	10	間接強制	11	課徴金	12	行政刑罰
13	拘留	14	損失補償	15	負担金	16	禁固
17	民事執行	18	執行罰	19	給付拒否	20	社会的制裁

166

問 題 分 析

本問は，行政強制に関する総合的知識を問う問題です。

各 肢 の 解 説

　まず，空欄アでは，「入院措置」の講学上の性質が問題となっている。入院措置は，感染者を感染症指定医療機関等に強制的に入院させる措置であるが，これは，何らかの行政上の義務を前提とせず（なぜなら，感染症まん延の防止の観点から，命令→強制の手法は迂遠であるから。），行政機関が直接に実力を行使して，行政目的の実現を図るものであることから，その講学上の性質は，即時強制であると解されている。よって，空欄アには，「即時強制」が入る。

　次に，空欄イであるが，「当初の政府案では，懲役や100万円以下の　イ　を科すことができる」，「刑法総則が適用される」との記述より，「罰金」が入ることが分かる。なぜなら，刑法上の財産刑には，罰金および科料があるが，罰金は1万円以上とされており（刑法15条本文），科料は1,000円以上1万円未満とされている（刑法17条）からである。よって，空欄イには，「罰金」が入る。

　さらに，空欄ウであるが，入院措置に従わなかった者に対して新たに制裁（当初の政府案では，懲役や100万円以下の罰金）を科すること」の講学上の分類が問題となっている。このような，懲役や100万円以下の罰金は，行政上の義務に従わない者に対し，その制裁として罰を科すものであり，罰の種類は，刑罰であることから，「行政刑罰」が入ることが分かる。よって，空欄ウには，「行政刑罰」が入る。

　最後に，空欄エであるが，「与野党間の協議で当初の政府案は修正されて，懲役や　イ　ではなく，　エ　を科すことになりました。この　エ　は講学上の分類では行政上の秩序罰に当たります」との記述より，「過料」が入ることが分かる。なぜなら，行政上の秩序罰は，行政刑罰のような刑罰でなく，過料を科すものであるからである。よって，空欄エには，「過料」が入る。

正解　ア－6（即時強制）　イ－1（罰金）

ウ－12（行政刑罰）　エ－2（過料）

ポイントチェック

即時強制

　行政上の義務を介在させないで，行政目的達成のために，直接私人の身体または財産に対して強制を加える作用をいい，例えば，延焼を防ぐための破壊消防（消防法29条），泥酔者の保護（警察官職務執行法3条1項）等がこれに当たる。

問　題

執行罰に関する次の記述のうち，妥当なものはどれか。

1　執行罰とは，行政上の義務の不履行について，罰金を科すことにより，義務の履行を促す制度であり，行政上の強制執行の一類型とされる。

2　執行罰は，行政上の義務の履行確保のために科されるものであるが，行政機関の申立てにより，非訟事件手続法の定める手続に従って，裁判所の決定によって科される。

3　執行罰は，刑罰ではないため，二重処罰の禁止の原則の適用はなく，同一の義務の不履行について，これを複数回にわたり科すことも認められる。

4　執行罰については，それを認める一般法は存在せず，これを認める個別の法令の定めが必要であるが，行政代執行法は，執行罰の規定を条例で定めることも明文で許容している。

5　執行罰は，多くの法令において，各種の届出義務などの軽微な手続上の義務への違反に科されることとされている。

key word

執行罰

　執行罰とは，行政上の義務を義務者が怠る場合に，行政庁が一定の期限を示し，もし期限内に履行をしないか履行をしても不十分なときは過料を課することを予告して，義務者に心理的圧迫を加える方法により，将来に向かって義務の履行を強制する行政上の強制執行をいう。

問 題 分 析　　★☆☆

本問は，執行罰に関する知識を問う問題です。

各 肢 の 解 説

1 **妥当でない。**執行罰は過料を課すことを予告することによって間接的に義務
の履行を促す強制執行の一つであり，刑罰である罰金・科料とは異なる。した
がって，過料を課すのではなく罰金を科すとしているから，本肢は妥当でない。

2 **妥当でない。**執行罰は，行政上の強制執行の一つであり，裁判所が決定する
ものではない。

3 **妥当である。**執行罰は刑罰ではないため，刑罰の原則である二重処罰の禁止
の原則（憲法39条参照）の適用はない。そして，執行罰は過料を課すことの予
告により義務の履行を促すものであるから，義務を履行するまで複数回にわた
り課すことも認められる。

4 **妥当でない。**行政代執行法上，執行罰の規定を条例で定めることは明文で許
容されていない。行政上の義務の履行確保については「法律」で定めるものと
する行政代執行法1条については，同法2条と異なり，法律に条例を含む旨規
定されていないことから，条例で行政上の義務の履行を図る制度（例えば，執
行罰等）を独自に設けることはできない。

5 **妥当でない。**執行罰は現在では砂防法36条にあるだけである。したがって，
多くの法令において執行罰が課されることとされているわけではないから，本
肢は妥当でない。

正解　3

ポイントチェック

行政罰，執行罰，懲戒罰

①行政罰	行政上の義務違反に対して，行政主体の一般統治権に基づき，制裁として科される罰。行政罰には，行政刑罰と行政上の秩序罰がある。
②執行罰	行政上の強制執行の一つで，非代替的作為義務又は不作為義務の不履行に対し，過料を課すことを予告し，義務者に心理的圧迫を加え，間接的に義務の履行を強制すること（行政強制）。
③懲戒罰	公務員の職員としての義務違反に対して科される制裁。懲戒処分ともいう。

問　題

　行政上の義務の履行確保手段に関する次の記述のうち，法令および判例に照らし，正しいものはどれか。

1　即時強制とは，非常の場合または危険切迫の場合において，行政上の義務を速やかに履行させることが緊急に必要とされる場合に，個別の法律や条例の定めにより行われる簡易な義務履行確保手段をいう。

2　直接強制は，義務者の身体または財産に直接に実力を行使して，義務の履行があった状態を実現するものであり，代執行を補完するものとして，その手続が行政代執行法に規定されている。

3　行政代執行法に基づく代執行の対象となる義務は，「法律」により直接に命じられ，または「法律」に基づき行政庁により命じられる代替的作為義務に限られるが，ここにいう「法律」に条例は含まれない旨があわせて規定されているため，条例を根拠とする同種の義務の代執行については，別途，その根拠となる条例を定める必要がある。

4　行政上の秩序罰とは，行政上の秩序に障害を与える危険がある義務違反に対して科される罰であるが，刑法上の罰ではないので，国の法律違反に対する秩序罰については，非訟事件手続法の定めるところにより，所定の裁判所によって科される。

5　道路交通法に基づく違反行為に対する反則金の納付通知について不服がある場合は，被通知者において，刑事手続で無罪を主張するか，当該納付通知の取消訴訟を提起するかのいずれかを選択することができる。

key word

非訟事件

　民事事件の中で，訴訟事件に対立する概念。審理構造として，公開・対審をとらない，職権探知が原則であることが特徴。

問　題　分　析　　★★☆

本問は，行政上の義務の履行確保手段に関する問題です。

各　肢　の　解　説

1　誤り。 即時強制は，義務を課すことなしに実力行使を認めるものである。したがって，即時強制について行政上の義務の存在を前提とする本肢は誤り。

2　誤り。 直接強制の手続は行政代執行法に規定されていない。

3　誤り。 代執行の対象となる義務の根拠である「法律」には条例が含まれる旨が規定されている（行政代執行法2条かっこ書）。

4　正しい。 行政上の秩序罰は，刑法上の刑罰ではないから，刑事訴訟法の適用はなく，法律違反に対する過料は，その過料に処せられるべき者の住所地の地方裁判所において，非訟事件手続法に従い科される。なお，普通地方公共団体の条例・規則違反に対する過料は，普通地方公共団体の長の処分によって科される（地方自治法149条3号）。

5　誤り。 反則金の納付通知があっても通知を受けた者において反則金を納付すべき法律上の義務が生じるわけではないから，反則金の納付通知には処分性がない。そのため当該納付通知の取消訴訟を提起することはできない（最判昭和57・7・15）。

正解　4

ポイントチェック

行政強制の種類

行政上の強制執行	相手方の義務の不履行を前提
代執行	代替的作為義務の不履行に対する手段
執行罰	非代替的作為義務，不作為義務の不履行に対し，金銭の納付を命じ，心理的圧迫を加え間接的に義務の履行を強制する手段
直接強制	義務（種類を問わない）の不履行に対し，義務者の身体・財産に直接実力を加え，義務の内容を実現する手段
強制徴収	金銭債務（租税債務等）の不履行に対し，義務者の財産に実力を加え，強制的に履行を実現する手段
即時強制	相手方の義務の不履行を前提としないで，急迫の障害を除くため，身体・財産に直接実力を加え，必要な状態を作り出す作用

問　題

　次の文章は，食中毒事故の原因食材を厚生大臣（当時）が公表したこと（以下「本件公表」という。）について，その国家賠償責任が問われた訴訟の判決文である。この判決の内容に明らかに反しているものはどれか。

　食中毒事故が起こった場合，その発生原因を特定して公表することに関して，直接これを定めた法律の規定が存在しないのは原告の指摘するとおりである。しかし，行政機関が私人に関する事実を公表したとしても，それは直接その私人の権利を制限しあるいはその私人に義務を課すものではないから，行政行為には当たらず，いわゆる非権力的事実行為に該当し，その直接の根拠となる法律上の規定が存在しないからといって，それだけで直ちに違法の問題が生じることはないというべきである。もちろん，その所管する事務とまったくかけ離れた事項について公表した場合には，それだけで違法の問題が生じることも考えられるが，本件各報告の公表はそのような場合ではない。すなわち，厚生省は，公衆衛生行政・食品衛生行政を担い，その所管する食品衛生法は，「飲食に起因する衛生上の危害の発生を防止し，公衆衛生の向上及び増進に寄与すること」を目的としている（法１条）のであるから，本件集団下痢症の原因を究明する本件各報告の作成・公表は，厚生省及び厚生大臣の所管する事務の範囲内に含まれることは明らかである。このように，厚生大臣がその所管する事務の範囲内において行い，かつ，国民の権利を制限し，義務を課すことを目的としてなされたものではなく，またそのような効果も存しない本件各報告の公表について，これを許容する法律上の直接の根拠がないからといって，それだけで直ちに法治主義違反の違法の問題が生じるとはいえない。

（大阪地裁平成14年３月15日判決・判例時報1783号97頁）

1　法律の留保に関するさまざまな説のうち，いわゆる「侵害留保説」が前提とされている。

2　行政庁がその所掌事務からまったく逸脱した事項について公表を行った場合，当該公表は違法性を帯びることがありうるとの立場がとられている。

3　義務違反に対する制裁を目的としない情報提供型の「公表」は，非権力的事実行為に当たるとの立場がとられている。

4　集団下痢症の原因を究明する本件各報告の公表には，食品衛生法の直接の根拠が存在しないとの立場がとられている。

5　本件公表は，国民の権利を制限し，義務を課すことを直接の目的とするものではないが，現実には特定の国民に重大な不利益をもたらす事実上の効果を有するものであることから，法律上の直接の根拠が必要であるとの立場がとられている。

問 題 分 析　　　★☆☆

公表に関する裁判例の内容を問う問題です。

各 肢 の 解 説

1　**明らかに反しているとはいえない。**侵害留保説とは，個人の権利，自由の侵害にわたる場合には法律の根拠が必要であるとする見解である。問題文の判決には，直接その私人の権利を制限したり私人に義務を課したりするものではないから，行政行為には当たらず，直接の根拠となる法律上の規定が存在しないからといって違法の問題が生じることはないという内容のくだりがあるから，侵害留保説を前提としているといえる。したがって，本肢は明らかに反しているとはいえない。

2　**明らかに反しているとはいえない。**問題文の判決には，その所管する事務とまったくかけ離れた事項について公表した場合には，それだけで違法の問題が生じることも考えられるという内容のくだりがある。したがって，本肢は明らかに反しているとはいえない。

3　**明らかに反しているとはいえない。**問題文の判決には，行政機関が私人に関する事実を公表したとしても，それはいわゆる非権力的事実行為に該当するという内容のくだりがある。したがって，本肢は明らかに反しているとはいえない。

4　**明らかに反しているとはいえない。**問題文の判決には，食中毒事故が起こった場合，その発生原因を特定して公表することに関して，直接これを定めた法律の規定が存在しないのは原告の指摘するとおりであるという内容のくだりがある。したがって，本肢は明らかに反しているとはいえない。

5　**明らかに反している。**問題文の判決には，国民の権利を制限し，義務を課すことを目的としてなされたものではなく，またそのような効果も存しない本件各報告の公表について，これを許容する法律上の直接の根拠がないからといって，それだけで直ちに法治主義違反の違法の問題が生じるとはいえないという内容のくだりがある。そうすると，事実上の効果しか有しないものについてまで法律上の直接の根拠が必要であるとの立場はとられていない。したがって，本肢は明らかに反している。

正解　5

ポイントチェック

公表

　義務の不履行や行政指導に対する不服従があった場合などに，その事実を一般に公表するもの。公表それ自体は，情報公開の機能を果たす。公表により，自己の権利利益を侵害された者は，損害賠償請求をすることができる。

問題

　行政上の義務違反に関する次の文章の空欄　ア　～　エ　に当てはまる語句を，枠内の選択肢（1～20）から選びなさい。

　行政上の義務違反に対し，一般統治権に基づいて，制裁として科せられる罰を　ア　という。

　　ア　には，行政上の義務違反に対し刑法典に刑名のある罰を科すものと，行政上の義務違反ではあるが，軽微な形式的違反行為に対し科す行政上の　イ　とがある。　イ　としては，届出義務違反などに科される　ウ　がある。普通地方公共団体も，法律に特別の定めがあるものを除くほか，その条例中に　ウ　を科す旨の規定を設けることができる。　ウ　を科す手続については，法律に基づくものと，条例に基づくものとで相違がある。条例上の義務違反に対して普通地方公共団体の長が科す　ウ　は，　エ　に定める手続により科される。

1	秩序罰	2	行政代執行法	3	科料	4	公表
5	懲役	6	行政罰	7	代執行	8	強制執行
9	罰金	10	刑事訴訟法	11	間接強制	12	過料
13	課徴金	14	非訟事件手続法	15	行政刑罰	16	直接強制
17	禁錮	18	懲戒罰	19	行政事件訴訟法	20	地方自治法

key word

懲戒罰

　特定の身分関係における紀律の維持のために，一定の義務違反に対し科される制裁。刑罰とは目的・性質を異にする。

問 題 分 析　　　★☆☆

行政罰の分類と行政罰の根拠法令，手続に関する基本問題です。

各 肢 の 解 説

行政罰は，行政上の義務違反に対し制裁を行うもので，行政刑罰と行政上の秩序罰に分けられる。

行政刑罰とは，刑法典上の刑名による制裁であり，懲役，禁錮，罰金，拘留及び科料がある。行政刑罰には，刑法総則の適用があり，刑事訴訟法の手続に則って裁判所によって科刑されることになる。すなわち，その科刑に対する不服は，検察官を相手に，裁判上で無罪を求めることとなる。

一方，秩序罰は刑法典にはない過料を科すものであり，過料を科す根拠となるものが法律なのか，条例なのかにより科す手続が異なる。法律違反ならば非訟事件手続法に基づき，地方裁判所又は簡易裁判所の判決を経て，検察官の命令によって執行される（非訟事件手続法119条以下）。条例違反ならば，地方公共団体であれば地方自治法に基づき，長が科すことになる。

正解　アー6（行政罰）　　イー1（秩序罰）

ウー12（過料）　　エー20（地方自治法）

ポイントチェック

行政罰の意義・種類

(1)意義

▽過去の行政上の義務違反に対する制裁（←→執行罰…将来に向かって義務違反にない状態を実現する，強制執行の一種）

(2)種類

	行政刑罰	行政上の秩序罰
種　類	刑法に刑名の定めのある刑罰（懲役，禁錮，罰金，拘留，科料）	過料
根　拠	①法律 ②条例	①法律 ②条例または規則
科罰手続	刑事訴訟法	①非訟事件手続法 ②地方自治法（長の行政行為）

問　題

　次の文章の空欄　ア　～　エ　に当てはまる語句を，枠内の選択肢（1～20）から選びなさい。

　行政上の義務違反に対し，一般統治権に基づいて，制裁として科される罰を　ア　という。　ア　は，過去の義務違反に対する制裁である。

　　ア　には，行政上の義務違反に対し科される刑法に刑名のある罰と，行政上の義務違反ではあるが，軽微な形式的違反行為に対して科される行政上の　イ　とがある。　イ　は，　ウ　という名称により科される。普通地方公共団体も，法律に特別の定めがあるものを除くほか，その条例中に　ウ　を科す旨の規定を設けることができる。　ウ　を科す手続については，法律上の義務違反に対するものと，条例上の義務違反に対するものとで相違がある。条例上の義務違反に対して普通地方公共団体の長が科す　ウ　は，　エ　に定める手続により科される。

1　強制執行	2　科料	3　強制徴収	4　過料
5　行政事件訴訟法	6　禁錮	7　行政罰	8　執行罰
9　即時強制	10　非訟事件手続法	11　直接強制	12　地方自治法
13　行政刑罰	14　代執行	15　課徴金	16　刑事訴訟法
17　罰金	18　懲戒罰	19　秩序罰	20　行政手続法

key word

行政罰

　行政上の義務違反に対し制裁として科される罰をいう。行政罰は，行政上の過去の義務違反に対し制裁を加えようとするものであるから，将来に向かって行政上の義務を履行させる強制執行とは異なる。行政罰を科すには法律上の根拠が必要である。

問 題 分 析　　　★☆☆

　本問は，行政罰に関する種類と科刑手続が問われています。過去に類似の出題があるところです。体系的な理解を定着させるべく，行政上の強制執行や即時強制との違いを意識しながら学習しましょう。

内 容 の 解 説

　まず，| ア |は，行政上の義務違反に対し，一般統治権に基づいて，制裁として科される罰であり，「行政上の義務違反に対し科される刑法に刑名のある罰」（行政刑罰）と「行政上の| イ |」を含むものであるから，「7　行政罰」が入る。

　次に，| イ |には，行政罰のうち，軽微な違反行為に対して科される罰であるから，「19　秩序罰」が入る。

　さらに，| ウ |に入れるべきは，| イ |の具体的名称であるため，「4　過料」が入る。

　最後に，| エ |は，地方公共団体の長が科す過料について，どの法律に規定されているのかが問われている。これは地方自治法149条3号を根拠にして科されるものであるため，| エ |には「12　地方自治法」が入る。

正解　アー7　（行政罰）　　　　イー19　（秩序罰）

ウー4　（過料）　　　　　エー12　（地方自治法）

ポイントチェック

	行政刑罰	行政上の秩序罰
種類	刑法に刑名のある刑罰（懲役・禁錮・罰金・拘留・科料）	過料
対象	重大な義務違反	軽微な義務違反
刑法総則の適用	あり	なし
科刑・科罰手続	刑事訴訟法に基づき裁判所が科す	法律上の義務違反 →非訟事件手続法に基づき裁判所が科す 条例又は規則に違反 →地方自治法に基づき地方公共団体の長が科す →争いは取消訴訟で

問題

　以下に引用する消防法29条1項による消防吏員・消防団員の活動（「破壊消防」と呼ばれることがある）は，行政法学上のある行為形式（行為類型）に属するものと解されている。その行為形式は，どのような名称で呼ばれ，どのような内容のものと説明されているか，40字程度で記述しなさい。

消防法29条1項

　消防吏員又は消防団員は，消火若しくは延焼の防止又は人命の救助のために必要があるときは，火災が発生せんとし，又は発生した消防対象物及びこれらのものの在る土地を使用し，処分し又はその使用を制限することができる。

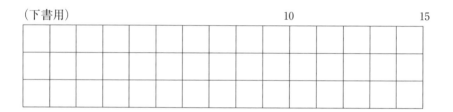

（下書用）　　　　　　　　　　　　　　　　　　　10　　　　　　　　15

key word

即時強制

　国民に対してあらかじめ義務を課す余裕のない緊急の必要がある場合，又は義務を命ずることによっては目的を達成できない場合に，行政機関が直接国民の身体や財産に実力を加えて行政上必要な状態を実現する作用。

問 題 分 析　　★★☆

　本設問の「行政法学上のある行為形式（行為類型）」という記述が悩ましい。しかし，受験者は破壊消防は即時強制の典型例であると学習しているはずであり，わざわざ条文を引用してその態様を示していることに鑑みれば，設問の「行為形式」という表現には拘泥せず，即時強制の内容を問うことが出題意図であると判断するべきでしょう。

解　　説

　「即時強制」は「即時執行」でも可。即時強制の内容のポイントは何かといえば，代執行や直接強制といった行政上の義務履行確保手段と異なり，相手方の義務の存在が前提となっていないことである。この点を記述できれば及第の得点は確保できる。強制の対象が財産（破壊消防など）と身体（強制入院など）の2つであることを明示できれば文句なし。あとは「強制」という用語から想起できる言葉（「実力行使」など）を使って説明をまとめれば十分であろう。

解答例　即時強制と呼ばれ，相手方の義務の存在を前提とせずに直接に身体又は財産に実力を行使するもの。（45字）

　　　　　即時強制と呼ばれ，義務を命じる余裕がない場合に，直接に身体又は財産に有形力を行使するもの。（45字）

ポイントチェック

即時強制の問題点

　即時強制は事実行為であるので，行政手続法2条4号イによると不利益処分には該当しないことになる。また緊急事態に行われるものなので，手続保障が不十分となるという問題がある。麻薬及び向精神薬取締法や感染症予防法等には事前又は事後の手続が定められているが，他の即時強制についてもこのような手続保障の法定を検討するべきという議論が高まっている。

問 題

　A市は，A市路上喫煙禁止条例を制定し，同市の指定した路上喫煙禁止区域内の路上で喫煙した者について，2万円以下の過料を科す旨を定めている。Xは，路上喫煙禁止区域内の路上で喫煙し，同市が採用した路上喫煙指導員により発見された。この場合，Xに対する過料を科すための手続は，いかなる法律に定められており，また，同法によれば，この過料は，いかなる機関により科されるか。さらに，行政法学において，このような過料による制裁を何と呼んでいるか。40字程度で記述しなさい。

（下書用）

									10					15

key word

過料

　行政罰の中でも，比較的軽微な行政上の義務違反に対して課される制裁。

問 題 分 析　　★★☆

本問は，行政上の秩序罰をテーマにそれに付随するやや細かい知識までを広く
問う問題です。

解　　説

本問では，はじめに問題文を読み（1）XがA市路上喫煙禁止条例に違反した
→（2）そのためXに過料を科す，という基本的な流れを押さえることが大切で
ある。そして，問われていることは3つある。すなわち，①Xに対する過料を科
すための手続は，いかなる法律に定められているのか，②その法律によると，こ
の過料は，いかなる機関により科されるか，③行政法学において，このような過
料による制裁を何と呼んでいるか，の3つである。

まず，①についてであるが，本問は，条例に違反した結果，過料を科されるケー
スであるため，その手続は地方自治法（地方自治法149条3号）に定められて
いる。非訟事件手続法ではない（法律違反の場合ではない）ので注意しよう。

次に，②については，地方自治法149条3号は，普通地方公共団体の長は，過
料を科する事務を担任すると規定しているので，「普通地方公共団体の長」によ
って科される旨を書くことになる。

最後に，③については，「過料による制裁」は，行政罰の中でも「行政上の秩
序罰」と呼ばれているので，その旨を端的に書けば足りる。

解答例　**地方自治法に定められており，普通地方公共団体の長により科され，行
政上の秩序罰と呼んでいる。(45字)**

ポイントチェック

普通地方公共団体の長の担任事務（149条）

地方自治法149条3号は，普通地方公共団体の長は，過料を科する事務を担任すると規
定している。

→よって，条例に違反したことを理由に行政上の秩序罰たる過料を科すときは，「普通
地方公共団体の長」が行政処分として科すということになる。

A市は，市内へのパチンコ店の出店を規制するため，同市内のほぼ全域を出店禁止区域とする条例を制定した。しかし，事業者Yは，この条例は国の法令に抵触するなどと主張して，禁止区域内でのパチンコ店の建設に着手した。これに対して，A市は，同条例に基づき市長名で建設の中止命令を発したが，これをYが無視して建設を続行しているため，A市は，Yを被告として建設の中止を求める訴訟を提起した。最高裁判所の判例によれば，こうした訴訟は，どのような立場でA市が提起したものであるとされ，また，どのような理由で，どのような判決がなされるべきこととなるか。40字程度で記述しなさい。

（下書用）　　　　　　　　　　　　　　　　　　　　　　10　　　　　　　　15

問 題 分 析　　★★☆

　本問は，行政上の義務の司法的執行に係る最高裁判所の判例に関する知識を問う問題です。

解　　説

　まず，どのような形式の解答が要求されているのかを考えよう。問題文は，「最高裁判所の判例によれば，こうした訴訟は，どのような立場でA市が提起したものであるとされ，また，どのような理由で，どのような判決がなされるべきこととなるか。」と問うている。したがって，解答は，「　①　の立場でA市が提起したものであるとされ，　②　の理由で，　③　判決がなされるべき。」とすることが考えられる。

　次に，どのような内容にするのかを検討しよう。「最高裁判所の判例によれば」となっていることから，解答は，最高裁判所の判例に従わなければならない。最高裁判所の判例（最判平成14・7・9）によれば，「国又は地方公共団体が専ら行政権の主体として国民に対して行政上の義務の履行を求める訴訟は，裁判所法3条1項にいう法律上の争訟に当たらず，これを認める特別の規定もないから，不適法というべきである。」と判示した上で，訴え却下判決をした。以上から，適切な語句を書き出すと，「専ら行政権の主体として」，「法律上の争訟に当たらず不適法」，「訴え却下」がこれに当たる。

　最後に，検討した形式に，書き出した語句を挿入する。　①　には「専ら行政権の主体として」を，　②　には「法律上の争訟に当たらず不適法」を，　③　には「訴え却下」を挿入することになるから，「専ら行政権の主体としての立場でA市が提起したものであるとされ，法律上の争訟に当たらず不適法であるとの理由で，訴え却下判決がなされるべき。」となる。この文章を制限字数の範囲内に収まり，かつ，自然な文章表現となるようにすると，解答例のとおりとなる。

解答例　専ら行政権の主体として提起したもので，法律上の争訟に当たらず不適法だから却下判決をすべき。（45字）

　　　　　もっぱら行政権の主体の立場からなされ，法律上の争訟に当たらず，訴え却下の判決がなされる。（44字）

ポイントチェック

訴え却下判決

　訴えが提起されると，要件審理がなされ，さらに本案審理がなされる。要件審理は訴えが適法か不適法かを審理する手続であり，本案審理は原告の請求に理由があるか否かを審理する手続である。訴え却下判決は，訴訟要件を具備しない場合に下される判決である。

行政手続法

問　題

　次の文章の空欄　ア　～　エ　に当てはまる語句を，枠内の選択肢（1～20）から選びなさい。

　　ア　について　イ　の規定を設けない立法の合憲性が問われた事件において，最高裁は，次のように述べてこれを合憲と判断した。すなわち，憲法31条による保障は，「直接には　ウ　に関するものであるが，　エ　については，それが　ウ　ではないとの理由のみで，そのすべてが当然に同条による保障の枠外にあると判断することは相当ではない」。「しかしながら，同条による保障が及ぶと解すべき場合であっても，一般に，　エ　は，　ウ　とその性質においておのずから差異があり，また，行政目的に応じて多種多様であるから，　ア　の相手方に…告知，弁解，防御の機会を与えるかどうかは，　ア　により制限を受ける権利利益の内容，性質，制限の程度，　ア　により達成しようとする公益の内容，程度，緊急性等を総合較量して決定されるべきものであって，常に必ずそのような機会を与えることを必要とするものではないと解するのが相当である」。また，この判決に付された意見も，「　エ　がそれぞれの行政目的に応じて多種多様である実情に照らせば，…　ア　全般につき…告知・聴聞を含む　イ　を欠くことが直ちに違憲・無効の結論を招来する，と解するのは相当でない」と述べて，法廷意見の結論を是認した（最大判平成4年7月1日民集46巻5号437頁）。とはいえ，この判決では，　エ　の重要な一部をなす　イ　が憲法31条に照らしてどのようなものであるべきかは，示されなかった。

1	立法手続	2	行政立法	3	行政訴訟	4	刑事手続
5	行政裁量	6	行政手続	7	司法権	8	営業の自由
9	財産権	10	基本的人権	11	司法手続	12	事前手続
13	適正手続	14	立法権	15	行政権	16	権利救済
17	破壊活動	18	人身の自由	19	行政処分	20	犯罪行為

key word

告知・聴聞

　公権力が国民に刑罰その他の不利益を科す場合に，当事者に，あらかじめその内容を告知し，弁解と防御の機会を与える手続。憲法31条の適正手続のうち，「手続の適正」の内容となっており，刑事手続における根本的基本原則である。

問 題 分 析　　★★☆

　本問は，行政処分について事前手続を設けていない立法の合憲性について問う問題です。

各 肢 の 解 説

　まず，　ウ　と　エ　を確定することから始めるとよい。　ウ　と　エ　は文章全体の中で常に比較されていることが分かる。「憲法31条による保障は，『直接には　ウ　に関するものであるが，　エ　については，それが　ウ　ではないとの理由のみで，そのすべてが当然に同条の保障の枠外にあると判断することは相当でない』。」との記述があり，憲法31条は刑事手続に関し適正（法定）手続を保障するものであるから，　ウ　には「4　刑事手続」が入ると分かる。そして，「　エ　は，　ウ　とその性質においておのずから差異があり，また，行政目的において多種多様である」とされ，行政目的が問題となるものであるから，　エ　には「6　行政手続」を入れるべきであろう。

　次に，　イ　に着目すると，文章後半にある「　ア　全般につき…告知・聴聞を含む　イ　を欠くことが直ちに違憲・無効の結論を招来する，と解するのは相当でない」という部分から，　イ　には告知・聴聞の上位概念が入ることが分かる。よって，「12　事前手続」を入れるべきである。そして，これを行政手続に適用ないし準用できるかという点が本問において争点になっていることや，　ア　により権利利益の制限を受ける相手方がいて，　ア　が公益を達成しようとするものであるから，　ア　には「19　行政処分」が入ることが確定できるであろう。

正解　アー19（行政処分）　イー12（事前手続）
　　　ウー4（刑事手続）　エー6（行政手続）

判 例 情 報

成田新法事件（最大判平成4・7・1）

　憲法31条の定める法定手続の保障は，直接には刑事手続に関するものであるが，行政手続については，それが刑事手続ではないとの理由のみで，そのすべてが当然に同条による保障の枠外にあると判断することは相当ではない。

　しかしながら，同条による保障が及ぶと解すべき場合であっても，一般に，行政手続は，刑事手続とその性質においておのずから差異があり，また，行政目的に応じて多種多様であるから，行政処分の相手方に事前の告知，弁解，防御の機会を与えるかどうかは，行政処分により制限を受ける権利利益の内容，性質，制限の程度，行政処分により達成しようとする公益の内容，程度，緊急性等を総合較量して決定されるべきものであって，常に必ずそのような機会を与えることを必要とするものではないと解するのが相当である。

問題

次の文章は，行政手続法1条1項の条文である。空欄 ア ～ オ に当てはまる語句の組合せとして，正しいものはどれか。

第1条　この法律は， ア ，行政指導及び イ に関する手続並びに ウ 等を定める手続に関し，共通する事項を定めることによって，行政運営における エ の確保と透明性（略）の向上を図り，もって オ に資することを目的とする。

	ア	イ	ウ	エ	オ
1	行政行為	届出	行政計画	迅速性	国民の権利利益の保護
2	処分	公証	行政契約	効率性	行政の適正な運営
3	行政行為	公証	命令	公正	国民の権利利益の保護
4	行政行為	通知	行政計画	効率性	行政の適正な運営
5	処分	届出	命令	公正	国民の権利利益の保護

key word

公証

特定の法律事実又は法律関係の存在を公に証明する行為。

問 題 分 析　　　★☆☆

本問は，行政手続法1条1項の正確な条文知識を問う問題です。

各 肢 の 解 説

　行政手続法1条1項は，「この法律は，処分，行政指導及び届出に関する手続並びに命令等を定める手続に関し，共通する事項を定めることによって，行政運営における公正の確保と透明性（行政上の意思決定について，その内容及び過程が国民にとって明らかであることをいう。第46条において同じ。）の向上を図り，もって国民の権利利益の保護に資することを目的とする。」と規定している。

　したがって，アは「処分」，イは「届出」，ウは「命令」，エは「公正」，オは「国民の権利利益の保護」であるから，正解は5である。

正解　5

ポイントチェック

行政手続法の目的

　行政手続法1条は，一見すると，その目的が行政運営における公正の確保と透明性の向上にあるかのようにも読めるが，「もって国民の権利利益の保護に資することを目的とする」とあるので，その究極の目的は国民の権利利益の保護である。行政手続法は，事前手続による国民の権利利益の保護を目的としている。

行政手続法の用語に関する次の記述のうち，同法の定義に照らし，正しいものはどれか。

1　「不利益処分」とは，申請により求められた許認可等を拒否する処分など，申請に基づき当該申請をした者を名あて人としてされる処分のほか，行政庁が，法令に基づき，特定の者を名あて人として，直接に，これに義務を課し，またはその権利を制限する処分をいう。

2　「行政機関」には，国の一定の機関およびその職員が含まれるが，地方公共団体の機関はこれに含まれない。

3　「処分基準」とは，不利益処分をするかどうか，またはどのような不利益処分とするかについてその法令の定めに従って判断するために必要とされる基準をいう。

4　「申請」とは，法令に基づき，申請者本人または申請者以外の第三者に対し何らかの利益を付与する処分を求める行為であって，当該行為に対して行政庁が諾否の応答をすべきこととされているものをいう。

5　「届出」とは，行政庁に対し一定の事項の通知をする行為であって，当該行政庁にそれに対する諾否の応答が義務づけられているものをいう。

問 題 分 析　　★★☆

行政手続法の用語について問う問題です。

各 肢 の 解 説

1　誤り。不利益処分とは，行政庁が，法令に基づき，特定の者を名あて人として，直接に，これに義務を課し，又はその権利を制限する処分をいう（2条4号柱書本文）。ただし，申請により求められた許認可等を拒否する処分その他申請に基づき当該申請をした者を名あて人としてされる処分は除く（2条4号柱書ただし書ロ）。したがって，本肢は誤っている。

2　誤り。行政機関とは，法律の規定に基づき内閣に置かれる機関若しくは内閣の所轄の下に置かれる機関（国の一定の機関）等や地方公共団体の機関（議会を除く。）をいう（2条5号柱書イ・ロ）。したがって，地方公共団体の機関も含まれるから，本肢は誤っている。

3　正しい。処分基準とは，不利益処分をするかどうか又はどのような不利益処分とするかについてその法令の定めに従って判断するために必要とされる基準をいう（2条8号ハ）。したがって，本肢は正しい。

4　誤り。申請とは，法令に基づき，行政庁の許可，認可，免許その他の自己に対し何らかの利益を付与する処分を求める行為であって，当該行為に対して行政庁が諾否の応答をすべきこととされているものをいう（2条3号）。したがって，申請者以外の第三者に対し利益を付与する処分を求める行為は含まれないから，本肢は誤っている。

5　誤り。届出とは，行政庁に対し一定の事項の通知をする行為であって，法令により直接に当該通知が義務付けられているものをいう（2条7号）。したがって，行政庁に諾否の応答を義務付けてはいないから，本肢は誤っている。

正解　3

ポイントチェック

「不利益処分」から除かれるもの（2条4号イ～ニ）

①事実上の行為（例えば，行政代執行等）及び事実上の行為をするに当たりその範囲，時期等を明らかにするために法令上必要とされている手続としての処分
②申請により求められた許認可等を拒否する処分その他申請に基づき当該申請をした者を名あて人としてされる処分
③名あて人となるべき者の同意の下にすることとされている処分
④許認可等の効力を失わせる処分であって，当該許認可等の基礎となった事実が消滅した旨の届出（例えば，事業を行っている者からの当該事業を廃止した旨の届出等）があったことを理由としてされるもの

問題

　行政手続法の定める申請の取扱いに関する次のア～オの記述のうち，正しいものの組合せはどれか。

ア　申請がそれをすることができる期間内にされたものではない場合，当該申請は当然に不適法なものであるから，行政庁は，これに対して諾否の応答を行わず，その理由を示し，速やかに当該申請にかかる書類を申請者に返戻しなければならない。

イ　許認可等を求める申請に必要な書類が添付されていない場合，行政庁は，速やかに，相当の期間を定めて当該申請の補正を求めるか，あるいは当該申請により求められた許認可等を拒否しなければならない。

ウ　行政庁は，申請により求められた許認可等のうち行政手続法に列挙されたものについて，これを拒否する処分を行おうとするときは，予めその旨を申請者に対し通知し，当該申請者に弁明書の提出による意見陳述の機会を与えなければならない。

エ　行政庁が申請の取下げまたは内容の変更を求める行政指導を行うことは，申請者がそれに従う意思がない旨を表明したにもかかわらずこれを継続すること等により当該申請者の権利の行使を妨げるものでない限り，直ちに違法とされるものではない。

オ　行政庁が，申請の処理につき標準処理期間を設定し，これを公表した場合において，当該標準処理期間を経過してもなお申請に対し何らの処分がなされないときは，当該申請に対して拒否処分がなされたものとみなされる。

　1　ア・イ
　2　ア・オ
　3　イ・エ
　4　ウ・エ
　5　ウ・オ

key word

申請

　申請とは，法令に基づき，行政庁の許可，認可，免許その他の自己に対し何らかの利益を付与する処分を求める行為であって，当該行為に対して行政庁が諾否の応答をすべきこととされているものをいう。

問 題 分 析　　★☆☆

行政手続法の定める申請の取扱いについて問う問題です。

各 肢 の 解 説

ア　誤り。 行政庁は，申請をすることができる期間内にされたものであること等の形式上の要件に適合しない申請については，速やかに，申請をした者に対し相当の期間を定めて当該申請の補正を求め，又は当該申請により求められた許認可等を拒否しなければならない（7条）。したがって，本肢は誤っている。

イ　正しい。 行政庁は，申請書に必要な書類が添付されていない申請については，速やかに，申請をした者に対し相当の期間を定めて当該申請の補正を求め，又は当該申請により求められた許認可等を拒否しなければならない（7条）。

ウ　誤り。 弁明書について規定があるのは，不利益処分に関する行政手続法29条，30条である。申請に対する処分について本肢のような内容の規定はない。したがって，本肢は誤っている。

エ　正しい。 申請の取下げ又は内容の変更を求める行政指導にあっては，行政指導に携わる者は，申請者が当該行政指導に従う意思がない旨を表明したにもかかわらず当該行政指導を継続すること等により当該申請者の権利の行使を妨げるようなことをしてはならない（33条）。したがって，申請者の権利の行使を妨げるものでないなら，直ちに違法とはされない。

オ　誤り。 標準処理期間を経過しても申請に対する処分がなされない場合に拒否処分がなされたものとみなされる旨を定めた行政手続法の規定はない。したがって，本肢は誤っている。

以上により，正しいものは，イ及びエであるから，正解は3である。

正解　3

ポイントチェック

標準処理期間

　申請が行政庁の事務所に到達してからその申請に対する処分をするまでに通常要すべき標準的な期間（6条）。設定は努力義務であるが，設定した場合，公表は法的義務とされる。

問題

　処分理由の提示に関する次の記述のうち，法令および最高裁判所の判例に照らし，妥当なものはどれか。

1　行政手続法が，不利益処分をする場合に同時にその理由を名宛人に示さなければならないとしているのは，名宛人に直接義務を課し，またはその権利を制限するという同処分の性質にかんがみたものであるから，行政手続法には，申請に対する拒否処分に関する理由の提示の定めはない。

2　一級建築士免許取消処分をするに際し，行政庁が行政手続法に基づいて提示した理由が不十分であったとしても，行政手続法には理由の提示が不十分であった場合の処分の効果に関する規定は置かれていないから，その違法により裁判所は当該処分を取り消すことはできない。

3　行政手続法は，不利益処分をする場合にはその名宛人に対し同時に当該不利益処分の理由を示さなければならないと定める一方，「当該理由を示さないで処分をすべき差し迫った必要がある場合はこの限りでない。」としている。

4　青色申告について行政庁が行った更正処分における理由附記の不備という違法は，同処分に対する審査裁決において処分理由が明らかにされた場合には，治癒され，更正処分の取消事由とはならない。

5　情報公開条例に基づく公文書の非公開決定において，行政庁がその処分理由を通知している場合に，通知書に理由を附記した以上，行政庁が当該理由以外の理由を非公開決定処分の取消訴訟において主張することは許されない。

key word

青色申告

　青色の申告書で行う所得税及び法人税の納税申告のこと。各種の租税特別措置の適用を受けられるなどの特典があり，個人が税務署長の承認を受けてすることができる。一定の帳簿書類を備え付けていることが承認の条件であり，承認を受けた納税者は帳簿書類の備付けと記帳義務を負う。

問　題　分　析　　　★☆☆

本問は，処分理由の提示に関する条文知識及び判例の理解を問う問題です。

各肢の解説

1　**妥当でない。**行政庁は，申請により求められた許認可等を拒否する処分をする場合は，申請者に対し，同時に，当該処分の理由を示さなければならないのが原則である（行政手続法8条1項）。申請に対する拒否処分に関する理由の定めはあるから，本肢は妥当でない。

2　**妥当でない。**判例（最判平成23・6・7）は，一級建築士免許取消処分の理由として，原因事実と根拠法条とが示されているのみで，複数の懲戒処分の中から処分を選択するための基準とされていた当時の建設省通知による処分基準の適用関係が全く示されていない場合は，いかなる理由に基づいてどのような処分基準の適用によって当該処分が選択されたのかを知ることができず，取消処分は，行政手続法14条1項本文の定める理由提示の要件を欠き，違法な処分として取消しを免れないとする。

3　**妥当である。**行政庁は，不利益処分をする場合には，その名あて人に対し，同時に，当該不利益処分の理由を示さなければならない。ただし，当該理由を示さないで処分をすべき差し迫った必要がある場合は，この限りでない（行政手続法14条1項）。

4　**妥当でない。**判例（最判昭和47・12・5）は，青色申告についてした更正処分における理由附記の不備の瑕疵は，同処分に対する審査裁決において処分理由が明らかにされた場合であっても，治癒されないとする。

5　**妥当でない。**判例（最判平成11・11・19）は，公文書の非公開事由を定めた旧逗子市情報公開条例5条（2）ウに該当することを理由として付記された公文書の非公開決定の取消訴訟において，実施機関が，同決定が適法であるとの根拠として，当該公文書が同条（2）アに該当すると主張することは許されるとする。

正解　3

ポイントチェック

理由の提示

申請に対する処分	原則	処分と同時に理由の提示必要（法的義務）
	例外	法令に定められた許認可等の要件又は公にされた審査基準が数量的指標その他の客観的指標により明確に定められている場合であって，当該申請がこれらに適合しないことが申請書の記載又は添付書類その他の申請の内容から明らかであるときは，申請者の求めがあったときに理由を示せば足りる。
不利益処分	原則	処分と同時に理由の提示必要（法的義務）
	例外	当該理由を示さないで処分をすべき差し迫った必要がある場合は，理由の提示不要（処分後相当の期間内に理由の提示必要）

問 題

　理由の提示に関する次の記述のうち，行政手続法の規定または最高裁判所の判例に照らし，妥当なものはどれか。

1　行政庁は，申請により求められた許認可等の処分をする場合，当該申請をした者以外の当該処分につき利害関係を有するものと認められる者から請求があったときは，当該処分の理由を示さなければならない。

2　行政庁は，申請により求められた許認可等を拒否する処分をする場合でも，当該申請が法令に定められた形式上の要件に適合しないことを理由とするときは，申請者に対して当該処分の理由を示す必要はない。

3　行政庁は，理由を示さないで不利益処分をすべき差し迫った必要がある場合であれば，処分と同時にその理由を示す必要はなく，それが困難である場合を除き，当該処分後の相当の期間内にこれを示せば足りる。

4　公文書の非開示決定に付記すべき理由については，当該公文書の内容を秘匿する必要があるため，非開示の根拠規定を示すだけで足りる。

5　旅券法に基づく一般旅券の発給拒否通知書に付記すべき理由については，いかなる事実関係に基づきいかなる法規を適用して拒否されたかに関し，その申請者が事前に了知しうる事情の下であれば，単に発給拒否の根拠規定を示すだけで足りる。

key word

一般旅券

　公用旅券以外の旅券。公用旅券とは，国の用務のため外国に渡航する者及びその者が渡航の際同伴し，又は渡航後その所在地に呼び寄せる配偶者，子又は使用人に対して発給される旅券をいう。旅券は海外渡航をするために必要となる。

問 題 分 析　　★★☆

理由の提示に関する問題です。

各 肢 の 解 説

1 **妥当でない。**行政庁は，申請により求められた許認可等を拒否する処分をする場合は，申請者に対し，同時に，当該処分の理由を示さなければならない（8条1項本文）。したがって，許認可等の処分をする場合は，理由の提示は義務付けられず，利害関係者からの請求により理由を示すものともされていないから，本肢は妥当でない。

2 **妥当でない。**法令に定められた許認可等の要件又は公にされた審査基準が数量的指標その他の客観的指標により明確に定められている場合であって，当該申請がこれらに適合しないことが申請書の記載又は添付書類その他の申請の内容から明らかであるときは，申請者の求めがあったときにこれを示せば足りる（8条1項ただし書）。申請が法令に定められた形式上の要件に適合しないことだけでは，これにはあたらない。したがって，理由を示す必要があるから，本肢は妥当でない。

3 **妥当である。**行政庁は，不利益処分をする場合には，その名あて人に対し，同時に，当該不利益処分の理由を示さなければならない。ただし，当該理由を示さないで処分をすべき差し迫った必要がある場合は，この限りでない（14条1項）。そして，このただし書の場合においては，当該名あて人の所在が判明しなくなったときその他処分後において理由を示すことが困難な事情があるときを除き，処分後相当の期間内に，同項の理由を示さなければならない（同条2項）。したがって，本肢は妥当である。

4 **妥当でない。**判例（最判平成4・12・10）は，理由付記制度の趣旨にかんがみれば，公文書の非開示決定通知書に付記すべき理由としては，開示請求者において，東京都公文書の開示等に関する条例9条各号所定の非開示事由のどれに該当するのかをその根拠とともに了知し得るものでなければならず，単に非開示の根拠規定を示すだけでは，当該公文書の種類，性質等とあいまって開示請求者がそれらを当然知り得るような場合は別として，同条例7条4項の要求する理由付記としては十分でないとする。したがって，本肢は妥当でない。

5 **妥当でない。**判例（最判昭和60・1・22）は，一般旅券発給拒否通知書に付記すべき理由としては，いかなる事実関係に基づきいかなる法規を適用して一般旅券の発給が拒否されたかを，申請者においてその記載自体から了知しうるものでなければならず，単に発給拒否の根拠規定を示すだけでは，それによって当該規定の適用の基礎となった事実関係をも当然知りうるような場合を別として，旅券法の要求する理由付記として十分でないとする。したがって，本肢は妥当でない。

正解　3

問　題

次の文章の空欄　ア　～　エ　に当てはまる語句を，枠内の選択肢（1～20）から選びなさい。

行政手続法は，行政運営における　ア　の確保と透明性の向上を図り，もって国民の権利利益の保護に資することをその目的とし（1条1項），行政庁は，　イ　処分をするかどうか又はどのような　イ　処分とするかについてその法令の定めに従って判断するために必要とされる基準である　ウ　（2条8号ハ）を定め，かつ，これを公にしておくよう努めなければならないものと規定している（12条1項）。上記のような行政手続法の規定の文言や趣旨等に照らすと，同法12条1項に基づいて定められ公にされている　ウ　は，単に行政庁の行政運営上の便宜のためにとどまらず，　イ　処分に係る判断過程の　ア　と透明性を確保し，その相手方の権利利益の保護に資するために定められ公にされるものというべきである。したがって，行政庁が同項の規定により定めて公にしている　ウ　において，先行の処分を受けたことを理由として後行の処分に係る量定を加重する旨の　イ　な取扱いの定めがある場合に，当該行政庁が後行の処分につき当該　ウ　の定めと異なる取扱いをするならば，　エ　の行使における　ア　かつ平等な取扱いの要請や基準の内容に係る相手方の信頼の保護等の観点から，当該　ウ　の定めと異なる取扱いをすることを相当と認めるべき特段の事情がない限り，そのような取扱いは　エ　の範囲の逸脱又はその濫用に当たることとなるものと解され，この意味において，当該行政庁の後行の処分における　エ　は当該　ウ　に従って行使されるべきことがき束されており，先行の処分を受けた者が後行の処分の対象となるときは，上記特段の事情がない限り当該　ウ　の定めにより所定の量定の加重がされることになるものということができる。以上に鑑みると，行政手続法12条1項の規定により定められ公にされている　ウ　において，先行の処分を受けたことを理由として後行の処分に係る量定を加重する旨の　イ　な取扱いの定めがある場合には，上記先行の処分に当たる処分を受けた者は，将来において上記後行の処分に当たる処分の対象となり得るときは，上記先行の処分に当たる処分の効果が期間の経過によりなくなった後においても，当該　ウ　の定めにより上記の　イ　な取扱いを受けるべき期間内はなお当該処分の取消しによって回復すべき法律上の利益を有するものと解するのが相当である。

（最三小判平成27年3月3日民集69巻2号143頁）

1	処分基準	2	合理的	3	衡平	4	適正	5	迅速性
6	公正	7	利益	8	侵害	9	授益	10	不平等
11	審査基準	12	不利益	13	解釈基準	14	行政規則	15	法規命令
16	解釈権	17	判断権	18	処分権	19	裁量権	20	決定権

問題分析　★☆☆

本問は，行政手続法に係る最高裁判所判決に関する知識を問う問題です。

各肢の解説

まず，アであるが，行政手続法１条１項は，「この法律は，処分，行政指導及び届出に関する手続並びに命令等を定める手続に関し，共通する事項を定めることによって，行政運営における公正の確保と透明性（行政上の意思決定について，その内容及び過程が国民にとって明らかであることをいう。第46条において同じ。）の向上を図り，もって国民の権利利益の保護に資することを目的とする。」と規定していることから，「公正」が入ることが分かる。

次に，イであるが，行政手続法の対象となる処分は，申請に対する処分または不利益処分であることから，枠内の選択肢との関係において，「不利益」が入ることが分かる。

さらに，ウであるが，行政手続法は，行政庁が不利益処分をするかどうか，またはどのような不利益処分とするかについてその法令の定めに従って判断するために必要とされる基準である処分基準（同法２条８号ハ）を定め，かつ，これを公にしておくよう努めなければならないと規定している（同法12条１項）。よって，ウには，「処分基準」が入ることがわかる。

最後に，エであるが，「行政庁が同項〔＝行政手続法12条１項〕の規定により定めて公にしている処分基準において，先行の処分を受けたことを理由として後行の処分に係る量定を加重する旨の不利益な取扱いの定めがある場合に，当該行政庁が後行の処分につき当該処分基準の定めと異なる取扱いをするならば，　エ　の行使における公正かつ平等な取扱いの要請や基準の内容に係る相手方の信頼の保護等の観点から，当該処分基準の定めと異なる取扱いをすることを相当と認めるべき特段の事情がない限り，そのような取扱いは　エ　の範囲の逸脱又はその濫用に当たることとなる」との記述より，「裁量権」が入ることが分かる。なぜなら，行政庁が処分基準の定めと異なる取扱いをすることが問題となっていることから，行政庁の裁量権の行使が問題となっているといえるからである。

正解　ア－6（公正）　　　イ－12（不利益）

ウ－1（処分基準）　　エ－19（裁量権）

問 題

次の文章の空欄 ア ～ エ に当てはまる語句を，枠内の選択肢（1～20）から選びなさい。

　行政手続法14条1項本文が，不利益処分をする場合に同時にその理由を名宛人に示さなければならないとしているのは，名宛人に直接に義務を課し又はその権利を制限するという不利益処分の性質に鑑み，行政庁の判断の ア と合理性を担保してその恣意を抑制するとともに，処分の理由を名宛人に知らせて イ に便宜を与える趣旨に出たものと解される。そして，同項本文に基づいてどの程度の理由を提示すべきかは，上記のような同項本文の趣旨に照らし，当該処分の根拠法令の規定内容，当該処分に係る ウ の存否及び内容並びに公表の有無，当該処分の性質及び内容，当該処分の原因となる事実関係の内容等を総合考慮してこれを決定すべきである。

　この見地に立って建築士法…（略）…による建築士に対する懲戒処分について見ると，…（略）…処分要件はいずれも抽象的である上，これらに該当する場合に…（略）…所定の戒告，1年以内の業務停止又は免許取消しのいずれの処分を選択するかも処分行政庁の裁量に委ねられている。そして，建築士に対する上記懲戒処分については，処分内容の決定に関し，本件 ウ が定められているところ，本件 ウ は， エ の手続を経るなど適正を担保すべき手厚い手続を経た上で定められて公にされており，…（略）…多様な事例に対応すべくかなり複雑なものとなっている。

　そうすると，建築士に対する上記懲戒処分に際して同時に示されるべき理由としては，処分の原因となる事実及び処分の根拠法条に加えて，本件 ウ の適用関係が示されなければ，処分の名宛人において，上記事実及び根拠法条の提示によって処分要件の該当性に係る理由は知り得るとしても，いかなる理由に基づいてどのような ウ の適用によって当該処分が選択されたのかを知ることは困難であるのが通例であると考えられる。

（最三小判平成23年6月7日民集65巻4号2081頁）

1	公平	2	審査基準	3	名宛人以外の第三者	4	弁明
5	条例	6	意見公募	7	説明責任	8	根拠
9	慎重	10	紛争の一回解決	11	要綱	12	諮問
13	処分基準	14	利害関係人	15	議会の議決	16	規則
17	不服の申立て	18	審査請求	19	適法性	20	聴聞

問 題 分 析　　★★☆

　本問は，不利益処分における理由の提示の程度に関する最高裁判所の判例知識を問う問題です。

各 肢 の 解 説

　まず，空欄アであるが，「行政手続法14条1項本文が，不利益処分をする場合に同時にその理由を名宛人に示さなければならないとしているのは，名宛人に直接に義務を課し又はその権利を制限するという不利益処分の性質に鑑み，行政庁の判断の　ア　と合理性を担保してその恣意を抑制するとともに，処分の理由を名宛人に知らせて　イ　に便宜を与える趣旨に出たものと解される」との記述より，空欄アには「慎重」が入ることが分かる。行政庁が不利益処分をするときは，その理由を名宛人に示さなければならないとすることによって，行政庁がその手続を慎重に行うようにすることを期待することでき，その結果，その判断が恣意的にされることを防止することができるからである。

　次に，空欄イであるが，上記空欄アに掲げる記述より，「不服申立て」が入ることが分かる。処分理由は，その処分に対する不服申立てのきっかけを与えてくれたり，その不服申立てが適切にされるための情報を与えてくれるものだからである。

　さらに，空欄ウであるが，「建築士法…による建築士に対する懲戒処分について見ると，…処分要件はいずれも抽象的である上，これらに該当する場合に…所定の戒告，1年以内の業務停止又は免許取消しのいずれの処分を選択するかも処分行政庁の裁量に委ねられている。そして，建築士に対する上記懲戒処分については，処分内容の決定に関し，本件　ウ　が定められているところ，本件　ウ　は，　エ　の手続を経るなど適正を担保すべき手厚い手続を経た上で定められて公にされており…」との記述より空欄ウには「処分基準」が入ることが分かる。建築士に対する懲戒処分は不利益処分に当たるところ，不利益処分については，「行政庁は，処分基準を定め，かつ，これを公にしておくよう努めなければならない。」（行政手続法12条1項）と定められていることから，空欄ウには，「処分基準」が入ると考えるのが素直だからである（なお，詳細に検討すると，空欄ウには，2の「審査基準」，5の「条例」，11の「要綱」，13の「処分基準」または16の「規則」のいずれかが入るところ，①不利益処分に関する事柄なので，2の「審査基準」は当てはまらず，②「　エ　の手続を経るなど適正を担保すべき手厚い手続を経た上で定められて公にされている」との記述より，一般的にそのような手厚い手続を経ない11の「要綱」や16の「規則」は当てはまらず，③条例は，地方自治法2条2項の事務について定めることができるところ，建築士に対する懲戒処分の処分内容の決定に関する事柄は，これに含まれないことから，2の「条例」は当てはまらないからである。）。

　最後に，空欄エであるが，上記空欄ウに掲げる記述より，「意見公募」が入ることが分かる。処分基準については，意見公募手続をとらなければならない（行政手続法39条1項）からである。

正解　ア－9　（慎重）　　イ－17　（不服の申立て）

ウ－13　（処分基準）　エ－6　（意見公募）

問題

　行政手続法の定める聴聞に関する次の記述のうち，誤っているものはどれか。なお，調書は，聴聞の審理の経過を記載した書面であり，報告書は，不利益処分の原因となる事実に対する当事者等の主張に理由があるかどうかについての意見を記載した書面である。

1　聴聞の主宰者は，調書を作成し，当該調書において，不利益処分の原因となる事実に対する当事者および参加人の陳述の要旨を明らかにしておかなければならない。

2　聴聞の主宰者は，聴聞の終結後，速やかに報告書を作成し，調書とともに行政庁に提出しなければならない。

3　聴聞の当事者または参加人は，聴聞の主宰者によって作成された調書および報告書の閲覧を求めることができる。

4　聴聞の終結後，聴聞の主宰者から調書および報告書が提出されたときは，行政庁は，聴聞の再開を命ずることはできない。

5　行政庁は，不利益処分の決定をするときは，調書の内容および報告書に記載された聴聞の主宰者の意見を十分に参酌してこれをしなければならない。

key word

聴聞手続

　聴聞手続とは，行政機関が一定の不利益処分を行う場合に，不利益を受ける者に対して口頭で自己弁解・防御を行う機会を付与する手続である。

問 題 分 析　　★☆☆

本問は，聴聞に関する条文知識を問う問題です。

各 肢 の 解 説

1　正しい。 主宰者は，聴聞の審理の経過を記載した調書を作成し，当該調書において，不利益処分の原因となる事実に対する当事者及び参加人の陳述の要旨を明らかにしておかなければならない（24条1項）。

2　正しい。 聴聞の審理の経過を記載した調書は，聴聞の期日における審理が行われた場合には各期日ごとに，当該審理が行われなかった場合には聴聞の終結後速やかに作成しなければならない（24条2項）。主宰者は，聴聞の終結後速やかに，不利益処分の原因となる事実に対する当事者等の主張に理由があるかどうかについての意見を記載した報告書を作成し，聴聞の審理の経過を記載した調書とともに行政庁に提出しなければならない（24条3項）。

3　正しい。 当事者又は参加人は，聴聞の審理の経過を記載した調書及び不利益処分の原因となる事実に対する当事者等の主張に理由があるかどうかについての意見を記載した報告書の閲覧を求めることができる（24条4項）。

4　誤り。 行政庁は，聴聞の終結後に生じた事情にかんがみ必要があると認めるときは，主宰者に対し，提出された不利益処分の原因となる事実に対する当事者等の主張に理由があるかどうかについての意見を記載した報告書を返戻して聴聞の再開を命ずることができる（25条）。したがって，聴聞の再開を命ずることができるから，本肢は誤っている。

5　正しい。 行政庁は，不利益処分の決定をするときは，聴聞の審理の経過を記載した調書の内容及び不利益処分の原因となる事実に対する当事者等の主張に理由があるかどうかについての意見を記載した報告書に記載された主宰者の意見を十分に参酌してこれをしなければならない（26条）。

正解　4

ポイントチェック

聴聞調書，報告書，閲覧

聴聞調書	主宰者が作成。聴聞の審理の経過を記載し，不利益処分の原因となる事実に対する当事者及び参加人の陳述の要旨を明らかにしておかなければならない。行政庁に提出。
報告書	主宰者が作成。聴聞の終結後速やかに，不利益処分の原因となる事実に対する当事者等の主張に理由があるかどうかについての意見を記載して作成。行政庁に提出。
閲覧	当事者又は参加人は，聴聞調書及び報告書の閲覧を求めることができる。

問　題

　聴聞についての行政手続法の規定に関する次のア～オの記述のうち，正しいものの組合せはどれか。

ア　聴聞は，行政庁が指名する職員その他政令で定める者が主宰するが，当該聴聞の当事者*や参加人など，当該不利益処分の対象者に一定の関連を有する者のほか，行政庁の職員のうち，当該不利益処分に係る事案の処理に直接関与した者は，主宰者となることができない。

イ　行政庁は，予定している不利益処分につき，聴聞の主宰者から当該聴聞に係る報告書の提出を受けてから，当該不利益処分を行うか否か決定するまでに通常要すべき標準的な期間を定め，これを当該聴聞の当事者*に通知するよう努めなければならない。

ウ　主宰者は，当事者*の全部または一部が正当な理由なく聴聞の期日に出頭せず，かつ，陳述書または証拠書類等を提出しない場合，これらの者に対し改めて意見を述べ，および証拠書類等を提出する機会を与えることなく，聴聞を終結することができる。

エ　行政庁は，申請に対する処分であって，申請者以外の者の利害を考慮すべきことが当該処分の根拠法令において許認可等の要件とされているものを行う場合には，当該申請者以外の者に対し，不利益処分を行う場合に準じた聴聞を行わなければならない。

オ　聴聞の通知があった時から聴聞が終結する時までの間，当事者*から行政庁に対し，当該不利益処分の原因となる事実を証する資料の閲覧を求められた場合，行政庁は，第三者の利益を害するおそれがあるときその他正当な理由があるときは，その閲覧を拒むことができる。

　（注）　*　当事者　行政庁は，聴聞を行うに当たっては，聴聞を行うべき期日までに相当な期間をおいて，不利益処分の名あて人となるべき者に対し，所定の事項を書面により通知しなければならない。この通知を受けた者を「当事者」という。

　1　ア・イ
　2　ア・オ
　3　イ・エ
　4　ウ・エ
　5　ウ・オ

問 題 分 析　　★★☆

　本問は，聴聞についての行政手続法の規定に関する問題です。

各 肢 の 解 説

ア　誤り。行政庁の職員について当該不利益処分に係る事案の処理に直接関与した者であることは，除斥事由とされていない（19条2項各号参照）。

イ　誤り。不利益処分には標準処理期間を定める旨の規定はない。

ウ　正しい。行政手続法23条1項による。

エ　誤り。本肢のような内容を定めた規定はない。

オ　正しい。行政手続法18条1項による。

　以上により，正しいものは，ウ及びオであるから，正解は5である。

正解　5

ポイントチェック

文書閲覧請求権（18条1項）

請求者	当事者及び当該不利益処分がされた場合に自己の利益を害されることとなる参加人
期間	聴聞の通知があった時から聴聞が終結する時までの間
請求内容	行政庁に対し，当該事案についてした調査の結果に係る調書その他の当該不利益処分の原因となる事実を証する資料の閲覧を求めることができる
閲覧拒否	行政庁は，第三者の利益を害するおそれがあるときその他正当な理由があるときでなければ，その閲覧を拒むことができない

問題

　行政手続法の規定する聴聞と弁明の機会の付与に関する次の記述のうち，正しいものはどれか。

1　聴聞，弁明の機会の付与のいずれの場合についても，当事者は代理人を選任することができる。

2　聴聞は許認可等の取消しの場合に行われる手続であり，弁明の機会の付与は許認可等の拒否処分の場合に行われる手続である。

3　聴聞が口頭で行われるのに対し，弁明の機会の付与の手続は，書面で行われるのが原則であるが，当事者から求めがあったときは，口頭により弁明する機会を与えなければならない。

4　聴聞，弁明の機会の付与のいずれの場合についても，当該処分について利害関係を有する者がこれに参加することは，認められていない。

5　聴聞，弁明の機会の付与のいずれの場合についても，当事者は処分の原因に関するすべての文書を閲覧する権利を有する。

行政手続法の聴聞と弁明の機会の付与について問う問題です。

各 肢 の 解 説

1 **正しい**。聴聞の通知を受けた者は，代理人を選任することができ（16条1項），この規定は弁明の機会の付与についても準用されている（31条）。したがって，本肢は正しい。

2 **誤り**。許認可等を取り消す不利益処分をしようとするときは，聴聞をしなければならないが（13条1項柱書1号），申請により求められた許認可等を拒否する処分については，そもそも不利益処分に当たらないため，聴聞ないし弁明の機会の付与をする必要はない。したがって，本肢は誤っている。

3 **誤り**。弁明は，行政庁が口頭ですることを認めたときを除き，弁明を記載した書面を提出してするものとする（29条1項）。したがって，当事者から求めがあったとしても口頭により弁明する機会を与えなければならないわけではないから，本肢は誤っている。

4 **誤り**。聴聞を主宰する者は，必要があると認めるときは，当事者以外の者であって当該不利益処分につき利害関係を有するものと認められる者に対し，当該聴聞に関する手続に参加することを求め，又は当該聴聞に関する手続に参加することを許可することができるが（17条1項），この規定は弁明の機会の付与において準用されていない（31条参照）。したがって，聴聞については参加が認められているから，本肢は誤っている。

5 **誤り**。当事者は，聴聞の通知があった時から聴聞が終結する時までの間，行政庁に対し，当該事案についてした調査の結果に係る調書その他の当該不利益処分の原因となる事実を証する資料の閲覧を求めることができるが（18条1項前段），この規定は弁明の機会の付与において準用されていない（31条参照）。したがって，本肢は誤っている。

正解　1

ポイントチェック

意見陳述のための手続

　意見陳述のための手続は，聴聞と弁明の機会の付与に分かれる。聴聞は正式な手続で口頭審理主義を採り，他方，弁明の機会の付与は，略式の手続で原則として書面審理主義を採る。

問題

　行政手続法の定める申請に対する処分および不利益処分に関する次の記述のうち，正しいものはどれか。

1　行政手続法は，申請に対する処分の審査基準については，行政庁がこれを定めるよう努めるべきものとしているのに対し，不利益処分の処分基準については，行政庁がこれを定めなければならないものとしている。

2　行政庁は，申請を拒否する処分をする場合には，申請者から求めがあったときに限り当該処分の理由を示すべきものとされているのに対し，不利益処分をする場合には，処分を行う際に名宛人に対して必ず当該処分の理由を示すべきものとされている。

3　行政庁は，申請を拒否する処分をする場合には，弁明の機会の付与の手続を執らなければならないのに対し，不利益処分をする場合には，聴聞の手続を執らなければならない。

4　行政手続法は，申請に対する処分については，行政庁が標準処理期間を定めるよう努めるべきものとしているのに対し，不利益処分については，標準処理期間にかかわる規定を設けていない。

5　行政庁は，申請を拒否する処分をする場合には，公聴会を開催するよう努めるべきものとされているのに対し，不利益処分をする場合には，公聴会を開催しなければならないものとされている。

key word

申請拒否処分

　申請拒否処分は，不利益処分ではない（2条4号ロ）。そして，申請拒否処分には理由の提示が原則として必要である（8条）。

問 題 分 析　　★☆☆

行政手続法の申請に対する処分および不利益処分の理解を問う問題です。

各 肢 の 解 説

1　**誤り**。行政庁は,審査基準を定めるものとする（5条1項）。また,行政庁は,処分基準を定め,かつ,これを公にしておくよう努めなければならない（12条1項）。したがって,審査基準の設定は法的義務であり,処分基準の設定は努力義務であるから,本肢は誤っている。

2　**誤り**。行政庁は,申請により求められた許認可等を拒否する処分をする場合,原則として,申請者に対し,同時に,当該処分の理由を示さなければならない（8条1項本文）。したがって,申請拒否処分の理由の提示は申請者から求めがあったときに限られない。また,不利益処分をする場合には,行政庁は,その名あて人に対し,同時に,当該不利益処分の理由を示さなければならない（14条1項本文）が,理由を示さないで処分をすべき差し迫った必要がある場合は,処分と同時に理由を提示しなくてもよい（同条1項ただし書）。処分と同時に理由を提示しない場合も,処分後相当の期間内に,理由を示さなければならないとされるが,当該名あて人の所在が判明しなくなったときその他処分後において理由を示すことが困難な事情があるときは処分後も理由を示さなくてよいとされる（同条2項）。したがって,不利益処分に際して必ず理由を示すべきものとはされていない。よって,本肢は誤っている。

3　**誤り**。申請を拒否する処分は,不利益処分ではない（2条4号ロ）から,不利益処分に際して必要となる意見陳述のための手続（13条1項）を執る必要はない。したがって,弁明の機会の付与の手続を執らなければならないわけではない。そして,不利益処分をする場合には,必ずしも聴聞の手続を採らなければならないわけではない（13条1項）。したがって,本肢は誤っている。

4　**正しい**。行政庁は,申請がその事務所に到達してから当該申請に対する処分をするまでに通常要すべき標準的な期間を定めるよう努めるものとされる（6条）。他方,不利益処分については,標準処理期間に関する規定は置かれていない。したがって,本肢は正しい。

5　**誤り**。行政庁は,申請に対する処分であって,申請者以外の者の利害を考慮すべきことが当該法令において許認可等の要件とされているものを行う場合には,必要に応じ,公聴会の開催その他の適当な方法により当該申請者以外の者の意見を聴く機会を設けるよう努めなければならない（10条）。他方,不利益処分をする場合に,公聴会の開催を義務付ける旨の規定は置かれていない。したがって,本肢は誤っている。

正解　4

ポイントチェック

申請に対する処分と不利益処分の基準の設定・公表
・申請に対する処分の審査基準の設定・公表は法的義務である（5条）。
・不利益処分の処分基準の設定・公表は努力義務である（12条）。

問題

　次の文章は，ある最高裁判所判決の一節である。空欄　ア　〜　エ　に当てはまる語句を，枠内の選択肢（1〜20）から選びなさい。

　建築確認申請に係る建築物の建築計画をめぐり建築主と付近住民との間に紛争が生じ，関係地方公共団体により建築主に対し，付近住民と話合いを行って円満に紛争を解決するようにとの内容の行政指導が行われ，建築主において　ア　に右行政指導に応じて付近住民と協議をしている場合においても，そのことから常に当然に建築主が建築主事に対し確認処分を　イ　することについてまで　ア　に同意をしているものとみるのは相当でない。しかしながら，…関係地方公共団体において，当該建築確認申請に係る建築物が建築計画どおりに建築されると付近住民に対し少なからぬ日照阻害，風害等の被害を及ぼし，良好な居住環境あるいは市街環境を損なうことになるものと考えて，当該地域の生活環境の維持，向上を図るために，建築主に対し，当該建築物の建築計画につき一定の譲歩・協力を求める行政指導を行い，建築主が　ア　にこれに応じているものと認められる場合においては，　ウ　上合理的と認められる期間建築主事が申請に係る建築計画に対する確認処分を　イ　し，行政指導の結果に期待することがあつたとしても，これをもつて直ちに違法な措置であるとまではいえないというべきである。
　もつとも，右のような確認処分の　イ　は，建築主の　ア　の協力・服従のもとに行政指導が行われていることに基づく事実上の措置にとどまるものであるから，建築主において自己の申請に対する確認処分を　イ　されたままでの行政指導には応じられないとの意思を明確に表明している場合には，かかる建築主の明示の意思に反してその受忍を強いることは許されない筋合のものであるといわなければならず，建築主が右のような行政指導に不協力・不服従の意思を表明している場合には，当該建築主が受ける不利益と右行政指導の目的とする公益上の必要性とを比較衡量して，右行政指導に対する建築主の不協力が　ウ　上正義の観念に反するものといえるような　エ　が存在しない限り，行政指導が行われているとの理由だけで確認処分を　イ　することは，違法であると解するのが相当である。

（最一小判昭和60年7月16日民集39巻5号989頁）

1	強制	2	慣習法	3	社会通念	4	特段の事情
5	通知	6	悪意	7	事実の認定	8	法令の解釈
9	併合	10	衡平	11	善意	12	政策実施
13	任意	14	適用除外	15	却下	16	先例
17	拒否	18	審査請求	19	留保	20	信頼保護

問 題 分 析　　★★☆

本問は，行政指導に関する有名な判例を素材として，「行政指導」の基礎的な概念や知識を問う問題です。

各 肢 の 解 説

ア　**「13　任意」が入る。**「　ア　に右行政指導に応じて」や「　ア　にこれに応じて」「　ア　の協力・服従のもと」など，　ア　の後に続く文の流れに着目すると，行政指導の本質である任意性に関する語句を入れるべきことが分かる。よって，「13　任意」が入る。

イ　**「19　留保」が入る。**「確認処分を　イ　されたままでの行政指導」とあり，　イ　は，「事実上の措置にとどまるもの」であるから，「19　留保」が入る。本事案で争点となったのは，行政指導に従わないことを理由に建築確認処分を留保し続けてよいのか，という点である。

ウ　**「3　社会通念」が入る。**「　ウ　上合理的と認められる期間」「　ウ　上正義の観念に反する」のように，　ウ　の後には「上」という文字が続いている。よって，　ウ　には「上」につながる語句を入れなければならない。このような観点で選択肢を見ると，「3　社会通念」以外は入らないことが分かるであろう。

エ　**「4　特段の事情」が入る。**　エ　は1か所しかないので，その前後の文の流れから入れるべき語句を確定させるしかない。そして，前後の文は「右行政指導に対する建築主の不協力が　ウ　上正義の観念に反するものといえるような　エ　が存在しない限り，…違法であると解するのが相当である。」となっている。ということは，　エ　には，違法にならない特殊事情のようなものが入ることが分かる。よって，それと近い語句である「4　特段の事情」が入る。

正解　アー13　（任意）　　　イー19　（留保）
　　　ウー3　（社会通念）　エー4　（特段の事情）

ポイントチェック

申請に関連する行政指導

行政手続法33条　申請の取下げ又は内容の変更を求める行政指導にあっては，行政指導に携わる者は，申請者が当該行政指導に従う意思がない旨を表明したにもかかわらず当該行政指導を継続すること等により当該申請者の権利の行使を妨げるようなことをしてはならない。

211

問題

　法令に違反する行為の是正を求める行政指導を国の行政機関が担当する場合に関する次の記述のうち，行政手続法の規定に照らし，誤っているものはどれか。

1　不利益処分を行う権限を有する行政機関は，法令違反を理由として不利益処分を行おうとする場合，その相手方に対し，緊急を要する場合を除き，あらかじめ行政指導を用いて法令違反行為の是正を求めなければならない。

2　行政指導が既に文書により相手方に通知されている事項と同一内容の行政指導である場合，行政機関はその内容を記載した書面を求められても，これを交付する必要はない。

3　同一の行政目的を実現するために複数の者に対し行政指導をする場合，行政機関はあらかじめ当該行政指導の共通する内容を定め，行政上特別の支障がない限りそれを公表しなければならない。

4　行政指導（その根拠となる規定が法律に置かれているものに限る。）の相手方は，当該行政指導が法律所定の要件に適合しないと思料する場合，当該行政指導をした行政機関に対し，その旨を申し出て，当該行政指導の中止を求めることができる。

5　地方公共団体の機関が国の行政機関から委任を受けて行政指導を行う場合，行政手続法の定める行政指導手続に関する規定は，この行政指導の手続には適用されない。

key word

行政指導

　行政機関がその任務又は所掌事務の範囲内において一定の行政目的を実現するため特定の者に一定の作為又は不作為を求める指導，勧告，助言その他の行為であって処分に該当しないものをいう（2条6号）。

問 題 分 析　　★☆☆

行政手続法上の行政指導の条文理解を問う問題です。

各 肢 の 解 説

1　**誤り。**不利益処分を行う権限を有する行政機関は，法令違反を理由として不利益処分を行おうとする場合，その相手方に対し，緊急を要する場合を除き，あらかじめ行政指導を用いて法令違反行為の是正を求めなければならない旨の規定は行政手続法に置かれていない。したがって，本肢は誤っている。

2　**正しい。**行政指導が口頭でなされた場合の書面の交付について，すでに文書によりその相手方に通知されている事項と同一の内容を求めるものであるときは，これを交付する必要はない（35条4項2号）。したがって，本肢は正しい。

3　**正しい。**同一の行政目的を実現するため一定の条件に該当する複数の者に対し行政指導をしようとするときは，行政機関は，あらかじめ，事案に応じ，行政指導指針を定め，かつ，行政上特別の支障がない限り，これを公表しなければならない（36条）。したがって，本肢は正しい。

4　**正しい。**法令に違反する行為の是正を求める行政指導（その根拠となる規定が法律に置かれているものに限る。）の相手方は，当該行政指導が当該法律に規定する要件に適合しないと思料するときは，当該行政指導をした行政機関に対し，その旨を申し出て，当該行政指導の中止その他必要な措置をとることを求めることができる（36条の2第1項本文）。したがって，本肢は正しい。

5　**正しい。**委任により，権限は受任機関である地方公共団体の機関に移る。地方公共団体の機関が行政指導を行う場合，行政手続法の定める行政指導手続に関する規定は適用されない（3条3項）。したがって，本肢は正しい。

正解　1

ポイントチェック

行政指導の中止等の定め（36条の2），処分等の求め（36条の3）

	行政指導の中止等の定め	処分等の求め
申出者	行政指導の相手方	何人も
求めることができる場合	法令に違反する行為の是正を求める行政指導（根拠規定が法律に置かれているものに限る。）が当該法律に規定する要件に適合しないと思料するとき	法令に違反する事実がある場合において，その是正のためにされるべき処分又は行政指導（根拠規定が法律に置かれているものに限る。）がされていないと思料するとき
請求の内容	行政指導の中止その他必要な措置をとること	是正のための処分又は行政指導

行政指導についての行政手続法の規定に関する次の記述のうち，正しいものはどれか。

1 法令に違反する行為の是正を求める行政指導で，その根拠となる規定が法律に置かれているものが当該法律に規定する要件に適合しないと思料するときは，何人も，当該行政指導をした行政機関に対し，その旨を申し出て，当該行政指導の中止その他必要な措置をとることを求めることができる。

2 行政指導は，行政機関がその任務または所掌事務の範囲内において一定の行政目的を実現するため一定の作為または不作為を求める指導，勧告，助言その他の行為であって処分に該当しないものをいい，その相手方が特定か不特定かは問わない。

3 地方公共団体の機関がする行政指導のうち，その根拠が条例または規則に置かれているものについては，行政手続法の行政指導に関する定めの適用はないが，その根拠が国の法律に置かれているものについては，その適用がある。

4 行政指導が口頭でされた場合において，その相手方から当該行政指導の趣旨および内容ならびに責任者を記載した書面の交付を求められたときは，当該行政指導に携わる者は，行政上特別の支障がない限り，これを交付しなければならない。

5 行政指導指針を定めるに当たって，行政手続法による意見公募手続をとらなければならないとされているのは，当該行政指導の根拠が法律，条例または規則に基づくものに限られ，それらの根拠なく行われるものについては，意見公募手続に関する定めの適用はない。

key word

行政指導指針

同一の行政目的を実現するため一定の条件に該当する複数の者に対し行政指導をしようとするときにこれらの行政指導に共通してその内容となるべき事項（2条8号ニ）

問 題 分 析 　　★★☆

本問は，行政指導についての行政手続法の規定に関する問題です。

各 肢 の 解 説

1　誤り。行政指導の中止等の措置を求めることができるのは，当該行政指導の「相手方」に限られている（36条の2第1項）。「何人も」ではない。

2　誤り。行政指導とは，行政機関がその任務又は所掌事務の範囲内において一定の行政目的を実現するため「特定の者に」一定の作為又は不作為を求める指導，勧告，助言その他の行為であって処分に該当しないものをいう（2条6号）。相手方は特定の者である。

3　誤り。地方公共団体の機関がする行政指導については，行政手続法の行政指導に関する定めの適用はない（3条3項）。根拠が条例であるか法律であるかにかかわらない。

4　正しい。本肢のように，行政上特別の支障がない限り，求めに応じて書面を交付しなければならない（35条3項）。

5　誤り。行政指導指針を定める場合には，意見公募手続をとらなければならない（39条1項，2条8号ニ）。根拠が法律等に基づくものだけに意見公募手続が必要とされているわけではない。なお，例外として，意見公募手続がとられないのは，「行政指導指針であって，法令の規定により若しくは慣行として，又は命令等を定める機関の判断により公にされるもの以外のもの」である（3条2項6号）。

正解　**4**

ポイントチェック

行政指導の一般原則（32条）
①所掌事務の範囲を逸脱してはならない
②あくまでも相手方の任意の協力によってのみ実現される
③相手方が行政指導に従わないことを理由とする不利益取扱いの禁止

行政指導についての行政手続法の規定に関する次のア～エの記述のうち，正しいものの組合せはどれか。

ア　行政指導に携わる者は，その相手方が行政指導に従わなかったことを理由として，不利益な取扱いをしてはならないとされているが，その定めが適用されるのは当該行政指導の根拠規定が法律に置かれているものに限られる。

イ　行政指導に携わる者は，当該行政指導をする際に，行政機関が許認可等をする権限を行使し得る旨を示すときは，その相手方に対して，行政手続法が定める事項を示さなければならず，当該行政指導が口頭でされた場合において，これら各事項を記載した書面の交付をその相手方から求められたときは，行政上特別の支障がない限り，これを交付しなければならない。

ウ　行政指導をすることを求める申出が，当該行政指導をする権限を有する行政機関に対して適法になされたものであったとしても，当該行政機関は，当該申出に対して諾否の応答をすべきものとされているわけではない。

エ　地方公共団体の機関がする行政指導については，その根拠となる規定が法律に置かれているものであれば，行政指導について定める行政手続法の規定は適用される。

　1　ア・イ
　2　ア・ウ
　3　イ・ウ
　4　イ・エ
　5　ウ・エ

216

問 題 分 析　　★★☆

行政指導に関する条文知識を問う問題です。

各 肢 の 解 説

ア　誤り。 行政指導に携わる者は，その相手方が指導に従わなかったことを理由として，不利益な取扱いをしてはならない（32条2項）。したがって，根拠規定が法律に置かれているものに限定されていないから，本肢は誤っている。

イ　正しい。 行政指導に携わる者は，当該行政指導をする際に，行政機関が許認可等をする権限又は許認可等に基づく処分をする権限を行使し得る旨を示すときは，その相手方に対して，行政手続法が定める事項を示さなければならない（35条2項）。そして，行政指導が口頭でされた場合，その相手方からこれら各事項を記載した書面の交付を求められたときは，当該行政指導に携わる者は，行政上特別の支障がない限り，これを交付しなければならない（同条3項）。したがって，本肢は正しい。

ウ　正しい。 何人も，法令に違反する事実がある場合において，その是正のためにされるべき処分又は行政指導（その根拠となる規定が法律に置かれているものに限る。）がされていないと思料するときは，当該処分をする権限を有する行政庁又は当該行政指導をする権限を有する行政機関に対し，その旨を申し出て，当該処分又は行政指導をすることを求めることができる（36条の3第1項）。そして，当該行政庁又は行政機関は，当該申出があったときは，必要な調査を行い，その結果に基づき必要があると認めるときは，当該処分又は行政指導をしなければならない（同条3項）。したがって，申出に対し諾否の応答をすべきものとはされていないから，本肢は正しい。

エ　誤り。 地方公共団体の機関がする行政指導については，行政手続法第2章から第6章までの規定は，適用されない（3条3項）。したがって，地方公共団体の機関がする行政指導については，行政指導を定める行政手続法の規定（第4章）は適用されないから，本肢は誤っている。

以上により，正しいものは，イ及びウであるから，正解は3である。

正解　3

ポイントチェック

地方公共団体の機関がする行政指導
→行政指導を定める行政手続法の規定（第4章）は適用されない

次の文章の空欄　ア　～　エ　に当てはまる語句を，枠内の選択肢（1～20）から選びなさい。

　　ア　は，　イ　ではないから，抗告訴訟はもちろん，行政不服審査法による審査請求の対象ともならないとされてきた。しかし，　ア　についても，これに従わない場合について，　ウ　が定められている例があるなど，相手方の権利利益に大きな影響を及ぼすものが少なくない。そこで，行政手続法が改正され，　エ　に根拠を有する　ア　のうち，違法行為の是正を求めるものについては，それが　エ　に定める要件に適合しないと思料する相手方は，行政機関にその中止等を求めることができるとされた。この申出があったときは，行政機関は，必要な調査を行い，それが要件に適合しないと認められるときは，その　ア　の中止その他必要な措置をとるべきこととされた。もし，　ウ　がなされていれば，必要な措置として，それも中止しなければならないこととなる。また，これと並んで，違法行為の是正のための　イ　や　ア　がなされていないと思料する者は，これらをすることを求めることができる旨の規定も置かれている。

1	即時強制	2	命令	3	刑事処罰	4	過料の徴収	5	代執行
6	行政調査	7	法律	8	法規命令	9	行政指導	10	強制執行
11	契約	12	強制	13	処分	14	不作為	15	処分基準
16	条例	17	公表	18	要綱	19	規則	20	実力行使

問 題 分 析　　★☆☆

　本問は，行政指導をテーマに行政手続法の改正事項を問う問題です。「行政指導の中止等の求め」「処分等の求め」が問われているので，これを機にしっかりと押さえるようにしましょう。

各 肢 の 解 説

ア　「9　行政指導」が入る。 ア は， イ ではないが，相手方の権利利益に大きな影響を及ぼす旨の記述や，行政手続法が改正されたという流れの中で出てくることから， ア には「9　行政指導」が入る。

イ　「13　処分」が入る。 一行目に「 ア は， イ ではないから，抗告訴訟はもちろん，行政不服審査法による審査請求の対象ともならないとされてきた」との記述があることから， イ は，抗告訴訟等の対象となるものである。よって，「13　処分」が入る。

ウ　「17　公表」が入る。 ウ は2か所あるが，条文知識では解決できないため，入れるべき語句を確定するのが難しい。 ウ は，行政指導に従わない場合の対応として定められるものである。そして，行政指導が強制にわたらない任意の手段であること，事実上の協力要請行為であることに鑑みると，強制要素の弱い「17　公表」を入れるべきである。

エ　「7　法律」が入る。 エ は行政手続法の改正事項が入る。追加された「中止等の求め」（36条の2）の対象となる行政指導は，根拠となる規定が法律に置かれているものに限られている（36条の2第1項）。よって，「17　法律」が入る。

正解　ア－9　（行政指導）　イ－13　（処分）
　　　ウ－17　（公表）　　　エ－7　（法律）

ポイントチェック

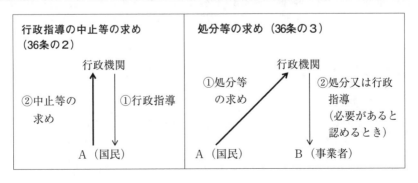

行政指導の中止等の求め（36条の2）	処分等の求め（36条の3）
行政機関 ②中止等の求め　①行政指導 A（国民）	行政機関 ①処分等の求め　②処分又は行政指導（必要があると認めるとき） A（国民）　B（事業者）

問　題

　次の文章の空欄　ア　〜　エ　に当てはまる語句を，枠内の選択肢（1〜20）から選びなさい。

　行政指導とは，相手方の任意ないし合意を前提として行政目的を達成しようとする行政活動の一形式である。

　行政手続法は，行政指導につき，「行政機関がその任務又は　ア　の範囲内において一定の行政目的を実現するために特定の者に一定の作為又は不作為を求める指導，　イ　，助言その他の行為であって処分に該当しないもの」と定義し，行政指導に関する幾つかの条文を規定している。例えば，行政手続法は，行政指導　ウ　につき，「同一の行政目的を実現するため一定の条件に該当する複数の者に対し行政指導をしようとするときにこれらの行政指導に共通してその内容となるべき事項」と定義し，これが，　エ　手続の対象となることを定める規定がある。

　行政指導は，一般的には，法的効果をもたないものとして処分性は認められず抗告訴訟の対象とすることはできないと解されているが，行政指導と位置づけられている行政活動に，処分性を認める最高裁判決も出現しており，医療法にもとづく　イ　について処分性を認めた最高裁判決（最二判平成17年7月15日民集59巻6号1661頁）が注目されている。

1	通知	2	通達	3	聴聞	4	所掌事務	5	告示
6	意見公募	7	担当事務	8	基準	9	勧告	10	命令
11	弁明	12	審理	13	担任事務	14	告知	15	自治事務
16	指針	17	要綱	18	規則	19	所管事務	20	指示

key word

所掌事務

　法令によって，ある事務が特定の機関の職務に属するものと定められている場合における当該事務のこと。

問 題 分 析　　★☆☆

本問は，行政指導に関する総合的知識を問う問題です。

各 肢 の 解 説

まず，　ア　および　イ　であるが，行政指導の定義に関する条文知識を問うものである。行政手続法2条6号は，行政指導とは，「行政機関がその任務又は所掌事務の範囲内において一定の行政目的を実現するため特定の者に一定の作為又は不作為を求める指導，勧告，助言その他の行為であって処分に該当しないものをいう。」と規定していることから，　ア　には「所掌事務」，　イ　には「勧告」が入ることが分かる。

次に，　ウ　であるが，「同一の行政目的を実現するため一定の条件に該当する複数の者に対し行政指導をしようとするときにこれらの行政指導に共通してその内容となるべき事項」と定義されているものは，「行政指導指針」と呼ばれている。よって，　ウ　には，「指針」が入ることが分かる。

最後に，　エ　であるが，行政指導指針は，「命令等」に含まれ意見公募手続の対象となっている（行政手続法39条1項。なお，2条8号ニ参照）。よって，　エ　には，「意見公募」が入ることが分かる。

> 正解　ア－4（所掌事務）　イ－9（勧告）
> 　　　ウ－16（指針）　　　エ－6（意見公募）

ポイントチェック

判例（最判平17・7・15）

医療法および健康保険法の規定の内容やその運用の実情に照らすと，医療法30条の7の規定に基づく病院開設中止の勧告は，医療法上は，当該勧告を受けた者が任意にこれに従うことを期待してされる行政指導として定められているけれども，当該勧告を受けた者に対し，これに従わない場合には，相当程度の確実さをもって，病院を開設しても保険医療機関の指定を受けることができなくなるという結果をもたらすものということができる。そして，いわゆる国民皆保険制度が採用されている我が国においては，健康保険，国民健康保険等を利用しないで病院で受診する者はほとんどなく，保険医療機関の指定を受けずに診療行為を行う病院がほとんど存在しないことは公知の事実であるから，保険医療機関の指定を受けることができない場合には，実際上病院の開設自体を断念せざるを得ないことになる。このような医療法30条の7の規定に基づく病院開設中止の勧告の保険医療機関の指定に及ぼす効果および病院経営における保険医療機関の指定の持つ意義を併せ考えると，この勧告は，行政事件訴訟法3条2項にいう「行政庁の処分その他公権力の行使に当たる行為」に当たる。

行政手続法の定める意見公募手続に関する次の記述のうち，正しいものはどれか。

1　命令等制定機関は，他の行政機関が意見公募手続を実施して定めた命令等と実質的に同一の命令等を定めようとするときであっても，内容が完全に同一でなければ，命令等を定めるに当たって意見公募手続を実施しなければならない。

2　命令等制定機関は，意見公募手続を実施して命令等を定めるに当たり，意見提出期間内に当該命令等制定機関に対して提出された当該命令等の案についての意見について，整理または要約することなく，そのまま命令制定後に公示しなければならない。

3　命令等制定機関は，命令等を定めようとする場合において，委員会等の議を経て命令等を定める場合であって，当該委員会等が意見公募手続に準じた手続を実施したときには，改めて意見公募手続を実施する必要はない。

4　行政庁が，不利益処分をするかどうか，またはどのような不利益処分をするかについて，その法令の定めに従って判断するために必要とされる処分基準を定めるに当たっては，意見公募手続を実施する必要はない。

5　行政指導指針は，行政庁が任意に設定するものであり，また法的な拘束力を有するものではないため，行政指導指針を定めるに当たっては，意見公募手続を実施する必要はない。

key word

行政指導指針

　同一の行政目的を実現するため，一定の条件に該当する複数の者に対し行政指導をしようとするときに，これらの行政指導に共通してその内容となるべき事項をいう（2条8号ニ）。

問 題 分 析　　★☆☆

行政手続法の意見公募手続の条文知識を問う問題です。

各 肢 の 解 説

1　**誤り。**命令等制定機関は，他の行政機関が意見公募手続を実施して定めた命令等と実質的に同一の命令等を定めようとするときであれば，意見公募手続を実施する必要はない（39条1項・4項5号）。したがって，定めようとする命令等の内容が完全に一致していなくても実質的に同一であれば意見公募手続を実施する必要はないから，本肢は誤っている。

2　**誤り。**命令等制定機関は，必要に応じ，提出意見に代えて，当該提出意見を整理または要約したものを公示することができる（43条2項前段）。したがって，本肢は誤っている。

3　**正しい。**命令等制定機関は，委員会等の議を経て命令等を定めようとする場合において，当該委員会等が意見公募手続に準じた手続を実施したときは，自ら意見公募手続を実施することを要しない（40条2項）。したがって，本肢は正しい。

4　**誤り。**命令等制定機関が処分基準を定めようとする場合，原則として意見公募手続が必要となる（39条1項・2条8号ハ）。したがって，本肢は誤っている。

5　**誤り。**命令等制定機関が行政指導指針を定めようとする場合，原則として意見公募手続が必要となる（39条1項・2条8号ニ）。したがって，本肢は誤っている。

正解　3

ポイントチェック

命令等

　　内閣又は行政機関が定める，法律に基づく命令（処分の要件を定める告示を含む。）又は規則，審査基準，処分基準，行政指導指針をいう（2条8号）。

問　題

　行政手続法が定める意見公募手続に関する次の記述のうち，正しいものはどれか。

1　命令等制定機関は，命令等を定めようとする場合には，当該命令等の案およびこれに関連する資料をあらかじめ公示して，広く一般の意見を求めなければならない。

2　命令等制定機関は，定めようとする命令等が，他の行政機関が意見公募手続を実施して定めた命令等と実質的に同一の命令等であったとしても，自らが意見公募手続を実施しなければならない。

3　命令等制定機関は，命令等を定める根拠となる法令の規定の削除に伴い当然必要とされる当該命令等の廃止をしようとするときでも，意見公募手続を実施しなければならない。

4　命令等制定機関は，意見公募手続の実施後に命令等を定めるときには所定の事項を公示する必要があるが，意見公募手続の実施後に命令等を定めないこととした場合には，その旨につき特段の公示を行う必要はない。

5　命令等制定機関は，所定の事由に該当することを理由として意見公募手続を実施しないで命令等を定めた場合には，当該命令等の公布と同時期に，命令等の題名及び趣旨について公示しなければならないが，意見公募手続を実施しなかった理由については公示する必要はない。

key word

命令等制定機関

　命令等を定める機関。閣議の決定により命令等が定められる場合にあっては，当該命令等の立案をする各大臣。

問 題 分 析　★☆☆

意見公募手続に関する条文知識を問う問題です。

各 肢 の 解 説

1　正しい。命令等制定機関は，命令等を定めようとする場合には，当該命令等の案及びこれに関連する資料をあらかじめ公示し，意見の提出先及び意見の提出のための期間を定めて広く一般の意見を求めなければならない（39条1項）。

2　誤り。命令等制定機関は，他の行政機関が意見公募手続を実施して定めた命令等と実質的に同一の命令等を定めようとするときは，意見公募手続を実施しなくてよい（39条4項5号）。

3　誤り。命令等制定機関は，命令等を定める根拠となる法令の規定の削除に伴い当然必要とされる当該命令等の廃止をしようとするときは，意見公募手続を実施しなくてよい（39条4項7号）。

4　誤り。命令等制定機関は，意見公募手続を実施したにもかかわらず命令等を定めないこととした場合には，その旨（別の命令等の案について改めて意見公募手続を実施しようとする場合にあっては，その旨を含む。）並びに命令等の題名及び命令等の案の公示の日を速やかに公示しなければならない（43条4項）。

5　誤り。命令等制定機関は，意見公募手続を実施しないで命令等を定めた場合には，当該命令等の公布と同時期に，命令等の題名及び趣旨並びに意見公募手続を実施しなかった旨及びその理由を公示しなければならない（43条5項）。

正解　1

ポイントチェック

意見公募手続の実施結果の公示

命令を定めた場合	命令を定めないこととした場合
①命令等の題名 ②命令等の案の公示の日 ③提出意見（提出意見がなかった場合にあっては，その旨）（当該提出意見を整理又は要約したものでも可能） ④提出意見を考慮した結果（意見公募手続を実施した命令等の案と定めた命令等との差異を含む）及びその理由	①命令等を定めないこととした旨（別の命令等の案について改めて意見公募手続を実施しようとする場合にあっては，その旨を含む） ②命令等の題名 ③命令等の案の公示の日

行政手続法

行政手続法全般

R 1 - 13　　　　　　　　　　　　　　　　check ☐☐☐

問 題

行政手続法に関する次のア〜オの記述のうち，正しいものの組合せはどれか。

ア 行政指導指針は，行政機関がこれを定めたときは，行政上特別の支障がない限り，公表しなければならない。

イ 申請に対する処分が標準処理期間内に行われない場合には，そのことを理由として直ちに，不作為の違法確認の訴えにおいて，その請求が認容される。

ウ 行政庁が，処分基準を定めたときは，行政上特別の支障があるときを除き，法令により申請の提出先とされている機関の事務所における備付けその他の適当な方法により公にしておかなければならない。

エ 申請により求められた許認可等を拒否する場合において，申請者に対する理由の提示が必要とされるのは，申請を全部拒否するときに限られ，一部拒否のときはその限りでない。

オ 法律に基づく命令，審査基準，処分基準および行政指導指針を定める場合，公益上，緊急に定める必要がある場合など行政手続法が定める例外を除いて，意見公募手続をとらなければならない。

1　ア・エ

2　ア・オ

3　イ・ウ

4　イ・エ

5　ウ・オ

業務法令

問題分析　　★★☆

本問は，行政手続法全般についての問題です。

各肢の解説

ア　正しい。行政指導指針を定めたときは，行政上特別の支障がない限り，公表しなければならない（36条）。

イ　誤り。標準処理期間内に処分が行われないことは，不作為の違法確認の訴えに関する「相当な期間」（行政事件訴訟法3条5項）を超えたかどうかを判断する考慮要素となるが，「標準処理期間」と「相当な期間」は別のものであるから，直ちに請求が認容されるとはいえない。

ウ　誤り。処分基準を公にするのは努力義務である（12条1項）。

エ　誤り。申請により求められた許認可等につき行政庁が拒否する場合には理由を示す必要があり（8条1項），その一部を拒否する場合にも，当該拒否部分については理由を示さなければならない。

オ　正しい。命令等（法律に基づく命令，審査基準，処分基準，行政指導指針）を定める場合は意見公募手続をとらなければならない（39条1項，2条8号）。もっとも，公益上，緊急に命令等を定める必要があるため，意見公募手続を実施することが困難であるときは，意見公募手続をとらなくてよい（39条4項）。

以上により，正しいものは，ア及びオであるから，正解は2である。

正解　2

ポイントチェック

審査基準等の公表

審査基準	行政上特別の支障があるときを除き，公にしておかなければならない。
標準処理期間	設定したときは，公にしておかなければならない。
処分基準	公にしておくよう努めなければならない。
行政指導指針	行政上特別の支障がない限り，公表しなければならない。

問題

　Xは，A県内においてパチンコ屋の営業を計画し，A県公安委員会に風俗営業適正化法に基づく許可を申請した。しかし，この申請書には，内閣府令に定める必要な記載事項の一部が記載されていなかった。この場合，行政手続法7条によれば，A県公安委員会には，その申請への対応として，どのような選択が認められているか。40字程度で記述しなさい。

（下書用）　　　　　　　　　　　　　　　　10　　　　　　　　　　15

ワンポイントアドバイス

　一見，風俗営業適正化法に基づく許可申請などについて個別具体的なことを問うているように見えますが，問題文に「行政手続法7条によれば，……」と書いてあるので，行政手続法の「申請に対する処分」の条文知識を問うだけのシンプルな出題内容になっています。

問 題 分 析　　★☆☆

　本問は，行政手続法７条の申請に対する審査・応答に関する条文の知識を問う問題です。

解　　　説

　Ｘは，Ａ県公安委員会という行政庁に許可申請を行っている。この許可申請は，風俗営業適正化法に基づき行政庁の許可を求める行為であり，当該行為に対して行政庁が諾否の応答をすべきものであるから，行政手続法上の「申請」にあたる（２条３号）。そして，この申請書には，内閣府令に定める必要な記載事項の一部が記載されていないので，申請書の記載事項に不備があったことになる。

　かかる場合，行政手続法７条は，行政庁に対して，２つの方途からの選択を認めた。すなわち，行政庁は，①速やかに申請者に対し相当の期間を定めて当該申請の補正を求めるか，②当該申請により求められた許可を拒否するかの，いずれかを行わなければならない。このように補正を求めることなしに申請拒否をできるとした趣旨は，補正を求めることが事務処理のうえで困難なことがあることに配慮する点にある。

　したがって，Ａ県公安委員会は，相当の期間を定めて申請の補正を求め，又は許可を拒否することが認められることになる。

解答例　速やかに，相当の期間を定めて補正を求め，または申請された許可を拒否しなければならない。（43字）

こ う や っ て 解 く

　行政手続法７条は以下のように規定している。

　「行政庁は，申請がその事務所に到達したときは遅滞なく当該申請の審査を開始しなければならず，かつ，申請書の記載事項に不備がないこと，申請書に必要な書類が添付されていること，申請をすることができる期間内にされたものであることその他の法令に定められた申請の形式上の要件に適合しない申請については，速やかに，申請をした者（以下「申請者」という。）に対し相当の期間を定めて当該申請の補正を求め，又は当該申請により求められた許認可等を拒否しなければならない。」

　解答のポイントは，補正か拒否のどちらかをすればよいので，必ずしも補正を求める必要はない点である。これに対して行政不服審査法の不服申立手続の場合には拒否することはできず，補正を求めなければならないことに注意すること（行政不服審査法23条）。

問　題

　A所有の雑居ビルは，消防法上の防火対象物であるが，非常口が設けられてい
ないなど，消防法等の法令で定められた防火施設に不備があり，危険な状態にあ
る。しかし，その地域を管轄する消防署の署長Yは，Aに対して改善するよう行
政指導を繰り返すのみで，消防法5条1項所定の必要な措置をなすべき旨の命令
（「命令」という。）をすることなく，放置している。こうした場合，行政手続法
によれば，Yに対して，どのような者が，どのような行動をとることができるか。
また，これに対して，Yは，どのような対応をとるべきこととされているか。40
字程度で記述しなさい。

　（参照条文）

　　消防法

　　　第5条第1項　消防長又は消防署長は，防火対象物の位置，構造，設備又
　　　は管理の状況について，火災の予防に危険であると認める場合，消火，
　　　避難その他の消防の活動に支障になると認める場合，火災が発生したな
　　　らば人命に危険であると認める場合その他火災の予防上必要があると認
　　　める場合には，権限を有する関係者（略）に対し，当該防火対象物の改
　　　修，移転，除去，工事の停止又は中止その他の必要な措置をなすべきこ
　　　とを命ずることができる。（以下略）

（下書用）　　　　　　　　　　　　　　　　　　　10　　　　　　　　15

問 題 分 析　　★★☆

本問は，行政手続法が定める処分等の求めに関する条文知識を問う問題です。

解　　説

　まず，どのような形式の解答が要求されているのかを考えよう。問題文は，「行政手続法によれば，Yに対して，どのような者が，どのような行動をとることができるか。また，これに対して，Yは，どのような対応をとるべきこととされているか。」と尋ねている。したがって，解答は，「　①　は，　②　をとることができ，Yは，　③　をとるべきこととされている。」とする。

　次に，どのような内容にするのかを検討しよう。行政手続法36条の３第１項は，「何人も，法令に違反する事実がある場合において，その是正のためにされるべき処分又は行政指導（その根拠となる規定が法律に置かれているものに限る。）がされていないと思料するときは，当該処分をする権限を有する行政庁又は当該行政指導をする権限を有する行政機関に対し，その旨を申し出て，当該処分又は行政指導をすることを求めることができる。」と規定し，同条３項は，「当該行政庁又は行政機関は，第１項の規定による申出があったときは，必要な調査を行い，その結果に基づき必要があると認めるときは，当該処分又は行政指導をしなければならない。」と規定している。したがって，キーワードは，「何人も」，「処分をすることを求めることができる」および「必要な調査を行わなければならない（必要があると認めるときは処分をしなければならない）」となる。

　最後に，検討した形式に，書き出した語句を問題文に合わせて挿入しよう。　①　には，「何人も」が，　②　には，「命令をすることを求めることができる」が，　③　には，「必要な調査を行わなければならない（必要があると認めるときは命令をしなければならない）」が入ることとなる。この文章を制限字数の範囲内に収まり，かつ，自然な文章表現となるように推敲すると，解答例のとおりとなる。

解答例　何人も，命令をすることを求めることができ，Yは，必要な調査を行わなければならない。（41字）

　　　　　何人も命令を求めることができ，Yは必要な調査を行い必要と認めたときは命令をすべきである。（44字）

問題

　私立の大学であるA大学は，その設備，授業その他の事項について，法令の規定に違反しているとして，学校教育法15条1項に基づき，文部科学大臣から必要な措置をとるべき旨の書面による勧告を受けた。しかしA大学は，指摘のような法令違反はないとの立場で，勧告に不服をもっている。この文部科学大臣の勧告は，行政手続法の定義に照らして何に該当するか。また，それを前提に同法に基づき，誰に対して，どのような手段をとることができるか。40字程度で記述しなさい。なお，当該勧告に関しては，A大学について弁明その他意見陳述のための手続は規定されておらず，運用上もなされなかったものとする。

（参照条文）

　学校教育法

　　第15条第1項　文部科学大臣は，公立又は私立の大学及び高等専門学校が，設備，授業その他の事項について，法令の規定に違反していると認めるときは，当該学校に対し，必要な措置をとるべきことを勧告することができる。（以下略）

（下書用）　　　　　　　　　　　　　　　　　　10　　　　　　　　　　15

問 題 分 析　　★★☆

本問は，行政指導の中止等の求めに関する条文知識を問う問題です。

解　　説

まず，どのような形式の解答が要求されているか。問題文の問いかけは，「この文部科学大臣の勧告は，行政手続法の定義に照らして何に該当するか。また，それを前提に同法に基づき，誰に対して，どのような手段をとることができるか」である。したがって，解答は，「　①　に該当し，　②　に対し，　③　の手段をとることができる。」とすることが考えられる。

次に，どのような内容にするか。本問における文部科学大臣の勧告は，行政指導に当たる。なぜなら，行政指導とは，行政機関がその任務または所掌事務の範囲内において一定の行政目的を実現するため特定の者に一定の作為または不作為を求める指導,勧告,助言その他の行為であって処分に該当しないものをいう（行政手続法2条6項）からである。そして，本問においては，文部科学大臣は，A大学の設備，授業その他の事項が法令の規定に違反しているとして，学校教育法15条1項に基づき，必要な措置をとるべき旨の書面による勧告をしたのに対し，A大学は，勧告において指摘されたような法令違反はないとの立場で，勧告に不服をもっている。したがって，この場合に，A大学は，行政指導の中止等の求め（行政手続法36条の2第1項本文）をすることができる。すなわち，法令に違反する行為の是正を求める行政指導（その根拠となる規定が法律に置かれているものに限る。）の相手方は，当該行政指導が当該法律に規定する要件に適合しないと思料するときは，当該行政指導をした行政機関（行政手続法2条5号イ）に対し，その旨を申し出て，当該行政指導の中止その他必要な措置をとることを求めることができることとされている。以上により，適切な語句を書き出すと，「行政指導」,「文部科学大臣」,「当該行政指導の中止その他必要な措置をとることを求めること」がこれに当たる。

そして，上記で検討した形式に，書き出した語句を挿入する。　①　には「行政指導」を，　②　には「文部科学大臣」を，　③　には「当該行政指導の中止その他必要な措置をとることを求めること」を挿入することになるから，「行政指導に該当し，文部科学大臣に対し，当該行政指導の中止その他必要な措置をとることを求めることができる。」となる。

最後に，この文章を制限字数の範囲内に収まり，かつ，自然な文章表現となるようにすると，解答例のとおりとなる。

解答例　行政指導に該当し，文部科学大臣に対し，行政指導の中止を求めることができる。（37字）

行政不服審査法

問題

　行政不服審査法の定める審査請求の対象に関する次の記述のうち，正しいものはどれか。

1　全ての行政庁の処分は，行政不服審査法または個別の法律に特別の定めがない限り，行政不服審査法に基づく審査請求の対象となる。

2　地方公共団体の機関がする処分（その根拠となる規定が条例または規則に置かれているものに限る。）についての審査請求には，当該地方公共団体の定める行政不服審査条例が適用され，行政不服審査法は適用されない。

3　地方公共団体は，自己に対する処分でその固有の資格において処分の相手方となるものに不服がある場合，行政不服審査法に基づく審査請求をした後でなければ当該処分の取消訴訟を提起することができない。

4　行政指導の相手方は，当該行政指導が違法だと思料するときは，行政不服審査法に基づく審査請求によって当該行政指導の中止を求めることができる。

5　個別の法律により再調査の請求の対象とされている処分は，行政不服審査法に基づく審査請求の対象とはならない。

key word

固有の資格

　一般私人が立ちえないような立場にある状態。

問 題 分 析　　★★☆

　本問は，行政不服審査法の定める審査請求の対象に関する条文知識を問う問題です。

各 肢 の 解 説

1　**正しい。**行政庁の処分に関する不服申立てについては，他の法律に特別の定めがある場合を除くほか，行政不服審査法の定めるところによる（1条2項）。そして，行政庁の処分に不服がある者は，行政不服審査法の定めるところにより，審査請求をすることができる（2条）。したがって，すべての行政庁の処分は，特別の定めがない限り，行政不服審査法に基づく審査請求の対象となるから，本肢は正しい。

2　**誤り。**行政不服審査法の定める適用除外（7条）の規定には，地方公共団体の機関がする処分（その根拠となる規定が条例または規則に置かれているものに限る。）は含まれていない。したがって，地方公共団体の機関がする処分（その根拠となる規定が条例または規則に置かれているものに限る。）にも行政不服審査法が適用されるから，本肢は誤っている。

3　**誤り。**地方公共団体に対する処分で，団体がその固有の資格において当該処分の相手方となるものについては，行政不服審査法の規定は，適用されない（7条2項）。したがって，地方公共団体は，自己に対する処分でその固有の資格において処分の相手方となるものに不服がある場合，行政不服審査法の適用はなく審査請求はできないから，本肢は誤っている。

4　**誤り。**行政指導は処分に当たらないから，行政指導に対して審査請求をすることはできない（1条2項参照）。

5　**誤り。**行政庁の処分につき処分庁以外の行政庁に対して審査請求をすることができる場合において，法律に再調査の請求をすることができる旨の定めがあるときは，当該処分に不服がある者は，処分庁に対して再調査の請求をすることができる（5条1項本文）。個別の法律により再調査の請求の対象とされている処分は，審査請求の対象となるものである。

正解　1

ポイントチェック

審査請求の対象

処分	行政庁の処分その他公権力の行使に当たる行為である（1条2項）。処分には条例に基づく処分も含まれる。
不作為	法令に基づく申請に対して何らの処分もしないことをいう（3条かっこ書）。

問題

　行政不服審査法の定める不作為についての審査請求に関する次の記述のうち，妥当なものはどれか。

1　不作為についての審査請求は，当該処分についての申請をした者だけではなく，当該処分がなされることにつき法律上の利益を有する者がなすことができる。

2　不作為についての審査請求は，法令に違反する事実がある場合において，その是正のためにされるべき処分がなされていないときにも，なすことができる。

3　不作為についての審査請求の審査請求期間は，申請がなされてから「相当の期間」が経過した時点から起算される。

4　不作為についての審査請求の審理中に申請拒否処分がなされた場合については，当該審査請求は，拒否処分に対する審査請求とみなされる。

5　不作為についての審査請求がなされた場合においても，審査庁は，原則として，その審理のために，その職員のうちから審理員を指名しなければならない。

key word

不作為
　不作為とは，法令に基づく申請に対して何らの処分もしないことをいう（3条かっこ書）。

238

問 題 分 析　　★★☆

行政不服審査法の不作為についての審査請求の理解を問う問題です。

各 肢 の 解 説

1 **妥当でない。**法令に基づき行政庁に対して処分についての申請をした者は，当該申請から相当の期間が経過したにもかかわらず，行政庁の不作為（法令に基づく申請に対して何らの処分をもしないこと）がある場合には，当該不作為についての審査請求をすることができる（3条）。したがって，不作為についての審査請求ができるのは処分についての申請をした者であるから，本肢は妥当でない。

2 **妥当でない。**不作為についての審査請求をすることができるのは，法令に基づく申請に対して何らの処分もされない場合である（3条）。したがって，本肢は妥当でない。

3 **妥当でない。**不作為についての審査請求に期間制限はない。したがって，本肢は妥当でない。

4 **妥当でない。**行政不服審査法上，不作為についての審査請求の審理中に申請拒否処分がなされた場合に，当該審査請求が拒否処分に対する審査請求とみなされる旨の規定は置かれていない。したがって，本肢は妥当でない。

5 **妥当である。**審査請求がされた行政庁（審査庁）は，審査庁に所属する職員のうちから審理手続を行う者を指名しなければならない（9条1項柱書本文）。この審査請求には，不作為についての審査請求も含まれる。したがって，本肢は妥当である。

正解　5

ポイントチェック

　　行政不服審査法上の審査請求の対象は，行政庁の処分と行政庁の不作為である（2条・3条）。処分とは，行政庁の処分その他公権力の行使に当たる行為である（1条2項，なお，不作為については，キーワード参照）。

問　題

　不作為についての審査請求について定める行政不服審査法の規定に関する次の
ア～エの記述のうち，正しいものの組合せはどれか。

ア　不作為についての審査請求が当該不作為に係る処分についての申請から相当
の期間が経過しないでされたものである場合，審査庁は，裁決で，当該審査請
求を棄却する。

イ　不作為についての審査請求について理由がない場合には，審査庁は，裁決で，
当該審査請求を棄却する。

ウ　不作為についての審査請求について理由がある場合には，審査庁は，裁決で，
当該不作為が違法または不当である旨を宣言する。

エ　不作為についての審査請求について理由がある場合，不作為庁の上級行政庁
ではない審査庁は，当該不作為庁に対し，当該処分をすべき旨を勧告しなけれ
ばならない。

　1　ア・イ
　2　ア・エ
　3　イ・ウ
　4　イ・エ
　5　ウ・エ

key word

不作為についての審査請求
　　法令に基づく申請に係る行政庁の不作為について不服がある者がする不服申立
て（3条）。

240

問 題 分 析　　★★☆

本問は，不作為についての審査請求に関する条文知識を問う問題です。

各 肢 の 解 説

ア　誤り。 不作為についての審査請求が当該不作為に係る処分についての申請から相当の期間が経過しないでされたものである場合その他不適法である場合には，審査庁は，裁決で，当該審査請求を却下しなければならない（49条1項）。したがって，「棄却」ではなく，「却下」が正しい。

イ　正しい。 不作為についての審査請求が理由がない場合には，審査庁は，裁決で，当該審査請求を棄却しなければならない（49条2項）。よって，本肢は，正しい。

ウ　正しい。 不作為についての審査請求が理由がある場合には，審査庁は，裁決で，当該不作為が違法又は不当である旨を宣言しなければならない（49条3項柱書前段）。よって，本肢は，正しい。

エ　誤り。 肢ウの解説のとおり，不作為についての審査請求が理由がある場合には，審査庁は，裁決で，当該不作為が違法又は不当である旨を宣言しなければならない（49条3項柱書前段）。この場合において，①不作為庁の上級行政庁である審査庁は，当該申請に対して一定の処分をすべきものと認めるときは，当該不作為庁に対し，当該処分をすべき旨を命ずる措置をとり，②不作為庁である審査庁は，当該申請に対して一定の処分をすべきものと認めるときは，当該処分をする措置をとらなければならない。しかし，不作為庁の上級行政庁ではない審査庁については，このような規定は存在しない。したがって，本肢は，誤っている。

以上により，正しいものは，イ及びウであるから，正解は3である。

正解　3

ポイントチェック

不作為についての審査請求の裁決

却下裁決	不作為についての審査請求が不作為に係る処分についての申請から相当の期間が経過しないでされたものである場合その他不適法である場合には，審査庁は，裁決で，審査請求を却下しなければならない。
棄却裁決	不作為についての審査請求が理由がない場合には，審査庁は，裁決で，審査請求を棄却しなければならない。
認容裁決	不作為についての審査請求が理由がある場合には，審査庁は，裁決で，不作為が違法または不当である旨を宣言しなければならない。この場合において，審査庁は，その申請に対して一定の処分をすべきものと認めるときは，一定の措置をとらなければならない。

問　題

　行政不服審査法の定める審査請求人に関する次の記述のうち，正しいものはどれか。

1　法人でない社団であっても，代表者の定めがあるものは，当該社団の名で審査請求をすることができる。

2　審査請求人は，国の機関が行う処分について処分庁に上級行政庁が存在しない場合，特別の定めがない限り，行政不服審査会に審査請求をすることができる。

3　審査請求人は，処分庁が提出した反論書に記載された事項について，弁明書を提出することができる。

4　審査請求人の代理人は，特別の委任がなくても，審査請求人に代わって審査請求の取下げをすることができる。

5　共同審査請求人の総代は，他の共同審査請求人のために，審査請求の取下げを含め，当該審査請求に関する一切の行為をすることができる。

問 題 分 析　　　★☆☆

本問は，行政不服審査法の定める審査請求人に関する条文知識を問う問題です。

各 肢 の 解 説

1　正しい。法人でない社団で代表者の定めがあるものは，その名で審査請求を
することができる（10条）。

2　誤り。処分庁に上級行政庁がない場合，審査請求は当該処分庁にする（4条
1号）。したがって，行政不服審査会にするわけではないから，本肢は誤って
いる。

3　誤り。審査請求人は，送付された弁明書に記載された事項に対する反論書を
提出することができる（30条1項）。本肢は，反論書と弁明書が逆になってい
るから，誤っている。

4　誤り。審査請求は，代理人によってすることができる（12条1項）。代理人は，
各自，審査請求人のために，当該審査請求に関する一切の行為をすることがで
きるのが原則であるが，審査請求の取下げだけは，特別の委任を受けた場合に
限り，することができる（同条2項）。

5　誤り。総代は，各自，他の共同審査請求人のために，審査請求の取下げを除
き，当該審査請求に関する一切の行為をすることができる（11条3項）。

正解　1

ポイントチェック
代理人・総代と審査請求の取下げ

代理人	特別の委任を受けた場合に限り，審査請求の取下げをすることができる。
総代	審査請求の取下げはできない。

問 題

　行政不服審査法の定める審査請求に関する次のア～オの記述のうち，正しいものの組合せはどれか。

ア 審査請求は，代理人によってもすることができ，その場合，当該代理人は，各自，審査請求人のために，原則として，当該審査請求に関する一切の行為をすることができるが，審査請求の取下げは，代理人によってすることはできない。

イ 審査庁となるべき行政庁は，必ず標準審理期間を定め，これを当該審査庁となるべき行政庁および関係処分庁の事務所における備付けその他の適当な方法により公にしておかなければならない。

ウ 審理員は，審査請求人または参加人の申立てがあった場合において，審理の進行のため必要と認めるときに限り，当該申立てをした者に，口頭で意見を述べる機会を与えることができる。

エ 審査請求人が死亡したときは，相続人その他法令により審査請求の目的である処分に係る権利を承継した者は，審査請求人の地位を承継する。

オ 審査請求人以外の者であって，審査請求に係る処分または不作為に係る処分の根拠となる法令に照らし当該処分につき利害関係を有するものと認められる利害関係人は，審理員の許可を得て，当該審査請求に参加することができる。

1 ア・イ
2 ア・エ
3 イ・ウ
4 ウ・オ
5 エ・オ

key word

標準審理期間

　審査請求が審査庁となるべき行政庁の事務所に到達してから当該審査請求に対する裁決をするまでに通常要すべき標準的な期間。審査庁となるべき行政庁は，当該期間を定めるよう努める（16条）。

問　題　分　析　★★☆

行政不服審査法の審査請求に関する条文知識を問う問題です。

各　肢　の　解　説

ア　誤り。審査請求は，代理人によってすることができる（12条1項）。代理人は，各自，審査請求人のために，当該審査請求に関する一切の行為をすることができ，審査請求の取下げについても，特別の委任を受けた場合に限り，することができる（12条2項）。したがって，審査請求の取下げについても特別の委任を受ければすることができるから，本肢は誤っている。

イ　誤り。審査庁となるべき行政庁は，審査請求がその事務所に到達してから当該審査請求に対する裁決をするまでに通常要すべき標準的な期間を定めるよう努めるとともに，これを定めたときは，当該審査庁となるべき行政庁及び関係処分庁の事務所における備付けその他の適当な方法により公にしておかなければならない（16条）。したがって，標準審理期間の設定は努力義務であり必ず定めなければならないわけではないから，本肢は誤っている。

ウ　誤り。審査請求人または参加人の申立てがあった場合には，審理員は，原則として，申立人に口頭で審査請求に係る事件に関する意見を述べる機会を与えなければならない（31条1項本文）。したがって，申立てがある場合，原則として口頭意見陳述の機会を与えなければならず，審理の進行のため必要と認めるときに限られないから，本肢は誤っている。

エ　正しい。審査請求人が死亡したときは，相続人その他法令により審査請求の目的である処分に係る権利を承継した者は，審査請求人の地位を承継する（15条1項）。

オ　正しい。利害関係人（審査請求人以外の者であって審査請求に係る処分または不作為に係る処分の根拠となる法令に照らし当該処分につき利害関係を有するものと認められる者をいう。）は，審理員の許可を得て，当該審査請求に参加することができる（13条1項）。

以上により，正しいものは，エ及びオであるから，正解は5である。

正解　5

ポイントチェック

審理手続の承継

・審査請求人が死亡したときは，相続人その他法令により審査請求の目的である処分に係る権利を承継した者は，審査請求人の地位を承継する（15条1項）。

・審査請求人について合併又は分割（審査請求の目的である処分に係る権利を承継させるものに限る。）があったときは，合併後存続する法人その他の社団若しくは財団若しくは合併により設立された法人その他の社団若しくは財団又は分割により当該権利を承継した法人は，審査請求人の地位を承継する（15条2項）。

・審査請求の目的である処分に係る権利を譲り受けた者は，審査庁の許可を得て，審査請求人の地位を承継することができる（15条6項）。

問 題

　行政不服審査法が定める審査請求の手続等に関する次の記述のうち，誤っているものはどれか。

1　審査請求は，審査請求をすべき行政庁が処分庁と異なる場合には，処分庁を経由してすることもできるが，処分庁は提出された審査請求書を直ちに審査庁となるべき行政庁に送付しなければならない。

2　審査庁は，審査請求が不適法であって補正をすることができないことが明らかなときは，審理員による審理手続を経ないで，裁決で，当該審査請求を却下することができる。

3　審査請求人は，審理手続が終了するまでの間，審理員に対し，提出書類等の閲覧を求めることができるが，その写しの交付を求めることもできる。

4　審理員は，審査請求人の申立てがあった場合には，口頭意見陳述の機会を与えなければならないが，参加人がこれを申し立てることはできない。

5　行政庁の処分に不服がある者は，当該処分が法律上適用除外とされていない限り，当該処分の根拠となる法律に審査請求をすることができる旨の定めがないものについても，審査請求をすることができる。

key word

参加人

　審理員の許可を得て，または審理員の求めに応じ，審査請求に参加する利害関係人（＝審査請求人以外の者であって審査請求に係る処分または不作為に係る処分の根拠となる法令に照らし処分につき利害関係を有するものと認められる者）のこと（13条1項，2項）。

問 題 分 析　　★★☆

　本問は，行政不服審査法が定める審査請求の手続等に関する知識を問う問題です。

各 肢 の 解 説

1　正しい。審査請求は，審査請求をすべき行政庁が処分庁と異なる場合には，処分庁を経由してすることもできる（21条1項前段）。そして，処分庁は，提出された審査請求書を直ちに審査庁となるべき行政庁に送付しなければならない（同条2項）。

2　正しい。審査庁は，審査請求が不適法であって補正をすることができないことが明らかなときは，審理員による審理手続を経ないで，裁決で，当該審査請求を却下することができる（24条2項）。

3　正しい。審査請求人は，審理手続が終了するまでの間，審理員に対し，提出書類等の閲覧を求め，当該書面の写しの交付を求めることができる（38条1項前段）。

4　誤り。審査請求人または参加人の申立てがあった場合には，審理員は，当該申立てをした者に口頭で審査請求に係る事件に関する意見を述べる機会を与えなければならない（31条1項本文）。参加人も申し立てることができる。

5　正しい。行政庁の処分に不服がある者は，その処分が行政不服審査法の適用除外に当たらない限り，審査請求をすることができる（2条，7条）。このように，行政不服審査法は，処分に対する審査請求について，一般概括主義を採っている。

正解　4

ポイントチェック

審査請求の審理手続

書面審理主義	審査請求の審理における当事者の弁論および裁判所の証拠調べを書面によりする建前。もっとも，審査請求人または参加人の申立てがあった場合には，審理員は，その申立てをした者に口頭で審査請求に係る事件に関する意見を述べる機会を与えなければならない（口頭意見陳述，31条1項本文）。
職権探知主義	審査請求の裁決の基礎となる要件事実の確定に必要な資料の収集・提出を，当事者のみならず，審査庁の責任かつ権能ともする建前

行政不服審査法に関する次のア〜オの記述のうち，正しいものの組合せはどれか。

ア　審査請求の目的である処分に係る権利を譲り受けた者は，審査請求人の地位を承継することができるが，その場合は，審査庁の許可を得ることが必要である。

イ　処分についての審査請求に関する審査請求期間については，処分があったことを知った日から起算するものと，処分があった日から起算するものの2つが定められているが，いずれについても，その初日が算入される。

ウ　法令に違反する事実がある場合において，その是正のためにされるべき処分がなされないときは，当該行政庁の不作為について，当該処分をすることを求める審査請求をすることができる。

エ　一定の利害関係人は，審理員の許可を得て，参加人として当該審査請求に参加することができるが，参加人は，審査請求人と同様に，口頭で審査請求に係る事件に関する意見を述べる機会を与えられ，証拠書類または証拠物を提出することができる。

オ　多数人が共同して行った審査請求においては，法定数以内の総代を共同審査請求人により互選することが認められているが，その場合においても，共同審査請求人各自が，総代を通じることなく単独で当該審査請求に関する一切の行為を行うことができる。

　1　ア・エ
　2　ア・オ
　3　イ・ウ
　4　イ・オ
　5　ウ・エ

key word

特定承継

　審査請求の目的である処分に係る権利を譲り受けた者が審査請求人の地位を承継すること。

問 題 分 析　　★★☆

本問は，審査請求に関する総合的知識を問う問題です。

各 肢 の 解 説

ア　正しい。 行政不服審査法15条6項の規定のとおりである。この承継を特定承継と呼んでいる。特定承継は，承継原因（権利の譲受け）によっては，承継関係について争いが生ずるおそれがあることから，同条1項および2項の一般承継と異なり，当然に審査請求人の地位が承継されるものではなく，審査庁の許可を得て，審査請求人の地位が承継されることとされている。

イ　誤り。 処分についての審査請求に関する審査請求期間については，処分があったことを知った日の翌日から起算するものと，処分があった日の翌日から起算するものの2つが定められており，処分があったことを知った日や処分があった日の初日は，算入されない（18条1項，2項）。

ウ　誤り。 法令に違反する事実がある場合において，その是正のためにされるべき処分がなされないときは，当該行政庁の不作為について，当該処分をすることを求めることができる旨の規定は，行政不服審査法には，置かれていない。なお，これに対処するため，行政手続法には処分等の求め（同法36条の3）の規定が，行政事件訴訟法には非申請型義務付けの訴え（同法3条6項1号）の規定が置かれている。

エ　正しい。 一定の利害関係人は，審理員の許可を得て，参加人として当該審査請求に参加することができる（13条1項）。そして，参加人は，審査請求人と同様に，口頭で審査請求に係る事件に関する意見を述べる機会を与えられ（31条1項本文），証拠書類または証拠物を提出することができる（32条1項）。

オ　誤り。 多数人が共同して行った審査請求においては，法定数以内の総代を共同審査請求人により互選することが認められている（11条1項）。そして，総代は，各自，他の共同審査請求人のために，審査請求の取下げを除き，当該審査請求に関する一切の行為をすることができ（同条3項），総代が選任されたときは，共同審査請求人は，総代を通じてのみ，同条3項の行為をすることができる（同条4項）。

以上により，正しいものは，ア及びエであるから，正解は1である。

正解　1

ポイントチェック

審査請求期間（18条1項，2項）

主観的審査請求期間	処分があったことを知った日の翌日から起算して3月を経過したときは，することができない。
客観的審査請求期間	処分があった日の翌日から起算して1年を経過したときは，することができない。

問題

　行政不服審査法の定める執行停止に関する次の記述のうち，正しいものはどれか。

1　処分庁の上級行政庁または処分庁のいずれでもない審査庁は，必要があると認めるときは，審査請求人の申立てによりまたは職権で，処分の効力，処分の執行または手続の続行の全部または一部の停止その他の措置をとることができる。

2　審査庁は，処分，処分の執行または手続の続行により生ずる重大な損害を避けるために緊急の必要があると認めるときは，審査請求人の申立てがなくとも，職権で執行停止をしなければならない。

3　審理員は，必要があると認める場合には，審査庁に対し，執行停止をすべき旨の意見書を提出することができ，意見書の提出があった場合，審査庁は，速やかに執行停止をしなければならない。

4　執行停止をした後において，執行停止が公共の福祉に重大な影響を及ぼすことが明らかとなったとき，その他事情が変更したときには，審査庁は，その執行停止を取り消すことができる。

5　処分庁の上級行政庁または処分庁が審査庁である場合には，処分の執行の停止によって目的を達することができる場合であっても，処分の効力の停止をすることができる。

key word

審査庁

　行政不服審査法４条又は他の法律若しくは条例の規定により審査請求がされた行政庁。

問 題 分 析　　★☆☆

本問は，行政不服審査法の定める執行停止に関する条文知識を問う問題です。

各 肢 の 解 説

1　**誤り。**処分庁の上級行政庁又は処分庁のいずれでもない審査庁は，必要があると認める場合には，審査請求人の申立てにより，処分庁の意見を聴取した上，執行停止をすることができる。ただし，処分の効力，処分の執行又は手続の続行の全部又は一部の停止以外の措置をとることはできない（25条3項）。したがって，「職権」ではできず，さらに，「その他の措置」をとることもできないから，本肢は誤っている。

2　**誤り。**審査請求人による執行停止の申立てがあった場合において，処分，処分の執行又は手続の続行により生ずる重大な損害を避けるために緊急の必要があると認めるときは，審査庁は，執行停止をしなければならない（25条4項）。したがって，義務的執行停止は審査請求人の申立てがあった場合に限られ，職権では認められないから，本肢は誤っている。

3　**誤り。**審理員から執行停止をすべき旨の意見書が提出されたときは，審査庁は，速やかに，執行停止をするかどうかを決定しなければならない（25条7項）。したがって，執行停止を必ずしなければならないわけではないから，本肢は誤っている。

4　**正しい。**執行停止をした後において，執行停止が公共の福祉に重大な影響を及ぼすことが明らかとなったとき，その他事情が変更したときは，審査庁は，その執行停止を取り消すことができる（26条）。

5　**誤り。**執行停止をすることができる場合において，処分の効力の停止は，処分の効力の停止以外の措置によって目的を達することができるときは，することができない（25条6項）。

正解　4

ポイントチェック

執行停止の種類

処分の効力の停止	処分のもつ法効果を停止，以後処分がなかったことにする。
処分の執行の停止	処分を実施する行為を停止。
手続の続行の停止	当該処分を前提とした後続処分をさせないこと。
その他の措置	係争処分に代わる処分を行い係争処分の効力や執行を停止したのと同じ効果を実現すること。

問　題

　行政不服審査法が定める執行停止に関する次の記述のうち，正しいものはどれか。

1　審査請求人の申立てがあった場合において，処分，処分の執行または手続の続行により生ずる重大な損害を避けるために緊急の必要があると認めるときは，本案について理由がないとみえるときでも，審査庁は，執行停止をしなければならない。

2　審査庁は，いったんその必要性を認めて執行停止をした以上，その後の事情の変更を理由として，当該執行停止を取り消すことはできない。

3　審理員は執行停止をすべき旨の意見書を審査庁に提出することができ，提出を受けた当該審査庁は，速やかに，執行停止をするかどうかを決定しなければならない。

4　再調査の請求は，処分庁自身が簡易な手続で事実関係の調査をする手続であるから，再調査の請求において，請求人は執行停止を申し立てることはできない。

5　審査庁が処分庁または処分庁の上級行政庁のいずれでもない場合には，審査庁は，審査請求人の申立てにより執行停止を行うことはできない。

key word

裁量的執行停止
　審査庁の裁量でとることが認められる執行停止

問題分析　★★☆

本問は，行政不服審査法が定める執行停止に関する条文知識を問う問題です。

各肢の解説

1 **誤り**。審査請求人の申立てがあった場合において，処分，処分の執行または手続の続行により生ずる重大な損害を避けるために緊急の必要があると認めるときは，審査庁は，執行停止をしなければならない（25条4項本文）が，公共の福祉に重大な影響を及ぼすおそれがあるとき，または本案について理由がないとみえるときは，審査庁は，執行停止をすることを要しない（同項ただし書）。

2 **誤り**。執行停止をした後において，執行停止が公共の福祉に重大な影響を及ぼすことが明らかとなったとき，その他事情が変更したときは，審査庁は，その執行停止を取り消すことができる（26条）。

3 **正しい**。審理員は，必要があると認める場合には，審査庁に対し，執行停止をすべき旨の意見書を提出することができる（40条）。そして，審理員から執行停止をすべき旨の意見書が提出されたときは，審査庁は，速やかに，執行停止をするかどうかを決定しなければならない（25条7項）。

4 **誤り**。再調査の請求については，執行停止〔25条（第3項を除く。）〕の規定が準用される（61条前段）。

5 **誤り**。処分庁の上級行政庁または処分庁のいずれでもない審査庁は，必要があると認める場合には，審査請求人の申立てにより，処分庁の意見を聴取した上，執行停止をすることができる（25条3項本文）。

正解　3

ポイントチェック

義務的執行停止

①審査請求人の申立て（手続要件）

②処分，処分の執行または手続の続行により生ずる重大な損害を避けるために緊急の必要があると認めるとき（積極要件）

③公共の福祉に重大な影響を及ぼすおそれがあるときでない，または本案について理由がないとみえるときでない（消極要件）

問 題

　裁決および決定についての行政不服審査法の規定に関する次のア～オの記述の
うち，正しいものの組合せはどれか。

ア　審査請求人は，処分についての審査請求をした日（審査請求書につき不備の
　補正を命じられた場合は，当該不備を補正した日）から，行政不服審査法に定
　められた期間内に裁決がないときは，当該審査請求が審査庁により棄却された
　ものとみなすことができる。

イ　審査請求については，裁決は関係行政庁を拘束する旨の規定が置かれており，
　この規定は，再審査請求の裁決についても準用されているが，再調査の請求に
　対する決定については，準用されていない。

ウ　審査請求および再審査請求に対する裁決については，認容，棄却，却下の3
　つの類型があるが，再調査の請求については請求期間の定めがないので，これ
　に対する決定は，認容と棄却の2つの類型のみである。

エ　審査請求においては，処分その他公権力の行使に当たる行為が違法または不
　当であるにもかかわらず，例外的にこれを認容せず，裁決主文で違法または不
　当を宣言し，棄却裁決をする制度（いわゆる事情裁決）があるが，再調査の請
　求に対する決定についても，類似の制度が規定されている。

オ　事実上の行為のうち，処分庁である審査庁に審査請求をすべきとされている
　ものについて，審査請求に理由がある場合には，審査庁は，事情裁決の場合を
　除き，裁決で，当該事実上の行為が違法または不当である旨を宣言するととも
　に，当該事実上の行為の全部もしくは一部を撤廃し，またはこれを変更する。

1　ア・ウ
2　ア・エ
3　イ・エ
4　イ・オ
5　ウ・オ

key word

事情裁決

　　審査請求に係る処分が違法または不当ではあるが，これを取り消し，または撤
廃することにより公の利益に著しい障害を生ずる場合において，審査請求人の受
ける損害の程度，その損害の賠償または防止の程度および方法その他一切の事情
を考慮した上，処分を取り消し，または撤廃することが公共の福祉に適合しない
と認めるときは，審査庁は，裁決で，審査請求を棄却することができる（45条
3項前段）。

問 題 分 析　　★☆☆

本問は，行政不服審査法が定める裁決および決定に関する知識を問う問題です。

各 肢 の 解 説

ア　誤り。「審査請求人は，処分についての審査請求をした日（審査請求書につき不備の補正を命じられた場合は，当該不備を補正した日）から，行政不服審査法に定められた期間内に裁決がないときは，当該審査請求が審査庁により棄却されたものとみなすことができる。」旨の規定は存在しない。

イ　正しい。審査請求の裁決は，関係行政庁を拘束する（52条１項）。この規定は，再審査請求の裁決については準用されている（66条１項）。しかし，再調査の請求に対する決定については，準用されていない（61条参照）。

ウ　誤り。再調査の請求に対する決定についても，認容，棄却および却下の三つの類型がある（58条，59条）。なお，その他の記述は，妥当である（45条〜47条，64条，65条）。

エ　誤り。審査請求においては，処分その他公権力の行使に当たる行為が違法または不当であるにもかかわらず，例外的にこれを認容せず，判決主文で違法または不当を宣言し，棄却裁決をする制度（いわゆる事情裁決）がある（45条３項）。これに対し，再調査の請求については，事情決定の規定は存在せず，また，審査請求に対する事情裁決の規定は準用されていない（61条参照）。

オ　正しい。事実上の行為のうち，処分庁である審査庁に審査請求をすべきとされているものについて，審査請求に理由がある場合には，審査庁は，事情判決の場合を除き，裁決で，当該事実上の行為が違法または不当である旨を宣言するとともに，当該事実上の行為の全部もしくは一部を撤廃し，またはこれを変更する（47条２号）。

以上により，正しいものは，イ及びオであるから，正解は４である。

正解　4

ポイントチェック

裁決の拘束力

裁決が確定した場合に，関係行政庁（＝処分庁，その上級行政庁または下級行政庁，その処分に係る協議を受けた行政庁等）に裁決の趣旨に従って行動することを義務づける効力。

問題

　行政不服審査法が定める審査請求に関する次のア～オの記述のうち，誤っているものの組合せはどれか。

ア　処分の取消しを求める審査請求は，所定の審査請求期間を経過したときは，正当な理由があるときを除き，することができないが，審査請求期間を経過した後についても処分の無効の確認を求める審査請求ができる旨が規定されている。

イ　審査請求は，他の法律または条例にこれを口頭ですることができる旨の定めがある場合を除き，審査請求書を提出してしなければならない。

ウ　処分についての審査請求に理由があり，当該処分を変更する裁決をすることができる場合であっても，審査請求人の不利益に当該処分を変更することはできない。

エ　審査請求に対する裁決の裁決書に記載する主文が，審理員意見書または行政不服審査会等の答申書と異なる内容である場合であっても，異なることとなった理由を示すことまでは求められていない。

オ　処分の効力，処分の執行または手続の続行の全部または一部の停止その他の措置をとるよう求める申立ては，当該処分についての審査請求をした者でなければすることができない。

　　1　ア・イ
　　2　ア・エ
　　3　イ・オ
　　4　ウ・エ
　　5　ウ・オ

key word

不利益変更の禁止

　　審査庁は，審査請求人の不利益に処分を変更し，または事実上の行為を変更すべき旨を命じ，もしくはこれを変更することはできない（48条）。

問 題 分 析　　★★☆

本問は，行政不服審査法が定める審査請求に関する条文知識を問う問題です。

各 肢 の 解 説

ア　誤り。 行政庁の処分についての審査請求につき，その期間が経過した後に処分の無効の確認を求める審査請求ができる旨の規定は存在しない。なお，本肢前段は正しい（18条1項，2項）。

イ　正しい。 行政不服審査法19条1項の規定のとおりである。

ウ　正しい。 行政不服審査法48条の規定のとおりである。

エ　誤り。 審査請求に対する裁決の裁決書に記載する主文が審理員意見書または行政不服審査会等もしくは審議会等の答申書と異なる内容である場合には，その異なることとなった理由を裁決書に記載しなければならない（50条1項4号かっこ書）。

オ　正しい。 処分庁の上級行政庁または処分庁である審査庁は，必要があると認める場合には，処分の効力，処分の執行又は手続の続行の全部又は一部の停止その他の措置（以下「執行停止」という。）をとることができる（25条2項）が，この執行停止の申立ては，当該処分についての審査請求をした者でなければすることができない（同条項）。

以上により，誤っているものは，アおよびエであるから，正解は2である。

正解　2

ポイントチェック

審査請求の却下・棄却・認容裁決

却下裁決	審査請求の要件を欠くなど審査請求が不適法である場合
棄却裁決	審査請求が適法である場合でも，審査請求が理由がないとき
認容裁決	審査請求が適法であり，かつ，審査請求が理由がある場合

問題

　次の文章は，X県知事により行われる，ある行政処分に付される教示である。これに関する次のア〜オの記述のうち，妥当なものの組合せはどれか。

（教示）

　この処分に不服があるときは，この処分のあったことを知った日の翌日から起算して３か月以内にX県知事に審査請求をすることができます（処分のあった日の翌日から起算して１年を経過した場合は除きます。）。また，この処分に対する取消訴訟については，　a　を被告として，この処分のあったことを知った日の翌日から起算して６か月以内に提起することができます（処分があったことを知った日の翌日から起算して１年を経過した場合は除きます。）。ただし，処分のあったことを知った日の翌日から起算して３か月以内に審査請求をした場合には，処分の取消訴訟は，その審査請求に対する裁決の送達を受けた日の翌日から起算して６か月以内に提起しなければなりません（裁決のあった日の翌日から起算して１年を経過した場合は除きます。）。

ア　この教示を怠っても，当該処分がそれを理由として取り消されることはない。

イ　空欄　a　に当てはまるものは，X県知事である。

ウ　この教示は，行政不服審査法と行政事件訴訟法に基づいて行われている。

エ　この教示が示す期間が過ぎた場合には，取消訴訟を提起することはできないが，正当な理由がある場合には，審査請求のみは許される。

オ　この教示は，審査請求の裁決を経てからでなければ，取消訴訟が提起できないことを示している。

  1　ア・イ
  2　ア・ウ
  3　イ・ウ
  4　ウ・オ
  5　エ・オ

key word

教示制度

　教示制度とは，行政庁が行政処分をする際に，相手方である私人に対し，その処分につき不服申立てをすることができる旨などを教え示す手続をいう。

問 題 分 析　　★☆☆

本問は，行政処分に付される教示に関する総合的知識を問う問題です。

各 肢 の 解 説

ア　妥当である。行政不服審査法上，不服申立てをすることができる処分をする場合には，処分の相手方に対し，当該処分につき不服申立てをすることができる旨等の教示をすべきこととはされている（同法82条1項）が，それをすることが，処分をする際の有効要件とはされていない。また，行政庁が同法82条の規定による教示をしなかった場合には，当該処分について不服がある者は，当該処分庁に不服申立書を提出することができる（同法83条1項）。これらの規定からすると，教示を怠っても，当該処分がそれを理由として取り消されることはない。また，行政事件訴訟法上，処分に係る取消訴訟の被告とすべき者等の教示をすべきこととはされている（同法46条1項）が，それをすることが，処分をする際の有効要件とはされていない。したがって，教示を怠っても，当該処分がそれを理由として取り消されることはない。

イ　妥当でない。処分をした行政庁が国又は公共団体に所属する場合には，処分の取消しの訴えは，当該処分をした行政庁の所属する国又は公共団体を被告として提起しなければならない（行政事件訴訟法11条1項1号）。本問においては，処分をする行政庁は，X県知事であるから，取消訴訟は，「X県」を被告としてしなければならない。

ウ　妥当である。処分をする場合に行われる教示は，行政不服審査法と行政事件訴訟法に基づいて行われる（行政不服審査法82条1項，行政事件訴訟法46条1項）。

エ　妥当でない。出訴期間として教示された期間を過ぎたときでも，正当な理由があるときは，処分取消しの訴えを提起することができる（行政事件訴訟法14条1項，2項）。

オ　妥当でない。問題文の「処分のあったことを知った日の翌日から起算して3か月以内に審査請求をした場合には，処分の取消訴訟は，その審査請求に対する裁決の送達を受けた日の翌日から起算して6か月以内に提起しなければなりません（裁決のあった日の翌日から起算して1年を経過した場合は除きます。）。」との教示は，審査請求があった場合に処分の取消訴訟を提起することができる期間を通常の出訴期間よりも延長することを意味している（行政事件訴訟法14条3項本文）。なぜなら，そうでないと，審査請求をした場合に，審査請求に対する裁決が出される前に，出訴期間が経過したために処分の取消訴訟を提起することができないという事態を生じるからである。したがって，この教示は，審査請求の裁決を経てからでなければ，取消訴訟を提起することができないとすること（審査請求前置主義，行政事件訴訟法8条1項ただし書）を意味していない。

以上により，妥当なものは，ア及びウであるから，正解は2である。

問題

　再調査の請求について定める行政不服審査法の規定に関する次の記述のうち，正しいものはどれか。

1　行政庁の処分につき処分庁以外の行政庁に対して審査請求をすることができる場合に審査請求を行ったときは，法律に再調査の請求ができる旨の規定がある場合でも，審査請求人は，当該処分について再調査の請求を行うことができない。

2　行政庁の処分につき処分庁に対して再調査の請求を行ったときでも，法律に審査請求ができる旨の規定がある場合には，再調査の請求人は，当該再調査の請求と並行して，審査請求もすることができる。

3　法令に基づく処分についての申請に対して，当該申請から相当の期間が経過したにもかかわらず，行政庁が何らの処分をもしない場合，申請者は当該不作為につき再調査の請求を行うことができる。

4　再調査の請求については，審理員による審理または行政不服審査会等への諮問は必要ないが，処分庁は決定を行った後に，行政不服審査会等への報告を行う必要がある。

5　再調査の請求においては，請求人または参加人が口頭で意見を述べる機会を与えられるのは，処分庁がこれを必要と認めた場合に限られる。

key word

再調査の請求

　行政庁の処分につき処分庁以外の行政庁に対して審査請求をすることができる場合において，法律に再調査の請求をすることができる旨の定めがあるときに，当該処分に不服がある者が処分庁に対してする不服申立て。

問 題 分 析　　★★☆

　本問は，行政不服審査法が定める再調査の請求に関する条文知識を問う問題です。

各 肢 の 解 説

1　正しい。行政庁の処分につき処分庁以外の行政庁に対して審査請求をすることができる場合において，法律に再調査の請求をすることができる旨の定めがあるときは，当該処分に不服がある者は，処分庁に対して再調査の請求をすることができる（5条1項本文）が，当該処分について審査請求をしたときは，再調査の請求をすることができない（同項ただし書）。

2　誤り。再調査の請求をしたときは，当該再調査の請求についての決定を経た後でなければ，審査請求をすることができない（5条2項本文）。このように，再調査の請求と審査請求とが並行して係属することはない。なぜなら，両者が並行して係属することは，争訟経済上，適切でないからである。

3　誤り。上記選択肢1の記述のとおり，再調査の請求は，行政庁の処分についてすることができ，行政庁の不作為についてすることはできない。

4　誤り。再調査の請求に対する決定を行った処分庁は，その決定を行った後に，行政不服審査会等への報告を行わなければならない旨の規定は存在しない（そもそも，行政不服審査会等は，審査請求に係る処分をしようとする場合における諮問機関である。）。なお，再調査の請求は簡易迅速な手続で処分を見直す制度であるため，再調査の請求には，審査請求における審理員およびそれを前提とした審理（9条1項〜3項，17条，40条〜42条等）ならびに行政不服審査会等への諮問（同法43条）に関する規定は準用されない（同法61条前段参照）から，本肢前段部分は正しい。

5　誤り。再調査の請求においては，審査請求人または参加人は口頭意見陳述の申立てをすることができ，その申立てがあったとき，処分庁は，口頭で意見を述べる機会を与えなければならない（61条前段・31条1項本文）。

正解　1

ポイントチェック

審査請求に関する規定の準用（主なもの）

準用される	準用されない
・法人でない社団または財団の審査請求 ・総代 ・代理人による審査請求 ・参加人 ・標準審理期間 ・審査請求書の提出 ・執行停止 ・口頭意見陳述 ・証拠書類の提出	・審理員 ・審査請求期間 ・弁明書の提出 ・反論書等の提出 ・行政不服審査会等への諮問

問　題

　再審査請求について定める行政不服審査法の規定に関する次の記述のうち，正しいものはどれか。

1　法律に再審査請求をすることができる旨の定めがない場合であっても，処分庁の同意を得れば再審査請求をすることが認められる。

2　審査請求の対象とされた処分（原処分）を適法として棄却した審査請求の裁決（原裁決）があった場合に，当該審査請求の裁決に係る再審査請求において，原裁決は違法であるが，原処分は違法でも不当でもないときは，再審査庁は，裁決で，当該再審査請求を棄却する。

3　再審査請求をすることができる処分について行う再審査請求の請求先（再審査庁）は，行政不服審査会となる。

4　再審査請求をすることができる処分について，審査請求の裁決が既になされている場合には，再審査請求は当該裁決を対象として行わなければならない。

5　再審査請求の再審査請求期間は，原裁決があった日ではなく，原処分があった日を基準として算定する。

key word

再審査請求

　行政庁の処分についての審査請求の裁決に不服がある者がする不服申立て（6条1項）。

問 題 分 析　　★★☆

本問は，再審査請求に関する条文知識を問う問題です。

各 肢 の 解 説

1　誤り。行政庁の処分につき法律に再審査請求をすることができる旨の定めがある場合には，当該処分についての審査請求の裁決に不服がある者は，再審査請求をすることができる（6条1項）。このように，法律に再審査請求をすることができる旨の定めがなければ，再審査請求をすることができない。

2　正しい。再審査請求に係る原裁決（審査請求を却下し，又は棄却したものに限る。）が違法又は不当である場合において，当該審査請求に係る処分が違法又は不当のいずれでもないときは，再審査庁は，裁決で，当該再審査請求を棄却しなければならない（64条3項）。したがって，審査請求の対象とされた処分（原処分）を適法として棄却した審査請求の裁決（原裁決）があった場合に，当該審査請求の裁決に係る再審査請求において，原裁決は違法であるが，原処分は違法でも不当でもないときは，再審査庁は，裁決で，当該再審査請求を棄却しなければならない。

3　誤り。再審査請求は，行政不服審査会に対してではなく，法律に定める行政庁に対してすることとされている（6条2項）。

4　誤り。再審査請求は，原裁決（再審査請求をすることができる処分についての審査請求の裁決をいう。）又は当該処分を対象としてすることができる（6条2項）。

5　誤り。再審査請求は，原裁決があったことを知った日の翌日から起算して1月を経過したとき，又は，原裁決があった日の翌日から起算して1年を経過したときは，することができない（なお，いずれの場合も，正当な理由があるときは，この限りでない。）(62条)。このように，再審査請求の再審査請求期間は，原裁決があった日等を基準として算定する。

正解　2

ポイントチェック

再審査請求期間（62条）

主観的再審査請求期間	原裁決があったことを知った日の翌日から起算して1月を経過したときは，することができない。
客観的再審査請求期間	原裁決があった日の翌日から起算して1年を経過したときは，することができない。

問題

次に掲げる行政不服審査法の条文の空欄 ア ～ オ に当てはまる語句の組合せとして，正しいものはどれか。

第18条第1項　処分についての審査請求は， ア から起算して3月…（中略）…を経過したときは，することができない。ただし，正当な理由があるときは，この限りでない。

第26条　執行停止をした後において， イ が明らかとなったとき，その他事情が変更したときは，審査庁は，その執行停止を取り消すことができる。

第45条第1項　処分についての審査請求が法定の期間経過後にされたものである場合…（中略）…には，審査庁は， ウ で，当該審査請求を エ する。

第59条第1項　処分（事実上の行為を除く。）についての再調査の請求が理由がある場合には，処分庁は， オ で，当該処分の全部若しくは一部を取り消し，又はこれを変更する。

	ア	イ	ウ	エ	オ
1	処分があったことを知った日の翌日	当該審査請求に理由がないこと	裁決	棄却	裁決
2	処分があったことを知った日	執行停止が公共の福祉に重大な影響を及ぼすこと	決定	棄却	裁決
3	処分があったことを知った日の翌日	執行停止が公共の福祉に重大な影響を及ぼすこと	裁決	却下	決定
4	処分があったことを知った日	当該審査請求に理由がないこと	決定	棄却	裁決
5	処分があったことを知った日の翌日	執行停止が公の利益に著しい障害を生ずること	裁決	却下	決定

問　題　分　析　　★☆☆

行政不服審査法の条文知識を問う問題です。

各　肢　の　解　説

ア　「処分があったことを知った日の翌日」が入る。 処分についての審査請求は，処分があったことを知った日の翌日から起算して 3 月を経過したときは，することができない。ただし，正当な理由があるときは，この限りでない（18条 1 項）。

イ　「執行停止が公共の福祉に重大な影響を及ぼすこと」が入る。 執行停止をした後において，執行停止が公共の福祉に重大な影響を及ぼすことが明らかとなったとき，その他事情が変更したときは，審査庁は，その執行停止を取り消すことができる（26条）。

ウ　「裁決」が入る。 処分についての審査請求が法定の期間経過後にされたものである場合その他不適法である場合には，審査庁は，裁決で，当該審査請求を却下する（45条 1 項）。

エ　「却下」が入る。 処分についての審査請求が法定の期間経過後にされたものである場合その他不適法である場合には，審査庁は，裁決で，当該審査請求を却下する（45条 1 項）。

オ　「決定」が入る。 処分（事実上の行為を除く。）についての再調査の請求が理由がある場合には，処分庁は，決定で，当該処分の全部若しくは一部を取り消し，又はこれを変更する（59条 1 項）。

以上により，正解は 3 である。

正解　3

ポイントチェック

その他の期間

・処分についての審査請求は，処分があった日の翌日から起算して 1 年を経過したときは，することができない。ただし，正当な理由があるときは，この限りでない（18条 2 項）。

・再調査の請求は，処分があったことを知った日の翌日から起算して 3 月を経過したときは，することができない。ただし，正当な理由があるときは，この限りでない（54条 1 項）。

・再調査の請求は，処分があった日の翌日から起算して 1 年を経過したときは，することができない。ただし，正当な理由があるときは，この限りでない（54条 2 項）。

・再審査請求は，原裁決があったことを知った日の翌日から起算して 1 月を経過したときは，することができない。ただし，正当な理由があるときは，この限りでない（62条 1 項）。

・再審査請求は，原裁決があった日の翌日から起算して 1 年を経過したときは，することができない。ただし，正当な理由があるときは，この限りでない（62条 2 項）。

問 題

行政不服審査法の規定に関する次の記述のうち，正しいものはどれか。

1 　地方公共団体は，行政不服審査法の規定の趣旨にのっとり，国民が簡易迅速かつ公正な手続の下で広く行政庁に対する不服申立てをすることができるために必要な措置を講ずるよう努めなければならない。

2 　地方公共団体の行政庁が審査庁として，審理員となるべき者の名簿を作成したときは，それについて当該地方公共団体の議会の議決を経なければならない。

3 　不服申立ての状況等に鑑み，地方公共団体に当該地方公共団体の行政不服審査機関*を設置することが不適当または困難であるときは，審査庁は，審査請求に係る事件につき，国の行政不服審査会に諮問を行うことができる。

4 　地方公共団体の議会の議決によってされる処分については，当該地方公共団体の議会の議長がその審査庁となる。

5 　地方公共団体におかれる行政不服審査機関*の組織及び運営に必要な事項は，当該地方公共団体の条例でこれを定める。

(注)　＊　行政不服審査機関　行政不服審査法の規定によりその権限に属させられた事項を
　　　　処理するため，地方公共団体に置かれる機関をいう。

key word

行政不服審査会

　行政庁の処分またはその不作為についての審査請求の裁決の客観性・公正性を高めるため，審査庁の諮問に応じて，審理員が行った審理手続の適正性や法令解釈を含め，審査庁の判断の適法性・妥当性を調査・審議し，答申する機関

問 題 分 析　　★★☆

　本問は，地方公共団体における行政不服審査法の運用に関する知識を問う問題です。

各 肢 の 解 説

1　**誤り。**「地方公共団体は，行政不服審査法の規定の趣旨にのっとり，国民が簡易迅速かつ公正な手続の下で広く行政庁に対する不服申立てをすることができるために必要な措置を講ずるよう努めなければならない。」旨の規定は存在しない。なぜなら，行政不服審査法は，地方公共団体に所属する行政庁がする処分等に適用される（43条1項等参照）からである。

2　**誤り。**地方公共団体の行政庁が審査庁として，審理員となるべき者の名簿を作成したときであっても，それについて当該地方公共団体の議会の議決を経る必要はない（17条参照）。

3　**誤り。**審査庁は，審理員意見書の提出を受けたときは，審査庁が地方公共団体の長（地方公共団体の組合にあっては，長，管理者または理事会）である場合にあっては，行政不服審査機関に，諮問しなければならない（43条1項）のであって，本選択肢のような規定は存在しない。

4　**誤り。**地方公共団体の議会の議決によってされる処分については，行政不服審査法は，適用されない（7条1項1号）。

5　**正しい。**地方公共団体におかれる行政不服審査機関の組織および運営に必要な事項は，当該地方公共団体の条例でこれを定める（81条4項）。

正解　**5**

ポイントチェック

行政不服審査会等への諮問を要しない場合（43条1項各号）

①処分時または裁決時の段階で既に審議会等の他の第三者機関の審議を経ている場合

②審査請求人が諮問を希望しない場合

③審査請求が，行政不服審査会等によって，国民の権利利益および行政の運営に対する影響の程度その他事件の性質を勘案して，諮問を要しないと判断された場合

④審査請求が不適法であり，却下する場合

⑤審査請求を全部認容する場合

行政事件訴訟法

問題

次の文章の空欄 ア ～ エ に当てはまる言葉を，枠内の選択肢（1～20）から選びなさい。

地方財政の適正を確保するために地方自治法242条の2が規定する住民訴訟は，行政事件訴訟法2条の規定する基本的な訴訟類型のうちの ア 訴訟の一例である。このような原告の権利利益の保護を目的としない訴訟は，一般に， イ 訴訟と呼ばれるが，こうした訴訟は，法律が特別に認めている場合に限って提起できることとなる。ちなみに，行政事件訴訟法45条の規定する ウ 訴訟は，同法2条の規定する訴訟類型のいずれにも属しない訴訟であるから，行政事件訴訟ではないが，行政処分の効力を前提問題として争う エ 訴訟である。

1	民事	2	納税者	3	有権者	4	刑事	5	客観
6	民衆	7	給付	8	抗告	9	無効等確認	10	取消
11	義務付け	12	形成	13	確認	14	機関	15	差止め
16	無名抗告	17	争点	18	当事者	19	不作為の違法確認	20	主観

問 題 分 析　　★★☆

行政事件訴訟法上の民衆訴訟及び争点訴訟からの出題です。

各 肢 の 解 説

ア　6　（民衆）

住民訴訟は，公共団体の機関の法規に適合しない行為の是正を求める訴訟で，住民たる資格で提起するものであるから，「民衆」訴訟にあたる（行政事件訴訟法2条，5条）。

イ　5　（客観）

住民訴訟のように自己の法律上の利益にかかわらない資格で提起することができる訴訟を，主観訴訟に対して「客観」訴訟という。

ウ　17　（争点）

私法上の法律関係に関する訴訟において，処分もしくは裁決の存否又はその効力の有無が争われている場合の訴訟を「争点」訴訟という（行政事件訴訟法45条1項）。例えば，農地買収処分の相手方が，農地買収処分の無効を主張して，農地の売り渡しを受けた者に対して土地の返還を請求する訴訟が争点訴訟である。

エ　1　（民事）

争点訴訟は，私法上の法律関係に関する訴訟であるから，「民事」訴訟である。

正解　アー6（民衆）　イー5（客観）

ウー17（争点）　エー1（民事）

ポイントチェック

客観訴訟のまとめ

民衆訴訟	国又は公共団体の機関の法規に適合しない行為の是正を求める訴訟で，選挙人たる資格その他自己の法律上の利益にかかわらない資格で提起するものをいう（5条）。 　例えば，選挙の当選の効力に関する訴訟や，地方自治法に規定する住民訴訟（地方自治法242条の2）がある。
機関訴訟	国又は公共団体の機関相互間における権限の存否又はその行使に関する紛争についての訴訟をいう（6条）。 　例えば，普通地方公共団体に対する国又は都道府県の関与に関する訴訟（地方自治法251条の5）等がある。

問題

次の文章の空欄 ア ～ エ に当てはまる語句を，枠内の選択肢（1～20）から選びなさい。

行政事件訴訟法は，行政事件訴訟の類型を，抗告訴訟， ア 訴訟，民衆訴訟，機関訴訟の4つとしている。

抗告訴訟は，公権力の行使に関する不服の訴訟をいうものとされる。処分や裁決の取消しを求める取消訴訟がその典型である。

ア 訴訟には， ア 間の法律関係を確認しまたは形成する処分・裁決に関する訴訟で法令の規定によりこの訴訟類型とされる形式的 ア 訴訟と，公法上の法律関係に関する訴えを包括する実質的 ア 訴訟の2種類がある。後者の例を請求上の内容に性質に照らして見ると，国籍確認を求める訴えのような確認訴訟のほか，公法上の法律関係に基づく金銭の支払を求める訴えのような イ 訴訟もある。

ア 訴訟は，公法上の法律関係に関する訴えであるが，私法上の法律関係に関する訴えで処分・裁決の効力の有無が ウ となっているものは， ウ 訴訟と呼ばれる。基礎となっている法律関係の性質から， ウ 訴訟は行政事件訴訟ではないと位置付けられる。例えば，土地収用法に基づく収用裁決が無効であることを前提として，起業者に対し土地の明け渡しという イ を求める訴えは， ウ 訴訟である。

民衆訴訟は，国または公共団体の機関の法規に適合しない行為の是正を求める訴訟で，選挙人たる資格その他自己の法律上の利益にかかわらない資格で提起するものをいう。例えば，普通地方公共団体の公金の支出が違法だとして エ 監査請求をしたにもかかわらず監査委員が是正の措置をとらない場合に，当該普通地方公共団体の エ としての資格で提起する エ 訴訟は民衆訴訟の一種である。

機関訴訟は，国または公共団体の機関相互間における権限の存否またはその行使に関する紛争についての訴訟をいう。法定受託事務の管理や執行について国の大臣が提起する地方自治法所定の代執行訴訟がその例である。

1	規範統制	2	財務	3	義務付け	4	給付	5	代表
6	前提問題	7	客観	8	差止め	9	未確定	10	職員
11	審査対象	12	争点	13	要件事実	14	当事者	15	主観
16	国家賠償	17	保留	18	住民	19	民事	20	基準

問題分析　★☆☆

本問は，行政事件訴訟法の訴訟類型に関する条文知識を問う問題です。

各肢の解説

まず，アであるが，行政事件訴訟法は，行政事件訴訟の訴訟類型を，抗告訴訟，当事者訴訟，民衆訴訟，機関訴訟の４つとしている（２条）から，アには，「当事者」が入ることが分かる。

次に，イであるが，「公法上の法律関係に基づく金銭の支払を求める訴えのような　イ　訴訟もある」との記述より，「給付」が入ることが分かる。訴訟の請求上の内容の性質に照らすと，訴訟は，給付訴訟（＝被告に対し，特定の給付を求める訴え），形成訴訟（＝既存の法律関係の変動を宣言することを求める訴え）および確認訴訟（特定の権利・義務または法律関係の有無の確認を求める訴え）に区分されるが，公法上の法律関係に基づく金銭の支払を求める訴えは，このうちの給付訴訟に当たるからである。

さらに，ウであるが，「私法上の法律関係に関する訴えで処分・裁決の効力の有無が　ウ　となっているものは，　ウ　訴訟と呼ばれ」との記述より，「争点」が入ることが分かる。

最後に，エであるが，「民衆訴訟は，国または公共団体の機関の法規に適合しない行為の是正を求める訴訟で，選挙人たる資格その他自己の法律上の利益にかかわらない資格で提起するものをいう。例えば，普通地方公共団体の公金の支出が違法だとして　エ　監査請求をしたにもかかわらず監査委員が是正の措置をとらない場合に，当該普通地方公共団体の　エ　としての資格で提起する　エ　は民衆訴訟の一種である。」との記述より，「住民」が入ることが分かる。普通地方公共団体の公金の支出が違法だとしてする監査請求は，住民監査請求と呼ばれているからである。

正解　アー14（当事者）　　イー4（給付）

ウー12（争点）　　エー18（住民）

ポイントチェック

主観訴訟・客観訴訟

主観訴訟…個人の権利利益の保護を目的とする訴訟。例えば，抗告訴訟，当事者訴訟

客観訴訟…原告の個人的な権利利益とは無関係に，法規の適用の客観的適正を保障して公益を保護するために認められる訴訟。例えば，民衆訴訟，機関訴訟

問　題

取消訴訟の原告適格に関する次の記述のうち，最高裁判所の判例に照らし，妥当なものはどれか。

1　地方鉄道法（当時）による鉄道料金の認可に基づく鉄道料金の改定は，当該鉄道の利用者に直接の影響を及ぼすものであるから，路線の周辺に居住し，特別急行を利用している者には，地方鉄道業者の特別急行料金の改定についての認可処分の取消しを求める原告適格が認められる。

2　文化財保護法は，文化財の研究者が史跡の保存・活用から受ける利益について，同法の目的とする一般的，抽象的公益のなかに吸収・解消させずに，特に文化財の学術研究者の学問研究上の利益の保護について特段の配慮をしている規定を置いているため，史跡を研究の対象とする学術研究者には，史跡の指定解除処分の取消しを求める原告適格が認められる。

3　不当景品類及び不当表示防止法は，公益保護を目的とし，個々の消費者の利益の保護を同時に目的とするものであるから，消費者が誤認をする可能性のある商品表示の認定によって不利益を受ける消費者には，当該商品表示の認定の取消しを求める原告適格が認められる。

4　航空機の騒音の防止は，航空機騒音防止法*の目的であるとともに，航空法の目的でもあるところ，定期航空運送事業免許の審査にあたっては，申請事業計画を騒音障害の有無および程度の点からも評価する必要があるから，航空機の騒音によって社会通念上著しい障害を受ける空港周辺の住民には，免許の取消しを求める原告適格が認められる。

5　都市計画事業の認可に関する都市計画法の規定は，事業地の周辺に居住する住民の具体的利益を保護するものではないため，これらの住民であって騒音，振動等による健康または生活環境に係る著しい被害を直接的に受けるおそれのあるものであっても，都市計画事業認可の取消しを求める原告適格は認められない。

（注）　＊　公共用飛行場周辺における航空機騒音による障害の防止等に関する法律

問 題 分 析　　★☆☆

本問は，取消訴訟の原告適格に関する最高裁判所の判例知識を問う問題です。

各 肢 の 解 説

1　**妥当でない。**判例（近鉄特急事件，最判平成元・4・13）は，地方鉄道法（当時）21条による鉄道料金の認可に基づく鉄道料金の改定は，当該地方鉄道の利用者の契約上の地位に直接影響を及ぼすものではなく，また，同条の趣旨は，もっぱら公共の利益を確保することにあるのであって，当該地方鉄道の利用者の個別的な権利利益を保護することにあるのではなく，他に同条が当該地方鉄道の利用者の個別的な権利利益を保護することを目的として認可権の行使に制約を課していると解すべき根拠はないから，上告人らが近畿日本鉄道株式会社の路線の周辺に居住する者であって通勤定期券を購入するなどしたうえ，日常同社が運行している特別急行旅客列車を利用しているとしても，上告人らは，本件特別急行料金の改定の認可処分によって自己の権利利益を侵害され又は必然的に侵害されるおそれのある者に当たるということができず，当該認可処分の取消しを求める原告適格を有しないと判示した。

2　**妥当でない。**判例（伊場遺跡事件，最判平成元・6・20）は，静岡県文化財保護条例（以下「本件条例」という。）および文化財保護法（以下「法」という。）は，文化財の保存・活用から個々の県民あるいは国民が受ける利益については，本来本件条例および法がその目的としている公益の中に吸収解消させ，その保護は，専ら当該公益の実現を通じて図ることとしているものと解され，本件条例および法において，文化財の学術研究者の学問研究上の利益の保護について特段の配慮をしていると解しうる規定を見出すことはできず，そこに，学術研究者の当該利益について，一般の県民あるいは国民が文化財の保存・活用から受ける利益を超えてその保護を図ろうとする趣旨を認めることはできないから，本件遺跡を研究の対象としてきた学術研究者であるとしても，本件史跡指定解除処分の取消しを求めるにつき法律上の利益を有せず，本件訴訟における原告適格を有しないと判示した。

3　**妥当でない。**判例（主婦連ジュース不当表示事件，最判昭和53・3・14）は，不当景品類及び不当表示防止法の規定により一般消費者が受ける利益は，公正取引委員会による同法の適正な運用によって実現されるべき公益の保護を通じ国民一般が共通して持つに至る抽象的，平均的，一般的な利益，換言すれば，同法の規定の目的である公益の保護の結果として生ずる反射的な利益ないし事実上の利益であって，本来私人等権利主体の個人的な利益を保護することを目的とする法規により保障される法律上保護された利益とはいえないものであるから，単に一般消費者であるというだけでは，公正取引委員会による公正競争規約の認定につき法律上の利益をもつ者であるということはできないと判示した。

4　**妥当である。**判例（新潟空港事件，最判平成元・2・17）の判旨のとおりである。

5　**妥当でない。**判例（開発許可処分取消訴訟，最判平成6・6・15）は，都市計画事業の認可に関する都市計画法の規定は，がけ崩れ等のおそれのない良好な都市環境の保持・形成を図るとともに，がけ崩れ等による被害が直接的に及ぶことが想定される開発区域内外の一定範囲の地域の住民の生命，身体の安全等を，個々人の個別的利益としても保護すべきものとする趣旨を含むものと解すべきであるから，そうすると，開発区域内の土地ががけ崩れのおそれが多い土地等に当たる場合には，がけ崩れ等による直接的な被害を受けることが予想される範囲の地域に居住する者は，開発許可の取消しを求めるにつき法律上の利益を有する者として，その取消訴訟における原告適格を有すると判示した。

正解　4

問題

　取消訴訟の原告適格に関する次の文章の空欄　ア　～　エ　に当てはまる語句を，枠内の選択肢（1～20）から選びなさい。

　平成16年（2004年）の行政事件訴訟法（以下，「行訴法」という。）改正のポイントとして，取消訴訟の原告適格の拡大がある。取消訴訟の原告適格につき，行訴法9条（改正後の9条1項）は，「処分の取消しの訴え及び裁決の取消しの訴え（以下「取消訴訟」という。）は，当該処分又は裁決の取消しを求めるにつき　ア　を有する者……に限り，提起することができる。」と定めているが，最高裁判例は，ここでいう「当該処分の取消しを求めるにつき『　ア　を有する者』とは，当該処分により自己の権利若しくは　イ　を侵害され又は必然的に侵害されるおそれのある者をいう」と解してきた。しかしながら，裁判実務上の原告適格の判断が狭いとの批判があり，平成16年改正により新たに行訴法9条に第2項が加えられ，「裁判所は，処分又は裁決の相手方以外の者について前項に規定する　ア　の有無を判断するに当たっては，当該処分又は裁決の根拠となる法令の規定の文言のみによることなく，当該法令の趣旨及び目的並びに当該処分において考慮されるべき　ウ　の内容及び性質を考慮するものとする」ことが規定された。そしてこの9条2項は，　エ　の原告適格についても準用されている。

1	差止め訴訟	2	法律上の利益	3	権限
4	憲法上保護された利益	5	事実上の利益	6	住民訴訟
7	実質的当事者訴訟	8	損害	9	利益
10	法律上保護された利益	11	訴訟上保護された利益	12	立法目的
13	訴訟上の利益	14	公益	15	うべかりし利益
16	不作為の違法確認訴訟	17	法的地位	18	公共の福祉
19	紛争	20	形式的当事者訴訟			

key word

原告適格

　取消訴訟において処分性が認められた場合に，その処分の取消しを求めて出訴することができる資格をいう。

問 題 分 析　★★☆

　本問は，取消訴訟の原告適格に関する問題です。平成16年に行政事件訴訟法は改正されましたが，この知識は，たびたび問われています。また，原告適格の要件は，記述式問題で出題される可能性があるほど重要な部分です。ですので，空欄ア〜ウは，必ず用語を入れることができるようにしておきましょう。

各 肢 の 解 説

　まず，　ア　は，9条1項に規定されている文言を問われていることがわかる。条文上の規定の仕方からして，「法律上の利益」が入る。　イ　については，平成16年改正以前から判例が述べてきたキーワードが入る。したがって，「法律上保護された利益」という言葉が入る。そして，　ウ　では，9条2項の知識が問われており，　ア　の「法律上の利益」の有無の判断については，当該法令の趣旨及び目的並びに当該処分において考慮されるべき利益の内容及び性質を考慮するものとされている。よって，　ウ　には「利益」が入る。最後に，　エ　であるが，「法律上の利益」の有無の判断について準用されているのは，義務付け訴訟（直接型）と差止め訴訟である（行政事件訴訟法37条の2第4項，37条の4第4項）。ここでは，「差止め訴訟」を選択肢から選ぶことになる。

正解　ア−2（法律上の利益）　イ−10（法律上保護された利益）
　　　ウ−9（利益）　　　　　エ−1（差止め訴訟）

判 例 情 報

新潟空港訴訟判決（最判平成元・2・17）

　取消訴訟の原告適格について規定する行政事件訴訟法9条にいう当該処分の取消しを求めるにつき「法律上の利益を有する者」とは，当該処分により自己の権利もしくは法律上保護された利益を侵害され又は必然的に侵害されるおそれのある者をいう。

場外車券発売施設設置許可処分取消請求事件（最判平成21・10・15）

　旧自転車競技法4条2項に基づく設置許可がされた場外車券発売施設の設置，運営に伴い著しい業務上の支障が生ずるおそれがあると位置的に認められる区域に文教施設又は医療施設を開設する者は，旧自転車競技法施行規則15条1項1号所定のいわゆる位置基準を根拠として上記許可の取消訴訟の原告適格を有する。
　しかし，当該場外車券発売施設の周辺において居住し又は事業を営む者は，同条4号所定のいわゆる周辺環境調和基準を根拠として上記許可の取消訴訟の原告適格を有するということはできない。

277

問題

狭義の訴えの利益に関する次のア～エの記述のうち，最高裁判所の判例に照らし，正しいものの組合せはどれか。

ア　森林法に基づく保安林指定解除処分の取消しが求められた場合において，水資源確保等のための代替施設の設置によって洪水や渇水の危険が解消され，その防止上からは当該保安林の存続の必要性がなくなったと認められるとしても，当該処分の取消しを求める訴えの利益は失われない。

イ　土地改良法に基づく土地改良事業施行認可処分の取消しが求められた場合において，当該事業の計画に係る改良工事及び換地処分がすべて完了したため，当該認可処分に係る事業施行地域を当該事業施行以前の原状に回復することが，社会的，経済的損失の観点からみて，社会通念上，不可能であるとしても，当該認可処分の取消しを求める訴えの利益は失われない。

ウ　建築基準法に基づく建築確認の取消しが求められた場合において，当該建築確認に係る建築物の建築工事が完了した後でも，当該建築確認の取消しを求める訴えの利益は失われない。

エ　都市計画法に基づく開発許可のうち，市街化調整区域内にある土地を開発区域とするものの取消しが求められた場合において，当該許可に係る開発工事が完了し，検査済証の交付がされた後でも，当該許可の取消しを求める訴えの利益は失われない。

　1　ア・イ
　2　ア・ウ
　3　イ・ウ
　4　イ・エ
　5　ウ・エ

本問は，狭義の訴えの利益に関する最高裁判所の判例知識を問う問題です。

各肢の解説

ア　誤り。 判例（長沼ナイキ事件，最判昭和57・9・9）は，森林法に基づく保安林指定解除処分の取消しが求められた場合において，水資源確保等のための代替施設の設置によって洪水や浸水の危険が解消され，その防止上からは，当該保安林の存続の必要性がなくなったと認められるに至ったときは，もはや上告人らにおいて当該保安林指定解除処分の取消しを求める訴えの利益は失われると判示した。

イ　正しい。 判例（最判平成4・1・24）は，土地改良法に基づく土地改良事業施行認可処分の取消しが求められた場合において，当該事業の計画に係る改良工事及び換地処分がすべて完了したため，当該認可処分に係る事業施行地域を当該事業施行以前の原状に回復することが，社会的，経済的損失の観点からみて，社会通念上，不可能であるとしても，そのような事情は，行政事件訴訟法31条の適用に関して考慮されるべき事柄であって，当該認可処分の取消しを求める法律上の利益を消滅させるものではないと判示した。

ウ　誤り。 判例（最判昭和59・10・26）は，建築基準法に基づく建築確認の取消しが求められた場合において，当該建築確認に係る建築物の建築工事が完了した後は，当該建築確認の取消しを求める訴えの利益は失われると判示した。

エ　正しい。 判例（最判平成27・12・14）は，都市計画法に基づく開発許可のうち，市街化調整区域内にある土地を開発区域とするものの取消しが求められた場合において，当該許可に係る開発工事が完了し，検査済証の交付がされた後でも，市街化区域内の土地を開発区域とする開発許可の場合と異なり，開発許可の効力を前提とする予定建築物等の建築等が可能になるという法的効果を排除することができることから，当該許可の取消しを求める訴えの利益は失われないと判示した。

以上により，正しいものは，イ及びエであるから，正解は4である。

正解　4

ポイントチェック

狭義の訴えの利益

　裁判所が裁判をするに値する客観的事情ないし実益をいう。例えば，メーデー開催のための皇居外苑使用申請に対する不許可処分の取消訴訟は，訴訟係属中にメーデーの期日が経過すれば，もはや裁判をする客観的実益がなくなり，狭義の訴えの利益が失われる（最大判昭和28・12・23参照）。

問　題

　行政事件訴訟法が定める行政庁の訴訟上の地位に関する次の記述のうち，誤っているものはどれか。

1　処分をした行政庁が国または公共団体に所属しない場合は，取消訴訟は，当該行政庁を被告として提起しなければならない。

2　処分をした行政庁は，当該処分の取消訴訟について，裁判上の一切の行為をする権限を有する。

3　審査請求の裁決をした行政庁は，それが国または公共団体に所属する場合であっても，当該裁決の取消訴訟において被告となる。

4　裁判所は，義務付けの訴えに係る処分につき，訴えに理由があると認めるときは，当該処分の担当行政庁が当該処分をすべき旨を命ずる判決をする。

5　裁判所は，私法上の法律関係に関する訴訟において処分の効力の有無が争われている場合，決定をもって，その処分に関係する行政庁を当該訴訟に参加させることができる。

key word

被告適格

　訴訟において被告となり得る法的資格をいう。平たく言えば，訴訟を提起するに当たり，誰を被告とすればよいかの問題である。

問 題 分 析　　★★☆

　本問は，行政事件訴訟法が定める行政庁の訴訟上の地位に関する知識を問う問題です。

各 肢 の 解 説

1　**正しい。**処分をした行政庁が国または公共団体に所属しない場合は，取消訴訟は，当該行政庁を被告として提起しなければならない（11条2項）。

2　**正しい。**処分をした行政庁は，当該処分の取消訴訟について，裁判上の一切の行為をする権限を有する（11条6項）。

3　**誤り。**審査請求の裁決をした行政庁が国または公共団体に所属する場合には，当該裁決をした行政庁の所属する国または公共団体を被告として訴えを提起しなければならない（11条1項2号）。

4　**正しい。**裁判所は，義務付けの訴えに係る処分につき，訴えに理由があると認めるときは，当該処分の担当行政庁が当該処分をすべき旨を命ずる判決をする（37条5項）。

5　**正しい。**裁判所は，私法上の法律関係に関する訴訟において処分の効力の有無が争われている場合，決定をもって，その処分に関係する行政庁を当該訴訟に参加させることができる（45条1項・23条1項）。

正解　3

ポイントチェック

被告適格

	被告
（ⅰ）　処分または裁決をした行政庁が国または公共団体に所属する場合	処分または裁決をした行政庁の所属する国または公共団体（11条1項各号）
（ⅱ）　処分または裁決があった後に行政庁の権限が他の行政庁に承継され，その他の行政庁が国または公共団体に所属する場合	他の行政庁の所属する国または公共団体（11条2項かっこ書）
（ⅲ）　処分または裁決をした行政庁が国または公共団体に所属しない場合	処分または裁決をした行政庁（11条2項）
（ⅳ）　上記（ⅰ）～（ⅲ）により被告とすべき国もしくは公共団体または行政庁がない場合	処分または裁決に係る事務の帰属する国または公共団体（11条3項）

問　題

　行政事件訴訟法が定める処分取消訴訟に関する次の記述のうち，正しいものはどれか。

1　処分をした行政庁が国または公共団体に所属する場合における処分取消訴訟は，当該処分をした行政庁を被告として提起しなければならない。

2　処分取消訴訟は，原告の普通裁判籍の所在地を管轄する裁判所または処分をした行政庁の所在地を管轄する裁判所の管轄に属する。

3　処分をした行政庁が国または公共団体に所属しない場合における処分取消訴訟は，法務大臣を被告として提起しなければならない。

4　裁判所は，訴訟の結果により権利を害される第三者があるときは，決定をもって，当該第三者を訴訟に参加させることができるが，この決定は，当該第三者の申立てがない場合であっても，職権で行うことができる。

5　処分取消訴訟は，当該処分につき法令の規定により審査請求をすることができる場合においては，特段の定めがない限り，当該処分についての審査請求に対する裁決を経た後でなければこれを提起することができない。

key word

管轄
　多数の事件を各裁判所に分担させる定め。平たく言えば，どの裁判所に訴訟を提起すればよいかの問題である。

問 題 分 析　　★★☆

　本問は，行政事件訴訟法が定める処分取消訴訟に関する条文知識を問う問題です。

各 肢 の 解 説

1　**誤り。**処分をした行政庁が国または公共団体に所属する場合における処分取消訴訟は，当該処分をした「行政庁の所属する国または公共団体」を被告として提起しなければならない（11条1項1号）。

2　**誤り。**処分取消訴訟は，「被告」の普通裁判籍の所在地を管轄する裁判所または処分をした行政庁の所在地を管轄する裁判所の管轄に属する（12条1項）。

3　**誤り。**処分をした行政庁が国または公共団体に所属しない場合における処分取消訴訟は，「当該行政庁」を被告として提起しなければならない（11条2項）。

4　**正しい。**行政事件訴訟法22条1項の規定のとおりである。

5　**誤り。**処分の取消しの訴えは，当該処分につき法令の規定により審査請求をすることができる場合においても，直ちに提起することを妨げない（8条1項本文）。

正解　4

ポイントチェック

取消訴訟の管轄に関する定め

原則的管轄裁判所	被告の普通裁判籍の所在地を管轄する裁判所または処分もしくは裁決をした行政庁の所在地を管轄する裁判所
特別土地管轄	土地の収用，鉱業権の設定その他不動産または特定の場所に係る処分または裁決についての取消訴訟は，その不動産または場所の所在地の裁判所にも提起できる
特定管轄裁判所の管轄	国を被告とする取消訴訟は，特定管轄裁判所（＝原告の普通裁判籍の所在地を管轄する高等裁判所の所在地を管轄する地方裁判所）にも提起できる。

問 題

行政事件訴訟法が定める出訴期間に関する次の記述のうち,正しいものはどれか。

1 処分または裁決の取消しの訴えは,処分または裁決の日から6箇月を経過したときは提起することができないが,正当な理由があるときはこの限りでない。

2 処分につき審査請求をすることができる場合において審査請求があったときは,処分に係る取消訴訟は,その審査請求をした者については,これに対する裁決があったことを知った日から6箇月を経過したときは提起することができないが,正当な理由があるときはこの限りではない。

3 不作為の違法確認の訴えは,当該不作為に係る処分または裁決の申請をした日から6箇月を経過したときは提起することができないが,正当な理由があるときはこの限りではない。

4 義務付けの訴えは,処分または裁決がされるべきことを知った日から6箇月を経過したときは提起することができないが,正当な理由があるときはこの限りではない。

5 差止めの訴えは,処分または裁決がされようとしていることを知った日から6箇月を経過したときは提起することができないが,正当な理由があるときはこの限りではない。

key word

出訴期間

取消訴訟を提起することができる期間。出訴期間は,訴訟要件とされ,出訴期間を経過した後,出訴した場合は,訴え却下となる。

問 題 分 析　　★★☆

本問は，行政事件訴訟法が定める出訴期間に関する条文知識を問う問題です。

各 肢 の 解 説

1　**誤り。**処分または裁決の取消しの訴えは，処分又は裁決があったことを知った日から6箇月を経過したときは，提起することができないが，正当な理由があるときは，この限りでない（14条1項）。このように，「処分又は裁決の日から」ではなく，「処分又は裁決があったことを知った日から」が正しい。

2　**正しい。**処分又は裁決につき審査請求をすることができる場合において，審査請求があったときは，処分又は裁決に係る取消訴訟は，その審査請求をした者については，これに対する裁決があったことを知った日から6箇月を経過したとき又は当該裁決の日から1年を経過したときは，提起することができないが，正当な理由があるときは，この限りでない（14条3項）。

3　**誤り。**不作為の違法確認の訴えに，取消訴訟の出訴期間（14条）の規定は準用されない（38条1項，4項参照）。なぜなら，不作為が続く限り，行政庁の違法な状態が続いているため，これにより行政庁が利益を得ることは許されないからである。したがって，不作為の違法確認の訴えには，出訴期間の制限はない。

4　**誤り。**義務付けの訴えに，取消訴訟の出訴期間（14条）の規定は準用されない（38条1項参照）。したがって，義務付けの訴えには，出訴期間の制限はない。なお，いわゆる拒否処分対応型義務付け訴訟（＝申請型義務付け訴訟のうち，行政庁がその申請を拒否する旨の行政処分をした場合に提起されるもの。37条の3第1項2号）において，取消訴訟の併合提起が必要な場合（37条の3第3項2号）には，その取消訴訟について出訴期間の制限がある。

5　**誤り。**差止めの訴えに，取消訴訟の出訴期間（14条）の規定は準用されない（38条1項参照）。

正解　2

ポイントチェック

取消訴訟の出訴期間（14条1項，2項）

主観的出訴期間	処分または裁決があったことを知った日から6月を経過したときは，提起することができない。
客観的出訴期間	処分または裁決の日から1年を経過したときは，提起することができない。

問題

　行政事件訴訟法10条は，二つの「取消しの理由の制限」を定めている。次の文章の空欄 ア ～ エ に当てはまる語句を，枠内の選択肢（1～20）から選びなさい。

　第一に，「取消訴訟においては， ア に関係のない違法を理由として取消しを求めることができない」（10条1項）。これは，訴えが仮に適法なものであったとしても， ア に関係のない違法を理由に取消しを求めることはできない（そのような違法事由しか主張していない訴えについては イ が下されることになる）ことを規定するものと解されている。取消訴訟が（国民の権利利益の救済を目的とする）主観訴訟であることにかんがみ，主観訴訟における当然の制限を規定したものにすぎないとの評価がある反面，違法事由のなかにはそれが ア に関係するものかどうかが不明確な場合もあり，「 ア に関係のない違法」を広く解すると，国民の権利利益の救済の障害となる場合もあるのではないかとの指摘もある。

　第二に，「処分の取消しの訴えとその処分についての ウ の取消しの訴えとを提起することができる場合には」， ウ の取消しの訴えにおいては「 エ を理由として取消しを求めることができない」（10条2項）。これは， エ は，処分取消訴訟において主張しなければならないという原則（原処分主義）を規定するものと解されている。

1	審査請求を棄却した裁決	2	処分を差止める判決
3	訴えを却下する判決	4	処分の無効
5	処分取消裁決	6	処分の違法
7	法律上保護された利益	8	裁決の違法
9	不作為の違法	10	裁決の無効
11	自己の法律上の利益	12	審査請求を認容した裁決
13	処分により保護される利益	14	請求を認容する判決
15	処分を義務付ける判決	16	請求を棄却する判決
17	処分取消判決	18	法律上保護に値する利益
19	事情判決	20	裁判上保護されるべき利益

問 題 分 析　　★☆☆

本問は，行政事件訴訟法10条の条文知識を問う問題です。

各 肢 の 解 説

まず，アには，行政事件訴訟法10条１項の規定の文言が入ることが分かる。行政事件訴訟法10条１項は，取消訴訟は，原告の権利利益の救済を目的とする主観訴訟であることから，自己の法律上の利益に関係のない違法を主張することはできないという当然の事理を定めた規定であると解されている。そこで，アには，「11　自己の法律上の利益」が入ることが分かる。

次に，イには，「３　訴えを却下する判決」または「16　請求を棄却する判決」のいずれかが入ることが分かる。この点，行政事件訴訟法10条１項の規定は，訴訟要件ではなく，本案審理における原告の主張の制限について定めたものであると解されており，本条による制限に反する主張がされても，訴えを却下するのではなく，請求を棄却すべきとされている。そこで，イには，「16　請求を棄却する判決」が入る。

さらに，ウについては，行政事件訴訟法10条２項の規定の文言が入ることが分かる。行政事件訴訟法10条２項は，処分の取消しの訴えとその処分についての審査請求を棄却した裁決の取消しの訴えとにおいて審理判断される事項の重複を避けるため，原処分の違法は処分の取消しの訴えでのみ主張することができ，裁決の取消しの訴えにおいては裁決手続の違法などの裁決固有の違法のみを主張することができることとした。そこで，ウには，「１　審査請求を棄却した裁決」が入ることが分かる。

最後に，エについては，上記ウの解説のとおり，「６　処分の違法」が入ることが分かる。

　　　正解　ア－11（自己の法律上の利益）　　　イ－16（請求を棄却する判決）
　　　　　　ウ－１（審査請求を棄却した裁決）　エ－６　（処分の違法）

ポイントチェック

個別法における裁決主義

　原処分について棄却裁決がなされ，原処分の取消しの訴えと裁決の取消しの訴えの両者を提起することができる場合，行政事件訴訟法は，原処分主義（同法10条２項）を原則とするが，個別法において裁決主義が採られることがある。裁決主義とは，原処分に対しては，出訴を許さず，裁決に対してのみ出訴することができる旨の規定を置いてある場合をいう（この場合，裁決の取消しの訴えで原処分の瑕疵を主張することができる）。たとえば，弁護士法16条３項は，「登録又は登録換えの請求の進達の拒絶に関しては，これについての日本弁護士連合会の裁決に対してのみ，取消しの訴えを提起することができる。」と規定している。

問題

　次の文章の空欄　ア　～　エ　に当てはまる語句を，枠内の選択肢（1～20）から選びなさい。

　行政事件訴訟法は，「行政事件訴訟に関し，この法律に定めがない事項については，　ア　の例による。」と規定しているが，同法には，行政事件訴訟の特性を考慮したさまざまな規定が置かれている。

　まず，「行政庁の処分その他公権力の行使に当たる行為については，民事保全法…に規定する　イ　をすることができない。」と規定されており，それに対応して，執行停止のほか，仮の義務付け，仮の差止めという形で仮の救済制度が設けられている。

　それらの制度の要件はそれぞれ異なるが，内閣総理大臣の異議の制度が置かれている点で共通する。

　また，処分取消訴訟については，「　ウ　により権利を害される第三者」に手続保障を与えるため，このような第三者の訴訟参加を認める規定が置かれている。行政事件訴訟法に基づく訴訟参加は，このような第三者のほかに　エ　についても認められている。

1　関連請求の訴え	2　仮処分	3　訴訟の一般法理	
4　当該処分をした行政庁の所属する国又は公共団体		5　訴えの取下げ	
6　民事執行	7　適正手続	8　訴えの利益の消滅	
9　処分若しくは裁決の存否又はその効力の有無に関する争い			
10　保全異議の申立て	11　行政上の不服申立て	12　強制執行	
13　訴訟の提起	14　民事訴訟	15　執行異議の申立て	
16　当該処分をした行政庁以外の行政庁		17　訴えの変更	
18　保全命令	19　訴訟の結果	20　公益代表者としての検察官	

key word

民事保全法

　民事訴訟で争われる権利の実現を保全するために「仮差押え」や「仮処分」などに関する定めを置いている法律。「仮差押え」とは，金銭債権の執行を保全するために，債務者の財産の処分に一定の制限を加える裁判所の決定である。「仮処分」とは，金銭債権以外の権利を保全するために裁判所によってなされる暫定的な措置で，「係争物に関する仮処分」と「仮の地位を定める仮処分」がある。

問 題 分 析　　★☆☆

　本問は，行政事件訴訟法の特性を考慮した様々な規定に関する基本知識を問う問題です。特に訴訟参加については，今後も要注意といえます。

各 肢 の 解 説

　まず，「行政事件訴訟に関し，この法律に定めがない事項については，　ア　の例による。」との記述から，行政事件訴訟以外の訴訟に関する規定を入れればよいことがわかる。そこで，「14　民事訴訟」を入れてほしい（行政事件訴訟法7条）。

　次に，「行政庁の処分その他公権力の行使に当たる行為については，民事保全法…に規定する　イ　をすることができない。」との記述，およびその後の「それに対応して，執行停止のほか，仮の義務付け，仮の差止めという形で仮の救済制度が設けられている。」との記述から，　イ　には民事保全法に規定されている仮の救済措置が入ることがわかる。そこで，「2　仮処分」を入れてほしい（行政事件訴訟法44条）。

　また，　ウ　，　エ　は，「訴訟参加」に関する知識を聞いていることが容易にわかるだろう。まず，第三者の訴訟参加が認められている者は「訴訟の結果により権利を害される第三者」であるため（行政事件訴訟法22条1項），　ウ　には「19　訴訟の結果」を入れてほしい。また，行政事件訴訟法に基づく訴訟参加は，このような第三者のほかに行政庁についても認められている（行政事件訴訟法23条1項）。よって，　エ　には「16　当該処分をした行政庁以外の行政庁」を入れてほしい。

　　　正解　アー14（民事訴訟）　　イー2（仮処分）　　ウー19（訴訟の結果）
　　　　　　エー16（当該処分をした行政庁以外の行政庁）

ポイントチェック

訴訟参加

第三者の訴訟参加	当事者，第三者の申立て又は職権 裁判所が決定で参加させることができる（あらかじめ当事者及び第三者の意見をきかなければならない）
行政庁の訴訟参加	当事者，行政庁の申立て又は職権 裁判所が決定で参加させることができる（あらかじめ当事者及び当該行政庁の意見をきかなければならない）

問 題

　処分取消訴訟に関する次の文章の空欄　ア　〜　エ　に当てはまる語句を，枠内の選択肢（1〜20）から選びなさい。

　処分取消訴訟を提起しても，そもそも，訴えそれ自体が訴訟要件を満たす適法なものでなければならないことはいうまでもない。しかし，訴えが仮に適法なものであったとしても，自己の法律上の利益に関係のない違法を理由に取消しを求めることはできないから，そのような違法事由しか主張していない訴えについては，　ア　が下されることになり，結局，原告敗訴ということになる。さらに，処分が違法であっても，これを取り消すことにより公の利益に著しい障害を生ずる場合においては，一定の条件の下，　ア　がなされることがある。このような判決のことを，　イ　というが，この場合，当該判決の主文において，当該処分が違法であることを宣言しなければならない。このような違法の宣言は，判決主文において行われることから，その判断には　ウ　が生ずる。

　取消判決がなされると，当該処分の効果は，当然否定されることになるが，その他にも取消判決の効力はいくつか挙げられる。例えば，申請の拒否処分が取り消された場合，当該拒否処分を行った行政庁は，判決の趣旨に従い，改めて申請に対する処分をしなければならない。このような効力を　エ　という。

1　棄却判決	2　公定力	3　拘束力	4　却下判決	5　義務付け判決
6　自力執行力	7　事情判決	8　差止判決	9　遡及効	10　無効確認判決
11　既判力	12　確認判決	13　中間判決	14　不可変更力	15　規律力
16　違法確認判決	17　認容判決	18　不可争力	19　対世効	20　将来効

key word

既判力

　同じ事項について後に訴訟上で問題となっても，その当事者は判決内容に反する主張ができず，裁判所もこれに抵触することができないという効力のこと。行政事件訴訟法には，判決の効力として既判力がある旨の規定は存在しないが，通説では，このように解されている。

問 題 分 析　　★★☆

取消訴訟の判決の種類と効力に関する出題です。

各 肢 の 解 説

ア　1（棄却判決）。 取消訴訟の訴訟要件が具備されている場合，訴えは適法であるから，訴えは却下されない。しかし，取消訴訟においては，自己の法律上の利益に関係のない違法を理由として取消しを求めることができないという主張制限がある（10条1項）。そうすると，自己の法律上の利益に関係ない違法を理由として取消しを求めても，請求に理由がないから，訴えは棄却される。したがって，アには棄却判決が入る。

イ　7（事情判決）。 取消訴訟については，処分が違法ではあるが，これを取り消すことにより公の利益に著しい障害を生ずる場合，原告の受ける損害の程度，その損害の賠償又は防止の程度及び方法その他一切の事情を考慮したうえ，処分を取り消すことが公共の福祉に適合しないと認めるときは，裁判所は，請求を棄却することができる（31条1項）。これを事情判決という。したがって，イには事情判決が入る。

ウ　11（既判力）。 判決主文の判断について生じる効力を既判力という（7条，民事訴訟法114条1項）。したがって，ウには既判力が入る。

エ　3（拘束力）。 申請を却下（＝申請拒否）した処分が判決により取り消されたときは，その処分をした行政庁は，判決の趣旨に従い，改めて申請に対する処分をしなければならなくなる（33条2項）。これを拘束力という。したがって，エには拘束力が入る。

正解　アー1（棄却判決）　イー7（事情判決）
ウー11（既判力）　エー3（拘束力）

ポイントチェック

判決の種類

訴え却下判決	不適法なため，門前払い。
請求棄却判決	審理の結果，処分に違法事由なしとして請求を退ける。
請求認容判決	審理の結果，処分に違法事由ありとしてその処分又は裁決の一部又は全部を取り消す。
事情判決	処分又は裁決は違法であるが，これを取り消すことによって，公の利益に著しい障害を生ずる場合に請求を棄却する。ただし，取消訴訟に限る。

問題

　許認可等の申請に対する処分について，それに対する取消訴訟の判決の効力に関する次の記述のうち，誤っているものはどれか。

1　申請を認める処分を取り消す判決は，原告および被告以外の第三者に対しても効力を有する。

2　申請を認める処分についての取消請求を棄却する判決は，処分をした行政庁その他の関係行政庁への拘束力を有さない。

3　申請を拒否する処分が判決により取り消された場合，その処分をした行政庁は，当然に申請を認める処分をしなければならない。

4　申請を認める処分が判決により手続に違法があることを理由として取り消された場合，その処分をした行政庁は，判決の趣旨に従い改めて申請に対する処分をしなければならない。

5　申請を拒否する処分に対する審査請求の棄却裁決を取り消す判決は，裁決をした行政庁その他の関係行政庁を拘束する。

key word

拘束力

　取消判決の確定により，行政庁に当該判決の趣旨に従って行動する義務を負わせる法的効果をいう。取消判決により，処分が遡及的に消滅したとしても，行政庁が再び同一内容の処分をすれば，取消判決を得た意味がなくなる。そこで，取消判決の実効性確保の見地から，行政庁に対して処分等が違法と判断されたことを尊重し，取消判決の趣旨に従い行動することを義務付けた。

問 題 分 析　　★☆☆

取消訴訟の判決の効力の理解を問う問題です。

各 肢 の 解 説

1　正しい。 処分を取り消す判決は，第三者に対しても効力を有する（32条1項）。したがって，本肢は正しい。

2　正しい。 処分を取り消す判決は，その事件について，処分をした行政庁その他の関係行政庁を拘束する（33条1項）。したがって，棄却判決には拘束力は生じないから，本肢は正しい。

3　誤り。 申請を却下・棄却した処分が判決により取り消されたときは，その処分をした行政庁は，判決の趣旨に従い，改めて申請に対する処分をしなければならない（33条2項）。したがって，行政庁は改めて申請に対する処分をしなければならないが，申請を認める処分をすることを義務付けられるわけではないから，本肢は誤っている。

4　正しい。 申請に基づいてした処分が判決により手続に違法があることを理由として取り消された場合，その処分をした行政庁は，判決の趣旨に従い改めて申請に対する処分をしなければならない（33条3項）。したがって，本肢は正しい。

5　正しい。 裁決を取り消す判決は，その事件について，裁決をした行政庁その他の関係行政庁を拘束する（33条1項）。したがって，本肢は正しい。

正解　3

ポイントチェック

拘束力の内容

反復禁止効	取消判決の拘束力により，行政庁が同一事情のもとで同一の理由で同一の処分をすることができなくなる。
積極的作為義務	申請拒否処分が判決により取り消されたときは，その処分をした行政庁は，判決の趣旨に従い，改めて申請に対する処分をしなければならない。

問題

　許認可の申請拒否処分の取消訴訟に関する次の記述のうち，妥当なものはどれか。

1　申請拒否処分の取消訴訟には，申請された許認可を命ずることを求める義務付け訴訟を併合提起できるが，当該申請拒否処分の取消訴訟のみを単独で提起することも許される。

2　申請拒否処分の取消訴訟を提起した者は，終局判決の確定まで，申請された許認可の効果を仮に発生させるため，当該申請拒否処分の効力の停止を申し立てることができる。

3　申請拒否処分の取消訴訟については，出訴期間の制限はなく，申請を拒否された者は，申請された許認可がなされない限り，当該申請拒否処分の取消訴訟を提起できる。

4　申請拒否処分の取消訴訟の係属中に当該申請拒否処分が職権で取り消され，許認可がなされた場合には，当該取消訴訟は訴えの利益を失い，請求は棄却されることとなる。

5　申請拒否処分の取消訴訟において，当該申請拒否処分の取消しの判決が確定した場合には，その判決の理由のいかんにかかわらず，処分庁は，再度，申請拒否処分をすることは許されない。

key word

終局判決

　当該審級で訴訟事件の全部又は一部の審理を完結する判決。

問 題 分 析　　★★☆

本問は，許認可の申請拒否処分の取消訴訟に関する条文知識を問う問題です。

各 肢 の 解 説

1　**妥当である。**申請拒否処分型の義務付けの訴えを提起するときは，区分に応じて定められた訴えをその義務付けの訴えに併合して提起しなければならない（37条の3第3項）。しかし，逆に，申請拒否処分の取消訴訟のみを単独で提起することは禁止されていない。

2　**妥当でない。**申請拒否処分の執行停止をしても，申請がなされた状態に戻るだけで，許可処分がなされた状態にはならないため，執行停止の申立ての利益はない。

3　**妥当でない。**申請拒否処分の取消訴訟も取消訴訟の一種に変わりはないから，出訴期間の制限を受ける。すなわち，拒否処分があったことを知った日から6か月を経過したときは，申請拒否処分の取消訴訟を提起することができないのが原則である（14条1項）。

4　**妥当でない。**許認可がなされた場合，もはや訴えの利益がなくなる。したがって，請求は棄却されるのではなく却下されるから，本肢は妥当でない。

5　**妥当でない。**申請拒否処分が判決により取り消されたときは，その処分をした行政庁は，判決の趣旨に従い，改めて申請に対する処分をしなければならない（33条2項）。しかし，これは同一事情のもとで同じ理由によって，同一内容の申請拒否処分を繰り返すことができないというだけであり，新たな申請拒否理由があればそれに基づいて，結果として申請拒否処分を繰り返すことも許される。

正解　1

ポイントチェック

申請型義務付け訴訟を提起する場合の併合提起

不作為	不作為の違法確認の訴えの併合提起が必要
拒否処分	取消訴訟or無効等確認の訴えの併合提起が必要

問 題

　行政事件訴訟法３条３項による「裁決の取消しの訴え」に関する次の記述のうち，妥当なものはどれか。

1　「裁決の取消しの訴え」の対象とされている裁決は,「義務付けの訴え」や「差止めの訴え」の対象ともされている。

2　「裁決の取消しの訴え」について，原告適格が認められるのは，裁決の相手方である審査請求人に限られ，それ以外の者には，原告適格は認められない。

3　「裁決の取消しの訴え」は，審査請求の対象とされた原処分に対する「処分の取消しの訴え」の提起が許されない場合に限り，提起が認められる。

4　「裁決の取消しの訴え」については，審査請求に対する裁決のみが対象とされており，再調査の請求に対する決定は,「処分の取消しの訴え」の対象とされている。

5　「裁決の取消しの訴え」については，「処分の取消しの訴え」における執行停止の規定は準用されていないから，裁決について，執行停止を求めることはできない。

key word

裁決の取消しの訴え

　審査請求の裁決，再調査の請求に対する決定，その他の不服申立てに対する処分の取消しを求める訴訟をいう。

問 題 分 析　　★★☆

本問は，裁決の取消しの訴えに関する条文知識を問う問題です。

各 肢 の 解 説

1 **妥当である。**義務付けの訴えには，行政庁がその裁決をすべき旨を命ずることを求める訴訟を含む（3条6項）。また，差止めの訴えには，行政庁が一定の裁決をすべきでないにかかわらずこれがされようとしている場合において，行政庁がその裁決をしてはならない旨を命ずることを求める訴訟を含む（3条7項）。

2 **妥当でない。**裁決の取消しの訴えは，当該裁決の取消しを求めるにつき法律上の利益を有する者（裁決の効果が期間の経過その他の理由によりなくなった後においてもなお裁決の取消しによって回復すべき法律上の利益を有する者を含む。）に限り，提起することができる（9条1項）。したがって，当事者である裁決の相手方である審査請求人に限られず，第三者に原告適格が認められる場合もあるから，本肢は妥当でない。

3 **妥当でない。**処分の取消しの訴えとその処分についての審査請求を棄却した裁決の取消しの訴えとを提起することができる場合には，裁決の取消しの訴えにおいては，処分の違法を理由として取消しを求めることができない（10条2項）とされる。これは「裁決の取消しの訴え」と，審査請求の対象とされた原処分に対する「処分の取消しの訴え」の両者を提起できることを前提にそれぞれの訴えで主張できる違法事由を整理したものである。したがって，審査請求の対象とされた原処分に対する「処分の取消しの訴え」の提起が許されない場合に限り，「裁決の取消しの訴え」の提起が認められるわけではないから，本肢は妥当でない。

4 **妥当でない。**「裁決の取消しの訴え」とは，審査請求その他の不服申立てに対する行政庁の裁決，決定その他の行為の取消しを求める訴訟をいう（3条3項）。再調査の請求に対する決定も「裁決の取消しの訴え」の対象となる。

5 **妥当でない。**裁決の取消しの訴えの提起があった場合，処分の取消しの訴えの執行停止に関する規定が準用される（29条）。

正解　1

ポイントチェック

原処分主義
処分の取消訴訟…原処分の違法性
裁決の取消訴訟…裁決の固有の瑕疵のみ

問　題

抗告訴訟に関する次の記述について，正しいものはどれか。

1　裁判所は，処分または裁決をした行政庁以外の行政庁を訴訟に参加させることが必要であると認めるときは，当事者または当該行政庁の申立てを待たず，当該行政庁を職権で訴訟に参加させることができる。

2　処分の取消しの訴えにおいて，裁判所は職権で証拠調べをすることができるが，その対象は，訴訟要件に関するものに限られ，本案に関するものは含まれない。

3　取消訴訟の訴訟物は，処分の違法性一般であるから，取消訴訟を提起した原告は，自己の法律上の利益に関係のない違法についても，それを理由として処分の取消しを求めることができる。

4　裁判所は，処分の取消しの訴えにおいて，当該処分が違法であっても，これを取り消すことにより公の利益に著しい障害を生ずる場合において，原告の受ける損害の程度，その損害の賠償または防止の程度および方法その他一切の事情を考慮した上，当該処分を取り消すことが公共の福祉に適合しないと認めるときは，当該訴えを却下することができる。

5　行政庁に対して一定の処分を求める申請を拒否された者が，処分の義務付けの訴えを提起する場合，重大な損害を避けるため緊急の必要があるときは，処分の義務付けの訴えのみを単独で提起することができる。

key word

抗告訴訟

行政庁の公権力の行使に関する不服の訴訟（3条1項）

問 題 分 析　　★★☆

本問は，抗告訴訟に関する総合的知識を問う問題です。

各 肢 の 解 説

1　**正しい。**行政事件訴訟法23条１項の規定のとおりである。

2　**誤り。**裁判所は，必要があると認めるときは，職権で，証拠調べをすることができる（24条本文）。この規定には，職権証拠調べの対象が訴訟要件に関するものに限られる旨の制限はなく，本案に関するものも，その対象とすることができる。

3　**誤り。**取消訴訟においては，自己の法律上の利益に関係のない違法を理由として取消しを求めることができない（10条１項）。

4　**誤り。**裁判所は，処分の取消しの訴えにおいて，当該処分が違法ではあるが，これを取り消すことにより公の利益に著しい障害を生ずる場合において，原告の受ける損害の程度，その損害の賠償または防止の程度および方法その他一切の事情を考慮したうえ，処分を取り消すことが公共の福祉に適合しないと認めるときは，請求を「棄却」することができる（31条１項前段）。

5　**誤り。**行政庁に対して一定の処分を求める申請を拒否された者が，処分の義務付けの訴えを提起する場合，処分に係る取消訴訟または無効等確認の訴えをその義務付けの訴えに併合して提起しなければならず（37条の３第３項２号），これは，重大な損害を避けるため緊急の必要があるときでも同じである。

正解　1

ポイントチェック

抗告訴訟

```
抗告訴訟 ┬─ 法定抗告訴訟 ┬─ 処分の取消しの訴え
        │              ├─ 裁決の取消しの訴え
        │              ├─ 無効等確認の訴え
        │              ├─ 不作為の違法確認の訴え
        │              ├─ 義務付けの訴え
        │              └─ 差止めの訴え
        └─ 無名抗告訴訟（法定外抗告訴訟）
```

問　題

　行政事件訴訟法が定める義務付け訴訟に関する次の記述のうち，正しいものはどれか。

1　申請拒否処分がなされた場合における申請型義務付け訴訟は，拒否処分の取消訴訟と併合提起しなければならないが，その無効確認訴訟と併合提起することはできない。

2　行政庁が義務付け判決に従った処分をしない場合には，裁判所は，行政庁に代わって当該処分を行うことができる。

3　義務付け判決には，取消判決の拘束力の規定は準用されているが，第三者効の規定は準用されていない。

4　処分がされないことにより生ずる償うことのできない損害を避けるため緊急の必要がある場合には，当該処分につき義務付け訴訟を提起しなくとも，仮の義務付けのみを単独で申し立てることができる。

5　義務付け訴訟は，行政庁の判断を待たず裁判所が一定の処分を義務付けるものであるから，申請型，非申請型のいずれの訴訟も，「重大な損害を生じるおそれ」がある場合のみ提起できる。

key word

形成力の第三者効

　形成力が訴訟当事者（＝原告である国民と被告である行政主体）のみならず，訴訟当事者以外の第三者にも及ぶこと。形成力とは，一般には，形成判決の確定によって権利関係の発生・変更・消滅を生じさせる効力をいうが，取消判決の形成力は，取消判決の確定によって，行政処分の効力を処分時にさかのぼって失わせる効力をいう。

問 題 分 析　　　★★☆

　本問は，行政事件訴訟法が定める義務付け訴訟に関する条文知識を問う問題です。

各 肢 の 解 説

1　**誤り。**申請拒否処分がなされた場合における申請型義務付け訴訟（いわゆる拒否処分対応型義務付け訴訟。37条の3第1項2号）を提起するときは，同号に規定する処分又は裁決に係る取消訴訟又は無効等確認の訴えをその義務付けの訴えに併合して提起しなければならない（37条の3第3項2号）。

2　**誤り。**行政庁が義務付け判決に従った処分をしない場合には，裁判所は，行政庁に代わって当該処分を行うことができる旨の規定は存在しない。なお，義務付け判決には，取消訴訟の拘束力（33条）に関する規定が準用される（38条1項）。そこで，行政庁は，義務付け判決に従った処分をしなければならなくなることから，行政庁が義務付け判決に従った処分をしないときは，国家賠償責任の要件である違法行為となる。

3　**正しい。**肢2の解説のとおり，義務付け判決には，取消判決の拘束力（33条）に関する規定が準用されている。これに対し，義務付け判決には，取消判決の第三者効（32条1項）に関する規定は準用されていない（38条1項参照）。

4　**誤り。**義務付けの訴えの提起があった場合において，その義務付けの訴えに係る処分又は裁決がされないことにより生ずる償うことのできない損害を避けるため緊急の必要があり，かつ，本案について理由があるとみえるときは，裁判所は，申立てにより，決定をもって，仮に行政庁がその処分又は裁決をすべき旨を命ずること（＝仮の義務付け）ができる（37条の5第1項）。このように，仮の義務付けについては，本案である義務付けの訴えの提起が必要である。

5　**誤り。**義務付けの訴えのうち，非申請型義務付けの訴えは，「重大な損害を生じるおそれ」がある場合のみ提起することができる（37条の2第1項）が，申請型義務付けの訴えは，そのような要件を欠く場合も提起することができる（37条の3第1項）。

正解　3

ポイントチェック

義務付け訴訟に併合して提起すべき訴訟

		併合提起すべき訴訟
非申請型		定められていない
申請型	不作為型	不作為の違法確認の訴え
	拒否処分型	取消訴訟または無効等確認の訴え

問題

　次の文章の空欄 ア ～ エ に当てはまる語句を，枠内の選択肢（1 ～20）から選びなさい。

　行政と私人との間の法的紛争が訴訟となるのは，行政が何かを行った作為の場合だけではなく，何も行わない不作為の場合もありうる。このような行政の不作為についてどのような訴訟で私人が救済を求めるかは，行政救済法の領域における大きな問題である。

　行政事件訴訟法の定める抗告訴訟の中で，同法の制定当初からこの不作為に対する訴訟類型として存在したのは，行政庁が法令に基づく申請に対し， ア に何らかの処分又は裁決をすべきであるにかかわらず，これをしないことについての違法の確認を求める「不作為の違法確認の訴え」であった。しかしこの訴訟類型は，申請に対して何らかの処分をすることを促すにとどまる消極的なものであるため，救済手段としての効果は限定されたものであった。そこで，平成16年の行政事件訴訟法の改正によって，このような場合について， イ 訴訟の提起を認め，またその イ 訴訟にかかる処分又は裁決がされないことにより生ずる ウ を避けるため緊急の必要があり，かつ， エ について理由があるとみえるときは，仮の イ による救済が可能となった。またこのほか，この改正によって，申請に対する処分以外の処分についても イ 訴訟を提起することができることになった。

1	併合提起された訴訟	2	速やか	3	救済の必要
4	差止め	5	義務存在確認	6	相当の期間内
7	職務執行命令	8	公の利益に対する障害		
9	公益上の必要	10	代執行	11	重大な損害
12	義務付け	13	回復困難な損害	14	迅速
15	償うことのできない損害	16	本案	17	標準処理期間内
18	訴えの利益の消滅	19	手続の執行	20	合理的な期間内

問 題 分 析　　★★☆

　行政事件訴訟法の平成16年改正における目玉の一つである義務付け訴訟についての出題です。行政機関の不作為について争う場合に，従前の訴訟類型（不作為の違法確認訴訟）では実効性に欠けるという問題意識から，義務付け訴訟という新しい類型が創設されました。本問はそのような経緯を知っていることを前提として，関連する条文の文言を問うています。文法的に空欄に入り得る語句が複数あるので，文言を正確に記憶していなかった人にとっては厳しい問題でありました。

各 肢 の 解 説

　まずアは不作為の違法確認の訴えの定義（3条5項）の一部であり，「相当の期間内」が入る。イ＝「義務付け」は簡単。ウとエは37条の5第1項の文言からの出題。ウは「償うことのできない損害」が正解だが，「公の利益に対する障害」「重大な損害」「回復困難な損害」など紛らわしい選択肢が多く難しい。エの正解である「本案」を選ぶことは，文言を知らなければかなり厳しいであろう。

正解　アー6（相当の期間内）　　　イー12（義務付け）

ウー15（償うことのできない損害）　エー16（本案）

ポイントチェック

義務付け訴訟

非申請型義務付け訴訟（37条の2）		一定の処分がされないことにより重大な損害を生ずるおそれがあり，かつ，その損害を避けるため他に適当な方法がないとき
申請型義務付け訴訟（37条の3）	不作為型（1項1号）	申請又は審査請求に対し相当の期間内に何らの処分又は裁決がされない場合
	許否処分型（1項2号）	申請・審査請求を却下又は棄却する旨の処分・裁決がされた時に，その処分・裁決が取り消されるべきもの又は無効・不存在である場合

問　題

　次の文章は，学校行事において教職員に国歌の起立斉唱等を義務付けることの是非が争われた最高裁判所判決の一節（一部を省略）である。空欄　ア　～　エ　に当てはまる語句を，枠内の選択肢（1～20）から選びなさい。

　本件　ア　は，… 学習指導要領を踏まえ，上級行政機関である都教委*が関係下級行政機関である都立学校の各校長を名宛人としてその職務権限の行使を指揮するために発出したものであって，個々の教職員を名宛人とするものではなく，本件　イ　の発出を待たずに当該　ア　自体によって個々の教職員に具体的な義務を課すものではない。また，本件　ア　には，……各校長に対し，本件　イ　の発出の必要性を基礎付ける事項を示すとともに，教職員がこれに従わない場合は服務上の責任を問われることの周知を命ずる旨の文言があり，これらは国歌斉唱の際の起立斉唱又はピアノ伴奏の実施が必要に応じて　イ　により確保されるべきことを前提とする趣旨と解されるものの，本件　イ　の発出を命ずる旨及びその範囲等を示す文言は含まれておらず，具体的にどの範囲の教職員に対し本件　イ　を発するか等については個々の式典及び教職員ごとの個別的な事情に応じて各校長の　ウ　に委ねられているものと解される。そして，本件　ア　では，上記のとおり，本件　イ　の違反について教職員の責任を問う方法も，　エ　に限定されておらず，訓告や注意等も含み得る表現が採られており，具体的にどのような問責の方法を採るかは個々の教職員ごとの個別的な事情に応じて都教委の　ウ　によることが前提とされているものと解される。原審の指摘する都教委の校長連絡会等を通じての各校長への指導の内容等を勘案しても，本件　ア　それ自体の文言や性質等に則したこれらの　ウ　の存在が否定されるものとは解されない。したがって，本件　ア　をもって，本件　イ　と不可分一体のものとしてこれと同視することはできず，本件　イ　を受ける教職員に条件付きで　エ　を受けるという法的効果を生じさせるものとみることもできない。

（最一小判平成24年2月9日裁判所時報1549号4頁）

1	分限処分	2	処分基準	3	行政罰	4	同意
5	行政指導	6	指示	7	法規命令	8	職務命令
9	指導指針	10	下命	11	懲戒処分	12	監督処分
13	政治的判断	14	執行命令	15	告示	16	審査基準
17	裁量	18	勧告	19	通達	20	行政規則

（注）　*　東京都教育委員会

問 題 分 析　　★★☆

　本問は，学校行事において教職員に国家の起立斉唱等を義務付けることの是非が争われた最高裁判所判決の一節に関する問題です。本判決の事案は，本件通達（都教委の教育長が平成15年10月23日付けで発した都立学校の各校長宛て「入学式，卒業式等における国旗掲揚及び国歌斉唱の実施について（通達）」）を踏まえて，都立学校の各校長が発した本件職務命令（本件通達の発出後に行われた平成16年３月以降の卒業式や入学式等の式典に際し，その都度，都立学校の各校長が多数の教職員に対し発した，（ⅰ）国歌斉唱の際に国旗に向かって起立して斉唱することを命ずる旨の職務命令，（ⅱ）相当数の音楽科担当の教職員に対し，国歌斉唱の際にピアノ伴奏をすることを命ずる旨の職務命令。なお，本判決においては，（ⅲ）将来発せられる職務命令を含めている。）に対し，本件職務命令を受けた教職員が，本件職務命令に従わないことによる懲戒処分等の不利益の予防を目的として，①確認を求める訴えの方法により本件職務命令に基づく公的義務の不存在の確認を求め，②差止めの訴えの方法により本件職務命令の違反を理由とする懲戒処分の差止めを求めたものです。本判決においては，まず，このような目的に沿った争訟方法として，どのような訴訟類型が適切であるかが問題となり，それを検討する前提として，本件通達の行政処分性の有無が問題となりました（上記①および②の訴訟においては，処分性が要件となります。）。

各 肢 の 解 説

　まず，解答可能なところから埋めていくことが大切である。そうすると，　エ　は，「　イ　の違反について教職員の責任を問う方法も，　エ　に限定されておらず，訓告や注意等も含み得る表現が採られており…」という流れから，処分の種類が入るのだと分かる。そうすると，何かに違反したことに基づいて都教委から出される処分が，公務員たる教職員の場合には，11「懲戒処分」であると確定できる。

　次に，　ウ　を確定できるだろう。「各校長の　ウ　に委ねられている」との表現や，「個別的な事情に応じて都教委の　ウ　によることが前提とされている」との表現から，17「裁量」が入ると確定できる。

　最後に，　ア　と　イ　についてであるが，これは　ア　があって　イ　がなされるという順番が分かればある程度入れるべき語句も決まってくる。共に「発出」される性質のものであることも分かる。そして，　イ　は本判例上でこれに対する違反が問題となっているものであるから8「職務命令」が入り，その大元となるものとして　ア　には19「通達」が入る。通達が出されて職務命令がその後になされるという関係を見抜こう。

正解　ア－19（通達）　イ－8（職務命令）
　　　ウ－17（裁量）　エ－11（懲戒処分）

問 題

次の文章は，行政事件訴訟法の定める差止訴訟に関する最高裁判所判決の一節である。空欄 A ～ D に当てはまる語句の組合せとして，妥当なものはどれか。

行政事件訴訟法37条の4第1項の差止めの訴えの訴訟要件である，処分がされることにより『 A を生ずるおそれ』があると認められるためには，処分がされることにより生ずるおそれのある損害が，処分がされた後に B 等を提起して C の決定を受けることなどにより容易に救済を受けることができるものではなく，処分がされる前に差止めを命ずる方法によるのでなければ救済を受けることが困難なものであることを要すると解するのが相当である。…（中略）…。

…第1審原告らは，本件飛行場に係る第一種区域内に居住しており，本件飛行場に離着陸する航空機の発する騒音により，睡眠妨害，聴取妨害及び精神的作業の妨害や，不快感，健康被害への不安等を始めとする精神的苦痛を D 受けており，その程度は軽視し難いものというべきであるところ，このような被害の発生に自衛隊機の運航が一定程度寄与していることは否定し難い。また，上記騒音は，本件飛行場において内外の情勢等に応じて配備され運航される航空機の離着陸が行われる度に発生するものであり，上記被害もそれに応じてその都度発生し，これを D 受けることにより蓄積していくおそれのあるものであるから，このような被害は，事後的にその違法性を争う B 等による救済になじまない性質のものということができる。

(最一小判平成28年12月8日民集70巻8号1833頁)

A ア 重大な損害　**イ** 回復の困難な損害
B ア 民事訴訟　**イ** 取消訴訟
C ア 仮処分　**イ** 執行停止
D ア 一時的にせよ　**イ** 反復継続的に

	A	B	C	D
1	ア	ア	ア	ア
2	ア	ア	イ	ア
3	ア	イ	イ	イ
4	イ	ア	ア	イ
5	イ	イ	イ	イ

問 題 分 析　　　★★☆

　行政事件訴訟法が定める差止訴訟に関する最高裁判所判例の理解を問う問題です。

各 肢 の 解 説

　本問の判例（最判平成28・12・8）は，以下のように述べている。

　「行政事件訴訟法37条の４第１項の差止めの訴えの訴訟要件である，処分がされることにより『(A) 重大な損害を生ずるおそれ』があると認められるためには，処分がされることにより生ずるおそれのある損害が，処分がされた後に（B）取消訴訟等を提起して（C）執行停止の決定を受けることなどにより容易に救済を受けることができるものではなく，処分がされる前に差止めを命ずる方法によるのでなければ救済を受けることが困難なものであることを要すると解するのが相当である。…中略…。

　…第１審原告らは，本件飛行場に係る第一種区域内に居住しており，本件飛行場に離着陸する航空機の発する騒音により，睡眠妨害，聴取妨害及び精神的作業の妨害や，不快感，健康被害への不安等を始めとする精神的苦痛を（D）反復継続的に受けており，その程度は軽視し難いものというべきであるところ，このような被害の発生に自衛隊機の運航が一定程度寄与していることは否定し難い。また，上記騒音は，本件飛行場において内外の情勢等に応じて配備され運航される航空機の離着陸が行われる度に発生するものであり，上記被害もそれに応じてその都度発生し，これを（D）反復継続的に受けることにより蓄積していくおそれのあるものであるから，このような被害は，事後的にその違法性を争う（B）取消訴訟等による救済になじまない性質のものということができる」。

　以上により，Aは「重大な損害」（ア），Bは「取消訴訟」（イ），Cは「執行停止」（イ），Dは「反復継続的に」（イ）であるから，正解は３である。

正解　3

ポイントチェック

差止訴訟の要件（37条の４）

・一定の処分等がされることにより重大な損害を生ずるおそれがあること（積極要件）
・その損害を避けるため他に適当な方法がないこと（補充性）
・行政庁が一定の処分等をしてはならない旨を命ずることを求めるにつき法律上の利益を有する者が提起すること（原告適格）
・差止めの訴えに係る処分等につき，行政庁がその処分等をすべきでないことがその処分等の根拠となる法令の規定から明らかであると認められ又は行政庁がその処分等をすることがその裁量権の範囲を超え若しくはその濫用となると認められること（本案勝訴要件）

問題

　行政事件訴訟法が定める執行停止に関する次の記述のうち，正しいものはどれか。

1　執行停止の決定は，裁判所が疎明に基づいて行うが，口頭弁論を経て行わなければならない。

2　執行停止の決定は，取消訴訟の提起があった場合においては，裁判所が職権で行うことができる。

3　執行停止の決定は，償うことができない損害を避けるための緊急の必要がある場合でなければ，することができない。

4　執行停止の決定は，本案について理由があるとみえる場合でなければ，することができない。

5　執行停止による処分の効力の停止は，処分の執行または手続の続行の停止によって目的を達することができる場合には，することができない。

key word

疎明

　証明（＝裁判官が係争事実について確信を得た状態）との対比において，裁判官が係争事実の存否について，一応確からしいという推測を得た状態をいう。

問 題 分 析　　★★☆

本問は，行政事件訴訟法が定める執行停止に関する知識を問う問題です。

各 肢 の 解 説

1 **誤り。**執行停止の決定は，裁判所が疎明に基づいて行う（25条5項）が，その決定は，口頭弁論を経ないですることができる（同条6項本文）。

2 **誤り。**執行停止の決定は，裁判所が職権ですることは許されず，必ず申立てがなければならない（25条2項本文）。

3 **誤り。**執行停止の決定は，処分，処分の執行または手続の続行により生ずる重大な損害を避けるため緊急の必要があるときは，することができる（25条2項本文）。

4 **誤り。**執行停止には，仮の義務付けまたは仮の差止めの要件である「本案について理由があるとみえるとき」との要件は課されていない。

5 **正しい。**執行停止による処分の効力の停止は，処分の執行または手続の続行の停止によって目的を達することができる場合には，することができない（25条2項ただし書）。

正解　5

ポイントチェック

執行停止の審理手続・裁判

執行停止の審理手続	①執行停止申立ての審理は，口頭弁論を経ないですることができる（25条6項本文）が，あらかじめ，当事者の意見をきかなければならない（同項ただし書）。 ②執行停止の決定は，疎明に基づいてすることができる（25条5項）。
執行停止の裁判	決定の方式により行われる（25条5項等参照）

問題

　行政事件訴訟法の定める仮の差止めに関する次の記述のうち，妥当なものはどれか。

1　仮の差止めの申立てについては，執行停止における内閣総理大臣の異議の規定は準用されていない。

2　仮の差止めの申立てがなされた場合，行政庁は，仮の差止めの可否に関する決定がなされるまで，対象とされた処分をすることができない。

3　仮の差止めは，処分がされることにより重大な損害を生ずるおそれがあり，かつ，その損害を避けるため他に適当な方法がないときに限り，申立てにより，または職権で裁判所がこれを命ずる。

4　仮の差止めは，緊急の必要があるときは，本案訴訟である差止めの訴えの提起に先立って，申し立てることができる。

5　仮の差止めについては，公共の福祉に重大な影響を及ぼすおそれがあるときは，裁判所は，これを命ずる決定をすることができない。

key word

本案訴訟

　証拠保全手続や仮差押え・仮処分の手続のような付随的な手続からみて，そこで予想する争訟について行われる判決手続。

問 題 分 析　　★☆☆

本問は，仮の差止めに関する条文知識を問う問題です。

各 肢 の 解 説

1　妥当でない。仮の差止めの申立てについて，執行停止における内閣総理大臣の異議の規定は準用されている（37条の5第4項，27条参照）。

2　妥当でない。仮の差止めの申立てがなされた場合に，その申立てによって処分を停止する効果が生じる旨の規定はない。

3　妥当でない。差止めの訴えの提起があった場合において，その差止めの訴えに係る処分がされることにより生ずる償うことのできない損害を避けるため緊急の必要があり，かつ，本案について理由があるとみえるときは，裁判所は，申立てにより，決定をもって，仮に行政庁がその処分をしてはならない旨を命ずることができる（37条の5第2項）。したがって，償うことのできない損害を避けるため緊急の必要があり，かつ，本案について理由があるとみえるときに限られるし，また，職権ではできないから，本肢は妥当でない。

4　妥当でない。差止めの訴えの提起があった場合において，裁判所は，申立てにより，決定をもって，仮に行政庁がその処分をしてはならない旨を命ずることができる（37条の5第2項）。したがって，差止めの訴えの提起に先だって，仮の差止めを申し立てることはできないから，本肢は妥当でない。

5　妥当である。仮の差止めは，公共の福祉に重大な影響を及ぼすおそれがあるときは，することができない（37条の5第3項）。

正解　5

ポイントチェック

仮の差止めの要件（37条の5第2項，3項）
①差止訴訟が提起されていること
②その差止めの訴えにかかる処分等がされることにより生ずる償うことのできない損害を避けるため緊急の必要があること
③本案について理由があるとみえるときであること
④公共の福祉に重大な影響を及ぼすおそれがあるときでないこと

問　題

　次の文章は，インターネットを通じて郵便等の方法で医薬品を販売すること（以下「インターネット販売」と略する）を禁止することの是非が争われた判決の一節である（一部を省略してある）。空欄　ア　～　エ　に当てはまる語句を，枠内の選択肢（1〜20）から選びなさい。

　　「本件地位確認の訴え*は，　ア　のうちの公法上の法律関係に関する確認の訴えと解することができるところ，原告らは，改正省令の施行前は，一般販売業の許可を受けた者として，郵便等販売の方法の一態様としてのインターネット販売により一般用医薬品の販売を行うことができ，現にこれを行っていたが，改正省令の施行後は，本件各規定の適用を受ける結果として，第一類・第二類医薬品についてはこれを行うことができなくなったものであり，この規制は　イ　に係る事業者の権利の制限であって，その権利の性質等にかんがみると，原告らが，本件各規定にかかわらず，第一類・第二類医薬品につき郵便等販売の方法による販売をすることができる地位の確認を求める訴えについては，……本件改正規定の　ウ　性が認められない以上，本件規制をめぐる法的な紛争の解決のために有効かつ適切な手段として，　エ　を肯定すべきであり，また，単に抽象的・一般的な省令の適法性・憲法適合性の確認を求めるのではなく，省令の個別的な適用対象とされる原告らの具体的な法的地位の確認を求めるものである以上，この訴えの法律上の争訟性についてもこれを肯定することができると解するのが相当である（なお，本件改正規定の適法性・憲法適合性を争うためには，本件各規定に違反する態様での事業活動を行い，業務停止処分や許可取消処分を受けた上で，それらの　ウ　の抗告訴訟において上記適法性・憲法適合性を争点とすることによっても可能であるが，そのような方法は　イ　に係る事業者の法的利益の救済手続の在り方として迂遠であるといわざるを得ず，本件改正規定の適法性・憲法適合性につき，上記のような　ウ　を経なければ裁判上争うことができないとするのは相当ではないと解される。）。

　　したがって，本件地位確認の訴えは，公法上の法律関係に関する確認の訴えとして，　エ　が肯定され，法律上の争訟性も肯定されるというべきであり，本件地位確認の訴えは適法な訴えであるということができる。」

（東京地判平成22年3月30日判例時報2096号9頁）

（注）　＊　第一類医薬品及び第二類医薬品につき店舗以外の場所にいる者に対する郵便その他の方法による販売をすることができる権利（地位）を有することの確認を求める訴え

1	訓令	2	表現の自由	3	民事訴訟
4	重大かつ明白な瑕疵	5	精神的自由	6	委任命令
7	公法上の当事者訴訟	8	行政権の不作為	9	裁量の逸脱又は濫用
10	原告適格	11	抗告訴訟	12	狭義の訴えの利益
13	補充性	14	行政指導	15	営業の自由
16	国家賠償訴訟	17	既得権	18	確認の利益
19	通信の秘密	20	行政処分		

問 題 分 析　　★★☆

　本問は，実質的当事者訴訟の知識を裁判例に即して問う問題です。特にエについては，確認の訴えでよく問題とされる要件なので，今回を機に一度インプットしてみてください。

各 肢 の 解 説

　まず，　ア　については，「　ア　のうち公法上の法律関係に関する確認の訴えと解することができるところ」という部分から，「7　公法上の当事者訴訟」が入ることが分かる。

　次に，　イ　については，医薬品の郵便等販売の方法が制限されるという流れの後に，「この規制は　イ　に係る当事者の権利の制限」とあるので，　イ　には販売に関する権利にかかわる「15　営業の自由」が入る。

　さらに，　ウ　については，「　ウ　性が認められない以上，」や「営業停止処分や許可取消処分を受けた上で，それらの　ウ　の抗告訴訟において」という記述から，営業停止処分や許可取消処分にあたるものとして「20　行政処分」が入る。

　最後に，　エ　についてである。本件地位の確認の訴えのような場合，そもそも適法な訴えであるというためには確認の利益が肯定されなければならない。よって，「18　確認の利益」が入る。

正解　アー7　（公法上の当事者訴訟）　イー15（営業の自由）
　　　ウー20　（行政処分）　　　　　　エー18（確認の利益）

ポイントチェック

　実質的当事者訴訟には２つの種類がある。①公法上の法律関係に関する確認の訴え，②その他の公法上の法律関係に関する訴訟，の２つである。民事訴訟が私法上の権利に関する訴訟であるのに対し，実質的当事者訴訟は公法上の権利に関する訴訟として法定されている。また，行政処分の公定力を排除するためには「処分の取消しの訴え」が別途用意されている。①に関しては，「確認の利益」を肯定できなければ訴訟要件を満たしたことにならない。確認の訴えは，確認対象が無限に広がるおそれがあるため，不必要な訴訟を排除するため「確認の利益」を満たしていることが求められるのである。

問題

　行政事件訴訟法の定める民衆訴訟と機関訴訟に関する次の記述のうち，法令または最高裁判所の判例に照らし，妥当なものはどれか。

1　A県知事に対してA県住民が県職員への条例上の根拠を欠く手当の支給の差止めを求める訴訟は，民衆訴訟である。

2　A県県営空港の騒音被害について，被害を受けたと主張する周辺住民がA県に対して集団で損害の賠償を求める訴訟は，民衆訴訟である。

3　A県が保管する国の文書について，A県知事が県情報公開条例に基づき公開の決定をした場合において，国が当該決定の取消しを求める訴訟は，機関訴訟である。

4　A県議会議員の選挙において，その当選の効力に関し不服がある候補者がA県選挙管理委員会を被告として提起する訴訟は，機関訴訟である。

5　A県がB市立中学校で発生した学校事故にかかわる賠償金の全額を被害者に対して支払った後，B市が負担すべき分についてA県がB市に求償する訴訟は，機関訴訟である。

key word

民衆訴訟，機関訴訟

　民衆訴訟とは，国又は公共団体の機関の法規に適合しない行為の是正を求める訴訟で，選挙人たる資格その他自己の法律上の利益にかかわらない資格で提起するものをいう（5条）。また，機関訴訟とは，国又は公共団体の機関相互間における権限の存否又はその行使に関する紛争についての訴訟をいう（6条）。

問 題 分 析　　★★☆

行政事件訴訟法の民衆訴訟と機関訴訟の理解を問う問題です。

各 肢 の 解 説

1　妥当である。民衆訴訟とは，国又は公共団体の機関の法規に適合しない行為の是正を求める訴訟で，選挙人たる資格その他自己の法律上の利益にかかわらない資格で提起するものをいう（5条）。県知事に対して住民が県職員への条例上の根拠を欠く手当の支給の差止めを求める訴訟は住民訴訟である（地方自治法242条の2第1項1号）。この住民訴訟は民衆訴訟の一つであるから，本肢は妥当である。

2　妥当でない。本肢は国家賠償法に基づく損害賠償請求訴訟であり民事訴訟である。したがって，民衆訴訟ではないから，本肢は妥当でない。

3　妥当でない。機関訴訟とは，国又は公共団体の機関相互間における権限の存否又はその行使に関する紛争についての訴訟をいう（6条）。本肢は国と県が争ってはいるが，あくまで国が県知事の文書公開決定に対して取消訴訟を提起しているのであって，機関相互間における権限の存否またはその行使に関する紛争ではない。また，本肢同様の事案において判例（最判平成13・7・13）も，国が公開決定の取り消しを求める訴えを法律上の争訟にあたるとしており，客観訴訟（機関訴訟）とはしていない。したがって，機関訴訟であるとする本肢は妥当でない。

4　妥当でない。本肢は選挙訴訟であり，民衆訴訟とされる。したがって，選挙訴訟は機関相互間における権限の存否またはその行使に関する紛争についての訴訟ではないから，本肢は妥当でない。

5　妥当でない。本肢は国家賠償法3条2項に基づく求償請求訴訟であり民事訴訟である。したがって，機関訴訟ではないから，本肢は妥当でない。

正解　1

ポイントチェック

客観訴訟（民衆訴訟，機関訴訟）の具体例

民衆訴訟	選挙の当選の効力に関する訴訟（公職選挙法207条等），住民訴訟（地方自治法242条の2）
機関訴訟	国の関与に関する訴訟（地方自治法251条の5）

問題

　次に掲げる行政事件訴訟法の条文の空欄　ア　～　オ　に当てはまる語句の組合せとして，正しいものはどれか。

第25条第2項　処分の取消しの訴えの提起があった場合において，処分，処分の執行又は手続の続行により生ずる　ア　を避けるため緊急の必要があるときは，裁判所は，申立てにより，決定をもって，処分の効力，処分の執行又は手続の続行の全部又は一部の停止…（略）…をすることができる。（以下略）

第36条　無効等確認の訴えは，当該処分又は裁決に続く処分により　イ　を受けるおそれのある者その他当該処分又は裁決の無効等の確認を求めるにつき法律上の利益を有する者で，当該処分若しくは裁決の存否又はその効力の有無を前提とする　ウ　に関する訴えによって目的を達することができないものに限り，提起することができる。

第37条の2第1項　第3条第6項第1号に掲げる場合〔直接型ないし非申請型義務付け訴訟〕において，義務付けの訴えは，一定の処分がされないことにより　エ　を生ずるおそれがあり，かつ，その　オ　を避けるため他に適当な方法がないときに限り，提起することができる。

	ア	イ	ウ	エ	オ
1	重大な損害	重大な損害	私法上の法律関係	損害	拡大
2	償うことのできない損害	重大な損害	現在の法律関係	重大な損害	損害
3	重大な損害	損害	現在の法律関係	重大な損害	損害
4	償うことのできない損害	損害	私法上の法律関係	損害	拡大
5	重大な損害	償うことのできない損害	公法上の法律関係	重大な損害	拡大

本問は，行政事件訴訟法に関する条文知識を問う問題です。

各 肢 の 解 説

ア **「重大な損害」が当てはまる。**行政事件訴訟法25条2項本文は，「処分の取消しの訴えの提起があつた場合において，処分，処分の執行又は手続の続行により生ずる重大な損害を避けるため緊急の必要があるときは，裁判所は，申立てにより，決定をもつて，処分の効力，処分の執行又は手続の続行の全部又は一部の停止…（略）…をすることができる。」と規定している。したがって，アには，「重大な損害」が当てはまる。なお，「償うことのできない損害」は，仮の義務付け（同法37条の5第1項）および仮の差止め（同条2項）における要件である。これは，仮の義務付けは処分等があったのと同様の状態を作り出すものであり，仮の差止めは処分等をしてはならない旨を命ずるものであり，その効果が執行停止の効力（最大でも処分の効力の停止）より強大であることから，その要件も厳格にすべきと考えられたからである。

イ **「損害」が当てはまる。**行政事件訴訟法36条は，「無効等確認の訴えは，当該処分又は裁決に続く処分により損害を受けるおそれのある者その他当該処分又は裁決の無効等の確認を求めるにつき法律上の利益を有する者で，当該処分若しくは裁決の存否又はその効力の有無を前提とする現在の法律関係に関する訴えによつて目的を達することができないものに限り，提起することができる。」と規定している。したがって，イには，「損害」が当てはまる。

ウ **「現在の法律関係」が当てはまる。**上記イの解説のとおり，ウには，「現在の法律関係」が当てはまる。

エ **「重大な損害」が当てはまる。**行政事件訴訟法37条の2第1項は，「第3条第6項第1号に掲げる場合において，義務付けの訴えは，一定の処分がされないことにより重大な損害を生ずるおそれがあり，かつ，その損害を避けるため他に適当な方法がないときに限り，提起することができる。」と規定している。したがって，エには，「重大な損害」が当てはまる。

オ **「損害」が当てはまる。**上記エの解説のとおり，オには，「損害」が当てはまる。空欄オの前に「その」という指示語があり，かつ，選択肢の用語との関係からも，「損害」が当てはまることが分かる。

以上により，正解は3である。

正解　3

問 題

　保健所長がした食品衛生法に基づく飲食店の営業許可について，近隣の飲食店営業者が営業上の利益を害されるとして取消訴訟を提起した場合，裁判所は，どのような理由で，どのような判決をすることとなるか。40字程度で記述しなさい。

（下書用）

								10					15	

ワンポイントアドバイス

　問題文では「どのような理由」と「どのような判決」の2つについて問われているので，40字前後という短い解答であっても，必ず「～の理由で，～判決をする」という対応関係にある記述をしなければならない。

問 題 分 析　　★★☆

取消訴訟における原告適格の問題である。

解　　説

　処分の取消しの訴えは，当該処分の取消しを求めるにつき法律上の利益を有する者に限り，提起することができる（9条1項）。すなわち，処分の取消しを求めるにつき法律上の利益を有する者に，取消訴訟の原告適格が認められるのである。

　まず，処分の直接の相手方が法律上の利益を有することは当然である。問題は，本問のような処分の相手方以外の第三者に，どのような場合に法律上の利益が認められるかである。この点につき判例は，その第三者の利益が単なる事実上の反射的利益ではなく，法律上保護された利益であるときは，法律上の利益を有する者として原告適格を肯定している。

　本問では，飲食店の営業許可について，当該飲食店の近隣の飲食店営業者が，営業上の利益を害されるとして許可処分の取消訴訟を提起している。そこで，第三者である近隣の飲食店営業者の営業上の利益が法律上保護された利益に該当するかどうかが問題となる。飲食店の営業許可は，食品衛生法に基づき一定の要件を満たして申請をすれば当然に与えられるものであり，許可制とすることによって既存の飲食店営業者の営業上の利益を保護するという趣旨を含むものではない。要するに，許可制により近隣の飲食店営業者が受ける利益は法律上保護された利益とはいえないのである。したがって，新規の飲食店営業許可がなされたとき，近隣の飲食店営業者は，その許可処分の取消しを求めるにつき法律上の利益はなく，原告適格なしとして訴え却下判決がなされる。

解答例　営業許可の取消しを求める法律上の利益がないため原告適格を欠くという理由で，却下判決をする。（45字）

　　　　　原告は，法律上の利益を有せず，原告適格を欠くという理由で，却下の判決をする。（38字）

こうやって解く

　9条1項に規定する「処分又は裁決の取消しを求めるにつき法律上の利益を有する者」について，通説・判例は，法律上保護に値する利益では足りず，法律上保護された利益でなければならないとしている（法律上保護された利益説）。

　「法律上保護された利益」とは，「行政法規が私人等権利主体の個人的利益を保護することを目的として行政権の行使に制約を課していることにより保障されている利益であって，それは，行政法規が他の目的，特に公益の実現を目的として行政権の行使に制約を課している結果たまたま一定の者が受けることとなる反射的利益とは区別されるべきものである。」としている（最判昭和53・3・14，主婦連ジュース不当表示事件）。

問 題

X は，Y 県内に産業廃棄物処理施設の設置を計画し，「廃棄物の処理及び清掃に関する法律」に基づき，Y 県知事に対して設置許可を申請した。しかし，Y 県知事は，同法所定の要件を満たさないとして，申請に対し拒否処分をした。これを不服とした X は，施設の設置を可能とするため，これに対する訴訟の提起を検討している。X は，誰を被告として，いかなる種類の訴訟を提起すべきか。40 字程度で記述しなさい。

(下書用) 　　　　　　　　　　　　　　　　　　10　　　　　　　　　　　15

ワンポイントアドバイス

 　設問では，「誰を被告として（被告適格）」「いかなる種類の訴訟を提起するか」という2点をきいています。この問に，正確に対応した記述をする必要があります。

問 題 分 析 　★☆☆

被告適格及び「義務付け訴訟」に関する出題です。

解　　説

　被告と訴訟の種類を問われた問題である。まず被告は，処分をした行政庁の所属する国又は公共団体と規定されており（11条1項1号），本問では，Y県が被告となる。また，拒否処分に対して施設の建設を可能とすることが目的であるため，その処分の取消しの訴えにはとどまらない。この事例は，Xの申請に対して法定要件を満たさないとして却下処分をしたのであるから，その処分を取り消し，同時に裁判所から新たな処分をすべき旨を命ずる判決を得ることが必要となる（37条の3第1項2号）。したがって，申請に対する拒否処分の取消しの訴えを，義務付けの訴えに併合して訴訟を提起することが必要となる（37条の3第3項2号）。

解答例　Y県を被告として，拒否処分の取消訴訟と設置許可の義務付け訴訟とを併合して提起する。（41字）

こうやって解く

義務付けの訴えの類型は2つあり，さらに，訴えの併合もあるので注意！

1　非申請型の処分の義務付けの訴え

　行政庁が一定の処分をすべきであるにかかわらずこれがされないとき（以下の**2**に掲げる場合を除く。）に，当該一定の処分がされないことにより重大な損害が生じるおそれがあり，かつ，その損害を避けるため他に適当な方法がないときに限り提起できる（37条の2第1項）。

2　申請型の処分の義務付けの訴え

　行政庁に対し一定の処分又は裁決を求める旨の法令に基づく申請又は審査請求がされた場合において，当該行政庁がその処分又は裁決をすべきであるにかかわらずこれがされないときに，以下の要件のいずれかに該当する限り提起できる（37条の3第1項）。

①当該法令に基づく申請又は審査請求に対し相当の期間内に何らの処分又は裁決がされないこと

②当該法令に基づく申請又は審査請求を却下し又は棄却する旨の処分又は裁決がされた場合において，当該処分又は裁決が取り消されるべきものであり，又は無効若しくは不存在であること

　また，①の場合には，「不作為の違法確認の訴え」を併合して提起し（37条の3第3項1号），②の場合には，「取消訴訟又は無効等確認の訴えを併合して提起する（37条の3第3項2号）。

問 題

　Xは，外務大臣に対して旅券の発給を申請したが拒否処分をうけたため，取消訴訟を提起した。これについて，裁判所は，旅券法により義務づけられた理由の提示が不充分であるとして，請求を認容する判決をなし，これが確定した。この場合，行政事件訴訟法によれば，外務大臣は，判決のどのような効力により，どのような対応を義務づけられるか。40字程度で記述しなさい。

（下書用）

|10|15|

key word

注意したい判決の効力

① 拘束力

　関係行政庁に判決の趣旨に従い行動すべき義務を負わせ，それにより原告の救済の実効を期する効力（33条１項２項）。

② 形成力

　処分の取消判決が確定すると，直ちに当該行政処分の効力は遡及的に消滅し，はじめから当該処分が行われなかったと同様の状態がもたらされる効力。

問 題 分 析　　★★☆

　申請に対する拒否処分を取り消す「認容判決」の効力と，行政庁の処分に関する問題である。

解　　　説

　申請に対する拒否処分に対し，取消訴訟（処分の取消しの訴え）が提起され，請求を認容する判決（処分を取り消す判決）が出されている。この判決は，その事件については，処分をした行政庁その他の行政庁を「拘束」する，とされている（33条1項）。結果として，申請に基づいてした処分が判決で取り消された場合には，処分をした行政庁は，<u>判決の趣旨に従い</u>，改めて申請に対する処分をしなければならない，と規定されている（33条3項・2項）。この判決の趣旨に従って行うべき点が，判決の持つ「拘束力」を指す。したがって，問題の求めにそって記述した場合，判決の持つ「拘束力」により，<u>十分な理由を付して，何らかの処分</u>をする必要がある旨を記述すればよい。

解答例　拘束力により，十分な理由を付して，何らかの処分をやり直さなければならない。（37字）

こ う や っ て 解 く

この問題の「判決の効力」を考える。
　⇒　問題文で求めていることは？
　　＝　大臣は「どのような対応を義務づけられているか。」
　　⇒　行政庁にある対応を<u>義務づけている</u>効力を述べる必要がある。
　　⇒　行政庁に，<u>判決の趣旨に従い行動すべき義務を負わせる効力</u>
　　＝　「拘束力」
　　＊　「形成力」は，行政庁に対して何らかの義務まで課してはいない。

問題

Ｙ組合の施行する土地区画整理事業の事業地内に土地を所有していたＸは，Ｙの換地処分によって，従前の土地に換えて新たな土地を指定された。しかし，Ｘは，新たに指定された土地が従前の土地に比べて狭すぎるため，換地処分は土地区画整理法に違反すると主張して，Ｙを被告として，換地処分の取消訴訟を提起した。審理の結果，裁判所は，Ｘの主張のとおり，換地処分は違法であるとの結論に達した。しかし，審理中に，問題の土地区画整理事業による造成工事は既に完了し，新たな土地所有者らによる建物の建設も終了するなど，Ｘに従前の土地を返還するのは極めて困難な状況となっている。この場合，裁判所による判決は，どのような内容の主文となり，また，このような判決は何と呼ばれるか。40字程度で記述しなさい。

（下書用）

									10					15

key word

事情判決

　事情判決とは，処分又は裁決が違法ではあるが，これを取り消すことにより公の利益に著しい障害を生ずる場合において，原告の受ける損害の程度，その損害の賠償又は防止の程度及び方法その他一切の事情を考慮したうえ，処分又は裁決を取り消すことが公共の福祉に適合しないと認めるときに，裁判所がする請求棄却判決をいう。なお，この場合には，当該判決の主文において，処分又は裁決が違法であることを宣言しなければならない。

問 題 分 析　　★★☆

　本問は，行政事件訴訟法の事情判決に関する問題です。事情判決の条文の内容を問う標準的な問題ですから，しっかりと得点しましょう。

解　　説

　取消訴訟において審理した結果，処分が違法であるとされれば，その処分は取り消されることとなるのが原則である。しかし，当該処分が行われた結果，新たな法的・事実的秩序が形成されると，この状態を取消判決によって覆滅することが公共の福祉に反することもあり得る。

　本問の事案はまさにそれである。もはや完了した造成工事や建築された建物を無に帰してXに土地を返還させることは明らかに公共の福祉に反する。

　このような場合，裁判所は一切の事情を考慮して請求を棄却することができる。ただし，判決主文において処分が違法であることを宣言しなければならない（31条）。これがいわゆる事情判決の制度である。事情判決がなされた場合，当事者間の話し合いによる損害賠償での解決が図られることが想定されている。

　本問では公共の福祉を守るために事情判決をなさざるを得ないので，判決主文においてXの請求を棄却することと併せて，当該換地処分が違法であることを宣言することとなる。

解答例　換地処分が違法であることを宣言してXの請求を棄却する主文となり，事情判決と呼ばれる。（42字）

　　　　　Xの請求を棄却するとともに，処分が違法であることを宣言する主文となり，事情判決と呼ばれる。（45字）

こ う や っ て 解 く

　問題文にしたがって，キーワードを埋める要領で行えばよいでしょう。本問でいえば，たとえば，「□□□との主文となり，□□□判決と呼ばれる。」ということです。

　これを前提に，まず後ろの空欄に「事情」を入れましょう。

　次に，「違法」の「宣言」が必要であることがポイントとなります。ただし，その「宣言」の記載だけに意識が傾くと，Xの請求を棄却する旨（これが主文のメインです。）を書き忘れるおそれがあるので注意してください。

ポイントチェック

事情判決

意　義	処分・裁決は違法であるが，一定の要件の下で，損害の賠償，損害の防止の程度等一切の事情を考慮して，請求を棄却する
趣　旨	私人の利益保護より，公共の福祉の実現を優先させる
認められる訴訟	取消訴訟
訴訟費用	被告負担
上　訴	可能
判　決	「原告の請求を棄却する。処分（裁決）は違法」

問 題

　Xは，A県B市内に土地を所有していたが，B市による市道の拡張工事のために，当該土地の買収の打診を受けた。Xは，土地を手放すこと自体には異議がなかったものの，B市から提示された買収価格に不満があったため，買収に応じなかった。ところが，B市の申請を受けたA県収用委員会は，当該土地について土地収用法48条に基づく収用裁決（権利取得裁決）をした。しかし，Xは，この裁決において決定された損失補償の額についても，低額にすぎるとして，不服である。より高額な補償を求めるためには，Xは，だれを被告として，どのような訴訟を提起すべきか。また，このような訴訟を行政法学において何と呼ぶか。40字程度で記述しなさい。

（下書用）　　　　　　　　　　　　　　　　　10　　　　　　　　　　　15

key word

形式的当事者訴訟

　当事者間の法律関係を確認し又は形成する処分又は裁決に関する訴訟で法令の規定によりその法律関係の当事者の一方を被告とするもの（4条前段）。

問 題 分 析　　★★☆

　本問は，収用裁決における損失補償の額に不服がある場合に提起できる訴訟に関して問う問題です。土地収用法133条３項の訴えを思い出せれば解答できたのではないでしょうか。

解　　　説

　「Ｘは，土地を手放すこと自体には異議がなかった」という前提を見落とすと解答が全く異なる方向へ行ってしまうので注意しよう。Ａ県収用委員会は，Ｘ所有の土地につき土地収用法48条に基づく収用裁決をしたが，Ｘはやはりその額が低額にすぎるとして，不服であるという。このような事情の下，Ｘが提起すべき訴訟は，取消訴訟でなく，損失補償額の増額を求める「当事者訴訟」であると判断できる。つまり「損失補償額の増額」を求める，いわゆる「土地収用法133条３項の訴え」を提起することになる。これは，土地収用の損失補償額について争いがあるときに，土地所有者と起業者との間で争わせるというものである。この訴訟は，当事者訴訟のうちでも，本来は抗告訴訟で争うべきところ法令により当事者間の訴訟の形式をとるべきとされる「形式的当事者訴訟」（行政事件訴訟法４条後段）である。そして，本問で「起業者」とはＢ市のことをさすので，被告はＢ市ということになる。

　あとは，これを答案上，問題の指示に従いながら表現すれば足りる。①だれを被告として，②どのような訴訟を提起すべきか，③このような訴訟を行政法学において何と呼ぶか，の３つが問われているので，それぞれ①Ｂ市を被告として，②損失補償額の増額を求める訴えを提起すべき，③形式的当事者訴訟と呼ぶ，という形で対応させて欲しい。

解答例　Ｂ市を被告として，損失補償の増額を求める訴えを提起すべきであり，形式的当事者訴訟と呼ぶ。（44字）

こ う や っ て 解 く

　　　　　Ａ県収用委員会

　収用裁決 ↓

　　　　　　　　　　　「土地収用法133条３項の訴え」＝ 形式的当事者訴訟
　　　　Ｘ（所有者）●━━━━━━━━━━━━━━━●Ｂ市（起業者）

・被告適格を間違わないことが大切！

土地収用法133条３項

　　前項の規定による訴え（収用委員会の裁決のうち損失の補償に関する訴え）は，これを提起した者が起業者であるときは土地所有者又は関係人を，土地所有者又は関係人であるときは起業者を，それぞれ被告としなければならない。

→被告が起業者Ｂ市であることがわかる。

問 題

　Ａが建築基準法に基づく建築確認を得て自己の所有地に建物を建設し始めたところ，隣接地に居住するＢは，当該建築確認の取消しを求めて取消訴訟を提起すると共に，執行停止を申し立てた。執行停止の申立てが却下されたことからＡが建設を続けた結果，訴訟係属中に建物が完成し，検査済証が交付された。最高裁判所の判例によると，この場合，①建築確認の法的効果がどのようなものであるため，②工事完了がＢの訴えの訴訟要件にどのような影響を与え，③どのような判決が下されることになるか。40字程度で記述しなさい。

（下書用）

									10					15

key word

建築確認

　建築基準法により，建築物などの建築計画が建築基準関連規定に適合しているかどうかを工事着工前に審査する行政行為である。講学上は「確認」に位置付けられる。

検査済証

　建築基準法７条５項に定められたもので，建築物及びその敷地が建築基準関連規定に適合していることを証する文書。特定行政法や指定確認検査機関で交付される。

問　題　分　析　　　★★☆

　本問は，狭義の訴えの利益に関する知識を判例をベースにして問う問題です。有名な判例がベースとなっているため，論点自体は知っている方が多いと思いますが，①建築確認の法的効果，についてはなかなか解答するのが難しいでしょう。深い理解が要求されています。この際，一度確認してみてください。

解　　　　　説

　本問は，①建築確認の法的効果がどのようなものであるか，②工事完了がBの訴えの訴訟要件にどのような影響を与えるか，③どのような判決が下されるか，の3点を問われている。本問では，隣接地に居住するBは，建築確認の取消しを求めて取消訴訟を提起したが，その後訴訟係属中に建物が完成し，検査済証が交付されるに至っている。このような事例において，判例（最判昭和59・10・26）は，そもそも建築確認は，それを受けなければ工事をすることができないという法的効果を付与されているにすぎないから（工事完了後の検査や是正命令は完成した建築物それ自体の適法性を基準とすることから，建築確認の適法性はもはや問題とならない），工事が完了した場合においては建築確認の取消しを求める訴えの利益（狭義）が失なわれるとしている。よって，①建築確認は，建築を適法に行わせる法的効果を有するにすぎないため，②工事完了により訴訟要件である狭義の訴えの利益を欠くに至る以上，③却下判決が下されることになる。

解答例　適法に工事ができるという法的効果であるため，狭義の訴えの利益が失われ，却下判決が下される。（45字）

こうやって解く

　本問は，①建築確認の法的効果，についてどのように書くかが最大のポイントである。判例は，「建築確認は，それを受けなければ右工事をすることができないという法的効果を付与されているにすぎないというべきであるから，当該工事が完了した場合においては，建築確認の取消しを求める訴えの利益は失われる」としている（最判昭和59・10・26）。つまり，建築確認を「受けなかった場合の効果」として消極的に表現している。よって，これをより積極的に言いかえると，建築確認は，「建築工事を適法に行わせる法的効果を有するにすぎない」ということになる。

問 題

　Xは, Y県内で開発行為を行うことを計画し, Y県知事に都市計画法に基づく開発許可を申請した。しかし, 知事は, この開発行為によりがけ崩れの危険があるなど, 同法所定の許可要件を充たさないとして, 申請を拒否する処分をした。これを不服としたXは, Y県開発審査会に審査請求をしたが, 同審査会も拒否処分を妥当として審査請求を棄却する裁決をした。このため, Xは, 申請拒否処分と棄却裁決の両方につき取消訴訟を提起した。このうち, 裁決取消訴訟の被告はどこか。また, こうした裁決取消訴訟においては, 一般に, どのような主張が許され, こうした原則を何と呼ぶか。40字程度で記述しなさい。

（下書用）

									10					15

key word

開発審査会

　開発審査会は, 都市計画法78条の規定により設置され, 市街化調整区域の許可に関する審議, 審査請求に対する裁決等を行うことを目的としている。

問 題 分 析　　★☆☆

　本問は，裁決取消訴訟の場面における原処分主義の知識を問う問題です。場面さえしっかりと意識できれば，多くの方がある程度のことは書けると思います。どのような基本書にも掲載されている重要事項になりますので，なるべく条文に即して正確に書けるようにしましょう。

解　　　説

　本問において，Ｘは，申請拒否処分と棄却裁決の両方につき取消訴訟を提起している。そして，問われているのは，①裁決取消訴訟の被告はどこか。②裁決取消訴訟においては，一般に，どのような主張が許され，③こうした原則を何と呼ぶか，の３点である。
　まず，①については，行政事件訴訟法11条（被告適格）の規定によって解決することができる。今回の事案では，Ｙ県開発審査会が審査請求を棄却する裁決をしているので，裁決をした行政庁が公共団体に所属する場合に該当する。したがって，当該裁決をした行政庁の所属する公共団体が被告となる（11条１項２号）。よって，「Ｙ県」が被告となる。
　次に，②については，いわゆる「原処分主義」を思い出してもらいたい。すなわち，裁決取消訴訟では，原処分の違法の瑕疵を主張することはできず，裁決固有の瑕疵だけを主張することができる。行政事件訴訟法10条２項でも「裁決の取消しの訴えにおいては，処分の違法を理由として取消しを求めることはできない」とされている。よって，「裁決固有の瑕疵のみが主張でき」と書いてもらいたい。
　最後に，③であるが，②のような原則の名称であるため，そのまま「原処分主義と呼ぶ」と書くことになる。

解答例　裁決取消訴訟の被告はＹ県であり，裁決固有の瑕疵のみが主張でき，原処分主
　　　　　義と呼ぶ。（40字）

ポイントチェック

原処分主義（10条２項）
　　処分取消訴訟➡原処分の違法性
　　裁決取消訴訟➡裁決固有の瑕疵

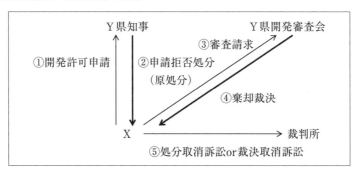

問題

　Xは，A県B市内において，農地を所有し，その土地において農業を営んできた。しかし，高齢のため農作業が困難となり，後継者もいないため，農地を太陽光発電施設として利用することを決めた。そのために必要な農地法4条1項所定のA県知事による農地転用許可を得るため，その経由機関とされているB市農業委員会の担当者と相談したところ，「B市内においては，太陽光発電のための農地転用は認められない。」として，申請用紙の交付を拒否された。そこで，Xは，インターネットから入手した申請用紙に必要事項を記入してA県知事宛ての農地転用許可の申請書を作成し，必要な添付書類とともにB市農業委員会に郵送した。ところが，これらの書類は，「この申請書は受理できません。」とするB市農業委員会の担当者名の通知を添えて返送されてきた。この場合，農地転用許可を得るため，Xは，いかなる被告に対し，どのような訴訟を提起すべきか。40字程度で記述しなさい。

（参照条文）

　農地法

　（農地の転用の制限）

　　第4条　農地を農地以外のものにする者は，都道府県知事（中略）の許可を受けなければならない。（以下略）

　　2　前項の許可を受けようとする者は，農林水産省令で定めるところにより，農林水産省令で定める事項を記載した申請書を，農業委員会を経由して，都道府県知事等に提出しなければならない。

　　3　農業委員会は，前項の規定により申請書の提出があったときは，農林水産省令で定める期間内に，当該申請書に意見を付して，都道府県知事等に送付しなければならない。

（下書用）　　　　　　　　　　　　　　　　　　　　10　　　　　　　　　　15

key word

農地転用許可

　農地を住宅地，工業用地等の農地以外のものにする場合又は農地を転用するため権利の移転等を行う場合には，原則として，都道府県知事又は指定市町村の長の許可が必要である。

問 題 分 析　　★★☆

本問は，農地転用許可を得るための訴訟類型を問う問題です。

解　　説

　まず，どのような形式の解答が求められているのかを考えよう。問題文は，「農地転用許可を得るため，Xは，いかなる被告に対し，どのような訴訟を提起すべきか」と問うている。したがって，解答は，「（Xは，） ① に対し， ② を提起すべき。」とする。

　次に，どのような内容にするのかを検討しよう。農地の転用については，農地法４条１項において，都道府県知事の許可を受けることを要件としており，その申請書は，同法４条２項において，農業委員会を経由して提出しなければならないこととされている。そして，農業委員会は，農地法４条３項に基づいて申請書に意見を付することになっている。このように，行政組織法上，処分行政庁（＝本問における都道府県知事）からは独立した行政機関（＝本問における農業委員会）を経由機関として，申請を受理する法制度の下においては，申請権を有する者が，経由機関に申請書を提出した場合には，これによって処分行政庁の応答を得ようとする意思の表明があることは明らかであって，処分行政庁は，申請に対し，相当の期間内に応答する義務を負うことになると解すべきである（東京高判平成20・3・26）。したがって，B市農業委員会が，申請書をA県知事に送付しない場合には，端的に，A県を被告として，農地転用許可の義務付けの訴え及び不作為の違法確認の訴えを併合して提起すべきである。

　最後に，検討した形式に，書き出した語句を挿入しよう。 ① には「A県」， ② には「農地転用許可の義務付けの訴え及び不作為の違法確認の訴えを併合して」が入ることとなる。この文章を制限字数の範囲内に収まり，かつ，自然な文章表現となるようにすると，解答例のとおりとなる。

解答例　A県を被告とし，農地転用許可の義務付け訴訟を不作為の違法確認訴訟と併合して提起すべき。（43字）

　　　　A県を被告として，農地転用許可の義務付けの訴え及び不作為の違法確認の訴えを併合提起すべき。（45字）

ポイントチェック

申請型義務付け訴訟とその他の訴訟との併合提起義務（37条の3第3項）

申請型義務付け訴訟	併合すべき訴訟
不作為型（1項1号）	不作為の違法確認の訴え（3項1号）
拒否処分型（1項2号）	取消訴訟又は無効等確認の訴え（3項2号）

問題

　A県内の一定区域において，土地区画整理事業（これを「本件事業」という。）が計画された。それを施行するため，土地区画整理法に基づくA県知事の認可（これを「本件認可処分」という。）を受けて，土地区画整理組合（これを「本件組合」という。）が設立され，あわせて本件事業にかかる事業計画も確定された。これを受けて本件事業が施行され，工事の完了などを経て，最終的に，本件組合は，換地処分（これを「本件換地処分」という。）を行った。

　Xは，本件事業の区域内の宅地につき所有権を有し，本件組合の組合員であるところ，本件換地処分は換地の配分につき違法なものであるとして，その取消しの訴えを提起しようと考えたが，同訴訟の出訴期間がすでに経過していることが判明した。

　この時点において，本件換地処分の効力を争い，換地のやり直しを求めるため，Xは，誰を被告として，どのような行為を対象とする，どのような訴訟（行政事件訴訟法に定められている抗告訴訟に限る。）を提起すべきか。40字程度で記述しなさい。

（下書用）　　　　　　　　　　　　　　　　　　10　　　　　　　　　15

key word

土地区画整理組合

　土地区画整理事業が施行される一定の区域の土地に所有権または借地権を有する者が設立する組合であり，その設立は，都道府県知事の認可による。

問 題 分 析　　★★☆

本問は，無効等確認の訴えに関する総合的知識を問う問題です。

解　　説

まず，どのような形式の解答が要求されているのかを考えよう。問題文は，「X
は，誰を被告として，どのような行為を対象とする，どのような訴訟（行政事件
訴訟法に定められている抗告訴訟に限る。）を提起すべきか。」と尋ねている。し
たがって，解答は，「（Xは，）　①　を被告として，　②　を対象とする，　③
を提起すべき。」とする。

次に，どのような内容にするのかを検討する。既に行われた本件換地処分の効
力を争う抗告訴訟としては，処分の取消しの訴えまたは無効等確認の訴えがある
が，問題文中「取消しの訴えを提起しようと考えたが，同訴訟の出訴期間がすで
に経過していることが判明した」との記述より，無効等確認の訴えを選択する。

そして，行政事件訴訟法38条1項の規定が準用する同法11条1項は，「処分又
は裁決をした行政庁…が国又は公共団体に所属する場合には，取消訴訟は，処分
の取消しの訴えについては，当該処分をした行政庁の所属する国又は公共団体を
被告として提起しなければならない。」と定めている。土地区画整理組合は，本
件換地処分の行政庁であり，かつ，行政主体として「公共団体」に含まれるから，
被告は，土地区画整理組合となる。

最後に，検討した形式の空欄に当てはまる語句を挿入しよう。　①　には，「本
件組合」が，　②　には，「本件換地処分」が，　③　には，「無効等確認の訴え」
が入ることとなる。この文章を制限字数の範囲内に収まり，かつ，自然な文章表
現となるようにすると，解答例のとおりとなる。

解答例　Xは，本件組合を被告として，本件換地処分を対象とする，無効等確認
の訴えを提起すべき。（40字）

本件組合を被告として，本件換地処分を対象とする無効の確認を求める
訴えを提起する。（40字）

ポイントチェック

行政事件訴訟法11条1項の規定する「公共団体」の意味

行政事件訴訟法11条1項の規定する「公共団体」には，地方公共団体，国および地方の
独立行政法人，特殊法人，公共組合（＝構成員が強制的に法人への加入および経費の支払
を義務付けられ，その設立および解散に国の意思が介在し，かつ，国の監督の下で公権力
の行使が認められた法人。たとえば，土地区画整理組合等）等が含まれると解されている。

国家賠償法・損失補償

問 題

　国家賠償法1条に関する次の記述のうち，最高裁判所の判例に照らし，妥当なものはどれか。

1　通達は，本来，法規としての性質を有しない行政組織内部の命令にすぎず，その違法性を裁判所が独自に判断できるから，国の担当者が，法律の解釈を誤って通達を定め，この通達に従った取扱いを継続したことは，国家賠償法1条1項の適用上も当然に違法なものと評価される。

2　検察官は合理的な嫌疑があれば公訴を提起することが許されるのであるから，検察官が起訴した裁判において最終的に無罪判決が確定したからといって，当該起訴が国家賠償法1条1項の適用上も当然に違法となるわけではない。

3　裁判官のなす裁判も国家賠償法1条の定める「公権力の行使」に該当するが，裁判官が行う裁判においては自由心証主義が認められるから，裁判官の行う裁判が国家賠償法1条1項の適用上違法と判断されることはない。

4　国会議員の立法行為（立法不作為を含む。）は，国家賠償法1条の定める「公権力の行使」に該当するものではなく，立法の内容が憲法の規定に違反する場合であっても，国会議員の当該立法の立法行為は，国家賠償法1条1項の適用上違法の評価を受けることはない。

5　政府が，ある政策目標を実現するためにとるべき具体的な措置についての判断を誤り，ないしはその措置に適切を欠いたため当該目標を達成できなかった場合には，国家賠償法1条1項の適用上当然に違法の評価を受ける。

key word

自由心証主義

　裁判所が事実認定をするに当たり，証拠資料の範囲や信用性の程度について，裁判官の自由な心証に委ねる建前をいう。

問 題 分 析　　★☆☆

本問は，国家賠償法1条に関する最高裁判所の判例の知識を問う問題です。

各 肢 の 解 説

1　**妥当でない**。判例（最判平成19・11・1）は，国の担当者の発出した通達の定めが法の解釈を誤る違法なものであったとしても，そのことから直ちに当該通達を発出し，これに従った取扱いを継続した担当者の行為に国家賠償法1条1項にいう違法があったと評価されることにはならず，担当者が職務上通常尽くすべき注意義務を尽くすことなく漫然と行為をしたと認められるような事情がある場合に限り，当該行為は違法と評価されると判示した。

2　**妥当である**。判例（最判昭和53・10・20）は，刑事事件において無罪の判決が確定したというだけで直ちに起訴前の逮捕・勾留，公訴の提起・追行，起訴後の勾留が違法となるということはないとする。公訴の提起は，検察官が裁判所に対して犯罪の成否，刑罰権の存否につき審判を求める意思表示にほかならないのであるから，起訴時あるいは公訴追行時における検察官の心証は，その性質上，判決時における裁判官の心証と異なり，起訴時あるいは公訴追行時における各種の証拠資料を総合勘案して合理的な判断過程により有罪と認められる嫌疑があれば足りることを理由とする。

3　**妥当でない**。判例（最判昭和57・3・12）は，裁判官がした争訟の裁判に上訴等の訴訟法上の救済方法によって是正されるべき瑕疵が存在したとしても，これによって当然に国家賠償法1条1項の規定にいう違法な行為があったものとして国の損害賠償責任の問題が生ずるわけのものではなく，当該責任が肯定されるためには，当該裁判官が違法または不当な目的をもって裁判をしたなど，裁判官がその付与された権限の趣旨に明らかに背いてこれを行使したものと認めうるような特別の事情があることを必要とすると判示した。したがって，違法と判断されることはある。

4　**妥当でない**。判例（最大判平成17・9・14）は，国会議員の立法行為または立法不作為が国家賠償法1条1項の適用上違法となるかどうかは，国会議員の立法過程における行動が個別の国民に対して負う職務上の法的義務に違背したかどうかの問題であって，当該立法の内容または立法不作為の違憲性の問題とは区別されるべきであり，仮に当該立法の内容または立法不作為が憲法の規定に違反するものであるとしても，そのゆえに国会議員の立法行為または立法不作為が直ちに違法の評価を受けるものではないとしつつも，立法の内容または立法不作為が国民に憲法上保障されている権利を違法に侵害するものであることが明白な場合や，国民に憲法上保障されている権利行使の機会を確保するために所要の立法措置を執ることが必要不可欠であり，それが明白であるにもかかわらず，国会が正当な理由なく長期にわたってこれを怠る場合には，例外的に，国会議員の立法行為または立法不作為は，国家賠償法1条1項の規定の適用上，違法の評価を受けると判示した。

5　**妥当でない**。判例（最判昭和57・7・15）は，物価の安定，完全雇用の維持，国際的収支の均衡および適度な経済成長の維持の四つの目標を調和的に実現するために，政府においてその時々における内外の情勢のもとで具体的にいかなる措置をとるべきかは，事の性質上専ら政府の裁量的な政策判断に委ねられている事柄とみるべきものであって，仮に政府においてその判断を誤り，ないしはその措置に適切を欠いたため当該目標を達成することができず，またはこれに反する結果を招いたとしても，これについて政府の政治的責任が問われることがあるのは格別，法律上の義務違反ないし違法行為として国家賠償法上の損害賠償責任の問題を生ずるものではないと判示した。

正解　2

問題

国家賠償法1条に関する次のア〜オの記述のうち，最高裁判所の判例に照らし，妥当なものの組合せはどれか。

ア 建築主事は，建築主の申請に係る建築物の計画について建築確認をするに当たり，建築主である個人の財産権を保護すべき職務上の法的義務を負うものではないから，仮に当該建築主の委託した建築士が行った構造計算書の偽装を見逃したとしても，そもそもその点について職務上の法的義務違反も認められないことから，当該建築確認は国家賠償法1条1項の適用上違法にはならない。

イ 警察官が交通法規等に違反して車両で逃走する者をパトカーで追跡する職務の執行中に，逃走車両の走行により第三者が損害を被った場合において，当該追跡行為が国家賠償法1条1項の適用上違法であるか否かについては，当該追跡の必要性，相当性に加え，当該第三者が被った損害の内容および性質ならびにその態様および程度などの諸要素を総合的に勘案して決せられるべきである。

ウ 法令に基づく水俣病患者認定申請をした者が，相当期間内に応答処分されることにより焦燥，不安の気持ちを抱かされないという利益は，内心の静穏な感情を害されない利益として，不法行為法上の保護の対象になるが，当該認定申請に対する不作為の違法を確認する判決が確定していたとしても，そのことから当然に，国家賠償法1条1項に係る不法行為の成立が認められるわけではない。

エ 所得金額を過大に認定して行われた所得税の更正は，直ちに国家賠償法1条1項の適用上違法の評価を受けることとなるが，税務署長が資料を収集し，これに基づき課税要件事実を認定，判断する上において，職務上通常尽くすべき注意義務を尽くすことなく漫然と更正をしたと認め得るような事情がある場合に限り，過失があるとの評価を受けることとなる。

オ 公立学校における教師の教育活動も国家賠償法1条1項にいう「公権力の行使」に該当するから，学校事故において，例えば体育の授業において危険を伴う技術を指導する場合については，担当教師の指導において，事故の発生を防止するために十分な措置を講じるべき注意義務が尽くされたかどうかが問題となる。

1 ア・イ
2 ア・ウ
3 イ・オ
4 ウ・エ
5 ウ・オ

問 題 分 析　　★★☆

本問は，国家賠償法１条に関する最高裁判所の判例知識を問う問題です。

各 肢 の 解 説

ア　妥当でない。判例（最判平成25・3・26）は，建築確認制度の根拠法律である建築基準法は，建築物の構造等に関する最低の基準を定めて，国民の生命，健康および財産の保護を図り，もって公共の福祉の増進に資することを目的としており（１条），建築士の設計に係る建築物の計画について確認をする建築主事は，その申請をする建築主との関係でも，違法な建築物の出現を防止すべく一定の「職務上の法的義務を負う」と判示した。

イ　妥当でない。判例（最判昭和61・2・27）は，警察官は，異常な挙動その他周囲の事情から合理的に判断して何らかの犯罪を犯したと疑うに足りる相当な理由のある者を停止させて質問し，また，現行犯人を現認した場合には速やかにその検挙または逮捕に当たる職責を負い，当該職責を遂行するために被疑者を追跡することはもとよりなしうるところであるから，警察官がこのような目的のために交通法規等に違反して車両で逃走する者をパトカーで追跡する職務の執行中に，逃走車両の走行により第三者が損害を被った場合において，追跡行為が違法であるというためには，追跡が職務目的を遂行する上で不必要であるか，または逃走車両の逃走の態様および道路交通状況等から予測される被害発生の具体的危険性の有無および内容に照らし，追跡の開始・継続もしくは追跡の方法が不相当であることを要すると判示し，「当該第三者が被った損害の内容および性質ならびにその態様および程度」については勘案要素とはされていない。

ウ　妥当である。判例（最判平成3・4・26）は，水俣病患者認定申請をした者が相当期間内に応答処分されることにより焦燥，不安の気持ちを抱かされないという利益は，内心の静穏な感情を害されない利益として，不法行為法上の保護の対象になり得るとしても，処分庁の侵害行為とされるものは，不処分ないし処分遅延という状態の不作為であるから，これが申請者に対する不法行為として成立するためには，その前提として処分庁に作為義務が存在することが必要であるし，作為義務のある場合の不作為でも，その作為義務の類型，内容との関連において，その不作為が内心の静穏な感情に対する介入として，社会的に許容し得る態様，程度を超え，全体としてそれが法的利益を侵害した違法なものと評価されない限り，不法行為の成立を認めることができないと判示した。

エ　妥当でない。判例（最判平成5・3・11）は，税務署長のする所得税の更正は，所得金額を過大に認定していたとしても，そのことから直ちに国家賠償法１条１項にいう違法があったとの評価を「受けるものではなく」，税務署長が資料を収集し，これに基づき課税要件事実を認定，判断する上において，職務上通常尽くすべき注意義務を尽くすことなく漫然と更正をしたと認め得るような事情がある場合に限り，当該評価を受けると判示した。

オ　妥当である。判例（最判昭和62・2・6）は，国家賠償法１条１項にいう「公権力の行使」には，公立学校における教師の教育活動も含まれると判示した。そして，学校の教師は，学校における教育活動により生ずるおそれのある危険から生徒を保護すべき義務を負っており，危険を伴う技術を指導する場合には，事故の発生を防止するために十分な措置を講じるべき注意義務があるとし，体育授業の担当教師の指導において，事故の発生を防止するために十分な措置を講じるべき注意義務が尽くされたかどうかを検討した。

以上により，妥当なものは，ウ及びオであるから，正解は５である。

正解　5

国家賠償法に関する次のア〜エの記述のうち，最高裁判所の判例に照らし，正しいものの組合せはどれか。

ア 同一の行政主体に属する複数の公務員のみによって一連の職務上の行為が行われ，その一連の過程で他人に損害が生じた場合，損害の直接の原因となった公務員の違法行為が特定できないときには，当該行政主体は国家賠償法1条1項に基づく損害賠償責任を負うことはない。

イ 税務署長が行った所得税の更正処分が，所得金額を過大に認定したものであるとして取消訴訟で取り消されたとしても，当該税務署長が更正処分をするに際して職務上通常尽くすべき注意義務を尽くしていた場合は，当該更正処分に国家賠償法1条1項にいう違法があったとはされない。

ウ 国家賠償法1条1項に基づく賠償責任は，国または公共団体が負うのであって，公務員個人が負うものではないから，公務員個人を被告とする賠償請求の訴えは不適法として却下される。

エ 国家賠償法1条1項が定める「公務員が，その職務を行うについて」という要件については，公務員が主観的に権限行使の意思をもってする場合に限らず，自己の利をはかる意図をもってする場合であっても，客観的に職務執行の外形をそなえる行為をしたときは，この要件に該当する。

1 ア・イ
2 ア・ウ
3 イ・ウ
4 イ・エ
5 ウ・エ

key word

更正処分

納税者の納税申告が適正でない場合（例えば，申告額が誤っているなど）に，税務署がする処分。

342

問　題　分　析　　　★★☆

本問は，国家賠償法1条に関する最高裁判所の判例知識を問う問題です。

各　肢　の　解　説

ア　誤り。判例（最判昭和57・4・1）は，国又は公共団体に属する1人又は数人の公務員による一連の職務上の行為の過程において他人に被害を生ぜしめた場合において，それが具体的にどの公務員のどのような違法行為によるものであるかを特定することができなくても，当該一連の職務上の行為のうちのいずれかに故意又は過失による違法行為があったのでなければ当該被害が生ずることはなかったであろうと認められ，かつ，それがどの行為であるにせよ，これによる被害につきもっぱら国又は当該公共団体が国家賠償法上又は民法上賠償責任を負うべき関係が存在するときは，国又は当該公共団体は，加害行為の不特定の故をもって当該損害賠償責任を免れることはできないと判示した。

イ　正しい。判例（最判平成5・3・11）は，税務署長が収入金額を確定申告の額より増額しながら必要経費の額を確定申告の額のままとして所得税の更正をしたため，所得金額を過大に認定する結果となったとしても，確定申告の必要経費の額を上回る金額を具体的に把握し得る客観的資料等がなく，また，納税義務者において税務署長の行う調査に協力せず，資料等によって確定申告の必要経費が過少であることを明らかにしないために，当該結果が生じたなどの事実関係の下においては，当該更正処分につき，国家賠償法1条1項にいう違法があったということはできないと判示した。

ウ　誤り。判例（最判昭和30・4・19）は，上告人等の損害賠償等を請求する訴えについて考えてみるに，当該請求は，被上告人等の職務行為を理由とする国家賠償の請求と解すべきであるから，国または公共団体が賠償の責めに任ずるのであって，公務員が行政機関としての地位において賠償の責任を負うものではなく，また公務員個人もその責任を負うものではないとした上で，したがって，県知事を相手方とする訴えは不適法であり，また県知事個人，農地部長個人を相手方とする請求は理由がないことに帰すると判示した。よって，公務員個人を被告とする賠償請求の訴えは，「不適法として却下される」のではなく，「請求には理由がないとして棄却される」が正しい。

エ　正しい。判例（最判昭和31・11・30）は，国家賠償法1条1項の職務執行とは，その公務員が，その所為に出る意図目的はともあれ，行為の外形において，職務執行と認め得べきものをもって，この場合の職務執行であるとするほかないと判示した。そして，その理由について，当該判例は，同条は，公務員が主観的に権限行使の意思をもってする場合に限らず，自己の利を図る意図をもってする場合でも，客観的に職務執行の外形を備える行為をしてこれによって，他人に損害を加えた場合には，国又は公共団体に損害賠償の責を負わせて，ひろく国民の権益を擁護することをもって，その立法の趣旨とするものと解すべきであるからであると判示した。

以上により，正しいものは，イ及びエであるから，正解は4である。

正解　4

問題

　国家賠償法に関する次の記述のうち，最高裁判所の判例に照らし，妥当なものはどれか。

1　宅地建物取引業法は，宅地建物取引業者の不正な行為によって個々の取引関係者が被る具体的な損害の防止，救済を制度の直接の目的とするものであるから，不正な行為をした業者に対する行政庁の監督権限の不行使は，被害者との関係においても，直ちに国家賠償法1条1項の適用上違法の評価を受ける。

2　建築基準法に基づく指定を受けた民間の指定確認検査機関による建築確認は，それに関する事務が行政庁の監督下において行われているものではないため，国家賠償法1条1項の「公権力の行使」に当たらない。

3　公害に係る健康被害の救済に関する特別措置法，または同法を引き継いだ公害健康被害補償法*に基づいて水俣病患者の認定申請をした者が水俣病の認定処分を受けた場合でも，申請処理の遅延により相当の期間内に応答がなかったという事情があれば，当該遅延は，直ちに国家賠償法1条1項の適用上違法の評価を受ける。

4　裁判官がおこなう争訟の裁判については，その裁判の内容に上訴等の訴訟法上の救済方法で是正されるべき瑕疵が存在し，当該裁判官が付与された権限の趣旨に明らかに背いてこれを行使したと認め得るような事情がみられたとしても，国家賠償法1条1項の適用上違法の評価を受けることはない。

5　検察官が公訴を提起した裁判において，無罪の判決が確定したとしても，そのことから直ちに，起訴前の逮捕や勾留とその後の公訴の提起などが国家賠償法1条1項の適用上違法の評価を受けるということにはならない。

　（注）　*　公害健康被害の補償等に関する法律

key word

指定確認検査機関

　建築物の建築等に関する申請がされた場合に，その建築物の計画が建築基準関係規定に適合するかどうかを審査し，審査の結果に基づいてそれを確認する機関として国土交通大臣または都道府県知事から指定された民間の機関。

問 題 分 析　　★☆☆

本問は，国家賠償法1条に関する最高裁判所の判例知識を問う問題である。

各 肢 の 解 説

1　**妥当でない。** 判例（最判平成元・11・24）は，宅地建物取引業法は，宅地建物取引業を営む者（以下「宅建業者」という。）につき免許制度を設けているが，当該免許制度も，究極的には取引関係者の利益の保護に資するものではあるが，免許を付与した宅建業者の人格・資質等を一般的に保証し，ひいては当該業者の不正な行為により個々の取引関係者が被る具体的な損害の防止，救済を制度の直接的な目的とするものとはにわかに解し難く，かかる損害の救済は，一般の不法行為規範等に委ねられているというべきであるから，知事等による免許の付与ないし更新それ自体は，法所定の免許基準に適合しない場合であっても，当該業者との個々の取引関係者に対する関係において，直ちに国家賠償法1条1項にいう違法な行為に当たるものではないと判示した。

2　**妥当でない。** 判例（最判平成17・6・24）は，指定確認検査機関による確認に関する事務は，建築主事による確認に関する事務の場合と同様に，地方公共団体の事務であり，その事務の帰属する行政主体は，当該確認に係る建築物について確認をする権限を有する建築主事が置かれた地方公共団体であると判示した。この判旨によれば，建築基準法に基づく指定を受けた民間の指定確認検査機関による建築確認は，国家賠償法1条1項の「公権力の行使」に当たることになる。

3　**妥当でない。** 公害に係る健康被害の救済に関する特別措置法，または同法を引き継いだ公害健康被害補償法に基づいて水俣病患者の認定申請をした者が水俣病の認定処分を受けた事案において，判例（最判平成3・4・26）は，認定申請者の内心の静穏な感情を害されないという利益が法的保護の対象となり得るとしても，処分庁の侵害行為とされるものは不処分ないし処分遅延という状態の不作為であるから，これが申請者に対する不法行為として成立するためには，その前提として処分庁に作為義務が存在することが必要であるとした上で，作為義務のある場合の不作為であっても，その作為義務の類型，内容との関連において，その不作為が内心の静穏な感情に対する介入として，社会的に許容し得る態様，程度を超え，全体としてそれが法的利益を侵害した違法なものと評価されない限り，不法行為の成立を認めることができないと判示した。このように，判例は，「申請処理の遅延により相当の期間内に応答がなかったという事情があれば，当該遅延は，直ちに国家賠償法1条1項の適用上違法の評価を受ける」とはしていない。

4　**妥当でない。** 判例（最判昭和57・3・12）は，裁判官がした争訟の裁判に上訴等の訴訟法上の救済方法によって是正されるべき瑕疵が存在したとしても，これによって当然に国家賠償法1条1項の規定にいう違法な行為があったものとして国の損害賠償責任の問題が生ずるわけのものではなく，当該損害賠償責任が肯定されるためには，当該裁判官が違法又は不当な目的をもって裁判をしたなど，裁判官がその付与された権限の趣旨に明らかに背いてこれを行使したものと認めうるような特別の事情があることを必要とすると判示した。

5　**妥当である。** 判例（最判昭和53・10・20）は，刑事事件において無罪の判決が確定したというだけで直ちに起訴前の逮捕・勾留，公訴の提起・追行，起訴後の勾留が違法となるということはないと判示した。その理由について，逮捕・勾留は，その時点において犯罪の嫌疑について相当な理由があり，かつ，必要性が認められる限りは適法であり，公訴の提起は，検察官が裁判所に対して犯罪の成否，刑罰権の存否につき審判を求める意思表示にほかならないのであるから，起訴時あるいは公訴追行時における検察官の心証は，判決時における裁判官の心証と異なり，起訴時あるいは公訴追行時における各種の証拠資料を総合勘案して合理的な判断過程により有罪と認められる嫌疑があれば足りるものと解するのが相当であるからであると判示した。

正解　5

問　題

　規制権限の不行使（不作為）を理由とする国家賠償請求に関する次のア～エの記述のうち，最高裁判所の判例に照らし，妥当なものの組合せはどれか。

ア　石綿製品の製造等を行う工場または作業場の労働者が石綿の粉じんにばく露したことにつき，一定の時点以降，労働大臣（当時）が労働基準法に基づく省令制定権限を行使して罰則をもって上記の工場等に局所排気装置を設置することを義務付けなかったことは，国家賠償法1条1項の適用上違法である。

イ　鉱山労働者が石炭等の粉じんを吸い込んでじん肺による健康被害を受けたことにつき，一定の時点以降，通商産業大臣（当時）が鉱山保安法に基づき粉じん発生防止策の権限を行使しなかったことは，国家賠償法1条1項の適用上違法である。

ウ　宅地建物取引業法に基づき免許を更新された業者が不正行為により個々の取引関係者に対して被害を負わせたことにつき，免許権者である知事が事前に更新を拒否しなかったことは，当該被害者との関係において国家賠償法1条1項の適用上違法である。

エ　いわゆる水俣病による健康被害につき，一定の時点以降，健康被害の拡大防止のために，水質規制に関する当時の法律に基づき指定水域の指定等の規制権限を国が行使しなかったことは，国家賠償法1条1項の適用上違法とはならない。

　1　ア・イ
　2　ア・ウ
　3　イ・ウ
　4　イ・エ
　5　ウ・エ

key word

規制権限の不行使

　法律に基づいて与えられた規制権限を行政機関が行使すべきであるにもかかわらず，これを行使しないこと。

問 題 分 析　　★☆☆

本問は，国家賠償法1条に関する最高裁判所の判例知識を問う問題です。

各 肢 の 解 説

ア　妥当である。 判例（アスベスト訴訟，最判平成26・10・9）の判旨のとおりである。

イ　妥当である。 判例（筑豊じん肺訴訟，最判平成16・4・27）の判旨のとおりである。

ウ　妥当でない。 判例（宅建業事件，最判平成元・11・24）は，宅地建物取引業法（以下「法」という。）は，第2章において，宅地建物取引業を営む者（以下「宅建業者」という。）につき免許制度を設けており，当該免許制度は，究極的には取引関係者の利益の保護に資するものではあるが，免許を付与した宅建業者の人格・資質等を一般的に保証し，ひいては当該業者の不正な行為により個々の取引関係者が被る具体的な損害の防止，救済を制度の直接的な目的とするものとはにわかに解し難く，かかる損害の救済は一般の不法行為規範等に委ねられているというべきであるから，知事等による免許の付与ないし更新それ自体は，法所定の免許基準に適合しない場合であっても，当該業者との個々の取引関係者に対する関係において直ちに国家賠償法1条1項にいう違法な行為に当たるものではないと判示した。

エ　妥当でない。 判例（関西水俣病訴訟，最判平成16・10・15）は，いわゆる水俣病による健康被害につき，昭和35年1月以降，水質二法に基づく規制権限を行使しなかったことは，当該規制権限を定めた水質二法の趣旨，目的や，その権限の性質等に照らし，著しく合理性を欠くものであって，国家賠償法1条1項の適用上違法というべきであると判示した。

以上により，妥当なものは，ア及びイであるから，正解は1である。

正解　1

判 例 情 報

クロロキン薬害事件（最判平成7・6・23）

　厚生大臣（現厚生労働大臣）が副作用を出したクロロキン製薬会社に対して製造承認の取消しという規制権限を行使しなかった不作為について，副作用を含めた医薬品に関するその時点における医学的，薬学的知見の下において，薬事法の目的および大臣に付与された権限の性質等に照らし，その権限の不行使がその許容される限度を逸脱して著しく合理性を欠くと認められるときは，その不行使は，副作用による被害を受けた者（＝第三者）との関係で違法となりうる。

問題

　次の文章は，国家賠償法2条1項の責任の成否が問題となった事案に関する最高裁判所判決の一節である。空欄　ア　～　エ　に入る語句の組合せとして，正しいものはどれか。

　国家賠償法2条1項の営造物の設置または管理の瑕疵とは，営造物が　ア　を欠いていることをいい，これに基づく国および公共団体の賠償責任については，その　イ　の存在を必要としないと解するを相当とする。ところで，原審の確定するところによれば，本件道路（は）・・・従来山側から屡々落石があり，さらに崩土さえも何回かあったのであるから，いつなんどき落石や崩土が起こるかも知れず，本件道路を通行する人および車はたえずその危険におびやかされていたにもかかわらず，道路管理者においては，「落石注意」等の標識を立て，あるいは竹竿の先に赤の布切をつけて立て，これによって通行車に対し注意を促す等の処置を講じたにすぎず，本件道路の右のような危険性に対して防護柵または防護覆を設置し，あるいは山側に金網を張るとか，常時山地斜面部分を調査して，落下しそうな岩石があるときは，これを除去し，崩土の起こるおそれのあるときは，事前に通行止めをする等の措置をとったことはない，というのである。・・・かかる事実関係のもとにおいては，本件道路は，その通行の安全性の確保において欠け，その管理に瑕疵があったものというべきである旨，・・・そして，本件道路における防護柵を設置するとした場合，その費用の額が相当の多額にのぼり，上告人県としてその　ウ　に困却するであろうことは推察できるが，それにより直ちに道路の管理の瑕疵によって生じた損害に対する賠償責任を免れうるものと考えることはできないのであり，その他，本件事故が不可抗力ないし　エ　のない場合であることを認めることができない旨の原審の判断は，いずれも正当として是認することができる。

（最一小判昭和45年8月20日民集24巻9号1268頁）

	ア	イ	ウ	エ
1	過渡的な安全性	重過失	予算措置	回避可能性
2	通常有すべき安全性	故意	予算措置	予見可能性
3	過渡的な安全性	重過失	事務処理	予見可能性
4	通常有すべき安全性	過失	事務処理	予見可能性
5	通常有すべき安全性	過失	予算措置	回避可能性

問題分析　★☆☆

　本問は，国家賠償法２条１項の責任の成否が問題となった事案に関する最高裁判所判決（高知落石事件判決）に関する知識を問う問題です。

各肢の解説

ア　「通常有すべき安全性」が入る。 最高裁判所は，国家賠償法２条１項の営造物の設置または管理の瑕疵とは，営造物が「通常有すべき安全性」を欠いていることをいうと繰り返し判示している。

イ　「過失」が入る。 最高裁判所は，国家賠償法２条１項に基づく国および公共団体の賠償責任は，その「過失」の存在を必要としない無過失責任であると判示している。

ウ　「予算措置」が入る。 最高裁判所は，営造物が通常有すべき安全性の判断に当たり，道路については，河川とは異なり，財政的制約を考慮することは許容されないとしている。よって，ウには，「予算措置」が入る。

エ　「回避可能性」が入る。 本判例は，「本件道路（は）・・・従来山側から屡々落石があり，さらに崩土さえも何回かあったのであるから，いつなんどき落石や崩土が起こるかも知れず，本件道路を通行する人および車はたえずその危険におびやかされていた」と認定しており，落石や崩土についての予見可能性が争点となる事案ではない。むしろ，本判例は，「道路管理者においては，「落石注意」等の標識を立て，あるいは竹竿の先に赤の布切をつけて立て，これによって通行車に対し注意を促す等の処置を講じたにすぎず，本件道路の右のような危険性に対して防護柵または防護覆を設置し，あるいは山側に金網を張るとか，常時山地斜面部分を調査して，落下しそうな岩石があるときは，これを除去し，崩土の起こるおそれのあるときは，事前に通行止めをする等の措置をとったことはない」として，回避可能性を問題にしている。したがって，争点となるのは，「回避可能性」である。

　以上により，アには「通常有すべき安全性」が，イには「過失」が，ウには「予算措置」が，エには「回避可能性」が入るから，正解は５である。

正解　5

ポイントチェック

管理の瑕疵

道路		・過失の存在を必要としない ・予算措置の困却が抗弁とならない
河川	未改修河川	・過渡的な安全性をもって足りる ・財政的制約を考慮することが許容される
	改修済み河川	改修，整備がされた段階において想定された洪水から，当時の防災技術の水準に照らして通常予測し，かつ，回避しうる水害を未然に防止するに足りる安全性を備えるべき

国家賠償法

国家賠償法4条

H29 - 21

check ☐☐☐

問題

次の文章は，国家賠償法に関する最高裁判所判決の一節である。空欄　I　～　V　に当てはまる語句の組合せとして，妥当なものはどれか。

　原判決は，本件火災は第一次出火の際の残り火が再燃して発生したものであるが，上告人の職員である消防署職員の消火活動について失火ノ責任ニ関スル法律（以下「失火責任法」という。）は適用されず，第一次出火の消火活動に出動した消防署職員に残り火の点検，再出火の危険回避を怠つた　I　がある以上，上告人は被上告人に対し国家賠償法一条一項により損害を賠償する義務があるとし，被上告人の請求のうち一部を認容した。

　思うに，国又は公共団体の損害賠償の責任について，国家賠償法四条は，同法一条一項の規定が適用される場合においても，民法の規定が　II　ことを明らかにしているところ，失火責任法は，失火者の責任条件について民法七〇九条の特則を規定したものであるから，国家賠償法四条の「民法」に　III　と解するのが相当である。また，失火責任法の趣旨にかんがみても，公権力の行使にあたる公務員の失火による国又は公共団体の損害賠償責任についてのみ同法の　IV　合理的理由も存しない。したがつて，公権力の行使にあたる公務員の失火による国又は公共団体の損害賠償責任については，国家賠償法四条により失火責任法が適用され，当該公務員に　V　のあることを必要とするものといわなければならない。

（最二小判昭和53年7月17日民集32巻5号1000頁）

	ア	イ
I	重大な過失	過失
II	補充的に適用される	優先的に適用される
III	含まれる	含まれない
IV	適用を排除すべき	適用を認めるべき
V	重大な過失	過失

	I	II	III	IV	V
1	ア	ア	ア	イ	イ
2	ア	イ	イ	ア	イ
3	イ	ア	ア	ア	ア
4	イ	イ	ア	イ	ア
5	イ	イ	イ	ア	ア

問 題 分 析　　　★☆☆

　本問は，国家賠償法４条の「民法」に失火責任法が含まれるかという問題に関する最高裁判所の判例に関する理解を問う問題です。

各 肢 の 解 説

　原判決は「消防署職員の消火活動について失火ノ責任ニ関スル法律（以下「失火責任法」という。）は適用されず」としている。消防署職員の消火活動について失火責任法が適用されないならば，国家賠償法１条１項の損害賠償責任が成立するためには，当該消防署職員に過失が認められれば足りる。したがって，　Ⅰ　には，「過失」が入る。

　国家賠償法４条は，「国又は公共団体の損害賠償の責任については，前三条の規定によるの外，民法の規定による。」と規定し，国又は公共団体の損害賠償の責任について，同法１条１項の規定が適用される場合においても，民法の規定が補充的に適用されることを明らかにしている。したがって，　Ⅱ　には，「補充的に適用される」が入る。失火責任法について，「失火者の責任条件について民法七〇九条の特則を規定したものである」と解すると，国家賠償法４条の「民法」に失火責任法が含まれることになる。したがって，　Ⅲ　には「含まれる」が入る。

　国家賠償法４条の「民法」に失火責任法が含まれるとする考え方の理由の一つとして，「公権力の行使にあたる公務員の失火による国又は公共団体の損害賠償責任についてのみ同法の適用を排除すべき合理的理由も存しない」ことがあげられる。したがって，　Ⅳ　には，「適用を排除すべき」が入る。

　失火責任法が適用されるなら，公権力の行使にあたる公務員に重大な過失があってはじめて，失火による国又は公共団体の損害賠償責任が生じることになる。したがって，　Ⅴ　には，「重大な過失」が入る。

　以上により，　Ⅰ　はイ，　Ⅱ　はア，　Ⅲ　はア，　Ⅳ　はア，　Ⅴ　はアであるから，正解は３である。

正解　３

ポイントチェック

失火ノ責任ニ関スル法律（失火責任法）

　失火責任法は，次の本則１項のみからなる法律である。

　「民法第709条ノ規定ハ失火ノ場合ニハ之ヲ適用セス但シ失火者ニ重大ナル過失アリタルトキハ此ノ限ニ在ラス」

・失火（重過失）→民法709条の適用あり
・失火（軽過失）→民法709条の適用なし

問題

　次の文章は，消防署の職員が出火の残り火の点検を怠ったことに起因して再出火した場合において，それにより損害を被ったと主張する者から提起された国家賠償請求訴訟にかかる最高裁判所の判決の一節である。空欄　ア　～　オ　に当てはまる語句の組合せとして，妥当なものはどれか。

　失火責任法は，失火者の責任条件について民法709条　ア　を規定したものであるから，国家賠償法４条の「民法」に　イ　と解するのが相当である。また，失火責任法の趣旨にかんがみても，公権力の行使にあたる公務員の失火による国又は公共団体の損害賠償責任についてのみ同法の適用を　ウ　合理的理由も存しない。したがって，公権力の行使にあたる公務員の失火による国又は公共団体の損害賠償責任については，国家賠償法４条により失火責任法が　エ　され，当該公務員に重大な過失のあることを　オ　ものといわなければならない。

（最二小判昭和53年７月17日民集32巻５号1000頁）

	ア	イ	ウ	エ	オ
1	の特則	含まれる	排除すべき	適用	必要とする
2	が適用されないこと	含まれない	認めるべき	排除	必要としない
3	が適用されないこと	含まれない	排除すべき	適用	必要としない
4	が適用されないこと	含まれる	認めるべき	排除	必要とする
5	の特則	含まれない	排除すべき	適用	必要としない

key word

重大な過失

　一般人に要求される注意義務を著しく欠くこと。平たく言えば，わずかな注意を払えば結果を防止できたはずなのに，その注意を欠き，結果を発生させたこと。

問題分析　　★☆☆

　本問は，公権力の行使にあたる公務員の失火について失火責任法が適用されるかどうかに関する最高裁判所の判例知識を問う問題です。

各肢の解説

ア **「の特則」が当てはまる。** 失火ノ責任ニ関スル法律（以下「失火責任法」という。）は，「民法第709条ノ規定ハ失火ノ場合ニハ之ヲ適用セス但シ失火者ニ重大ナル過失アリタルトキハ此ノ限ニ在ラス」と規定しており，失火責任法は，失火者の責任条件について民法709条の特則を規定したものであると解されている。したがって，アには，「の特則」が当てはまる。

イ **「含まれる」が当てはまる。** 国家賠償法4条は，「国又は公共団体の損害賠償の責任については，前3条の規定によるの外，民法の規定による。」と規定している。この国家賠償法4条は，①1条または2条の適用がある場合でも，民法の技術的な規定が補充的に適用されること，例えば，時効，過失相殺等については，国家賠償法に規定がないので，民法の規定が補充的に適用されること，②1条または2条の適用がない場合には，民法の不法行為法に関する規定が適用されることを定めていると解されている。そのため，上記①のとおり，1条または2条の適用がある場合でも，民法の技術的な規定が補充的に適用される。そして，国家賠償法4条と失火責任法との関係については，失火責任法は，民法709条の特則である以上，国家賠償法4条の「民法」には，失火責任法が含まれると解されている。したがって，イには，「含まれる」が当てはまる。

ウ **「排除すべき」が当てはまる。** 同じ失火について，民間人と公権力の行使に当たる公務員とに違いを設ける合理的理由が存在しないとしている。したがって，ウには「排除すべき」が当てはまる。

エ **「適用」が当てはまる。** 上記イの解説のとおり，国家賠償法4条の「民法」には，失火責任法が含まれるから，公権力の行使に当たる公務員の失火による国または公共団体の損害賠償責任については，失火責任法が適用されることになる。したがって，空欄エには，「適用」が当てはまる。

オ **「必要とする」が当てはまる。** 上記エの解説のとおり，公権力の行使に当たる公務員の失火による国または公共団体の損害賠償責任については，失火責任法が適用されることになるから，当該公務員に重大な過失のあることを必要とすることになる。したがって，オには，「必要とする」が当てはまる。

以上により，正解は1である。

正解　1

問　題

　次の文章は，普通地方公共団体の議会の議員に対する懲罰等が違法であるとして，当該懲罰を受けた議員が提起した国家賠償請求訴訟に関する最高裁判所の判決の一節である（一部修正してある）。空欄　ア　〜　エ　に当てはまる語句を，枠内の選択肢（1〜20）から選びなさい。

　本件は，被上告人（議員）が，議会運営委員会が厳重注意処分の決定をし，市議会議長がこれを公表したこと（以下，これらの行為を併せて「本件措置等」という。）によって，その名誉を毀損され，精神的損害を被ったとして，上告人（市）に対し，国家賠償法1条1項に基づき損害賠償を求めるものである。これは，　ア　の侵害を理由とする国家賠償請求であり，その性質上，法令の適用による終局的な解決に適しないものとはいえないから，本件訴えは，裁判所法3条1項にいう　イ　に当たり，適法というべきである。

　もっとも，被上告人の請求は，本件視察旅行を正当な理由なく欠席したことを理由とする本件措置等が国家賠償法1条1項の適用上違法であることを前提とするものである。

　普通地方公共団体の議会は，憲法の定める　ウ　に基づき自律的な法規範を有するものであり，議会の議員に対する懲罰その他の措置については，　エ　の問題にとどまる限り，その自律的な判断に委ねるのが適当である。そして，このことは，上記の措置が　ア　を侵害することを理由とする国家賠償請求の当否を判断する場合であっても，異なることはないというべきである。

　したがって，普通地方公共団体の議会の議員に対する懲罰その他の措置が当該議員の　ア　を侵害することを理由とする国家賠償請求の当否を判断するに当たっては，当該措置が　エ　の問題にとどまる限り，議会の自律的な判断を尊重し，これを前提として請求の当否を判断すべきものと解するのが相当である。

（最一小判平成31年2月14日民集73巻2号123頁）

1	公法上の地位	2	一般市民法秩序	3	直接民主制
4	既得権	5	地方自治の本旨	6	知る権利
7	制度改革訴訟	8	行政立法	9	立法裁量
10	議会の内部規律	11	私法上の権利利益	12	統治行為
13	公法上の当事者訴訟	14	道州制	15	権力分立原理
16	当不当	17	自己情報コントロール権	18	法律上の争訟
19	抗告訴訟	20	司法権			

問 題 分 析　　★★☆

　本問は，普通地方公共団体の議会の議員に対する懲罰等が違法であるとして，当該懲罰を受けた議員が提起した国家賠償請求訴訟に関する最高裁判所の判例の理解を問う問題です。

各 肢 の 解 説

　まず，　イ　であるが，裁判所法3条1項の規定の条文知識を問うものである。裁判所法3条1項は，「裁判所は，日本国憲法に特別の定のある場合を除いて一切の法律上の争訟を裁判し，その他法律において特に定める権限を有する。」と定めているから，　イ　には，「法律上の争訟」が入る。

　次に，　ア　であるが，本文では，「　ア　の侵害を理由とする国家賠償請求であり，その性質上，法令の適用による終局的な解決に適しないものとはいえないから，本件訴えは，裁判所法3条1項にいう　イ　に当たり，適法というべき」としている。法律上の争訟とは，①当事者間の具体的な権利義務ないし法律関係の存否に関する紛争であって，②それが法令の適用により終局的に解決することができるものをいうから，　ア　には，当事者間の具体的な権利義務ないし法律関係の存否に関する紛争であることを示す用語が入ることが分かる。枠内の選択肢のうち，これに当たるのは，「私法上の権利利益」である。よって，　ア　には，「私法上の権利利益」が入る。

　さらに，　ウ　であるが，「普通地方公共団体の議会は，憲法の定める　ウ　に基づき自律的な法規範を有する」との記述より，団体自治（＝地方公共団体は，自主的に事務を行い，条例を制定する権限が与えられていることを意味）をその構成要素の一つとする「地方自治の本旨」が入ることが分かる。

　最後に，　エ　であるが，「議会の議員に対する懲罰その他の措置については，　エ　の問題にとどまる限り，その自律的な判断に委ねるのが適当である」との記述より，部分社会の法理が問題になっていることが分かる。そこで，　エ　には，「議会の内部規律」が入る。

正解　ア－11（私法上の権利利益）　イ－18（法律上の争訟）
　　　ウ－5（地方自治の本旨）　エ－10（議会の内部規律）

　※　令和2年度行政書士試験後に，地方議会が議員に対してする出席停止の懲罰の適否は，司法審査の対象となるかどうかという論点について，判例変更がなされた。従前の判例は，地方議会の除名処分は司法審査の対象となる（最大判昭和35・3・9）が，地方議会の出席停止処分は司法審査の対象とならない（最大判昭和35・10・19）としていた。判例変更により，後者の地方議会の出席停止処分についても司法審査の対象となるとされた（最大判令和2・11・25）。

問　題

　損失補償に関する次の文章の空欄　ア　～　エ　に当てはまる語句を，枠内の選択肢（1～20）から選びなさい。

　損失補償とは，国または公共団体の適法な活動によって私人が受けた　ア　に対する補償をいう。　ア　に該当するか否かは，規制又は侵害の態様・程度・内容・目的などを総合的に考慮して判断される。補償の内容と程度をめぐっては，　イ　説と　ウ　説の対立がある。判例は，土地収用法の上の補償について規制・侵害の前後を通じて被侵害者の保持する　エ　が等しいものとなるような補償を要するという考え方と，必ずしも常に市場価格に合致する補償を要するものではないという考え方とを示している。前者が　イ　説に近く，後者が　ウ　説に近いということもできるが，両説の差異は本質的なものではなく，補償の対象とすべき損失をどこに見出すかに関する視点の違いによるものとも考えられる。

1	公用収用	2	限界効用	3	生活権補償	4	完全補償
5	公共の福祉	6	通損補償	7	権利補償	8	効用価値
9	収用損失	10	相対価値	11	平均的損失	12	効用補償
13	財産権補償	14	財産価値	15	財産権の内在的制約		
16	交換価値	17	対価補償	18	特別の犠牲	19	相当補償
20	通常受ける損失						

key word

損失補償
　適法な公権力の行使により特定人に生じた財産上の特別の犠牲（特定人に対する受忍限度を超える財産的損失）に対し，全体的な公平負担の見地からこれを調節するためにする財産的補償をいう。

問 題 分 析　　　★★☆

本問は，損失補償についての理解を問うものです。

各 肢 の 解 説

損失補償をめぐる問題として，どのような場合に補償が必要となるかということがある。財産権の制約が，財産権の内在的制約を超えて権利者に「特別の犠牲」を課す場合に必要となると解するのが一般的である。本問で，損失補償の定義が書かれているが，ここにあるアには，補償を要するような私人の受けた制約，すなわち「特別の犠牲」が入る。

次に補償の内容に関する記述がある。補償の内容については，完全補償説と相当補償説の対立がある。完全補償説は，収用前後を通じて私人の財産状況が同じであることを要求するものである。相当補償説は，必ずしも財産状況が同一である必要は無く，補償が相当な額であれば足りるとするものである。本問では，「必ずしも常に市場価格に合致する補償を要するものではない」とするウ説は，「相当補償説」に該当する。これに対するイ説は，「完全補償説」が該当する。

判例（最大判昭和28・12・23）は，一般論として相当補償説を採用している。もっとも，土地収用に関しては，判例（最判昭和48・10・18）は，土地収用法における損失補償は，特定の公益上必要な事業のために土地が収用される場合，その収用によって当該土地の所有者等が被る特別な損害を回復することを目的とするものであるから，完全な補償，すなわち，収用の前後を通じて被収用者の財産価値を等しくならしめるような補償をすべきである，としている。したがって，エには上記判例から「財産価値」が入る。

正解　ア－18（特別の犠牲）　　イ－4　（完全補償）
　　　ウ－19（相当補償）　　　エ－14（財産価値）

判例情報

近年の判例は，一般論として「相当補償」を妥当としている。
「憲法29条3項にいう『正当な補償』とは，その当時の経済状態において成立すると考えられる価格に基づき合理的に算出された相当な額をいうのであって，必ずしも常に上記の価格と完全に一致することを要するものではないことは，当裁判所の判例とするところである。」（最判平成14・6・11）。

問 題

道路用地の収用に係る損失補償に関する次の記述のうち，正しいものはどれか。

1 土地を収用することによって土地所有者が受ける損失は，当該道路を設置する起業者に代わり，収用裁決を行った収用委員会が所属する都道府県がこれを補償しなければならない。

2 収用対象となる土地が当該道路に関する都市計画決定によって建築制限を受けている場合，当該土地の権利に対する補償の額は，近傍において同様の建築制限を受けている類地の取引価格を考慮して算定した価格に物価変動に応ずる修正率を乗じて得た額となる。

3 収用対象の土地で商店が営まれている場合，商店の建築物の移転に要する費用は補償の対象となるが，その移転に伴う営業上の損失は補償の対象とはならない。

4 収用対象とはなっていない土地について，隣地の収用によって必要となった盛土・切土に要する費用は損失補償の対象になるが，それにより通路・溝等の工作物が必要となったときは，当該工作物の新築に係る費用は補償の対象とはならない。

5 収用対象の土地の所有者が収用委員会による裁決について不服を有する場合であって，不服の内容が損失の補償に関するものであるときは，土地所有者が提起すべき訴訟は当事者訴訟になる。

key word

収用裁決

　　土地収用法39条１項に基づき，起業者は，事業の認定の告示があった日から１年以内に限り，収用又は使用する土地が所在する都道府県の収用委員会に収用又は使用の裁決を申請することができる。この収用裁決には，却下の裁決（同法47条）のほか，権利取得裁決（同法48条）と明渡裁決（同法49条）がある。権利取得裁決は，土地に関する権利の取得とこれにより生じる損失の補償が含まれている。

問 題 分 析　　★★☆

本問は，道路用地の収用に係る損失補償に関する知識を問う問題です。

各 肢 の 解 説

1　誤り。 土地を収用することによって土地所有者が受ける損失は，当該道路を設置する起業者が補償しなければならない（土地収用法46条の２第１項等）。

2　誤り。 判例（最判昭和48・10・18）は，土地収用法における損失の補償は，特定の公益上必要な事業のために土地が収用される場合，その収用によって当該土地の所有者等が被る特別な犠牲の回復をはかることを目的とするものであるから，完全な補償，すなわち，収用の前後を通じて被収用者の財産価値を等しくならしめるような補償をなすべきであり，金銭をもって補償する場合には，被収用者が近傍において被収用地と同等の代替地等を取得することをうるに足りる金額の補償を要するとした上で，この理は，土地が都市計画事業のために収用される場合であっても，何ら，異なるものではなく，この場合，被収用地については，街路計画等施設の計画決定がなされたときには，建築基準法44条２項に定める建築制限が課せられているが，前記のような土地収用における損失補償の趣旨からすれば，被収用者に対し土地収用法72条によって補償すべき相当な価格とは，被収用地が，そのような建築制限を受けていないとすれば，裁決時において有するであろうと認められる価格をいうと判示した。

3　誤り。 土地等に対する補償金等の損失の補償のほか，離作料，営業上の損失，建物の移転による賃貸料の損失その他土地を収用し，または使用することによって土地所有者または関係人が通常受ける損失は，補償しなければならない（土地収用法88条）。

4　誤り。 判例（最判昭和58・２・18）は，道路法70条１項の定める損失の補償の対象は，道路工事の施行による土地の形状の変更を直接の原因として生じた隣接地の用益または管理上の障害を除去するためにやむを得ない必要があってした通路，みぞ，かき，さくその他これに類する工作物の新築，増築，修繕もしくは移転または切土もしくは盛土の工事に起因する損失に限られると判示した。

5　正しい。 収用対象の土地の所有者が収用委員会による裁決について不服を有する場合であって，不服の内容が損失の補償に関するものであるときは，土地所有者が提起すべき訴訟は（形式的）当事者訴訟になる（土地収用法133条３項，行政事件訴訟法４条前段）。

正解　5

ポイントチェック

損失補償

(1) 根拠…◇憲法29条３項

　　　　◇法令に補償規定がなくても，直接29条３項を根拠に補償請求できる

　　　　➡補償規定のない法令に基づいた公用収用・公用制限は違憲でない

(2) 補償の要否…財産上「特別の犠牲」が生じた場合に補償が必要

(3) 補償の時期…制限無し。収用・制限と補償の同時履行は保障されていない

(4) 補償額（「正当な補償」）…相当な補償（最大判昭和28・12・23）

　　　　　　　　　　　　　完全補償（最判昭和48・10・18）

損失補償

R 1 − 20　　　　　　　　　　　　check □□□

問題

　次の文章は，長期にわたる都市計画法上の建築制限に係る損失補償が請求された事件において，最高裁判所が下した判決に付された補足意見の一部である。空欄　ア　〜　ウ　に当てはまる語句の組合せとして，正しいものはどれか。

　私人の土地に対する都市計画法…に基づく建築制限が，それのみで直ちに憲法29条3項にいう私有財産を「公のために用ひる」ことにはならず，当然に同項にいう「正当な補償」を必要とするものではないことは,原審のいうとおりである。しかし，　ア　を理由としてそのような制限が損失補償を伴うことなく認められるのは，あくまでも，その制限が都市計画の実現を担保するために必要不可欠であり，かつ，権利者に無補償での制限を受忍させることに合理的な理由があることを前提とした上でのことというべきであるから，そのような前提を欠く事態となった場合には，　イ　であることを理由に補償を拒むことは許されないものというべきである。そして，当該制限に対するこの意味での　ウ　を考えるに当たっては，制限の内容と同時に，制限の及ぶ期間が問題とされなければならないと考えられる…。

　　　（最三小判平成17年11月1日判例時報1928号25頁・藤田宙靖裁判官補足意見）

	ア	イ	ウ
1	公共の利益	都市計画制限	受忍限度
2	通常受ける損失に該当すること	特別の犠牲	受忍限度
3	通常受ける損失に該当すること	特別の犠牲	補償の要否
4	財産権の内在的制約	特別の犠牲	補償の要否
5	財産権の内在的制約	都市計画制限	賠償請求権の成否

key word

都市計画法に基づく建築制限

　都市計画施設の区域または市街地開発事業の施行区域内において建築物の建築をしようとする者は，国土交通省令で定めるところにより，都道府県知事等の許可を受けなければならない（都市計画法53条1項本文）。

問　題　分　析　★★★

　本問は，長期にわたる都市計画法上の建築制限に係る損失補償が請求された事件に関する知識を問う問題です。

各　肢　の　解　説

ア　「公共の利益」が入る。憲法29条は，1項で財産権を保障し，2項で公共の福祉の観点から財産権の制限を認めている。よって，アには，「公共の利益」が入る。

イ　「都市計画制限」が入る。公共の利益を理由として，私人の土地に対する都市計画法に基づく建築制限が損失補償を伴うことなく認められるのは，その制限が都市計画の実現を担保するために必要不可欠であり，かつ，権利者に無補償での制限を受忍させることに合理的な理由があるからである。したがって，そのような前提を欠く事態となった場合には，私人の土地に対する都市計画法に基づく建築制限（都市計画制限）であることを理由に補償を拒むことは許されないことになる。よって，イには，「都市計画制限」が入る。

ウ　「受忍限度」が入る。私人に対して課される制限が「特別の犠牲」を強いるものである場合には，損失補償を必要とすると考えられている。そして，その特別の犠牲の要件については，①侵害行為の対象が一般的か，特別か（形式的基準），②侵害行為が財産権の本質的内容を侵害するほどに強度なものか否か（社会通念上，受忍されるべき程度か否か）（実質的基準）によって判定される。本文を読むと「制限に対するこの意味での　ウ　を考えるに当たっては，制限の内容と同時に，制限の及ぶ期間が問題とされなければならない」と記述されていることから，ここでは，上記②の受忍限度が問題になっていることが分かる。よって，ウには，「受忍限度」が入る。

以上により，正解は1である。

正解　1

判 例 情 報

最判平17・11・1
　原審の適法に確定した事実関係の下においては，上告人らが受けた損失は，一般的に当然に受忍すべきものとされる制限の範囲を超えて特別の犠牲を課せられたものということがいまだ困難であるから，上告人らは，直接憲法29条3項を根拠として，損失につき補償請求をすることはできないものというべきである。

地方自治法

地方自治法

地方公共団体

H30 － 22

check

問題

地方自治法の定める特別区に関する次の記述のうち，妥当なものはどれか。

1 特別区は，かつては特別地方公共団体の一種とされていたが，地方自治法の改正により，現在は，市町村などと同様の普通地方公共団体とされており，その区長も，公選されている。

2 特別区は，独立の法人格を有する地方公共団体である点においては，指定都市に置かれる区と相違はないが，議会や公選の区長を有すること，さらには条例制定権限を有する点で後者とは異なる。

3 特別区は，その財源を確保するために，区民税などの地方税を賦課徴収する権限が認められており，その行政の自主的かつ計画的な運営を確保するため，他の地方公共団体から交付金を受けることを禁じられている。

4 特別区は，地方自治法上は，都に設けられた区をいうこととされているが，新たな法律の制定により，廃止される関係市町村における住民投票などの手続を経て，一定の要件を満たす他の道府県においても設けることが可能となった。

5 特別区は，原則として，市町村と同様の事務を処理することとされているが，特別区相互間の事務の調整を確保する見地から，市町村と異なり，その事務の執行について，区長等の執行機関は，知事の一般的な指揮監督に服する。

key word

特別区

都に設けられた区をいう（281条1項）。特別区は，市町村と同様に，基礎的な地方公共団体とされている（2条3項，283条の2第2項）が，権限の一部を都に制限されるなどの違いがある。

問 題 分 析　　★★☆

本問は，地方自治法の定める特別区に関する知識を問う問題です。

各 肢 の 解 説

1　**妥当でない。** 特別区は，現在でも，特別地方公共団体の一種である（1条の3第3項）。なお，本肢後段は妥当である（283条1項・17条）。

2　**妥当でない。** 特別区は，独立の法人格を有する（2条1項，1条の3）が，指定都市に置かれる区は，独立の法人格を有しないから，「相違はない」とはいえない。なお，特別区は，議会や公選の区長を有し，条例制定権限を有する（283条1項・89条，17条，14条1項）のに対し，指定都市に置かれる区に，そのような制度は置かれていないから，本肢後段は妥当である。

3　**妥当でない。** 特別区であっても，他の地方公共団体から交付金を受けることができる（282条1項等）。なお，本肢前段は，妥当である（地方自治法283条1項・223条。ただし，地方税法により，一定の地方税は，都民税とされている。）。

4　**妥当である。** 特別区は，地方自治法上は，都に設けられた区をいうこととされている（281条1項）。そして，新たな法律の制定により，廃止される関係市町村における住民投票などの手続を経て，一定の要件を満たす他の道府県においても設けることが可能となった（大都市地域における特別区の設置に関する法律）。

5　**妥当でない。** 1998（平成10）年の地方自治法の改正により，都知事の指揮監督に関する規定は廃止された。なお，本肢前段は，妥当である（281条の2第2項）。

正解　4

ポイントチェック

大都市地域における特別区の設置に関する法律

　　2012（平成24）年に，大都市地域における特別区の設置に関する法律が制定され，地方自治法281条1項の規定にかかわらず，総務大臣は，当該法律の定めるところにより，道府県の区域内において，関係市町村（＝人口200万以上の指定都市または一の指定都市および当該指定都市に隣接する同一道府県の区域内の一以上の市町村であって，その総人口が200万以上のものをいう。）を廃止し，特別区の設置を行うことができることとなった（同法3条）。

住民について定める地方自治法の規定に関する次のア～オの記述のうち，正しいものの組合せはどれか。

ア　市町村の区域内に住所を有する者は，当該市町村およびこれを包括する都道府県の住民とする。

イ　住民は，日本国籍の有無にかかわらず，その属する普通地方公共団体の選挙に参与する権利を有する。

ウ　住民は，法律の定めるところにより，その属する普通地方公共団体の役務の提供をひとしく受ける権利を有し，その負担を分任する義務を負う。

エ　日本国民たる普通地方公共団体の住民は，その属する普通地方公共団体のすべての条例について，その内容にかかわらず，制定または改廃を請求する権利を有する。

オ　都道府県は，別に法律の定めるところにより，その住民につき，住民たる地位に関する正確な記録を常に整備しておかなければならない。

1　ア・ウ
2　ア・オ
3　イ・ウ
4　イ・エ
5　エ・オ

key word

住所

　各人の生活の本拠，すなわち，その者の生活に最も関係の深い一般的生活，全生活の中心をいう。

問題分析　　★☆☆

本問は，地方自治法の定める住民に関する知識を問う問題です。

各肢の解説

ア　正しい。 地方自治法10条１項の規定のとおりである。

イ　誤り。 日本国民たる普通地方公共団体の住民は，地方自治法の定めるところにより，その属する普通地方公共団体の選挙に参与する権利を有する（11条）。このように，住民がその属する普通地方公共団体の選挙に参与する権利を有するのは，日本国籍を有する者に限られている。

ウ　正しい。 地方自治法10条２項の規定のとおりである。

エ　誤り。 日本国民たる普通地方公共団体の住民は，地方自治法の定めるところにより，その属する普通地方公共団体の条例（地方税の賦課徴収ならびに分担金，使用料及び手数料の徴収に関するものを除く。）の制定又は改廃を請求する権利を有する（12条１項）。このように，日本国民たる普通地方公共団体の住民であっても，地方税の賦課徴収ならびに分担金，使用料及び手数料の徴収に関する条例については，制定又は改廃を請求する権利を有しない。

オ　誤り。 市町村は，別に法律の定めるところにより，その住民につき，住民たる地位に関する正確な記録を常に整備しておかなければならない（13条の２）。このように，住民につき，住民たる地位に関する正確な記録を常に整備しておかなければならないのは，「都道府県」ではなく，基礎的な地方公共団体である「市町村」である。

以上により，正しいものは，ア及びウであるから，正解は１である。

正解　1

ポイントチェック

「住民」に関連する事項

住民とは	「住民」の意味は，住所を基本的要素とすることから，自然人だけでなく法人も含まれ，国籍の如何を問わない。もっとも，法人や外国人には，住民としての権利について，一定の制限がある。
住民たる地位に関する記録	転入届が提出された場合の取扱いについて，判例（アレフ転入拒否事件，最判平成15・6・26）は，市町村長は，転入届があった場合，その者が新たに市町村の区域内に住所を定めた事実がある限り，これを受理しないことは許されず，住民票を作成しなければならないと判示した。

問　題

　地方自治法の定める都道府県の事務に関する次の記述のうち，正しいものはどれか。

1　都道府県は，自治事務については条例を制定することができるが，法定受託事務については条例を制定することができない。

2　都道府県の事務は，自治事務，法定受託事務および機関委任事務の3種類に分類される。

3　都道府県の自治事務については，地方自治法上，どのような事務がこれに該当するかについて，例示列挙されている。

4　都道府県の法定受託事務は，国が本来果たすべき役割に係るものであるから，法定受託事務に関する賠償責任は国にあり，都道府県に賠償責任が生じることはないものとされている。

5　都道府県の自治事務と法定受託事務は，いずれも事務の監査請求および住民監査請求の対象となることがある。

key word

機関委任事務

　法律又はこれに基づく政令により都道府県知事，市町村長等の地方公共団体の機関に委任される国又は他の地方公共団体の事務をいう。1999（平成11）年の「地方分権一括法」の制定により廃止。

問 題 分 析　　★☆☆

本問は，地方自治法の定める都道府県の事務に関する知識を問う問題です。

各肢の解説

1　誤り。 地方自治法14条1項は，「普通地方公共団体は，法令に違反しない限りにおいて第2条第2項の事務に関し，条例を制定することができる。」と規定しているが，この「第2条第2項の事務」には，自治事務のみならず，法定受託事務が含まれる。

2　誤り。 機関委任事務は，1999（平成11）年に制定された地方分権一括法により廃止された。なお，普通地方公共団体は，地域における事務およびその他の事務で法律又はこれに基づく政令により処理することとされるものを処理するが（2条2項），この事務には，上記肢1解説のとおり，自治事務および法定受託事務が含まれる。

3　誤り。 事務のうち，地方自治法上，どのような事務がこれに該当するかについて，例示列挙されているのは，法定受託事務である（2条9項，別表第1，別表第2）。自治事務については，地方公共団体が処理する事務のうち，法定受託事務以外のものをいうと控除的に規定されている（同条8項）。

4　誤り。 都道府県の法定受託事務は，国が本来果たすべき役割に係るものであるとしても，その事務は，都道府県の事務であり，これに係る損害賠償責任は，都道府県が負うことになる。

5　正しい。 都道府県の自治事務と法定受託事務は，いずれも事務の監査請求および住民監査請求の対象となることがある（75条1項，242条1項）。

正解　5

ポイントチェック

1999（平成11）年に制定された地方分権一括法による事務区分の再構成

改正前	改正後
①機関委任事務	①法定受託事務
②公共事務	②自治事務
③団体委任事務	③国の事務
④行政事務	④事務自体の廃止

地方自治法

R 2 － 23 check ☐☐☐

問　題

　地方自治法の定める自治事務と法定受託事務に関する次の記述のうち，正しいものはどれか。

1　都道府県知事が法律に基づいて行政処分を行う場合，当該法律において，当該処分を都道府県の自治事務とする旨が特に定められているときに限り，当該処分は自治事務となる。

2　都道府県知事が法律に基づいて自治事務とされる行政処分を行う場合，当該法律に定められている処分の要件については，当該都道府県が条例によってこれを変更することができる。

3　普通地方公共団体は，法定受託事務の処理に関して法律またはこれに基づく政令によらなければ，国または都道府県の関与を受けることはないが，自治事務の処理に関しては，法律またはこれに基づく政令によることなく，国または都道府県の関与を受けることがある。

4　自治紛争処理委員は，普通地方公共団体の自治事務に関する紛争を処理するために設けられたものであり，都道府県は，必ず常勤の自治紛争処理委員をおかなければならない。

5　都道府県知事は，市町村長の担任する自治事務の処理が法令の規定に違反していると認めるとき，または著しく適正を欠き，かつ明らかに公益を害していると認めるときは，当該市町村に対し，当該自治事務の処理について違反の是正または改善のため必要な措置を講ずべきことを勧告することができる。

key word

自治紛争処理委員

　普通地方公共団体相互の間または普通地方公共団体の機関相互の間の紛争の調停等を処理する職務を有する者で，自治紛争処理委員は，事件ごとに，優れた識見を有する者のうちから，総務大臣または都道府県知事がそれぞれ任命する。

問 題 分 析　　★☆☆

　本問は，地方自治法の定める自治事務と法定受託事務に関する条文知識を問う問題です。

各 肢 の 解 説

1　誤り。 地方自治法において「自治事務」とは，地方公共団体が処理する事務のうち，法定受託事務以外のものをいう（2条8項）。したがって，法律において，都道府県知事が法律に基づいてする行政処分を都道府県の自治事務とする旨が特に定められているときに限り，当該処分は自治事務となるわけではない。

2　誤り。 普通地方公共団体は，法令に違反しない限りにおいて2条2項の事務に関し，条例を制定することができる（14条1項）。したがって，法律に定められている処分の要件については，当該都道府県が条例によってこれを変更することができるわけではない。

3　誤り。 普通地方公共団体は，その事務の処理に関し，法律又はこれに基づく政令によらなければ，普通地方公共団体に対する国又は都道府県の関与を受け，又は要することとされることはない（245条の2）。このように，法定受託事務の処理のみならず，自治事務の処理についても，法律又はこれに基づく政令によらなければ，普通地方公共団体に対する国又は都道府県の関与を受け，又は要することとされることはない。

4　誤り。 自治紛争処理委員は，①普通地方公共団体相互の間又は普通地方公共団体の機関相互の間の紛争の調停，②都道府県の関与（＝普通地方公共団体に対する国又は都道府県の関与のうち都道府県の機関が行うもの）に関する審査，③252条の2第1項に規定する連携協約に係る紛争を処理するための方策の提示および143条3項（180条の5第8項及び184条2項において準用する場合を含む。）の審査請求，④地方自治法の規定による審査の申立てもしくは審決の申請に係る審理を処理する（251条1項）。したがって，自治紛争処理委員は，普通地方公共団体の自治事務に関する紛争を処理するために設けられたものではない。

　また，自治紛争処理委員は，事件ごとに，任命される（251条2項）。したがって，都道府県は，必ず常勤の自治紛争処理委員をおかなければならないわけではない。

5　正しい。 地方自治法245条の6第1号の規定のとおりである。

正解　**5**

371

問題

地方公共団体の定める条例と規則に関する次のア～オの記述のうち，正しいものの組合せはどれか。

ア 普通地方公共団体は，その事務に関し，条例を制定し，それに違反した者について，懲役などの刑罰の規定を設けることができる。

イ 普通地方公共団体の長は，その権限に属する事務に関し，規則を制定し，それに違反した者について，罰金などの刑罰の規定を設けることができる。

ウ 普通地方公共団体の長は，普通地方公共団体の議会による条例の制定に関する議決について，再議に付すことができる。

エ 普通地方公共団体は，公の施設の設置およびその管理に関する事項につき，その長の定める規則でこれを定めなければならない。

オ 日本国民たる普通地方公共団体の住民は，当該普通地方公共団体の条例の定めるところにより，その属する普通地方公共団体の選挙に参与する権利を有する。

1 ア・イ

2 ア・ウ

3 イ・オ

4 ウ・エ

5 エ・オ

key word

刑罰の種類

刑罰の種類は，刑法9条で，死刑，懲役，禁錮，罰金，拘留，科料の6種類が定められており，この6種類が主刑である。その他にも附加刑として没収がある。

問 題 分 析　　★☆☆

本問は，地方公共団体の定める条例と規則に関する知識を問う問題です。

各 肢 の 解 説

ア　正しい。普通地方公共団体は，その事務に関し，条例を制定することができる（14条1項）。そして，普通地方公共団体は，法令に特別の定めがあるものを除くほか，その条例中に，条例に違反した者に対し，2年以下の懲役もしくは禁錮，100万円以下の罰金，拘留，科料もしくは没収の刑又は5万円以下の過料を科する旨の規定を設けることができる（同条3項）。

イ　誤り。普通地方公共団体の長は，法令に特別の定めがあるものを除くほか，普通地方公共団体の規則中に，規則に違反した者に対し，5万円以下の過料を科する旨の規定を設けることができる（15条2項）のみであって，罰金等の刑罰を設けることはできない。

ウ　正しい。普通地方公共団体の議会の議決について異議があるときは，当該普通地方公共団体の長は，地方自治法に特別の定めがあるものを除くほか，その議決の日（条例の制定もしくは改廃又は予算に関する議決については，その送付を受けた日）から10日以内に理由を示してこれを再議に付することができる（176条1項）。

エ　誤り。普通地方公共団体は，法律又はこれに基づく政令に特別の定めがあるものを除くほか，公の施設の設置及びその管理に関する事項は，「条例」でこれを定めなければならない（244条の2第1項）。

オ　誤り。日本国民たる普通地方公共団体の住民は，「地方自治法」の定めるところにより，その属する普通地方公共団体の選挙に参与する権利を有する（11条）。

以上により，正しいものは，ア及びウであるから，正解は2である。

正解　2

ポイントチェック

必要的条例事項とされる行政事務

①権利制限・義務賦課行為
　　普通地方公共団体は，義務を課し，又は権利を制限するには，法令に特別の定めがある場合を除き，条例によらなければならない（14条2項）。

②その他の必要的条例事項とされる行政事務
　　地方自治法における主な必要的条例事項とされる行政事務は，次のとおりである。
（ⅰ）普通地方公共団体の議会における常任委員会，議会運営委員会及び特別委員会の設置（109条1項）
（ⅱ）臨時・非常勤を除く普通地方公共団体の職員の定数（172条3項）
（ⅲ）普通地方公共団体の長の給料や議会の議員の報酬の額（203条，204条）
（ⅳ）公の施設の設置及び管理に関する事項（244条の2）

問 題

　普通地方公共団体に適用される法令等に関する次の記述のうち，憲法および地方自治法の規定に照らし，正しいものはどれか。

1　国会は，当該普通地方公共団体の議会の同意を得なければ，特定の地方公共団体にのみ適用される法律を制定することはできない。

2　普通地方公共団体は，法定受託事務についても条例を制定することができるが，条例に違反した者に対する刑罰を規定するには，個別の法律による委任を必要とする。

3　普通地方公共団体の長は，その権限に属する事務に関し，規則を制定することができ，条例による委任のある場合には，規則で刑罰を規定することもできる。

4　条例の制定は，普通地方公共団体の議会の権限であるから，条例案を議会に提出できるのは議会の議員のみであり，長による提出は認められていない。

5　普通地方公共団体の議会の議員および長の選挙権を有する者は，法定数の連署をもって，当該普通地方公共団体の長に対し，条例の制定または改廃の請求をすることができるが，地方税の賦課徴収等に関する事項はその対象から除外されている。

key word

地方特別法

　一の地方公共団体のみに適用される特別法。「一の地方公共団体」とは，文字通り一つの地方公共団体という意味ではなく，特定の地方公共団体という意味である。したがって，複数の地方公共団体に適用される法律も，これに含まれる。

問 題 分 析　　★☆☆

　本問は，普通地方公共団体に適用される憲法および地方自治法に関する条文知識を問う問題です。

各 肢 の 解 説

1　**誤り。**憲法95条は，「一の地方公共団体のみに適用される特別法は，法律の定めるところにより，その地方公共団体の住民の投票においてその過半数の同意を得なければ，国会は，これを制定することができない。」と規定している。したがって，当該普通地方公共団体の同意ではなく，その地方公共団体の住民の投票においてその過半数の同意を得ることが必要である。

2　**誤り。**地方自治法14条3項は，「普通地方公共団体は，法令に特別の定めがあるものを除くほか，その条例中に，条例に違反した者に対し，2年以下の懲役若しくは禁錮，100万円以下の罰金，拘留，科料若しくは没収の刑又は5万円以下の過料を科する旨の規定を設けることができる。」と規定している。したがって，「条例に違反した者に対する刑罰を規定するには，個別の法律による委任を必要とする」わけではない。なお，普通地方公共団体は，法令に違反しない限りにおいて第2条第2項の事務に関し，条例を制定することができ（同条1項），「第2条第2項の事務」には，自治事務のみならず，法定受託事務が含まれるから，本肢前段は正しい。

3　**誤り。**地方自治法15条2項は，「普通地方公共団体の長は，法令に特別の定めがあるものを除くほか，普通地方公共団体の規則中に，規則に違反した者に対し，5万円以下の過料を科する旨の規定を設けることができる。」と規定している。そして，地方公共団体は，法律の範囲内で条例を制定することができるのみである（憲法94条）。したがって，「条例による委任のある場合には，規則で刑罰を規定することもできる」わけではない。なお，本肢前段は正しい（15条1項）。

4　**誤り。**地方自治法149条1号は，普通地方公共団体の長は，普通地方公共団体の議会の議決を経べき事件につきその議案を提出する事務を担任すると規定している。したがって，「条例案を議会に提出できるのは議会の議員のみであり，長による提出は認められていない」わけではない。なお，本肢前段は正しい（96条1項1号）。

5　**正しい。**地方自治法74条1項の規定のとおりである。

正解　5

判 例 情 報

東京都売春等取締条例違反事件（最大判昭33・10・15）

　　憲法が各地方公共団体の条例制定権を認める以上，地域によって差別を生ずることは当然に予期されることであるから，このような差別は憲法自ら容認するところである。それゆえ，地方公共団体が売春の取締りについて各別に条例を制定する結果，その取扱いに差別を生ずることがあっても，その地域差の故をもって憲法14条に違反するということはできない。

問 題

地方自治法に関する次の記述のうち，正しいものはどれか。

1 町村は，議会に代えて，選挙権を有する者の総会を設ける場合，住民投票を経なければならない。

2 普通地方公共団体の議会は，除名された議員で再び当選した者について，正当な理由がある場合には，その者が議員となることを拒むことができる。

3 普通地方公共団体の議会の権限に属する軽易な事項で，その議決により特に指定したものは，普通地方公共団体の長において，専決処分にすることができる。

4 普通地方公共団体が処理する事務のうち，自治事務についても，法定受託事務と同様に，地方自治法により複数の種類が法定されている。

5 自治事務とは異なり，法定受託事務に関する普通地方公共団体に対する国または都道府県の関与については，法律に基づかないでなすことも認められている。

key word

町村総会

　町村は，条例で，議会を置かず，選挙権を有する者の総会を設けることができる（94条）。町村総会は，かつて東京都宇津木村（現在は，東京都八丈町の一部）において設けられていた。

問題分析　★☆☆

本問は，地方自治法の総合的知識を問う問題です。

各肢の解説

1　誤り。普通地方公共団体には議会を置かなければならない（89条）が，町村は，条例で，議会を置かず，選挙権を有する者の総会を設けることができる（94条）。このように，町村総会を設ける場合，住民投票は必要とされない。

2　誤り。普通地方公共団体の議会は，懲罰として，除名をすることができる（135条1項4号）。しかし，議会は，除名された議員で再び当選した議員を拒むことはできない（136条）。

3　正しい。普通地方公共団体の議会の権限に属する軽易な事項で，その議決により特に指定したものは，普通地方公共団体の長において，これを専決処分にすることができる（180条1項）。

4　誤り。地方自治法において「自治事務」とは，地方公共団体が処理する事務のうち，法定受託事務以外のものをいう（2条8項）。このように，自治事務については，複数の種類が法定されているわけではない。

5　誤り。普通地方公共団体は，その事務の処理に関し，法律又はこれに基づく政令によらなければ，普通地方公共団体に対する国又は都道府県の関与を受け，又は要することとされることはない（245条の2）。このように，普通地方公共団体に対する国又は都道府県の関与については，法定受託事務であっても，法律に基づかないですることが認められているわけではない。

正解　3

ポイントチェック

長の専決処分

	179条の専決処分	180条の専決処分
要件	議会が成立しない場合など	議会の権限に属する軽易な事項で，その議決により特に指定したもの
専決処分後	議会への報告・承認	議会への報告

問 題

　普通地方公共団体の議会に関する次の記述のうち，正しいものはどれか。

1　議会は，長がこれを招集するほか，議長も，議会運営委員会の議決を経て，自ら臨時会を招集することができる。

2　議員は，法定数以上の議員により，長に対して臨時会の招集を請求することができるが，その場合における長の招集に関し，招集の時期などについて，地方自治法は特段の定めを置いていない。

3　議会は，定例会および臨時会からなり，臨時会は，必要がある場合において，付議すべき事件を長があらかじめ告示し，その事件に限り招集される。

4　議員は，予算を除く議会の議決すべき事件につき，議会に議案を提出することができるが，条例の定めがあれば，1人の議員によってもこれを提出することができる。

5　議会の運営に関する事項のうち，議員の請求による会議の開催，会議の公開については，議会の定める会議規則によるものとし，地方自治法は具体的な定めを置いていない。

key word

通年会期

　議会は，条例で定めるところにより，定例会および臨時会とせず，毎年，条例で定める日から翌年のその日の前日までを会期とすることができる（102条の2第1項）。この場合，条例で，定例日（＝定期的に会議を開く日）を定めなければならない（102条の2第6項）。

問 題 分 析　　★★☆

本問は，普通地方公共団体の議会に関する知識を問う問題です。

各 肢 の 解 説

1　誤り。議長は，議会運営委員会の議決を経て，当該普通地方公共団体の長に対し，会議に付議すべき事件を示して臨時会の招集を「請求」することができる（101条2項）のであって，原則として，自ら議会を招集することができるわけでない。なお，当該普通地方公共団体の長は，請求があった日から20日以内に臨時会を招集しなければならない（同条4項）が，請求のあった日から20日以内に当該普通地方公共団体の長が臨時会を招集しないときは，議長は，臨時会を招集することができる（同条5項）。

2　誤り。議員の定数の4分の1以上の者は，当該普通地方公共団体の長に対し，会議に付議すべき事件を示して臨時会の招集を請求することができる（101条3項）が，この場合，当該普通地方公共団体の長は，請求があった日から20日以内に臨時会を招集しなければならない（同条4項）。

3　正しい。普通地方公共団体の議会は，定例会および臨時会からなり（102条1項），臨時会は，必要がある場合において，その事件に限り，招集される（同条3項）。

4　誤り。普通地方公共団体の議会の議員は，予算を除き，議会の議決すべき事件につき，議会に議案を提出することができる（112条1項）。もっとも，議案を提出するに当たっては，議員の定数の12分の1以上の者の賛成がなければならない（同条2項）。

5　誤り。議会の運営に関する事項のうち，議員の請求による会議の開催および会議の公開について，地方自治法は具体的な定めを置いている。例えば，会議の開催につき，臨時会の招集請求をすることができるとし（101条3項），また，会議の公開について議員3人以上の発議により，出席議員の3分の2以上の多数で議決したときは，秘密会を開くことができる（115条1項ただし書）としている。

正解　**3**

ポイントチェック

定例会・臨時会

	招集権者	招集される回数等
定例会	長（101条1項）	毎年，条例で定める回数招集（102条2項）
臨時会	長（101条1項）	必要がある場合において，その事件に限り，招集（102条3項）

問　題

　地方自治法が定める普通地方公共団体の長と議会の関係に関する次のア〜オの記述のうち，正しいものの組合せはどれか。

ア　普通地方公共団体の議会による長の不信任の議決に対して，長が議会を解散した場合において，解散後に招集された議会において再び不信任が議決された場合，長は再度議会を解散することができる。

イ　普通地方公共団体の議会の議決が法令に違反していると認めた場合，長は裁量により，当該議決を再議に付すことができる。

ウ　普通地方公共団体の議会の議長が，議会運営委員会の議決を経て，臨時会の招集を請求した場合において，長が法定の期間内に臨時会を招集しないときは，議長がこれを招集することができる。

エ　普通地方公共団体の議会が成立し，開会している以上，議会において議決すべき事件が議決されないことを理由に，長が当該事件について処分（専決処分）を行うことはできない。

オ　地方自治法には，普通地方公共団体の議会が長の決定によらずに，自ら解散することを可能とする規定はないが，それを認める特例法が存在する。

1　ア・イ

2　ア・オ

3　イ・エ

4　ウ・エ

5　ウ・オ

key word

専決処分

　議会が議決すべき事件を普通地方公共団体の長が代わりに処分すること（＝行うこと）

問 題 分 析　　★★☆

　本問は，地方自治法が定める普通地方公共団体の長と議会の関係に関する条文知識を問う問題です。

各 肢 の 解 説

ア　誤り。普通地方公共団体の議会において当該普通地方公共団体の長の不信任の議決をしたのに対し，当該普通地方公共団体の長が議会を解散した場合において，その解散後初めて招集された議会において再び不信任の議決があり，議長から当該普通地方公共団体の長に対しその旨の通知があったときは，普通地方公共団体の長は，議長から通知があった日においてその職を失う（178条１項，２項）。したがって，「解散後に招集された議会において再び不信任が議決された場合，長は再度議会を解散することができる」わけではない。

イ　誤り。普通地方公共団体の議会の議決が法令に違反すると認めるときは，当該普通地方公共団体の長は，理由を示してこれを再議に付さなければならない（176条４項）。このように，法令違反による付再議は，普通地方公共団体の長の義務である。

ウ　正しい。普通地方公共団体の議会は，普通地方公共団体の長がこれを招集する（101条１項）。もっとも，議長は，議会運営委員会の議決を経て，当該普通地方公共団体の長に対し，会議に付議すべき事件を示して臨時会の招集を請求することができ（同条２項），その請求があったときは，当該普通地方公共団体の長は，請求のあった日から20日以内に臨時会を招集しなければならない（同条４項）が，それでも当該普通地方公共団体の長が臨時会を招集しないときは，議長は，臨時会を招集することができる（同条５項）。

エ　誤り。普通地方公共団体の議会が成立し，開会している場合でも，議会において議決すべき事件を議決しないときなどにおいては，当該普通地方公共団体の長は，その議決すべき事件について処分（専決処分）をすることができる（179条１項本文）。

オ　正しい。地方自治法には，普通地方公共団体の議会が長の決定によらずに，自ら解散することを可能とする規定はない。もっとも，地方公共団体の議会の解散に関する特例法２条１項は，「地方公共団体の議会は，当該議会の解散の議決をすることができる。」と規定し，普通地方公共団体の議会が長の決定によらずに，自ら解散することを可能としている。

以上により，正しいものは，ウ及びオであるから，正解は５である。

正解　5

問題

　地方自治法が定める監査委員に関する次の記述のうち，正しいものはどれか。

1　普通地方公共団体の常勤の職員は，監査委員を兼務することができない。

2　普通地方公共団体の議会の議員は，条例に特に定めのない限り，当該普通地方公共団体の監査委員となることができない。

3　監査委員は，普通地方公共団体の長が選任し，それについて議会の同意を得る必要はない。

4　監査委員の定数は，条例により，法律上定められている数以上に増加させることはできない。

5　都道府県とは異なり，政令で定める市においては，常勤の監査委員を置く必要はない。

key word

監査委員

普通地方公共団体に設けられた財務や事務の執行について監査をする機関

問 題 分 析　　★★☆

本問は，地方自治法が定める監査委員に関する知識を問う問題です。

各 肢 の 解 説

1 正しい。監査委員は，地方公共団体の常勤の職員と兼ねることができない（196条3項）。

2 誤り。監査委員は，普通地方公共団体の長が，議会の同意を得て，人格が高潔で，普通地方公共団体の財務管理，事業の経営管理その他行政運営に関し優れた識見を有する者（議員である者を除く。）および議員のうちから，これを選任する（196条1項本文）。

3 誤り。上記肢2の解説のとおり，監査委員は，普通地方公共団体の長が，議会の同意を得て，選任する。

4 誤り。監査委員の定数は，都道府県および政令で定める市にあっては4人とし，その他の市および町村にあっては2人とされる（196条2項本文）が，条例でその定数を増加することができる（同項ただし書）。

5 誤り。都道府県および政令で定める市にあっては，識見を有する者のうちから選任される監査委員のうち少なくとも1人以上は，常勤としなければならない（196条5項）。

正解　1

ポイントチェック

監査の種類

一般監査	①財務監査（199条1項） ②事務監査（199条2項）
特別監査 （要求監査）	①住民の直接請求に基づく事務の監査（75条1項） ②議会からの請求に基づく監査（98条2項） ③長の要求に基づく監査（199条6項） ④長の要求に基づく財政的援助団体等の出納その他の事業執行に関する監査（199条7項） ⑤住民監査請求に基づく監査（242条1項） ⑥長の要求に基づく職員の賠償責任に関する監査（243条の2第3項）

問　題

　地方自治法による住民監査請求と住民訴訟に関する次の記述のうち，法令および最高裁判所の判例に照らし，妥当なものはどれか。

1　地方公共団体が随意契約の制限に関する法令の規定に違反して契約を締結した場合，当該契約は当然に無効であり，住民は，その債務の履行の差止めを求める住民訴訟を提起することができる。

2　住民訴訟によって，住民は，地方公共団体の契約締結の相手方に対し，不当利得返還等の代位請求をすることができる。

3　住民監査請求をするに当たって，住民は，当該地方公共団体の有権者のうち一定数以上の者とともに，これをしなければならない。

4　地方公共団体の住民が違法な公金の支出の差止めを求める住民訴訟を適法に提起した場合において，公金の支出がなされることによる重大な損害を避けるため，同時に執行停止の申立ても行うことができる。

5　監査委員が適法な住民監査請求を不適法として却下した場合，当該請求をした住民は，適法な住民監査請求を経たものとして，直ちに住民訴訟を提起することができる。

key word

住民監査請求前置主義

　住民監査請求前置主義とは，住民訴訟は，住民監査請求をした者に限り，提起することができるとする建前をいう（242条の2第1項）。

問題分析　★☆☆

本問は，地方自治法による住民監査請求と住民訴訟に関する知識を問う問題です。

各肢の解説

1　妥当でない。 判例（最判昭和62・5・19）は，随意契約の制限に関する法令（地方自治法234条2項，同施行令167条の2第1項）に違反して締結された契約であっても私法上当然に無効になるものではなく，随意契約によることができる場合として前記令の規定の掲げる事由のいずれにも当たらないことが何人の目にも明らかである場合や契約の相手方において随意契約の方法による当該契約の締結が許されないことを知りまたは知りうべかりし場合のように当該契約の効力を無効としなければ随意契約の締結に制限を加える前記法および令の規定の趣旨を没却する結果となる特段の事情が認められる場合に限り，私法上無効になると判示した。

2　妥当でない。 平成14年改正前地方自治法242条の2第1項4号は，住民が普通地方公共団体に代位して行う当該職員に対する損害賠償請求もしくは不当利得返還請求または当該行為もしくは怠る事実に係る相手方に対する不当利得返還請求等を規定していた。しかし，この規定に対しては，被告とされた長や職員が裁判に伴う負担を負うことから，責任回避のため，事なかれ主義に傾きがちで，地方公共団体の積極的運営に支障があるなどの批判があった。そこで，当該規定は廃止された。

3　妥当でない。 住民監査請求は，一人でもすることができる（242条1項）。

4　妥当でない。 住民訴訟については，行政事件訴訟法43条の規定が適用される（242条の2第11項）。そして，住民訴訟のうち，取消訴訟・無効等確認訴訟以外の住民訴訟については，当事者訴訟に関する規定が準用される（行政事件訴訟法43条3項）。当事者訴訟においては，取消訴訟における執行停止の申立て（同法25条2項）の規定は準用されない（同法41条）。したがって，地方公共団体の住民が違法な公金の支出の差止めを求める住民訴訟を適法に提起した場合，同時に執行停止の申立てを行うことはできない。

5　妥当である。 判例（最判平成10・12・18）は，監査委員が適法な住民監査請求を不適法であるとして却下した場合，請求をした住民は，適法な住民監査請求を経たものとして直ちに住民訴訟を提起することができると判示した。

正解　5

問 題

　地方自治法に基づく住民訴訟に関する次の記述のうち，法令および最高裁判所の判例に照らし，妥当なものはどれか。

1　住民訴訟を提起した者が当該訴訟の係属中に死亡したとき，その相続人は，当該地方公共団体の住民である場合に限り，訴訟を承継することができる。

2　住民訴訟を提起する者は，その対象となる財務会計行為が行われた時点において当該普通地方公共団体の住民であることが必要である。

3　住民訴訟の前提となる住民監査請求は，条例で定める一定数の当該地方公共団体の住民の連署により，これをする必要がある。

4　普通地方公共団体の議会は，住民訴訟の対象とされた当該普通地方公共団体の不当利得返還請求権が裁判において確定したのちは，当該請求権に関する権利放棄の議決をすることはできない。

5　住民訴訟を提起した者は，当該住民訴訟に勝訴した場合，弁護士に支払う報酬額の範囲内で相当と認められる額の支払いを当該普通地方公共団体に対して請求することができる。

key word

住民監査請求の管轄裁判所

　　住民訴訟は，普通地方公共団体の事務所の所在地を管轄する地方裁判所の管轄に専属する（242条の2第5項）。

問 題 分 析　　★★☆

本問は，地方自治法が定める住民訴訟に関する知識を問う問題です。

各 肢 の 解 説

1　**妥当でない。**住民訴訟を提起した者が当該訴訟の係属中に死亡した場合に，その相続人は，その訴訟を承継することができるかどうかにつき，判例（最判昭和55・2・22）は，地方自治法242条の2に規定する住民訴訟は，原告が死亡した場合においては，その訴訟を承継する理由がなくなるから，当然に終了すると判示した。

2　**妥当でない。**住民訴訟を提起することができる者は，普通地方公共団体の住民であって，住民監査請求をした者に限られる（242条の2第1項）。そして，住民監査請求の請求権者は，普通地方公共団体の住民であれば足り（242条1項），住民監査請求の対象となる財務会計行為が行われた時点において当該普通地方公共団体の住民であることまで要件としていない。

3　**妥当でない。**住民訴訟の前提となる住民監査請求は，一人でもすることができる（242条1項）。なお，事務の監査請求は，普通地方公共団体の議会の議員および長の選挙権を有する者の総数の50分の1以上の者の連署をもって，その代表者から，普通地方公共団体の監査委員に対してすることができる(75条1項)。

4　**妥当でない。**普通地方公共団体の議会は，法律もしくはこれに基づく政令又は条例に特別の定めがある場合を除くほか，権利を放棄することを議決することができる（96条1項10号）。したがって，普通地方公共団体の議会は，住民訴訟の対象とされた当該普通地方公共団体の不当利得返還請求権に関する権利放棄の議決をすることができる。なお，住民訴訟の係属中に権利放棄の議決をすることができるかどうかについて，判例（最判平成24・4・20）は，市の非常勤職員への退職慰労金の支給が違法であるとして提起された住民訴訟の係属中に，権利放棄の議決がされた場合において，放棄に係る裁量権の範囲の逸脱又はその濫用の有無を判断するに当たっては，当該議決の存在，当該支給に係る違法事由の有無及び性格や市長及び担当職員の故意又は過失等の帰責性の有無及び程度を始め，当該支給の性質，内容，原因，経緯及び影響，当該議決の趣旨及び経緯，当該請求権の放棄又は行使の影響，当該住民訴訟の経緯，事後の状況などの事情について審理しなければならないと判示した。この判例は，住民訴訟の係属中に関するものであり，住民訴訟の裁判確定後は，その対象となった不当利得返還請求権に関する権利放棄をすることができると解されている。

5　**妥当である。**地方自治法242条の2第12項の規定のとおりである。

正解　5

問題

　国と地方公共団体の関係に関する次の文章の空欄　ア　～　エ　に当てはまる語句を，枠内の選択肢（1～20）から選びなさい。

　国と各地方公共団体は，それぞれ独立の団体であるから，それぞれの権限を独立して行使するのが原則である。しかし，広域的な行政執行等の観点から，国が都道府県の活動に，国や都道府県が市町村の活動に影響力を行使する必要がある場合もある。こうした影響力の行使について，地方自治法245条は，　ア　と総称しており，同条の2は，法律や政令によって認められた場合にのみ，これをなしうることとしている。国と都道府県の関係について言えば，所管の各大臣は，都道府県の活動について，通常は，技術的な助言及び　イ　をなすことができるにとどまるが，その活動が違法である場合等には，自治事務については，その是正を求めることができ，法定受託事務については，その是正を指示した上で，それに従わなければ，裁判を経て，　ウ　等をすることができる。そのほか，同法255条の2によって，都道府県知事等の処分が法定受託事務に該当するときは，これに不服のある者は，所管の大臣に不服申立てができるものとされている。一般に，これを　エ　的　ア　と呼んでいるが，地方分権の見地から，その是非について議論がある。

1	裁決	2	勧告	3	協議	4	決定
5	代執行	6	取消し	7	命令	8	指導
9	同意	10	許可	11	関与	12	参与
13	通達	14	協力	15	監督	16	撤回
17	罷免	18	指揮	19	裁定	20	直接強制

key word

関与の法定主義

　普通地方公共団体は，事務の処理に関し，法律又はこれに基づく政令によらなければ，普通地方公共団体に対する国又は都道府県の関与を受け，又は要することとされることはない（245条の2）。

問 題 分 析　　★★☆

本問は，国の地方公共団体に対する関与に関する出題です。

各 肢 の 解 説

　憲法92条に定める地方自治の本旨が実現されるためには，特に国と地方公共団体の役割分担がなされなければならない。この役割分担を具体的に実現するために，「ア　**関与**」が定められ（245条1項），当該関与は，法律又はこれに基づく政令の根拠を要するとし，さらに関与はその目的を達成するために必要な最小限度のものとするともに，普通地方公共団体の自主性及び自立性に配慮しなければならない（245条の3第1項）。

　国と都道府県の関係について，通常，国（所管の各大臣）は，都道府県に対し，技術的な助言及び「イ　**勧告**」をなすことができるにとどまる（245条の4第1項）が，違法な法定受託事務については，是正の指示をした後，従わないのであれば裁判所による裁判を経て「ウ　**代執行**」をすることができる（245条の8第8項前段）。また，都道府県知事その他の都道府県の執行機関の処分が法定受託事務に該当する場合には，当該処分に係る事務を規定する法律又はこれに基づく政令を所管する各大臣に審査請求をすることができ，これを「エ　**裁定**」的関与と呼ぶ（255条の2第1項1号）。

正解　ア－11（関与）　　　イ－2（勧告）

ウ－5（代執行）　　　エ－19（裁定）

ポイントチェック

関与の類型

　普通地方公共団体の事務の処理に関し，国の行政機関又は都道府県の機関が行う次に掲げる行為（普通地方公共団体がその固有の資格において当該行為の名あて人となるものに限り，国又は都道府県の普通地方公共団体に対する支出金の交付及び返還に係るものを除く。）をいう（245条）。

①助言又は勧告
②資料の提出の要求
③是正の要求
④同意
⑤許可，認可又は承認
⑥指示
⑦代執行
⑧普通地方公共団体との協議
⑨上記①～⑧に掲げる行為のほか，一定の行政目的を実現するため普通地方公共団体に対して具体的かつ個別的に関わる行為

問 題

　地方自治法が定める公の施設に関する次の記述のうち，誤っているものはどれか。

1　普通地方公共団体は，法律またはこれに基づく政令に特別の定めがあるものを除くほか，公の施設の設置に関する事項を，条例で定めなければならない。

2　普通地方公共団体は，住民が公の施設を利用することについて，不当な差別的取扱いをしてはならないが，正当な理由があれば，利用を拒むことができる。

3　普通地方公共団体は，公の施設を管理する指定管理者の指定をしようとするときは，あらかじめ議会の議決を経なければならない。

4　公の施設は，住民の利用に供するために設けられるものであり，普通地方公共団体は，その区域外において，公の施設を設けることはできない。

5　普通地方公共団体が，公の施設の管理を指定管理者に行わせる場合には，指定管理者の指定の手続等の必要な事項を条例で定めなければならない。

key word

公の施設

　公の施設とは，住民の福祉を増進する目的をもって，その利用に供するため，普通地方公共団体が設ける施設をいう。

問 題 分 析　　★★☆

本問は，地方自治法が定める公の施設に関する知識を問う問題です。

各 肢 の 解 説

1　正しい。普通地方公共団体は，法律又はこれに基づく政令に特別の定めがあるものを除くほか，公の施設の設置及びその管理に関する事項は，条例でこれを定めなければならない（244条の2第1項）。

2　正しい。普通地方公共団体は，住民が公の施設を利用することについて，不当な差別的取扱いをしてはならない（244条3項）が，正当な理由があれば，利用を拒むことができる。

3　正しい。普通地方公共団体は，指定管理者の指定をしようとするときは，あらかじめ，当該普通地方公共団体の議会の議決を経なければならない（244条の2第6項）。

4　誤り。普通地方公共団体は，その区域外においても，関係普通地方公共団体との協議により，公の施設を設けることができる（244条の3第1項）。

5　正しい。普通地方公共団体は，公の施設の設置の目的を効果的に達成するため必要があると認めるときは，条例の定めるところにより，法人その他の団体であって当該普通地方公共団体が指定するもの（以下「指定管理者」という。）に，当該公の施設の管理を行わせることができる（244条の2第3項）。そして，その条例には，指定管理者の指定の手続，指定管理者が行う管理の基準及び業務の範囲その他必要な事項を定めなければならない（同条4項）。

正解　4

ポイントチェック

公の施設

	要件
公の施設の設置	法令または条例
公の施設の管理	法令または条例
条例で定める重要な公の施設のうち条例で定める特に重要なものについて，これを廃止し，又は条例で定める長期かつ独占的な利用をさせようとするとき	議会において出席議員の3分の2以上の者の同意
指定管理者の指定	条例（あらかじめ，議会の議決が必要）

問 題

公の施設についての地方自治法の規定に関する次の記述のうち，誤っているものはどれか。

1 公の施設とは，地方公共団体が設置する施設のうち，住民の福祉を増進する目的のため，その利用に供する施設をいう。

2 公の施設の設置およびその管理に関する事項は，条例により定めなければならない。

3 普通地方公共団体は，当該普通地方公共団体が指定する法人その他の団体に，公の施設の管理を行わせることができるが，そのためには長の定める規則によらなければならない。

4 普通地方公共団体は，公の施設の管理を行わせる法人その他の団体の指定をしようとするときは，あらかじめ，当該普通地方公共団体の議会の議決を経なければならない。

5 普通地方公共団体は，適当と認めるときは，当該普通地方公共団体が指定する法人の他の団体に，その管理する公の施設の利用に係る料金をその者の収入として収受させることができる。

key word

指定管理者

普通地方公共団体が，公の施設の管理を行わせるために，期間を定めて指定する法人その他の団体

問 題 分 析　　　★☆☆

本問は，公の施設に関する知識を問う問題です。

各 肢 の 解 説

1　正しい。 公の施設とは，地方公共団体が設置する施設のうち，住民の福祉を増進する目的のため，その利用に供する施設をいう（244条1項）。

2　正しい。 公の施設の設置およびその管理に関する事項は，条例により定めなければならない（244条の2第1項）。

3　誤り。 普通地方公共団体は，公の施設の設置の目的を効果的に達成するため必要があると認めるときは，法人その他の団体であって当該普通地方公共団体が指定するもの（以下「指定管理者」という。）に，当該公の施設の管理を行わせることができるが，そのためには，条例の定めるところによりしなければならない（244条の2第3項）。

4　正しい。 普通地方公共団体は，指定管理者の指定をしようとするときは，あらかじめ，当該普通地方公共団体の議会の議決を経なければならない（244条の2第6項）。

5　正しい。 普通地方公共団体は，適当と認めるときは，指定管理者にその管理する公の施設の利用に係る料金を当該指定管理者の収入として収受させることができる（244条の2第8項）。

正解　3

ポイントチェック

指定管理者の指定

①普通地方公共団体は，公の施設の設置の目的を効果的に達成するため必要があると認めるときは，条例の定めるところにより，法人その他の団体であって普通地方公共団体が指定するものに，公の施設の管理を行わせることができる（244条の2第3項）。

②指定管理者の指定は，期間を定めて行われる（244条の2第5項）。

③普通地方公共団体は，指定管理者の指定をしようとするときは，あらかじめ，普通地方公共団体の議会の議決を経なければならない（244条の2第6項）。

問題

　地方自治法が定める公の施設に関する次のア〜エの記述のうち，法令および最高裁判所の判例に照らし，妥当なものの組合せはどれか。

ア　普通地方公共団体は，法律またはこれに基づく政令に特別の定めがあるものを除くほか，公の施設の設置に関する事項を，条例で定めなければならない。

イ　普通地方公共団体の長以外の機関（指定管理者を含む。）がした公の施設を利用する権利に関する処分についての審査請求は，審査請求制度の客観性を確保する観点から，総務大臣に対してするものとされている。

ウ　普通地方公共団体が公の施設のうち条例で定める特に重要なものについて，これを廃止したり，特定の者に長期の独占的な使用を認めようとしたりするときは，議会の議決に加えて総務大臣の承認が必要となる。

エ　普通地方公共団体は，住民が公の施設を利用することについて不当な差別的取扱いをしてはならないが，この原則は，住民に準ずる地位にある者にも適用される。

1　ア・イ
2　ア・エ
3　イ・ウ
4　イ・エ
5　ウ・エ

key word

公の施設の区域外設置

　ある普通地方公共団体がその区域外に公の施設を設置すること。例えば，水源地，火葬場等を他の地方公共団体の区域に設置することがこれに当たる。

問 題 分 析　　★☆☆

本問は，地方自治法が定める公の施設に関する条文知識を問う問題です。

各 肢 の 解 説

ア　妥当である。 地方自治法244条の2第1項の規定のとおりである。

イ　妥当でない。 地方自治法244条の4第1項は，「普通地方公共団体の長以外の機関（指定管理者を含む。）がした公の施設を利用する権利に関する処分についての審査請求は，普通地方公共団体の長が当該機関の最上級行政庁でない場合においても，当該普通地方公共団体の長に対してするものとする。」と規定している。したがって，審査請求は，総務大臣ではなく，普通地方公共団体の長に対してしなければならない。

ウ　妥当でない。 地方自治法244条の2第2項は，「普通地方公共団体は，条例で定める重要な公の施設のうち条例で定める特に重要なものについて，これを廃止し，又は条例で定める長期かつ独占的な利用をさせようとするときは，議会において出席議員の3分の2以上の者の同意を得なければならない。」と規定している。したがって，総務大臣の承認は必要とされていない。

エ　妥当である。 普通地方公共団体は，住民が公の施設を利用することについて，不当な差別的取扱いをしてはならない（不当な差別的取扱いの禁止の原則，地方自治法244条3項）。そして，判例（最判平成18・7・14）は，普通地方公共団体が設置する公の施設を利用する者の中には，当該普通地方公共団体の住民ではないが，その区域内に事務所，事業所，家屋敷，寮等を有し，その普通地方公共団体に対し地方税を納付する義務を負う者など住民に準ずる地位にある者が存在するが，地方自治法244条3項は，憲法14条1項が保障する法の下の平等の原則を公の施設の利用関係につき具体的に規定したものであることを考えれば，上記のような住民に準ずる地位にある者による公の施設の利用関係に地方自治法244条3項の規律が及ばないと解するのは相当でなく，これらの者が公の施設を利用することについて，当該公の施設の性質やこれらの者と当該普通地方公共団体との結び付きの程度等に照らし合理的な理由なく差別的取扱いをすることは，地方自治法244条3項に違反すると判示した。したがって，不当な差別的取扱いの禁止の原則は，住民に準ずる地位にある者にも適用される。

以上により，妥当なものは，ア及びエであるから，正解は2である。

正解　2

ポイントチェック

公の施設の区域外設置の要件

普通地方公共団体は，その区域外においても，また，関係普通地方公共団体との協議により，公の施設を設けることができる（244条の3第1項）。この協議については，関係地方公共団体の議会の議決を経なければならない（244条の3第3項）。

A市は，同市内に市民会館を設置しているが，その運営は民間事業者である株式会社Bに委ねられており，利用者の申請に対する利用の許可なども，Bによってなされている。住民の福利を増進するためその利用に供するために設置される市民会館などを地方自治法は何と呼び，また，その設置などに関する事項は，特別の定めがなければ，どの機関によりどのような形式で決定されるか。さらに，同法によれば，その運営に当たるBのような団体は，何と呼ばれるか。40字程度で記述しなさい。

（下書用）　　　　　　　　　　　　　　　　　　　　　　　10　　　　　　　　　　15

ワンポイントアドバイス

　「…を地方自治法は何と呼び」「…団体は，何と呼ばれるか」というような，用語そのものズバリを問う問題では，正確に用語を記述する必要があります。似たような言葉では点数はもらえないと考えて，日頃から知識を正確に準備しておきたいところです。

問 題 分 析　　★★☆

　本問は，簡単な事例をもとに，地方自治法上の「公の施設」に関する知識を問う問題です。地方自治法からの出題ということで難しく感じた方もいらっしゃるかもしれませんが，択一知識を駆使して何とか正答に近づけたいところです。

各 肢 の 解 説

　本問における市民会館は，A市が設置しているものの，その運営は民間事業者である株式会社Bに委ねられており，利用者の申請に対する利用の許可なども，Bによってなされている。このような事案を前提に，本問では，①住民の福利を増進するためその利用に供するために設置される市民会館などを地方自治法は何と呼ぶか，②その設置などに関する事項は，特別の定めがなければ，どの機関によりどのような形式で決定されるか，③地方自治法によれば，その運営に当たるBのような団体は，何と呼ばれるか，の3点について問われている。

①について

　普通地方公共団体は，住民の福祉を増進する目的をもってその利用に供するための施設（公の施設）を設けるものとされる（244条1項）。よって，「公の施設」という用語を使ってほしい。

②について

　普通地方公共団体は，法律又はこれに基づく政令に特別の定めがあるものを除くほか，公の施設の設置及びその管理に関する事項は，条例で定めなければならない（244条の2第1項）。そこで，「形式」については「条例で決定される」としなければならない。また，「どの機関により」という部分は，条例を制定する機関をさすため，「普通地方公共団体の議会により」と答えなければならない（96条1項1号）。

③について

　普通地方公共団体は，公の施設の設置の目的を効果的に達成するため必要があると認めるときは，条例の定めるところにより，法人その他の団体であって当該普通地方公共団体が指定するもの（指定管理者）に，当該公の施設の管理を行わせることができる（244条の2第3項）。よって，Bは「指定管理者」と呼ばれると答える。

　以上，①②③より，「市民会館などを地方自治法は公の施設と呼び，その設置などに関する事項は，特別の定めがなければ，普通地方公共団体の議会により条例で決定される。地方自治法によれば，その運営に当たるBのような団体は，指定管理者と呼ばれる。」と答えることになる。これを不要な部分を削りながら字数を調整すると，「地方自治法は公の施設と呼び，議会により条例で決定される。Bは，指定管理者と呼ばれる。」となる。

解答例　公の施設と呼び，その設置等は議会により条例で決定され，その運営団体は指定管理者と呼ばれる。（45字）

行政法総合

問 題

道路等についての最高裁判所の判決に関する次の記述のうち，正しいものはどれか。

1 道路の供用によって騒音や排気ガス等が生じ，当該道路の周辺住民に社会生活上受忍すべき限度を超える被害が生じていたとしても，このような供用に関連する瑕疵は，国家賠償法に定める「公の営造物の設置又は管理」上の瑕疵とはいえないから，道路管理者には国家賠償法上の責任は生じない。

2 公図上は水路として表示されている公共用財産が，長年の間事実上公の目的に供用されることなく放置され，公共用財産としての外観を全く喪失し，もはやその物を公共用財産として維持すべき理由がなくなった場合であっても，行政庁による明示の公用廃止が行われない限り，当該水路は取得時効の対象とはなり得ない。

3 建築基準法の定める道路の指定は，一定の条件に合致する道を一律に指定する一括指定の方法でなされることもあるが，一括して指定する方法でした道路の指定であっても，個別の土地についてその本来的な効果として具体的な私権制限を発生させるものであるから，当該指定は抗告訴訟の対象になる行政処分に当たる。

4 運転者が原動機付自転車を運転中に，道路上に長時間放置してあった事故車両に衝突して死亡した事故が発生した場合であっても，道路上の自動車の放置は，国家賠償法に定める「公の営造物の設置又は管理」上の瑕疵とはいえないから，道路の管理費用を負担すべき県には国家賠償法に基づく責任は認められない。

5 特別区の建築安全条例所定の接道要件が満たされていない建築物について，条例に基づいて区長の安全認定が行われた後に当該建築物の建築確認がされた場合であっても，後続処分たる建築確認の取消訴訟において，先行処分たる安全認定の違法を主張することは許されない。

key word

2項道路

建築基準法において，道路とは，原則として，幅員4メートル以上のものをいう（同法42条1項）。建物の敷地は，原則として，道路に2メートル以上接しなければならず，その要件を満たさないと建築が認められない（接道義務，同法43条1項）。しかし，古くからある既存建物については，この要件を満たすことができず，立替えなどができない不都合が生じる。そこで，幅員4メートル未満の道路であっても，一定の要件を満たすものは，建築基準法上の道路であることとされた（2項道路，同法42条2項）。

問題分析　★☆☆

本問は，道路等についての最高裁判所の判決に関する知識を問う問題です。

各肢の解説

1　誤り。 判例（最判平成7・7・7）は，国家賠償法2条1項にいう営造物の設置または管理の瑕疵とは，営造物が通常有すべき安全性を欠いている状態，すなわち他人に危害を及ぼす危険性のある状態をいうのであるが，これには営造物が供用目的に沿って利用されることとの関連においてその利用者以外の第三者に対して危害を生ぜしめる危険性がある場合をも含むものであり，営造物の設置・管理者において，このような危険性のある営造物を利用に供し，その結果，周辺住民に社会生活上受忍すべき限度を超える被害を生じた場合には，原則として，同条項の規定に基づく責任を免れることができないと判示した。

2　誤り。 判例（最判昭和51・12・24）は，公共用財産が，長年の間事実上公の目的に供用されることなく放置され，公共用財産としての形態，機能を全く喪失し，その物のうえに他人の平穏かつ公然の占有が継続したが，そのため実際上公の目的が害されるようなこともなく，もはやその物を公共用財産として維持すべき理由がなくなった場合には，当該公共用財産については，黙示的に公用が廃止されたものとして，これについて取得時効の成立を妨げないと判示した。

3　正しい。 判例（最判平成14・1・17）は，昭和37年奈良県告示第327号は，幅員4m未満1.8m以上の道を一括して2項道路（＝建築基準法42条2項の規定により同条1項の道路とみなされる道路）として指定するものであるが，これにより，指定の効果が及ぶ個々の道は2項道路とされ，その敷地所有者は，当該道路につき道路内の建築等が制限される等の具体的な私権の制限を受けることになる。そうすると，特定行政庁による2項道路の指定は，それが一括指定の方法でなされた場合であっても，個別の土地についてその本来的な効果として具体的な私権制限を発生させるものであり，個人の権利義務に対して直接影響を与えるものということができるから，本件告示のような一括指定の方法による2項道路の指定も，抗告訴訟の対象となる行政処分に当たると判示した。

4　誤り。 判例（最判昭和50・7・25）は，道路管理者は，道路を常時良好な状態に保つように維持し，修繕し，もって一般交通に支障を及ぼさないように努める義務を負うところ，当該国道の本件事故現場付近は，幅員7.5メートルの道路中央線付近に故障した大型貨物自動車が87時間にわたって放置され，道路の安全性を著しく欠如する状態であったにもかかわらず，当時その管理事務を担当する橋本土木出張所は，道路を常時巡視して応急の事態に対処しうる監視体制をとっていなかったために，本件事故が発生するまで当該故障車が道路上に長時間放置されていることさえ知らず，まして故障車のあることを知らせるためバリケードを設けるとか，道路の片側部分を一時通行止にするなど，道路の安全性を保持するために必要とされる措置を全く講じていなかったことは明らかであるとした上で，このような状況の下においては，本件事故発生当時，当該出張所の道路管理に瑕疵があったというほかなく，してみると，本件道路の管理費用を負担すべき和歌山県は，国家賠償法2条および3条の規定に基づき，本件事故によってXらの被った損害を賠償する責任を負うと判示した。

5　誤り。 判例（最判平成21・12・17）は，東京都建築安全条例4条1項所定の接道要件を満たしていない建築物について，同条3項に基づく安全認定（＝建築物の周囲の空地の状況その他土地および周囲の状況により，知事が，安全上支障がないと認める処分。これがあれば同条1項は適用しないとされている。）が行われた上で建築確認がされている場合，先行処分である安全認定が取り消されていなくても，建築確認の取消訴訟において，安全認定が違法であるために同条1項違反があると主張することは許されると判示した。

正解　3

401

問 題

　ある市立保育所の廃止に関する以下の会話を受けてCが論点を整理した次の記述のうち，法令および最高裁判所の判例に照らし，妥当なものはどれか。

A：友人が居住している市で，3つある市立保育所を廃止するための条例が制定されるらしいんだ。この場合，どうしたら，条例の制定を阻止できるのだろうか。

B：議会への働きかけも含めていろいろ考えられるけれども，その他，何らかの訴訟を提起することも考えられるね。

C：行政事件訴訟法と地方自治法を勉強するいい機会だから，すこし考えてみよう。

1　特定の市立保育所のみを廃止する条例の効力を停止するために，当該条例の効力の停止の申立てのみを，それに対する抗告訴訟の提起の前に行うことができる。

2　特定の市立保育所を廃止する条例の制定行為については，住民訴訟によってその差止めを求めることができる。

3　条例の制定行為は，普通地方公共団体の議会が行う立法行為に属するが，一般的に抗告訴訟の対象となる行政処分に当たると解されている。

4　特定の市立保育所の廃止条例の制定に関する議決を阻止するため，一定数の選挙人の署名により，地方自治法上の直接請求をすることができる。

5　処分の取消判決や執行停止の決定には第三者効が認められているため，市立保育所廃止条例の制定行為の適法性を抗告訴訟によって争うことには合理性がある。

key word

保全命令

　民事訴訟の本案の権利の実現を保全するための仮差押えおよび係争物に関する仮処分ならびに民事訴訟の本案の権利関係につき仮の地位を定めるための仮処分の命令をいう（民事保全法2条1項）。

問 題 分 析　　★★☆

本問は，ある市立保育所の廃止に関する総合的知識を問う問題です。

各 肢 の 解 説

1　**妥当でない。**処分の執行停止は，処分の取消しの訴えの提起前にすることはできない（行政事件訴訟法25条2項）。したがって，条例の効力の停止の申立てを，それに対する抗告訴訟の提起の前に行うことはできない。

2　**妥当でない。**住民訴訟（地方自治法242条の2）は，住民監査請求（同法242条）を前提としている。住民監査請求の請求対象は，違法（または不当）な財務会計上の行為または怠る事実である。したがって，特定の市立保育所を廃止する条約の制定行為について，住民訴訟を提起することはできない。

3　**妥当でない。**条例の制定行為等の立法行為は，国民の権利義務を直接に変動させるものではないことから，原則として，処分性を有しないと解されている（最判昭和56・4・24等）。

4　**妥当でない。**地方自治法上の直接請求の対象は，条例の制定または改廃の請求であり（地方自治法74条1項），条例の制定を阻止することは除かれている。したがって，特定の市立保育所の廃止条例の制定に関する議決を阻止するため，直接請求をすることはできない。

5　**妥当である。**市の設置する保育所で保育を受けている児童またはその保護者が，当該保育所を廃止する条例の効力を争って，当該市を相手に当事者訴訟ないし民事訴訟を提起し，勝訴判決や保全命令を得たとしても，これらは，訴訟の当事者である当該児童またはその保護者と当該市との間でのみ効力を生ずるにすぎないから，これらを受けた市としては当該保育所を存続させるかどうかについての実際の対応に困難をきたすことになる。そのため，処分の取消判決や執行停止の決定に第三者効（行政事件訴訟法32条）が認められている取消訴訟において，当該条例の制定行為の適法性を争いうるとすることには，合理性がある。

正解　5

判 例 情 報

横浜市立保育園廃止処分取消請求事件（最判平成21・11・26）

　　公の施設である保育所を廃止するのは，市町村長の担任事務であるが（地方自治法149条7号），条例をもって定めることが必要とされている（同法244条の2）。条例の制定は，普通地方公共団体の議会が行う立法作用に属するから，一般的には，抗告訴訟の対象となる行政処分に当たるものでないが，本件改正条例は，本件各保育所の廃止のみを内容とするものであって，他に行政庁の処分を待つことなく，その施行により各保育所廃止の効果を発生させ，当該保育所に現に入所中の児童及びその保護者という限られた特定の者らに対して，直接，当該保育所において保育を受けることを期待し得る上記の法的地位を奪う結果を生じさせるものであるから，その制定行為は，行政庁の処分と実質的に同視し得るものということができる。以上によれば，本件改正条例の制定行為は，抗告訴訟の対象となる行政処分に当たる。

問題

　上水道に関する次のア〜エの記述のうち，最高裁判所の判例に照らし，正しいものの組合せはどれか。

ア　自然的条件において，取水源が貧困で現在の取水量を増加させることが困難である状況等があるとき，水道事業者としての市町村は，需要量が給水量を上回り水不足が生ずることのないように，もっぱら水の供給を保つという観点から水道水の需要の著しい増加を抑制するための施策をとることも，やむを得ない措置として許される。

イ　行政指導として教育施設の充実に充てるために事業主に対して寄付金の納付を求めること自体は，強制にわたるなど事業主の任意性を損なうことがない限り，違法ということはできないが，水道の給水契約の締結等の拒否を背景として，その遵守を余儀なくさせることは，違法である。

ウ　水道事業者である地方公共団体が，建築指導要綱に従わないことを理由に建築中のマンションの給水契約の拒否を行うことも，当該建築指導要綱を遵守させるために行政指導を継続する理由があるといった事情がある場合には，給水契約の拒否を行うについて水道法が定める「正当な理由」があるものとして適法なものとされる。

エ　建築基準法に違反し，建築確認を受けずになされた増築部分につき，水道事業者である地方公共団体の職員が給水装置新設工事の申込書を返戻した場合，それが，当該申込みの受理を最終的に拒否する旨の意思表示をしたものではなく，同法違反の状態を是正し，建築確認を受けた上で申込みをするよう一応の勧告をしたものにすぎないものであったとしても，かかる措置は，違法な拒否に当たる。

　1　ア・イ
　2　ア・ウ
　3　イ・ウ
　4　イ・エ
　5　ウ・エ

key word

水道給水契約

　水道事業者である地方公共団体と水道利用者との給水に関する法律関係は，水道の使用許可処分ではなく，給水契約の締結による（水道法15条1項）。

問 題 分 析　　★☆☆

本問は，上水道に係る最高裁判所の判例に関する総合的知識を問う問題です。

各 肢 の 解 説

ア　正しい。 判例（最判平成11・1・21）は，水の供給量が既にひっ迫している にもかかわらず，自然的条件においては取水源が貧困で現在の取水量を増加さ せることが困難である一方で，社会的条件としては著しい給水人口の増加が見 込まれるため，近い将来において需要量が給水量を上回り水不足が生ずること が確実に予見されるという地域にあっては，水道事業者である市町村としては， そのような事態を招かないよう適正かつ合理的な施策を講じなければならず， その方策としては，困難な自然的条件を克服して給水量をできる限り増やすこ とが第一に執られるべきであるが，それによってもなお深刻な水不足が避けら れない場合には，専ら水の需給の均衡を保つという観点から水道水の需要の著 しい増加を抑制するための施策を執ることも，やむを得ない措置として許され ると判示した。

イ　正しい。 判例（最判平成5・2・18）は，行政指導として教育施設の充実に 充てるために事業主に対して寄付金の納付を求めること自体は，強制にわたる など事業主の任意性を損うことがない限り，違法ということはできないとした 上で，指導要綱の文言および運用の実態からすると，本件当時，被上告人は， 事業主に対し，法が認めておらずしかもそれが実施された場合にはマンション 建築の目的の達成が事実上不可能となる水道の給水契約の締結の拒否等の制裁 措置を背景として，指導要綱を遵守させようとしていたというべきであるから， 当該行為は，本来任意に寄付金の納付を求めるべき行政指導の限度を超えるも のであり，違法な公権力の行使であるといわざるを得ないと判示した。

ウ　誤り。 判例（最判平成元・11・7，最判平成5・2・18）は，事業主が指導 要綱に基づく行政指導に従わなかった場合に採ることがあるとされる給水契約 の締結の拒否という制裁措置は，水道法上許されないと判示した。

エ　誤り。 判例（最判昭和56・7・16）は，被上告人大阪府豊中市の水道局給水 課長が上告人の本件建物についての給水装置新設工事申込の受理を事実上拒絶 し，申込書を返戻した措置は，その申込の受理を最終的に拒否する旨の意思表 示をしたものではなく，上告人に対し，その建物につき存する建築基準法違反 の状態を是正して建築確認を受けたうえ申込をするよう一応の勧告をしたもの にすぎないと認められるところ，これに対し上告人は，その後1年半余を経過 したのち改めてその工事の申込をして受理されるまでの間，その工事申込に関 してなんらの措置を講じないままこれを放置していたのであるから，以上の事 実関係の下においては，前記被上告人市の水道局給水課長の当初の措置のみに よっては，未だ，被上告人市の職員が上告人の給水装置工事申込の受理を違法 に拒否したものとして，被上告人市において上告人に対し不法行為法上の損害 賠償の責任を負うものとするには当たらないと判示した。

以上により，正しいものは，ア及びイであるから，正解は1である。

正解　1

問　題

　国公立学校をめぐる行政法上の問題に関する次のア〜エの記述のうち，最高裁判所の判例に照らし，妥当なものの組合せはどれか。

ア　公立高等専門学校の校長が学生に対し原級留置処分または退学処分を行うかどうかの判断は，校長の合理的な教育的裁量にゆだねられるべきものであり，裁判所がその処分の適否を審査するに当たっては，校長と同一の立場に立って当該処分をすべきであったかどうか等について判断し，その結果と当該処分とを比較してその適否，軽重等を論ずべきである。

イ　公立中学校教員を同一市内の他の中学校に転任させる処分は，仮にそれが被処分者の法律上の地位に何ら不利益な変更を及ぼすものではないとしても，その名誉につき重大な損害が生じるおそれがある場合は，そのことを理由に当該処分の取消しを求める法律上の利益が認められる。

ウ　公立学校の儀式的行事における教育公務員としての職務の遂行の在り方に関し校長が教職員に対して発した職務命令は，教職員個人の身分や勤務条件に係る権利義務に直接影響を及ぼすものではないから，抗告訴訟の対象となる行政処分には当たらない。

エ　国公立大学が専攻科修了の認定をしないことは，一般市民としての学生が国公立大学の利用を拒否することにほかならず，一般市民として有する公の施設を利用する権利を侵害するものであるから，専攻科修了の認定，不認定に関する争いは司法審査の対象となる。

1　ア・イ
2　ア・ウ
3　イ・ウ
4　イ・エ
5　ウ・エ

key word

職務命令

　公務員の職務に関して，職務上の上司が発する命令。例えば，地方公務員法32条は，「職員は，その職務を遂行するに当つて，法令，条例，地方公共団体の規則及び地方公共団体の機関の定める規程に従い，且つ，上司の職務上の命令に忠実に従わなければならない。」と規定している。

問 題 分 析　　★★☆

　本問は，国公立学校をめぐる行政法上の問題に係る最高裁判所の判例に関する総合的知識を問う問題です。

各 肢 の 解 説

ア　**妥当でない。**判例（最判平成8・3・8）は，高等専門学校の校長が学生に対し原級留置処分または退学処分を行うかどうかの判断は，校長の合理的な教育的裁量にゆだねられるべきものであり，裁判所がその処分の適否を審査するに当たっては，校長と同一の立場に立って当該処分をすべきであったかどうか等について判断し，その結果と当該処分とを比較してその適否，軽重等を論ずべきものではなく，校長の裁量権の行使としての処分が，全く事実の基礎を欠くかまたは社会観念上著しく妥当を欠き，裁量権の範囲を超えまたは裁量権を濫用してされたと認められる場合に限り，違法であると判断すべきと判示した。

イ　**妥当でない。**判例（最判昭和61・10・23）は，公立中学校教員を同一市内の他の中学校に転任させる処分は，ある中学校教諭として勤務していた被上告人らを同一市内の他の中学校教諭に補する旨配置換えを命じたものにすぎず，被上告人らの身分，俸給等に異動を生ぜしめるものでないことはもとより，客観的また実際的見地からみても，被上告人らの勤務場所，勤務内容等においてなんらの不利益を伴うものでないから，他に特段の事情の認められない本件においては，被上告人らについて本件転任処分の取消しを求める法律上の利益を肯認することはできないと判示した。

ウ　**妥当である。**判例（最判平成24・2・9）は，公立学校の儀式的行事における教育公務員としての職務の遂行の在り方に関し，校長が教職員に対して発した職務命令は，教職員個人の身分や勤務条件に係る権利義務に直接影響を及ぼすものではないから，抗告訴訟の対象となる行政処分には当たらないと判示した。

エ　**妥当である。**判例（最判昭和52・3・15）は，国公立の大学において，大学が専攻科修了の認定をしないことは，実質的にみて，一般市民としての学生の国公立大学の利用を拒否することにほかならないものというべく，その意味において，学生が一般市民として有する公の施設を利用する権利を侵害するものであるから，本件専攻科修了の認定，不認定に関する争いは司法審査の対象になると判示した。

　　以上により，妥当なものは，ウ及びエであるから，正解は5である。

正解　5

問　題

　自動車の運転免許に関する次の記述のうち，正しいものはどれか。

1　自動車の運転免許の交付事務を担当する都道府県公安委員会は合議制の機関であることから，免許の交付の権限は都道府県公安委員会の委員長ではなく，都道府県公安委員会が有する。

2　道路交通法に違反した行為を理由として運転免許停止処分を受けた者が，その取消しを求めて取消訴訟を提起したところ，訴訟係属中に免許停止期間が終了した場合，当該違反行為を理由とする違反点数の効力が残っていたとしても，当該訴訟の訴えの利益は消滅する。

3　運転免許証の「○年○月○日まで有効」という記載は，行政行為に付される附款の一種で，行政法学上は「条件」と呼ばれるものである。

4　自動車の運転免許は，免許を受けた者に対し，公道上で自動車を運転できるという権利を付与するものであるから，行政法学上の「特許」に当たる。

5　都道府県公安委員会は国家公安委員会の地方支分部局に当たるため，内閣総理大臣は，閣議にかけた方針に基づき都道府県公安委員会の運転免許交付事務を指揮監督することができる。

key word

特許

　特定人のために新たな権利を設定し，または法律上の地位を付与する行為。例えば，鉱業権設定の許可，外国人の帰化の許可，公有水面の埋立ての許可がこれに当たる。

問 題 分 析　　★★☆

本問は，自動車の運転免許に関する総合的知識を問う問題です。

各 肢 の 解 説

1　正しい。 行政庁が合議制の行政機関である場合，その意思決定は，合議によらなければならない。したがって，自動車の運転免許の交付事務を担当する都道府県公安委員会は，合議制の機関であることから，免許の交付の権限は，都道府県公安委員会の委員長ではなく，都道府県公安委員会が有する。

2　誤り。 判例（最判昭和55・11・25）は，福井県警察本部長は，昭和48年12月17日被上告人に対し自動車運転免許の効力を30日間停止する旨の処分（以下「本件原処分」という。）をしたが，同日免許の効力停止期間を29日短縮し，被上告人は，本件原処分の日から満１年間，無違反・無処分で経過したという事案において，本件原処分の効果は，当該処分の日１日の期間の経過によりなくなったものであり，また，本件原処分の日から１年を経過した日の翌日以降，被上告人が本件原処分を理由に道路交通法上不利益を受けるおそれがなくなったから，行政事件訴訟法９条の規定の適用上，被上告人は，本件原処分の取消しによって回復すべき法律上の利益を有しないと判示した。この判例によれば，道路交通法に違反した行為を理由として運転免許停止処分を受けた者が，その取消しを求めて取消訴訟を提起したところ，訴訟係属中に免許停止期間が終了した場合でも，当該違反行為を理由とする違反点数の効力が残っていたときは，再度処分を受けたときにその違反点数が加重されてしまい，その者が道路交通法上不利益を被るおそれがあることから，当該訴訟の訴えの利益は消滅しないことになる。なお，本件原処分の日から１年を経過した日にその違反点数が消滅するから，本判例のとおり，本件原処分の日から１年を経過した日の翌日以降，被上告人が本件原処分を理由に道路交通法上不利益を受けるおそれがなくなることになる。

3　誤り。 運転免許証の「○年○月○日まで有効」という記載は，行政行為の効果の発生又は消滅を，将来発生することが確実な事実にかからせる意思表示であり，行政法学上は，「条件」ではなく，「期限」と呼ばれるものである。なお，「条件」とは，行政行為の効果の発生又は消滅を，将来発生するかどうか不確実な事実にかからしめる意思表示をいう。

4　誤り。 自動車の運転免許は，公道上での自動車の運転を一般的に禁止し，試験に合格した場合にその禁止を解除する行為であるから，行政法学上の「特許」ではなく，「許可」に当たる。

5　誤り。 都道府県公安委員会は，都道府県の執行機関である（地方自治法180条の５第２項１号）から，内閣総理大臣が，閣議にかけた方針に基づき都道府県公安委員会の運転免許交付事務を指揮監督することができるわけではない。なお，都道府県公安委員会がする運転免許交付の事務は，自治事務であり（同法２条８号～10号，別表第１，別表第２，地方自治法施行令参照），都道府県に対する国の関与は可能である。

正解　1

問　題

　情報公開をめぐる最高裁判所の判例に関する次の記述のうち，妥当なものはどれか。

1　条例に基づく公文書非公開決定の取消訴訟において，被告は，当該決定が適法であることの理由として，実施機関が当該決定に付した非公開理由とは別の理由を主張することも許される。

2　行政機関情報公開法*に基づく開示請求の対象とされた行政文書を行政機関が保有していないことを理由とする不開示決定の取消訴訟において，不開示決定時に行政機関が当該文書を保有していなかったことについての主張立証責任は，被告が負う。

3　条例に基づく公文書非公開決定の取消訴訟において，当該公文書が書証として提出された場合には，当該決定の取消しを求める訴えの利益は消滅する。

4　条例に基づく公文書非開示決定に取消し得べき瑕疵があった場合には，そのことにより直ちに，国家賠償請求訴訟において，当該決定は国家賠償法1条1項の適用上違法であるとの評価を受ける。

5　条例に基づき地方公共団体の長が建物の建築工事計画通知書についてした公開決定に対して，国が当該建物の所有者として有する固有の利益が侵害されることを理由としてその取消しを求める訴えは，法律上の争訟には当たらない。

（注）　＊　行政機関の保有する情報の公開に関する法律

key word

日本の情報公開法制

　日本の情報公開法制は，地方レベルから始まった。すなわち，1982年3月に最初の情報公開条例が山形県金山町で制定された。そして，同年，都道府県では初めてとなる情報公開条例が神奈川県で制定された。その後，1999年に行政機関情報公開法（正式名称は，「行政機関の保有する情報の公開に関する法律」）が制定された（施行日は，2001（平成13）年4月1日）。

問 題 分 析　　★★☆

本問は，情報公開に関する最高裁判所の判例知識を問う問題です。

各 肢 の 解 説

1　**妥当である。**判例（最判平成11・11・19）は，理由の差替え（＝一旦処分の理由を示した行政庁が，処分の理由を別のものに差し替えること）を認めている。したがって，条例に基づく公文書非公開決定の取消訴訟において，被告は，当該決定が適法であることの理由として，実施機関が当該決定に付した非公開理由とは別の理由を主張することも許される。

2　**妥当でない。**判例（最判平成26・7・14）は，開示請求の対象とされた行政文書を行政機関が保有していないことを理由とする不開示決定の取消訴訟においては，その取消しを求める者が，当該不開示決定時に当該行政機関が当該行政文書を保有していたことについて主張立証責任を負うと判示した。

3　**妥当でない。**判例（最判平成14・2・28）は，愛知県公文書公開条例に基づき公開請求された公文書の非公開決定の取消訴訟において，当該公文書が書証として提出された場合であっても，当該公文書の非公開決定の取消しを求める訴えの利益は消滅しないと判示した。

4　**妥当でない。**判例（最判平成18・4・20）は，非開示決定に取消し得べき瑕疵があるとしても，そのことから直ちに国家賠償法1条1項にいう違法があったとの評価を受けるものではなく，公務員が職務上尽くすべき注意義務を尽くすことなく漫然と非開示情報に当たるとの認定をしたと認め得るような事情がある場合に限り，国家賠償法1条1項にいう違法があったとの評価を受けると判示した。

5　**妥当でない。**判例（最判平成13・7・13）は，原審は，本件においては，被上告人の本件条例に基づく行政権限の行使と上告人の防衛行政権限の行使との間に抵触が生じ，これをめぐって両当事者間に権限の行使に関する紛争が発生しているのであるから，本件訴えは裁判所法3条にいう「法律上の争訟」に当たらないと判断し，本件訴えを却下すべきものとしたが，本件文書は，建築基準法18条2項に基づき那覇市建築主事に提出された建築工事計画通知書及びこれに添付された本件建物の設計図面等であり，上告人は，本件文書の公開によって国有財産である本件建物の内部構造等が明らかになると，警備上の支障が生じるほか，外部からの攻撃に対応する機能の減殺により本件建物の安全性が低減するなど，本件建物の所有者として有する固有の利益が侵害されることをも理由として，本件各処分の取消しを求めていると理解することができるから，そうすると，本件訴えは，法律上の争訟に当たるというべきであると判示した。

正解　1

問　題

　墓地埋葬法*13条は，「墓地，納骨堂又は火葬場の管理者は，埋葬，埋蔵，収蔵又は火葬の求めを受けたときは，正当の理由がなければこれを拒んではならない。」と定めているところ，同条の「正当の理由」について，厚生省（当時）の担当者が，従来の通達を変更し，依頼者が他の宗教団体の信者であることのみを理由として埋葬を拒否することは「正当の理由」によるものとは認められないという通達（以下「本件通達」という。）を発した。本件通達は，当時の制度の下で，主務大臣がその権限に基づき所掌事務について，知事をも含めた関係行政機関に対し，その職務権限の行使を指揮したものであるが，この通達の取消しを求める訴えに関する最高裁判所判決（最三小判昭和43年12月24日民集22巻13号3147頁）の内容として，妥当なものはどれか。

1　通達は，原則として，法規の性質をもつものであり，上級行政機関が関係下級行政機関および職員に対してその職務権限の行使を指揮し，職務に関して命令するために発するものであって，本件通達もこれに該当する。

2　通達は，関係下級機関および職員に対する行政組織内部における命令であるが，その内容が，法令の解釈や取扱いに関するものであって，国民の権利義務に重大なかかわりをもつようなものである場合には，法規の性質を有することとなり，本件通達の場合もこれに該当する。

3　行政機関が通達の趣旨に反する処分をした場合においても，そのことを理由として，その処分の効力が左右されるものではなく，その点では本件通達の場合も同様である。

4　本件通達は従来とられていた法律の解釈や取扱いを変更するものであり，下級行政機関は当該通達に反する行為をすることはできないから，本件通達は，これを直接の根拠として墓地の経営者に対し新たに埋葬の受忍義務を課すものである。

5　取消訴訟の対象となりうるものは，国民の権利義務，法律上の地位に直接具体的に法律上の影響を及ぼすような行政処分等でなければならないのであるから，本件通達の取消しを求める訴えは許されないものとして棄却されるべきものである。

　（注）　＊　墓地，埋葬等に関する法律

問 題 分 析　　★★★

　本問は，通達の処分性に関する最高裁判所の判例（最判昭和43・12・24。以下「本判決」という。）の知識を問う問題です。

各 肢 の 解 説

1　妥当でない。本判決は，「元来，通達は，原則として，法規の性質をもつものではな」いと判示した。したがって，「通達は，原則として，法規の性質をもつものであ」るとはいえない。

2　妥当でない。本判決は，「元来，通達は，原則として，法規の性質をもつものではな」いとした上で，「このことは，通達の内容が，法令の解釈や取扱いに関するもので，国民の権利義務に重大なかかわりをもつようなものである場合においても別段異なるところはない」と判示した。したがって，「国民の権利義務に重大なかかわりをもつようなものである場合には，法規の性質を有することとな」るとはいえない。

3　妥当である。本判決は，「通達は，元来，法規の性質をもつものではないから，行政機関が通達の趣旨に反する処分をした場合においても，そのことを理由として，その処分の効力が左右されるものではない。」と判示した。

4　妥当でない。本判決は，「通達は従来とられていた法律の解釈や取扱いを変更するものではあるが，それはもつぱら知事以下の行政機関を拘束するにとどまるもので，これらの機関は右通達に反する行為をすることはできないにしても，国民は直接これに拘束されることはなく，従つて，右通達が直接に上告人の所論墓地経営権，管理権を侵害したり，新たに埋葬の受忍義務を課したりするものとはいいえない」と判示した。したがって，「通達は，これを直接の根拠として墓地の経営者に対し新たに埋葬の受忍義務を課すものである」とはいえない。

5　妥当でない。本判決は，「行政訴訟において取消の訴の対象となりうるものは，国民の権利義務，法律上の地位に直接具体的に法律上の影響を及ぼすような行政処分等でなければならないのであるから，本件通達中所論の趣旨部分の取消を求める本件訴は許されないものとして却下すべきものである」と判示した。したがって，「棄却」ではなく，「却下」が妥当であるから，本肢は妥当でない。

正解　3

問　題

公立学校に関する次のア～エの記述のうち，最高裁判所の判例に照らし，妥当なものの組合せはどれか。

ア　公立高等専門学校の校長が，必修科目を履修しない学生を原級留置処分または退学処分にするに際しては，その判断は校長の合理的な教育的裁量に委ねられる。

イ　公立中学校の校庭が一般に開放され，校庭を利用していた住民が負傷したとしても，当該住民は本来の利用者とはいえないことから，その設置管理者が国家賠償法上の責任を負うことはない。

ウ　公立小学校を廃止する条例について，当該条例は一般的規範を定めるにすぎないものの，保護者には特定の小学校で教育を受けさせる権利が認められることから，その処分性が肯定される。

エ　市が設置する中学校の教員が起こした体罰事故について，当該教員の給与を負担する県が賠償金を被害者に支払った場合，県は国家賠償法に基づき，賠償金の全額を市に求償することができる。

1　ア・イ
2　ア・エ
3　イ・ウ
4　イ・エ
5　ウ・エ

key word

公立学校

地方公共団体が設置する学校（学校教育法２条２項）。「地方公共団体」には，普通地方公共団体（都道府県および市町村）のみならず，特別区および地方公共団体の組合といった特別地方公共団体が含まれる。

問題分析　　★★☆

本問は，公立学校に関する最高裁判所の判例知識を問う問題です。

各肢の解説

ア　妥当である。 判例（神戸高専剣道実技拒否事件，最判平成8・3・8）は，公立高等専門学校の校長が，必修科目を履修しない学生に対し原級留置処分または退学処分を行うかどうかの判断は，校長の合理的な教育的裁量にゆだねられるべきものであると判示した。

イ　妥当でない。 公立中学校の校庭が一般に開放され，校庭を利用していた住民が負傷した事案において，判例（テニスコート審判台事件，最判平成5・5・30）は，公の営造物の設置管理者は，テニスコートの審判台が本来の用法に従って安全であるべきことについて責任を負うのは当然として，その責任は原則としてこれをもって限度とすべく，本来の用法に従えば安全である営造物について，これを設置管理者の通常予測し得ない異常な方法で使用しないという注意義務は，利用者である一般市民の側が負うのが当然であり，幼児について，異常な行動に出ることがないようにさせる注意義務は，もとより，第一次的にその保護者にあるといわなければならないとしたうえで，国家賠償法2条1項所定の責任を否定した。この判例は，公立中学校の校庭が一般に開放され，校庭を利用していた住民が負傷したときには，場合により，その設置管理者が国家賠償法上の責任を負うことがあることを前提としている。したがって，「（公立中学校の）設置管理者が国家賠償法上の責任を負うことはない」とはいえない。

ウ　妥当でない。 判例（最判平成14・4・25）は，区内に設置されていたすべての区立小学校を廃止し，新たに区立小学校8校を設置すること等をその内容とする条例は，子が通学していた区立小学校の廃止後に新たに設置され就学校として指定を受けた区立小学校が子らにとって社会生活上通学することができる範囲内にないものとは認められないときは，一般的規範にほかならず，抗告訴訟の対象となる処分に当たらないと判示した。したがって，「その処分性が肯定される」とはいえない。

エ　妥当である。 判例（最判平成21・10・23）は，市町村が設置する中学校の教諭がその職務を行うについて故意または過失によって違法に生徒に損害を与えた場合において，当該教諭の給料その他の給与を負担する都道府県が国家賠償法1条1項，3条1項に従い，生徒に対して損害を賠償したときは，当該都道府県は，同条2項に基づき，賠償した損害の全額を当該中学校を設置する市町村に対して求償することができると判示した。

以上により，妥当なものは，ア及びエであるから，正解は2である。

正解　2

民法

問　題

　制限行為能力者に関する次の記述のうち，民法の規定および判例に照らし，誤っているものはどれか。

1　未成年者について，親権を行う者が管理権を有しないときは，後見が開始する。

2　保佐人は，民法が定める被保佐人の一定の行為について同意権を有するほか，家庭裁判所が保佐人に代理権を付与する旨の審判をしたときには特定の法律行為の代理権も有する。

3　家庭裁判所は，被補助人の特定の法律行為につき補助人の同意を要する旨の審判，および補助人に代理権を付与する旨の審判をすることができる。

4　被保佐人が保佐人の同意を要する行為をその同意を得ずに行った場合において，相手方が被保佐人に対して，一定期間内に保佐人の追認を得るべき旨の催告をしたが，その期間内に回答がなかったときは，当該行為を追認したものと擬制される。

5　制限行為能力者が，相手方に制限行為能力者であることを黙秘して法律行為を行った場合であっても，それが他の言動と相まって相手方を誤信させ，または誤信を強めたものと認められるときは，詐術にあたる。

key word

制限行為能力者

　未成年者，成年被後見人，被保佐人，被補助人がいる。民法は，あらかじめ特定の範囲の者を制限行為能力者として定型化し，その者は単独では有効に意思表示ができないということにした（制限行為能力者制度）。こうすることで，表意者保護と取引の安全の調和を図る。

業務法令

問 題 分 析　　★☆☆

制限行為能力者について問う問題です。

各 肢 の 解 説

1　正しい。後見は，未成年者に対して親権を行う者がないとき，又は親権を行う者が管理権を有しないときに開始する（838条柱書1号）。

2　正しい。保佐人には被保佐人の一定の行為について同意権が認められている（13条1項柱書）。また，家庭裁判所は，民法11条本文に規定する者又は保佐人若しくは保佐監督人の請求によって，被保佐人のために特定の法律行為について保佐人に代理権を付与する旨の審判をすることができる（876条の4第1項）。

3　正しい。家庭裁判所は，民法15条1項本文に規定する者又は補助人若しくは補助監督人の請求により，被補助人が特定の法律行為をするにはその補助人の同意を得なければならない旨の審判をすることができる（17条1項）。また，家庭裁判所は，民法15条1項本文に規定する者又は補助人若しくは補助監督人の請求によって，被補助人のために特定の法律行為について補助人に代理権を付与する旨の審判をすることができる（876条の9第1項）。

4　誤り。制限行為能力者の相手方は，被保佐人又は民法17条1項の審判を受けた被補助人に対して，1か月以上の期間内にその保佐人又は補助人の追認を得るべき旨の催告をすることができ，その被保佐人又は被補助人がその期間内にその追認を得た旨の通知を発しないときは，その行為を取り消したものとみなされる（20条4項）。したがって，当該行為を取り消したものとみなされるのであって，追認したものとみなされるわけではないから，本肢は誤っている。

5　正しい。制限行為能力者が制限行為能力者であることを黙秘していた場合でも，それが，制限行為能力者の他の言動などと相俟って，相手方を誤信させ，または誤信を強めたものと認められるときは，詐術に当たる（最判昭和44・2・13）。

正解　4

ポイントチェック

		未成年者	成年被後見人	被保佐人	被補助人
保護者		親権者・未成年後見人	成年後見人	保佐人	補助人
	同意権	○	×	○	△審判を受けた行為のみ
	取消権	○	○	○	○*
	代理権	○	○	△審判を受けた行為のみ	△審判を受けた行為のみ

＊　同意権のある場合。

419

問　題

　Aが従来の住所または居所を去って行方不明となった場合に関する次の記述の
うち，民法の規定に照らし，誤っているものはどれか。

1　Aは自己の財産につき管理人を置いていたが，権限について定めていなかっ
た場合であっても，管理人は，保存行為およびその財産の性質を変えない範囲
内において利用または改良を行うことができる。

2　Aが自己の財産につき管理人を置かなかったときは，利害関係人または検察
官の請求により，家庭裁判所は，その財産の管理について必要な処分を命ずる
ことができる。

3　Aが自己の財産につき管理人を置いた場合において，Aの生死が明らかでな
いときは，利害関係人または検察官の請求により，家庭裁判所は，管理人を改
任することができる。

4　Aの生死が7年間明らかでないときは，利害関係人の請求により，家庭裁判
所はAについて失踪の宣告をすることができ，これにより，Aは，失踪の宣告
を受けた時に死亡したものとみなされる。

5　Aについて失踪の宣告が行われた場合，Aは死亡したものとみなされるが，
Aが生存しているときの権利能力自体は，これによって消滅するものではない。

key word

不在者

　従来の住所や居所を去り，容易に帰ってくる見込みのない者。

420

問 題 分 析　　★★☆

不在者の財産管理，失踪宣告に関する問題です。

各 肢 の 解 説

1　正しい。管理人は，保存行為及び代理の目的である物又は権利の性質を変えない範囲内において利用又は改良を目的とする行為をすることができ，この権限を超える行為をする必要があるときは，家庭裁判所の許可を得なければならない（28条前段，103条）。したがって，保存行為，性質を変えない範囲内での利用・改良行為は，家庭裁判所の許可がなくても行うことができるから，本肢は正しい。

2　正しい。不在者がその財産の管理人を置かなかったときは，家庭裁判所は，利害関係人又は検察官の請求により，その財産の管理について必要な処分を命ずることができる（25条1項前段）。

3　正しい。不在者が管理人を置いた場合において，その不在者の生死が明らかでないときは，家庭裁判所は，利害関係人又は検察官の請求により，管理人を改任することができる（26条）。

4　誤り。不在者の生死が7年間明らかでないときは，家庭裁判所は，利害関係人の請求により，失踪の宣告をすることができる（普通失踪，30条1項）。この普通失踪により，失踪の宣告を受けた者はその7年の期間が満了した時に，死亡したものとみなされる（31条）。したがって，7年の期間満了時に死亡したものとみなされるから，本肢は誤っている。

5　正しい。失踪宣告による死亡擬制により，失踪者の従来の住所地において形成された私法上の法律関係が清算されるのであって，失踪宣告により，失踪者が権利能力を失うわけではない。

正解　4

ポイントチェック

普通失踪と特別失踪

	普通失踪	特別失踪
要件	不在者の生死が7年間明らかでない	死亡の原因となるべき危難に遭遇した者の生死が，危難が去った後1年間明らかでない
	利害関係人の請求	
死亡擬制	7年間の期間が満了した時	危難の去った時

問　題

　自然人A（以下「A」という。）が団体B（以下「B」という。）に所属している場合に関する次のア～オの記述のうち，民法の規定および判例に照らし，妥当なものの組合せはどれか。

ア　Bが法人である場合に，AがBの理事として第三者と法律行為をするときは，Aは，Bの代表としてではなく，Bの構成員全員の代理人として当該法律行為を行う。

イ　Bが権利能力のない社団である場合には，Bの財産は，Bを構成するAら総社員の総有に属する。

ウ　Bが組合である場合には，Aは，いつでも組合財産についてAの共有持分に応じた分割を請求することができる。

エ　Bが組合であり，Aが組合の業務を執行する組合員である場合は，Aは，組合財産から当然に報酬を得ることができる。

オ　Bが組合であり，Aが組合の業務を執行する組合員である場合に，組合契約によりAの業務執行権限を制限しても，組合は，善意無過失の第三者には対抗できない。

1　ア・ウ

2　ア・エ

3　イ・ウ

4　イ・オ

5　エ・オ

key word

理事

　法人に必ず置かれる常設的機関。理事は，対外的に法人を代表し，体内的には法人の業務を執行する。

問 題 分 析　　★★☆

本問は，法人，権利能力なき社団，組合に関する問題です。

各 肢 の 解 説

ア 妥当でない。対外的な関係では，理事は法人の代表機関である（一般社団法人及び一般財団法人に関する法律77条1項本文）。したがって，Bが法人である場合，Bの理事であるAは，Bの代表として第三者と法律行為を行う。構成員全員の代理人となるわけではない。

イ 妥当である。権利能力のない社団の財産は構成員の総有に属する（最判昭和32・11・14）。

ウ 妥当でない。組合員は，清算前に組合財産の分割を求めることができない（676条3項）。したがって，Aは，いつでも組合財産について分割を請求できるわけではない。

エ 妥当でない。組合の業務を執行する組合員は，特約がなければ，組合に対して報酬を請求することができない（671条・648条1項）。したがって，Aは当然に組合財産から報酬を得ることができるわけではない。

オ 妥当である。組合において組合規約等で業務執行者の代理権限を制限しても，その制限は善意無過失の第三者に対抗できない（最判昭和38・5・31）。

以上により，妥当なものは，イ及びオであるから，正解は4である。

正解　4

判 例 情 報

最判昭和38・5・31

　　組合において特に業務執行者を定め，これに業務執行の権限を授与したときは，特段の事情がないかぎり，その執行者は組合の内部において共同事業の経営に必要な事務を処理することができることはもちろんのこと，いやしくも，組合の業務に関し組合の事業の範囲を超越しないかぎり，第三者に対して組合員全員を代表する権限を有し，組合規約等で内部的にこの権限を制限しても，その制限は善意無過失の第三者に対抗できないものと解するのが相当である。

問題

　公序良俗および強行法規等の違反に関する次の記述のうち，民法の規定および判例に照らし，妥当でないものはどれか。

1　食品の製造販売を業とする者が，有害物質の混入した食品を，食品衛生法に抵触するものであることを知りながら，あえて製造販売し取引を継続していた場合には，当該取引は，公序良俗に反して無効である。

2　債権の管理または回収の委託を受けた弁護士が，その手段として訴訟提起や保全命令の申立てをするために当該債権を譲り受ける行為は，たとえそれが弁護士法に違反するものであったとしても，司法機関を利用して不当な利益を追求することを目的として行われた等の事情がない限り，直ちにその私法上の効力が否定されるものではない。

3　組合契約において，組合員はやむを得ない事由があっても任意に脱退することができない旨の約定が存する場合であっても，組合員の脱退に関する民法の規定は強行法規ではないから，かかる約定の効力が否定されるものではない。

4　契約が公序に反することを目的とするものであるかどうかは，当該契約が成立した時点における公序に照らして判断すべきである。

5　男子の定年年齢を60歳，女子の定年年齢を55歳とする旨の会社の就業規則は，経営上の観点から男女別定年制を設けなければならない合理的理由が認められない場合，公序良俗に反して無効である。

key word

強行法規

　当事者がそれと異なる特約をしても，特約が無効となる規定。

問　題　分　析　★★☆

本問は，公序良俗および強行法規等の違反に関する判例の理解を問う問題です。

各　肢　の　解　説

1　妥当である。 判例（最判昭和39・1・23）は，アラレ菓子の製造販売業者が硼砂の有毒性物質であることを知り，これを混入して製造したアラレ菓子の販売を食品衛生法が禁止していることを知りながら，あえてこれを製造のうえ，その販売業者に継続的に売り渡す契約は，民法90条により無効であるとしている。

2　妥当である。 判例（最決平成21・8・12）は，債権の管理又は回収の委託を受けた弁護士が，その手段として本案訴訟の提起や保全命令の申立てをするために当該債権を譲り受ける行為は，他人間の法的紛争に介入し，司法機関を利用して不当な利益を追求することを目的として行われたなど，公序良俗に反するような事情があれば格別，仮にこれが弁護士法28条に違反するものであったとしても，直ちにその私法上の効力が否定されるものではないとしている。

3　妥当でない。 判例（最判平成11・2・23）は，民法678条は，組合員は，やむを得ない事由がある場合には，組合の存続期間の定めの有無にかかわらず，常に組合から任意に脱退することができる旨を規定しているものと解されるところ，同条のうち右の旨を規定する部分は，強行法規であり，これに反する組合契約における約定は効力を有しないものと解するのが相当であるとしている。したがって，脱退を定める規定は強行法規であり，これに反する約定の効力は否定される。

4　妥当である。 法律行為が公序に反することを目的とするものであるかどうかを判断する基準時について，判例（最判平成15・4・18）は，法律行為が公序に反することを目的とするものであるとして無効になるかどうかは，法律行為がされた時点の公序に照らして判断すべきであるとしている。

5　妥当である。 定年年齢を男子60歳女子55歳と定めた就業規則について，判例（最判昭和53・3・24）は，会社の企業経営上定年年齢において女子を差別しなければならない合理的理由が認められないときは，就業規則中女子の定年年齢を男子より低く定めた部分は，性別のみによる不合理な差別を定めたものとして民法90条の規定により無効であるとしている。

正解　3

ポイントチェック

単なる取締規定，効力規定

単なる取締規定	規定に違反していることは契約の効力に影響を及ぼさないものとされる規定
効力規定	規定違反の契約が無効とされることになる規定

問 題

　錯誤等に関する次の記述のうち，民法の規定および判例に照らし，妥当でないものはどれか。

1　錯誤が法律行為の目的および取引上の社会通念に照らして重要なものである場合において，表意者に錯誤に基づく取消しを主張する意思がないときは，相手方から表意者の錯誤を理由とする取消しを主張することはできない。

2　売買代金に関する立替金返還債務のための保証において，実際には売買契約が偽装されたものであったにもかかわらず，保証人がこれを知らずに保証契約を締結した場合，売買契約の成否は，原則として，立替金返還債務を主たる債務とする保証契約の基礎となる重要な内容であるから，保証人の錯誤は法律行為の目的および取引上の社会通念に照らして重要なものに当たる。

3　婚姻あるいは養子縁組などの身分行為は錯誤に基づく取消しの対象とならず，人違いによって当事者間に婚姻または縁組をする意思がないときであっても，やむを得ない事由がない限り，その婚姻あるいは養子縁組は無効とはならない。

4　連帯保証人が，他にも連帯保証人が存在すると誤信して保証契約を締結した場合，他に連帯保証人があるかどうかは，通常は保証契約の動機にすぎないから，その存在を特に保証契約の内容とした旨の主張立証がなければ，連帯保証人に法律行為の目的および取引上の社会通念に照らして重要な錯誤があるとはいえない。

5　離婚に伴う財産分与に際して夫が自己所有の不動産を妻に譲渡した場合において，実際には分与者である夫に課税されるにもかかわらず，夫婦ともに課税負担は専ら妻が負うものと認識しており，夫において，課税負担の有無を重視するとともに，自己に課税されないことを前提とする旨を黙示的に表示していたと認められるときは，財産分与の意思表示を取り消すことができる。

　＊　問題文をアレンジしてあります。

426

問 題 分 析   ★☆☆

本問は，錯誤等に関する問題です。

各 肢 の 解 説

1　妥当である。錯誤によって取り消すことができる行為は，瑕疵ある意思表示をした者，その代理人・承継人に限り，取り消すことができる（120条2項）。したがって，相手方は取消権者ではないから取消しを主張することはできない。

2　妥当である。判例（最判平成14・7・14）は，特定の商品の代金について立替払契約が締結され，同契約に基づく債務について保証契約が締結された場合において，立替払契約は商品の売買契約が存在しないいわゆる空クレジット契約であって，保証人は，保証契約を締結した際，そのことを知らなかったなどの事実関係の下においては，保証人の意思表示には法律行為の要素に錯誤〔改正後は，法律行為の目的および取引上の社会通念に照らして重要な錯誤〕があるとしている。

3　妥当でない。人違いによって当事者間に婚姻をする意思がないときは婚姻は無効となる（742条1号）。また，人違いによって当事者間に縁組をする意思がないときは養子縁組は無効となる（802条1号）。

4　妥当である。判例（最判昭和32・12・19）は，保証契約は，保証人と債権者との間に成立する契約であって，他に連帯保証人があるかどうかは，通常は保証契約をなす単なる縁由にすぎず，当然にはその保証契約の内容となるものではなく，特に本件保証契約の内容とした旨の主張，立証がなければ要素の錯誤〔改正後は，法律行為の目的および取引上の社会通念に照らして重要な錯誤〕ではないとしている。

5　妥当である。判例（最判平成元・9・14）は，協議離婚に伴い夫が自己の不動産全部を妻に譲渡する旨の財産分与契約をし，後日夫に2億円余の譲渡所得税が課されることが判明した場合において，右契約の当時，妻のみに課税されるものと誤解した夫が心配してこれを気遣う発言をし，妻も自己に課税されるものと理解していたなど判示の事実関係の下においては，他に特段の事情がない限り，夫の右課税負担の錯誤に係る動機は，妻に黙示的に表示されて意思表示の内容をなしたものというべきであるとしている。

正解　3

問題

　意思表示に関する次の記述のうち，民法の規定および判例に照らし，妥当なものはどれか。

1　意思表示の相手方が，正当な理由なく意思表示の通知が到達することを妨げたときは，その通知は通常到達すべきであった時に到達したものとみなされ，相手方が通知の受領を拒絶した場合には意思表示の到達が擬制される。これに対して，意思表示を通知する内容証明郵便が不在配達されたが，受取人が不在配達通知に対応しないまま留置期間が経過して差出人に還付され，通知が受領されなかった場合には，意思表示が到達したものと認められることはない。

2　契約の取消しの意思表示をしようとする者が，相手方の所在を知ることができない場合，公示の方法によって行うことができる。この場合，当該取消しの意思表示は，最後に官報に掲載した日またはその掲載に代わる掲示を始めた日から2週間を経過した時に相手方に到達したものとみなされるが，表意者に相手方の所在を知らないことについて過失があった場合には到達の効力は生じない。

3　契約の申込みの意思表示に対して承諾の意思表示が郵送でなされた場合，当該意思表示が相手方に到達しなければ意思表示が完成せず契約が成立しないとすると取引の迅速性が損なわれることになるから，当該承諾の意思表示が発信された時点で契約が成立する。

4　意思表示は，表意者が通知を発した後に制限行為能力者となった場合でもその影響を受けないが，契約の申込者が契約の申込み後に制限行為能力者となった場合において，契約の相手方がその事実を知りつつ承諾の通知を発したときには，当該制限行為能力者は契約を取り消すことができる。

5　意思表示の相手方が，その意思表示を受けた時に意思能力を有しなかったとき，または制限行為能力者であったときは，その意思表示をもってその相手方に対抗することができない。

key word

内容証明

　いつ，いかなる内容の文書を誰から誰あてに差し出されたかということを，差出人が作成した謄本によって郵便局が証明する制度。受取人へ送達する文書の存在を証明するもの。

問 題 分 析　★★★

意思表示の効力発生時期等に関する問題です。

各肢の解説

1　妥当でない。相手方が正当な理由なく意思表示の通知が到達することを妨げたときは，その通知は，通常到達すべきであった時に到達したものとみなされる（97条2項）から，本肢前段は妥当である。しかし，内容証明郵便を受領することができた等の場合，意思表示は，社会通念上，受取人の了知可能な状態に置かれ，遅くとも留置期間が満了した時点で受取人に到達したものと認められる（最判平成10・6・11）から，本肢後段は妥当でない。

2　妥当である。意思表示は，表意者が相手方を知ることができず，又はその所在を知ることができないときは，公示の方法によってすることができる（98条1項）。そして，公示による意思表示は，最後に官報に掲載した日又はその掲載に代わる掲示を始めた日から2週間を経過した時に，相手方に到達したものとみなされる。ただし，表意者が相手方を知らないこと又はその所在を知らないことについて過失があったときは，到達の効力を生じない（同条3項）。

3　妥当でない。意思表示は，その通知が相手方に到達した時からその効力を生じる（97条1項）。したがって，承諾の意思表示についても効力が生じるためには到達が必要であり，承諾の通知が到達した時点で契約が成立する（522条1項）から，本肢は妥当でない。

4　妥当でない。意思表示は，表意者が通知を発した後に行為能力の制限を受けたときであっても，そのためにその効力を妨げられない（97条3項）。しかし，申込みに関しては，申込者が申込みの通知を発した後に行為能力の制限を受けた場合に，相手方が承諾の通知を発するまでにその事実が生じたことを知ったときは，その申込みは，その効力を有しない（526条）。したがって，申込みは無効となるから，本肢は妥当でない。

5　妥当でない。意思表示の相手方がその意思表示を受けた時に意思能力を有しなかったとき又は未成年者若しくは成年被後見人であったときは，その意思表示をもってその相手方に対抗することができない（98条の2柱書本文）。したがって，制限行為能力者のうち被保佐人及び被補助人には対抗することができるから，本肢は妥当でない。

正解　2

ポイントチェック

通知の発信後の死亡等

意思表示	表意者が通知を発した後に死亡し，意思能力を喪失し，又は行為能力の制限を受けた→有効
申込み	申込者が申込みの通知を発した後に死亡し，意思能力を有しない常況にある者となり，又は行為能力の制限を受けた場合，申込者がその事実が生じたとすればその申込みは効力を有しない旨の意思を表示していたとき，又はその相手方が承諾の通知を発するまでにその事実が生じたことを知ったとき→申込みは無効

代理に関する次の記述のうち，民法の規定および判例に照らし，妥当でないものはどれか。

1 代理人が代理行為につき，相手方に対して詐欺を行った場合，本人がその事実を知らなかったときであっても，相手方はその代理行為を取り消すことができる。

2 無権代理行為につき，相手方が本人に対し，相当の期間を定めてその期間内に追認するかどうかを確答すべき旨の催告を行った場合において，本人が確答をしないときは，追認を拒絶したものとみなされる。

3 代理人が本人になりすまして，直接本人の名において権限外の行為を行った場合に，相手方においてその代理人が本人自身であると信じ，かつ，そのように信じたことにつき正当な理由がある場合でも，権限外の行為の表見代理の規定が類推される余地はない。

4 代理人が本人の許諾を得て復代理人を選任した場合において，復代理人が代理行為の履行として相手方から目的物を受領したときは，同人はこれを代理人に対してではなく，本人に対して引き渡す義務を負う。

5 無権代理行為につき，相手方はこれを取り消すことができるが，この取消しは本人が追認しない間に行わなければならない。

key word

復代理人

代理人が自己の名において選任した他人が直接本人を代理して法律行為をすることを復代理といい，その他人を復代理人という。

問 題 分 析

本問は，代理行為に関する知識を問う問題です。（※本問については「選択肢3を正答とするものでしたが，選択肢4も判例に鑑み正答として取り扱うことが適当と考えられる」ため，「受験者全員の解答を正解として採点する」旨の発表が一般財団法人行政書士試験センターからありました。）

各 肢 の 解 説

1 妥当である。 代理人が代理行為につき，相手方に対して詐欺を行った場合には，民法96条1項が適用され，本人がその事実を知らなかったときでも，相手方は，その代理行為を取り消すことができる。

2 妥当である。 相手方の催告に対して本人が確答しない場合は追認拒絶とみなされる（114条）。

3 妥当でない。 判例（最判昭和44・12・19）は，「代理人が本人の名において権限外の行為をした場合において，相手方がその行為を本人自身の行為と信じたときは，代理人の代理権を信じたものではないが，その信頼が取引上保護に値する点においては，代理人の代理権限を信頼した場合と異なるところはないから，本人自身の行為であると信じたことについて正当な理由がある場合にかぎり，民法110条の規定を類推適用して，本人がその責に任ずるものと解するのが相当である。」と判示している。

4 妥当でない。 復代理人も本人との関係で代理人と同一の義務を負う（106条2項）ので，本肢の場合には本人に対して引渡し義務が認められる。もっとも，復代理人も代理人との間の委任契約に基づく義務がある（最判昭和51・4・9）ので，代理人への引渡し義務がないわけではないから，本肢を妥当でないものと解する余地はある。

5 妥当である。 相手方の取消しは，本人が追認した以降はすることができない（115条）。

正解　3・4

判 例 情 報

最判昭和51・4・9

　　本人代理人間で委任契約が締結され，代理人復代理人間で復委任契約が締結された場合において，復代理人が委任事務を処理するにあたり受領した物を代理人に引き渡したときは，特別の事情がない限り，復代理人の本人に対する受領物引渡義務は消滅する。

問　題

　Ａ・Ｂ間で締結された契約（以下「本件契約」という。）に附款がある場合に関する次のア～オの記述のうち，民法の規定および判例に照らし，妥当なものの組合せはどれか。

ア　本件契約に，経済情勢に一定の変動があったときには当該契約は効力を失う旨の条項が定められている場合，効力の喪失時期は当該変動の発生時が原則であるが，Ａ・Ｂの合意により，効力の喪失時期を契約時に遡らせることも可能である。

イ　本件契約が売買契約であり，買主Ｂが品質良好と認めた場合には代金を支払うとする旨の条項が定められている場合，この条項はその条件の成就が代金債務者であるＢの意思のみに係る随意条件であるから無効である。

ウ　本件契約が和解契約であり，Ｂは一定の行為をしないこと，もしＢが当該禁止行為をした場合にはＡに対して違約金を支払う旨の条項が定められている場合，Ａが，第三者Ｃを介してＢの当該禁止行為を誘発したときであっても，ＢはＡに対して違約金支払の義務を負う。

エ　本件契約が農地の売買契約であり，所有権移転に必要な行政の許可を得られたときに効力を生じる旨の条項が定められている場合において，売主Ａが当該許可を得ることを故意に妨げたときであっても，条件が成就したとみなされることはない。

オ　本件契約が金銭消費貸借契約であり，借主Ｂが将来社会的に成功を収めた場合に返済する旨の条項（いわゆる出世払い約款）が定められている場合，この条項は停止条件を定めたものであるから，Ｂは社会的な成功を収めない限り返済義務を負うものではない。

　1　ア・イ
　2　ア・エ
　3　イ・ウ
　4　ウ・オ
　5　エ・オ

key word

附款

　　法律行為から生ずる効果を制限するために，表意者が法律行為の際にその法律行為の一部として特に付加する制限。条件や期限などが具体例。

問 題 分 析　　★★★

本問は，条件・期限に関する理解を問う問題です。

各 肢 の 解 説

ア　妥当である。 当事者が条件が成就した場合の効果をその成就した時以前にさかのぼらせる意思を表示したときは，その意思に従う（127条3項）。したがって，解除条件について，A・Bの合意により，効力の喪失時期を契約時に遡らせることもできる。

イ　妥当でない。 判例（最判昭和31・4・6）は，鉱業権の売買契約において，買主が排水探鉱の結果品質良好と認めたときは代金を支払い，品質不良と認めたときは代金を支払わない旨を約しても，右売買契約は，民法134条にいわゆる条件が単に債務者の意思のみにかかる停止条件附法律行為とはいえないとする。本肢の「買主Bが品質良好と認めた場合には代金を支払う」とする旨の条項は，代金の支払約束と対価関係になる相手方の反対給付についての言及にすぎず条件ではない。したがって，条件ではない当該条項は，Bの意思のみに係る随意条件にはあたらない。

ウ　妥当でない。 条件が成就することによって利益を受ける当事者が不正にその条件を成就させたときは，相手方は，その条件が成就しなかったものとみなすことができる（130条2項）。したがって，Bは，その条件が成就していないものとみなすことができ，BはAに違約金支払の義務を負わない。

エ　妥当である。 判例（最判昭和36・5・26）は，知事の許可を得ることを条件として農地の売買契約をしたとしても，法律上当然必要なことを約定したに止まり，いわゆる停止条件を附したものということはできないとした上で，農地の売主が故意に知事の許可を得ることを妨げたとしても，買主は条件を成就したものとみなすことはできないとして民法130条の類推適用を否定している。知事の許可は公益上の必要から要求される法定条件であるから，一方当事者の条件成就妨害行為によって条件成就が擬制されるのは適当ではないからである。

オ　妥当でない。 判例（大判大正4・3・24）は，「出世払い」の合意について，債務履行の期限（不確定期限）と解している。当事者の意図としては，債務を支払うことができるようになるか，実現の見込みがなくなったときに弁済期が到来するという趣旨の合意と解すべきであり，必ずどちらかが発生するから期限と解される。したがって，不確定期限であるから，社会的な成功を収めていなくても，その可能性のないことがはっきりした時点でBは返済をしなければならない。

以上により，妥当なものは，ア及びエであるから，正解は2である。

正解　2

問題

　時効の援用に関する次のア～オの記述のうち，民法の規定および判例に照らし，妥当でないものの組合せはどれか。

ア　時効による債権の消滅の効果は，時効期間の経過とともに確定的に生ずるものではなく，時効が援用されたときにはじめて確定的に生ずるものである。

イ　時効の援用を裁判上行使する場合には，事実審の口頭弁論終結時までにする必要がある。

ウ　被相続人の占有により取得時効が完成していた場合に，その共同相続人の一人は，自己の相続分の限度においてのみ取得時効を援用することができる。

エ　保証人や連帯保証人は，主たる債務の消滅時効を援用することはできるが，物上保証人や抵当不動産の第三取得者は，被担保債権の消滅時効を援用することはできない。

オ　主たる債務者である破産者が免責許可決定を受けた場合であっても，その保証人は，自己の保証債務を免れるためには，免責許可決定を受けた破産者の主たる債務について，消滅時効を援用しなければならない。

　　1　ア・イ
　　2　ア・エ
　　3　イ・ウ
　　4　ウ・オ
　　5　エ・オ

key word

事実審

　　訴訟事件の事実問題と法律問題を審理する審級。なお，事実審のした裁判について，その法令違反の有無だけを審理する審級は法律審である。民事訴訟では第一審と控訴審が事実審で，上告審は法律審である。

問 題 分 析 　　★★☆

本問は，時効の援用に関して総合的に問う問題です。

各 肢 の 解 説

ア　妥当である。 判例（最判昭和61・3・17）は，「時効による債権消滅の効果は，時効期間の経過とともに確定的に生ずるものではなく，時効が援用されたときにはじめて確定的に生ずるものと解するのが相当であ」ると判示している。

イ　妥当である。 裁判は，事実審の最終口頭弁論期日までにその基礎となる主張が出ている必要があるので，裁判上で時効を援用する場合にはこのときまでに主張することが必要である。

ウ　妥当である。 判例（最判平成13・7・10）は「被相続人の占有により取得時効が完成した場合において，その共同相続人の一人は，自己の相続分の限度においてのみ取得時効を援用することができるにすぎない」と判示している。

エ　妥当でない。 物上保証人や抵当不動産の第三取得者は，被担保債権についての時効援用権者である（145条かっこ書）。

オ　妥当でない。 判例（最判平成11・11・9）は「免責許可の決定の効力を受ける債権は，債権者において訴えをもって履行を請求しその強制的実現を図ることができなくなり，上記債権については，もはや民法166条1項に定める「権利を行使することができる時」を起算点とする消滅時効の進行を観念することができない」としており，保証人が免責許可決定を受けた債権の消滅時効を援用することはできない。

以上により，妥当でないものは，エ及びオであるから，正解は5である。

正解　5

ポイントチェック

時効の援用

145条　時効は，当事者（消滅時効にあっては，保証人，物上保証人，第三取得者その他権利の消滅について正当な利益を有するものを含む。）が援用しなければ，裁判所がこれによって裁判をすることができない。

問題

　物権の成立に関する次のア〜オの記述のうち,民法の規定および判例に照らし,妥当でないものの組合せはどれか。

ア　他人の土地の地下または空間の一部について,工作物を所有するため,上下の範囲を定めて地上権を設定することは認められない。

イ　一筆の土地の一部について,所有権を時効によって取得することは認められる。

ウ　構成部分の変動する集合動産について,一括して譲渡担保の目的とすることは認められない。

エ　土地に生育する樹木について,明認方法を施した上で,土地とは独立した目的物として売却することは認められる。

オ　地役権は,継続的に行使され,かつ,外形上認識することができるものに限り,時効によって取得することができる。

1　ア・イ
2　ア・ウ
3　イ・エ
4　ウ・エ
5　エ・オ

key word

明認方法
　ある種の取引で慣習上用いられる対抗要件。例えば,立木を土地から独立して取引の対象とするために,立木の幹を削って名前を墨書するとか立札を立てる等の方法がある。

問 題 分 析　　★☆☆

本問は，物権の成立に関する問題です。

各 肢 の 解 説

ア　妥当でない。地下又は空間は，工作物を所有するため，上下の範囲を定めて地上権の目的とすることができる（269条の2第1項前段）。

イ　妥当である。判例（大連判大正13・10・7）は，土地の一部についての時効取得を肯定している。

ウ　妥当でない。判例（最判昭和54・2・15）は，構成部分の変動する集合動産についても，その種類，所在場所及び量的範囲を指定するなどなんらかの方法で目的物の範囲が特定される場合には，一個の集合物として譲渡担保の目的となりうるとする。

エ　妥当である。土地に生育する樹木は，土地の一部であって独立の所有権の客体とはならないが，取引上の必要がある場合には，土地とは別個独立の不動産として所有権の目的とすることができる。この場合，第三者対抗要件として明認方法等の公示方法を備える必要がある。

オ　妥当である。地役権は，継続的に行使され，かつ，外形上認識することができるものに限り，時効によって取得することができる（283条）。

以上により，妥当でないものは，ア及びウであるから，正解は2である。

正解　2

ポイントチェック

樹木

原則	樹木は，土地の一部であり，独立の物ではない。
例外	・特定の樹木の集団について立木法の登記を受ければ不動産とみなされる（立木法1条，2条）。 ・立木法の登記をしない樹木，又は個々の樹木を土地と切り離して取引の対象としたときは，独立の所有権の客体となり，その公示は明認方法による（大判大5・3・11）。

問　題

　物権的請求権等に関する次の記述のうち，民法の規定および判例に照らし，妥当なものはどれか。

1　Aが所有する甲土地の上に，Bが権原なく乙建物を建設してこれをCに譲渡した場合，無権原で乙建物を建設することによってAの土地所有権を侵害したのはBであるから，AはBに対してのみ乙建物の収去を求めることができる。

2　第三者が抵当不動産を不法占有することによって同不動産の交換価値の実現が妨げられ，抵当権者の優先弁済権の行使が困難となるような状態があるときは，抵当権に基づく妨害排除請求権が認められるが，抵当権は占有を目的とする権利ではないため，抵当権者が占有者に対し直接自己への抵当不動産の明渡しを求めることは常にできない。

3　占有者がその占有を奪われたときは，占有回収の訴えにより，その物の返還を請求することはできるが，損害の賠償を請求することはできない。

4　第三者が賃貸不動産を不法占有している場合，賃借人は，その賃借権が対抗要件を具備しているか否かを問わず，その不法占有者に対して，当該不動産に関する賃借権に基づく妨害排除請求を行うことができる。

5　Dが所有する丙土地の上に，Eが権原なく丁建物を建設し，自己所有名義で建物保存登記を行った上でこれをFに譲渡したが，建物所有権登記がE名義のままとなっていた場合，Dは登記名義人であるEに対して丁建物の収去を求めることができる。

key word

権原

　ある法律行為又は事実行為をすることを正当とする法律上の原因をいう。他人の土地に工作物を設置する権原は，地上権・賃借権等である。

問 題 分 析　　★☆☆

本問は，物権的請求権に関する判例知識を問う問題です。

各 肢 の 解 説

1　**妥当でない。**物権的請求権の行使の相手方になるものを問う肢である。判例（最判昭和35・6・17）は，「土地の所有権にもとづく物上請求権の訴訟においては，現実に家屋を所有することによつて現実にその土地を占拠して土地の所有権を侵害しているものを被告としなければならない」と判示しており，本肢の事例においては現に建物を所有しているCに対して乙建物の収去を請求することができる。

2　**妥当でない。**非占有担保物権である抵当権に基づく妨害排除が認められるのかについては議論があるが，判例（最判平成17・3・10）は，所有者以外の第三者が抵当不動産を不法占有することにより，抵当不動産の交換価値の実現が妨げられ，抵当権者の優先弁済請求権の行使が困難となるような状態があるときは，抵当権者は，占有者に対し，抵当権に基づく妨害排除請求として，上記状態の排除を求めることができるとし，抵当権に基づく妨害排除請求権の行使に当たり，抵当不動産の所有者において抵当権に対する侵害が生じないように抵当不動産を適切に維持管理することが期待できない場合には，抵当権者は，占有者に対し，直接自己への抵当不動産の明渡しを求めることができるとする。

3　**妥当でない。**占有回収の訴えの効果は目的物の返還及び損害の賠償である（200条1項）。

4　**妥当でない。**判例（最判昭和28・12・18）は，第三者に対抗できる賃借権について物権的効力を認めている。したがって，対抗要件を具備していない賃借権について妨害排除請求は認められない。

5　**妥当である。**肢1と同様に物権的請求権行使の相手方を問う問題である。判例（最判平成6・2・8）は，肢1の判例を引用して現に建物を所有している者が相手方となるとの原則を示した上で，例外的に「他人の土地上の建物の所有権を取得した者が自らの意思に基づいて所有権取得の登記を経由した場合には，たとい建物を他に譲渡したとしても，引き続き右登記名義を保有する限り，土地所有者に対し，右譲渡による建物所有権の喪失を主張して建物収去・土地明渡しの義務を免れることはできない」旨を判示している。したがって，DはEに対して丁建物の収去を求めることができる。

正解　5

ポイントチェック

物権的請求権の法的性質

物権の支配権たる性質に基づいて物権の効力として生ずる請求権である。

（ア）　常に，物権と運命をともにし，物権の移転，消滅に伴って移転・消滅する。

（イ）　物権的請求権は物権から独立して，消滅時効にかからない（大判大5・6・23）。

問題

　物権的請求権に関する次の記述のうち，民法の規定および判例に照らし，妥当でないものはどれか。

1　A所有の甲土地上に権原なくB所有の登記済みの乙建物が存在し，Bが乙建物をCに譲渡した後も建物登記をB名義のままとしていた場合において，その登記がBの意思に基づいてされていたときは，Bは，Aに対して乙建物の収去および甲土地の明渡しの義務を免れない。

2　D所有の丙土地上に権原なくE所有の未登記の丁建物が存在し，Eが丁建物を未登記のままFに譲渡した場合，Eは，Dに対して丁建物の収去および丙土地の明渡しの義務を負わない。

3　工場抵当法により工場に属する建物とともに抵当権の目的とされた動産が，抵当権者に無断で同建物から搬出された場合には，第三者が即時取得しない限り，抵当権者は，目的動産をもとの備付場所である工場に戻すことを請求することができる。

4　抵当権設定登記後に設定者が抵当不動産を他人に賃貸した場合において，その賃借権の設定に抵当権の実行としての競売手続を妨害する目的が認められ，賃借人の占有により抵当不動産の交換価値の実現が妨げられて優先弁済請求権の行使が困難となるような状態があるときは，抵当権者は，賃借人に対して，抵当権に基づく妨害排除請求をすることができる。

5　動産売買につき売買代金を担保するために所有権留保がされた場合において，当該動産が第三者の土地上に存在してその土地所有権を侵害しているときは，留保所有権者は，被担保債権の弁済期到来の前後を問わず，所有者として当該動産を撤去する義務を免れない。

key word

工場抵当

　　工場抵当法に基づく特殊な抵当権で，工場に属する土地又は建物を目的として設定される抵当権を意味する場合と，工場財団を目的として設定される抵当権（工場財団抵当）を意味する場合がある。

問 題 分 析　　★★★

物権的請求権に関する問題です。

各 肢 の 解 説

1　**妥当である。**他人の土地上の建物の所有権を取得した者が自らの意思に基づいて所有権取得の登記を経由した場合には，たとえ建物を他に譲渡したとしても，引き続き当該登記名義を保有する限り，土地所有者に対し，当該譲渡による建物所有権の喪失を主張して建物収去・土地明渡しの義務を免れることはできない（最判平成6・2・8）。したがって，本肢は妥当である。

2　**妥当である。**未登記建物の所有者が未登記のままこれを第三者に譲渡した場合には，これにより確定的に所有権を失うことになるから，その後，その意思に基づかずに譲渡人名義に所有権取得の登記がされても，当該譲渡人は，土地所有者による建物収去・土地明渡しの請求につき，建物の所有権の喪失により土地を占有していないことを主張することができる（最判平成6・2・8）。したがって，本肢は妥当である。

3　**妥当である。**工場抵当法2条の規定により工場に属する土地又は建物とともに抵当権の目的とされた動産が，抵当権者の同意を得ないで，備え付けられた工場から搬出された場合には，第三者において即時取得をしない限りは，抵当権者は搬出された目的動産をもとの備付場所である工場に戻すことを求めることができる（最判昭和57・3・12）。したがって，本肢は妥当である。

4　**妥当である。**抵当権設定登記後に抵当不動産の所有者から占有権原の設定を受けてこれを占有する者についても，その占有権原の設定に抵当権の実行としての競売手続を妨害する目的が認められ，その占有により抵当不動産の交換価値の実現が妨げられて抵当権者の優先弁済請求権の行使が困難となるような状態があるときは，抵当権者は，当該占有者に対し，抵当権に基づく妨害排除請求として，当該状態の排除を求めることができる（最判平成17・3・10）。したがって，本肢は妥当である。

5　**妥当でない。**留保所有権者の有する権原が，期限の利益喪失による残債務弁済期の到来の前後で異なるときは，留保所有権者は，残債務弁済期が到来するまでは，当該動産が第三者の土地上に存在して第三者の土地所有権の行使を妨害しているとしても，特段の事情がない限り，当該動産の撤去義務や不法行為責任を負うことはないが，残債務弁済期が経過した後は，留保所有権が担保権の性質を有するからといって当該撤去義務や不法行為責任を免れることはない（最判平成21・3・10）。したがって，撤去義務を負うのは被担保債権の弁済期到来後であるから，弁済期到来の前後を問わずとする本肢は妥当でない。

正解　5

問 題

　Aが登記簿上の所有名義人である甲土地をBが買い受ける旨の契約（以下「本件売買契約」という。）をA・B間で締結した場合に関する次のア〜オの記述のうち，民法の規定および判例に照らし，妥当なものの組合せはどれか。

ア　甲土地は実際にはCの所有に属していたが，CがAに無断で甲土地の所有名義人をAとしていた場合において，Aがその事情を知らないBとの間で本件売買契約を締結したときであっても，BはCに対して甲土地の引渡しを求めることができない。

イ　甲土地はAの所有に属していたところ，Aの父であるDが，Aに無断でAの代理人と称して本件売買契約を締結し，その後Dが死亡してAがDを単独で相続したときは，Aは，Dの法律行為の追認を拒絶することができ，また，損害賠償の責任を免れる。

ウ　甲土地が相続によりAおよびEの共有に属していたところ，AがEに無断でAの単独所有名義の登記をしてBとの間で本件売買契約を締結し，Bが所有権移転登記をした場合において，Bがその事情を知らず，かつ，過失がないときは，Bは甲土地の全部について所有権を取得する。

エ　甲土地はAの所有に属していたところ，本件売買契約が締結され，B名義での所有権移転の仮登記がされた場合において，Aが甲土地をその事情を知らないFに売却し所有権移転登記をしたときは，Bは本登記をしない限りFに対して所有権の取得を対抗することができない。

オ　甲土地はAの所有に属していたところ，GがAに無断で甲土地上に建物を築造し，その建物の所有権保存登記をした場合において，本件売買契約により甲土地の所有者となったBは，Gが当該建物の所有権を他に譲渡していたとしても，登記名義がGにある限り，Gに対して当該建物の収去および土地の明渡しを求めることができる。

1　ア・ウ
2　ア・オ
3　イ・ウ
4　イ・エ
5　エ・オ

key word

仮登記

　将来本登記が行われたときに，その本登記の順位を保全するためにあらかじめ行う登記。

問 題 分 析　　★☆☆

本問は，不動産物権変動等に関する判例の理解を問う問題です。

各 肢 の 解 説

ア　妥当でない。判例（最判昭和45・7・24）は，不動産の所有者が，他人にその所有権を移転する意思がないのに，他人名義を使用して他からの所有権移転登記を受けたときは，登記について登記名義人の承諾がない場合においても，民法94条2項を類推適用して，所有者は，登記名義人が不動産の所有権を取得しなかったことをもって，善意の第三者に対抗することができないものと解すべきとする。したがって，事情を知らないBは民法94条2項の類推適用により保護され，Aに所有権が移転していないことをCはBに対抗することができず，BはCに対して甲土地の引渡しを求めることができる。

イ　妥当でない。本人が無権代理人を相続した場合について，判例（最判昭和37・4・20）は，本人が無権代理人を相続した場合においては，相続人たる本人が被相続人の無権代理行為の追認を拒絶しても，何ら信義に反するところはないから，被相続人の無権代理行為は一般に本人の相続により当然有効となるものではないとする。また，無権代理人の責任について，判例（最判昭和48・7・3）は，無権代理人を相続した本人は，無権代理人が民法117条により相手方に債務を負担していたときには，無権代理行為について追認を拒絶できる地位にあったことを理由として，当該債務を免れることができないとする。したがって，Aは，Dの法律行為の追認を拒絶することができるが，民法117条による損害賠償の責任を免れることはできない。

ウ　妥当でない。判例（最判昭和38・2・22）は，相続財産に属する不動産につき単独所有権移転の登記をした共同相続人（A）ならびに共同相続人から単独所有権移転の登記をうけた第三取得者（B）に対し，他の共同相続人（E）は自己の持分を登記なくして対抗しうるとしている。したがって，Eは甲土地の自己の持分を登記なくしてBに対抗できるから，Bは甲土地の全部について所有権を取得することはできない。

エ　妥当である。仮登記は本登記の順位を保全する効力があるに止まり，仮登記のままで本登記を経由したのと同一の効力があるとはいえない（最判昭和39・10・8）。仮登記自体は対抗力を有しない。したがって，本登記をしていないBは，「第三者」にあたるFに対して甲土地所有権の取得を対抗することができない。

オ　妥当である。判例（最判平成6・2・8）は，他人の土地上の建物の所有権を取得した者が自らの意思に基づいて所有権取得の登記を経由した場合には，たとい建物を他に譲渡したとしても，引き続き登記名義を保有する限り，土地所有者に対し，譲渡による建物所有権の喪失を主張して建物収去・土地明渡しの義務を免れることはできないとする。したがって，Bは，建物の登記名義を保有するGに対して当該建物の収去および土地の明渡しを求めることができる。

以上により，妥当なものは，エ及びオであるから，正解は5である。

正解　5

問　題

　動産物権変動に関する次の記述のうち，民法等の規定および判例に照らし，妥当でないものはどれか。

1　Aは自己所有の甲機械をBに譲渡したが，その引渡しをしないうちにAの債権者であるCが甲機械に対して差押えを行った。この場合において，Bは，差押えに先立って甲機械の所有権を取得したことを理由として，Cによる強制執行の不許を求めることはできない。

2　Dは自己所有の乙機械をEに賃貸し，Eはその引渡しを受けて使用収益を開始したが，Dは賃貸借期間の途中でFに対して乙機械を譲渡した。FがEに対して所有権に基づいて乙機械の引渡しを求めた場合には，Eは乙機械の動産賃借権をもってFに対抗することができないため，D・F間において乙機械に関する指図による占有移転が行われていなかったとしても，EはFの請求に応じなければならない。

3　Gは自己所有の丙機械をHに寄託し，Hがその引渡しを受けて保管していたところ，GはIに対して丙機械を譲渡した。この場合に，HがGに代って一時丙機械を保管するに過ぎないときには，Hは，G・I間の譲渡を否認するにつき正当な利害関係を有していないので，Iの所有権に基づく引渡しの請求に応じなければならない。

4　Jは，自己所有の丁機械をKに対して負っている貸金債務の担保としてKのために譲渡担保権を設定した。動産に関する譲渡担保権の対抗要件としては占有改定による引渡しで足り，譲渡担保権設定契約の締結後もJが丁機械の直接占有を継続している事実をもって，J・K間で占有改定による引渡しが行われたものと認められる。

5　集合動産譲渡担保が認められる場合において，種類，量的範囲，場所で特定された集合物を譲渡担保の目的とする旨の譲渡担保権設定契約が締結され，占有改定による引渡しが行われたときは，集合物としての同一性が損なわれない限り，後に新たにその構成部分となった動産についても譲渡担保に関する対抗要件の効力が及ぶ。

key word

強制執行

　国家権力の行使として執行機関が，私法上の請求権の強制的実現を図る手続。

問 題 分 析　　★★☆

本問は，動産物権変動の対抗関係について問う問題です。

各 肢 の 解 説

1　妥当である。甲機械の引渡しを受けていないBは，第三者Cに甲機械の所有権を対抗することができない（178条）。

2　妥当でない。Fは乙機械の引渡しを受けていないので，その所有権を第三者Eに対抗することができず，結局Eは引渡し請求を拒絶することができる。

3　妥当である。判例（最判昭和29・8・31）は，動産の寄託をうけ一時これを保管しているにすぎない者は民法178条の「第三者」に該当しないと判示している。したがって，Ｉからの引渡し請求をHは拒絶することができない。

4　妥当である。判例（最判昭和30・6・2）は，占有改定による引渡しによって動産の譲渡担保を第三者に対抗することができ，設定者が引き続き目的物を占有している場合には，それだけで占有改定による引渡しがなされたものとしている。

5　妥当である。判例（最判昭和62・11・10）は，「債権者と債務者との間に，右のような集合物を目的とする譲渡担保権設定契約が締結され，債務者がその構成部分である動産の占有を取得したときは債権者が占有改定の方法によってその占有権を取得する旨の合意に基づき，債務者が右集合物の構成部分として現に存在する動産の占有を取得した場合には，債権者は，当該集合物を目的とする譲渡担保権につき対抗要件を具備するに至つたものということができ，この対抗要件具備の効力は，その後構成部分が変動したとしても，集合物としての同一性が損なわれない限り，新たにその構成部分となつた動産を包含する集合物について及ぶ」と判示している。

正解　2

ポイントチェック

178条の第三者の範囲

賃借人	第三者に含まれる
受寄者	第三者に含まれない

問 題

　Aは，甲不動産をその占有者Bから購入し引渡しを受けていたが，実は甲不動産はC所有の不動産であった。BおよびAの占有の態様および期間に関する次の場合のうち，民法の規定および判例に照らし，Aが，自己の占有，または自己の占有にBの占有を併せた占有を主張しても甲不動産を時効取得できないものはどれか。

1　Bが悪意で5年間，Aが善意無過失で10年間

2　Bが悪意で18年間，Aが善意無過失で2年間

3　Bが悪意で5年間，Aが善意無過失で5年間

4　Bが善意無過失で7年間，Aが悪意で3年間

5　Bが善意無過失で3年間その後悪意となり2年間，Aが善意無過失で3年間
　その後悪意となり3年間

key word

占有
自己のためにする意思で物を現実に支配している事実状態をいう。

問 題 分 析　　★☆☆

本問は，占有の承継と時効取得の問題です。

各 肢 の 解 説

1　**時効取得できる**。占有者の承継人は，自己の占有のみを主張することができる（187条1項）。Aは甲不動産を善意無過失で10年間占有しているから，所有の意思をもって，平穏に，かつ，公然と占有しているのであれば，所有権を時効取得する（162条2項）。

2　**時効取得できる**。占有者の承継人は，自己の占有に前の占有者の占有を併せて主張することができる（187条1項）。前の占有者の占有を併せて主張する場合には，その瑕疵をも承継する（同条2項）。AはBの占有を併せれば20年間甲不動産を悪意で占有していることになるから，所有の意思をもって，平穏に，かつ，公然と占有しているのであれば，所有権を時効取得する（162条1項）。

3　**時効取得できない**。Aは自己の占有のみでは5年の占有であり甲不動産を時効取得できない（162条参照）。AがBの占有を併せた場合，占有は10年間となるが，Bの悪意を承継することになる（187条2項）。したがって，Aは悪意で10年間占有していることになるから，甲不動産を時効取得できない。

4　**時効取得できる**。不動産の占有主体に変更があって承継された2個以上の占有が併せて主張された場合には，民法162条2項にいう占有者の善意無過失は，その主張にかかる最初の占有者につきその占有開始の時点において判定すれば足りる（最判昭和53・3・6）。AはBの占有を併せれば10年間甲不動産を占有していることになり，Bは善意無過失で占有を開始していることから，10年間の占有は善意無過失で開始されていることになる。したがって，Aは所有の意思をもって，平穏に，かつ，公然と占有しているのであれば，所有権を時効取得する（162条2項）。

5　**時効取得できる**。AはBの占有を併せれば11年間甲不動産を占有していることになり，Bは善意無過失で占有を開始していることから，11年間の占有は善意無過失で開始されていることになる。したがって，Aは所有の意思をもって，平穏に，かつ，公然と占有しているのであれば，所有権を時効取得する（162条2項）。

正解　3

ポイントチェック

善意占有／悪意占有	占有すべき本権の有無の知・不知による区別
過失ある占有／過失のない占有	本権があると誤信した場合にその誤信があることについて過失があるかどうかによる区別。善意占有についてだけ問題となる。

問題

　占有改定等に関する次のア～オの記述のうち，民法の規定および判例に照らし，妥当でないものの組合せはどれか。

ア　即時取得が成立するためには占有の取得が必要であるが，この占有の取得には，外観上従来の占有事実の状態に変更を来たさない，占有改定による占有の取得は含まれない。

イ　留置権が成立するためには他人の物を占有することが必要であるが，この占有には，債務者を占有代理人とした占有は含まれない。

ウ　先取特権の目的動産が売買契約に基づいて第三取得者に引き渡されると，その後は先取特権を当該動産に対して行使できないこととなるが，この引渡しには，現実の移転を伴わない占有改定による引渡しは含まれない。

エ　質権が成立するためには目的物の引渡しが必要であるが，この引渡しには，設定者を以後，質権者の代理人として占有させる，占有改定による引渡しは含まれない。

オ　動産の譲渡担保権を第三者に対抗するためには目的物の引渡しが必要であるが，この引渡しには，公示性の乏しい占有改定による引渡しは含まれない。

1　ア・イ
2　ア・ウ
3　イ・エ
4　ウ・オ
5　エ・オ

key word

占有改定

　占有の移転方式の一つであり，ある目的物の占有者がそれを手元に置いたまま占有を他者に移す場合のこと（183条）。

業務法令

問 題 分 析　　　★★☆

占有改定等について問う問題です。

各 肢 の 解 説

ア　妥当である。 無権利者から動産の譲渡を受けた場合において，譲受人が民法192条によりその所有権を取得しうるためには，一般外観上従来の占有状態に変更を生ずるがごとき占有を取得することを要し，かかる状態に一般外観上変更を来たさないいわゆる占有改定の方法による取得をもっては足らない（最判昭和35・2・11）。したがって，占有改定による占有の取得は含まれないから，本肢は妥当である。

イ　妥当である。 留置権者は債務者の目的物を自ら所持することによって，債務者の債務の弁済を心理的及び間接的に促す。ところが，留置権者の代理人として債務者が目的物を所持しているのでは，債務者に対して心理的及び間接的に債務の弁済を促す機能が働かない。したがって，本肢は妥当である。

ウ　妥当でない。 先取特権は，債務者がその目的である動産をその第三取得者に引き渡した後は，その動産について行使することができない（333条）。そして，この引渡しには占有改定も含まれる（大判大正6・7・26）。したがって，本肢は妥当でない。

エ　妥当である。 質権の設定は，債権者にその目的物を引き渡すことによって，その効力を生ずるが（344条），質権者は，質権設定者に，自己に代わって質物の占有をさせることができない（345条）。したがって，占有改定による引渡しは含まれないから，本肢は妥当である。

オ　妥当でない。 動産譲渡担保の対抗要件は，引渡しであるが（178条），その引渡しには占有改定による引渡しも含まれる（最判昭和30・6・2）。したがって，本肢は妥当でない。

以上により，妥当でないものは，ウ及びオであるから，正解は4である。

正解　4

ポイントチェック

即時取得	占有改定では即時取得は成立しない
先取特権	占有改定により動産を第三取得者に引き渡した場合，当該動産に先取特権の効力が及ばなくなる
質権	占有改定による引渡しでは質権は成立しない
動産譲渡担保	占有改定による引渡しも対抗要件になる

問題

A所有の甲土地とB所有の乙土地が隣接し，甲土地の上にはC所有の丙建物が存在している。この場合における次のア～オの記述のうち，民法の規定および判例に照らし，妥当なものの組合せはどれか。

ア Bが，甲土地に乙土地からの排水のための地役権をA・B間で設定し登記していた場合において，CがAに無断で甲土地に丙建物を築造してその建物の一部が乙土地からの排水の円滑な流れを阻害するときは，Bは，Cに対して地役権に基づき丙建物全部の収去および甲土地の明渡しを求めることができる。

イ A・B間で，乙土地の眺望を確保するため，甲土地にいかなる工作物も築造しないことを内容とする地役権を設定し登記していた場合において，Cが賃借権に基づいて甲土地に丙建物を築造したときは，Bは地役権に基づき建物の収去を求めることができる。

ウ 甲土地が乙土地を通らなければ公道に至ることができない，いわゆる袋地である場合において，Cが，Aとの地上権設定行為に基づいて甲土地に丙建物を建築し乙土地を通行しようとするときは，Cは，甲土地の所有者でないため，Bとの間で乙土地の通行利用のため賃貸借契約を結ぶ必要がある。

エ Aは，自己の債務の担保として甲土地に抵当権を設定したが，それ以前に賃借権に基づいて甲土地に丙建物を築造していたCからAが当該抵当権の設定後に丙建物を買い受けた場合において，抵当権が実行されたときは，丙建物のために，地上権が甲土地の上に当然に発生する。

オ Cが，地上権設定行為に基づいて甲土地上に丙建物を築造していたところ，期間の満了により地上権が消滅した場合において，Aが時価で丙建物を買い取る旨を申し出たときは，Cは，正当な事由がない限りこれを拒むことができない。

1 ア・ウ
2 ア・オ
3 イ・エ
4 イ・オ
5 ウ・エ

450

問 題 分 析　　★★☆

本問は，地役権と地上権に関して総合的に問う問題です。

各 肢 の 解 説

ア　妥当でない。地役権にも妨害排除請求権は認められるが，それは妨害除去に必要な範囲に限られる。

イ　妥当である。地役権の内容は設定行為で定められるのであるから，本肢ではその内容にしたがった妨害排除請求権が認められる。

ウ　妥当でない。地上権者も公道に至るための他の土地の通行権を有する（267条・210条1項）。

エ　妥当でない。判例（最判昭和44・2・14）は，「抵当権設定当時において土地および建物の所有者が各別である以上，その土地または建物に対する抵当権の実行による競落のさい，たまたま，右土地および建物の所有権が同一の者に帰していたとしても，民法388条の規定が適用または準用されるいわれはな」いとしている。

オ　妥当である。地上権が消滅した際に土地所有者が時価相当額を提供して買い取る旨を通知したときは，建物所有者は正当な理由がなければそれを拒否することができない（269条1項ただし書）。

以上により，妥当なものは，イ及びオであるから，正解は4である。

正解　4

判 例 情 報

通行地役権に基づく妨害排除・予防請求権の範囲（最判平成17・3・29）

　通行地役権は，承役地を通行の目的の範囲内において使用することのできる権利にすぎないから，通行地役権に基づき，通行妨害行為の禁止を超えて，承役地の目的外使用一般の禁止を求めることはできない。

問題

　留置権に関する次の記述のうち，民法の規定および判例に照らし，妥当なものはどれか。

1　留置権者は，善良な管理者の注意をもって留置物を占有すべきであるが，善良な管理者の注意とは，自己の財産に対するのと同一の注意より軽減されたものである。

2　留置権者は，債務者の承諾を得なければ，留置物について使用・賃貸・担保供与をなすことができず，留置権者が債務者の承諾を得ずに留置物を使用した場合，留置権は直ちに消滅する。

3　建物賃借人が賃料不払いにより賃貸借契約を解除された後に当該建物につき有益費を支出した場合，賃貸人による建物明渡請求に対して，賃借人は，有益費償還請求権を被担保債権として当該建物を留置することはできない。

4　Aが自己所有建物をBに売却し登記をB名義にしたものの代金未払のためAが占有を継続していたところ，Bは，同建物をCに転売し，登記は，C名義となった。Cが所有権に基づき同建物の明渡しを求めた場合，Aは，Bに対する売買代金債権を被担保債権として当該建物を留置することはできない。

5　Dが自己所有建物をEに売却し引渡した後，Fにも同建物を売却しFが所有権移転登記を得た。FがEに対して当該建物の明渡しを求めた場合，Eは，Dに対する履行不能を理由とする損害賠償請求権を被担保債権として当該建物を留置することができる。

key word

有益費
　物の改良や物の価格の増加に要した費用。

問 題 分 析　　★☆☆

　本問は，留置権の成立に関する判例知識を問う問題です。基本的事項ばかりなので確実に正解したい問題です。

各 肢 の 解 説

1　**妥当でない。**留置権者は，留置物の保管に関して善良なる管理者の注意義務を負う（298条1項）。善良なる管理者の注意義務は，自己の財産に対するのと同一の注意義務より一段加重された注意義務である。

2　**妥当でない。**留置権者は，債務者の承諾を得なければ留置物を使用・賃貸・担保供与することができない（298条2項）。留置権者が債務者の承諾を得ずにこれらの行為を行った場合，債務者は留置権の消滅を請求することができる（同条3項）。請求によって消滅するのであって，当然に消滅するものではない。

3　**妥当である。**有益費償還請求権は建物との牽連性が認められ，留置権が成立する（大判昭和10・5・13）。しかし，本肢の事例は賃貸借契約の解除後に有益費を支出したものであり，そのような場合には民法295条2項ただし書を類推適用して留置権の成立を否定するのが判例（最判昭和46・7・16）である。

4　**妥当でない。**判例（最判昭和47・11・16）は，本肢のような事案においてBに対する代金債権について留置権が成立するので，Bから目的物を譲り受けた者に対しても留置権を対抗でき，留置権を行使することができる，としている。

5　**妥当でない。**判例（最判昭和43・3・12）は，本肢のような事案において損害賠償請求権と建物との間に牽連性が認められないとして，留置権の行使を否定している。

正解　3

ポイントチェック

留置権者による留置物の保管等

①留置権者は，善管注意義務を負う。

②留置権者が，留置物を使用し，賃貸し，又は担保に供するためには，債務者の承諾が必要。保存に必要な使用については，債務者の承諾は不要。

　←違反があれば，債務者は，留置権の消滅を請求することができる。

問 題

　質権に関する次の記述のうち，民法の規定および判例に照らし，妥当でないものはどれか。

1　動産質権者は，継続して質物を占有しなければ，その質権をもって第三者に対抗することができず，また，質物の占有を第三者によって奪われたときは，占有回収の訴えによってのみ，その質物を回復することができる。

2　不動産質権は，目的不動産を債権者に引き渡すことによってその効力を生ずるが，不動産質権者は，質権設定登記をしなければ，その質権をもって第三者に対抗することができない。

3　債務者が他人の所有に属する動産につき質権を設定した場合であっても，債権者は，その動産が債務者の所有物であることについて過失なく信じたときは，質権を即時取得することができる。

4　不動産質権者は，設定者の承諾を得ることを要件として，目的不動産の用法に従ってその使用収益をすることができる。

5　質権は，債権などの財産権の上にこれを設定することができる。

問 題 分 析　　★★☆

本問は，質権について総合的に問う問題です。

各 肢 の 解 説

1　妥当である。目的物の占有は質権の成立要件であるが，成立後は対抗要件とされている（大判大5・12・25）。また，質物の占有の回復の手段は，占有回収の訴えのみである（353条）。

2　妥当である。質権は目的物を引き渡すことによって発生する（344条）ので前段の記述は妥当である。そして不動産質権は抵当権の規定が準用される（361条）ので第三者対抗要件は登記である（177条）。

3　妥当である。質権は即時取得（192条）の対象となるので，その要件を充足すれば質権を即時取得することができる。

4　妥当でない。不動産質権者は，当然に設定者の承諾なく用法に従った目的不動産の使用収益をすることができる（356条）。

5　妥当である。質権は財産権の上に設定することも可能である（362条1項）。

正解　4

ポイントチェック

質権の対抗要件

　動産質→占有継続

　不動産質→登記

　債権質→確定日付ある証書によってする設定者から三債務者への通知または第三債務者の承諾

問題

抵当権の効力に関する次の記述のうち，民法の規定および判例に照らし，妥当なものはどれか。

1 抵当権の効力は抵当不動産の従物にも及ぶが，抵当不動産とは別個に従物について対抗要件を具備しなければ，その旨を第三者に対して対抗することができない。

2 借地上の建物に抵当権が設定された場合において，その建物の抵当権の効力は，特段の合意がない限り借地権には及ばない。

3 買戻特約付売買の買主が目的不動産について買主の債権者のために抵当権を設定し，その旨の登記がなされたところ，その後，売主が買戻権を行使した場合，買主が売主に対して有する買戻代金債権につき，上記抵当権者は物上代位権を行使することができる。

4 抵当不動産が転貸された場合，抵当権者は，原則として，転貸料債権（転貸賃料請求権）に対しても物上代位権を行使することができる。

5 抵当権者が，被担保債権について利息および遅延損害金を請求する権利を有するときは，抵当権者は，原則として，それらの全額について優先弁済権を行使することができる。

key word

従物

独立の所有権の客体としての資格を失わずに，客観的・経済的には他の物（主物）に従属し，その効用を助ける物を，従物という。

問 題 分 析　　　★★☆

本問は，抵当権の効力について判例の理解等を問う問題です。

各 肢 の 解 説

1　**妥当でない。** 判例（最判昭和44・3・28）は，宅地に対する抵当権の効力は，特段の事情のないかぎり，抵当権設定当時宅地の従物であった石燈籠および庭石にも及び，抵当権の設定登記による対抗力は，従物についても生ずるとしている。したがって，主物である抵当不動産に抵当権設定登記がなされれば，別個に従物について対抗要件を具備しなくても，従物に抵当権の効力が及んでいることについて第三者に対抗できる。

2　**妥当でない。** 判例（最判昭和40・5・4）は，土地賃借人が土地上に所有する建物について抵当権を設定した場合には，原則として，抵当権の効力は当該土地の賃借権に及ぶとする。したがって，借地上の建物に設定された抵当権の効力は借地権に及ぶ。

3　**妥当である。** 判例（最判平成11・11・30）は，買戻特約付売買の買主から目的不動産につき抵当権の設定を受けた者は，抵当権に基づく物上代位権の行使として，買戻権の行使により買主が取得した買戻代金債権を差し押さえることができるとする。買戻特約の登記に後れて目的不動産に設定された抵当権は，買戻しによる目的不動産の所有権の買戻権者への復帰に伴って消滅するが，抵当権設定者である買主やその債権者等との関係においては，買戻権行使時まで抵当権が有効に存在していたことによって生じた法的効果までが買戻しによって覆滅されることはなく，また，買戻代金は，実質的には買戻権の行使による目的不動産の所有権の復帰についての対価と見ることができ，売却又は滅失によって債務者が受けるべき金銭に当たることを理由としている。

4　**妥当でない。** 抵当不動産が転貸された事案において，判例（最決平成12・4・14）は，抵当権者は，抵当不動産の賃借人を所有者と同視することを相当とする場合を除き，賃借人が取得する転貸賃料債権について物上代位権を行使することができないとしている。したがって，抵当権者は，原則として，転貸料債権に対して物上代位権を行使することができない。

5　**妥当でない。** 後順位抵当権者等がいる場合，後順位抵当権者等の利益を保護するため，抵当権者は，利息および遅延損害金を請求する権利を有するときでも，その最後の2年分についてのみ，抵当権を行使することができる（375条1項本文，2項本文）。したがって，抵当権者が利息および遅延損害金を請求する権利を有するときでも，後順位抵当権者等がいる場合，抵当権者は，その最後の2年分についてのみ，その抵当権を行使することができるだけであるから，抵当権者は，「原則として」，その全額について優先弁済権を行使することができるわけではない。なお，後順位抵当権者等がいない場合は，抵当権者は，その全額について優先弁済権を行使することができる。

正解　3

問題

根抵当権に関する次の記述のうち，民法の規定に照らし，正しいものはどれか。

1　被担保債権の範囲は，確定した元本および元本確定後の利息その他の定期金の2年分である。

2　元本確定前においては，被担保債権の範囲を変更することができるが，後順位抵当権者その他の第三者の承諾を得た上で，その旨の登記をしなければ，変更がなかったものとみなされる。

3　元本確定期日は，当事者の合意のみで変更後の期日を 5 年以内の期日とする限りで変更することができるが，変更前の期日より前に変更の登記をしなければ，変更前の期日に元本が確定する。

4　元本確定前に根抵当権者から被担保債権を譲り受けた者は，その債権について根抵当権を行使することができないが，元本確定前に被担保債務の免責的債務引受があった場合には，根抵当権者は，引受人の債務について，その根抵当権を行使することができる。

5　根抵当権設定者は，元本確定後においては，根抵当権の極度額の一切の減額を請求することはできない。

key word

根抵当権

根抵当権とは，一定の範囲内の不特定の債権を極度額の範囲内において担保するために不動産上に設定された担保物権のことである。根抵当権は特定の債権を担保するものではないため附従性がなく，継続的な取引関係にある当事者間に生じる債権を担保することに向いている。

問 題 分 析　　★★★

根抵当権について問う問題です。

各 肢 の 解 説

1　誤り。根抵当権者は，確定した元本並びに利息その他の定期金及び債務の不履行によって生じた損害の賠償の全部について，極度額を限度として，その根抵当権を行使することができる（398条の3第1項）。したがって，2年分に限られないから，本肢は誤っている。

2　誤り。元本の確定前においては，根抵当権の担保すべき債権の範囲の変更をすることができる（398条の4第1項）。債権の範囲の変更をするには，後順位の抵当権者その他の第三者の承諾を得ることを要しない（398条の4第2項）。

3　正しい。根抵当権の担保すべき元本については，その確定すべき期日を定め又は変更することができるが（398条の6第1項），その期日は，これを定め又は変更した日から5年以内でなければならない（398条の6第3項）。もっとも，期日の変更についてその変更前の期日より前に登記をしなかったときは，担保すべき元本は，その変更前の期日に確定する（398条の6第4項）。

4　誤り。元本の確定前に根抵当権者から債権を取得した者は，その債権について根抵当権を行使することができない（398条の7第1項）。そして，元本の確定前に債務の引受けがあったときも，根抵当権者は，引受人の債務について，その根抵当権を行使することができない（398条の7第2項）。

5　誤り。元本の確定後においては，根抵当権設定者は，その根抵当権の極度額を，現に存する債務の額と以後2年間に生ずべき利息その他の定期金及び債務の不履行による損害賠償の額とを加えた額に減額することを請求することができる（398条の21第1項）。

正解　3

ポイントチェック

根抵当権の変更

	可能な時期	登記（効力要件）	利害関係人の承諾
被担保債権の範囲（398の4）	元本確定前	○（元本確定前）	不要
債務者（398の4）			
確定期日（398の6）	確定期日前	○（確定期日前）	
極度額（398の5）	確定の前後を問わない	○（確定の前後を問わない）	必要

A・B間において，Aが，Bに対して，Aの所有する甲建物または乙建物のうちいずれかを売買する旨の契約が締結された。この場合に関する次の記述のうち，民法の規定に照らし，正しいものはどれか。

1 給付の目的を甲建物とするか乙建物とするかについての選択権は，A・B間に特約がない場合には，Bに帰属する。

2 A・B間の特約によってAが選択権者となった場合に，Aは，給付の目的物として甲建物を選択する旨の意思表示をBに対してした後であっても，Bの承諾を得ることなく，その意思表示を撤回して，乙建物を選択することができる。

3 A・B間の特約によってAが選択権者となった場合において，Aの過失によって甲建物が焼失したためにその給付が不能となったときは，給付の目的物は，乙建物になる。

4 A・B間の特約によって第三者Cが選択権者となった場合において，Cの選択権の行使は，AおよびBの両者に対する意思表示によってしなければならない。

5 A・B間の特約によって第三者Cが選択権者となった場合において，Cが選択をすることができないときは，選択権は，Bに移転する。

問 題 分 析　　★★☆

本問は，選択債権に関する条文知識を問う問題です。

各 肢 の 解 説

1　**誤り。**選択債権において，特約がない限り選択権は債務者に属する（406条）。

2　**誤り。**選択権を行使した後においては，相手方の承諾がなければそれを撤回することができない（407条2項）。

3　**正しい。**選択権のある者の過失によって，給付の中に不能となるものがある場合には，不能となる給付以外の残存するものが債権の目的となる（410条）。

4　**誤り。**第三者が選択権者である場合，その選択は債権者「又は」債務者に対する意思表示で行う（409条1項）。

5　**誤り。**第三者が選択権者である場合に，その第三者が選択をすることができないときは，債務者が選択権者となる（409条2項）。原則に戻るのである。

正解　3

ポイントチェック

不能による選択権の特定（410条）

不能が選択権を有する者の過失による	残存するものに特定（選択権消滅）
上記以外による不能	残存するものに特定しない（選択権存続）

AとBは，令和3年7月1日にAが所有する絵画をBに1000万円で売却する売買契約を締結した。同契約では，目的物は契約当日引き渡すこと，代金はその半額を目的物と引き換えに現金で，残金は後日，銀行振込の方法で支払うこと等が約定され，Bは，契約当日，約定通りに500万円をAに支払った。この契約に関する次のア〜オのうち，民法の規定および判例に照らし，妥当でないものの組合せはどれか。

ア　残代金の支払期限が令和3年10月1日と定められていたところ，Bは正当な理由なく残代金500万円の支払いをしないまま2か月が徒過した。この場合，Aは，Bに対して，2か月分の遅延損害金について損害の証明をしなくとも請求することができる。

イ　残代金の支払期限が令和3年10月1日と定められていたところ，Bは正当な理由なく残代金500万円の支払いをしないまま2か月が徒過した場合，Aは，Bに対して，遅延損害金のほか弁護士費用その他取立てに要した費用等を債務不履行による損害の賠償として請求することができる。

ウ　残代金の支払期限が令和3年10月1日と定められていたところ，Bは残代金500万円の支払いをしないまま2か月が徒過した。Bは支払いの準備をしていたが，同年9月30日に発生した大規模災害の影響で振込システムに障害が発生して振込ができなくなった場合，Aは，Bに対して残代金500万円に加えて2か月分の遅延損害金を請求することができる。

エ　Aの母の葬儀費用にあてられるため，残代金の支払期限が「母の死亡日」と定められていたところ，令和3年10月1日にAの母が死亡した。BがAの母の死亡の事実を知らないまま2か月が徒過した場合，Aは，Bに対して，残代金500万円に加えて2か月分の遅延損害金を請求することができる。

オ　残代金の支払期限について特段の定めがなかったところ，令和3年10月1日にAがBに対して残代金の支払いを請求した。Bが正当な理由なく残代金の支払いをしないまま2か月が徒過した場合，Aは，Bに対して，残代金500万円に加えて2か月分の遅延損害金を請求することができる。

1　ア・イ
2　ア・オ
3　イ・エ
4　ウ・エ
5　ウ・オ

問 題 分 析　　★★☆

　本問は，金銭債権の特則を中心に債務不履行による損害賠償に関する知識を問う問題です。

各 肢 の 解 説

ア　妥当である。 金銭債権の不履行による損賠賠償請求については，債権者は損害の証明を要しない（419条2項）。

イ　妥当でない。 金銭債権の不履行による損害賠償の額は，法定利息によって定められる（419条1項）。弁護士費用は含まれていない（最判昭和48・10・11）。

ウ　妥当である。 金銭債権の不履行による損賠賠償請求については，債務者は不可抗力をもって抗弁とすることができない（419条3項）。

エ　妥当でない。 不確定期限の付された債務は，その期限が到来した後に請求を受けたときまたは債務者が期限の到来を知ったときのいずれか早い時に遅滞の責任を負う（412条2項）。したがって，期限が到来した時に遅滞の責任が生じるものではない。

オ　妥当である。 債務の履行について期限を定めなかったときは，債務者は，履行の請求を受けた時から遅滞の責任を負う（412条3項）。Bには正当な理由なく支払をしないのであるから，Aから請求を受けた時から遅滞責任を負うことになり，AはBに対し，2か月分の遅延損害金を請求することができる。

以上により，妥当でないものは，イ及びエであるから，正解は3である。

正解　3

ポイントチェック

金銭債権の特則（419条）

要件	・損害賠償については，債権者は，損害の証明をすることを要しない。 ・損害賠償については，債務者は，不可抗力をもって抗弁とすることができない。
効果	損害賠償額は，債務者が遅滞責任を負った最初の時点の法定利率によって定める（約定利率が法定利率を超えるときは，約定利率）。

問 題

　債権者代位権に関する次の記述のうち，民法の規定に照らし，正しいものはどれか。

1　債権者は，債務者に属する権利（以下「被代位権利」という。）のうち，債務者の取消権については，債務者に代位して行使することはできない。

2　債権者は，債務者の相手方に対する債権の期限が到来していれば，自己の債務者に対する債権の期限が到来していなくても，被代位権利を行使することができる。

3　債権者は，被代位権利を行使する場合において，被代位権利が動産の引渡しを目的とするものであっても，債務者の相手方に対し，その引渡しを自己に対してすることを求めることはできない。

4　債権者が，被代位権利の行使に係る訴えを提起し，遅滞なく債務者に対し訴訟告知をした場合には，債務者は，被代位権利について，自ら取立てその他の処分をすることはできない。

5　債権者が，被代位権利を行使した場合であっても，債務者の相手方は，被代位権利について，債務者に対して履行をすることを妨げられない。

key word

訴訟告知

　訴訟の係属中に当事者が第三者に対して訴訟係属（裁判所で訴訟中であること）の事実を報告する訴訟行為。第三者に訴訟参加の機会を与える。

問 題 分 析　　★☆☆

　本問は，債権者代位権に関する条文知識を問う問題です。改正点を中心に出題されています。

各 肢 の 解 説

1　誤り。債権者は，債務者の取消権を代位行使することができる。債権者は債務者の一身専属権を代位行使することができない（423条1項ただし書）が，取消権は一身専属権とされていない。

2　誤り。債権者は自己の債権の履行期が到来する前に被代位権利を行使することはできない（423条2項本文）。

3　誤り。債権者は動産の引渡しを目的とする被代位権利を行使する場合には，自己に対して引渡しを求めることができる（423条の3）。

4　誤り。債権者が被代位権利を行使した場合であっても，債務者が被代位権利について自ら取立てその他の処分をすることを妨げられない（423条の5第1項）。

5　正しい。債権者が被代位権利を行使した場合であっても，相手方が被代位権利について債務者に対して履行することを妨げられない（423条の5第2項）。

正解　5

ポイントチェック

債務者の取立てその他の処分の権限等（423条の5）

債権者が被代位権利を行使した場合	
債務者	被代位権利について，自ら取立てその他の処分をすることができる。
相手方	被代位権利について，債務者に対して履行をすることができる。

民法債権

改H29 − 32   check

問題

　共同事業を営むAとBは，Cから事業資金の融資を受けるに際して，共に弁済期を１年後としてCに対し連帯して1,000万円の貸金債務（以下「本件貸金債務」という。）を負担した（負担部分は２分の１ずつとする。）。この事実を前提とする次の記述のうち，民法の規定および判例に照らし，妥当でないものはどれか。

1　本件貸金債務につき，融資を受けるに際してAに意思能力がなかったため，意思無能力に基づく無効を主張してこれが認められた場合であっても，これによってBが債務を免れることはない。

2　本件貸金債務につき，A・C間の更改により，AがCに対して甲建物を給付する債務に変更した場合，Bは本件貸金債務を免れる。

3　本件貸金債務につき，弁済期到来後にAがCに対して弁済の猶予を求め，その後更に期間が経過して，弁済期の到来から起算して時効期間が満了した場合に，Bは，Cに対して消滅時効を援用することはできない。

4　本件貸金債務につき，Cから履行を求められたAが，あらかじめその旨をBに通知することなくCに弁済した。その当時，BはCに対して500万円の金銭債権を有しており，既にその弁済期が到来していた場合，BはAから500万円を求償されたとしても相殺をもって対抗することができる。

5　本件貸金債務につき，AがCに弁済した後にBに対してその旨を通知しなかったため，Bは，これを知らずに，Aに対して事前に弁済する旨の通知をして，Cに弁済した。この場合に，Bは，Aの求償を拒み，自己がAに対して500万円を求償することができる。

　＊　問題文をアレンジしてあります。

key word

更改

　契約によって既存の債権を消滅させると同時に，これに代わる新しい債権を成立させること。旧債権の消滅と新債権の成立とは１個の契約の内容として互いに他を条件付けているので，旧債権が消滅しないときは新債権は成立せず，新債権が成立しないときは旧債権は消滅しない。

問題分析　　★★☆

本問は，連帯債務の効力についての条文知識を問う問題です。

各肢の解説

1　妥当である。連帯債務者の一人について法律行為の無効があったとしても，他の連帯債務者の債務の効力に影響を与えない（437条）。したがって，Aの債務が無効となっても，Bは債務の負担を免れない。

2　妥当である。更改は，他の連帯債務者に対しても効力が及び，債権は，すべての連帯債務者の利益のために消滅する（438条）。

3　妥当でない。連帯債務者の一人について債務の承認による時効の更新（152条1項）があっても，その効力は他の連帯債務者には及ばない（441条）。したがって，Bについては時効が中断していないから，弁済期の到来から起算して時効期間が満了すれば消滅時効を援用することができる。

4　妥当である。連帯債務者の一人が債権者から履行の請求を受けたことを他の連帯債務者に通知しないで弁済し共同の免責を得た場合において，他の連帯債務者は，債権者に対抗することができる事由を有していたときは，その負担部分について，その事由をもってその免責を得た連帯債務者に対抗することができる（443条1項前段）。本肢の事例において，BはCに対して相殺をすることができたのであるから，それを求償してきたAに対抗することができる。

5　妥当である。弁済をし，その他自己の財産をもって共同の免責を得た連帯債務者が，他の連帯債務者があることを知りながらその免責を得たことを他の連帯債務者に通知することを怠ったため，他の連帯債務者が善意で弁済その他自己の財産をもって免責を得るための行為をしたときは，当該他の連帯債務者は，その免責を得るための行為を有効であったものとみなすことができる（443条2項）。この民法443条2項の規定による保護を受けるためには，同条1項による事前の通知が必要である（最判昭和57・12・17）が，Bは，Aに対して，その通知をしているから443条2項により保護される。したがって，善意で弁済しているBは，自己の弁済を有効なものとみなして，事後の通知を怠ったAからの求償を拒むことができる。

正解　3

問題

　Aは，Bに対して金銭債務（以下，「甲債務」という。）を負っていたが，甲債務をCが引き受ける場合（以下，「本件債務引受」という。）に関する次の記述のうち，民法の規定に照らし，誤っているものはどれか。

1　本件債務引受について，BとCとの契約によって併存的債務引受とすることができる。

2　本件債務引受について，AとCとの契約によって併存的債務引受とすることができ，この場合においては，BがCに対して承諾をした時に，その効力が生ずる。

3　本件債務引受について，BとCとの契約によって免責的債務引受とすることができ，この場合においては，BがAに対してその契約をした旨を通知した時に，その効力が生ずる。

4　本件債務引受について，AとCが契約をし，BがCに対して承諾することによって，免責的債務引受とすることができる。

5　本件債務引受については，それが免責的債務引受である場合には，Cは，Aに対して当然に求償権を取得する。

key word

債務引受

　債務の同一性を保ったまま契約によって債務を移転すること。併存的債務引受と免責的債務引受がある。

問 題 分 析　　　★★☆

　本問は，債務引受に関する条文知識を問う問題です。債務引受は，従来解釈上認められていたが，改正で明文化されています。

各 肢 の 解 説

1　**正しい。**併存的債務引受は，債権者と引受人となる者との間の契約ですることができる（470条2項）。

2　**正しい。**併存的債務引受は，債務者と引受人となる者との間の契約ですることができ，債権者が承諾したときに効力が発生する（470条3項）。

3　**正しい。**免責的債務引受は，債権者と引受人となる者との間の契約ですることができ，債権者が債務者に契約を通知したときに効力が発生する（472条2項）。

4　**正しい。**免責的債務引受は，債務者と引受人となる者との間の契約ですることができ，債権者が承諾したときに効力が発生する（472条3項）。

5　**誤り。**免責的債務引受において，引受人は債務者に求償することができない（472条の3）。この場合，引受人には，債務を全面的に引き受け，最終的な責任を負う意思があると解することができ，求償関係を成立させる負担部分を観念することができないからである。

正解　5

ポイントチェック

	併存的債務引受	免責的債務引受
債権者と引受人の契約	○	○ 債権者が債務者に通知→効力を生じる
債務者と引受人の契約	○ 債権者が引受人となる者に承諾→効力を生じる	○ 債権者が引受人に承諾をすることが必要

問　題

　弁済に関する次の記述のうち，民法の規定および判例に照らし，妥当でないものはどれか。

1　債務者が元本のほか利息および費用を支払うべき場合において，弁済として給付した金銭の額がその債務の全部を消滅させるのに足りないときは，債務者による充当の指定がない限り，これを順次に費用，利息および元本に充当しなければならない。

2　同一の債権者に対して数個の金銭債務を負担する債務者が，弁済として給付した金銭の額が全ての債務を消滅させるのに足りない場合であって，債務者が充当の指定をしないときは，債権者が弁済を受領する時に充当の指定をすることができるが，債務者がその充当に対して直ちに異議を述べたときは，この限りでない。

3　金銭債務を負担した債務者が，債権者の承諾を得て金銭の支払に代えて不動産を給付する場合において，代物弁済が成立するためには，債権者に所有権を移転させる旨の意思表示をするだけでは足りず，所有権移転登記がされなければならない。

4　債権者があらかじめ弁済の受領を拒んでいる場合，債務者は，口頭の提供をすれば債務不履行責任を免れるが，債権者において契約そのものの存在を否定する等弁済を受領しない意思が明確と認められるときは，口頭の提供をしなくても同責任を免れる。

5　債権者があらかじめ金銭債務の弁済の受領を拒んでいる場合，債務者は，口頭の提供をした上で弁済の目的物を供託することにより，債務を消滅させることができる。

問　題　分　析　　　★★☆

本問は，弁済の効果に関して総合的に問う問題です。

各　肢　の　解　説

1　妥当でない。債務者が一個または数個の債務について元本のほか利息および費用を支払うべき場合において，弁済をする者がその債務の全部を消滅させるのに足りない給付をしたときは，これを順次に費用，利息および元本に充当しなければならず（489条1項），この場合，指定充当はすることができない。

2　妥当である。債務者が複数の債務を一度に弁済する場合，債務者がその充当の指定権を有する（488条1項）。債務者が指定権を行使しないときには，債権者がこれを指定することができるが，債務者は直ちに異議を述べることができ，その場合には債権者の指定は効力を有しない（488条2項）。

3　妥当である。判例（最判昭和40・4・30）は，「債務者がその負担した給付に代えて不動産所有権の譲渡をもつて代物弁済する場合の債務消滅の効力は，原則として単に所有権移転の意思表示をなすのみでは足らず，所有権移転登記手続の完了によつて生ずる」と判示している。

4　妥当である。弁済の提供により債務者は債務不履行責任を免れることができる（492条）。この弁済の提供は，債権者があらかじめその受領を拒んでいる場合，弁済の準備をしたことを通知してその受領の催告をすれば足りる（493条ただし書）。さらに口頭の提供も不要とされる場合があり，判例（最大判昭和32・6・5）は，「債務者が言語上の提供をしても，債権者が契約そのものの存在を否定する等弁済を受領しない意思が明確と認められる場合においては，債務者が形式的に弁済の準備をし且つその旨を通知することを必要とするがごときは全く無意義であつて，法はかかる無意義を要求しているものと解することはできない。それ故，かかる場合には，債務者は言語上の提供をしないからといつて，債務不履行の責に任ずるものということはできない。」と判示している。

5　妥当である。弁済者は，弁済の提供をした場合において，債権者がその受領を拒んだときは，債権者のために弁済の目的物を供託することができる（494条1項1号）。そして，債権者があらかじめ受領を拒んでいるときは，供託をするためには，口頭の提供が必要とされる（大判大正10・4・30）。

正解　1

ポイントチェック

弁済の提供

現実の提供	債権者が債務者の協力をまたずに主要な部分の給付ができる場合
口頭の提供	・給付に債務者の協力が必要な場合 ・債権者のあらかじめ受領を拒絶した場合 　→提供があっても弁済を受領しない意思が明確な場合には口頭の提供がなくても債務不履行責任を免れる（最判昭和32・6・5）

問　題

　同時履行の抗弁権に関する次の記述のうち，民法の規定および判例に照らし，妥当なものはどれか。

1　双務契約が一方当事者の詐欺を理由として取り消された場合においては，詐欺を行った当事者は，当事者双方の原状回復義務の履行につき，同時履行の抗弁権を行使することができない。

2　家屋の賃貸借が終了し，賃借人が造作買取請求権を有する場合においては，賃貸人が造作代金を提供するまで，賃借人は，家屋の明渡しを拒むことができる。

3　家屋の賃貸借が終了し，賃借人が敷金返還請求権を有する場合においては，賃貸人が敷金を提供するまで，賃借人は，家屋の明渡しを拒むことができる。

4　請負契約においては仕事完成義務と報酬支払義務とが同時履行の関係に立つため，物の引渡しを要する場合であっても，特約がない限り，仕事を完成させた請負人は，目的物の引渡しに先立って報酬の支払を求めることができ，注文者はこれを拒むことができない。

5　売買契約の買主は，売主から履行の提供があっても，その提供が継続されない限り，同時履行の抗弁権を失わない。

key word

同時履行の抗弁権

　双務契約の当事者の一方は，相手方がその債務の履行を提供するまで，自己の債務の履行を拒むことができる（533条）。

問 題 分 析　　★★☆

本問は，同時履行の抗弁権に関する判例知識を中心に問う問題です。

各 肢 の 解 説

1　妥当でない。 判例（最判昭和47・9・7）は，売買契約が詐欺を理由として取り消された場合における当事者双方の原状回復義務は，同時履行の関係にあるとしている。

2　妥当でない。 判例（最判昭和29・1・14）は，造作買取代金債権は造作に関して生じた債権で，建物に関して生じた債権ではないので，建物明渡しと同時履行の関係に立たないと判示した。なお，判例（大判昭和7・1・26）は，借地権者が建物買取請求権を有する場合において，その建物買取請求権に係る代金支払請求権と賃貸人の建物引渡請求権とは同時履行の関係に立つと判示した。

3　妥当でない。 判例（最判昭和49・9・2）は，「賃貸人は，特別の約定のないかぎり，賃借人から家屋明渡を受けた後に前記の敷金残額を返還すれば足りるものと解すべく，したがつて，家屋明渡債務と敷金返還債務とは同時履行の関係にたつものではないと解するのが相当であ」ると判示している。

4　妥当でない。 目的物の引渡しを要する場合には，請負報酬の支払は目的物の引渡しと同時履行の関係に立つ（633条）。

5　妥当である。 判例（最判昭和34・5・14）は，双務契約の当事者の一方は相手方の履行の提供があっても，その提供が継続されない限り同時履行の抗弁権を失うものでないと判示した。なお，判例（大判昭和3・5・31）は，契約の解除の場合については，相手方は，いったん履行の提供をした以上，これを継続しなくとも契約を解除し得ると判示した。

正解　5

ポイントチェック

同時履行の抗弁権の成立要件
①同一の双務契約から生じる両債務の存在
②双方の債務がともに弁済期にあること
③相手方の単純請求

問 題

　Aが甲建物（以下「甲」という。）をBに売却する旨の売買契約に関する次の
ア〜オの記述のうち，民法の規定に照らし，誤っているものはいくつあるか。

ア　甲の引渡しの履行期の直前に震災によって甲が滅失した場合であっても，B
は，履行不能を理由として代金の支払いを拒むことができない。

イ　Bに引き渡された甲が契約の内容に適合しない場合，Bは，Aに対して，履
行の追完または代金の減額を請求することができるが，これにより債務不履行
を理由とする損害賠償の請求は妨げられない。

ウ　Bに引き渡された甲が契約の内容に適合しない場合，履行の追完が合理的に
期待できるときであっても，Bは，その選択に従い，Aに対して，履行の追完
の催告をすることなく，直ちに代金の減額を請求することができる。

エ　Bに引き渡された甲が契約の内容に適合しない場合において，その不適合が
Bの過失によって生じたときであっても，対価的均衡を図るために，BがAに
対して代金の減額を請求することは妨げられない。

オ　Bに引き渡された甲が契約の内容に適合しない場合において，BがAに対し
て損害賠償を請求するためには，Bがその不適合を知った時から1年以内に，
Aに対して請求権を行使しなければならない。

1　一つ
2　二つ
3　三つ
4　四つ
5　五つ

key word

履行の追完

　目的物の修補，代替物の引渡し又は不足分の引渡しによる。売主は，買主に不
相当な負担を課すものでないときは，買主が請求した方法と異なる方法による履
行の追完をすることができる。

問 題 分 析　　★★★

本問は，契約内容不適合責任等に関する条文知識を問う問題である。

各 肢 の 解 説

ア　誤り。当事者双方の責めに帰することができない事由によって債務の履行ができなくなった場合，債権者は反対給付を拒むことができる（536条1項）。

イ　正しい。契約内容不適合責任として代金減額請求をした場合であっても，損害賠償請求をすることは妨げられない（564条）。

ウ　誤り。契約内容不適合責任は，まず履行の追完を請求し，それが履行されない場合に代金の減額を請求できる仕組みになっている（563条1項）。

エ　誤り。買主の責めに帰すべき事由によって契約内容の不適合が生じた場合には，買主は代金減額を請求することができない（563条3項）。

オ　誤り。種類または品質に関する契約内容に不適合があった場合には，その不適合を知った時から1年以内にその旨を買主に通知しなければ契約内容不適合責任を追及することができない（566条）。1年以内に不適合があった旨を通知すれば足り，請求権を行使することまでは必要とされていない。

以上により，誤っているものは，ア，ウ，エ及びオの四つであるから，正解は4である。

正解　4

ポイントチェック

契約内容不適合責任

履行の追完の請求	不適合に帰責事由のある買主は行使できない
代金の減額の請求	原則，追完の催告をしていること（追完がない）が必要 不適合に帰責事由のある買主は行使できない
損害賠償の請求	売主に帰責事由が必要
契約の解除	帰責事由のある買主は行使できない

問 題

　物の貸借に関する次のア～オの記述のうち，民法の規定に照らし，それが，使用貸借の場合にも賃貸借の場合にも当てはまるものの組合せはどれか。

ア　借主は，契約またはその目的物の性質によって定まった用法に従い，その物の使用および収益をしなければならない。

イ　借主は，目的物の使用および収益に必要な修繕費を負担しなければならない。

ウ　借主は，目的物を返還するときに，これに附属させた物を収去することはできない。

エ　貸借契約は，借主の死亡によって，その効力を失う。

オ　契約の本旨に反する使用または収益によって生じた損害の賠償および借主が支出した費用の償還は，貸主が借主から目的物の返還を受けた時から1年以内に請求しなければならない。

1　ア・イ
2　ア・オ
3　イ・ウ
4　ウ・エ
5　エ・オ

key word

使用貸借

　無償で他人の物を借りて使用収益した後その物を返還する契約。無償である点で，賃料を支払う賃貸借と異なり，借りた物そのものを返還する点で消費貸借と異なる。

問 題 分 析　　★☆☆

本問は，使用貸借と賃貸借の異同を問う問題です。

各 肢 の 解 説

ア　使用貸借にも賃貸借にも当てはまる。使用貸借においては，借主は契約または目的物の性質によって定まった用法に従い使用収益をする義務を負う（594条1項）。そして，賃貸借には，この規定が準用されている（616条）。

イ　使用貸借に当てはまるが，賃貸借には当てはまらない。使用貸借において，借主は借用物の通常の必要費を負担する（595条1項）。これに対して賃貸借においては，賃貸人が使用および収益に必要な修繕をする義務を負う（606条1項）。

ウ　使用貸借にも賃貸借にも当てはまらない。使用貸借の借主は，借用物を原状に復して，付属させた物を収去することができる（599条1項，2項）。そして，賃貸借には，この規定が準用されている（622条）。

エ　使用貸借に当てはまるが，賃貸借には当てはまらない。使用貸借は，借主の死亡によって，その効力を失う（596条3項）。これに対して賃貸借は借主の死亡によって終了するとの規定は置かれていない（準用もない）。

オ　使用貸借にも賃貸借にも当てはまる。使用貸借において契約の本旨に反する使用収益によって生じた損害の賠償および借主が支出した費用の償還は，目的物の返還から1年以内に請求しなければならない（600条1項）。そして，賃貸借には，この規定が準用されている（622条）。

以上により，使用貸借にも賃貸借にも当てはまるのは，ア及びオであるから，正解は2である。

正解　2

ポイントチェック

使用貸借と賃貸借の相違

	方式	双務	有償	貸主死亡	借主死亡
使用貸借	諾成	×	×	契約存続	契約終了
賃貸借	諾成	○	○	契約存続	契約存続

問題

　A所有の甲土地をBに対して建物所有の目的で賃貸する旨の賃貸借契約（以下，「本件賃貸借契約」という。）が締結され，Bが甲土地上に乙建物を建築して建物所有権保存登記をした後，AがCに甲土地を売却した。この場合に関する次の記述のうち，民法の規定および判例に照らし，妥当でないものはどれか。

1　本件賃貸借契約における賃貸人の地位は，別段の合意がない限り，AからCに移転する。

2　乙建物の所有権保存登記がBと同居する妻Dの名義であっても，Bは，Cに対して，甲土地の賃借権をもって対抗することができる。

3　Cは，甲土地について所有権移転登記を備えなければ，Bに対して，本件賃貸借契約に基づく賃料の支払を請求することができない。

4　本件賃貸借契約においてAからCに賃貸人の地位が移転した場合，Bが乙建物について賃貸人の負担に属する必要費を支出したときは，Bは，Cに対して，直ちにその償還を請求することができる。

5　本件賃貸借契約の締結にあたりBがAに対して敷金を交付していた場合において，本件賃貸借契約が期間満了によって終了したときは，Bは，甲土地を明け渡した後に，Cに対して，上記の敷金の返還を求めることができる。

key word

敷金

　名目のいかんを問わず，賃料債務その他の賃貸借に基づいて生ずる賃借人の賃貸人に対する金銭の給付を目的とする債務を担保する目的で，賃借人が賃貸人に交付する金銭（622条の2第1項かっこ書）。

問 題 分 析 　★★☆

本問は，賃貸借契約に関する基本的事項を問う問題です。

各 肢 の 解 説

1　**妥当である**。借地借家法10条１項は，「借地権は，その登記がなくても，土地の上に借地権者が登記されている建物を所有するときは，これをもって第三者に対抗することができる。」と規定している。Ｂは，甲土地上に乙建物を建築して建物所有権保存登記をしているから，Ｂは，甲土地の賃借権について，対抗要件を備えたといえる。この場合，賃貸借の目的不動産が譲渡されたときは，その不動産の賃貸人たる地位は，譲受人に移転する（605条の２第１項）。

2　**妥当でない**。判例（最判昭和41・4・27）は，「地上建物を所有する賃借権者は，自己の名義で登記した建物を有することにより，始めて右賃借権を第三者に対抗し得るものと解すべく，地上建物を所有する賃借権者が，自らの意思に基づき，他人名義で建物の保存登記をしたような場合には，当該賃借権者はその賃借権を第三者に対抗することはできない」と判示している。

3　**妥当である**。賃貸借の目的不動産の賃借人が賃貸借の対抗要件を備えている場合，所有権移転登記を経なければ賃貸人たる地位の移転を賃借人に対抗することができない（605条の２第３項）。

4　**妥当である**。賃借人が必要費を支出したときは，賃貸人に対して直ちにその償還を求めることができる（608条１項）。賃貸人たる地位が譲受人に移転したときは，必要費の償還債務は譲受人が承継する（605条の２第４項）。

5　**妥当である**。賃貸借の目的不動産の賃借人が賃貸借の対抗要件を備えている場合において，賃貸借の目的不動産が譲渡されたときには，敷金返還義務は譲受人が承継する（605条の２第４項）。

正解　2

ポイントチェック

賃貸借の目的不動産の譲渡
→賃貸借が対抗要件を備えていれば，賃貸人たる地位は譲受人に移転
→賃貸人たる地位が移転したときは，費用償還債務，敷金返還債務は，譲受人が承継

問 題

　建物が転貸された場合における賃貸人（建物の所有者），賃借人（転貸人）および転借人の法律関係に関する次のア〜オの記述のうち，民法の規定および判例に照らし，妥当なものの組合せはどれか。

ア　賃貸人の承諾がある転貸において，賃貸人が当該建物を転借人に譲渡し，賃貸人の地位と転借人の地位とが同一人に帰属したときであっても，賃借人と転借人間に転貸借関係を消滅させる特別の合意がない限り，転貸借関係は当然には消滅しない。

イ　賃貸人の承諾がある転貸において，賃借人による賃料の不払があったときは，賃貸人は，賃借人および転借人に対してその支払につき催告しなければ，原賃貸借を解除することができない。

ウ　賃貸人の承諾がある転貸であっても，これにより賃貸人と転借人間に賃貸借契約が成立するわけではないので，賃貸人は，転借人に直接に賃料の支払を請求することはできない。

エ　無断転貸であっても，賃借人と転借人間においては転貸借は有効であるので，原賃貸借を解除しなければ，賃貸人は，転借人に対して所有権に基づく建物の明渡しを請求することはできない。

オ　無断転貸において，賃貸人が転借人に建物の明渡しを請求したときは，転借人は建物を使用収益できなくなるおそれがあるので，賃借人が転借人に相当の担保を提供していない限り，転借人は，賃借人に対して転貸借の賃料の支払を拒絶できる。

1　ア・イ
2　ア・オ
3　イ・ウ
4　ウ・エ
5　エ・オ

問 題 分 析　　★★☆

本問は，転貸借に関する法律関係を問う問題です。

各 肢 の 解 説

ア　妥当である。判例（最判昭和35・6・23）は，「家屋の所有権者たる賃貸人の地位と転借人たる地位とが同一人に帰した場合は民法613条1項の規定による転借人の賃貸人に対する直接の義務が混同により消滅するは別論として，当事者間に転貸借関係を消滅させる特別の合意が成立しない限りは転貸借関係は当然には消滅しない」と判示している。

イ　妥当でない。判例（最判昭和37・3・29）は，適法な転貸借がある場合，賃貸人が賃料延滞を理由として賃貸借契約を解除するには，賃借人に対して催告すれば足り，転借人に対して延滞賃料の支払の機会を与えなければならないものではない，としている。

ウ　妥当でない。承諾ある転貸において，転借人は賃貸人に対して転貸借に基づく債務を直接履行する義務を負う（613条1項）。

エ　妥当でない。判例（最判昭和26・5・31）は，「（民法612）条2項の法意は賃借人が賃貸人の承諾なくして賃借権を譲渡し又は賃借物を転貸し，よつて第三者をして賃借物の使用又は収益を為さしめた場合には賃貸人は賃借人に対して基本である賃貸借契約までも解除することを得るものとしたに過ぎないのであつて，所論のように賃貸人が同条項により賃貸借契約を解除するまでは賃貸人の承諾を得ずしてなされた賃借権の譲渡又は転貸を有効とする旨を規定したものでない」と判示している。承諾のない転貸借は無効であるから，原賃貸借を解除しなくても賃貸人は転借人に対して所有権に基づく建物の明渡しを請求することができる。

オ　妥当である。判例（最判昭和50・4・25）は「所有権ないし賃貸権限を有しない者から不動産を賃借した者は，その不動産につき権利を有する者から右権利を主張され不動産の明渡を求められた場合には，賃借不動産を使用収益する権原を主張することができなくなるおそれが生じたものとして，民法559条で準用する同法576条により，右明渡請求を受けた以後は，賃貸人に対する賃料の支払を拒絶することができるものと解するのが相当である。」と判示している。

以上により，妥当なものは，ア及びオであるから，正解は2である。

正解　2

ポイントチェック

転貸の効果

民法613条1項　賃借人が適法に賃借物を転貸したときは，転借人は，賃貸人と賃借人との間の賃貸借に基づく賃借人の債務の範囲を限度として，賃貸人に対して転貸借に基づく債務を直接履行する義務を負う。この場合においては，賃料の前払をもって賃貸人に対抗することができない。

問題

　Aは自己所有の甲機械（以下「甲」という。）をBに賃貸し（以下，これを「本件賃貸借契約」という。），その後，本件賃貸借契約の期間中にCがBから甲の修理を請け負い，Cによる修理が終了した。この事実を前提とする次の記述のうち，民法の規定および判例に照らし，妥当なものはどれか。

1　Bは，本件賃貸借契約において，Aの負担に属するとされる甲の修理費用について直ちに償還請求することができる旨の特約がない限り，契約終了時でなければ，Aに対して償還を求めることはできない。

2　CがBに対して甲を返還しようとしたところ，Bから修理代金の提供がなかったため，Cは甲を保管することとした。Cが甲を留置している間は留置権の行使が認められるため，修理代金債権に関する消滅時効は進行しない。

3　CはBに対して甲を返還したが，Bが修理代金を支払わない場合，Cは，Bが占有する甲につき，動産保存の先取特権を行使することができる。

4　CはBに対して甲を返還したが，Bは修理代金を支払わないまま無資力となり，本件賃貸借契約が解除されたことにより甲はAに返還された。本件賃貸借契約において，甲の修理費用をBの負担とする旨の特約が存するとともに，これに相応して賃料が減額されていた場合，CはAに対して，事務管理に基づいて修理費用相当額の支払を求めることができる。

5　CはBに対して甲を返還したが，Bは修理代金を支払わないまま無資力となり，本件賃貸借契約が解除されたことにより甲はAに返還された。本件賃貸借契約において，甲の修理費用をBの負担とする旨の特約が存するとともに，これに相応して賃料が減額されていた場合，CはAに対して，不当利得に基づいて修理費用相当額の支払を求めることはできない。

key word

動産の保存の先取特権

　動産の保存のために要した費用又は動産に関する権利の保存，承認もしくは実行のために要した費用に関し，その動産について法律上当然に存在する。

問　題　分　析　★★☆

　本問は，賃貸目的物の修理に関する具体的事例を基に債権の効力を総合的に問う問題です。

各肢の解説

1　**妥当でない。**賃貸借において賃貸人は目的物を使用収益させる義務を負うのであるから，目的動産の修理費は必要費である。そして必要費を賃借人が負担したときは，特約がなくても，賃貸人に対し，直ちにその償還を請求することができる（608条1項）。

2　**妥当でない。**留置権が行使されている場合であっても，被担保債権の消滅時効は進行する（300条）。

3　**妥当でない。**動産保存の先取特権は，債務者の特定の動産の上に認められる（311条4号）。本肢の事例においては，修理代金の債務者は借主のBであるが，Bは甲の所有者ではない。また，動産保存の先取特権については即時取得の規定の準用はない（319条）。したがって，本肢の事例において，Cは甲の上に動産保存の先取特権を有しない。

4　**妥当でない。**事務管理は，義務がなく他人の事務を管理した場合に成立する（697条1項）。義務を負担するときは，事務管理は成立しない。本人に対して直接に義務を負うのではなく，第三者に対して義務を負う場合でも，義務の内容が本人の事務を処理することであれば，事務管理は成立しない。したがって，Cの修理行為を本人Aに対する事務管理と評価することはできない。

5　**妥当である。**判例（最判平成7・9・19）は，「甲が建物賃借人乙との間の請負契約に基づき右建物の修繕工事をしたところ，その後乙が無資力になったため，甲の乙に対する請負代金債権の全部又は一部が無価値である場合において，右建物の所有者丙が法律上の原因なくして右修繕工事に要した財産及び労務の提供に相当する利益を受けたということができるのは，丙と乙との間の賃貸借契約を全体としてみて，丙が対価関係なしに右利益を受けたときに限られるものと解するのが相当である。」と判示している。本肢においては，修理費を賃借人の負担とする特約があり，それを考慮して賃料が減額されていたのであるから，修理した動産をAが保持したとしても契約を全体として見て対価関係なしに利益を得ていると評価することはできない。したがって，CはAに対して，不当利得に基づいて修理費用相当額の支払を請求することはできない。

正解　5

問題

　甲建物（以下「甲」という。）を所有するAが不在の間に台風が襲来し，甲の窓ガラスが破損したため，隣りに住むBがこれを取り換えた場合に関する次の記述のうち，民法の規定および判例に照らし，妥当でないものはどれか。

1　BがAから甲の管理を頼まれていた場合であっても，A・B間において特約がない限り，Bは，Aに対して報酬を請求することができない。

2　BがAから甲の管理を頼まれていなかった場合であっても，Bは，Aに対して窓ガラスを取り換えるために支出した費用を請求することができる。

3　BがAから甲の管理を頼まれていなかった場合であっても，Bが自己の名において窓ガラスの取換えを業者Cに発注したときは，Bは，Aに対して自己に代わって代金をCに支払うことを請求することができる。

4　BがAから甲の管理を頼まれていなかった場合においては，BがAの名において窓ガラスの取換えを業者Dに発注したとしても，Aの追認がない限り，Dは，Aに対してその請負契約に基づいて代金の支払を請求することはできない。

5　BがAから甲の管理を頼まれていた場合であっても，A・B間において特約がなければ，窓ガラスを取り換えるに当たって，Bは，Aに対して事前にその費用の支払を請求することはできない。

key word

事務管理
　法律上の義務がないのに他人のための事務を処理すること（697条）。

問 題 分 析　　★★☆

本問は，事務管理を委任との比較で問う問題です。

各 肢 の 解 説

1　妥当である。委任契約において特約がない限り受任者に報酬請求権は発生しない（648条1項）。

2　妥当である。事務管理において管理者が支出した有益な費用は全額本人に対し，その償還を請求することができる（702条1項）。

3　妥当である。事務管理において管理者が有益な債務を負担した場合には，本人にその債務を弁済することを請求することができる（702条2項・650条2項）。

4　妥当である。判例（最判昭和36・11・30）は，「事務管理は，事務管理者と本人との間の法律関係を謂うのであつて，管理者が第三者となした法律行為の効果が本人に及ぶ関係は事務管理関係の問題ではない。従つて，事務管理者が本人の名で第三者との間に法律行為をしても，その行為の効果は，当然には本人に及ぶ筋合のものではなく，そのような効果の発生するためには，代理その他別個の法律関係が伴うことを必要とする」と判示している。

5　妥当でない。委任契約において，受任者は受任事務費用の前払いを請求することができる（649条）。

正解　**5**

ポイントチェック

事務管理に準用される委任の規定

645条（受任者による報告）

646条（受任者による受取物の引渡し等）

647条（受任者の金銭の消費についての責任）

650条2項（代弁済請求等）…管理者が本人のために有益な債務を負担した場合

問題

　不法行為に関する次の記述のうち，民法の規定および判例に照らし，妥当なものはどれか。

1　景観の良否についての判断は個々人によって異なる主観的かつ多様性のあるものであることから，個々人が良好な景観の恵沢を享受する利益は，法律上保護される利益ではなく，当該利益を侵害しても，不法行為は成立しない。

2　人がその品性，徳行，名声，信用などについて社会から受けるべき客観的な社会的評価が低下させられた場合だけではなく，人が自己自身に対して与えている主観的な名誉感情が侵害された場合にも，名誉毀損による不法行為が成立し，損害賠償の方法として原状回復も認められる。

3　宗教上の理由から輸血拒否の意思表示を明確にしている患者に対して，輸血以外に救命手段がない場合には輸血することがある旨を医療機関が説明しないで手術を行い輸血をしてしまったときでも，患者が宗教上の信念に基づいて当該手術を受けるか否かを意思決定する権利はそもそも人格権の一内容として法的に保護に値するものではないので，不法行為は成立しない。

4　医師の過失により医療水準に適（かな）った医療行為が行われず患者が死亡した場合において，医療行為と患者の死亡との間の因果関係が証明されなくても，医療水準に適った医療行為が行われていたならば患者がその死亡の時点においてなお生存していた相当程度の可能性の存在が証明されるときは，不法行為が成立する。

5　交通事故の被害者が後遺症のために身体的機能の一部を喪失した場合には，その後遺症の程度が軽微であって被害者の現在または将来における収入の減少が認められないときでも，労働能力の一部喪失を理由とする財産上の損害が認められる。

key word

名誉感情

　人が自己自身の人格的価値について有する主観的な評価。

問題分析　　★★☆

本問は，不法行為に関する判例知識を問う問題です。

各肢の解説

1　妥当でない。 判例（最判平成18・3・30）は，「良好な景観に近接する地域内に居住し，その恵沢を日常的に享受している者は，良好な景観が有する客観的な価値の侵害に対して密接な利害関係を有するものというべきであり，これらの者が有する良好な景観の恵沢を享受する利益（以下「景観利益」という。）は，法律上保護に値する」と判示している。

2　妥当でない。 判例（最判昭和45・12・18）は，「民法723条にいう名誉とは，人がその品性，徳行，名声，信用等の人格的価値について社会から受ける客観的な評価，すなわち社会的名誉を指すものであつて，人が自己自身の人格的価値について有する主観的な評価，すなわち名誉感情は含まないものと解するのが相当である。」と判示している。

3　妥当でない。 判例（最判平成12・2・29）は，「患者が，輸血を受けることは自己の宗教上の信念に反するとして，輸血を伴う医療行為を拒否するとの明確な意思を有している場合，このような意思決定をする権利は，人格権の一内容として尊重されなければならない。」として，本肢のように説明を怠った場合には患者の意思決定権や人格権を害したとして不法行為に基づく損害賠償請求を認めている。

4　妥当である。 判例（最判平成12・9・22）は，「疾病のため死亡した患者の診療に当たった医師の医療行為が，その過失により，当時の医療水準にかなったものでなかった場合において，右医療行為と患者の死亡との間の因果関係の存在は証明されないけれども，医療水準にかなった医療が行われていたならば患者がその死亡の時点においてなお生存していた相当程度の可能性の存在が証明されるときは，医師は，患者に対し，不法行為による損害を賠償する責任を負うものと解するのが相当である。」と判示している。

5　妥当でない。 判例（最判昭和56・12・22）は，「交通事故による後遺症のために身体的機能の一部を喪失した場合においても，後遺症の程度が比較的軽微であつて，しかも被害者が従事する職業の性質からみて現在又は将来における収入の減少も認められないときは，特段の事情のない限り，労働能力の一部喪失を理由とする財産上の損害は認められない。」と判示している。

正解　4

問題

　Aに雇われているBの運転する車が，Aの事業の執行中に，Cの車と衝突して歩行者Dを負傷させた場合に関する次の記述のうち，民法の規定および判例に照らし，妥当なものはどれか。なお，Aには使用者責任，BおよびCには共同不法行為責任が成立するものとする。

1　AがDに対して損害を全額賠償した場合，Aは，Bに故意または重大な過失があったときに限ってBに対して求償することができる。

2　AがDに対して損害を全額賠償した場合，Aは，損害の公平な分担という見地から均等の割合に限ってCに対して求償することができる。

3　CがDに対して損害を全額賠償した場合，Cは，Bに対してはB・C間の過失の割合によるBの負担部分について求償することができるが，共同不法行為者でないAに対しては求償することができない。

4　Cにも使用者Eがおり，その事業の執行中に起きた衝突事故であった場合に，AがDに対して損害を全額賠償したときは，Aは，AとEがそれぞれ指揮監督するBとCの過失の割合によるCの負担部分についてEに対して求償することができる。

5　BがAのほかFの指揮監督にも服しており，BがAとFの事業の執行中に起きた衝突事故であった場合に，AがDに対して損害を全額賠償したときは，Aは，損害の公平な分担という見地から均等の割合に限ってFに対して求償することができる。

key word

使用者

労働契約の一方当事者で，労務の提供を受けこれに賃金を支払う者。

問 題 分 析　　★☆☆

本問は，不法行為責任における求償権の理解を問う問題です。

各 肢 の 解 説

1　妥当でない。 使用者が被害者に損害賠償を支払った場合，被用者に対して求償権を行使することは認められている（715条3項）。本肢のように被用者の故意または重過失を要件としていない。

2　妥当でない。 判例（最判昭和41・11・18）は，使用者は，被用者と第三者との共同過失によって惹起された交通事故による損害を賠償したときは，第三者に対し，求償権を行使することができ，その負担部分は，共同不法行為者である被用者と第三者との過失の割合にしたがって定められるべきであるとしている。均等の割合に限られるのではない。

3　妥当でない。 判例（最判昭和63・7・1）は，「被用者がその使用者の事業の執行につき第三者との共同の不法行為により他人に損害を加えた場合において，右第三者が自己と被用者との過失割合に従って定められるべき自己の負担部分を超えて被害者に損害を賠償したときは，右第三者は，被用者の負担部分について使用者に対し求償することができる」と判示している。したがって，CはBの使用者であるAに対して求償することができる。

4　妥当である。 判例（最判平成3・10・25）は，「複数の加害者の共同不法行為につき，各加害者を指揮監督する使用者がそれぞれ損害賠償責任を負う場合においては，一方の加害者の使用者と他方の加害者の使用者との間の責任の内部的な分担の公平を図るため，求償が認められるべきであるが，その求償の前提となる各使用者の責任の割合は，それぞれが指揮監督する各加害者の過失割合に従って定めるべきものであって，一方の加害者の使用者は，当該加害者の過失割合に従って定められる自己の負担部分を超えて損害を賠償したときは，その超える部分につき，他方の加害者の使用者に対し，当該加害者の過失割合に従って定められる負担部分の限度で，右の全額を求償することができる」と判示している。したがって，AはCの負担部分についてEに求償することができる。

5　妥当でない。 判例（最判平成3・10・25）は，「一方の加害者を指揮監督する複数の使用者がそれぞれ損害賠償責任を負う場合においても，各使用者間の責任の内部的な分担の公平を図るため，求償が認められるべきであるが，その求償の前提となる各使用者の責任の割合は，被用者である加害者の加害行為の態様及びこれと各使用者の事業の執行との関連性の程度，加害者に対する各使用者の指揮監督の強弱などを考慮して定めるべきものであって，使用者の一方は，当該加害者の前記過失割合に従って定められる負担部分のうち，右の責任の割合に従って定められる自己の負担部分を超えて損害を賠償したときは，その超える部分につき，使用者の他方に対して右の責任の割合に従って定められる負担部分の限度で求償することができる」と判示している。均等の割合で求償が認められるのではない。

正解　4

ポイントチェック

損害の公平な分担

　複数の者の責めに帰すべき事由によって第三者に損害を与えた場合，関与した複数の者について公平の観点からそれぞれが一定の割合で損害を負担することになる。この負担割合は頭割りで算出されるのではなく，各自が損害に与えた寄与の程度に応じて算出される。結果に多くの影響を及ぼした者が多くの責任を負担することが「公平」であると考えられている。

問題

　不法行為に関する次の記述のうち，民法の規定および判例に照らし，妥当でないものはどれか。

1　精神障害者と同居する配偶者は法定の監督義務者に該当しないが，責任無能力者との身分関係や日常生活における接触状況に照らし，第三者に対する加害行為の防止に向けてその者が当該責任無能力者の監督を現に行い，その態様が単なる事実上の監督を超えているなどその監督義務を引き受けたとみるべき特段の事情が認められる場合には，当該配偶者は法定の監督義務者に準ずべき者として責任無能力者の監督者責任を負う。

2　兄が自己所有の自動車を弟に運転させて迎えに来させた上，弟に自動車の運転を継続させ，これに同乗して自宅に戻る途中に，弟の過失により追突事故が惹起された。その際，兄の同乗後は運転経験の長い兄が助手席に座って，運転経験の浅い弟の運転に気を配り，事故発生の直前にも弟に対して発進の指示をしていたときには，一時的にせよ兄と弟との間に使用関係が肯定され，兄は使用者責任を負う。

3　宅地の崖地部分に設けられたコンクリートの擁壁の設置または保存による瑕疵が前所有者の所有していた際に生じていた場合に，現所有者が当該擁壁には瑕疵がないと過失なく信じて当該宅地を買い受けて占有していたとしても，現所有者は土地の工作物責任を負う。

4　犬の飼主がその雇人に犬の散歩をさせていたところ，当該犬が幼児に噛みついて負傷させた場合には，雇人が占有補助者であるときでも，当該雇人は，現実に犬の散歩を行っていた以上，動物占有者の責任を負う。

5　交通事故によりそのまま放置すれば死亡に至る傷害を負った被害者が，搬入された病院において通常期待されるべき適切な治療が施されていれば，高度の蓋然性をもって救命されていたときには，当該交通事故と当該医療事故とのいずれもが，その者の死亡という不可分の一個の結果を招来し，この結果について相当因果関係がある。したがって，当該交通事故における運転行為と当該医療事故における医療行為とは共同不法行為に当たり，各不法行為者は共同不法行為の責任を負う。

問 題 分 析　　★★☆

本問は，特殊の不法行為に関する判例知識を問う問題です。

各 肢 の 解 説

1 **妥当である。** 判例（最判平成28・3・1）は，「精神障害者と同居する配偶者であるからといって，その者が民法714条1項にいう「責任無能力者を監督する法定の義務を負う者」に当たるとすることはできない」との原則を示しつつ「法定の監督義務者に該当しない者であっても，責任無能力者との身分関係や日常生活における接触状況に照らし，第三者に対する加害行為の防止に向けてその者が当該責任無能力者の監督を現に行いその態様が単なる事実上の監督を超えているなどその監督義務を引き受けたとみるべき特段の事情が認められる場合には，衡平の見地から法定の監督義務を負う者と同視してその者に対し民法714条に基づく損害賠償責任を問うことができるとするのが相当であり，このような者については，法定の監督義務者に準ずべき者として，同条1項が類推適用されると解すべきである」と判示している。

2 **妥当である。** 判例（最判昭和56・11・27）は，本肢のような事例において「上告人（本肢にいう兄。以下同じ）は，一時的にせよ右訴外人（本肢にいう弟。以下同じ。）を指揮監督して，その自動車により自己を自宅に送り届けさせるという仕事に従事させていたということができるから，上告人と右訴外人との間に本件事故当時上告人の右の仕事につき民法715条1項にいう使用者・被用者の関係が成立していたと解するのが相当である。」と判示している。

3 **妥当である。** 判例（大判昭和3・6・7）は，他人の築造した瑕疵ある工作物を瑕疵がないものと過失なく信じて買い受けた者であっても，当該工作物を所有するだけで土地工作物責任を負うとしている。

4 **妥当でない。** 動物占有者の責任を負うのは占有者である。占有補助者は「動物を管理する者」（718条2項）には該当せず，占有補助者に動物の管理の過失があった場合には占有者が責任を負うことになる。

5 **妥当である。** 判例（最判平成13・3・13）は，「本件交通事故により，Eは放置すれば死亡するに至る傷害を負ったものの，事故後搬入された被上告人病院において，Eに対し通常期待されるべき適切な経過観察がされるなどして脳内出血が早期に発見され適切な治療が施されていれば，高度の蓋然性をもってEを救命できたということができるから，本件交通事故と本件医療事故とのいずれもが，Eの死亡という不可分の一個の結果を招来し，この結果について相当因果関係を有する関係にある。したがって，本件交通事故における運転行為と本件医療事故における医療行為とは民法719条所定の共同不法行為に当たる」と判示している。

正解　4

問題

　医療契約に基づく医師の患者に対する義務に関する次の記述のうち，民法の規定および判例に照らし，妥当なものはどれか。

1　過失の認定における医師の注意義務の基準は，診療当時のいわゆる臨床医学の実践における医療水準であるとされるが，この臨床医学の実践における医療水準は，医療機関の特性等によって異なるべきではなく，全国一律に絶対的な基準として考えられる。

2　医療水準は，過失の認定における医師の注意義務の基準となるものであるから，平均的医師が現に行っている医療慣行とは必ずしも一致するものではなく，医師が医療慣行に従った医療行為を行ったからといって，医療水準に従った注意義務を尽くしたと直ちにいうことはできない。

3　医師は，治療法について選択の機会を患者に与える必要があるとはいえ，医療水準として未確立の療法については，その実施状況や当該患者の状況にかかわらず，説明義務を負うものではない。

4　医師は，医療水準にかなう検査および治療措置を自ら実施できない場合において，予後（今後の病状についての医学的な見通し）が一般に重篤で，予後の良否が早期治療に左右される何らかの重大で緊急性のある病気にかかっている可能性が高いことを認識できたときであっても，その病名を特定できない以上，患者を適切な医療機関に転送して適切な治療を受けさせるべき義務を負うものではない。

5　精神科医は，向精神薬を治療に用いる場合において，その使用する薬の副作用については，その薬の最新の添付文書を確認しなくても，当該医師の置かれた状況の下で情報を収集すれば足りる。

key word

注意義務

　ある行為をするにあたって一定の注意をしなければならないことを内容とする義務。注意義務に違反すると過失と評価される。

問題分析　　★☆☆

本問は，医師の注意義務に関する判例知識を問う問題です。

各肢の解説

1　**妥当でない。** 判例（最判平成7・6・9）は，「ある新規の治療法の存在を前提にして検査・診断・治療等に当たることが診療契約に基づき医療機関に要求される医療水準であるかどうかを決するについては，当該医療機関の性格，所在地域の医療環境の特性等の諸般の事情を考慮すべきであり，右の事情を捨象して，すべての医療機関について診療契約に基づき要求される医療水準を一律に解するのは相当でない。」と判示している。

2　**妥当である。** 判例（最判平成8・1・23）は，「医療水準は，医師の注意義務の基準（規範）となるものであるから，平均的医師が現に行っている医療慣行とは必ずしも一致するものではなく，医師が医療慣行に従った医療行為を行ったからといって，医療水準に従った注意義務を尽くしたと直ちにいうことはできない。」と判示している。

3　**妥当でない。** 未確立の療法について，判例（最判平成13・11・27）は，「少なくとも，当該療法（術式）が少なからぬ医療機関において実施されており，相当数の実施例があり，これを実施した医師の間で積極的な評価もされているものについては，患者が当該療法（術式）の適応である可能性があり，かつ，患者が当該療法（術式）の自己への適応の有無，実施可能性について強い関心を有していることを医師が知った場合などにおいては，たとえ医師自身が当該療法（術式）について消極的な評価をしており，自らはそれを実施する意思を有していないときであっても，なお，患者に対して，医師の知っている範囲で，当該療法（術式）の内容，適応可能性やそれを受けた場合の利害得失，当該療法（術式）を実施している医療機関の名称や所在などを説明すべき義務があるというべきである。」と判示している。

4　**妥当でない。** 判例（最判平成15・11・11）は，病名は特定できないまでも，医師が本肢のように認識できた事例において，医師は患者の「一連の症状からうかがわれる急性脳症等を含む重大で緊急性のある病気に対しても適切に対処し得る，高度な医療機器による精密検査及び入院加療等が可能な医療機関へ上告人を転送し，適切な治療を受けさせるべき義務があったものというべきであ」る，と判示している。

5　**妥当でない。** 判例（最判平成14・11・8）は，「精神科医は，向精神薬を治療に用いる場合において，その使用する向精神薬の副作用については，常にこれを念頭において治療に当たるべきであり，向精神薬の副作用についての医療上の知見については，その最新の添付文書を確認し，必要に応じて文献を参照するなど，当該医師の置かれた状況の下で可能な限りの最新情報を収集する義務があるというべきである。」と判示している。

正解　2

問題

　不法行為に関する次の記述のうち，民法の規定および判例に照らし，妥当でないものはどれか。

1　訴訟上の因果関係の立証は，一点の疑義も許されない自然科学的証明ではなく，経験則に照らして全証拠を総合検討し，特定の事実が特定の結果発生を招来した関係を是認しうる高度の蓋然性を証明することであり，その判定は，通常人が疑いを差し挟まない程度に真実性の確信を持ちうるものであることを必要とし，かつ，それで足りる。

2　損害賠償の額を定めるにあたり，被害者が平均的な体格ないし通常の体質と異なる身体的特徴を有していたとしても，身体的特徴が疾患に当たらない場合には，特段の事情の存しない限り，被害者の身体的特徴を斟酌することはできない。

3　過失相殺において，被害者たる未成年の過失を斟酌する場合には，未成年者に事理を弁識するに足る知能が具わっていれば足りる。

4　不法行為の被侵害利益としての名誉とは，人の品性，徳行，名声，信用等の人格的価値について社会から受ける客観的評価であり，名誉毀損とは，この客観的な社会的評価を低下させる行為をいう。

5　不法行為における故意・過失を認定するにあたり，医療過誤事件では診療当時のいわゆる臨床医学の実践における医療水準をもって，どの医療機関であっても一律に判断される。

key word

過失相殺
　被害者に過失があったときに，裁判所がその過失を考慮して，損害賠償の額を定めることができる制度。

問題分析　　　★☆☆

本問は，不法行為に関する判例知識を問う問題です。令和２年度に出題された判例も出題されており，過去問の学習の重要性が分かる問題です。

各肢の解説

1　妥当である。判例（最判昭和50・10・24）は，「訴訟上の因果関係の立証は，一点の疑義も許されない自然科学的証明ではなく，経験則に照らして全証拠を総合検討し，特定の事実が特定の結果発生を招来した関係を是認しうる高度の蓋然性を証明することであり，その判定は，通常人が疑を差し挟まない程度に真実性の確信を持ちうるものであることを必要とし，かつ，それで足りるものである」と判示している。

2　妥当である。判例（最判平成8・10・29）は，「被害者が平均的な体格ないし通常の体質と異なる身体的特徴を有していたとしても，それが疾患に当たらない場合には，特段の事情の存しない限り，被害者の右身体的特徴を損害賠償の額を定めるに当たり斟酌することはできないと解すべきである。」と判示している。

3　妥当である。判例（最判昭和39・6・24）は，「被害者たる未成年者の過失をしんしゃくする場合においても，未成年者に事理を弁識するに足る知能が具わっていれば足り，未成年者に対し不法行為責任を負わせる場合のごとく，行為の責任を弁識するに足る知能が具わっていることを要しない」と判示している。

4　妥当である。判例（最判平成9・5・27）は，「不法行為の被侵害利益としての名誉（民法710条，723条）とは，人の品性，徳行，名声，信用等の人格的価値について社会から受ける客観的評価のことであり，名誉毀損とは，この客観的な社会的評価を低下させる行為のことにほかならない。」と判示している。

5　妥当でない。判例（最判平成7・6・9）は，「ある新規の治療法の存在を前提にして検査・診断・治療等に当たることが診療契約に基づき医療機関に要求される医療水準であるかどうかを決するについては，当該医療機関の性格，所在地域の医療環境の特性等の諸般の事情を考慮すべきであり，右の事情を捨象して，すべての医療機関について診療契約に基づき要求される医療水準を一律に解するのは相当でない。」と判示している。

正解　5

問題

　離婚に関する次のア〜オの記述のうち，民法の規定および判例に照らし，妥当なものの組合せはどれか。

ア　離婚における財産分与は，離婚に伴う精神的苦痛に対する損害の賠償も当然に含む趣旨であるから，離婚に際し財産分与があった場合においては，別途，離婚を理由とする慰謝料の請求をすることは許されない。

イ　離婚に際して親権者とならず子の監護教育を行わない親には，子と面会・交流するためのいわゆる面接交渉権があり，この権利は親子という身分関係から当然に認められる自然権であるから，裁判所がこれを認めない判断をすることは憲法13条の定める幸福追求権の侵害に当たる。

ウ　父母が協議上の離婚をする場合に，その協議でその一方を親権者として定めなかったにもかかわらず，誤って離婚届が受理されたときであっても，当該離婚は有効に成立する。

エ　民法の定める離婚原因がある場合には，当事者の一方は，その事実を主張して直ちに家庭裁判所に対して離婚の訴えを提起することができ，訴えが提起されたときは，家庭裁判所は直ちに訴訟手続を開始しなければならない。

オ　夫婦の別居が両当事者の年齢および同居期間との対比において相当の長期間に及び，その夫婦の間に未成熟の子が存在しない場合には，相手方配偶者が離婚により極めて苛酷な状態に置かれる等著しく社会的正義に反するといえるような特段の事情のない限り，有責配偶者からの離婚請求であるとの一事をもって離婚が許されないとすることはできない。

- **1**　ア・イ
- **2**　ア・ウ
- **3**　イ・エ
- **4**　ウ・オ
- **5**　エ・オ

key word

面接交渉

　離婚後に子と別居親が面会したり，子が別居親宅に宿泊したり，子の写真や成績表などを別居親に送付したりするという親子間の交流。

問 題 分 析　　★☆☆

本問は，離婚に関して総合的に問う問題です。

各 肢 の 解 説

ア　妥当でない。 判例（最判昭和46・7・23）は，「財産分与の請求権は，相手方の有責な行為によつて離婚をやむなくされ精神的苦痛を被つたことに対する慰藉料の請求権とは，その性質を必ずしも同じくするものではない」とし，「すでに財産分与がなされたからといつて，その後不法行為を理由として別途慰藉料の請求をすることは妨げられない」と判示している。

イ　妥当でない。 判例（最決昭和59・7・6）において，本肢のような主張がなされたが，裁判所はこれには直接触れずに請求を排斥している。したがって，判例が本肢のような立場にあるということはできない。

ウ　妥当である。 父母が協議上の離婚をするときは，その協議で，その一方を親権者と定めなければならない（819条1項）。もっとも，離婚の届出が受理された場合にはその届出内容に瑕疵があったとしても離婚の効力は否定されない（765条2項）。

エ　妥当でない。 裁判上の離婚を求める訴えは，人事訴訟であり（人事訴訟法2条1号），家事事件手続法257条によって調停前置が規定されている。したがって，直ちに離婚の訴えを提起できるわけではない。

オ　妥当である。 判例（最大判昭和62・9・2）は，「有責配偶者からされた離婚請求であつても，夫婦の別居が両当事者の年齢及び同居期間との対比において相当の長期間に及び，その間に未成熟の子が存在しない場合には，相手方配偶者が離婚により精神的・社会的・経済的に極めて苛酷な状態におかれる等離婚請求を認容することが著しく社会正義に反するといえるような特段の事情の認められない限り，当該請求は，有責配偶者からの請求であるとの一事をもつて許されないとすることはできないものと解するのが相当である。」と判示している。

以上により，妥当なものは，ウ及びオであるから，正解は4である。

正解　4

ポイントチェック

有責配偶者からの離婚請求の認容条件（最判昭和62・9・2）
①別居期間が相当長期
②未成熟子の不存在
③離婚により相手方配偶者が精神的・社会的・経済的に極めて過酷な状況に置かれる等の事情が存在しないこと

問題

特別養子制度に関する次のア〜オの記述のうち，民法の規定に照らし，正しいものの組合せはどれか。

ア 特別養子は，実父母と養父母の間の合意を家庭裁判所に届け出ることによって成立する。

イ 特別養子縁組において養親となる者は，配偶者のある者であって，夫婦いずれもが20歳以上であり，かつ，そのいずれかは25歳以上でなければならない。

ウ すべての特別養子縁組の成立には，特別養子となる者の同意が要件であり，同意のない特別養子縁組は認められない。

エ 特別養子縁組が成立した場合，実父母及びその血族との親族関係は原則として終了し，特別養子は実父母の相続人となる資格を失う。

オ 特別養子縁組の解消は原則として認められないが，養親による虐待，悪意の遺棄その他養子の利益を著しく害する事由がある場合，または，実父母が相当の監護をすることができる場合には，家庭裁判所が離縁の審判を下すことができる。

1 ア・ウ

2 ア・オ

3 イ・ウ

4 イ・エ

5 ウ・オ

key word

実父母
自然の血縁に基づいて生じる親子関係における父母。

問 題 分 析　　★☆☆

本問は，特別養子縁組に関する基本的事項を問う問題です。

各 肢 の 解 説

ア　誤り。特別養子縁組は，実父母と養父母の合意でするものではない。また，届出でることはできず，養親となる者の請求による家庭裁判所の審判が必要である（817条の2第1項）。

イ　正しい。特別養子縁組の養親となれる者は，配偶者のいる25歳以上の者である（817条の3，817条の4本文）。ただし，養親となる夫婦の一方が25歳に達していない場合においても，その者が20歳に達していれば養親となることができる（817条の4ただし書）。

ウ　誤り。特別養子縁組において，養子となる者の同意が必要なのはその者が15歳以上の場合に限られる（817条の5第3項）。

エ　正しい。特別養子縁組において，養子と実方の父母及びその血族との親族関係は，原則として縁組によって終了する（817条の9）。

オ　誤り。特別養子縁組の解消は，①養親による虐待，悪意の遺棄その他養子の利益を著しく害する事由があり，かつ，②実父母が相当の監護をすることができる場合において，養子の利益のため特に必要と認めるときに，家庭裁判所の審判によって認められる（民法817条の10）。①と②のいずれにも該当することが必要である。

以上により，正しいものは，イ及びエであるから，正解は4である。

正解　4

ポイントチェック

特別養子縁組の離縁

第817条の10　次の各号のいずれにも該当する場合において，養子の利益のため特に必要があると認めるときは，家庭裁判所は，養子，実父母又は検察官の請求により，特別養子縁組の当事者を離縁させることができる。

一　養親による虐待，悪意の遺棄その他養子の利益を著しく害する事由があること。
二　実父母が相当の監護をすることができること。

2　離縁は，前項の規定による場合のほか，これをすることができない。

問題

氏に関する次のア〜オの記述のうち，民法の規定および判例に照らし，妥当なものの組合せはどれか。

ア 甲山太郎と乙川花子が婚姻届に署名捺印した場合において，慣れ親しんだ呼称として婚姻後もそれぞれ甲山，乙川の氏を引き続き称したいと考え，婚姻後の氏を定めずに婚姻届を提出したときは，この婚姻届は受理されない。

イ 夫婦である乙川太郎と乙川花子が離婚届を提出し受理されたが，太郎が慣れ親しんだ呼称として，離婚後も婚姻前の氏である甲山でなく乙川の氏を引き続き称したいと考えたとしても，離婚により復氏が確定し，離婚前の氏を称することができない。

ウ 甲山太郎を夫とする妻甲山花子は，夫が死亡した場合において，戸籍法の定めるところにより届け出ることによって婚姻前の氏である乙川を称することができる。

エ 夫婦である甲山花子と甲山太郎の間に出生した子である一郎は，両親が離婚をして，母花子が復氏により婚姻前の氏である乙川を称するようになった場合には，届け出ることで母と同じ乙川の氏を称することができる。

オ 甲山花子と，婚姻により改氏した甲山太郎の夫婦において，太郎が縁組により丙谷二郎の養子となったときは，太郎および花子は養親の氏である丙谷を称する。

1 ア・イ
2 ア・ウ
3 イ・エ
4 ウ・オ
5 エ・オ

key word

復氏

氏を変更した者が，変更する前の氏に復すること。たとえば，婚姻によって氏を変更した妻は，婚姻の取消しや離婚によって婚姻前の氏に復する（767条1項，771条，749条）。

問題分析　　★★☆

本問は，氏に関する条文知識を問う問題です。

各肢の解説

ア　妥当である。 婚姻の際に夫婦で称する氏を決めなければならない（750条）。

イ　妥当でない。 婚姻によって氏を改めた者は，離婚の日から3か月以内に届け出ることによって婚姻時の氏を称することができる（婚氏続称，767条2項）。

ウ　妥当である。 配偶者の死亡によって婚姻が解消した場合には，生存配偶者の氏は原則として変わらず，届出をすることによって婚姻前の氏を称することができる（751条1項）。

エ　妥当でない。 嫡出子は父母の氏を称する（790条1項本文）。離婚による母の復氏により，母と氏を異にする場合には届出によって母の氏を称することができるが，その場合には家庭裁判所の許可が必要である（791条1項）。

オ　妥当でない。 養子は養親の氏を称するが，養子が婚姻によって氏を改めていた場合には縁組後も婚姻によって改めた氏を称する（810条ただし書）。

以上により，妥当なものは，ア及びウであるから，正解は2である。

正解　2

ポイントチェック

子の氏の変更

民法791条　子が父又は母と氏を異にする場合には，子は，家庭裁判所の許可を得て，戸籍法の定めるところにより届け出ることによって，その父又は母の氏を称することができる。

2　父又は母が氏を改めたことにより子が父母と氏を異にする場合には，子は，父母の婚姻中に限り，前項の許可を得ないで，戸籍法の定めるところにより届け出ることによって，その父母の氏を称することができる。

3　子が15歳未満であるときは，その法定代理人が，これに代わって，前二項の行為をすることができる。

4　前三項の規定により氏を改めた未成年の子は，成年に達した時から1年以内に戸籍法の定めるところにより届け出ることによって，従前の氏に復することができる。

問 題

　後見に関する次の記述のうち，民法の規定および判例に照らし，妥当なものはどれか。

1　未成年後見は，未成年者に対して親権を行う者がないときに限り，開始する。

2　未成年後見人は自然人でなければならず，家庭裁判所は法人を未成年後見人に選任することはできない。

3　成年後見は，精神上の障害により事理を弁識する能力が著しく不十分である者について，家庭裁判所の審判によって開始する。

4　成年後見人は，成年被後見人の生活，療養看護および財産管理に関する事務を行う義務のほか，成年被後見人が他人に損害を加えた場合において当然に法定の監督義務者として責任を負う。

5　後見人の配偶者，直系血族および兄弟姉妹は，後見監督人となることができない。

問 題 分 析　　★★☆

本問は，後見制度に関する条文知識を問う問題である。

各 肢 の 解 説

1　**妥当でない。**未成年後見は，未成年者に対して親権を行う者がない場合の他に，親権を行う者が管理権を有しない場合にも開始される（838条1号）。

2　**妥当でない。**かつて未成年後見は自然人に限られていたが，現在では法人を未成年後見人とすることが認められている（840条3項）。

3　**妥当でない。**成年後見は，精神上の障害により事理を弁識する能力を欠く常況にある者について開始の審判がなされる（7条）。本肢にある「事理を弁識する能力が著しく不十分」である者については保佐開始の審判がなされる（11条）。

4　**妥当でない。**成年後見人が成年被後見人の監督義務者として民法714条の責任を負うかどうかについて，判例（最判平成28・3・1）は民法858条に定める「身上配慮義務は，成年後見人の権限等に照らすと，成年後見人が契約等の法律行為を行う際に成年被後見人の身上について配慮すべきことを求めるものであって，成年後見人に対し事実行為として成年被後見人の現実の介護を行うことや成年被後見人の行動を監督することを求めるものと解することはできない」として，「成年後見人であることだけでは直ちに法定の監督義務者に該当するということはできない。」と判示している。

5　**妥当である。**後見人の配偶者，直系血族および兄弟姉妹は後見監督人の欠格事由となっている（850条）。このような場合には類型的に十分な監督が期待できないからである。

正解　**5**

判 例 情 報

最判平成28・3・1

　　ある者が，精神障害者に関し，このような法定の監督義務者に準ずべき者に当たるか否かは，その者自身の生活状況や心身の状況などとともに，精神障害者との親族関係の有無・濃淡，同居の有無その他の日常的な接触の程度，精神障害者の財産管理への関与の状況などその者と精神障害者との関わりの実情，精神障害者の心身の状況や日常生活における問題行動の有無・内容，これらに対応して行われている監護や介護の実態など諸般の事情を総合考慮して，その者が精神障害者を現に監督しているかあるいは監督することが可能かつ容易であるなど衡平の見地からその者に対し精神障害者の行為に係る責任を問うのが相当といえる客観的状況が認められるか否かという観点から判断すべきである。

問 題

遺言に関する次のア～オの記述のうち，民法の規定に照らし，正しいものの組合せはどれか。

ア 15歳に達した者は，遺言をすることができるが，遺言の証人または立会人となることはできない。

イ 自筆証書によって遺言をするには，遺言者が，その全文，日付および氏名を自書してこれに押印しなければならず，遺言を変更する場合には，変更の場所を指示し，変更内容を付記して署名するか，または変更の場所に押印しなければ効力を生じない。

ウ 公正証書によって遺言をするには，遺言者が遺言の趣旨を公証人に口授しなければならないが，遺言者が障害等により口頭で述べることができない場合には，公証人の質問に対してうなずくこと，または首を左右に振ること等の動作で口授があったものとみなす。

エ 秘密証書によって遺言をするには，遺言者が，証書に署名，押印した上，その証書を証書に用いた印章により封印し，公証人一人および証人二人以上の面前で，当該封書が自己の遺言書である旨ならびにその筆者の氏名および住所を申述する必要があるが，証書は自書によらず，ワープロ等の機械により作成されたものであってもよい。

オ 成年被後見人は，事理弁識能力を欠いている場合には遺言をすることができないが，一時的に事理弁識能力を回復した場合には遺言をすることができ，その場合，法定代理人または3親等内の親族二人の立会いのもとで遺言書を作成しなければならない。

1 ア・ウ
2 ア・エ
3 イ・ウ
4 イ・オ
5 エ・オ

key word

公証人

当事者等の嘱託により法律行為その他私権に関する事実について公正証書を作成し，定款などに認証を与える権限をもつ者。

問 題 分 析　　★★★

本問は，遺言に関する条文知識を問う問題です。

各 肢 の 解 説

ア　正しい。遺言は15歳に達した者はすることができる（961条）。また，未成年者は遺言の証人となることができない（974条1号）。

イ　誤り。自筆証書遺言作成の要件に関する前段の記述は正しい（968条1項）。しかし，変更する場合には，遺言者が変更の場所を指示し，これを変更した旨を付記して特にこれに署名し，かつ，変更の場所に押印しなければ効力を生じない（同条3項）。署名か押印いずれか一方をすればよいわけではない。

ウ　誤り。判例（最判昭和51・1・19）は，「遺言者が，公正証書によって遺言をするにあたり，公証人の質問に対し言語をもって陳述することなく単に肯定又は否定の挙動を示したにすぎないときには，民法969条2号にいう口授があつたものとはいえ」ないと判示している。

エ　正しい。秘密証書遺言の様式は民法970条に規定されているが，証書を自書で作成することまでは求められていない。

オ　誤り。成年被後見人も遺言することができる。しかし，その要件として求められているのは医師2人以上の立会いであり（973条），医師でない親族は立会人となることができないので，後段の記述は誤っている。

以上により，正しいものは，ア及びエであるから，正解は2である。

正解　2

ポイントチェック

遺言能力

(1)遺言能力…満15歳に達した者（民法961条）

(2)制限能力者も単独で遺言をすることができる。

　①行為能力の規定の排除（民法962条）

　②成年被後見人の場合（民法973条）

　　⇒成年被後見人が事理を弁識する能力を一時回復した時に，医師2人以上の立合いのもとに一定の方式に従って，本人が精神上の障害により事理を弁識する能力を欠く状態になかった旨を証明する。

(3)基準時…遺言能力は，遺言をする時に存在し，かつこれをもって足りる。遺言が効力を生ずる時には，能力がなくてもよい（民法963条）。

(4)代理…遺言に代理は許されない。

問題

　Aが死亡し，Aの妻B，A・B間の子CおよびDを共同相続人として相続が開始した。相続財産にはAが亡くなるまでAとBが居住していた甲建物がある。この場合に関する次のア〜オの記述のうち，民法の規定に照らし，正しいものの組合せはどれか。なお，次の各記述はそれぞれが独立した設例であり相互に関連しない。

ア　Aが，Aの死後，甲建物をBに相続させる旨の遺言をしていたところ，Cが相続開始後，法定相続分を持分とする共同相続登記をしたうえで，自己の持分4分の1を第三者Eに譲渡して登記を了した。この場合，Bは，Eに対し，登記なくして甲建物の全部が自己の属することを対抗することができる。

イ　Aの死後，遺産分割協議が調わない間に，Bが無償で甲建物の単独での居住を継続している場合，CおよびDは自己の持分権に基づき，Bに対して甲建物を明け渡すよう請求することができるとともに，Bの居住による使用利益等について，不当利得返還請求権を有する。

ウ　Aが遺言において，遺産分割協議の結果にかかわらずBには甲建物を無償で使用および収益させることを認めるとしていた場合，Bは，原則として終身にわたり甲建物に無償で居住することができるが，甲建物が相続開始時にAとAの兄Fとの共有であった場合には，Bは配偶者居住権を取得しない。

エ　家庭裁判所に遺産分割の請求がなされた場合において，Bが甲建物に従前通り無償で居住し続けることを望むときには，Bは，家庭裁判所に対し配偶者居住権の取得を希望する旨を申し出ることができ，裁判所は甲建物の所有者となる者の不利益を考慮してもなおBの生活を維持するために特に必要があると認めるときには，審判によってBに配偶者居住権を与えることができる。

オ　遺産分割の結果，Dが甲建物の所有者と定まった場合において，Bが配偶者居住権を取得したときには，Bは，単独で同権利を登記することができる。

1　ア・イ
2　ア・オ
3　イ・エ
4　ウ・エ
5　ウ・オ

問 題 分 析　　★★☆

本問は，配偶者居住権を中心に相続に関する基本的事項を問う問題である。

各 肢 の 解 説

ア　誤り。 改正によって法定相続分を超える遺産の相続は，対抗要件を備えなければ第三者に対抗することができない（899条の2第1項）こととなった。

イ　誤り。 配偶者は，被相続人の財産に属した建物に相続開始の時に無償で居住していた場合には，法定の日までの間，その居住していた建物（居住建物）の所有権を相続又は遺贈により取得した者（居住建物取得者）に対し，居住建物について無償で使用する権利（配偶者短期居住権）を有する（1037条1項）。配偶者は，居住建物について配偶者を含む共同相続人間で遺産の分割をすべき場合は，遺産の分割により居住建物の帰属が確定した日又は相続開始の時から6か月を経過する日のいずれか遅い日まで，配偶者短期居住権により居住建物を無償で使用できるから，CおよびDは，Bに対し甲建物の明渡しを請求することはできない。

ウ　正しい。 被相続人が遺言で配偶者居住権を定めていたとしても，相続開始時に被相続人が配偶者以外の者と不動産を共有していた場合には，配偶者居住権は成立しない（1028条1項ただし書）。

エ　正しい。 配偶者居住権は，遺産分割や遺言による設定のほか本肢のように配偶者の申出に基づいて家庭裁判所が審判で定めることができる（1029条2号）

オ　誤り。 配偶者居住権の目的となっている不動産の所有者は配偶者居住権の設定登記をする義務を負い，これは配偶者と所有者の共同申請であるとされている（不動産登記法60条）。

以上により，正しいものは，ウ及びエであるから，正解は4である。

正解　4

ポイントチェック

配偶者居住権の要件（1028条）

①被相続人の配偶者が，被相続人の財産に属した建物に相続開始の時に居住していたこと
②次のいずれかに該当すること
　・遺産分割によって配偶者居住権を取得するものとされたとき
　・配偶者居住権が遺贈の目的とされたとき

問題

売買契約において買主が売主に解約手付を交付した場合に，このことによって，買主は，どのような要件のもとであれば，売買契約を解除することができるか。40字程度で記述しなさい。

（下書用）

								10						15

ワンポイントアドバイス

「解約手付」については「手付損倍戻し」（買主は交付した手付を放棄し，売主は手付の倍額を返還しなければならない）と覚えておきましょう。

問 題 分 析　　★★☆

本問は，民法557条が規定する手付解除の要件を問う出題です。

解　　説

設問は，解約手付が交付された売買契約を，買主から手付解除をする場合の要件を問うものである。その要件は，①売主が履行に着手していないこと，②解除の意思表示をすること，である。①について，買主としては，売主さえ履行に着手していなければ，手付解除が可能である。また②について，すでに解約手付を交付している買主は，解除の意思表示をしさえすればよい。

解答例　買主は，売主が契約の履行に着手するまでに，手付を放棄して，売買契約解除の意思表示をする。(44字)

　　　　　相手方が契約の履行に着手するまでに，手付を放棄して，契約解除の意思表示をする。(39字)

こ う や っ て 解 く

1　基本知識

手付には，次の三つのものがある。

①証約手付：契約が成立したことを証するために交付される手付。

②違約手付：債務不履行の場合に備えて違約罰として交付される手付。

③解約手付：契約当事者が解除権を留保するために交付される手付。

民法557条は，解約手付について規定している。

2　テクニック

問題文に「解約手付を交付した場合」という記述があるので，557条1項の「買主が売主に手付を交付したときは，買主はその手付を放棄し，…，契約の解除をすることができる。ただし，その相手方が契約の履行に着手した後は，この限りでない。」という知識が最低限必要である。

本問は，①売主が履行に着手する前であること，②手付を放棄すること，の二つの要件を記述する必要があるが，どちらも基礎的知識であるので，確実に得点して頂きたい問題である。

問題

　AはBに対して3000万円の貸金債権を有しており，この債権を被担保債権として B所有の建物に抵当権の設定を受けた。ところが，この建物は，抵当権設定後，Cの放火により焼失してしまった。BがCに対して損害賠償の請求ができる場合に，Aは，どのような要件のもとであれば，この損害賠償請求権に対して抵当権の効力を及ぼすことができるか。40字程度で記述しなさい。

（下書用）

									10					15

ワンポイントアドバイス

　記述式問題では，今後も本問のような要件に関する問題が出題されることが予想されますので，条文を漫然と読むのではなく，要件に注意して学習するように心がけましょう。

本問は，抵当権に基づく物上代位に関する問題です。

解　説

抵当権は，その目的物の売却，賃貸，滅失又は損傷によって，抵当権設定者が受けるべき金銭等に対してもその効力が及ぶ（372条・304条1項本文）。すなわち，抵当権は目的物の担保価値を把握し，その担保価値から優先弁済を受けることのできる担保物権であるから，抵当権者は，目的物が売却，賃貸，滅失，損傷等により金銭等に代わったとき，その「価値変形物」からも優先弁済を受けることができるのである。これを抵当権に基づく物上代位という。ただ，物上代位権を行使して優先弁済を受けるためには，価値変形物たる金銭等が抵当権設定者に払い渡し，または引き渡される前に差押えをしなければならない（372条・304条1項ただし書）。金銭等が設定者に払い渡し，または引き渡されて，その一般財産に混入してしまうと，価値変形物としての特定性がなくなってしまうからである。

さて，本問では，Aの抵当権の目的となっているB所有の建物がCの放火により焼失し，その結果，BはCに対して不法行為に基づく損害賠償請求権(709条)を取得することとなる。そこで，抵当権者Aは，損害賠償金がCからBに支払われる前に物上代位により，その損害賠償請求権を差し押さえ，優先弁済を受けることができる。

解答例　CがBに対して損害賠償金を払い渡す前に，AがBのCに対する損害賠償請求権を差し押さえる。（44字）

　　　　CがBに対して払い渡す前に，損害賠償請求権をAが差し押さえなければならない。（38字）

ポイントチェック

担保物権の性質（通有性）
　①付従性：担保物権は，被担保債権の成立・消滅に従う。
　②随伴性：被担保債権が譲渡されれば担保物権もそれに伴って移転する。
　③不可分性：被担保債権の全部の弁済があるまで目的物の全部について権利を行使しうる。
　④物上代位性：担保物権の目的物の売却等によって債務者等が受ける金銭等に権利を行使しうる。

抵当権には物上代位性があり，目的物の売却，賃貸，滅失又は損傷によって債務者等が受けるべき金銭等に対しても効力を及ぼすことができる（物上代位）が，その「払渡し又は引渡しの前に差押え」をしなければならない（372条・304条1項ただし書）。

問題

　Aは，飼っている大型のドーベルマンを，鎖を外したまま連れて散歩に出ていたが，この犬が歩行者Bを見かけて走って行き，襲いかかってしまった。そこで，あわててBは近くのC宅敷地に飛び込み，自転車や植木鉢を壊してしまった。この場合，Cに対する損害賠償責任をBが負わないためには，どのような要件を満たす必要があるか。40字程度で記述しなさい。

（下書用）　　　　　　　　　　　　　　　　　　10　　　　　　　　　15

ワンポイントアドバイス

　危難の原因が「物」の場合は緊急避難，「人」の場合は正当防衛。この問題は「人」が原因となっています。

問 題 分 析　　★★★

本問は，民法上の正当防衛の要件を問う問題です。

解　　説

　民法上の正当防衛は720条1項に規定されている。その内容は，①不法行為に対して，②自己の権利又は法律上保護された利益を防衛するため，③やむを得ず，④加害行為をしたことである。

　本事例に即して書くと，①Aの過失によって飼い犬がBに襲いかかっておりAの不法行為があるといえ，②Bが自己の身体という利益を防衛するためには，③C宅敷地に侵入する他に防衛手段があるとは認められない状況において，④C所有物を破壊してしまっている。

解答例　BがAの不法行為から自己の身体を防衛するため，やむを得ずCの財産を毀損したこと。（40字）

こうやって解く

1　基本的知識の整理

　正当防衛か緊急避難に関する問題であることは容易に分かるでしょう。

　本問では，正当防衛と緊急避難の要件の違いを正確に押さえておかなければなりません。他人の物（犬）から生じた急迫の危難と取り違えると見当違いの解答をすることになります。本問は，「鎖を外したまま連れて散歩に出ていた……」という点から，飼主の不法行為とみることができます。通説によれば，720条1項の「他人の不法行為」は，他人の故意・過失，責任能力は不要であり，客観的・外形的に違法なものであればよいと解されています。

2　正当防衛・緊急避難の要件

正当防衛（720条1項）	緊急避難（720条2項）
①　他人の不法行為が原因となり ②　自己又は第三者の権利又は法律上保護される利益を防衛するため ③　やむを得ず ④　加害行為をしたこと	①　他人の物から生じた急迫の危難が原因となり ②　やむを得ず ③　その物を損傷したこと

問 題

　金銭債務の不履行については，履行不能や不完全履行の観念を入れる余地はなく履行遅滞のみが問題となると考えられているところ，民法は，「金銭の給付を目的とする債務の不履行については，その損害賠償の額は，債務者が遅滞の責任を負った最初の時点における法定利率によって定める。ただし，約定利率が法定利率を超えるときは，約定利率による。」と規定している（419条1項）。それでは，この点のほか，金銭債務の特則二つを，「金銭債務の不履行の損害賠償については，」に続けて，40字程度で記述しなさい。なお，「金銭債務の不履行の損害賠償については，」は，字数に算入しない。

（下書用）
金銭債務の不履行の損害賠償については，

　　　　　　　　　　　　　　　　　　10　　　　　　　15

　　＊　問題文をアレンジしてあります。

ワンポイントアドバイス

　　「金銭は世の中からなくなることはない」という性質がわかっていれば，容易に解答できる問題といえます。

問 題 分 析 　　★★☆

本問は，金銭債務の特則についての条文知識を問う問題です。

解 　 説

　金銭債務の特則については，419条に規定がある。問題文にあるように，1項は損害額が法定利息であることを規定している。そして，2項ではその損害について債権者は証明する必要がないとする。通常は損害があると主張する者が損害について立証責任を負う原則の例外である。さらに，債務不履行責任が生じる要件として不履行が債務者の帰責事由に基づくものであることが要求されるが，3項は不可抗力の抗弁をもって，すなわち帰責事由がなくとも，債務者は賠償責任を免れることができないと規定している。

解答例　債権者は損害の証明をする必要がなく，債務者は不可抗力をもって抗弁
　　　　とすることができない。(43字)

1　基本的知識の整理

　一般の債務不履行の要件と金銭債務の特則との違いを正確に押さえておく必要があります。もっとも本問は，419条の条文知識（2項，3項）があれば容易に記述することができるものと思われます。

2　一般の債務不履行と金銭債務の特則の相違

一般の債務不履行	金銭債務の特則
① 債務不履行の類型として履行遅滞，履行不能，不完全履行がある。 ② 債務者に帰責事由があることが必要。 ③ 債権者は損害の額を証明しなければならない。	① 債務不履行の類型としては履行遅滞のみ。 ② 債務者の帰責事由は不要（不可抗力をもって抗弁とすることができない。419条3項）。 ③ 債権者は損害の証明をする必要がない（419条2項）。

問 題

　不動産の賃貸借において，賃料の不払い（延滞）があれば，賃貸人は，賃借人に対して相当の期間を定めてその履行を催告し，もしその期間内に履行がないときには，賃貸借契約を解除することができる。また，賃借人が，賃貸人に無断で，賃借権を譲渡，または賃借物を転貸し，その譲受人や転借人に当該不動産を使用または収益させたときには，賃貸人は，賃貸借契約を解除することができる。ただ，上記の，賃料支払いの催告がなされた場合や，譲渡・転貸についての賃貸人による承諾が得られていない場合でも，賃貸人による解除が認められない場合がある。それはどのような場合かについて，40字程度で記述しなさい。

（下書用）

ワンポイントアドバイス

　本問のような判例に関する記述式問題の場合，その判例のキーワードがあればそれを覚えておくだけで部分点を取ることも可能です。判例の学習をするときは，記述式問題も意識するようにしましょう。

問　題　分　析　　　★★☆

本間は，賃貸借の解除の要件である信頼関係破壊の法理の理解を問う問題です。

解　　　　説

　賃貸借は，継続的契約であり，かつ，賃借人を保護すべき要請があるので，単に債務不履行や用法違反があったとしても解除権の行使を認めず，当事者間の信頼関係が破壊されるに至った場合にのみ解除権の行使を認める信頼関係破壊の法理を通説・判例は採用している。

　賃料不払いの催告解除について判例（最判昭和39・7・28）は，「借家人に軽微の賃料の不払いがあっても，相互の信頼関係を破壊するに至る程度の不誠意があると断定できない場合には，解除権の行使は信義則に反し許されない。」としている。また，無断転貸についても，判例（最判昭和44・2・18）は「それ（無断転貸）が賃貸人に対する背信行為と認めるに足りない特段の事情があるときには，賃貸人は，民法612条2項によって当該賃貸借契約を解除することができ」ない，としている。

解答例　賃借人の行為が，賃貸人に対する背信行為と認めるに足りない特段の事情がある場合。（39字）

こうやって解く

　賃借権の譲渡・賃借物の転貸については，以下の原則・例外を押さえておこう。

原則：賃借人は，賃貸人の承諾がなければ賃借権の譲渡や賃借物の転貸をすることができず，これに反して賃借物を第三者に使用又は収益させたときは，賃貸人は契約を解除することができる（612条）。

例外：賃借人が賃貸人の承諾なく第三者をして目的物を使用収益させた場合でも，その行為が賃貸人に対する背信的行為と認めるに足りない特段の事情があるときは，賃貸人は解除することができない（判例）。

問　題

　AはBに対して，自己がCに対して有していた300万円の貸金債権を譲渡した。この場合，債権譲渡の合意自体はA・B間で自由に行うことができるが，債権譲渡の合意に基づいて直ちに譲受人Bが債務者Cに対して支払いを求めることはできない。では，その理由について，「なぜならば，民法の規定によれば，債権の譲渡は，」に続けて，40字程度で記述しなさい。

（下書用）
なぜならば，民法の規定によれば，債権の譲渡は，

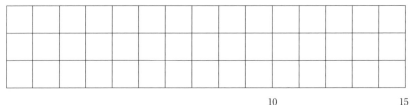

　　　　　　　　　　　　　　　　　　　　10　　　　　　　　15

　＊　問題文をアレンジしてあります。

ワンポイントアドバイス

　　本問は，一応事例形式で問われていますが，「なぜならば，民法の規定によれば，債権の譲渡は，」に続けて記述をせよという問題ですので，単に指名債権譲渡の対抗要件を規定した民法の規定（467条1項）を問うものです。

問　題　分　析　　★★☆

本問は，債権譲渡の債務者に対する対抗要件を問う問題です。

解　　　説

債権は自由に譲渡することができるのが原則である（466条1項本文）が，その存在が見えないこと及び債務者が関知することなく譲渡することができることから，債務者に対しても対抗要件を必要としている。具体的には，債権の譲渡人が債務者に通知するか，債務者が承諾するかのどちらかが必要である（467条1項）。

解答例　譲渡人が債務者に通知をし，又は債務者が承諾をしなければ，債務者に対抗できないからである。（44字）

こうやって解く

指名債権譲渡の対抗要件には，①債務者に対する対抗要件と，②債務者以外の第三者に対する対抗要件がある。

1　債務者に対する対抗要件
　譲渡人の債務者に対する通知又は債務者の承諾（467条1項）
2　債務者以外の第三者に対する対抗要件
　確定日付のある証書による通知又は承諾（467条2項）
　　Aが，Bに対する債権をCとDに二重譲渡した場合，CとDの優劣は以下のようになる。

C	D	CとDの優劣
単なる通知	確定日付証書による通知	Dが優先する
確定日付証書による通知	確定日付証書による通知	①　日付の先後ではなく，先に到達した方が優先する（判例・通説） ②　同時に到達したときは，両者に優劣関係はなく，ともに弁済請求できる（判例・通説）

問題

　次の【事例】において，Ｘは，Ｙに対して，どのような権利について，どのような契約に基づき，どのような請求をすることができるか。40字程度で記述しなさい。

【事例】

　Ａ（会社）は，Ｂ（銀行）より消費貸借契約に基づき金銭を借り受け，その際に，Ｘ（信用保証協会）との間でＢに対する信用保証委託契約を締結し，Ｘは，同契約に基づき，ＡのＢに対する債務につき信用保証をした。Ｘは，それと同時に，Ｙとの間で，Ａが信用保証委託契約に基づきＸに対して負担する求償債務についてＹが連帯保証する旨の連帯保証契約を締結した。ＡがＢに対する上記借入債務の弁済を怠り，期限の利益を失ったので，Ｘは，Ｂに対して代位弁済をした。

（下書用） 　　10 　　15

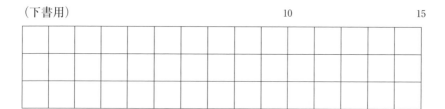

ワンポイントアドバイス

求償権と代位弁済の関係

　保証人が主たる債務者の代わりにその債務を弁済した場合，保証人は，いわば主たる債務者の代わりに立替払いをしたようなものである。よって，保証人から主たる債務者に対して，立替払金の返還請求権が生じる。これを求償権と呼ぶ。そして，このような求償権を確実なものとするために，もともと債権者が持っていた債権等を保証人に移転させる制度が代位弁済である。

問　題　分　析　　★★☆

　信用保証協会という聞き慣れない言葉に惑わされることなく，本問では，何を問われているかをしっかり読みとりましょう。冒頭に「Ｘ（求償債権の債権者）は，Ｙ（連帯保証人）に対して，どのような契約に基づき，どのような請求をすることができるか。」とヒントが書かれています。問題文に対応した答え方を心がけましょう。

解　　説

　本問は，多数当事者間における法律関係を，事案から適切に把握し請求の内容を理解できるかを問う問題である。

　本問においてＸが有する権利は，ＸがＢに対して代位弁済したことにより生じたＡに対する求償権及びこの求償権について連帯保証をしたＹに対する保証債務履行請求権である。そして，Ｙに対して請求をするのであるから，ＸＹ間で締結したＸのＡに対する求償債権を保証する連帯保証契約に基づいて，その履行を請求することができる。請求額は連帯保証契約の内容によって定まるが，代位弁済金相当額に利息を加えたものであると考えられる。

解答例　**Ａに対する求償債権について，連帯保証契約に基づき，保証債務の履行を請求することができる。（44字）**

こうやって解く

　本問は，問題に沿って解答することが要求されています。

　Ｘ（求償債権の債権者）は，Ｙ（連帯保証人）に対して

①どのような権利について→Ｘが保証人としてＢに対し代位弁済したことにより生じたＡに対する求償権について。

②どのような契約に基づき→ＸＹ間で締結したＸのＡに対する求償権を保証する連帯保証契約に基づき。

③どのような請求をすることができるか→連帯保証の履行を請求することができる。

問 題

次の【設問】を読み,【答え】の中の〔　〕に適切な文章を40字程度で記述して,設問に関する解答を完成させなさい。

【設問】

XはA所有の甲建物を購入したが未だ移転登記は行っていない。現在甲建物にはAからこの建物を借り受けたYが居住しているが,A・Y間の賃貸借契約は既に解除されている。XはYに対して建物の明け渡しを求めることができるか。

【答え】

XはYに対して登記なくして自らが所有者であることを主張し,明け渡しを求めることができる。民法177条の規定によれば「不動産に関する物権の得喪及び変更は,不動産登記法その他の登記に関する法律の定めるところに従いその登記をしなければ,第三者に対抗することができない。」とあるところ,判例によれば,同規定中の〔　　　　　　　　　〕をいうものと解されている。ところが本件事案では,Yについて,これに該当するとは認められないからである。

（下書用）

								10					15	

ワンポイントアドバイス

判例の知識を問う問題が前年に続いて出題されました。択一問題で判例を問う問題を学習したときは,記述式ならば,どのキーワードが大事かも確認しましょう。

問　題　分　析　　　　★☆☆

本問は，177条の「第三者」の範囲についての判例の知識を問う問題です。きちんと覚えていれば容易な問題です。

解　　　　説

「第三者」とは，通常の用語例に従えば，当事者もしくはその包括承継人以外の者をいう。

177条の「第三者」についても，このように解すると，177条の「第三者」には，不法占有者等が含まれることになるが，これを認めると，不当な結論が導かれることがある。例えば，A・B間においてA所有の土地およびその土地上の建物が売買され，その所有権がBに移転したにもかかわらず，Bがその土地および建物の登記を怠っていたところ，その建物にCが不法に住みついたという事案において，その建物からCが退去することを求めてBが訴えを提起したとしても，Bに建物の登記がないという理由で，その請求が認められない（原告Bの敗訴）ということになる。この結論は，いかにも不当である。そこで，判例（大連判明治41・12・15）は，「第三者」について登記の欠缺を主張する正当な利益を有する者に限定的に解釈するに至り，その後もこの立場を維持している。

解答例　第三者とは，当事者もしくは包括承継人以外で，かつ登記の欠缺を主張する正当な利益を有する者（44字）

こうやって解く

判例（大連判明治41・12・15）は，177条の「第三者」の範囲について，当事者もしくはその包括承継人以外の者で，不動産に関する物権の得喪及び変更の登記の欠缺を主張する正当の利益を有する者をいうとして，制限説の立場を採用している。

判例の立場を採用した場合，第三者に該当しない者として，次のような者が挙げられる。
①不動産登記法5条に列挙されている者
②無権利の名義人
③不法占拠者・不法行為者
④前主・後主の関係にある者
⑤背信的悪意者

これらの177条の「第三者」に該当しない者については，物権を取得した者は登記なくしてその権利を対抗できることになる。これは択一では頻出知識なので，しっかり記憶しておく必要がある。

問題

Aは，Bから金銭を借り受けたが，その際，A所有の甲土地に抵当権が設定されて，その旨の登記が経由され，また，Cが連帯保証人となった。その後，CはBに対してAの債務の全部を弁済し，Cの同弁済後に，甲土地はAからDに譲渡された。この場合において，Cは，Dを相手にして，どのような権利の確保のために，どのような権利を行使することができ，そのような制度は何と呼ばれるか。40字程度で記述しなさい。

（下書用）

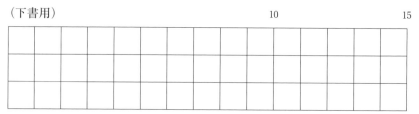

＊　問題文をアレンジしてあります。

問 題 分 析　　★★☆

　本問は弁済による代位について問われています。法改正により，問題文を改変しています。

解　　説

　Cは連帯保証人として自己の債務（保証債務）を弁済する義務があり，それに基づく弁済をしたのであるから，主たる債務者に対して求償権を有する（459条1項）。そして，債務者のために弁済した者は，その権利を確保するため，債権者に代位することができ（499条），債権者に代位した者は，債権の効力および担保としてその債権者が有していた一切の権利を行使することができる（501条1項）。これを弁済による代位と呼んでいる。

　したがって，本問のCは，Aに対して求償権を行使することができ，この求償権を確保するため，Bに代位し，Bの抵当権を行使することができる。

解答例　**Aに対する求償権を確保するために，Bの抵当権を行使でき，弁済による代位と呼ばれる。（41字）**

こうやって解く

　どのような形式の解答が要求されているのかを考えましょう。問題文は，「Cは，Dを相手にして，どのような権利の確保のために，どのような権利を行使することができ，そのような制度は何と呼ばれるか」と問うています。したがって，解答は，「□□□権利の確保のため，□□□権利を行使することができ，□□□と呼ばれる。」となります。

問 題

以下の【相談】に対して，〔　〕の中に適切な文章を40字程度で記述して補い，最高裁判所の判例を踏まえた【回答】を完成させなさい。

【相談】

私は，X氏から200万円を借りていますが，先日自宅でその返済に関してX氏と話し合いをしているうちに口論になり，激昂したX氏が投げた灰皿が，居間にあったシャンデリア（時価150万円相当）に当たり，シャンデリアが全損してしまいました。X氏はこの件については謝罪し，きちんと弁償するとはいっていますが，貸したお金についてはいますぐにでも現金で返してくれないと困るといっています。私としては，損害賠償額を差し引いて50万円のみ払えばよいと思っているのですが，このようなことはできるでしょうか。

【回答】

改正前の民法509条は「債務が不法行為によって生じたときは，その債務者は，相殺をもって債権者に対抗することができない。」としていました。その趣旨は，判例によれば〔　　　　　　　　　〕ことにあるとされています。ですから今回の場合のように，不法行為の被害者であるあなた自身が自ら不法行為にもとづく損害賠償債権を自働債権として，不法行為による損害賠償債権以外の債権を受働債権として相殺をすることは，禁止されていません。なお，令和2年4月1日施行の民法においては，この判例の趣旨を踏まえ，509条本文において，①悪意による不法行為に基づく損害賠償の債務，②人の生命または身体の侵害による損害賠償の債務（①に掲げるものを除く。）の債務者は，相殺をもって債権者に対抗することができないとしています。

（下書用）

※　問題文をアレンジしてあります。

問 題 分 析　　★★☆

　本問は不法行為による損害賠償債権を受働債権とする相殺禁止（改正前509条）の趣旨について，判例の見解を問う問題です。

解　　　説

　改正前509条は，「債務が不法行為によって生じたときは，その債務者は，相殺をもって債権者に対抗することができない。」と規定していた。この規定により，不法行為の加害者は不法行為による損害賠償債権を受働債権として相殺をすることができないのは明らかであるが，不法行為の被害者は不法行為による損害賠償債権を自働債権として相殺をすることが許されるのかについては，議論があった。

　判例（最判昭和42・11・30）は，「民法509条は，不法行為の被害者をして現実の弁済により損害の填補をうけしめるとともに，不法行為の誘発を防止することを目的とするものであるから，不法行為に基づく損害賠償債権を自働債権とし不法行為による損害賠償債権以外の債権を受働債権として相殺をすることまでも禁止する趣旨ではない」と判示した。すなわち，この判例は，改正前509条の趣旨について，①不法行為の被害者に現実の弁済を受けさせることで損害を填補すること，②不法行為の被害者側からの応報的不法行為の誘発を防止することにあるとしている。

　なお，この判例の趣旨を踏まえ，令和２年４月１日施行の民法509条本文は，①悪意による不法行為に基づく損害賠償の債務（509条本文１号。不法行為の誘発を防止する観点からは，加害を意図した「悪意」による不法行為に基づく損害賠償債権を受働債権とする相殺を禁止すれば足りる），②人の生命または身体の侵害による損害賠償の債務（509条本文２号。例えば，「物」の侵害による損害賠償債権については，一般に，不法行為の被害者に現実の弁済を受けさせることで損害を填補するという要請は，それほど強くないし，逆に，不法行為の被害者に資力が乏しいという事案においては，不法行為の加害者からの相殺を禁止することによって，かえって当事者間の公平が害されることがあることから，「人の生命または身体」の侵害に限定）の債務者は，相殺をもって債権者に対抗することができないと規定している。

解答例　被害者に現実の弁済を受けさせることで損害を填補するとともに，不法行為の誘発を防止する（42字）

Aの抵当権（登記済み）が存する甲土地をその所有者Bから買い受け，甲土地の所有権移転登記を済ませたCは，同抵当権を消滅させたいと思っている。抵当権が消滅する場合としては，被担保債権または抵当権の消滅時効のほかに，Cが，Bの債権者である抵当権者Aに対し被担保債権額の全部をBのために弁済することが考えられるが，そのほかに，抵当権が消滅する場合を二つ，40字程度で記述しなさい。

（下書用）　　　　　　　　　　　　　　　10　　　　　　　15

key word

代価弁済と抵当権消滅請求
　ともに抵当権の設定されている不動産の第三取得者を保護する制度である。解説にあるように，誰にイニシアティブがあるかによって大きく区別される。

問 題 分 析　　★★☆

　抵当権を消滅させる手段としては，設問文に挙がっている手段の他に，代価弁済（378条）と抵当権消滅請求（379条）があります。これらの手段は２つセットで学習しているでしょうから，設問文に「二つ」とあることでピンときた人も多かったと思われます。

解　　説

　代価弁済と抵当権消滅請求という名称を正確に書くことは当然として，ポイントは両者の相違点を明確に示すことにある。代価弁済は抵当権者（A）の請求に応じるものであり，抵当権消滅請求は第三取得者（C）から請求するもの，という差異は必ず書いてほしい。抵当権消滅請求については書面送付手続が必要であるが（383条），ここまで書くスペースは残ってない。よって，請求者の差異を正確に書けるか否かが得点の高低を分けるはずである。

解答例　Aの請求に応じてCがAに代価を弁済する場合と，Aに対してCが抵当
　　　　　権消滅請求をする場合。（43字）

ポイントチェック

代価弁済の効果	弁済額は抵当債権額に満たなくとも，抵当権は第三取得者のために消滅する（378条）。債務者は第三取得者が代価弁済をした範囲で債務を免れる。代価弁済後の残余債務については，無担保債務として依然存続する。債権者は一般債権者としてこれを債務者に請求することになる。
抵当権消滅請求の効果	抵当権者が第三取得者からの提案金額を承諾し，かつ，その金額を支払った（又は供託した）場合には，抵当権が消滅する（386条）。抵当権者が一定期間内に競売の申立てをしない等によって承諾が擬制された場合（384条）も同様である。

こうやって解く

　まず，①どのような「形式」の解答が要求されているのかを考えましょう。問題文では，その，「抵当権が消滅する場合」を二つ記述しなさいとなっています。したがって，解答は，「□□□の場合，及び□□□の場合。」としなければなりません。
　次に，②どのような「内容」の解答が要求されているのかを考えましょう。この点は，上記解説のとおりです。そして，その内容のうち，①で検討した空欄に当てはまる適切な語句を書き出しましょう。「Aの請求に応じてCがAに代価を弁済した」と「Aに対してCが抵当権消滅請求をした」がこれに当たりますね。
　最後に，①で検討した形式に，②で書き出した語句を挿入し，45字以内になるように，文字数を調整しましょう。

問題

　作家Yに雇用されている秘書Aは，Y名義で5万円以下のYの日用品を購入する権限しか付与されていなかったが，Yに無断でXからYのために50万円相当の事務機器を購入した。しかし，Xは，Aに事務機器を購入する権限があるものと信じて取引をし，Yに代金の支払いを請求したところ，Yはその支払いを拒絶した。このようなYの支払い拒絶を不当と考えたXは，Yに対して，支払いの請求，およびそれに代わる請求について検討した。この場合において，Xは，どのような根拠に基づき，いかなる請求をすればよいか。「Xは，Yに対して，」に続けて，考えられる請求内容を二つ，40字程度で記述しなさい。

（下書用）

Xは，Yに対して，

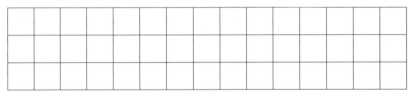

　　　　　　　　　　　　　　　　　10　　　　　　　　15

ワンポイントアドバイス

　　　2つの請求内容を書かなければならないため，事案の分析が非常に大切になります。実際に図を書いてどのような利害関係になっているのかを把握してから解答を作成するように心がけましょう。

問 題 分 析　　★★☆

　本問は，無権代理行為の相手方から本人に対してする責任追及に関し，民法110条の表見代理と民法715条の使用者責任の知識を問われています。まず事案分析から丁寧に行うことが重要です。

解　　説

　まず，事案分析から始めることが重要である。本問では，秘書Aは，作家Y名義で5万円以下の日用品を購入する権限が与えられていたわけであるから，基本代理権を有している。にもかかわらず，Yに無断でXからYのためとはいえ50万円相当の事務機械を購入している。しかも，XはAに事務機器を購入する権限があると信じている。

　この場合，Xとしては，Aが基本代理権の範囲を超えた取引を行ったわけであるから，権限ゆ越の表見代理の主張が可能である（110条）。これにより，代金の支払を請求することができる。ただ，これだけでは足りない。もう1つ，YとAとの間には使用関係がある点に着目すれば，使用者責任も追及できるのである（715条）。これにより損害賠償を請求することができる。この2つの請求を発見できたかが勝負の分かれ目となる。これができれば，後は問題の指示通りに，根拠（権限ゆ越の表見代理，使用者責任）と請求内容（代金の支払請求，損害賠償請求）を対応させて書いていけばよい。

解答例　表見代理を根拠に代金支払請求をするか，使用者責任を根拠に損害賠償請求をすればよい。（41字）

こ う や っ て 解 く

　まず，①どのような「形式」の解答が要求されているのかを考えましょう。問題文では，「どのような根拠に基づき，いかなる請求をすればよい」か，考えられる請求内容を二つ記述しなさい，となっています。したがって，解答は，「□□□に基づき（を根拠に），□□□請求をするか，□□□に基づき（を根拠に），□□□請求をすればよい。」としなければなりません。

　次に，②どのような「内容」の解答が要求されているのかを考えましょう。この点は，上記解説のとおりです。そして，その内容のうち，①で検討した空欄に当てはまる適切な語句を書き出しましょう。「権限ゆ越の表見代理」，「代金支払請求」，「使用者責任」及び「損害賠償請求」がこれに当たりますね。

　最後に，①で検討した形式に，②で書き出した語句を挿入し，45字以内になるように，文字数を調整しましょう。

問題

　AがBに金銭を貸し付けるにあたり，書面により，Cが保証人（Bと連帯して債務を負担する連帯保証人ではない。）となり，また，Dが物上保証人としてD所有の土地に抵当権を設定しその旨の登記がなされた。弁済期を徒過したので，Aは，Bに弁済を求めたところ，Bは，「CまたはDに対して請求して欲しい」と応えて弁済を渋った。そこで，Aは，Dに対しては何らの請求や担保権実行手続をとることなく，Cに対してのみ弁済を請求した。この場合において，Cは，Aの請求に対し，どのようなことを証明すれば弁済を拒むことができるか。40字程度で記述しなさい。

（下書用）　　　　　　　　　　　　　　　10　　　　　　　　15

key word

物上保証人

　自らは債務を負担していないものの，主たる債務者のために担保権の負担を受ける者。本問では，Dが自己の所有する土地に抵当権を設定している。よって，Dは物上保証人ということになる。

問 題 分 析　★★☆

　本問は，検索の抗弁の内容を記述させる問題です。検索の抗弁は分かっても，その証明すべき内容まで正確に把握していた方は少なかったようです。有名な条文はしっかり見ておく必要があるでしょう。

解　　説

　まず，「Cは，Aの請求に対し，どのようなことを証明すれば弁済を拒むことができるか」を問われているので，保証人Cが債権者Aに対して有している抗弁権について思い出さなければならない。そうすると，「催告の抗弁権」(452条)，「検索の抗弁権」(453条)の２つが補充性の抗弁として思い浮かぶであろう。もっとも，「Aは，Bに弁済を求めたところ」とあるので，保証人Cは「催告の抗弁権」を行使することはもはやできない。「催告の抗弁権」は，保証人が債権者に対して「まず主たる債務者に催告すべき旨を請求できる」だけの抗弁権だからだ。そこで，「検索の抗弁権」により，弁済を拒むしかないという流れになる。

　次に，保証人Cは何を証明する必要があるのかが問題となる。453条では，「保証人が主たる債務者に弁済をする資力があり，かつ，執行が容易であることを証明したときは，債権者は，まず主たる債務者の財産について執行しなければならない」と規定しているので，これを答案上で表現すればよい。これは，あくまでも主たる債務者の財産に対し先に執行することを求めるものであり，「物上保証人Dに先に執行してくれ」という抗弁権は民法上は存在しない。結局，本問の問いかけとの関係ではDは何らのかかわりも持たない。よって，物上保証人Dには答案上触れてはいけないということになる。

解答例　Bに弁済をする資力があり，かつ，執行が容易であることを証明すれば弁済を拒むことができる。(44字)

こうやって解く

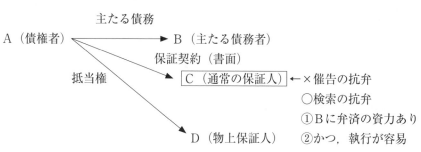

　ポイントは，本問の問いかけとの関係では，催告の抗弁権は関係ないこと，物上保証人について考慮する必要はないことに気づくことであろう。

問 題

　次の文章は遺言に関する相談者と回答者の会話である。〔　　　　　　　〕の中に，どのような請求によって，どれくらいの額に相当する金銭の支払を請求することができるかを40字程度で記述しなさい。なお，息子は，私から贈与を受けたことがないこととする。

相談者　「今日は遺言の相談に参りました。私は夫に先立たれて独りで生活しています。亡くなった夫との間には息子が一人おりますが，随分前に家を出て一切交流もありません。私には，少々の預金と夫が遺してくれた土地建物がありますが，少しでも世の中のお役に立てるよう，私が死んだらこれらの財産一切を慈善団体Aに寄付したいと思っております。このような遺言をすることはできますか。」

回答者　「もちろん，そのような遺言をすることはできます。ただ「財産一切を慈善団体Aに寄付する」という内容が，必ずしもそのとおりになるとは限りません。というのも，相続人である息子さんは，〔　　　　　　　　〕に相当する金銭の支払を請求することができるからです。そのようにできるのは，被相続人の財産処分の自由を保障しつつも，相続人の生活の安定及び財産の公平分配をはかるためです。」

（下書用）　　　　　　　　　　　　　　　　　　　　　10　　　　　　　　　15

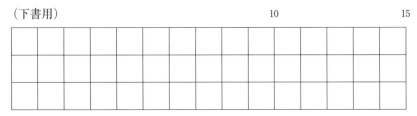

＊　問題文をアレンジしてあります。

相続法からの出題です。法改正により，問題文を改変しています。

記述のポイントは二つ。すなわち『どのような請求』によって『どれくらいの額』に相当する金銭の支払を請求することができるかである。

まず前者『どのような請求』を確定しよう。遺産の全額寄付が実現できない可能性がある理由は，一切遺産を相続できないとされた息子がその実行を阻止する請求をするからである。ここで，相続人に一定の相続財産を必ず保障する遺留分制度（1042条～）が想起されなくてはいけない。回答者の最後の一文が遺留分制度の趣旨を述べているので，これもヒントになろう。そして，遺留分を侵害された息子は，受遺者または受贈者に対し，遺留分侵害額に相当する金銭の支払を請求することができる（1046条1項）。これを遺留分侵害額の請求と呼んでいる。したがって，『どのような請求』とは，遺留分侵害額の請求がこれに当たる。

次に『どれくらいの額』に相当する金銭の支払を請求することができるかであるが，1042条1項2号は，兄弟姉妹以外の相続人は，遺留分として，遺留分を算定するための財産の価額に，直系尊属のみが相続人である場合以外の場合は，2分の1を乗じた額を受けると規定している。そして，問題文のとおり，「息子は，私から贈与を受けたことがない」ことから，その額が遺留分侵害額とされ，その額に相当する金銭の支払を請求することができることになる。したがって，『どれくらいの額』とは，遺留分を算定するための財産の価額に2分の1を乗じた額がこれに当たる。

解答例　遺留分侵害額の請求によって，遺留分を算定するための財産の価額に2分の1を乗じた額（40字）

Aは，Bに対し，Cの代理人であると偽り，Bとの間でCを売主とする売買契約（以下，「本件契約」という。）を締結した。ところが，CはAの存在を知らなかったが，このたびBがA・B間で締結された本件契約に基づいてCに対して履行を求めてきたので，Cは，Bからその経緯を聞き，はじめてAの存在を知るに至った。

　他方，Bは，本件契約の締結時に，AをCの代理人であると信じ，また，そのように信じたことについて過失はなかった。Bは，本件契約を取り消さずに，本件契約に基づいて，Aに対して何らかの請求をしようと考えている。このような状況で，AがCの代理人であることを証明することができないときに，Bは，Aに対して，<u>どのような要件の下で（どのようなことがなかったときにおいて），どのような請求をすることができるか。</u>「Bは，Aに対して，」に続けて，下線部について，40字程度で記述しなさい（「Bは，Aに対して，」は，40字程度の字数には入らない）。

（下書用）

Bは，Aに対して，

　　　　　　　　　　　　　　　　　10　　　　　　　　15

ワンポイントアドバイス

　　無権代理人の相手方が採り得る手段は，①催告権，②取消権，③各種表見代理の主張，④無権代理人の責任を問うなど複数あります。また，本人の採り得る手段としても，①追認，②追認拒絶の2つがあります。相互の関係を意識して勉強することが大切です。

問 題 分 析　　　★☆☆

　本問は，無権代理人の責任（117条）に関する条文知識を問う問題です。問題文の指定を注意深く読み，書くべきことを見落とさないように気をつけましょう。

解　　　説

　本問は，Bが，無権代理人Aに対して，①どのような要件の下で（どのようなことがなかったときにおいて），②どのような請求をすることができるか，の2点を問われている。無権代理人に対して，相手方が取り得る手段はいくつか考えられるが，本問では，「Bは，本件契約を取り消さずに，本件契約に基づいて，Aに対して何らかの請求をしようと考えている」とあるので，取消権は行使しないことが分かる。よって，それ以外にBがAに対して採り得る手段は，無権代理人の責任（117条）を問うことしかない。そして，本問では，「Bは，本件契約の締結時に，AをCの代理人であると信じ，また，そのように信じたことについて過失はなかった」とあるので，無権代理人の責任を追及するための主観的要件も満たしていることが分かる。よって，①の要件として必要なのは，(a)「本人Cの追認がない」こと，(b)「無権代理人Aが制限行為能力者でない」ことである（117条1項，2項3号）。そして，②の請求内容については，「履行又は損害賠償を選択して請求できる」ということになる（117条1項）。

解答例　Cの追認がなく，Aが制限行為能力者でなかったときは，履行又は損害賠償を請求できる。(41字)

　　　　　AがCの追認を得ることができなかったときは，履行又は損害賠償の請求をすることができる。(43字)

ポイントチェック

C（本人）

A　◄─────── B（相手方）
（無権代理人）　　　善意・無過失

本件契約は取り消さない（問題文）
　↓しかし
Aに対して何らかの請求をしたい
　↓
無権代理人の責任追及しかない
要件：①本人の追認がないこと
　　　②Aが制限行為能力者でないこと
請求内容：契約の履行又は損害賠償

問　題

　Aの指輪が，Bによって盗まれ，Bから，事情を知らない宝石店Cに売却された。Dは，宝石店Cからその指輪を50万円で購入してその引渡しを受けたが，Dもまたそのような事情について善意であり，かつ無過失であった。盗難の時から1年6か月後，Aは，盗まれた指輪がDのもとにあることを知り，同指輪をDから取り戻したいと思っている。この場合，Aは，Dに対し指輪の返還を請求することができるか否かについて，必要な，または関係する要件に言及して，40字程度で記述しなさい。

（下書用）　　　　　　　　　　　　　　　　10　　　　　　　　15

ワンポイントアドバイス

　まずは，本問が即時取得の特則（193条，194条）の場面であることをしっかりと意識しましょう。問題文中の「盗難」という言葉から気付けるはずなので，図などを描きながら利害関係を把握するようにしてください。

問 題 分 析　　★☆☆

　本問は，即時取得における盗品又は遺失物の回復に関する特則（193条，194条）に関する条文知識を問う問題です。場面の把握が一番重要ですので，落ち着いて利害関係を把握してください。

解　　　説

　本問で問われているのは，①Aは，Dに対し指輪の返還を請求することができるか否か，②その際必要な，または関係する要件，の2つである。本問Dは宝石店Cから指輪を50万円で購入しており，この指輪が盗品であるという事情について「善意・無過失」である。そのため，民法192条により当該指輪についてDは即時取得することになる。ただし，即時取得したものが盗品の場合には，被害者Aが盗難の時から2年間は物の回復を請求することができる（193条）。もっとも，本問は，Dが宝石店Cから買い受けているので，被害者AはDがCに対して支払った代価（50万円）を弁償しなければ，指輪を回復することができない（194条）。以上を前提に解答を作成していく。まず，①の結論部分は，指輪の返還を請求することができるということでよいだろう。次に，②に関してであるが，必要な要件として，指輪の代価50万円を弁償することを書かなければならない。そして，関係する要件としては，回復請求をなしうる期間に触れるとよいだろう。つまり，本問では既に盗難の時から1年6か月後とあることから，盗難の時から2年以内に指輪の返還を請求することが求められる旨を書くとよいだろう。期間については，起算点（いつから）と期間（どのくらい）を正確に指摘したい。

解答例　Aは，指輪の盗難の時から2年以内にDに50万円を弁償して指輪の返還を請求することができる。（45字）

ポイントチェック

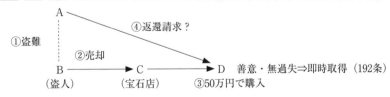

　Dは即時取得しているから，返還請求できないのか？
①：「盗難」であるから193条の場面であると判断する
　　⇒「盗難の時から2年間」盗品の回復請求ができる
③：「宝石店」がでてきたことから194条の場面であると判断する
　　⇒代価を弁償しなければ，盗品を回復することができない

問 題

　Aは複数の債権者から債務を負っていたところ，債権者の一人で懇意にしているBと相談の上，Bに優先的な満足を得させる意図で，A所有の唯一の財産である甲土地を，代物弁済としてBに譲渡した。当該甲土地の価額は5000万円相当であり，Bの債権額100万円に比して過大な給付であった。その後，Bは同土地を，上記事情を知らないCに時価で売却し，順次，移転登記がなされた。この場合において，Aの他の債権者Xは，自己の債権を保全するために，どのような権利に基づき，誰を相手として，どのような対応をとればよいか。40字程度で記述しなさい。

（下書用）

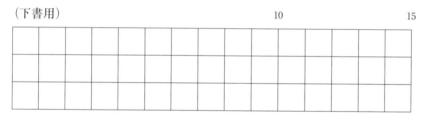

　＊　問題文をアレンジしてあります。

key word

代物弁済

　本来の給付と異なる他の給付をすることによって，本来の債務を消滅させる契約。

問 題 分 析　　　★☆☆

　本問は，詐害行為取消権に関する知識を問う問題です。法改正により，問題文を改変しています。

解　　　説

　本問では，Aの他の債権者Xは，自己の債権を保全するために，①どのような権利に基づき，②誰を相手として，③どのような対応をとればよいか，の3点について判例の立場から答えることが要求されている。

　まず，①については，「債権者の一人で懇意にしているBと相談の上，Bに優先的な満足を得させる意図で，A所有の唯一の財産である甲土地を，代物弁済としてBに譲渡した。当該甲土地の価額は5000万円相当であり，Bの債権額100万円に比して過大な給付であった。」との記述より，Bを優先させることで債務者の責任財産が減少し債権者を害することから，詐害行為取消権を行使できる場面であると判断できる（424条の4）。よって，「詐害行為取消権に基づき」と答える必要がある。

　次に，②について，詐害行為取消権の相手方（被告）は受益者又は転得者である（424条の7第1項）。債務者は相手方（被告）にならないことに注意したい。本問では，Cの主観が善意であることからCを相手方とすることはできない（424条の5第1号）。よって，「Bを相手として」と書いてもらいたい。

　最後に，③については，「対応」の中身を具体的に書くことが求められている。詐害行為取消権は，裁判上の請求でなすべきものとされている（424条1項本文）ため，「裁判所に」という言葉は入れた方がよいだろう。また，詐害行為取消権は，債務者の行為を取り消して，債務者の財産状態を詐害行為前の状態に復せしめることをその本質とするものである（424条の6第1項前段）。本問においては，財産である土地は既にCに売却され，移転登記までなされている以上，Bに対しては目的物の返還を請求することはできず，価額の償還を請求するしかない（424条の6第1項後段）。よって，「AB間の契約の取消し及び価額の償還を求める」と書いてほしい。

解答例　詐害行為取消権に基づき，Bを相手として裁判所にAB間の契約の取消し及び
　　　　　価額の償還を求める。（45字）

ポイントチェック

　①どのような権利：詐害行為により債務者の責任財産減少→詐害行為取消権
　②誰を相手：（悪意の）受益者・転得者→B
　③どのような対応：裁判上の請求，代物弁済を取り消し，Bに対し価額償還請求

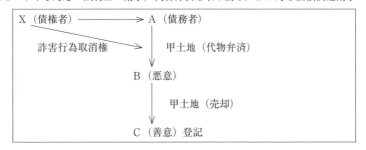

問 題

　権原の性質上，占有者に所有の意思のない他主占有が，自主占有に変わる場合として2つの場合がある。民法の規定によると，ひとつは，他主占有者が自己に占有させた者に対して所有の意思があることを表示した場合である。もうひとつはどのような場合か，40字程度で記述しなさい。

（下書用）

									10					15

問 題 分 析　　★★☆

本問は，占有の性質の変更に関する条文知識を問う問題です。事案分析がいらないので，まさに条文を知っているか否かで勝負が決まります。

解　　　説

本問は，事案問題ではないので，登場人物等の利害関係を把握する必要はない。問われていることは，非常に明確で「占有者に所有の意思のない他主占有が，自主占有に変わる場合」である。この点については，民法185条に「占有の性質の変更」に関する条文が置かれているため，その条文の「要件」を書けばよいということになる。

> **第185条**
>
> 権原の性質上占有者に所有の意思がないものとされる場合には，その<u>占有者が，自己に占有をさせた者に対して所有の意思があることを表示し</u>，又は<u>新たな権原により更に所有の意思をもって占有を始める</u>のでなければ，占有の性質は，変わらない。

このうち，「他主占有者が自己に占有させた者に対して所有の意思があることを表示した場合」は既に問題文に書かれているため，それ以外（もうひとつ）の場合を記述するよう求められている。よって，「新たな権原により更に所有の意思をもって占有を始めた場合」を書くことになる。

解答例　他主占有者が，新たな権原により更に所有の意思をもって占有を始めた場合。（35字）

ポイントチェック

自主占有

　所有の意思のある占有のことを自主占有と呼ぶ。自主占有か他主占有かで，所有権の時効取得ができる否かが決まる。自主占有か他主占有かは，占有取得原因から外形的客観的に判断されるため，占有者の内心の意思は判断要素とはならない。なお，所有の意思は民法186条1項で推定されているため，取得時効の成立を妨げる側が他主占有事情を立証する必要がある（立証責任の転換）。

　　自主占有となるケース➡売買や贈与（契約自体が無効でも可），窃盗
　　他主占有となるケース➡賃貸借，使用貸借，寄託

問 題

　AとBは婚姻し，3年後にBが懐胎したが，その頃から両者は不仲となり別居状態となり，その後にCが出生した。Bは，AにCの出生を知らせるとともに，Aとの婚姻関係を解消したいこと，Cの親権者にはBがなること，およびAはCの養育費としてBに対し毎月20万円を支払うことを求め，Aもこれを了承して協議離婚が成立した。ところが離婚後，Aは，Bが別居を始める前から他の男性と交際していたことを知り，Cが自分の子であることに疑いを持った。

　このような事情において，Cが自分の子でないことを確認するため，Aは誰を相手として，いつまでに，どのような手続をとるべきか。民法の規定および判例に照らし，とるべき法的手段の内容を40字程度で記述しなさい。

（下書用）　　　　　　　　　　　　　　　　　10　　　　　　　　　　15

問 題 分 析 ★★☆

本問は，推定される嫡出子の父子関係を争う手段を問う問題です。親族分野からの出題であったため，多くの受験者が苦戦したと推測できます。親族分野の条文も有名なものは押さえておくことが大切です。

解 説

本問は，まず利害関係をしっかりと把握することが必要である。問題文に書いてある流れをまとめてみると以下のようになる。

①AとBは婚姻し，3年後にBが懐胎したが，その頃から別居状態となり，その後にCが生まれた。

②Bは，AにCの出生を知らせるとともに，Cの親権者にはBがなること，AがBに対して養育費毎月20万円を支払うことを条件に，AB間で協議離婚が成立。

③離婚後，Aは，Bが別居を始める前から他の男性と交際していたことを知り，Cが自分の子であることに疑いを持つ。

本問で問われているのは，「とるべき法的手段の内容」である。具体的には，このような事情の下，Cが自分の子でないことを確認するため，①Aは誰を相手として，②いつまでに，③どのような手続をとるべきか，の3点が問われている。

まず，③を検討しなければならない。本問において，Cは，ABの婚姻から3年後にBが懐胎し，その後生まれている。つまり，Bは婚姻中にCを懐胎したということになる。よって，Cは民法772条1項によってAの子と推定される（推定される嫡出子）。そして，推定される嫡出子について自分の子でないことを確認するためには，「嫡出否認の訴え」によらなければならない（774条，775条）。したがって，「嫡出否認の訴えを提起する」旨を書くことになる。

次に，①についてであるが，「嫡出否認の訴え」は，「子又は親権を行う母」に対して提起しなければならない（775条）。しがたって，「C又はBを相手として」と書いてほしい。

最後に③についてであるが，「嫡出否認の訴えは，夫が子の出生を知った時から1年以内に提起しなければならない」（777条）。したがって，Aが「Cの出生を知った時から1年以内に」と書く必要がある。

解答例 Aは，C又はBを相手として，Cの出生を知った時から1年以内に，嫡出否認の訴えを提起する。（44字）

判 例 情 報

最判平成26・7・17

夫と子との間に生物学上の父子関係が認められないことが科学的証拠により明らかであり，かつ，子が，現時点において夫の下で監護されておらず，妻及び生物学上の父の下で順調に成長しているという事情があっても，子の身分関係の法的安定を保持する必要が当然になくなるものではないから…同条〔注：民法772条〕による嫡出の推定が及ばなくなるものとはいえず，親子関係不存在確認の訴えをもって当該父子関係の存否を争うことはできないものと解するのが相当である。

問 題

　民法の規定によれば，離婚の財産上の法的効果として，離婚した夫婦の一方は，相手方に対して財産の分与を請求することができる。判例は，離婚に伴う財産分与の目的ないし機能には３つの要素が含まれ得ると解している。この財産分与の３つの要素の内容について，40字程度で記述しなさい。

（下書用） 10 15

key word

離婚に伴う財産分与

　離婚の効果として，一方の当事者の請求により婚姻中に蓄えた財産を民法768条，771条に基づき分与すること。

問 題 分 析　　★★★

本問は，離婚に伴う財産分与の3つの要素の内容について問う問題です。

解　　　　説

本問は離婚に伴う財産分与の目的ないし機能が3つあることが問題文中に明記されているので，婚姻中に有していた財産の「清算」，一方当事者に対する「扶養」，離婚による「慰謝料」あるいは「損害賠償」の3つを思い浮かべることが必要となる。ただ，問題文中に「判例は」との文言が入っている以上，なるべく判例（最判昭和46・7・23）に即した言いまわしで答えるのが望ましい。

字数制限との関係で判例の全てを正確に書くことができるわけではないので，その主要な要素を抜き取ると，①夫婦共同財産の清算分配，②離婚後の一方当事者の生計の維持，③離婚に対する慰謝料，というくらいの表現が妥当であると思われる。

解答例　夫婦共同財産の清算分配，離婚後の一方当事者の生計の維持及び離婚に対する慰謝料が含まれ得る。（45字）

　　　　婚姻中の共同財産の清算，離婚後の一方の生計維持及び精神的損害の賠償が含まれ得る。（40字）

判例情報

最判昭和46・7・23

離婚における財産分与の制度は，夫婦が婚姻中に有していた実質上共同の財産を清算分配し，かつ，離婚後における一方の当事者の生計の維持をはかることを目的とするものであつて，分与を請求するにあたりその相手方たる当事者が離婚につき有責の者であることを必要とはしないから，財産分与の請求権は，相手方の有責な行為によつて離婚をやむなくされ精神的苦痛を被つたことに対する慰藉料の請求権とは，その性質を必ずしも同じくするものではない。…もつとも，…このような財産分与によつて請求者の精神的苦痛がすべて慰藉されたものと認められるときには，もはや重ねて慰藉料の請求を認容することはできないものと解すべきである。

問題

　AはBに対して100万円の売買代金債権を有していたが，同債権については，A・B間で譲渡制限の意思表示がなされていた。しかし，Aは，その譲渡制限の意思表示に違反して，上記100万円の売買代金債権をその弁済期経過後にCに対して譲渡し，その後，Aが，Bに対し，Cに譲渡した旨の通知をした。Bは，その通知があった後直ちに，Aに対し，上記譲渡制限の意思表示の違反について抗議しようとしていたところ，Cが上記100万円の売買代金の支払を請求してきた。この場合に，Bは，Cの請求に応じなければならないかについて，民法の規定および判例に照らし，40字程度で記述しなさい。

（下書用）

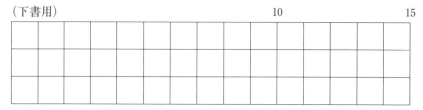

　　＊　問題文をアレンジしてあります。

問題分析 ★★☆

本問は，譲渡制限の意思表示と第三者に関する知識を問う問題です。法改正により，問題文を改変しています。

解説

まず，どのような形式の解答が要求されているのかを考えよう。問題文は，「Bは，Cの請求に応じなければならないか」と問うている。したがって，解答は，「Bは，□□□□の場合は，Cの請求に応じなければならない。」とすることが考えられる。

次に，どのような内容にするのかを検討しよう。民法466条1項本文は，「債権は，譲り渡すことができる。」と規定し，同条2項は，「当事者が債権の譲渡を禁止し，または制限する旨の意思表示（以下「譲渡制限の意思表示」という。）をしたときであっても，債権の譲渡は，その効力を妨げられない。」と規定し，同条3項は，「前項に規定する場合には，譲渡制限の意思表示がされたことを知り，または重大な過失によって知らなかった譲受人その他の第三者に対しては，債務者は，その債務の履行を拒むことができ，かつ，譲渡人に対する弁済その他の債務を消滅させる事由をもってその第三者に対抗することができる。」と規定している。したがって，第三者が譲渡制限の意思表示について悪意または重大な過失によって知らなかったときは，債務者は，その債務の履行を拒むことができる。ところで，「Bは，□□□□の場合は，Cの請求に応じなければならない。」という形で解答を作成することから，上記結論をこの形に合わせなければならない。よって，「Bは，Cが譲渡制限の意思表示について善意かつ無重過失である場合は，Cの請求に応じなければならない」となる。この文章を制限字数の範囲内に収まり，かつ，自然な文章表現となるようにすると，解答例のとおりとなる。

解答例 Bは，Cが譲渡制限の意思表示につき善意かつ無重過失である場合，請求に応じなければならない。(45字)

ポイントチェック

債権の譲渡が禁止される場合

①性質上，譲渡の許されない債権（466条1項ただし書）。例えば，特定の人に教授することを目的とする債権のように給付の性質上，原債権者だけに給付すべきものと認められる債権
②当事者が譲渡制限の意思表示をした預貯金債権（466条の5第1項）
③法律の明文により譲渡が禁止・制限されている債権。例えば，扶養請求権の処分は禁止される（881条）。

問 題

　不法行為による損害賠償請求権（人の生命または身体を害する不法行為による損害賠償請求権を除く。）は，被害者またはその法定代理人が，いつの時点から何年間行使しないときに消滅するかについて，民法が規定する２つの場合を，40字程度で記述しなさい。

（下書用）

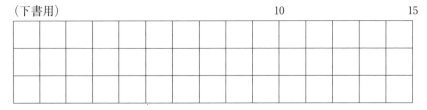

						10					15

＊　問題文をアレンジしてあります。

ワンポイントアドバイス

　起算点を書く場合は，「～後」ではなく，「～の時から」と書かなければならない。例えば，本問を例にとると，「不法行為後」ではなく，「不法行為の時から」と書かなければならない。

550

問　題　分　析　　★☆☆

本問は，不法行為による損害賠償請求権に関する条文知識を問う問題です。

解　　　　　説

　まず，どのような形式の解答が要求されているのかを考えよう。問題文は，「不法行為による損害賠償請求権は，被害者またはその法定代理人が，いつの時点から何年間行使しないときに消滅するかについて，民法が規定する2つの場合を，40字程度で記述しなさい」と問うている。したがって，解答は，「被害者またはその法定代理人が，□①□から□②□年間，□③□から□④□年間行使しないときに消滅する。」とすることが考えられる。

　次に，どのような内容にするのかを考えよう。民法724条は，不法行為による損害賠償請求権（人の生命または身体を害する不法行為による損害賠償請求権を除く。）は，「被害者又はその法定代理人が損害及び加害者を知った時から3年間行使しない」場合や「不法行為の時から20年間行使しない」場合には，時効によって消滅すると規定している。以上から，適切な語句を書き出すと，「損害及び加害者を知った時」，「3年間」，「不法行為の時」および「20年間」がこれに当たる。

　最後に，検討した形式に，書き出した語句を挿入する。□①□には「損害及び加害者を知った時」を，□②□には「3」を，□③□には「不法行為の時」を，□④□には「20」を挿入することになるから，「被害者またはその法定代理人が，損害及び加害者を知った時から3年間，不法行為の時から20年間行使しないときに消滅する。」となる。この文章を制限字数の範囲内に収まり，かつ，自然な文章表現となるようにすると，解答例のとおりとなる。

解答例　損害及び加害者を知った時から3年間，又は不法行為の時から20年間行使しないときに消滅する。（44字）

問　題

　画家Ａは，ＢからＡの絵画（以下「本件絵画」といい，評価額は500万円～600万円であるとする。）を購入したい旨の申込みがあったため，500万円で売却することにした。ところが，Ａ・Ｂ間で同売買契約（本問では，「本件契約」とする。）を締結したときに，Ｂは，成年被後見人であったことが判明したため（成年後見人はＣであり，その状況は現在も変わらない。），Ａは，本件契約が維持されるか否かについて懸念していたところ，Ｄから本件絵画を気に入っているため600万円ですぐにでも購入したい旨の申込みがあった。Ａは，本件契約が維持されない場合には，本件絵画をＤに売却したいと思っている。Ａが本件絵画をＤに売却する前提として，Ａは，<u>誰に対し</u>，1か月以上の期間を定めて<u>どのような催告をし</u>，その期間内に<u>どのような結果を得る</u>必要があるか。なお，ＡおよびＤは，制限行為能力者ではない。

　「Ａは，」に続け，下線部分につき40字程度で記述しなさい。記述に当たっては，「本件契約」を入れることとし，他方，「1か月以上の期間を定めて」および「その期間内に」の記述は省略すること。

（下書用）

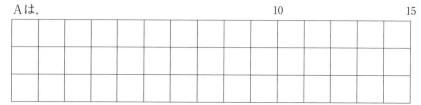

552

問 題 分 析 ★☆☆

本問は，制限行為能力者の相手方の催告権に関する条文知識を問う問題です。

解 説

まず，どのような形式の解答が求められているのかを考えよう。問題文は，「Ａが本件絵画をＤに売却する前提として，Ａは，誰に対し，１か月以上の期間を定めてどのような催告をし，その期間内にどのような結果を得る必要があるか。…『Ａは，』に続け，…記述に当たっては，『本件契約』を入れることとし，他方，『１か月以上の期間を定めて』および『その期間内に』の記述は省略すること」と問うている。したがって，解答は，「（Ａは，）　①　に対し，（１か月以上の期間を定めて）　②　の催告をし，（その期間内に）　③　を得る必要がある。」（　②　には，「本件契約」を含めた内容を入れる。）とする。

次に，どのような内容にするのかを検討しよう。テーマは，制限行為能力者の相手方の催告権であることは，明らかである。もっとも，「Ａが本件絵画をＤに売却する前提として，」❶催告の相手方を誰にするのか，❷どのような内容の催告をするのか，❸どのような結果を得る必要があるのかが問題となる。Ａが本件絵画をＤに売却するためには，催告の結果，ＡＢ間の売買契約が取り消される必要がある。そこで，❶であるが，Ｂは，成年被後見人であり，「その状況は現在も変わらない」ことから，Ｂの成年後見人であるＣに対し，催告をしなければならない。次に，❷であるが，催告の内容は，（１か月以上の期間を定めて，その期間内に）その取り消すことができる行為を追認するかどうかを確答すべき旨の催告をすることになる。最後に，❸であるが，催告で定めた期間内に確答がないときは，その取り消すことができる行為を追認したものとみなされることから，ＡＢ間の売買契約が取り消されるためには，催告に対し，成年後見人が追認しない旨の確答を得ることが必要である。

最後に，検討した形式に，書き出した語句を挿入しよう。　①　には「Ｃ」，　②　には「本件契約を追認するかどうか確答する旨」，　③　には「取消しの意思表示」が入ることとなる。この文章を制限字数の範囲内に収まり，かつ，自然な文章表現となるようにすると，解答例のとおりとなる。

解答例 Ｃに対し，本件契約を追認するかどうかを確答すべき旨の催告をし，追認しない旨の確答を得る。（44字）

甲自動車（以下「甲」という。）を所有するAは，別の新車を取得したため，友人であるBに対して甲を贈与する旨を口頭で約し，Bも喜んでこれに同意した。しかしながら，Aは，しばらくして後悔するようになり，Bとの間で締結した甲に関する贈与契約をなかったことにしたいと考えるに至った。甲の引渡しを求めているBに対し，Aは，民法の規定に従い，どのような理由で，どのような法的主張をすべきか。40字程度で記述しなさい。なお，この贈与契約においては無効および取消しの原因は存在しないものとする。

（下書用）

									10					15

key word

贈与

　贈与者が受贈者に対し，無償で，自己の財産を与える意思表示をし，受贈者が受諾することによって成立する契約をいう。

問 題 分 析　　　★☆☆

本問は，書面によらない贈与に関する条文知識を問う問題です。

解 　 　 説

　まず，どのような形式の解答が求められているのかを考えよう。問題文は，「A
は，どのような理由で，どのような法的主張をすべきか」と問うている。したが
って，解答は，「(Aは，) ① 理由で， ② の法的主張をすべき。」とする。
　次に，どのような内容にするのかを検討しよう。Aは，Bとの間で締結した甲
に関する贈与契約をなかったことにしたいと考えている。AB間の贈与は，書面
によることなく，口頭で行われているから，書面によらない贈与に関する規定に
よることができる。すなわち，民法550条は，「書面によらない贈与は，各当事者
が解除をすることができる。ただし，履行の終わった部分については，この限り
でない。」と規定しているから，この規定の要件を満たせば，贈与契約の解除を
することができる。したがって，AがAB間の贈与契約の解除をするためには，
書面によらない贈与の履行が終わっていないことを理由としなければならない。
　最後に，検討した形式に，書き出した語句を挿入しよう。 ① には「書面に
よらない贈与の履行が終わっていないという」， ② には「贈与契約の解除」
が入ることとなる。この文章を制限字数の範囲内に収まり，かつ，自然な文章表
現となるようにすると，解答例のとおりとなる。

解答例　書面によらない贈与の履行が終わっていないという理由で，贈与契約の
　　　　　解除の主張をすべき。(42字)

　　　　　書面によらない贈与であるため，履行が終了していないことを理由とし
　　　　　て契約の解除ができる。(43字)

ポイントチェック

「履行の終わった」の意味

・未登記の不動産については，引渡しを終えていれば，履行が終わったものとされる（大
　判明治43・10・10）。
・既登記の不動産については，引渡しがなされていれば，移転登記が未了であっても，履
　行が終わったものとされる（最判昭和31・1・27）。
・既登記の不動産については，移転登記がなされたときは，引渡しが未了であっても，履
　行が終わったものとされる（最判昭和40・3・26）。

問題

　Aは，木造2階建ての別荘一棟（同建物は，区分所有建物でない建物である。）をBら4名と共有しているが，同建物は，建築後40年が経過したこともあり，雨漏りや建物の多くの部分の損傷が目立つようになってきた。そこで，Aは，同建物を建て替えるか，または，いくつかの建物部分を修繕・改良（以下「修繕等」といい，解答においても「修繕等」と記すること。）する必要があると考えている。これらを実施するためには，建替えと修繕等のそれぞれの場合について，前記共有者5名の間でどのようなことが必要か。「建替えには」に続けて，民法の規定に照らし，下線部について40字程度で記述しなさい（「建替えには」は，40字程度に数えない。）。

　なお，上記の修繕等については民法の定める「変更」や「保存行為」には該当しないものとし，また，同建物の敷地の権利については考慮しないものとする。

（下書用）
建替えには，

10　　　　　　　　　15

問 題 分 析　　　★☆☆

本問は，民法が定める共有物の変更・管理に関する条文知識を問う問題です。

解　　　説

まず，どのような形式の解答が要求されているのかを考えよう。問題文は，「こ
れらを実施するためには，建替えと修繕等のそれぞれの場合について，前記共有
者5名の間でどのようなことが必要か。」として下線部について尋ねている。し
たがって，解答は，「（建替えには，）　①　が必要であり，修繕等には，　②　が
必要である。」とする。

次に，どのような内容にするのかを検討しよう。民法251条は，「各共有者は，
他の共有者の同意を得なければ，共有物に変更を加えることができない。」と規
定し，同法252条本文は，「共有物の管理に関する事項は，前条の場合を除き，各
共有者の持分の価格に従い，その過半数で決する。」と規定している。したがって，
キーワードは，「他の共有者の同意」および「各共有者の持分の価格に従い，そ
の過半数で決する」となる。

最後に，検討した形式に，書き出した語句を挿入しよう。　①　には，「他の
共有者の同意」が，　②　には，「各共有者の持分の価格に従い，その過半数で
決すること」が入ることとなる。

この文章を制限字数の範囲内に収まり，かつ，自然な文章表現となるように推
敲すると，解答例のとおりとなる。

解答例　共有者全員の同意が必要で，修繕等には各共有者の持分の価格の過半数
　　　　　で決することが必要である。(45字)

ポイントチェック

共有物の変更・管理・保存

	変更	管理	保存
要件	全員の同意 （251条）	持分の過半数 （252条本文）	単独で可 （252条ただし書）

Aは，自己所有の時計を代金50万円でBに売る契約を結んだ。その際，Aは，Cから借りていた50万円をまだ返済していなかったので，Bとの間で，Cへの返済方法としてBがCに50万円を支払う旨を合意し，時計の代金50万円はBがCに直接支払うこととした。このようなA・B間の契約を何といい，また，この契約に基づき，Cの上記50万円の代金支払請求権が発生するためには，誰が誰に対してどのようなことをする必要があるか。民法の規定に照らし，下線部について40字程度で記述しなさい。

（下書用）   10   15

問 題 分 析　　★★☆

本問は，民法が定める第三者のためにする契約に関する条文知識を問う問題です。

解　　　説

まず，どのような形式の解答が要求されているのかを考えよう。問題文は，「A・B間の契約を何といい，また，この契約に基づき，Cの上記50万円の代金支払請求権が発生するためには，誰が誰に対してどのようなことをする必要があるか。」として下線部について尋ねている。したがって，解答は，「 ① といい， ② が ③ に対して ④ をする必要がある。」とする。

次に，どのような内容にするのかを検討しよう。本問の契約は，第三者のためにする契約という。民法537条1項は，「契約により当事者の一方が第三者に対してある給付をすることを約したときは，その第三者は，債務者に対して直接にその給付を請求する権利を有する。」と規定し，同条3項は，「第1項の場合において，第三者の権利は，その第三者が債務者に対して同項の契約の利益を享受する意思を表示した時に発生する。」と規定している。したがって，キーワードは，「第三者のためにする契約」，「第三者」，「債務者」および「契約の利益を享受する意思を表示」となる。

最後に，検討した形式に，書き出した語句を挿入しよう。 ① には，「第三者のためにする契約」が， ② には，「第三者」が， ③ には，「債務者」が， ④ には，「契約の利益を享受する意思を表示」が入ることとなる。この文章を制限字数の範囲内に収まり，かつ，自然な文章表現となるように推敲すると，解答例のとおりとなる。

解答例　第三者のためにする契約といい，CがBに対して契約の利益を享受する意思を表示する必要がある。(45字)

　第三者のためにする契約といい，CがBに契約の利益を享受する意思を表示することが必要。(42字)

ポイントチェック

第三者のためにする契約の成立要件
①要約者・諾約者間において有効な契約が成立したこと
②契約の内容が第三者に直接権利を取得させる趣旨であること
＊　第三者の債務者に対する「契約の利益を享受する意思表示」は，第三者の権利の発生要件であると解されている。

問 題

　Aは，Bとの間で，A所有の甲土地をBに売却する旨の契約（以下，「本件契約」という。）を締結したが，Aが本件契約を締結するに至ったのは，平素からAに恨みをもっているCが，Aに対し，甲土地の地中には戦時中に軍隊によって爆弾が埋められており，いつ爆発するかわからないといった嘘の事実を述べたことによる。Aは，その爆弾が埋められている事実をBに伝えた上で，甲土地を時価の2分の1程度でBに売却した。売買から1年後に，Cに騙されたことを知ったAは，本件契約に係る意思表示を取り消すことができるか。民法の規定に照らし，40字程度で記述しなさい。なお，記述にあたっては，「本件契約に係るAの意思表示」を「契約」と表記すること。

（下書用）　　　　　　　　　　　　　　　　　　　　　　10　　　　　　　　　15

key word

第三者による詐欺

　取引の相手方以外の第三者が本人を欺いて錯誤に陥らせ，その錯誤によって意思を表示させる行為。第三者による詐欺があった場合，意思表示の相手方がその事実を知り，又は知ることができたときに限り，本人は，その意思表示を取り消すことができる。

問　題　分　析　　　★★☆

本問は，第三者による詐欺に関する条文知識を問う問題です。

解　　　説

　まず，どのような形式の解答が要求されているのかを考えよう。問題文は，「Cに騙されたことを知ったAは，本件契約に係る意思表示を取り消すことができるか。」と尋ねている。取消しの可否，根拠が問われているため，解答は，「（Aは，）　①　，契約を取り消すことが　②　（＝できるorできない）。」とする。

　次に，どのような内容にするのかを検討しよう。問題文において，「民法の規定に照らし」との指定があることから，解答は，民法の規定に従って記述することが求められている。本問においては，「Cが，Aに対し，甲土地の地中には戦時中に軍隊によって爆弾が埋められており，いつ爆発するかわからないといった嘘の事実を述べた」ことによって，「Aは…甲土地を時価の２分の１程度でBに売却し」ている。これは，第三者による詐欺に当たるから，Aの意思表示の相手方であるBが詐欺の事実を知り，又は知ることができたときに限り，Aはその意思表示を取り消すことができることになる（民法96条２項）。

　最後に，検討した形式の空欄に当てはまる語句を挿入しよう。　①　には，「BがCの詐欺の事実を知り，又は知ることができたときに限り」が，　②　には，「できる」が入ることとなる。この文章を制限字数の範囲内に収まり，かつ，自然な文章表現となるようにすると，解答例のとおりとなる。

解答例　BがCの詐欺の事実を知り，又は知ることができたときに限り，Aは契約を取り消すことができる。(45字)

　　　　　Bが詐欺の事実を知り又は知ることができたときに限り，Aは，契約を取り消すことができる。(43字)

問題

以下の［設例］および［判例の解説］を読んで記述せよ。

［設例］

　　A所有の甲不動産をBが買い受けたが登記未了であったところ，その事実を知ったCが日頃Bに対して抱いていた怨恨の情を晴らすため，AをそそのかしてもっぱらBを害する目的で甲不動産を二重にCに売却させ，Cは，登記を了した後，これをDに転売して移転登記を完了した。Bは，Dに対して甲不動産の取得を主張することができるか。

［判例の解説］

　　上記［設例］におけるCはいわゆる背信的悪意者に該当するが，判例はかかる背信的悪意者からの転得者Dについて，無権利者からの譲受人ではなくD自身が背信的悪意者と評価されるのでない限り，甲不動産の取得をもってBに対抗しうるとしている。

　　上記の［設例］について，上記の［判例の解説］の説明は，どのような理由に基づくものか。「背信的悪意者は」に続けて，背信的悪意者の意義をふまえつつ，Dへの譲渡人Cが無権利者でない理由を，40字程度で記述しなさい。

（下書用）

背信的悪意者は，　　　　　　　　　　　　10　　　　　　　　　15

問 題 分 析　　★★☆

本問は，背信的悪意者に関する総合的知識を問う問題です。

解　　説

　まず，どのような形式の解答が要求されているのかを考えよう。問題文は，「上記の［設例］について，上記の［判例の解説］の説明は，どのような理由に基づくものか。『背信的悪意者は』に続けて，背信的悪意者の意義をふまえつつ，Dへの譲渡人Cが無権利者でない理由を，40字程度で記述しなさい。」と尋ねている。背信的悪意者の意義に触れながら理由を述べる必要があるため，解答は，「（背信的悪意者は，）　①　であり，　②　から。」とする。

　次に，どのような内容にするのかを検討しよう。背信的悪意者からの転得者につき，判例（最判平成8・10・29）は，「所有者甲から乙が不動産を買い受け，その登記が未了の間に，丙が当該不動産を甲から二重に買い受け，更に丙から転得者丁が買い受けて登記を完了した場合に，たとい丙が背信的悪意者に当たるとしても，丁は，乙に対する関係で丁自身が背信的悪意者と評価されるのでない限り，当該不動産の所有権取得をもって乙に対抗することができる」と判示した。問題文の［判例の解説］は，判旨の結論部分に関するものである。この結論を導くに当たって，当該判例は，「丙が背信的悪意者であるがゆえに登記の欠缺を主張する正当な利益を有する第三者に当たらないとされる場合であっても，乙は，丙が登記を経由した権利を乙に対抗することができないことの反面として，登記なくして所有権取得を丙に対抗することができるというにとどまり，甲丙間の売買自体の無効を来すものではなく，したがって，丁は無権利者から当該不動産を買い受けたことにはならない」としている。この判示部分を要約すれば，「丙は，背信的悪意者であるがゆえに登記の欠缺を主張する正当な利益を有する第三者に当たらない」だけであって，「甲丙間の売買自体は無効とならない」ということになる。

　最後に，検討した形式に，書き出した語句を挿入しよう。　①　には，「登記の欠缺を主張する正当な利益を有する第三者に当たらない者」，　②　には，「売買自体は無効とならない」が入ることとなる。この文章を制限字数の範囲内に収まり，かつ，自然な文章表現となるようにすると，解答例のとおりとなる。

解答例　登記の欠缺を主張する正当な利益を有する第三者に当たらないにとどまり，売買は無効でないから。（45字）

　　　　　信義則上登記の欠缺を主張する正当な利益を有しない者であって，ＡＣ間の売買は有効であるから。（45字）

問　題

　Aは，Bに対して100万円の売掛代金債権（以下「本件代金債権」といい，解答にあたっても，この語を用いて解答すること。）を有し，本件代金債権については，A・B間において，第三者への譲渡を禁止することが約されていた。しかし，Aは，緊急に資金が必要になったため，本件代金債権をCに譲渡し，Cから譲渡代金90万円を受領するとともに，同譲渡について，Bに通知し，同通知は，Bに到達した。そこで，Cは，Bに対して，本件代金債権の履行期後に本件代金債権の履行を請求した。Bが本件代金債権に係る債務の履行を拒むことができるのは，どのような場合か。民法の規定に照らし，40字程度で記述しなさい。

　なお，BのAに対する弁済その他の本件代金債権に係る債務の消滅事由はなく，また，Bの本件代金債権に係る債務の供託はないものとする。

（下書用）　　　　　　　　　　　　　　　　10　　　　　　　　　15

問 題 分 析　　★★☆

　本問は，債権の譲渡制限の意思表示を対抗することができる第三者に関する条文知識を問う問題です。

解　　説

　まず，どのような形式の解答が要求されているか。問題文の問いかけは，「Bが本件代金債権に係る債務の履行を拒むことができるのは，どのような場合か」である。したがって，解答は，「(Bが本件代金債権に係る債務の履行を拒むことができるのは,)　①　場合である。」とすることが考えられる。なお，「民法の規定に照らし」と指定されていることから，民法の規定を沿って記述することが求められている。また，「Aは，Bに対して100万円の売掛代金債権（以下「本件代金債権」といい，解答にあたっても，この語を用いて解答すること。）を有し」と記述されていることから，解答には，「本件代金債権」を入れる。

　次に，どのような内容にするか。本問においては，譲渡禁止特約のついた債権を債権者AがCに譲渡し，Cが当該債権の履行を債務者Bに請求した場合に，Bがその履行を拒むための法律構成が問題となっている。債権債務の当事者が債権の譲渡を禁止し，または制限する旨の意思表示（以下，「譲渡制限の意思表示」という。）をしたときであっても，債権の譲渡は，その効力を妨げられない（466条2項）。もっとも，譲渡制限の意思表示がされた場合には，債務者の利益を保護すべき必要があることから，債務者は，譲渡制限の意思表示がされたことを知り，又は重大な過失によって知らなかった譲受人その他の第三者に対して，その債務の履行を拒むことができる（同条3項）。以上により，適切な語句を書き出すと，「譲受人その他の第三者が（本件代金債権に）譲渡制限の意思表示がされたことを知り，又は重大な過失によって知らなかった」がこれに当たる。

　そして，上記で検討した形式に，書き出した語句を挿入する。　①　には「譲受人その他の第三者が（本件代金債権に）譲渡制限の意思表示がされたことを知り，又は重大な過失によって知らなかった」を挿入することになるから，「(Bが本件代金債権に係る債務の履行を拒むことができるのは,) 譲受人その他の第三者が本件代金債権に譲渡制限の意思表示がされたことを知り，又は重大な過失によって知らなかった場合である。」となる。

　最後に，この文章を制限字数の範囲内に収まり，かつ，自然な文章表現となるようにすると，解答例のとおりとなる。

解答例　Cが本件代金債権に譲渡制限の意思表示がされたことを知り又は重過失によって知らなかった場合。（45字）

問 題

Aが所有する甲家屋につき，Bが賃借人として居住していたところ，甲家屋の2階部分の外壁が突然崩落して，付近を通行していたCが負傷した。甲家屋の外壁の設置または管理に瑕疵があった場合，民法の規定に照らし，誰がCに対して損害賠償責任を負うことになるか。必要に応じて場合分けをしながら，40字程度で記述しなさい。

（下書用）　　　　　　　　　　　　　　　　10　　　　　　　　　15

key word

特殊不法行為

714条以下の規定や特別法の規定により，故意・過失の立証責任を転換したり，無過失責任を認めるなどにより，一般不法行為（709条）の要件等を修正した不法行為。

問 題 分 析

　本問は，土地の工作物の占有者および所有者の責任に関する条文知識を問う問題です。

各 肢 の 解 説

　まず，どのような形式の解答が要求されているか。問題文の問いかけは，「誰がCに対して損害賠償責任を負うことになるか」である。したがって，解答は，「　①　がCに対して損害賠償責任を負う。」とすることが考えられる。なお，「民法の規定に照らし」と指定されていることから，民法の規定を沿って記述することが求められている。

　次に，どのような内容にするか。本問においては，甲家屋の外壁の設置または管理の瑕疵により，甲家屋の2階部分の外壁が突然崩落して，付近を通行していたCが負傷しているため，Cに対して誰が不法行為に基づく損害賠償責任を負うのかが問題となる。これにつき，民法717条1項は，「土地の工作物の設置又は保存に瑕疵があることによって他人に損害を生じたときは，その工作物の占有者は，被害者に対してその損害を賠償する責任を負う。ただし，占有者が損害の発生を防止するのに必要な注意をしたときは，所有者がその損害を賠償しなければならない。」と規定している。以上により，適切な語句を書き出すと，「工作物の占有者は，被害者に対してその損害を賠償する責任を負い，占有者が損害の発生を防止するのに必要な注意をしたときは，所有者がその損害を賠償しなければならない」がこれに当たる。

　そして，上記で検討した形式に，書き出した語句を挿入する。　①　には「工作物の占有者は，被害者に対してその損害を賠償する責任を負い，占有者が損害の発生を防止するのに必要な注意をしたときは，所有者がその損害を賠償しなければならない」を挿入することになるから，「工作物の占有者は，被害者に対してその損害を賠償する責任を負い，占有者が損害の発生を防止するのに必要な注意をしたときは，所有者がCに対して損害賠償責任を負う。」となる。

　最後に，この文章を制限字数の範囲内に収まり，かつ，自然な文章表現となるようにすると，次の解答例のとおりとなる。

解答例　第一次的にはBが負い，Bが損害の発生を防止するのに必要な注意をした場合はAが責任を負う。（44字）

ポイントチェック

土地の工作物の責任

	責任者	責任の性質
第1次的	占有者	過失責任
第2次的	所有者	無過失責任

商法・会社法

問　題

　商人および商行為に関する次の記述のうち，商法の規定に照らし，正しいものはどれか。

1　商人とは，自己の計算において商行為をすることを業とする者をいう。

2　店舗によって物品を販売することを業とする者は，商行為を行うことを業としない者であっても，商人とみなされる。

3　商人の行為は，その営業のためにするものとみなされ，全て商行為となる。

4　商法は一定の行為を掲げて商行為を明らかにしているが，これらの行為は全て営業としてするときに限り商行為となる。

5　商行為とは，商人が営業としてする行為または営業のためにする行為のいずれかに当たり，商人でない者の行為は，商行為となることはない。

key word

自分の計算において

営業上の損益が自己に帰属すること。

問 題 分 析　　　★★☆

本問は，商人及び商行為に関する条文知識を問う問題です。

各 肢 の 解 説

1　**誤り**。商人とは，自己の名をもって商行為をすることを業とする者をいう（4条1項）。したがって，自分の計算において商行為をすることが必要とされているわけではないから，本肢は誤っている。

2　**正しい**。店舗によって物品を販売することを業とする者は，商行為を行うことを業としない者であっても，これを商人とみなす（擬制商人，4条2項）。

3　**誤り**。商人の行為は，その営業のためにするものと推定される（503条2項）。したがって，推定されるにとどまり，みなされるわけではないから，本肢は誤っている。

4　**誤り**。商法501条は，同条に掲げる行為は，商行為とすると規定していて，営業としてしなくても絶対的に商行為となる行為（絶対的商行為）を定めている。したがって，絶対的商行為については営業としてしなくても商行為となるから，本肢は誤っている。

5　**誤り**。絶対的商行為（501条）は，誰が行っても商行為となる。したがって，商人でない者の行為も商行為となることがあるから，本肢は誤っている。

正解　2

ポイントチェック

擬制商人

　店舗その他これに類似する設備によって物品を販売することを業とする者又は鉱業を営む者は，商行為を行うことを業としない者であっても，これを商人とみなす。

問題

　商人でない個人の行為に関する次のア〜オの記述のうち，商法の規定および判例に照らし，これを営業として行わない場合には商行為とならないものの組合せはどれか。

ア　利益を得て売却する意思で，時計を買い入れる行為

イ　利益を得て売却する意思で，買い入れた木材を加工し，製作した机を売却する行為

ウ　報酬を受ける意思で，結婚式のビデオ撮影を引き受ける行為

エ　賃貸して利益を得る意思で，レンタル用のDVDを買い入れる行為

オ　利益を得て転売する意思で，取得予定の時計を売却する行為

  1　ア・イ

  2　ア・エ

  3　ウ・エ

  4　ウ・オ

  5　エ・オ

key word

商人

　自己の名をもって商行為をすることを業とする者（固有の商人，4条1項）

問題分析　　★★★

商行為に関する問題です。

各肢の解説

ア　商行為となる。利益を得て譲渡する意思をもってする動産の有償取得にあたり，絶対的商行為である（501条柱書・1号）。絶対的商行為は，営業として行わない場合も商行為である。したがって，本肢は商行為となる。

イ　商行為となる。他から取得した物を製造加工した上で売却する行為も，利益を得て譲渡する意思をもってする動産の有償取得または取得したものの譲渡を目的とする行為（501条1号）に含まれ商行為となる（大判昭和4・9・28）。これは絶対的商行為であるから，営業として行わない場合も商行為である。したがって，本肢は商行為となる。

ウ　商行為とならない。絶対的商行為のいずれにも該当しない（501条各号）。撮影に関する行為は，営業としてするときは商行為となる（営業的商行為，502条柱書・6号）が，営業として行わない場合には商行為とはならない。したがって，本肢は商行為とならない。

エ　商行為とならない。絶対的商行為のいずれにも該当しない（501条各号）。賃貸する意思をもってする動産の有償取得に該当するから，営業としてするときは商行為になる（502条柱書・1号）が，営業として行わない場合には商行為とはならない。したがって，本肢は商行為とならない。

オ　商行為となる。他人から取得する動産の供給契約及びその履行のためにする有償取得を目的とする行為にあたり，これは絶対的商行為である（501条柱書・2号）。したがって，本肢は商行為となる。

以上により，商行為とならないものは，ウ及びエであるから，正解は3である。

ポイントチェック

絶対的商行為（501条）
①利益を得て譲渡する意思をもってする動産，不動産若しくは有価証券の有償取得又はその取得したものの譲渡を目的とする行為
②他人から取得する動産又は有価証券の供給契約及びその履行のためにする有償取得を目的とする行為
③取引所においてする取引
④手形その他の商業証券に関する行為

問 題

　商人または商行為に関する次のア～オの記述のうち，商法の規定に照らし，誤っているものの組合せはどれか。

ア　商行為の委任による代理権は，本人の死亡によって消滅する。

イ　商人がその営業の範囲内において他人のために行為をしたときは，相当な報酬を請求することができる。

ウ　数人の者がその一人または全員のために商行為となる行為によって債務を負担したときは，その債務は，各自が連帯して負担する。

エ　保証人がある場合において，債務が主たる債務者の商行為によって生じたものであるときは，その債務は当該債務者および保証人が連帯して負担する。

オ　自己の営業の範囲内で，無報酬で寄託を受けた商人は，自己の財産に対するのと同一の注意をもって，寄託物を保管する義務を負う。

　　1　ア・ウ
　　2　ア・オ
　　3　イ・ウ
　　4　イ・エ
　　5　エ・オ

key word

商行為

　商行為とは，絶対的商行為，営業的商行為及び附属的商行為をいう（501条，502条及び503条）。営業的商行為は，一定の行為につき営業としてするときは，商行為とするもので，附属的商行為は，商人がその営業のためにする行為をいう。商人とは，自己の名をもって商行為をすることを業とする者をいう（4条1項）。

問 題 分 析　　★☆☆

商法の商人または商行為の条文知識を問う問題です。

各 肢 の 解 説

ア　誤り。商行為の委任による代理権は，本人の死亡によっては，消滅しない（506条）。したがって，本肢は誤っている。

イ　正しい。商人がその営業の範囲内において他人のために行為をしたときは，相当な報酬を請求することができる（512条）。したがって，本肢は正しい。

ウ　正しい。数人の者がその一人または全員のために商行為となる行為によって債務を負担したときは，その債務は，各自が連帯して負担する（511条1項）。したがって，本肢は正しい。

エ　正しい。保証人がある場合において，債務が主たる債務者の商行為によって生じたものであるとき，または保証が商行為であるときは，主たる債務者および保証人が各別の行為によって債務を負担したときであっても，その債務は，各自が連帯して負担する（511条2項）。したがって，本肢は正しい。

オ　誤り。商人がその営業の範囲内において寄託を受けたときは，報酬を受けないときといえども，善良な管理者の注意をすることが必要である（595条）。したがって，本肢は誤っている。

以上により，誤っているのは，ア及びオであるから，正解は2である。

正解　2

問 題

　商行為の代理人が本人のためにすることを示さないでこれをした場合であって，相手方が，代理人が本人のためにすることを知らなかったときの法律関係に関する次の記述のうち，商法の規定および判例に照らし，妥当なものはどれか。なお，代理人が本人のためにすることを知らなかったことにつき，相手方に過失はないものとする。

1　相手方と本人および代理人とのいずれの間にも法律関係が生じ，本人および代理人は連帯して履行の責任を負う。

2　相手方と代理人との間に法律関係が生じ，本人には何らの効果も及ばない。

3　相手方と本人との間に法律関係が生じるが，相手方は代理人に対しても，履行の請求に限り，これをすることができる。

4　相手方と代理人との間に法律関係が生じるが，相手方は本人に対しても，履行の請求に限り，これをすることができる。

5　相手方は，その選択により，本人との法律関係または代理人との法律関係のいずれかを主張することができる。

問 題 分 析　　★★★

本問は，商行為の代理に関する問題です。

各 肢 の 解 説

　商行為の代理において顕名がなかった場合について，判例（最大判昭和43・4・23）は，「相手方において，代理人が本人のためにすることを知らなかつたときは，商法第504条但書によつて，相手方と代理人との間にも本人相手方間におけると同一の法律関係が生じ，相手方が，その選択に従い，本人との法律関係を否定し，代理人との法律関係を主張したときは，本人は，もはや相手方に対し，右本人相手方間の法律関係を主張することができない」とする。法律関係は，相手方と本人，相手方と代理人との間に生じ，相手方はいずれかを主張することができる。したがって，正解は5である。

正解　5

ポイントチェック

商行為の代理

商法504条　商行為の代理人が本人のためにすることを示さないでこれをした場合であっても，その行為は，本人に対してその効力を生ずる。ただし，相手方が，代理人が本人のためにすることを知らなかったときは，代理人に対して履行の請求をすることを妨げない。

問題

運送品が高価品である場合における運送人の責任に関する特則について述べた次のア〜オの記述のうち，商法の規定および判例に照らし，誤っているものの組合せはどれか。

ア 商法にいう「高価品」とは，単に高価な物品を意味するのではなく，運送人が荷送人から収受する運送賃に照らして，著しく高価なものをいう。

イ 運送品が高価品であるときは，荷送人が運送を委託するにあたりその種類および価額を通知した場合を除き，運送人は運送品に関する損害賠償責任を負わない。

ウ 荷送人が種類および価額の通知をしないときであっても，運送契約の締結の当時，運送品が高価品であることを運送人が知っていたときは，運送人は免責されない。

エ 運送人の故意によって高価品に損害が生じた場合には運送人は免責されないが，運送人の重大な過失によって高価品に損害が生じたときは免責される。

オ 高価品について運送人が免責されるときは，運送人の不法行為による損害賠償責任も同様に免除される。

1 ア・イ
2 ア・エ
3 イ・ウ
4 ウ・オ
5 エ・オ

key word

運送契約

当事者の一方が物品または旅客を場所的に移動することを約して，相手方がこれに対して報酬を支払うことを約する契約。

問 題 分 析　　★★★

高価品における運送人の責任に関する特則について問う問題です。

各 肢 の 解 説

ア　誤り。 高価品とは，単に高価な物品を意味するものではなく，容積又は重量に比して著しく高価な物品をいう（最判昭和45・4・21）。したがって，高価品か否かは運送賃に照らして判断するわけではないから，本肢は誤っている。

イ　正しい。 貨幣，有価証券その他の高価品については，荷送人が運送を委託するに当たりその種類及び価額を通知した場合を除き，運送人は，その滅失，損傷又は延着について損害賠償の責任を負わない（577条1項）。したがって，本肢は正しい。

ウ　正しい。 貨幣，有価証券その他の高価品については，荷送人が運送を委託するに当たりその種類及び価額を通知した場合を除き，運送人は，その滅失，損傷又は延着について損害賠償の責任を負わないのが原則であるが（577条1項），例外として，運送品が高価品であることを運送人が知っていたときは，運送人は免責されない（577条2項1号）。したがって，本肢は正しい。

エ　誤り。 貨幣，有価証券その他の高価品については，荷送人が運送を委託するに当たりその種類及び価額を通知した場合を除き，運送人は，その滅失，損傷又は延着について損害賠償の責任を負わないのが原則であるが（577条1項），例外として，運送人の故意又は重大な過失によって高価品の滅失，損傷又は延着が生じたときは，運送人は免責されない（577条2項2号）。したがって，重過失のときも免責されないから，本肢は誤っている。

オ　正しい。 商法577条〔高価品の特則〕の規定は，運送品の滅失等についての運送人の荷送人又は荷受人に対する不法行為による損害賠償の責任について準用される（587条本文）。したがって，運送人の不法行為による損害賠償責任は免除されるから，本肢は正しい。

以上により，誤っているものは，ア及びエであるから，正解は2である。

正解　2

ポイントチェック

高価品の特則

第577条　貨幣，有価証券その他の高価品については，荷送人が運送を委託するに当たりその種類及び価額を通知した場合を除き，運送人は，その滅失，損傷又は延着について損害賠償の責任を負わない。

2　前項の規定は，次に掲げる場合には，適用しない。

一　物品運送契約の締結の当時，運送品が高価品であることを運送人が知っていたとき。

二　運送人の故意又は重大な過失によって高価品の滅失，損傷又は延着が生じたとき。

問題

　株式会社（種類株式発行会社を除く。）の設立に関する次の記述のうち，会社法の規定に照らし，正しいものはどれか。

1　株式会社の定款には，当該株式会社の目的，商号，本店の所在地，資本金の額，設立時発行株式の数，ならびに発起人の氏名または名称および住所を記載または記録しなければならない。

2　金銭以外の財産を出資する場合には，株式会社の定款において，その者の氏名または名称，当該財産およびその価額，ならびにその者に対して割り当てる設立時発行株式の数を記載または記録しなければ，その効力を生じない。

3　発起人は，その引き受けた設立時発行株式について，その出資に係る金銭の全額を払い込み，またはその出資に係る金銭以外の財産の全部を給付した時に，設立時発行株式の株主となる。

4　設立時募集株式の引受人がその引き受けた設立時募集株式に係る出資を履行していない場合には，株主は，訴えの方法により当該株式会社の設立の取消しを請求することができる。

5　発起設立または募集設立のいずれの手続においても，設立時取締役の選任は，創立総会の決議によって行わなければならない。

key word

定款

　法人の組織活動の根本規範。株式会社を設立するには，発起人が定款を作成し，その全員がこれに署名し，又は記名押印しなければならない。

問 題 分 析　　★★☆

本問は，株式会社の設立に関する横断的な条文知識を問う問題である。

各 肢 の 解 説

1 **誤り。** 株式会社の定款には，目的，商号，本店の所在地，設立に際して出資される財産の価額又はその最低額，発起人の氏名又は名称及び住所を記載し，又は記録しなければならない（27条）。したがって，資本金の額及び設立時発行株式の数は記載または記録する必要はなく，かえって設立に際して出資される財産の価額又はその最低額を記載または記録しなければならないから，本肢は誤っている。

2 **正しい。** 金銭以外の財産を出資する場合には，株式会社の定款において，その者の氏名又は名称，当該財産及びその価額並びにその者に対して割り当てる設立時発行株式の数を記載又は記録しなければならない（28条1号）。

3 **誤り。** 発起人は，株式会社の成立の時に，出資の履行をした設立時発行株式の株主となる（50条1項）。

4 **誤り。** 持分会社については設立取消しの訴え（832条）が認められているが，株式会社については，株主は，訴えの方法により設立の取消しを請求することはできない。株式会社の設立手続に重大な瑕疵がある場合は，設立無効の訴え（828条1項1号）により争うことになる。

5 **誤り。** 募集設立の場合には，設立時取締役の選任は，創立総会の決議によって行わなければならない（88条1項）。しかし，発起設立の場合には，発起人が，出資の履行が完了した後，遅滞なく，設立時取締役を選任しなければならない（38条1項）。なお，そもそも，創立総会は，募集設立においてのみ招集される（65条1項）。

正解　2

ポイントチェック

変態設立事項

　定款の相対的記載事項のうち，設立手続の中で行われる危険な約束として規制される事項。具体的には，①現物出資，②財産引受け，③発起人の報酬・特別利益，④設立費用の4項目である。

問題

　株式会社の設立における発起人等の責任等に関する次のア～オの記述のうち，会社法の規定に照らし，誤っているものの組合せはどれか。

ア　株式会社の成立の時における現物出資財産等の価額が当該現物出資財産等について定款に記載または記録された価額に著しく不足するときは，発起人および設立時取締役は，当該株式会社に対し，連帯して，当該不足額を支払う義務を負い，この義務は，総株主の同意によっても，免除することはできない。

イ　発起人は，出資の履行において金銭の払込みを仮装した場合には，払込みを仮装した出資に係る金銭の全額を支払う義務を負い，この義務は，総株主の同意によっても，免除することはできない。

ウ　発起人，設立時取締役または設立時監査役は，株式会社の設立についてその任務を怠ったときは，当該株式会社に対し，これによって生じた損害を賠償する責任を負い，この責任は，総株主の同意がなければ，免除することができない。

エ　発起人，設立時取締役または設立時監査役がその職務を行うについて悪意または重大な過失があったときは，当該発起人，設立時取締役または設立時監査役は，これによって第三者に生じた損害を賠償する責任を負う。

オ　株式会社が成立しなかったときは，発起人は，連帯して，株式会社の設立に関してした行為についてその責任を負い，株式会社の設立に関して支出した費用を負担する。

1　ア・イ
2　ア・ウ
3　イ・オ
4　ウ・エ
5　エ・オ

key word

発起人

　定款を作成し，これに署名，記名押印又は電子署名をした者をいう（26条1項）。発起人の資格に制限はない（制限行為能力者や法人も可能）。発起人は1名で足りる。発起設立でも募集設立でも，設立時発行株式を1株以上引き受けなければならない。

問題分析　★★★

株式会社の設立における発起人等の責任等に関する理解を問う問題です。

各肢の解説

ア　誤り。 株式会社の成立の時における現物出資財産等の価額が当該現物出資財産等について定款に記載され，または記録された価額に著しく不足するときは，発起人および設立時取締役は，当該株式会社に対し，連帯して，当該不足額を支払う義務を負う（52条1項）。この義務は，総株主の同意があれば免除することができる（55条）。したがって，本肢は誤っている。

イ　誤り。 発起人は，出資の履行において金銭の払込みを仮装した場合には，株式会社に対し，払込みを仮装した出資に係る金銭の全額の支払をする義務を負う（52条の2第1項）。この義務は総株主の同意があれば免除することができる（55条）。したがって，本肢は誤っている。

ウ　正しい。 発起人，設立時取締役または設立時監査役は，株式会社の設立についてその任務を怠ったときは，当該株式会社に対し，これによって生じた損害を賠償する責任を負う（53条1項）。この責任は，総株主の同意がなければ，免除することができない（55条）。したがって，本肢は正しい。

エ　正しい。 発起人，設立時取締役または設立時監査役がその職務を行うについて悪意または重大な過失があったときは，当該発起人，設立時取締役または設立時監査役は，これによって第三者に生じた損害を賠償する責任を負う（53条2項）。したがって，本肢は正しい。

オ　正しい。 株式会社が成立しなかったときは，発起人は，連帯して，株式会社の設立に関してした行為についてその責任を負い，株式会社の設立に関して支出した費用を負担する（56条）。したがって，本肢は正しい。

以上により，誤っているものは，ア及びイであるから，正解は1である。

正解　1

ポイントチェック

出資の履行の仮装

出資の履行を仮装した場合でも，設立時発行株式の引受人は失権することがなく，出資の履行義務を免れない（52条の2第1項，2項かっこ書，102条の2第1項）。この場合，引受人による現実の出資の履行や発起人・設立時取締役による支払義務の履行が行われるまでの間，当該引受人は出資の仮装された設立時発行株式について権利を行使することができない。仮装出資につき善意無重過失で当該株式を譲り受けた者は，権利を行使することができる（52条の2第4項，5項，102条3項，4項）。

問　題

　株式会社の設立における出資の履行等に関する次のア～オの記述のうち，会社法の規定に照らし，誤っているものの組合せはどれか。

ア　株式会社の定款には，設立に際して出資される財産の価額またはその最低額を記載または記録しなければならない。

イ　発起人は，設立時発行株式の引受け後遅滞なく，その引き受けた設立時発行株式につき，出資の履行をしなければならないが，発起人全員の同意があるときは，登記，登録その他権利の設定または移転を第三者に対抗するために必要な行為は，株式会社の成立後にすることができる。

ウ　発起人が出資の履行をすることにより設立時発行株式の株主となる権利の譲渡は，成立後の株式会社に対抗することができない。

エ　設立時募集株式の引受人のうち出資の履行をしていないものがある場合には，発起人は，出資の履行をしていない引受人に対して，期日を定め，その期日までに当該出資の履行をしなければならない旨を通知しなければならない。

オ　設立時募集株式の引受人が金銭以外の財産により出資の履行をする場合には，発起人は，裁判所に対し検査役の選任の申立てをしなければならない。

1　ア・イ
2　ア・オ
3　イ・ウ
4　ウ・エ
5　エ・オ

問 題 分 析　　★★☆

本問は，株式会社の設立における出資の履行等に関する問題です。

各 肢 の 解 説

ア　正しい。 株式会社の定款には，設立に際して出資される財産の価額又はその最低額を記載し，又は記録しなければならない（27条4号）。

イ　正しい。 会社法34条1項は，「発起人は，設立時発行株式の引受け後遅滞なく，その引き受けた設立時発行株式につき，その出資に係る金銭の全額を払い込み，又はその出資に係る金銭以外の財産の全部を給付しなければならない。ただし，発起人全員の同意があるときは，登記，登録その他権利の設定又は移転を第三者に対抗するために必要な行為は，株式会社の成立後にすることを妨げない。」と規定している。

ウ　正しい。 出資の履行をすることにより設立時発行株式の株主となる権利の譲渡は，成立後の株式会社に対抗することができない（35条）。

エ　誤り。 設立時募集株式の引受人は，払込みをしないときは，当該払込みをすることにより設立時募集株式の株主となる権利を失う（63条3項）。このように，設立時募集株式の引受人については，発起人が出資の履行をしていない場合にとらなければならないとされる失権手続（＝発起人は，出資の履行をしていない者に対して，期日を定め，その期日までに当該出資の履行をしなければならない旨を通知する手続。36条1項）を経ることなく当然に失権するから，本肢は誤り。

オ　誤り。 設立時に現物出資をすることができるのは発起人のみである（34条1項）。設立時募集株式の引受人は現物出資をすることができない（63条1項）から，本肢は誤り。

以上により，誤っているものは，エ及びオであるから，正解は5である。

正解　5

問 題

　株式会社の設立等に関する次のア～オの記述のうち，会社法の規定に照らし，正しいものの組合せはどれか。

ア　発起設立または募集設立のいずれの場合であっても，各発起人は，設立時発行株式を１株以上引き受けなければならない。

イ　株式会社の設立に際して作成される定款について，公証人の認証がない場合には，株主，取締役，監査役，執行役または清算人は，訴えの方法をもって，当該株式会社の設立の取消しを請求することができる。

ウ　現物出資財産等について定款に記載または記録された価額が相当であることについて弁護士，弁護士法人，公認会計士，監査法人，税理士または税理士法人の証明（現物出資財産等が不動産である場合は，当該証明および不動産鑑定士の鑑定評価）を受けた場合には，現物出資財産等については検査役による調査を要しない。

エ　株式会社が成立しなかったときは，発起人および設立時役員等は，連帯して，株式会社の設立に関してした行為について，その責任を負い，株式会社の設立に関して支出した費用を負担する。

オ　発起設立または募集設立のいずれの場合であっても，発起人は，設立時発行株式を引き受けた発起人または設立時募集株式の引受人による払込みの取扱いをした銀行等に対して，払い込まれた金額に相当する金銭の保管に関する証明書の交付を請求することができる。

1　ア・ウ
2　ア・エ
3　イ・エ
4　イ・オ
5　ウ・オ

key word

発起設立

　株式会社が設立に際して発行する株式の全部を発起人が引き受ける設立形態。

問 題 分 析　　★★☆

株式会社の設立等について問う問題です。

各 肢 の 解 説

ア　正しい。各発起人は，株式会社の設立に際し，設立時発行株式を１株以上引き受けなければならない（25条２項）。したがって，本肢は正しい。

イ　誤り。公証人の認証を受けていないことは設立無効原因である（828条１項柱書１号参照）から，設立の取消しを訴えにより請求するのではなく，設立無効の訴えにより無効を主張することになる。したがって，本肢は誤っている。

ウ　正しい。現物出資財産等について定款に記載され，又は記録された価額が相当であることについて弁護士，弁護士法人，公認会計士，監査法人，税理士又は税理士法人の証明（現物出資財産等が不動産である場合にあっては，当該証明及び不動産鑑定士の鑑定評価）を受けた場合には，検査役による調査を要しない（33条10項柱書３号）。したがって，本肢は正しい。

エ　誤り。株式会社が成立しなかったときは，発起人は，連帯して，株式会社の設立に関してした行為についてその責任を負い，株式会社の設立に関して支出した費用を負担する（56条）。設立時役員等は，株式会社不成立の場合の責任を負わない。したがって，本肢は誤っている。

オ　誤り。募集設立の場合，発起人は，払込みの取扱いをした銀行等に対し，払い込まれた金額に相当する金銭の保管に関する証明書の交付を請求することができる（64条１項）。払込金の保管証明は，募集設立には適用されるが発起設立には適用されないから，本肢は誤っている。

以上により，正しいものは，ア及びウであるから，正解は１である。

正解　1

ポイントチェック

	発起設立	募集設立
設立時発行株式の引受人	発起人のみ	発起人と発起人以外の者
払込金の保管証明	なし	あり

問題

株式会社の設立に係る責任等に関する次の記述のうち，会社法の規定に照らし，誤っているものはどれか。

1 株式会社の成立の時における現物出資財産等の価額が定款に記載または記録された価額に著しく不足するときは，発起人および設立時取締役は，検査役の調査を経た場合および当該発起人または設立時取締役がその職務を行うについて注意を怠らなかったことを証明した場合を除いて，当該株式会社に対して，連帯して，当該不足額を支払う義務を負う。

2 発起人は，その出資に係る金銭の払込みを仮装し，またはその出資に係る金銭以外の財産の給付を仮装した場合には，株式会社に対し，払込みを仮装した出資に係る金銭の全額を支払い，または給付を仮装した出資に係る金銭以外の財産の全部を給付する義務を負う。

3 発起人，設立時取締役または設立時監査役は，株式会社の設立についてその任務を怠ったときは，当該株式会社に対し，これによって生じた損害を賠償する責任を負う。

4 発起人，設立時取締役または設立時監査役がその職務を行うについて過失があったときは，当該発起人，設立時取締役または設立時監査役は，これによって第三者に生じた損害を賠償する責任を負う。

5 発起人，設立時取締役または設立時監査役が株式会社または第三者に生じた損害を賠償する責任を負う場合において，他の発起人，設立時取締役または設立時監査役も当該損害を賠償する責任を負うときは，これらの者は，連帯債務者とする。

key word

現物出資

金銭以外の財産による出資。

問 題 分 析　　★★★

株式会社の設立に係る責任等に関する問題です。

各 肢 の 解 説

1　正しい。 株式会社の成立の時における現物出資財産等の価額が当該現物出資財産等について定款に記載され，又は記録された価額に著しく不足するときは，発起人及び設立時取締役は，当該株式会社に対し，連帯して，当該不足額を支払う義務を負う（52条1項）。ただし，発起設立において，検査役の調査を経た場合（同条2項1号），当該発起人又は設立時取締役がその職務を行うについて注意を怠らなかったことを証明した場合（同条2項2号）は当該不足額を支払う義務を負わない（同条2項）。したがって，本肢は正しい。

2　正しい。 発起人は，その出資に係る払込みを仮装した場合には，株式会社に対し，払込みを仮装した出資に係る金銭の全額の支払をする義務を負う（52条の2第1項柱書・1号）。そして，発起人は，その出資に係る給付を仮装した場合には，株式会社に対し，給付を仮装した出資に係る金銭以外の財産の全部の給付をする義務を負う（52条の2第1項柱書・2号）。したがって，本肢は正しい。

3　正しい。 発起人，設立時取締役又は設立時監査役は，株式会社の設立についてその任務を怠ったときは，当該株式会社に対し，これによって生じた損害を賠償する責任を負う（53条1項）。したがって，本肢は正しい。

4　誤り。 発起人，設立時取締役又は設立時監査役がその職務を行うについて悪意又は重大な過失があったときは，当該発起人，設立時取締役又は設立時監査役は，これによって第三者に生じた損害を賠償する責任を負う（53条2項）。したがって，単なる過失の場合は責任を負わないから，本肢は誤っている。

5　正しい。 発起人，設立時取締役又は設立時監査役が株式会社又は第三者に生じた損害を賠償する責任を負う場合において，他の発起人，設立時取締役又は設立時監査役も当該損害を賠償する責任を負うときは，これらの者は，連帯債務者とする（54条）。したがって，本肢は正しい。

正解　4

ポイントチェック

現物出資財産の不足額填補責任

・検査役の調査を経たときは生じない。
・発起設立の場合，発起人等が職務を行うにつき注意を怠らなかったことを証明した場合，責任は生じない。
・募集設立の場合は，注意を怠らなかったことを証明しても免責されない（設立時募集株式の引受人の利益を保護）。

問題

　譲渡制限株式に関する次の記述のうち，会社法の規定に照らし，誤っているものはどれか。

1　株式会社は，定款において，その発行する全部の株式の内容として，または種類株式の内容として，譲渡による当該株式の取得について当該株式会社の承認を要する旨を定めることができる。

2　譲渡制限株式の株主は，その有する譲渡制限株式を当該株式会社以外の他人に譲り渡そうとするときは，当該株式会社に対し，当該他人が当該譲渡制限株式を取得することについて承認するか否かを決定することを請求することができる。

3　譲渡制限株式を取得した者は，当該株式会社に対し，当該譲渡制限株式を取得したことについて承認するか否かの決定をすることを請求することができるが，この請求は，利害関係人の利益を害するおそれがない一定の場合を除き，その取得した譲渡制限株式の株主として株主名簿に記載もしくは記録された者またはその相続人その他の一般承継人と共同してしなければならない。

4　株式会社が譲渡制限株式の譲渡の承認をするには，定款に別段の定めがある場合を除き，株主総会の特別決議によらなければならない。

5　株式会社は，相続その他の一般承継によって当該株式会社の発行した譲渡制限株式を取得した者に対し，当該譲渡制限株式を当該株式会社に売り渡すことを請求することができる旨を定款で定めることができる。

key word

譲渡制限株式

　株式会社がその発行する全部又は一部の株式の内容として譲渡による当該株式の取得について当該株式会社の承認を要する旨の定めを設けている場合における当該株式をいう（2条17号）。

問 題 分 析　　★★☆

本問は，譲渡制限株式の理解を問う問題です。

各 肢 の 解 説

1　正しい。 株式会社は，定款において，その発行する全部の株式の内容として，または種類株式の内容として，譲渡による当該株式の取得について当該株式会社の承認を要する旨を定めることができる（107条1項1号，108条1項4号）。したがって，本肢は正しい。

2　正しい。 譲渡制限株式の株主は，その有する譲渡制限株式を他人（当該譲渡制限株式を発行した株式会社を除く。）に譲り渡そうとするときは，当該株式会社に対し，当該他人が当該譲渡制限株式を取得することについて承認をするか否かの決定をすることを請求することができる（136条）。したがって，本肢は正しい。

3　正しい。 譲渡制限株式を取得した株式取得者は，株式会社に対し，当該譲渡制限株式を取得したことについて承認をするか否かの決定をすることを請求することができる（137条1項）。この請求は，利害関係人の利益を害するおそれがないものとして法務省令で定める場合を除き，その取得した株式の株主として株主名簿に記載され，もしくは記録された者またはその相続人その他の一般承継人と共同してしなければならない（137条2項）。したがって，本肢は正しい。

4　誤り。 株式会社が譲渡制限株式の譲渡の承認をするには，定款に別段の定めがある場合を除き，株主総会（取締役会設置会社にあっては，取締役会）の決議によらなければならないが，この決議は普通決議で足りる（139条1項本文，309条1項。なお，同条2項参照）。したがって，本肢は誤っている。

5　正しい。 株式会社は，相続その他の一般承継により当該株式会社の譲渡制限株式を取得した者に対し，当該株式を当該株式会社に売り渡すことを請求することができる旨を定款で定めることができる（174条）。したがって，本肢は正しい。

正解　4

ポイントチェック

公開会社，公開会社でない会社

　発行するすべての株式が譲渡制限株式である会社を公開会社でない会社（非公開会社）と定義する（2条5号）。したがって，1種類でも譲渡制限をしていなければ公開会社である。

問 題

　株券が発行されない株式会社の株式であって，振替株式ではない株式の質入れに関する次の記述のうち，会社法の規定に照らし，正しいものはどれか。

1 　株主が株式に質権を設定する場合には，質権者の氏名または名称および住所を株主名簿に記載または記録しなければ，質権の効力は生じない。

2 　株主名簿に質権者の氏名または名称および住所等の記載または記録をするには，質権を設定した者は，質権者と共同して株式会社に対してそれを請求しなければならない。

3 　譲渡制限株式に質権を設定するには，当該譲渡制限株式を発行した株式会社の取締役会または株主総会による承認が必要である。

4 　株主名簿に記載または記録された質権者は，債権の弁済期が到来している場合には，当該質権の目的物である株式に対して交付される剰余金の配当（金銭に限る。）を受領し，自己の債権の弁済に充てることができる。

5 　株主名簿に記載または記録された質権者は，株主名簿にしたがって株式会社から株主総会の招集通知を受け，自ら議決権を行使することができる。

key word

株式等振替制度

　「社債、株式等の振替に関する法律」により，上場会社の株式等に係る株券等をすべて廃止し，株券等の存在を前提として行われてきた株主等の権利の管理（発生，移転及び消滅）を，機構及び証券会社等に開設された口座において電子的に行うもの。

問　題　分　析　　★★★

株式の質入れに関する問題です。

各　肢　の　解　説

1　誤り。 株式の質入れは，その質権者の氏名又は名称及び住所を株主名簿に記載し，又は記録しなければ，株式会社その他の第三者に対抗することができない（147条1項）。したがって，株主名簿への記載又は記録は単なる第三者対抗要件にすぎず質権の効力の発生を左右するものではないから，本肢は誤っている。

2　誤り。 株式に質権を設定した者は，株式会社に対し，質権者の氏名又は名称及び住所を株主名簿に記載し，又は記録することを請求することができる（148条柱書・1号）。したがって，質権設定者の請求により株主名簿に記載・記録されるから，本肢は誤っている。

3　誤り。 譲渡制限株式に質権を設定することについて取締役会等の承認は不要である。したがって，本肢は誤っている。なお，質権が実行された場合，当該株式を取得するために譲渡承認が必要となる。

4　正しい。 株式会社が剰余金の配当をした場合には，株式を目的とする質権は，剰余金の配当によって当該株式の株主が受けることのできる金銭等について存在する（151条1項柱書・8号）。そして，登録株式質権者（株主名簿に記載又は記録された質権者）は，金銭等（金銭に限る。）を受領し，他の債権者に先立って自己の債権の弁済に充てることができる（154条1項）。したがって，本肢は正しい。

5　誤り。 本肢のように定めた会社法上の規定はない。したがって，本肢は誤っている。

正解　4

ポイントチェック

株式の質入れ

登録質	株主名簿に記載又は記録されたもの
略式質	株券を交付するだけで株主名簿の記載・記録をしないもの

問 題

　発行済株式の総数の増減に関する次の記述のうち，会社法の規定に照らし，正しいものはどれか。

1　発行済株式の総数は，会社が反対株主の株式買取請求に応じることにより減少する。
2　発行済株式の総数は，会社が自己株式を消却することにより減少する。
3　発行済株式の総数は，会社が単元株式数を定款に定めることにより減少する。
4　発行済株式の総数は，会社が自己株式を処分することにより増加する。
5　発行済株式の総数は，会社が募集新株予約権を発行することにより増加する。

key word

発行済株式数

　会社が発行することを予め定款に定めている株式数（授権株式数）のうち，会社が既に発行した株式数をいう。

問 題 分 析　　★☆☆

本問は，発行済株式の総数の増減に関する理解を問う問題です。

各 肢 の 解 説

1　誤り。会社が反対株主の株式を買い取ると，反対株主の持ち株数は減少するが，その分，会社の持ち株数が増える。したがって，発行済株式の総数に増減はないから，本肢は誤っている。

2　正しい。会社が自己株式を消却すると，その消却した株式数分だけ，発行済株式の総数が減少する。

3　誤り。会社が単元株式数を定款に定めることにより，例えば100株が1単元とされた場合に，1000株を保有する株主は10単元の株主となるが，単元株を構成する発行済株式の総数が減少するわけではない。

4　誤り。会社が自己株式を処分することにより，確かに会社の持ち株数は減少するが，その分，処分先の持ち株数が増加する。したがって，発行済株式の総数に増減はないから，本肢は誤っている。

5　誤り。会社が募集新株予約権を発行した場合，確かに予約権は増加するが，予約権を発行したにすぎない段階であるから，株式数そのものに変化がないことは当然である。

正解　2

ポイントチェック

自己株式の消却

　発行済株式のうち特定の株式を消滅させることを株式の消却という。会社は自己株式を消却することができる。自己株式の消却をするには，会社は消却する自己株式の種類と数を定め，例えば取締役会設置会社においては取締役会の決議による決定が必要となる。そして，自己株式の消却の結果，発行済株式総数が減少することになる。なお，発行可能株式総数には影響しない。

問題

　株式会社が自己の発行する株式を取得する場合に関する次の記述のうち，会社法の規定に照らし，誤っているものはどれか。

1　株式会社は，その発行する全部または一部の株式の内容として，当該株式について，株主が当該株式会社に対してその取得を請求することができることを定めることができる。

2　株式会社は，その発行する全部または一部の株式の内容として，当該株式について，当該株式会社が一定の事由が生じたことを条件としてその取得を請求することができることを定めることができる。

3　株式会社が他の会社の事業の全部を譲り受ける場合には，当該株式会社は，当該他の会社が有する当該株式会社の株式を取得することができる。

4　取締役会設置会社は，市場取引等により当該株式会社の株式を取得することを取締役会の決議によって定めることができる旨を定款で定めることができる。

5　株式会社が，株主総会の決議に基づいて，株主との合意により当該株式会社の株式を有償で取得する場合には，当該行為の効力が生ずる日における分配可能額を超えて，株主に対して金銭等を交付することができる。

key word

自己株式

　株式会社が有する自己の株式（113条4項）。

問　題　分　析　　　★★☆

自己の発行する株式の取得について問う問題です。

各 肢 の 解 説

1　**正しい。**株式会社は，その発行する全部の株式の内容として，当該株式について，株主が当該株式会社に対してその取得を請求することができることを定めることができる（107条1項2号）。また，株式会社は，株主が当該株式会社に対して株式の取得を請求することができることについて異なる定めをした内容の異なる2以上の種類の株式を発行することができる（108条1項本文5号）。したがって，本肢は正しい。

2　**正しい。**株式会社は，その発行する全部の株式の内容として，当該株式について，当該株式会社が一定の事由が生じたことを条件としてこれを取得することができることを定めることができる（107条1項3号）。また，株式会社は，当該株式会社が一定の事由が生じたことを条件として株式を取得することができることについて異なる定めをした内容の異なる2以上の種類の株式を発行することができる（108条1項本文6号）。したがって，本肢は正しい。

3　**正しい。**株式会社は，一定の場合には，自己の株式を取得することができる。その一つとして，株式会社は，他の会社の事業の全部を譲り受ける場合において当該他の会社が有する当該株式会社の株式を取得する場合は，当該株式会社の株式を取得することができる（155条10号）。したがって，本肢は正しい。

4　**正しい。**取締役会設置会社は，市場取引等により当該株式会社の株式を取得することを取締役会の決議によって定めることができる旨を定款で定めることができる（165条2項）。したがって，本肢は正しい。

5　**誤り。**株式会社が株主との合意により当該株式会社の株式を有償で取得するには，あらかじめ，株主総会の決議によって，会社法所定の事項を定める必要があるところ，当該決定に基づく当該株式会社の株式の取得により株主に対して交付する金銭等の帳簿価額の総額は，当該行為がその効力を生ずる日における分配可能額を超えてはならない（461条1項3号，157条1項）。したがって，本肢は誤っている。

正解　5

ポイントチェック

取得請求権付株式の取得

　分配可能額の限度内で行わなければならない（166条1項ただし書）。

問　題

　公開会社の株主であって，かつ，権利行使の6か月（これを下回る期間を定款で定めた場合にあっては，その期間）前から引き続き株式を有する株主のみが権利を行使できる場合について，会社法が定めているのは，次の記述のうちどれか。

1　株主総会において議決権を行使するとき
2　会計帳簿の閲覧請求をするとき
3　新株発行無効の訴えを提起するとき
4　株主総会の決議の取消しの訴えを提起するとき
5　取締役の責任を追及する訴えを提起するとき

key word

会計帳簿
　貸借対照表その他の計算書類を作成するための基礎となる日記帳，仕訳帳，総勘定元帳，各種補助簿のこと

問 題 分 析　　★★★

本問は，株主の権利行使要件に関する問題です。

各 肢 の 解 説

1　**会社法は定めていない。**株主総会の議決権行使については，6か月の株式保有期間の要件は定められていない（308条1項）。

2　**会社法は定めていない。**会計帳簿の閲覧請求については，6か月の株式保有期間の要件は定められていない（433条1項）。

3　**会社法は定めていない。**新株発行無効の訴えについては，6か月の株式保有期間の要件は定められていない（828条2項2号）。

4　**会社法は定めていない。**株主総会の決議の取消しの訴えについては，6か月の株式保有期間の要件は定められていない（831条1項）。

5　**会社法が定めている。**取締役の責任を追及する訴えを提起する場合，公開会社の株主については，6か月の株式保有期間の要件が定められている（847条1項）。

正解　5

問題

　株主総会に関する次の記述のうち，会社法の規定に照らし，誤っているものはどれか。

1　株式会社は，基準日を定めて，当該基準日において株主名簿に記載または記録されている株主（以下，「基準日株主」という。）を株主総会において議決権を行使することができる者と定めることができる。

2　株式会社は，基準日株主の権利を害することがない範囲であれば，当該基準日後に株式を取得した者の全部または一部を株主総会における議決権を行使することができる者と定めることができる。

3　株主は，株主総会ごとに代理権を授与した代理人によってその議決権を行使することができる。

4　株主総会においてその延期または続行について決議があった場合には，株式会社は新たな基準日を定めなければならず，新たに定めた基準日における株主名簿に記載または記録されている株主が当該株主総会に出席することができる。

5　株主が議決権行使書面を送付した場合に，当該株主が株主総会に出席して議決権を行使したときには，書面による議決権行使の効力は失われる。

key word

株主総会

　株主総会とは，株主によって構成され，株主の議決によって会社の基本的事項について意思決定をなす，株式会社の必要的機関である。

問題分析　★★☆

株主総会について問う問題です。

各肢の解説

1　正しい。 株式会社は，基準日を定めて，基準日において株主名簿に記載され，又は記録されている株主（基準日株主）をその権利を行使することができる者と定めることができる（124条1項）。したがって，本肢は正しい。

2　正しい。 基準日株主が行使することができる権利が株主総会における議決権である場合には，株式会社は，当該基準日後に株式を取得した者の全部又は一部を当該権利を行使することができる者と定めることができる（124条4項本文）。したがって，本肢は正しい。

3　正しい。 株主は，代理人によってその議決権を行使することができる（310条1項前段）。この代理権の授与は，株主総会ごとにしなければならない（310条2項）。したがって，本肢は正しい。

4　誤り。 株主総会においてその延期又は続行について決議があった場合には，298条〔株主総会の招集の決定〕および299条〔株主総会の招集の通知〕の規定は，適用されない（317条）。当初開催された株主総会とその延期や続行による株主総会は同一のものであり，新たに基準日を定めなければならないわけではない。したがって，本肢は誤っている。

5　正しい。 議決権行使書面を提出した株主が，株主総会に出席して議決権行使をした場合には，議決権行使書面は撤回されたものとみるべきである（東京地判平成31・3・8）。したがって，本肢は正しい。

正解　4

ポイントチェック

書面による議決権行使

　会社は，株主総会に出席しない株主が書面によって議決権を行使することを認めることができる（298条1項3号）。株主の数が1000人以上である会社は，書面による議決権行使を認めなければならない（298条2項）。

問 題

　株式会社の取締役の報酬等に関する次の記述のうち，会社法の規定に照らし，誤っているものの組合せはどれか。

ア　取締役の報酬等は，当該株式会社の分配可能額の中から剰余金の処分として支給され，分配可能額がない場合には，報酬等を支給することはできない。

イ　指名委員会等設置会社でない株式会社において，取締役の報酬等として当該株式会社の株式または新株予約権を取締役に付与する場合には，取締役の報酬等に関する定款の定めも株主総会の決議も要しない。

ウ　監査等委員会設置会社において，監査等委員会が選定する監査等委員は，株主総会において，監査等委員以外の取締役の報酬等について，監査等委員会の意見を述べることができる。

エ　指名委員会等設置会社において，報酬委員会は取締役の個人別の報酬等の内容に係る決定に関する方針を定めなければならず，当該方針に従って，報酬委員会は取締役の個人別の報酬等の内容を決定する。

オ　監査等委員会設置会社において，監査等委員である取締役は，株主総会において，監査等委員である取締役の報酬等について意見を述べることができる。

1　ア・イ
2　ア・オ
3　イ・ウ
4　ウ・エ
5　エ・オ

key word

取締役の報酬等

　取締役の報酬，賞与その他の職務執行の対価として株式会社から受ける財産上の利益を取締役の報酬等という。

問 題 分 析　　★★☆

本問は，株式会社の取締役の報酬等の条文知識を問う問題です。

各 肢 の 解 説

ア　誤り。取締役の報酬等についての一定の事項は，定款に当該事項を定めていないときは，株主総会の決議によって定める（361条1項）。したがって，取締役の報酬等は，剰余金の処分ではなく定款，報酬決議によって決定されるから，本肢は誤りである。

イ　誤り。取締役の報酬，賞与その他の職務執行の対価として株式会社から受ける財産上の利益についての一定の事項は，定款に当該事項を定めていないときは，株主総会の決議によって定める（361条1項）。したがって，取締役の報酬等として当該株式会社の株式または新株予約権を取締役に付与する場合には，取締役の報酬等に関する定款の定めか株主総会の決議が必要であるから，本肢は誤りである。

ウ　正しい。監査等委員会が選定する監査等委員は，株主総会において，監査等委員である取締役以外の取締役の報酬等について監査等委員会の意見を述べることができる（361条6項）。

エ　正しい。報酬委員会は，執行役等（執行役及び取締役をいい，会計参与設置会社にあっては，執行役，取締役及び会計参与をいう。）の個人別の報酬等の内容に係る決定に関する方針を定めなければならない（409条1項）。そして，報酬委員会は，執行役等の個人別の報酬等の内容を決定をするには，当該方針に従わなければならない（409条2項）。

オ　正しい。監査等委員である取締役は，株主総会において，監査等委員である取締役の報酬等について意見を述べることができる（361条5項）。したがって，本肢は正しい。

以上により，誤っているものは，ア及びイであるから，正解は1である。

正解　1

判例情報

退職慰労金（最判昭和39・12・11）
　　会社の役員に対する退職慰労金は，その在職中の職務執行の対価として支給されるものである限り，報酬に含まれる。

問題

　社外取締役に関する次の記述のうち，会社法の規定に照らし，誤っているものはどれか。

1　社外取締役は，当該株式会社またはその子会社の業務執行取締役もしくは執行役または支配人その他の使用人を兼任することができない。

2　監査等委員会設置会社においては，監査等委員である取締役の過半数は，社外取締役でなければならない。

3　公開会社であり，かつ，大会社である監査役会設置会社は，1名以上の社外取締役を選任しなければならない。

4　株式会社が特別取締役を選定する場合には，当該株式会社は，特別取締役による議決の定めがある旨，選定された特別取締役の氏名および当該株式会社の取締役のうち社外取締役であるものについては社外取締役である旨を登記しなければならない。

5　株式会社は，社外取締役の当該株式会社に対する責任について，社外取締役が職務を行うにつき善意でかつ重大な過失がない場合において，当該社外取締役が負う責任の限度額をあらかじめ定める旨の契約を締結することができる旨を定款で定めることができる。

key word

業務執行取締役

　①代表取締役，②代表取締役以外の取締役であって，取締役会の決議によって取締役会設置会社の業務を執行する取締役として選定されたもの，③代表取締役から一部の行為を委任される等により会社の業務を執行したその他の取締役（2条15号参照）。

問 題 分 析　　★★★

社外取締役に関する横断的な条文知識を問う問題です。

各 肢 の 解 説

1　正しい。 社外取締役は，当該株式会社又はその子会社の業務執行取締役もしくは執行役又は支配人その他の使用人を兼任することができない（2条15号イ）。

2　正しい。 監査等委員会設置会社においては，監査等委員である取締役は，3人以上で，その過半数は，社外取締役でなければならない（331条6項）。

3　誤り。 会社法上，公開会社であり，かつ，大会社である監査役会設置会社は，1名以上の社外取締役を選任しなければならない旨の規定は置かれていない。したがって，本肢は誤っている。

4　正しい。 株式会社が特別取締役（373条1項）を選定する場合には，当該株式会社は，特別取締役による議決の定めがある旨，選定された特別取締役の氏名及び当該株式会社の取締役のうち社外取締役であるものについては社外取締役である旨を登記しなければならない（911条3項21号）。

5　正しい。 株式会社は，業務執行取締役等以外の取締役の株式会社に対する損害賠償責任について，当該取締役が職務を行うにつき善意でかつ重大な過失がないときは，定款で定めた額の範囲内であらかじめ株式会社が定めた額と最低責任限度額とのいずれか高い額を限度とする旨の契約を当該取締役と締結することができる旨を定款で定めることができる（427条1項）。社外取締役は業務執行取締役等ではない（2条15号イ）から，業務執行取締役等以外の取締役に含まれ，責任限定契約を締結できる。

正解　3

ポイントチェック

社外取締役

株式会社の取締役であって，①当該株式会社又はその子会社の業務執行取締役若しくは執行役又は支配人その他の使用人でなく，かつ，②その就任の前10年間当該株式会社又はその子会社の業務執行取締役等であったことがないこと，③その就任の前10年内のいずれかの時において当該株式会社又はその子会社の取締役，会計参与又は監査役であったことがある者にあっては，当該取締役，会計参与又は監査役への就任の前10年間当該株式会社又はその子会社の業務執行取締役等であったことがないこと，④当該株式会社の親会社等又は親会社等の取締役若しくは執行役若しくは支配人その他の使用人でないこと，⑤当該株式会社の親会社等の子会社等の業務執行取締役等でないこと，⑥当該株式会社の取締役若しくは執行役若しくは支配人その他の重要な使用人又は親会社等の配偶者又は2親等内の親族でないこと，のいずれにも該当する者をいう（2条15号）。

問 題

　社外取締役および社外監査役の設置に関する次のア～オの記述のうち，会社法の規定に照らし，誤っているものの組合せはどれか。

ア　監査役設置会社（公開会社であるものに限る。）が社外監査役を置いていない場合には，取締役は，当該事業年度に関する定時株主総会において，社外監査役を置くことが相当でない理由を説明しなければならない。

イ　監査役会設置会社においては，3人以上の監査役を置き，そのうち半数以上は，社外監査役でなければならない。

ウ　監査役会設置会社（公開会社であり，かつ，大会社であるものに限る。）であって金融商品取引法の規定によりその発行する株式について有価証券報告書を内閣総理大臣に提出しなければならないものにおいては，3人以上の取締役を置き，その過半数は，社外取締役でなければならない。

エ　監査等委員会設置会社においては，3人以上の監査等委員である取締役を置き，その過半数は，社外取締役でなければならない。

オ　指名委員会等設置会社においては，指名委員会，監査委員会または報酬委員会の各委員会は，3人以上の取締役である委員で組織し，各委員会の委員の過半数は，社外取締役でなければならない。

　1　ア・ウ
　2　ア・エ
　3　イ・エ
　4　イ・オ
　5　ウ・オ

key word

監査役設置会社

　監査役を置く株式会社（その監査役の監査の範囲を会計に関するものに限定する旨の定款の定めがあるものを除く。）又は会社法の規定により監査役を置かなければならない株式会社。

問 題 分 析　　★★★

社外取締役及び社外監査役の設置に関する問題です。

各 肢 の 解 説

ア　誤り。本肢のような義務を定めた会社法上の規定はない。したがって，本肢は誤っている。

イ　正しい。監査役会設置会社においては，監査役は，3人以上で，そのうち半数以上は，社外監査役でなければならない（335条3項）。したがって，本肢は正しい。

ウ　誤り。監査役会設置会社は，取締役会を置かなければならない（327条1項2号）。そして，取締役会設置会社においては，取締役は，3人以上でなければならない（331条5項）。監査役会設置会社（公開会社であり，かつ，大会社であるものに限る。）であって金融商品取引法の規定によりその発行する株式について有価証券報告書を内閣総理大臣に提出しなければならないものは，社外取締役を置かなければならない（327条の2）。したがって，3人以上の取締役を置かなければならず社外取締役の設置も必要である点は正しいが，社外取締役の数は過半数まで要求されていないから，本肢は誤っている。

エ　正しい。監査等委員会設置会社においては，監査等委員である取締役は，3人以上で，その過半数は，社外取締役でなければならない（331条6項）。したがって，本肢は正しい。

オ　正しい。指名委員会，監査委員会又は報酬委員会の各委員会は，委員3人以上で組織する（400条1項）。そして，各委員会の委員の過半数は，社外取締役でなければならない（同条3項）。したがって，本肢は正しい。

以上により，誤っているものは，ア及びウであるから，正解は1である。

正解　1

ポイントチェック

監査役会設置会社	・監査役は，3人以上 ・そのうち半数以上は，社外監査役でなければならない
監査等委員会設置会社	・監査等委員である取締役は，3人以上 ・その過半数は，社外取締役でなければならない

問題

取締役会設置会社（指名委員会等設置会社および監査等委員会設置会社を除く。）の取締役会に関する次の記述のうち，会社法の規定に照らし，誤っているものの組合せはどれか。なお，定款または取締役会において別段の定めはないものとする。

ア 取締役会は，代表取締役がこれを招集しなければならない。

イ 取締役会を招集する場合には，取締役会の日の1週間前までに，各取締役（監査役設置会社にあっては，各取締役および各監査役）に対して，取締役会の目的である事項および議案を示して，招集の通知を発しなければならない。

ウ 取締役会の決議は，議決に加わることができる取締役の過半数が出席し，その過半数をもって行う。

エ 取締役会の決議について特別の利害関係を有する取締役は，議決に加わることができない。

オ 取締役会の決議に参加した取締役であって，取締役会の議事録に異議をとどめないものは，その決議に賛成したものと推定する。

 1 ア・イ
 2 ア・オ
 3 イ・ウ
 4 ウ・エ
 5 エ・オ

問 題 分 析　　★★☆

本問は，取締役会に関する問題です。

各 肢 の 解 説

ア　誤り。 取締役会は，「各取締役」が招集するものとされる（366条1項本文）。

イ　誤り。 取締役会を招集する場合は，取締役会の目的である事項・議案を示す必要はない（368条参照）。

ウ　正しい。 取締役会の決議は，議決に加わることができる取締役の過半数が出席し，その過半数をもって行う（369条1項）。

エ　正しい。 取締役会の決議について特別の利害関係を有する取締役は，議決に加わることができない（369条2項）。

オ　正しい。 取締役会の決議に参加した取締役であって取締役会の議事録に異議をとどめないものは，その決議に賛成したものと推定する（369条5項）。

以上により，誤っているものは，ア及びイであるから，正解は1である。

正解　1

ポイントチェック

取締役会の決議

会社法369条　取締役会の決議は，議決に加わることができる取締役の過半数（これを上回る割合を定款で定めた場合にあっては，その割合以上）が出席し，その過半数（これを上回る割合を定款で定めた場合にあっては，その割合以上）をもって行う。

2　前項の決議について特別の利害関係を有する取締役は，議決に加わることができない。

3　取締役会の議事については，法務省令で定めるところにより，議事録を作成し，議事録が書面をもって作成されているときは，出席した取締役及び監査役は，これに署名し，又は記名押印しなければならない。

4　（略）

5　取締役会の決議に参加した取締役であって第3項の議事録に異議をとどめないものは，その決議に賛成したものと推定する。

公開会社でない株式会社で，かつ，取締役会を設置していない株式会社に関する次の記述のうち，会社法の規定に照らし，誤っているものはどれか。

1　株主総会は，会社法に規定する事項および株主総会の組織，運営，管理その他株式会社に関する一切の事項について決議することができる。

2　株主は，持株数にかかわらず，取締役に対して，当該株主が議決権を行使することができる事項を株主総会の目的とすることを請求することができる。

3　株式会社は，コーポレートガバナンスの観点から，2人以上の取締役を置かなければならない。

4　株式会社は，取締役が株主でなければならない旨を定款で定めることができる。

5　取締役が，自己のために株式会社の事業の部類に属する取引をしようとするときは，株主総会において，当該取引につき重要な事実を開示し，その承認を受けなければならない。

key word

コーポレートガバナンス
　　企業統治。企業経営を管理監督する仕組み。

問 題 分 析 　★★☆

本問は，公開会社でない取締役会非設置会社に関する問題です。

各 肢 の 解 説

1　正しい。取締役会を設置していない株式会社においては，株主総会は，会社法に規定する事項および株式会社の組織，運営，管理その他株式会社に関する一切の事項について決議をすることができる（295条1項）。

2　正しい。取締役会を設置していない株式会社においては，議題提案権は，単独株主権である（303条1項）。

3　誤り。取締役会を設置していない場合，株式会社には，1人又は2人以上の取締役を置かなければならない（326条1項）。1人でもよいから，本肢は誤り。

4　正しい。公開会社でない株式会社においては，株式会社は，取締役が株主でなければならない旨を定款で定めることができる（331条2項ただし書）。

5　正しい。取締役は，自己のために株式会社の事業の部類に属する取引をしようとするときには，株主総会において，当該取引につき重要な事実を開示し，その承認を受けなければならない（356条1項1号）。

正解　3

ポイントチェック

株主提案権

	議題提案権	議案提案権	議案要領通知請求権
取締役会非設置会社	単独株主権 （総会当日も可）	単独株主権	単独株主権 （8週間前に請求）
取締役会設置会社	・総株主の議決権の100分の1以上または300個以上（8週間前に請求） ・公開会社では6か月保有	単独株主権	・総株主の議決権の100分の1以上または300個以上（8週間前に請求） ・公開会社では6か月保有

問 題

　剰余金の配当に関する次の記述のうち，会社法の規定に照らし，正しいものは
どれか。

1　株式会社は，剰余金の配当請求権および残余財産分配請求権の全部を株主に
　与えない旨の定款の定めを設けることができる。

2　株式会社は，分配可能額の全部につき，株主に対して，剰余金の配当を支払
　わなければならない。

3　株式会社より分配可能額を超える金銭の交付を受けた株主がその事実につき
　善意である場合には，当該株主は，当該株式会社に対し，交付を受けた金銭を
　支払う義務を負わない。

4　株式会社は，当該株式会社の株主および当該株式会社に対し，剰余金の配当
　をすることができる。

5　株式会社は，配当財産として，金銭以外に当該株式会社の株式，社債または
　新株予約権を株主に交付することはできない。

key word

剰余金

　株主に対する分配可能額を算出する出発点となる数値（461条2項1号・
464条）。

問 題 分 析　　★★★

剰余金の配当に関する条文知識を問う問題です。

各 肢 の 解 説

1 **誤り**。剰余金の配当請求権及び残余財産分配請求権の全部を株主に与えない旨の定款の定めは，その効力を有しない（105条2項）。したがって，本肢は誤っている。

2 **誤り**。剰余金の配当については，株主に対して交付する金銭等の帳簿価額の総額は，剰余金の配当がその効力を生ずる日における分配可能額を超えてはならない旨の制限が定められている（461条1項8号）が，分配可能額の全額につき，株主に対して，剰余金配当を支払わなければればない旨の規定は置かれていない。したがって，本肢は誤っている。

3 **誤り**。株式会社が分配可能額を超える剰余金の配当行為等をした場合には，当該行為により金銭等の交付を受けた者（分配可能額を超えることについて善意の株主も含むと解されている。）は，当該株式会社に対し，連帯して，当該金銭等の交付を受けた者が交付を受けた金銭等の帳簿価額に相当する金銭を支払う義務を負う（462条1項柱書）。したがって，本肢は誤っている。

4 **誤り**。株式会社は，株主に対し，剰余金の配当をすることができるが，この株主に当該株式会社は含まれない（453条）。したがって，本肢は誤っている。

5 **正しい**。配当財産の種類からは当該株式会社の株式等は除かれている（454条1項1号かっこ書）。この株式等とは，株式，社債及び新株予約権である（107条2項2号ホ）。したがって，株式会社は，配当財産として，金銭以外に当該株式会社の株式，社債又は新株予約権を株主に交付することはできない。よって，本肢は正しい。

正解　5

ポイントチェック

分配可能額

　剰余金の配当は会社の利益の処分であるので，会社に利益がなければ配当することができない（461条1項8号）。この利益を分配可能額と呼び，会社法461条2項にその算定方法が定められている。また，会社に一定の財産が保有されていなければならないとする政策的考慮から，純資産額が300万円を下回る場合は，配当をすることはできないとされている（458条）。

問題

　剰余金の株主への配当に関する次のア～オの記述のうち，会社法の規定に照らし，正しいものの組合せはどれか。

ア　株式会社は，剰余金の配当をする場合には，資本金の額の4分の1に達するまで，当該剰余金の配当により減少する剰余金の額に10分の1を乗じて得た額を，資本準備金または利益準備金として計上しなければならない。

イ　株式会社は，金銭以外の財産により剰余金の配当を行うことができるが，当該株式会社の株式等，当該株式会社の子会社の株式等および当該株式会社の親会社の株式等を配当財産とすることはできない。

ウ　株式会社は，純資産額が300万円を下回る場合には，剰余金の配当を行うことができない。

エ　株式会社が剰余金の配当を行う場合には，中間配当を行うときを除いて，その都度，株主総会の決議を要し，定款の定めによって剰余金の配当に関する事項の決定を取締役会の権限とすることはできない。

オ　株式会社が最終事業年度において当期純利益を計上した場合には，当該純利益の額を超えない範囲内で，分配可能額を超えて剰余金の配当を行うことができる。

1　ア・ウ
2　ア・エ
3　イ・エ
4　イ・オ
5　ウ・オ

key word

準備金

　法律の規定により計上することを要する計算上の金額。資本準備金と利益準備金がある。純資産額が資本金・準備金の合計額を上回らなければ，分配可能額は生じない仕組みになっている。

問 題 分 析　　★★★

剰余金の株主への配当に関する問題です。

各 肢 の 解 説

ア　正しい。剰余金の配当をする場合には，株式会社は，当該剰余金の配当により減少する剰余金の額に10分の１を乗じて得た額を資本準備金又は利益準備金（準備金）として計上しなければならない（445条４項）。この準備金への計上は，資本金の額の４分の１に達するまで計上しなければならない（会社計算規則22条１項）。したがって，本肢は正しい。

イ　誤り。株式会社は，剰余金の配当をしようとするときは，その都度，株主総会の決議によって，配当財産の種類（当該株式会社の株式等を除く。）を定めなければならない（454条１項１号）。したがって，当該株式会社の株式等（株式，社債及び新株予約権，107条２項２号ホ）は配当財産とできないが，それ以外の財産（子会社株式など）であれば金銭でなくても配当財産とすることができるから，本肢は誤っている。

ウ　正しい。剰余金の配当は，株式会社の純資産額が300万円を下回る場合はできない（458条）。したがって，本肢は正しい。

エ　誤り。会計監査人設置会社であり，取締役の任期が１年を超えないこと，監査役会設置会社であることを満たす会社は，剰余金の配当を取締役会が定めることができる旨を定款で定めることができる（459条１項４号）。したがって，定款の定めによって取締役会の権限とすることができる場合があるから，本肢は誤っている。

オ　誤り。剰余金の配当により株主に対して交付する金銭等の帳簿価額の総額は，剰余金の配当がその効力を生ずる日における分配可能額を超えてはならない（461条１項８号）。したがって，本肢は誤っている。

以上により，正しいものは，ア及びウであるから，正解は１である。

正解　1

ポイントチェック

現物配当

　配当財産の種類は，剰余金の配当決議で定められる。配当財産が金銭以外の財産であるときは，株主に対して金銭分配請求権を与える場合を除いて，株主総会の特別決議が必要である（309条２項10号）。

問 題

　次の記述のうち，全ての株式会社に共通する内容として，会社法の規定に照らし，誤っているものの組合せはどれか。

ア　株主の責任の上限は，その有する株式の引受価額である。

イ　株主は，その有する株式を譲渡することができる。

ウ　募集株式の発行に係る募集事項は，株主総会の決議により決定する。

エ　株主総会は，その決議によって取締役を1人以上選任する。

オ　株式会社の最低資本金は，300万円である。

   1　ア・イ

   2　イ・ウ

   3　ウ・エ

   4　ウ・オ

   5　エ・オ

問 題 分 析 ★★☆

本問は，株式会社に関する横断的知識を問う問題です。

各 肢 の 解 説

ア 正しい。株主の責任は，その有する株式の引受価額を限度とする（株主有限責任の原則，104条）。

イ 正しい。株主は，その有する株式を譲渡することができる（127条）。

ウ 誤り。非公開会社においては，募集事項を株主総会の特別決議によって定めなければならない（199条2項，309条2項5号）。もっとも，株主総会の特別決議によって，募集事項の決定を取締役（取締役会設置会社にあっては，取締役会）に委任することができる（200条1項前段，309条2項5号）。これに対し，公開会社においては，払込金額が募集株式を引き受ける者に特に有利な金額である場合を除き，取締役会の決議によって定めることができる（201条1項前段）。なお，募集株式の払込金額が募集株式を引き受ける者に特に有利な金額である場合は，株主総会の特別決議によらなければならない（201条1項前段，199条3項，199条2項，309条2項5号）。したがって，株主総会でなく取締役や取締役会が決定することもあるから，本肢は誤りである。

エ 正しい。株式会社には，1人又は2人以上の取締役を置かなければならない（326条1項）。

オ 誤り。株式会社の最低資本金制度は廃止されている。

以上により，誤っているものは，ウ及びオであるから，正解は4である。

正解　4

ポイントチェック

最低資本金

　平成18年5月1日から施行された会社法により，従前存在していた最低資本金規制が撤廃され，最低資本金の規制を受けない株式会社の設立が可能となった。

公開会社であり，かつ大会社に関する次の記述のうち，会社法の規定に照らし，誤っているものはどれか。

1　譲渡制限株式を発行することができない。

2　発行可能株式総数は，発行済株式総数の4倍を超えることはできない。

3　株主総会の招集通知は書面で行わなければならない。

4　会計監査人を選任しなければならない。

5　取締役が株主でなければならない旨を定款で定めることができない。

key word

大会社

次に掲げる要件のいずれかに該当する株式会社をいう。

イ　最終事業年度に係る貸借対照表に資本金として計上した額が5億円以上であること。

ロ　最終事業年度に係る貸借対照表の負債の部に計上した額の合計額が200億円以上であること。

問　題　分　析　　★★☆

公開会社かつ大会社の法規制について問う問題です。

各　肢　の　解　説

1　誤り。公開会社とは，その発行する全部又は一部の株式の内容として譲渡による当該株式の取得について株式会社の承認を要する旨の定款の定め（譲渡制限株式）を設けていない株式会社をいう（2条5号）。したがって，公開会社であっても一部の株式の内容としてであれば譲渡制限株式を発行することができるから，本肢は誤っている。

2　正しい。公開会社においては，発行可能株式総数は，発行済株式総数の4倍を超えることができない（37条3項本文，113条3項）。したがって，本肢は正しい。

3　正しい。公開会社は取締役会を置かなければならないものとされ（会社法327条1項1号），株式会社が取締役会設置会社であるときは，株主総会の招集通知は書面で行わなければならない（299条2項2号）。したがって，本肢は正しい。

4　正しい。大会社（公開会社でないもの，監査等委員会設置会社及び指名委員会等設置会社を除く。）は，監査役会及び会計監査人を置かなければならない（328条1項）。したがって，本肢は正しい。

5　正しい。公開会社においては，株式会社は，取締役が株主でなければならない旨を定款で定めることができない（331条2項本文）。したがって，本肢は正しい。

正解　1

ポイントチェック

大会社における監査役会等の設置義務（328条）

・大会社(公開会社でないもの,監査等委員会設置会社及び指名委員会等設置会社を除く。)は，監査役会及び会計監査人を置かなければならない。

・公開会社でない大会社は，会計監査人を置かなければならない。

政治・経済・社会

問題

地方自治体の住民等に関する次のア～オの記述のうち，妥当なものの組合せはどれか。

ア 市町村内に家屋敷を有する個人であっても，当該市町村内に住所を有しない場合には，当該市町村の住民税が課されないものとされている。

イ 日本国籍を有しない外国人は，当該市町村の区域内に住所を有し，かつ，一定の要件に該当するときには，住民基本台帳制度の適用対象になる。

ウ 自宅から離れた他市の特別養護老人ホームに入居した者であっても，自宅のある市町村に住民登録を残し，住所地特例制度により当該市町村の介護保険を利用することができる。

エ 市の管理する都市公園の中で起居しているホームレスについては，当然に，当該都市公園が住民登録上の住所地となる。

オ 市町村内に住所を有する個人だけでなく，当該市町村内に事務所または事業所を有する法人も，住民税を納税する義務を負う。

1 ア・ウ
2 ア・オ
3 イ・エ
4 イ・オ
5 ウ・エ

key word

住民基本台帳

　市町村（特別区を含む）に備えられ，個人又は所帯を単位とした住民票から成る。

本問は，地方自治体の住民に関する問題です。

各 肢 の 解 説

ア　妥当でない。住民税の納税義務者は，①市区町村・都道府県内に住所を有する個人，②市区町村・都道府県内に事務所，事業所または家屋敷を有する個人であるから，②については当該市町村内に住所を有しない場合でも市町村税の納税義務がある。

イ　妥当である。外国人は，当該市町村の区域内に住所を有し，かつ，一定の要件に該当するとき（①中長期在留者，②特別永住者，③一時庇護許可者または仮滞在許可者等）は，住民基本台帳制度の適用対象になる。2012（平成24）年より，改正住民基本台帳法が施行されたことによる。

ウ　妥当でない。介護保険では，原則として，住民票のある市区町村が保険者となるが，特別養護老人ホーム等の介護保険施設に入所し，住所を当該施設の所在地に変更した場合は，住所変更前の市区町村を保険者とする住所地特例制度が設けられている。したがって，自宅のある市町村に住民登録を残したまま，住所地特例制度の適用を受けることができるわけではない。

エ　妥当でない。ホームレスの住所は，当然に，起居している都市公園が住所となるわけではない。

オ　妥当である。都道府県および市町村に事務所または事業所を有する法人は，法人住民税の納付義務を負う。

以上により，妥当なものは，イ及びオであるから，正解は4である。

正解　4

行政書士に関する国の事務をつかさどるのは総務省であるが，専門資格に関する事務をつかさどる省庁についての次のア～オの記述のうち，妥当でないものの組合せはどれか。

ア　財務省は，不動産鑑定士に関する事務をつかさどる。

イ　金融庁は，公認会計士に関する事務をつかさどる。

ウ　法務省は，司法書士に関する事務をつかさどる。

エ　厚生労働省は，獣医師に関する事務をつかさどる。

オ　経済産業省は，弁理士に関する事務をつかさどる。

1　ア・イ
2　ア・エ
3　イ・ウ
4　ウ・オ
5　エ・オ

key word

弁理士
　弁理士法で規定された知的財産権に関する業務を行うための国家資格者。

問 題 分 析　　★★★

本問は，専門資格に関する事務をつかさどる省庁に関する問題です。

各 肢 の 解 説

ア　妥当でない。不動産鑑定士に関する事務をつかさどるのは「国土交通省」である。

イ　妥当である。公認会計士に関する事務をつかさどるのは「金融庁」である。

ウ　妥当である。司法書士に関する事務をつかさどるのは「法務省」である。

エ　妥当でない。獣医師に関する事務をつかさどるのは「農林水産省」である。

オ　妥当である。弁理士に関する事務をつかさどるのは「経済産業省」である。

以上により，妥当でないものは，ア及びエであるから，正解は2である。

正解　2

問　題

　以下の公的役職の任命に関する次のア〜オの記述のうち，誤っているものの組合せはどれか。

ア　内閣法制局長官は，両議院の同意を得て内閣が任命する。

イ　日本銀行総裁は，両議院の同意を得て内閣が任命する。

ウ　検事総長は，最高裁判所の推薦に基づき内閣総理大臣が任命する。

エ　NHK（日本放送協会）経営委員は，両議院の同意を得て内閣総理大臣が任命する。

オ　日本学術会議会員は，同会議の推薦に基づき内閣総理大臣が任命する。

1　ア・イ

2　ア・ウ

3　イ・オ

4　ウ・エ

5　エ・オ

🔑 key word

内閣法制局

　内閣法制局は，法制的な面から内閣を直接補佐する機関として置かれており，閣議に付される法律案，政令案及び条約案の審査や法令の解釈などの任務に当たっている。主な業務として，法律問題に関し内閣並びに内閣総理大臣及び各省大臣に対し意見を述べるという事務（いわゆる意見事務），閣議に付される法律案，政令案及び条約案を審査するという事務（いわゆる審査事務）がある。

問 題 分 析 ★★★

本問は，公的役職の任命に関する問題です。

各 肢 の 解 説

ア 誤り。内閣法制局長官は，内閣が任命する（内閣法制局設置法2条1項）。
両議院の同意は必要とされていない。

イ 正しい。日本銀行の総裁は，両議院の同意を得て，内閣が任命する（日本銀
行法23条1項）。

ウ 誤り。検事総長の任免は，「内閣」が行い，天皇が認証する（検察庁法15条
1項）。

エ 正しい。ＮＨＫ（日本放送協会）経営委員は，両議院の同意を得て，内閣総
理大臣が任命する（放送法31条）。

オ 正しい。日本学術会議会員は，同会議の推薦に基づき内閣総理大臣が任命す
る（日本学術会議法7条2項，17条）。

以上により，誤っているものは，ア及びウであるから，正解は2である。

正解 2

ポイントチェック

国会同意人事

衆参両院の同意が必要な人事案件で，日本銀行総裁や日本放送協会経営委員，公正取引
委員会委員長などがある。同意人事案件では，衆議院の優越規定がないことから一院で不
同意になると任命ができないことになる。

問　題

各国の政治指導者に関する次の記述のうち，正しいものはどれか。

1　北朝鮮の最高指導者の金正恩（キム＝ジョンウン）は，かつての最高指導者の金日成（キム＝イルソン）の孫である。

2　アメリカのG. W. ブッシュ第43代大統領は，G. H. W. ブッシュ第41代大統領の孫である。

3　韓国大統領を罷免された朴槿恵（パク＝クネ）は，かつての大統領である朴正煕（パク＝チョンヒ）の孫である。

4　日本の安倍晋三首相は，かつての首相である吉田茂の孫である。

5　インドの首相を務めたインディラ＝ガンディーは，「独立の父」マハトマ＝ガンディーの孫である。

問 題 分 析　　★☆☆

本問は，各国の政治指導者に関する問題です。

各 肢 の 解 説

1　正しい。北朝鮮の現在の最高指導者の金正恩（キム＝ジョンウン）は，同国の最初の最高指導者の金日成（キム＝イルソン）の孫である。

2　誤り。アメリカのG. W. ブッシュ第43代大統領は，同国のG. H. W. ブッシュ第41代大統領の「子」である。

3　誤り。韓国の前大統領の朴槿恵（パク＝クネ）は，かつての同国大統領である朴正煕（パク＝チョンヒ）の「子」である。

4　誤り。安倍晋三首相は，吉田茂でなく「岸信介」の孫である。

5　誤り。インドの首相を務めたインディラ＝ガンティーは，「独立の父」マハトマ＝ガンディーと「血縁関係にない」。

正解　　1

政治

R 1 - 48政治史

check ☐☐☐

問題

女性の政治参加に関する次の文章の空欄 ア ～ オ に当てはまる語句の組合せとして，妥当なものはどれか。

日本において女性の国政参加が認められたのは，ア である。その最初の衆議院議員総選挙の結果，39人の女性議員が誕生した。それから時を経て，2017年末段階での衆議院議員の女性比率は イ である。列国議会同盟（IPU）の資料によれば，2017年末の時点では，世界193か国のうち，下院または一院制の議会における女性議員の比率の多い順では，日本はかなり下の方に位置している。

また，国政の行政府の長（首相など）について見ると，これまで，イギリス，ドイツ，ウ ，インドなどで女性の行政府の長が誕生している。しかし，日本では，女性の知事・市区町村長は誕生してきたが，女性の首相は誕生していない。

2018年には，「政治分野における エ の推進に関する法律」が公布・施行され，衆議院議員，参議院議員及び オ の議会の議員の選挙において，男女の候補者の数ができる限り均等になることを目指すことなどを基本原則とし，国・地方公共団体の責務や，政党等が所属する男女のそれぞれの公職の候補者の数について目標を定めるなど自主的に取り組むように努めることなどが，定められた。

	ア	イ	ウ	エ	オ
1	第二次世界大戦後	約3割	アメリカ	男女機会均等	都道府県
2	第二次世界大戦後	約1割	タイ	男女共同参画	地方公共団体
3	大正デモクラシー期	約3割	ロシア	男女共同参画	都道府県
4	第二次世界大戦後	約1%	中国	女性活躍	地方公共団体
5	大正デモクラシー期	約1割	北朝鮮	男女機会均等	都道府県

問 題 分 析　　★☆☆

本問は，女性の政治参加に関する問題です。

各 肢 の 解 説

ア　**「第二次世界大戦後」が入る。**1945年の改正衆議院議員選挙法により，女性の国政参加が認められた。

イ　**「約１割」が入る。**日本の女性国会議員の比率は10.2％で，193国中165位である（列国議会同盟『女性の議会進出に関するレポート2018年版』）。

ウ　**「タイ」が入る。**タイの第36代首相インラック・シナワトラ（任期：2011年－2014年）は，女性である。

エ　**「男女共同参画」が入る。**

オ　**「地方公共団体」が入る。**「政治分野における男女共同参画の推進に関する法律」は，衆議院，参議院及び地方議会の選挙において，男女の候補者の数ができる限り均等となることを目指すことなどを基本原則とし，国・地方公共団体の責務や，政党等が所属する男女のそれぞれの公職の候補者の数について目標を定める等，自主的に取り組むよう努めることなどを定めている。

以上により，妥当な語句の組合せは，2である。

正解　2

ポイントチェック

列国議会同盟（IPU）

　各国の国会議員による国際的な交流組織。1889年創立，本部はジュネーブ。国際平和と国際協力を推進し，国連の諸活動を支持することなどを目的とする。

問題

「フランス人権宣言」に関する次の記述のうち，妥当なものはどれか。

1 　個人の権利としての人権を否定して，フランスの第三身分の階級的な権利を宣言したものである。

2 　人権の不知，忘却または蔑視が，公共の不幸と政府の腐敗の原因に他ならない，とされている。

3 　人は生まれながらに不平等ではあるが，教育をすることによって人としての権利を得る，とされている。

4 　あらゆる主権の源泉は，神や国王あるいは国民ではなく，本質的に領土に由来する，とされている。

5 　権利の保障が確保されず，権力の分立が規定されないすべての社会は公の武力を持ってはならない，とされている。

key word

フランス人権宣言

　フランス人権宣言（人間と市民の権利の宣言）は，人間の自由と平等，人民主権，言論の自由，三権分立，所有権の神聖等17条からなるフランス革命の基本原則を記したものである。人間の自由と平等，人民主権，言論の自由，三権分立，所有権の神聖など17条からなるフランス革命の基本原則を記している。1789年に憲法制定国民議会によって採択された。

632

問 題 分 析　　★★☆

本問は，フランス人権宣言に関する問題です。

各 肢 の 解 説

1　妥当でない。フランス人権宣言では，人権を肯定して，階級的な権利が否定されている。

2　妥当である。「人権の不知，忘却または軽視が，公の不幸と政府の腐敗の唯一の原因」とされた（フランス人権宣言前文）。

3　妥当でない。「人は，自由，かつ，権利において平等なものとして生まれ，生存する」とされた（フランス人権宣言1条）。

4　妥当でない。「あらゆる主権の源泉は，本質的に国民にある」とされた（フランス人権宣言3条）。

5　妥当でない。権利の保障が確保されず，権力の分立が規定されないすべての社会は，「憲法」を持たない，とされた（フランス人権宣言16条）。

正解　2

問 題

　以下の各年に開催された近代オリンピック大会と政治に関する次の記述のうち，妥当なものはどれか。

1　ベルリン大会（1936年）は，ナチス・ドイツが政権を取る前に，不戦条約と国際協調のもとで実施された。

2　ロンドン大会（1948年）は，第2次世界大戦後の初めての大会で，平和の祭典であるため日本やドイツも参加した。

3　東京大会（1964年）には，日本とソ連・中華人民共和国との間では第2次世界大戦に関する講和条約が結ばれていなかったので，ソ連と中華人民共和国は参加しなかった。

4　モスクワ大会（1980年）は，ソ連によるアフガニスタン侵攻に反発した米国が参加をボイコットし，日本なども不参加となった。

5　サラエボ（冬季）大会（1984年）は，ボスニア・ヘルツェゴビナ紛争終結の和平を記念して，国際連合停戦監視団のもとに開催された。

key word

不戦条約

　正式には「戦争抛棄ニ関スル条約」。1928年8月にパリで署名，1929年7月に発効（日本は1929年に批准）。国際紛争を解決する手段として，締約国相互で戦争の放棄を行い，紛争は平和的手段により解決することを規定した。

問 題 分 析　　★★☆

本問は，近代オリンピック大会と政治に関する問題です。

各 肢 の 解 説

1　**妥当でない**。ベルリン大会（1936年）は，ナチス政権下で開催され，ナチスのプロパガンダに利用された。

2　**妥当でない**。ロンドン大会（1948年）が，第2次世界大戦後の初めての大会であることは正しいが，日本やドイツ（西ドイツ（当時））が第2次世界大戦後初めて参加したのは，ロンドン大会ではなく，ヘルシンキ大会（1952年）である。

3　**妥当でない**。東京大会（1964年）には，ソ連も参加した。中国（中華人民共和国）は，中華民国との政治的な理由により参加しなかった。

4　**妥当である**。モスクワ大会（1980年）は，共産圏，社会主義国では初の開催となり，前年1979年12月に起きたソ連のアフガニスタン侵攻の影響を強く受け，集団ボイコットという事態に至った。

5　**妥当でない**。ボスニア・ヘルツェゴビナ紛争が起きたのは1992年から1995年であり，サラエボ（冬季）大会（1984年）の後である。

正解　4

ポイントチェック

近代オリンピックと政治

1933年	ナチスが政権掌握
1936年	ベルリン大会
1939年	第2次世界大戦（1945年まで）
1948年	ロンドン大会
1952年	ヘルシンキ大会
1964年	東京大会
1979年	ソ連のアフガニスタン侵攻
1980年	モスクワ大会
1984年	サラエボ（冬季）大会
1992年	ボスニア・ヘルツェゴビナ紛争（1995年まで）

問 題

　日本における新型コロナウイルス感染症対策と政治に関する次の記述のうち，妥当なものはどれか。

1　2020年3月には，緊急に対処する必要があるとして，新型コロナウイルス感染症対策に特化した新規の法律が制定された。

2　2020年4月には，雇用の維持と事業の継続，生活に困っている世帯や個人への支援などを盛り込んだ，緊急経済対策が決定された。

3　2020年4月には，法令に基づき，緊急事態宣言が発出され，自宅から外出するためには，都道府県知事による外出許可が必要とされた。

4　2020年12月末には，首相・大臣・首長およびその同居親族へのワクチンの優先接種が終了し，翌年1月末には医療従事者・高齢者に対するワクチン接種が完了した。

5　2021年2月には，新型インフルエンザ等対策特別措置法が改正され，まん延防止等重点措置が導入されたが，同措置に関する命令や過料の制度化は見送られた。

key word

緊急事態宣言

　新型インフルエンザ等が国内で発生し，その全国的かつ急速なまん延により国民生活及び国民経済に甚大な影響を及ぼし，又はそのおそれがあるものとして政令で定める要件に該当する事態（新型インフルエンザ等緊急事態）が発生したと認めるときに，新型インフルエンザ等対策特別措置法に基づいて内閣総理大臣が区域と期間を定めて発出する。具体的な対策は対象となった知事が講じ，外出自粛のほか，学校を含む施設の使用停止，音楽やスポーツイベントなどの開催制限を要請できる。

問 題 分 析　　★★☆

本問は，新型コロナウイルス感染症対策と政治に関する問題である。

各 肢 の 解 説

1　**妥当でない。**新型コロナウイルス感染症に特化した新規の法律ではなく，新型インフルエンザ等対策特別措置法（平成24年法律第31号）等を改正して対応した。

2　**妥当である。**2020年4月，政府は「新型コロナウイルス感染症緊急経済対策」を決定し，事業継続に困っている中小・小規模事業者等への支援や生活に困っている人々への支援が実施された。

3　**妥当でない。**緊急事態宣言においては，外出許可制はとられておらず，自粛要請に留まった。

4　**妥当でない。**首相のワクチン接種が完了したのは2021年3月であり，また，医療従事者に対するワクチン接種が完了したのは同年7月である。

5　**妥当でない。**2021年2月の新型インフルエンザ等対策特別措置法の改正では，まん延防止等重点措置が導入され，同措置に関する命令や過料も制度化された。

正解　2

ポイントチェック

新型インフルエンザ等対策特別措置法

　新型インフルエンザ及び全国的かつ急速なまん延のおそれのある新感染症に対する対策の強化を図り，国民の生命及び健康を保護し，国民生活及び国民経済に及ぼす影響が最小となるようにすることを目的として制定され，2012（平成24）年5月に公布された。2021（令和3）年2月に新型コロナウイルス感染症の発生状況を踏まえた，より実効的な感染症対策を講ずるため，法律及び政令の改正が行われた。

一般知識

問題

普通選挙に関する次の記述のうち，妥当なものはどれか。

1 アメリカでは，女性参政権に反対した南軍が南北戦争で敗れたため，19世紀末には男女普通選挙が実現した。

2 ドイツでは，帝政時代には男子についても普通選挙が認められていなかったが，ワイマール共和国になって男女普通選挙が実現した。

3 日本では，第一次世界大戦後に男子普通選挙となったが，男女普通選挙の実現は第二次世界大戦後である。

4 スイスでは，男子国民皆兵制と直接民主主義の伝統があり，現在まで女子普通選挙は行われていない。

5 イギリスでは，三次にわたる選挙法改正が行われ，19世紀末には男女普通選挙が実現していた。

key word

普通選挙

納税や財産の所有を選挙権の要件としていない選挙。

問 題 分 析 　　　★★☆

本問は，各国における普通選挙の実現時期に関する問題です。

各 肢 の 解 説

1 **妥当でない**。アメリカでは，1920年に憲法修正19条として女性参政権が義務付けられたことで，男女普通選挙が実現した。

2 **妥当でない**。ドイツでは，帝政時代には男子普通選挙が既に認められており，ワイマール共和国下の1919年に男女普通選挙が実現（同年の憲法制定議会選挙において女性が投票）した。

3 **妥当である**。日本では，第一次世界大戦後である1925年に衆議院議員選挙法が改正され男子普通選挙が実現（1928年に行われた衆議院議員の第16回総選挙で実現）し，第二次世界大戦後の1945年に同法がさらに改正され男女普通選挙が実現（1946年に行われた衆議院議員の第22回総選挙で実現）した。

4 **妥当でない**。スイスでは，1971年に連邦レベルで，1991年に全土（同年，女性参政権を認めていなかった最後の州で参政権が認められる）で男女普通選挙が実現した。

5 **妥当でない**。イギリスでは，1928年の選挙法の改正によって男女普通選挙が実現（21歳以上の男女に選挙権）した。

正解　3

ポイントチェック

日本における選挙権

選挙法の公布年	総選挙の実施年	有権者数と全人口に占める有権者の割合	有権者の資格
1989年	1990年	45万人（1.1%）	直接国税15円以上納める25歳以上の男子
1900年	1902年	98万人（2.2%）	直接国税10円以上納める25歳以上の男子
1919年	1920年	307万人（5.5%）	直接国税3円以上納める25歳以上の男子
1925年	1928年	1241万人（20.0%）	25歳以上の男子（戦前の普通選挙）
1945年	1946年	3688万人（48.7%）	20歳以上の男女（戦後の普通選挙）

問題

　次の各時期になされた国の行政改革の取組に関する記述のうち，妥当でないものはどれか。

1　1969年に成立したいわゆる総定員法*¹では，内閣の機関ならびに総理府および各省の所掌事務を遂行するために恒常的に置く必要がある職に充てるべき常勤職員の定員総数の上限が定められた。

2　1981年に発足したいわゆる土光臨調（第2次臨時行政調査会）を受けて，1980年代には増税なき財政再建のスローガンの下，許認可・補助金・特殊法人等の整理合理化や，3公社（国鉄・電電公社・専売公社）の民営化が進められた。

3　1990年に発足したいわゆる第3次行革審（第3次臨時行政改革推進審議会）の答申を受けて，処分，行政指導，行政上の強制執行，行政立法および計画策定を対象とした行政手続法が制定された。

4　1998年に成立した中央省庁等改革基本法では，内閣機能の強化，国の行政機関の再編成，独立行政法人制度の創設を含む国の行政組織等の減量・効率化などが規定された。

5　2006年に成立したいわゆる行政改革推進法*²では，民間活動の領域を拡大し簡素で効率的な政府を実現するため，政策金融改革，独立行政法人の見直し，特別会計改革，総人件費改革，政府の資産・債務改革などが規定された。

（注）　*1　行政機関の職員の定員に関する法律
　　　　*2　簡素で効率的な政府を実現するための行政改革の推進に関する法律

問 題 分 析　　★★☆

本問は，国の行政改革の取組に関する問題です。

各 肢 の 解 説

1　**妥当である。**1969年に成立したいわゆる総定員法（昭和44年法律第33号）では，それまで各省庁ごとに定員が定められていたものを改め，国家公務員の総定員の上限を定めた。

2　**妥当である。**1981年に発足したいわゆる土光臨調（第2次臨時行政調査会）では，3公社（日本国有鉄道，日本電電公社，日本専売公社）の民営化等が進められた。

3　**妥当でない。**行政手続法（平成5年法律第88号）の内容には，行政上の強制執行や行政計画は定められていない。同法は，申請に対する処分，不利益処分，行政指導，届出及び命令等の制定について行政庁等が経るべき手続について定めている。なお，行政手続法は，1991（平成5）年に第三次行革審の「公正・透明な行政手続法制の整備に関する答申」を受けて制定されたことから，その他の記述は妥当である。

4　**妥当である。**1998年に成立した中央省庁等改革基本法（平成10年法律第103号）では，内閣機能の強化，国の行政機関の再編成並びに国の行政組織並びに事務及び事業の減量，効率化等の改革等が定められた。

5　**妥当である。**2006年に成立したいわゆる行政改革推進法（平成18年法律第47号）は，政策金融改革，総人件費改革，特別会計改革，資産・債務改革，独立行政法人改革の5つが重点分野とされた。

正解　3

ポイントチェック

特殊法人

　　政府が必要な事業を行おうとする場合，その業務の性質が企業的経営になじむものであり，これを通常の行政機関に担当させても，各種の制度上の制約から能率的な経営を期待できないとき等に，特別の法律によって独立の法人を設け，国家的責任を担保するに足る特別の監督を行うとともに，その他の面では，できる限り経営の自主性と弾力性を認めて能率的経営を行わせようとする。日本放送協会，日本年金機構，日本中央競馬会，日本電信電話株式会社，日本郵政株式会社など。

次の各年に起こった日中関係に関する記述のうち，妥当なものはどれか。

1　1894年に勃発した日清戦争は，翌年のポーツマス条約で講和が成立した。それによれば，清は台湾の独立を認める，清は遼東半島・澎湖諸島などを日本に割譲する，清は日本に賠償金2億両を支払う，などが決定された。

2　1914年の第一次世界大戦の勃発を，大隈重信内閣は，日本が南満州の権益を保持し，中国に勢力を拡大する好機とみて，ロシアの根拠地であるハルビンなどを占領した。1915年には，中国の袁世凱政府に「二十一カ条要求」を突き付けた。

3　1928年に関東軍の一部は，満州軍閥の張作霖を殺害して，満州を占領しようとした。この事件の真相は国民に知らされず，「満州某重大事件」と呼ばれた。田中義一内閣や陸軍は，この事件を日本軍人が関与していないこととして，処理しようとした。

4　1937年の盧溝橋事件に対して，東条英機内閣は不拡大方針の声明を出した。しかし，現地軍が軍事行動を拡大すると，それを追認して戦線を拡大し，ついに，宣戦布告をして日中戦争が全面化していった。

5　1972年に佐藤栄作首相は中華人民共和国を訪れ，日中共同宣言を発表して，日中の国交を正常化したが，台湾の国民政府に対する外交関係をとめた。さらに，1978年に田中角栄内閣は，日中平和友好条約を締結した。

本問は，日中関係に関する問題です。

各 肢 の 解 説

1　妥当でない。 日清戦争の講和条約は，「ポーツマス条約」ではなく，「下関条約」である。その他の記述は正しい。

2　妥当でない。 1914年の第一次世界大戦の開始時に日本が占領したのは，「ロシアの根拠地であるハルビン」ではなく，「ドイツの根拠地である青島」である。その他の記述は正しい。

3　妥当である。 張作霖爆殺事件は，1928年に，当時の中華民国・奉天近郊で，日本の関東軍により奉天軍閥の指導者張作霖が暗殺された事件である。

4　妥当でない。 1937年の盧溝橋事件の時の内閣は，「東条英機内閣」ではなく，「近衛文麿内閣」である。その他の記述は正しい。

5　妥当でない。 1972年の日中共同宣言の時の首相は，「佐藤栄作」ではなく，「田中角栄」である。また，1978年の日中平和友好条約の時の内閣は「田中角栄内閣」ではなく「福田赳夫内閣」である。

正解　3

ポイントチェック

日中平和友好条約

　正式名称は「日本国と中華人民共和国との間の平和友好条約」といい，1978年8月12日に北京で署名，同年10月23日に発効。1972年の日中共同声明により外交関係が樹立されていたが，条約の形式で両国間の友好関係を確認した。

問題

経済用語に関する次の記述のうち，妥当なものはどれか。

1 信用乗数（貨幣乗数）とは，マネーストックがベースマネーの何倍かを示す比率であり，その値は，預金準備率が上昇すると大きくなる。

2 消費者物価指数とは，全国の世帯が購入する各種の財・サービスの価格の平均的な変動を測定するものであり，基準となる年の物価を100として指数値で表わす。

3 完全失業率とは，就労を希望しているにもかかわらず働くことができない人の割合であり，その値は，失業者数を総人口で除して求められる。

4 労働分配率とは，労働者間で所得がどのように分配されたのかを示した値であり，その値が高いほど，労働者間の所得格差が大きいことを示す。

5 国内総支出とは，一国全体で見た支出の総計であり，民間最終消費支出，国内総資本形成，政府最終消費支出および輸入を合計したものである。

問 題 分 析　　★★☆

本問は，経済用語に関する問題です。

各 肢 の 解 説

1　妥当でない。 信用乗数は，マネーストック（経済全体の通貨供給量）をベースマネー（中央銀行が市場に供給する資金量）で割って求められる（つまり，信用乗数は，マネーストックがベースマネーの何倍かを示す比率である）。預金準備率が大きいほど，貸し出しにまわせる金額が少なくなるため，マネーストックが少なくなり，信用乗数は小さくなる。

2　妥当である。 消費者物価指数は，基準となる年の物価を100として指数値で表したものである。

3　妥当でない。 完全失業率は，失業者数を「労働力人口」で除して求められる。

4　妥当でない。 労働分配率は，企業において生産された付加価値全体のうちの，どれだけが労働者に還元されているかを示す割合であり，人件費を付加価値で除して求められる。労働者の所得格差の大きさを示すのはジニ係数である。

5　妥当でない。 国内総支出を計算する際は，「輸入」ではなく，「純輸出（輸出－輸入）」を合計する。

正解　2

ポイントチェック

完全失業率

労働力人口（15歳以上の働く意欲のある人）のうち，完全失業者（職がなく，求職活動をしている人）が占める割合で，雇用情勢を示す指標のひとつ。総務省が「労働力調査」で毎月発表している。完全失業者数を労働力人口で割って算出され，数値が高いほど仕事を探している人が多い。

問題

日本のバブル経済とその崩壊に関する次の文章の空欄 I ～ V に当てはまる語句の組合せとして，妥当なものはどれか。

1985年のプラザ合意の後に I が急速に進むと， II に依存した日本経済は大きな打撃を受けた。 I の影響を回避するために，多くの工場が海外に移され，産業の空洞化に対する懸念が生じた。

G7諸国の合意によって，為替相場が安定を取り戻した1987年半ばから景気は好転し，日本経済は1990年代初頭まで，平成景気と呼ばれる好景気を持続させた。 III の下で調達された資金は，新製品開発や合理化のための投資に充てられる一方で，株式や土地の購入にも向けられ，株価や地価が経済の実態をはるかに超えて上昇した。こうした資産効果を通じて消費熱があおられ，高級品が飛ぶように売れるとともに，さらなる投資を誘発することとなった。

その後，日本銀行が IV に転じ，また V が導入された。そして，株価や地価は低落し始め，バブル経済は崩壊，平成不況に突入することとなった。

	I	II	III	IV	V
1	円安	外需	低金利政策	金融引締め	売上税
2	円安	輸入	財政政策	金融緩和	売上税
3	円高	輸出	低金利政策	金融引締め	地価税
4	円高	外需	財政政策	金融緩和	売上税
5	円高	輸入	高金利政策	金融引締め	地価税

問 題 分 析　　　★☆☆

本問は，日本のバブル経済とその崩壊に関する問題です。

各 肢 の 解 説

Ⅰには「円高」が入る。1985年のプラザ合意の狙いは，「ドル安」によって米国の輸出競争力を高め，貿易赤字を減らすことにあったため，日本では「円高」が進行した。

Ⅱには「輸出」が入る。1980年代，日本経済は輸出が輸入を大きく上回り，輸出に依存していたといえる。

Ⅲには「低金利政策」が入る。プラザ合意前は5％だった公定歩合（中央銀行が民間の金融機関に資金を貸し出す際の基準金利のこと。2006年に「公定歩合」から「基準割引率および基準貸付利率」に名称が変更）が，1987年では2.5％であったように，低金利政策がとられていた。

Ⅳには「金融引締め」が入る。

Ⅴには「地価税」が入る。1980年代のバブル景気による土地投機取引による異常な地価高騰を抑制する目的で地価税法に基づき地価税が導入された。

正解　3

ポイントチェック

プラザ合意

プラザ合意とは，1985年9月にアメリカ・ニューヨークのプラザホテルで開かれ，G5の財務大蔵大臣（米国は財務長官）と中央銀行総裁が合意した為替レートの安定化策のことをいう。主な合意内容は，各国の外国為替市場の協調介入によりドル高を是正しアメリカの貿易赤字を削減することで，アメリカの輸出競争力を高める狙いがあった。日本ではプラザ合意後の急速な円高による低金利政策がその後も継続されることで不動産の過剰流動性が生じ，不動産バブルを引き起こすこととなった。

問　題

　いわゆる「ふるさと納税」に関する次のア～オの記述のうち，誤っているものの組合せはどれか。

ア　ふるさと納税とは，居住する自治体に住民税を納めずに，自分が納付したい自治体を選んで，その自治体に住民税を納めることができる制度である。

イ　ふるさと納税は，個人が納付する個人住民税および固定資産税を対象としている。

ウ　ふるさと納税により税収が減少した自治体について，地方交付税の交付団体には減収分の一部が地方交付税制度によって補填される。

エ　納付を受けた市町村は，納付者に返礼品を贈ることが認められており，全国の9割以上の市町村では，返礼品を提供している。

オ　高額な返礼品を用意する自治体や，地場産品とは無関係な返礼品を贈る自治体が出たことから，国は，ふるさと納税の対象自治体を指定する仕組みを導入した。

1　ア・イ
2　ア・ウ
3　イ・エ
4　ウ・オ
5　エ・オ

key word

住民税

　地方税の一種で，都道府県が課税する道府県民税（東京都は都民税）と，市区町村が課税する市町村民税（区市町村民税）の総称。教育，福祉，救急，ゴミ処理など，地方住民の日常生活に結びついた行政サービスのために必要な経費を，地方住民が応分の負担をする趣旨から設けられている。

問 題 分 析　　★★☆

本問は，いわゆる「ふるさと納税」に関する問題です。

各 肢 の 解 説

ア　誤り。 ふるさと納税は，都道府県・市区町村に対する寄附金であり，寄付金のうち2,000円を超える部分については，一定の上限まで，原則として所得税・住民税から全額控除される制度である。

イ　誤り。 ふるさと納税の対象は，個人が納付する所得税および「住民税」である。

ウ　正しい。 ふるさと納税制度によって控除額超過となった市町村は，地方交付税により当該超過額の75％が補填され得る仕組みとなっている。

エ　正しい。 ふるさと納税に対する返礼品を送付している地方公共団体は1,618団体（都道府県を含む1,788団体の90.5％）である。

オ　正しい。 2019年6月より，新たなふるさと納税指定制度（地方税法37条の2）が施行され，総務大臣による指定を受けていない地方公共団体に対する寄附は，ふるさと納税の対象外となった。

以上により，誤っているものは，ア及びイであるから，正解は1である。

正解　1

ポイントチェック

ふるさと納税

　　実際には，都道府県，市区町村への「寄附」。自分の選んだ自治体に寄附（ふるさと納税）を行った場合に，寄附額のうち2,000円を越える部分について，所得税と住民税から原則として全額が控除される（一定の上限はある）。例えば，年収700万円の給与所得者で扶養家族が配偶者のみの場合，30,000円のふるさと納税を行うと，2,000円を超える部分である28,000円（30,000円−2,000円）が所得税と住民税から控除される。控除を受けるためには，原則として，ふるさと納税を行った翌年に確定申告を行う必要がある。また，自治体からは寄附者へのお礼として返礼品が送られている。

問題

　日本の国債制度とその運用に関する次のア〜オの記述のうち，妥当なものの組合せはどれか。

ア　東京オリンピックの1964年の開催に向けたインフラ整備にかかる財源調達を目的として，1950年代末から建設国債の発行が始まった。

イ　いわゆる第二次臨時行政調査会の増税なき財政再建の方針のもと，落ち込んだ税収を補填する目的で，1980年代に，初めて特例国債が発行された。

ウ　1990年代初頭のバブル期には，税収が大幅に増大したことから，国債発行が行われなかった年がある。

エ　東日本大震災からの復旧・復興事業に必要な財源を調達する目的で，2011年度から，復興債が発行された。

オ　増大する社会保障給付費等を賄う必要があることから，2014年度の消費税率の引上げ後も，毎年度の新規国債発行額は30兆円を超えている。

  1　ア・イ
  2　ア・ウ
  3　イ・エ
  4　ウ・オ
  5　エ・オ

問 題 分 析　　★★☆

本問は，日本の国債制度とその運用に関する問題です。

各 肢 の 解 説

ア　妥当でない。建設国債は，財政法４条を根拠に，1966（昭和41）年から発行されている。

イ　妥当でない。1965（昭和40）年度の補正予算で赤字国債の発行を１年限りで認める特例公債法が制定され，赤字国債が戦後初めて発行された。1975（昭和50）年度以降は1990（平成２）年度から1993（平成５）年度までを除き，ほぼ毎年度特例法の制定と赤字国債の発行が恒常的に繰り返されている。

ウ　妥当でない。国債発行は1965（昭和40）年度以降，毎年行われており，バブル期の数年間は赤字国債の発行がなかったが，その間も建設国債は発行されていた。

エ　妥当である。復興債とは，東日本大震災からの復旧・復興事業に必要な財源を確保するために発行される国債のことである。

オ　妥当である。2014（平成26）年度の消費税率の引上げ後，2021（令和３）年度まで新規国債発行額は，いずれの年度も30兆円を超えている。

以上により，妥当なものは，エ及びオであるから，正解は５である。

正解　5

ポイントチェック

国債の種類

	概要	根拠法
建設国債	・公共事業，出資金及び貸付金の財源を調達するために発行される。 ・1966年から発行されている。	財政法４条１項ただし書
特例国債（赤字国債）	・建設国債を発行してもなお歳入が不足すると見込まれる場合に，公共事業費等以外の歳出に充てる財源を調達することを目的として，発行される。 ・1965年度に戦後初めて発行された。	特別法
復興債	東日本大震災からの復興のための施策を実施するために必要な財源の確保に関する特別措置法に基づき，復興のための施策に必要な財源となる税収等が入るまでのつなぎとして，発行。	特別法（東日本大震災からの復興のための施策を実施するために必要な財源の確保に関する特別措置法）

問 題

国際収支に関する次の記述のうち，誤っているものはどれか。

1 海外旅行先における現地ホテルへの宿泊料を支払った場合，その金額は，自国の経常収支上で，マイナスとして計上される。

2 発展途上国への社会資本整備のために無償資金協力を自国が行なった場合，その金額は，自国の資本移転等収支上で，マイナスとして計上される。

3 海外留学中の子どもの生活費を仕送りした場合，その金額は，自国の経常収支上で，プラスとして計算される。

4 海外への投資から国内企業が配当や利子を得た場合，その金額は，自国の経常収支上で，プラスとして計算される。

5 日本企業が海外企業の株式を購入した場合，その金額は，日本の金融収支上で，プラスとして計算される。

key word

国際収支統計

国際収支統計とは，一定期間における一国のあらゆる対外経済取引を体系的に記録した統計。対外経済取引は，居住者と非居住者との間の，財貨・サービス・所得の取引，対外資産・負債の増減に関する取引，移転取引，に分類される。

問 題 分 析　　★★☆

本問は，国際収支に関する問題です。

各 肢 の 解 説

　国際収支表の主要な項目には，経常収支，資本収支及び外貨準備増減があり，以下の関係となる。
- ・経常収支＋資本移転等収支＋誤差脱漏＝金融収支
- ・経常収支＝貿易収支＋サービス収支＋第一次所得収支＋第二次所得収支

1　**正しい。**海外旅行先における現地ホテルへの宿泊料の支払いは，「サービス収支」のマイナスとなり，自国の経常収支上で，マイナスとして計上される。

2　**正しい。**発展途上国への社会資本整備のための無償資金協力を自国が行った場合，自国の「資本移転収支」上で，マイナスとして計上される。

3　**誤り。**海外留学中の子どもの生活費を仕送りした場合，その金額は，「第一次所得収支」がマイナスとなり，自国の経常収支上で，「マイナス」として計算される。

4　**正しい。**海外への投資から国内企業が配当や利子を得た場合，その金額は，「第一次所得収支」がプラスとなり，自国の経常収支上で，プラスとして計算される。

5　**正しい。**「金融収支」は，直接投資，証券投資，金融派生商品，その他投資，及び，外貨準備に区分され，日本企業が海外企業の株式を購入した場合，その金額は，日本の金融収支上で，プラスとして計算される。

正解　3

ポイントチェック

経常収支		貿易・サービス収支，第一次所得収支，第二次所得収支の合計。金融収支に計上される取引以外の，居住者・非居住者間で債権・債務の移動を伴う全ての取引の収支状況を示す。
	貿易・サービス収支	貿易収支及びサービス収支の合計。実体取引に伴う収支状況を示す。
	第一次所得収支	対外金融債権・債務から生じる利子・配当金等の収支状況を示す。
	第二次所得収支	居住者と非居住者との間の対価を伴わない資産の提供に係る収支状況を示す。
資本移転等収支		対価の受領を伴わない固定資産の提供，債務免除のほか，非生産・非金融資産の取得処分等の収支状況を示す。
金融収支		直接投資，証券投資，金融派生商品，その他投資及び外貨準備の合計。金融資産にかかる居住者と非居住者間の債権・債務の移動を伴う取引の収支状況を示す。

近年の日本の貿易および対外直接投資に関する次の記述のうち，妥当なものはどれか。

1　2010年代の日本の貿易において，輸出と輸入を合わせた貿易総額が最大である相手国は中国である。

2　日本の貿易収支は，東日本大震災の発生した2011年頃を境に黒字から赤字となり，その状況が続いている。

3　日本の対外直接投資を見ると，今後更なる成長が期待されるアジアやアフリカ諸国への投資規模が大きいのに対し，北米や欧州への投資規模は小さい。

4　日本の製造業における国内法人および海外現地法人の設備投資額のうち，海外現地法人の設備投資が占める割合は一貫して上昇している。

5　日本との間に国交が成立していない国・地域との貿易取引は，日本では全面的に禁止されている。

key word

対外直接投資

　日本の法人・個人による海外への直接投資のこと。直接投資とは，海外企業の株式取得（経営に参画）や用地買収し建設した工場で商品を生産するといった事業活動を意味する。

問 題 分 析　　★★☆

本問は，近年の日本の貿易および対外直接投資に関する問題です。

各 肢 の 解 説

1　妥当である。 輸出と輸入を合わせた貿易総額は，2007（平成19）年にアメリカと中国との順位が変わって以降，2019（令和元）年まで，中国が最大である。なお，その間，第1位中国，第2位アメリカ，第3位韓国という順位も変わっていない（財務省『貿易相手国上位10カ国の推移』）。

2　妥当でない。 日本の貿易収支は，2011（平成23）年～2015（平成27）年は赤字になっていたが，それ以降，2020（令和2）年までは黒字になっている（財務省『国際収支の推移』）。

3　妥当でない。 2018年の対外直接投資における実行額を見ると，アジア10.4（2020年は9.6）兆円，北米16.1（2020年は18.8）兆円，欧州28.2（2020年は27.0）兆円であり，「北米や欧州への投資規模は小さい」わけではない（財務省『対外・対内直接投資の推移』）。

4　妥当でない。 日本の製造業における国内法人および海外現地法人の設備投資額のうち，海外現地法人の設備投資が占める割合（海外設備投資比率）は，2013年度の29.4％をピークに，その後減少して2016年度には20.7％となった（なお，その後は，緩やかに上昇中）。したがって，その割合は，「一貫して上昇している」わけではない（経済産業省『海外事業活動基本調査』）。

5　妥当でない。 日本との間に国交が成立していない国・地域でも，貿易団体を通じて貿易が行われている。たとえば，日本と台湾の間では，日本側は公益財団法人日本台湾交流協会を通じて貿易が行われている。

正解　1

問　題

　日本の公的年金制度に関する次の記述のうち，妥当なものはどれか。

1　国民皆年金の考え方に基づき，満18歳以上の国民は公的年金に加入することが，法律で義務付けられている。

2　私的年金には確定拠出型と確定給付型があるが，日本の公的年金では，これまで確定拠出型が採用されてきた。

3　老齢基礎年金の受給資格を得ることができるのは，年金保険料を５年以上納付した場合だけである。

4　地方分権改革を通じて，年金保険料の徴収事務は，国から市町村へと移管され，今日では市町村がその事務を担っている。

5　老齢年金の給付により受け取った所得は，所得税の課税対象とされている。

key word

確定拠出年金

　拠出された掛金が個人ごとに明確に区分され，掛金とその運用収益との合計額をもとに年金給付額が決定される年金制度。

本間は，日本の公的年金制度に関する問題です。

1　**妥当でない。**公的年金に加入する年齢は，「満18歳以上」ではなく，「満20歳以上」である。

2　**妥当でない。**公的年金では，給付額が確定している「確定給付型」が採用されてきた。

3　**妥当でない。**老齢基礎年金の受給資格が発生するのは，「5年以上納付」ではなく，「10年以上納付」である。

4　**妥当でない。**年金保険料の徴収事務は，日本年金機構が担っており，市町村に移管されていない。

5　**妥当である。**老齢年金は，所得税の課税対象とされる。

正解　5

国民年金

意義	日本国内に住所を有する20歳以上60歳未満の者すべてが加入する公的年金。加入者は，一定の要件をみたせば，老齢基礎年金，障害基礎年金，遺族基礎年金，死亡一時金等を受給できる。
加入	日本国内に住所を有する20歳以上60歳未満のすべての者（外国人を含む。）
財政方式	基本的に賦課方式で運営。現役世代が納めた保険料は，年金受給者への支払いにあてられている。
保険料額	2017（平成29）年以降，月額16,900円。もっとも，実際の保険料額は，2004（平成16）年以降の物価や賃金の変動を反映した率を乗じて算出
保険料納付率	2020（令和2）年度の国民年金保険料最終納付率（平成30年度分保険料）は，77.2%
老齢基礎年金の受給要件	（ i ）　受給資格期間が10年以上であること （ ii ）　65歳に達していること
老齢基礎年金の支給額	20歳から60歳までの40年間の全期間保険料を納めた者には月額65,075（令和3年4月分から）

一般知識

問題

　日本の人口動態に関する次のア～オの記述のうち，妥当なものの組合せはどれか。

ア　死因の中で，近年最も多いのは心疾患で，次に悪性新生物（腫瘍），脳血管疾患，老衰，肺炎が続く。

イ　婚姻については平均初婚年齢が上昇してきたが，ここ10年では男女共30歳前後で変わらない。

ウ　戦後，ベビーブーム期を二度経験しているが，ベビーブーム期に生まれた世代はいずれも次のベビーブーム期をもたらした。

エ　出生数と死亡数の差である自然増減数を見ると，ここ10年では自然減の程度が拡大している。

オ　出産した母の年齢層別統計を見ると，ここ30年間は一貫して20代が最多を占めている。

1　ア・イ
2　ア・ウ
3　イ・エ
4　ウ・オ
5　エ・オ

key word

心疾患
　心臓に起こる病気の総称。

問　題　分　析　★★☆

本問は，日本の人口動態に関する問題です。

各　肢　の　解　説

ア　妥当でない。令和元年の死亡数を死因順位別にみると，第1位は悪性新生物（腫瘍）で37万6392人，第2位は心疾患（高血圧性を除く）で20万7628人，第3位は老衰で12万1868人，第4位は脳血管疾患で10万6506人となっている（厚生労働省「令和元年（2019）人口動態統計月報年計（概数）の概況」）。

イ　妥当である。令和元年の平均初婚年齢は，夫31.2歳，妻29.6歳で，平成26年から前年まで夫31.1歳，妻29.4歳が続いていたが，夫妻ともに6年ぶりに上昇した（厚生労働省「令和元年（2019）人口動態統計月報年計（概数）の概況」）。

ウ　妥当でない。戦後のベビーブーム期が2度という記述は正しい（第1次：1947〜49年，第2次：1971〜74年）が，第2次ベビーブーム期の世代は次のベビーブーム期をもたらしていない。

エ　妥当である。自然減（出生数から死亡数を減じたもの）は2005（平成17）年に初めて発生し，2014（平成26）年で26万9千人減と，それ以降減少幅が毎年拡大している。令和元年の自然増減数（概数）は51万5864人減で，前年の44万4070人減に比べさらに7万1794人減少し，13年連続で減少している（厚生労働省「令和元年（2019）人口動態統計月報年計（概数）の概況」）。

オ　妥当でない。母の年齢別にみた出生数について，2015（平成27）年は，20代が34.7万人であるのに対し30代が59.3万人であり，2019（令和元）年は，20代が29.3万人であるのに対し30代が51.4万人であり，30代が最多を占める（厚生労働省「令和元年（2019）人口動態統計月報年計（概数）の概況」）。

以上により，妥当なものは，イ及びエであるから，正解は3である。

正解　3

ポイントチェック

自然増減の推移

　戦後の人口転換で日本は低出産・低死亡の社会が形成されたことにより，出生数は全体的に低下する傾向にある中，死亡数は1980年代後半まではほぼ横ばいで，その後緩やかな増加傾向で推移している。1980年代頃から深刻になってきた少子高齢化により，生まれてくる子どもの数は次第に減少すると同時に，人口に占める高齢者の割合が増えてきたことから死亡数も右肩上がりの傾向となっている。2007年以降は死亡数が出生数を上回る自然減の状態となり，その差は拡大を続けながら現在に至っている。

（内閣府HP「選択する未来」委員会報告）

問題

　日本の子ども・子育て政策に関する次のア〜オの記述のうち，妥当なものの組合せはどれか。

ア　児童手当とは，次代の社会を担う児童の健やかな成長に資することを目的とし，家庭等における生活の安定に寄与するために，12歳までの子ども本人に毎月一定額の給付を行う制度である。

イ　児童扶養手当とは，母子世帯・父子世帯を問わず，ひとり親家庭などにおける生活の安定と自立の促進に寄与し，子どもの福祉の増進を図ることを目的として給付を行う制度である。

ウ　就学援助とは，経済的理由によって，就学困難と認められる学齢児童生徒の保護者に対し，市町村が学用品費や学校給食費などの必要な援助を与える制度であり，生活保護世帯以外も対象となるが，支援の基準や対象は市町村により異なっている。

エ　小学生以下の子どもが病気やけがにより医療機関を受診した場合，医療費の自己負担分は国費によって賄われることとされ，保護者の所得水準に関係なく，すべての子どもが無償で医療を受けることができる。

オ　幼稚園，保育所，認定こども園の利用料を国費で賄う制度が創設され，0歳から小学校就学前の子どもは，保護者の所得水準に関係なくサービスを無償で利用できることとされた。

1　ア・エ

2　ア・オ

3　イ・ウ

4　イ・エ

5　ウ・オ

問 題 分 析　　★☆☆

本問は，日本の子ども・子育てに関する問題です。

各 肢 の 解 説

ア　妥当でない。児童手当は，「中学校修了前の子ども」について，「父母」に給付を行う制度である。

イ　妥当である。児童扶養手当は，父母の離婚などで，父又は母と生計を同じくしていない子どもを育てる家庭（ひとり親）の生活の安定と自立の促進に寄与し，児童の福祉の増進を図ることを目的として支給される手当である。

ウ　妥当である。就学援助は，経済的理由により就学が困難な家庭に，小・中学校でかかる義務教育費用の一部を援助することである。就学援助は，生活保護法の要保護者だけでなく，要保護者に準ずる程度に困窮していると認める者も対象になるが，市町村によって支援の基準が異なる問題がある。

エ　妥当でない。小学生以下の子どもに対する医療費の助成については，国費ではなく都道府県・市区町村の費用によって行われている。また，都道府県・市区町村によって所得制限の有無，一部自己負担の有無は異なる（厚生労働省『令和元年度「乳幼児等に係る医療費の援助についての調査」』）。

オ　妥当でない。幼稚園，保育所，認定こども園等を利用する3歳から5歳までの全ての子どもの利用料は無償化されているが，0歳から2歳までの子どもについては，「住民税非課税世帯のみ」利用料が無償である。

以上により，妥当なものは，イ及びウであるから，正解は3である。

正解　3

ポイントチェック

児童手当，児童扶養手当

児童手当	中学校卒業まで（15歳の誕生日後の最初の3月31日まで）の児童を養育している保護者に対して支給される手当。
児童扶養手当	父または母と生計を同じくしていない児童を養育している家庭（ひとり親家庭）等の生活の安定と自立を助け，児童の福祉の増進を図ることを目的として支給される手当。

問 題

　ジェンダーやセクシュアリティに関する次の記述のうち，妥当でないものはどれか。

1　「LGBT」は，レズビアン，ゲイ，バイセクシュアル，トランスジェンダーを英語で表記したときの頭文字による語で，性的少数者を意味する。

2　日本の女子大学の中には，出生時の性別が男性で自身を女性と認識する学生の入学を認める大学もある。

3　米国では，連邦最高裁判所が「同性婚は合衆国憲法の下の権利であり，州は同性婚を認めなければならない」との判断を下した。

4　日本では，同性婚の制度が立法化されておらず，同性カップルの関係を条例に基づいて証明する「パートナーシップ制度」を導入している自治体もない。

5　台湾では，アジアで初めて同性婚の制度が立法化された。

問 題 分 析　　★☆☆

本問は，ジェンダーやセクシュアリティに関する問題です。

各 肢 の 解 説

1　**妥当である。**「LGBT」とは，「Lesbian」（レズビアン，女性同性愛者），「Gay」（ゲイ，男性同性愛者），「Bisexual」（バイセクシュアル，両性愛者），「Transgender」（トランスジェンダー，出生時に診断された性と自認する性の不一致）の頭文字をとり，セクシュアル・マイノリティー（性的少数者）の一部の人々を指した総称である。

2　**妥当である。**例えば，お茶の水女子大学では，戸籍上男性であっても性自認が女性であるトランスジェンダー学生を，2020年度の学部および大学院の入学者から受入れを実施することとした。

3　**妥当である。**米国では，2015年，米連邦最高裁判所が，同性婚の権利は男女の結婚と同様，法の下の平等をうたう合衆国憲法によって保障されており，同性婚を禁止する州法は違憲に当たるとの歴史的判断を示した。

4　**妥当でない。**同姓カップルの関係を条例に基づいて証明するパートナーシップ制度を導入している自治体として，例えば渋谷区や世田谷区がある。

5　**妥当である。**台湾では，2019年5月，アジア初となる，同性婚を認める特別立法を公布した。

正解　4

ポイントチェック

ジェンダー

ジェンダーとは，社会的・文化的に形成される性別のことで，男らしさや女らしさといった特定の社会で共有されている価値観などによって形作られる，男女の役割やその相互関係を含む意味合いを持つ。一般に，社会における固定的な男女の役割や責任は，その地域の人々の価値観，伝統，慣習などによって無意識のうちに規定されていることが多く，各種政策や制度，組織などもその影響を受けている。

問題

先住民族に関する次の記述のうち，妥当でないものはどれか。

1 2019年制定のいわゆるアイヌ新法*で，アイヌが先住民族として明記された。

2 2020年開設の国立アイヌ民族博物館は，日本で初めてのアイヌ文化の展示や調査研究などに特化した国立博物館である。

3 2007年の国際連合総会で「先住民族の権利に関する宣言」が採択され，2014年には「先住民族世界会議」が開催された。

4 カナダでは，過去における先住民族に対する同化政策の一環として寄宿学校に強制入学させたことについて，首相が2008年に公式に謝罪した。

5 マオリはオーストラリアの先住民族であり，アボリジニはニュージーランドの先住民族である。

(注) ＊ アイヌの人々の誇りが尊重される社会を実現するための施策の推進に関する法律

key word

先住民族

先住民族はまた最初の住民，部族民，アボリジニー，オートクトンとも呼ばれる。現在少なくとも5,000の先住民族が存在し，住民の数は3億7000万人を数え，5大陸の90か国以上の国々に住んでいる。多くの先住民族は政策決定プロセスから除外され，ぎりぎりの生活を強いられ，搾取され，社会に強制的に同化させられてきた。

問 題 分 析　　★★☆

本問は，先住民族に関する問題です。

各 肢 の 解 説

1　**妥当である。** 2019年4月，アイヌを先住民族として明記するアイヌ新法（平成31年法律第16号）が制定された。

2　**妥当である。** 北海道白老郡白老町に設立された国立アイヌ民族博物館（2020年7月12日開業）は，アイヌ文化の復興・創造・発展のための拠点となるナショナルセンターである。

3　**妥当である。** 国連総会は，2007年に「先住民族の権利に関する宣言」を採択し，2014年に「先住民族世界会議」を開催し成果文書を採択した。

4　**妥当である。** 2008年，カナダのハーパー首相（当時）は，1874年に始まった同化政策により，先住民15万人を寄宿学校に強制的に入学させて「深く傷つけてきた」として，先住民らに公式に謝罪した。

5　**妥当でない。** 「マオリ」と「アボリジニ」が逆である。マオリはニュージーランドの先住民族であり，アボリジニはオーストラリアの先住民族である。

正解　5

ポイントチェック

アイヌの人々

　日本列島北部周辺，とりわけ北海道に先住し，独自の言語，宗教や文化の独自性を有する先住民族。2013（平成25）年に北海道が実施した「北海道アイヌ生活実態調査」によると，北海道内の市町村が調査対象者として把握しているアイヌの人々の人数は，16,786人。

問題

　2017年11月から始まった新しい外国人技能実習制度に関する次のア～オの記述のうち，妥当でないものの組合せはどれか。

ア　新しい制度が導入されるまでは，外国人の技能実習制度は，専ら外国人登録法による在留資格として定められていた。

イ　技能実習の適正な実施や技能実習生の保護の観点から，監理団体の許可制や技能実習計画の認定制が新たに導入された。

ウ　優良な監理団体・実習実施者に対しては，実習期間の延長や受入れ人数枠の拡大などの制度の拡充が図られた。

エ　外国人技能実習制度の円滑な運営および適正な拡大に寄与する業務を，国際協力機構（JICA）が新たに担うことが定められた。

オ　外国人技能実習制度の適正な実施および外国人技能実習生の保護に関する業務を行うため，外国人技能実習機構（OTIT）が新設された。

　1　ア・エ
　2　ア・オ
　3　イ・ウ
　4　イ・エ
　5　ウ・オ

key word

外国人技能実習制度

　我が国で培われた技能，技術又は知識の開発途上地域等への移転を図り，当該開発途上地域等の経済発展を担う「人づくり」に寄与することを目的として創設された制度。

問 題 分 析　　★★☆

本問は，2017年から始まった新しい外国人技能実習制度に関する問題です。

各 肢 の 解 説

ア　妥当でない。 外国人の技能実習の適正な実施及び技能実習生の保護に関する法律（技能実習法）が2017年11月1日に施行されるまでは，技能実習制度は，「外国人登録法」ではなく，「出入国管理及び難民認定法」に基づく在留資格として定められていた。

イ　妥当である。 新しい外国人技能実習制度では，監理団体の許可制や技能実習計画の認定制が新たに導入されている。

ウ　妥当である。 新しい外国人技能実習制度では，優良な実習実施者・監理団体に限定して，第3号技能実習生の受入れ（4～5年目の技能実習の実施）を可能としている。

エ　妥当でない。 外国人技能実習・研修制度の円滑な運営・適正な拡大に寄与することを事業目的とするものとして「公益財団法人国際研修協力機構（JITCO）」があり，「国際協力機構（JICA）」が新たに担うことが定められたわけではない。

オ　妥当である。 外国人技能実習機構は，新しい外国人技能実習制度に関する業務を担うため，2017（平成29）年1月に新設された。

以上により，妥当でないものは，ア及びエであるから，正解は1である。

正解　1

ポイントチェック

技能実習の基本理念

外国人の技能実習の適正な実施及び技能実習生の保護に関する法律（平成28年法律第89号。技能実習法）には，技能実習制度が，国際協力という制度の趣旨・目的に反して，国内の人手不足を補う安価な労働力の確保等として使われることのないよう，基本理念として，技能実習は，

①技能等の適正な修得，習熟又は熟達のために整備され，かつ，技能実習生が技能実習に専念できるようにその保護を図る体制が確立された環境で行わなければならないこと
②労働力の需給の調整の手段として行われてはならないこと
が定められている。

問題

　日本の雇用・労働に関する次のア〜オの記述のうち，妥当なものの組合せはどれか。

ア　日本型雇用慣行として，終身雇用，年功序列，職能別労働組合が挙げられていたが，働き方の多様化が進み，これらの慣行は変化している。

イ　近年，非正規雇用労働者数は増加する傾向にあり，最近では，役員を除く雇用者全体のおおよそ4割程度を占めるようになった。

ウ　兼業・副業について，許可なく他の企業の業務に従事しないよう法律で規定されていたが，近年，人口減少と人手不足の中で，この規定が廃止された。

エ　いわゆる働き方改革関連法＊により，医師のほか，金融商品開発者やアナリスト，コンサルタント，研究者に対して高度プロフェッショナル制度が導入され，残業や休日・深夜の割増賃金などに関する規制対象から外されることとなった。

オ　いわゆる働き方改革関連法＊により，年次有給休暇が年10日以上付与される労働者に対して年5日の年次有給休暇を取得させることが，使用者に義務付けられた。

　（注）　＊　働き方改革を推進するための関係法律の整備に関する法律

　1　ア・ウ
　2　ア・エ
　3　イ・ウ
　4　イ・オ
　5　エ・オ

問 題 分 析　　★★☆

本問は，日本の雇用・労働に関する問題です。

各 肢 の 解 説

ア　妥当でない。 日本型雇用慣行とされるのは，「職能別労働組合」ではなく，「企業別労働組合」である。

イ　妥当である。 2020年の非正規雇用労働者数は2,090万人と，被雇用者の37.2%を占める（総務省『労働力調査』）。

ウ　妥当でない。 兼業・副業について，法律で規定されていた訳ではない。なお，厚生労働省は，2018年1月に副業・兼業の促進に関するガイドラインを作成している。

エ　妥当でない。 高度プロフェッショナル制度の対象に「医師」は含まれていない。同制度は，高度な専門知識を有し一定水準以上の年収を得る労働者について，労働基準法に定める労働時間規制の対象から除外する仕組みである。

オ　妥当である。 いわゆる働き方改革関連法により，2019年4月以降，年次有給休暇が年10日以上付与される労働者に対して年5日の年次有給休暇を取得させることが，使用者に義務付けられた。

以上により，妥当なものは，イ及びオであるから，正解は4である。

正解　**4**

ポイントチェック

年5日の年次有給休暇の確実な取得（2019年4月〜）

対象者	年次有給休暇が10日以上付与される労働者
時季指定義務	使用者は，労働者ごとに，年次有給休暇を付与した日（基準日）から1年以内に5日について，取得時季を指定して年次有給休暇を取得させなければならない（労働基準法120条に罰則あり） ＊既に5日以上の年次有給休暇を請求・取得している労働者に対しては，使用者による時季指定をする必要はなく，また，することもできない。

問題

消費者問題・消費者保護に関する次のア～オの記述のうち，妥当なものの組合せはどれか。

ア 不当な表示による顧客の誘引を防止するため，不当な表示を行った事業者に対する課徴金制度が導入され，被害回復を促進するため，顧客への返金による課徴金額の減額等の措置も講じられている。

イ クレジットカードの国内発行枚数は，10億枚を超えており，無計画なクレジット利用から自己破産に陥る人数は，今世紀に入り毎年増加し続け，年100万人を超えている。

ウ 自動車のリコールとは，欠陥車が発見された場合，消費者庁が回収し自動車メーカーが無料で修理する制度のことをいう。

エ 全国規模のNPO法人である国民生活センターは，国民生活に関する情報の提供および調査研究を行うことはできるが，個別の消費者紛争の解決に直接的に関与することはできない。

オ 地方公共団体の消費生活センターは，消費生活全般に関する苦情や問合せなど，消費者からの相談を受け付け，専門の相談員が対応している。

1 ア・イ
2 ア・オ
3 イ・ウ
4 ウ・エ
5 エ・オ

key word

クレジットカード

商品を購入する際の決済（支払）手段の一つであって，後払いで商品・サービスの購入ができる。即時払いのカードは，デビットカードと呼ばれる。

問 題 分 析　　　★★☆

本問は，消費者問題・消費者保護に関する問題です。

各 肢 の 解 説

ア　妥当である。独占禁止法において，不当な表示による顧客の誘引を防止するため，行政庁が違反事業者等に対して金銭的不利益を課す，課徴金制度が導入されている。

イ　妥当でない。無計画なクレジット利用から自己破産に陥る人数は，1998（平成15）年から2015（平成27）年まで減少し続けている。なお，2016（平成28）年は，増加に転じた。

ウ　妥当でない。自動車のリコールにおいて，欠陥車を回収するのは，「消費者庁」ではなく，「自動車メーカー」である。

エ　妥当でない。国民生活センターは，「NPO法人」ではなく「独立行政法人」である。

オ　妥当である。地方公共団体に設置される消費生活センターは，問題文の機能を持っている。

以上により，妥当なものは，ア及びオであるから，正解は2である。

正解　2

新しい消費の形態に関する次のア〜エの記述のうち，妥当なものの組合せはどれか。

ア　定額の代金を支払うことで，一定の期間内に映画やドラマなどを制限なく視聴できるサービスは，ギグエコノミーの一つの形態である。

イ　シェアリングエコノミーと呼ばれる，服や車など個人の資産を相互利用する消費形態が広がりつつある。

ウ　戸建住宅やマンションの部屋を旅行者等に提供する宿泊サービスを民泊と呼び，ホテルや旅館よりも安く泊まることや，現地の生活体験をすることを目的に利用する人々もいる。

エ　詰替え用のシャンプーや洗剤などの購入は，自然環境を破壊しないことに配慮したサブスクリプションの一つである。

1　ア・イ

2　ア・エ

3　イ・ウ

4　イ・エ

5　ウ・エ

問 題 分 析　　★☆☆

本問は，新しい消費の形態に関する問題です。

各 肢 の 解 説

ア　妥当でない。 定額の代金を支払うことで，一定の期間内に映画やドラマなどを制限なく視聴できるサービスを，「サブスクリプション」という。なお，ギグエコノミーとは，インターネットを通じて単発の仕事を受注する働き方のことをいう。

イ　妥当である。「シェアリングエコノミー」とは，服や車など個人の資産を相互利用する消費形態を指す。

ウ　妥当である。 戸建住宅やマンションの部屋を旅行者等に提供する宿泊サービスを「民泊」と呼ぶ。

エ　妥当でない。「サブスクリプション」とは，定額の代金を支払うことで，一定の期間内に映画やドラマなどを制限なく視聴できるサービスのことであるから妥当でない。

以上により，妥当なものは，イおよびウであるから，正解は３である。

正解　3

ポイントチェック

コンテンツ・アプリケーションの近年の動向

　　コンシューマ向けのコンテンツ配信サービスのビジネスモデルは，一般に「広告収入型モデル」（主として無料）と「課金型モデル」（有料）に大別される。これまでインターネット広告の拡大とともに，とりわけ前者のモデルの利用が拡大してきた。

　　後者については，従来のダウンロード課金型サービスから，月額料金を支払うことで視聴し放題で利用できる定額制（サブスクリプション）サービスのシェアが上昇傾向にある。

　　今後の予測では，ダウンロード課金型が横ばいなのに対し，定額制は大きく伸長するものとみられる。

（総務省「令和２年版情報通信白書」）

問題

　現在の日本における地域再生，地域活性化などの政策や事業に関する次のア～オの記述のうち，妥当でないものの組合せはどれか。

ア　まち・ひと・しごと創生基本方針は，地方への新しい人の流れをつくるとともに，地方に仕事をつくり，人々が安心して働けるようにすることなどを目的としている。

イ　高齢化，過疎化が進む中山間地域や離島の一部では，アート（芸術）のイベントの開催など，アートを活用した地域再生の取組みが行われている。

ウ　地域おこし協力隊は，ドーナツ化や高齢化が進む大都市の都心部に地方の若者を呼び込み，衰退している町内会の活性化や都市・地方の交流を図ることを目的としている。

エ　シャッター街の増加など中心市街地の商店街の衰退が進むなかで，商店街の一部では空き店舗を活用して新たな起業の拠点とする取組みが行われている。

オ　エリアマネジメントは，複数の市町村を束ねた圏域において，中心都市の自治体が主体となって，民間の力を借りずに地域活性化を図ることを目的としている。

1　ア・イ

2　ア・エ

3　イ・ウ

4　ウ・オ

5　エ・オ

key word

ドーナツ化現象

　都市の外延部の地域が都市に組み込まれる「都市の郊外化」に伴い，都市中心部から郊外部へ人口が移動する現象。

問題分析　　★☆☆

本問は，現在の日本における地域再生，地域活性化に関する問題です。

各肢の解説

ア　妥当である。まち・ひと・しごと創生基本方針は，地方創生を推進するため，人口減少や東京圏への人口集中を食い止め，地方を活性化するための方針で，内閣に設置されるまち・ひと・しごと創生本部が定め，閣議決定される。

イ　妥当である。石川県金沢市の金沢若者夢チャレンジ・アートプログラム，大分県別府市の別府現代芸術フェスティバル2012「混浴温泉世界」，香川県直島のアートプロジェクト等多数の事例がある。

ウ　妥当でない。地域おこし協力隊は，都市地域から過疎地域等の条件不利地域に移住して，地域ブランドや地盤産品の開発・販売・PR等の地域おこし支援や，農林水産業への従事，住民支援などの「地域協力活動」を行いながら，その地域への定住・定着を図る取組みをいう。都心部に地方の若者を呼び込むものではない。

エ　妥当である。市町村においても，空き店舗を活用して事業を開始する起業者に，起業に関する経費の一部を補助するところがある。

オ　妥当でない。「エリアマネジメント」とは，特定のエリアを単位に，「民間が主体」となって，まちづくりや地域経営（マネジメント）を積極的に行おうという取組みである。

以上により，妥当でないものは，ウ及びオであるから，正解は4である。

正解　4

ポイントチェック

まち・ひと・しごと創生（地方創生）

　人口急減・超高齢化という我が国が直面する大きな課題に対し，政府一体となって取り組み，各地域がそれぞれの特徴を活かした自律的で持続的な社会を創生することを目指す。人口減少を克服し，将来にわたって成長力を確保し，「活力ある日本社会」を維持するため，
　「稼ぐ地域をつくるとともに，安心して働けるようにする」
　「地方とのつながりを築き，地方への新しいひとの流れをつくる」
　「結婚・出産・子育ての希望をかなえる」
　「ひとが集う，安心して暮らすことができる魅力的な地域をつくる」
という4つの基本目標と
　「多様な人材の活躍を推進する」
　「新しい時代の流れを力にする」
という2つの横断的な目標に向けた政策を進めている。

問 題

　最近の日本の農業政策に関する次のア～オの記述のうち，妥当なものの組合せはどれか。

ア　外国人の農業現場での就労は技能実習生に限って認められていたが，農業の担い手確保に向けて，専門技術を持つ外国人の就農が全国的に認められることとなった。

イ　耕作する自然人以外の主体が農地を所有・借用することは認められていなかったが，法人が農業を行う場合には，農地の借用のみはできることとなった。

ウ　農業協同組合の組織の見直しが進められており，全国の農業協同組合を取りまとめる全国農業協同組合中央会は廃止され，農業協同組合は株式会社化されることとなった。

エ　国の独立行政法人や都道府県が有する種苗の生産に関する知見については，農業の競争力強化に向けて積極的に民間事業者に提供していくこととなった。

オ　農地に関する業務を担う農業委員会は市区町村に設置されているが，農業委員の選挙制は廃止され，市区町村長の任命制に改められた。

1　ア・イ
2　ア・オ
3　イ・ウ
4　ウ・エ
5　エ・オ

key word

技能実習生

　日本の企業などで技術，技能を身につけるために日本に来ている外国人を技能実習生といい，この技能実習生を受け入れるための制度を外国人技能実習制度という。

問 題 分 析　　★★☆

本問は，最近の日本の農業政策に関する問題です。

各 肢 の 解 説

ア　妥当でない。外国人の就農は，「全国的」ではなく，国家戦略特区制度における「国家戦略特区」でのみ認められている。

イ　妥当でない。農地法や農業経営基盤強化促進法に基づき，法人であっても農地の所有ができる。

ウ　妥当でない。全国農業協同組合中央会は廃止されていない。

エ　妥当である。農業競争力強化支援法が2017（平成29）年に施行され，良質かつ低廉な農業資材の供給を実現するための施策として，「種子その他の種苗に係る民間事業者による生産及び供給等の促進」が規定された（同法8条4号）。

オ　妥当である。農業委員会法が2015（平成27）年に改正され，市区町村に設置される農業委員会の農業委員は，選挙制から任命制に変更になった。

以上により，妥当なものは，エ及びオであるから，正解は5である。

正解　5

ポイントチェック

国家戦略特別区域

　経済社会の構造改革を重点的に推進することにより，産業の国際競争力を強化するとともに，国際的な経済活動の拠点の形成を促進する観点から，国・地方公共団体・民間事業者からなる区域会議が作成する区域計画に，実施しようとする事業の内容を記載し，内閣総理大臣の認定を受けることによって，規制の特例措置や税制・金融支援を活用した事業を実施することができる制度。

問題

エネルギー需給動向やエネルギー政策に関する次のア～オの記述のうち，妥当なものの組合せはどれか。

ア 2010年代後半の日本では，一次エネルギーの7割以上を化石エネルギーに依存しており，再生可能エネルギーは3割にも満たない。

イ 2010年代後半以降，日本では，原油ならびに天然ガスいずれもの大半を，中東から輸入している。

ウ パリ協定に基づき，2050年までに温室効果ガスの80%排出削減を通じて「脱炭素社会」の実現を目指す長期戦略を日本政府はとりまとめた。

エ 現在，世界最大のエネルギー消費国は米国であり，中国がそれに続いている。

オ 2020年前半には，新型コロナウイルス感染症拡大による先行き不安により，原油価格が高騰した。

  1 ア・イ
  2 ア・ウ
  3 イ・オ
  4 ウ・エ
  5 エ・オ

key word

再生可能エネルギー

　非化石エネルギー源のうち，エネルギー源として永続的に利用できると認められるもの。具体的には，太陽光，風力，水力，地熱，太陽熱，大気中の熱その他の自然界に存在する熱，バイオマス（動植物に由来する有機物）がある。

問 題 分 析　　★★★

本問は，エネルギー需給動向やエネルギー政策に関する問題です。

各 肢 の 解 説

ア　妥当である。 2019年度において，一次エネルギー国内供給に占める化石エネルギーの割合は84.8％であり，水力を除く再生可能エネルギー等の割合は8.8％に過ぎない（出典：資源エネルギー庁「令和２年度エネルギーに関する年次報告（エネルギー白書2021）」）。

イ　妥当でない。 2019年度において，原油の中東依存度は89.6％であるが，天然ガスは豪州，マレーシア等中東以外の地域が83.0％を占めている（出典：資源エネルギー庁「令和２年度エネルギーに関する年次報告（エネルギー白書2021）」）。

ウ　妥当である。 菅総理（当時）は，2020年10月，所信表明演説において，2050年までに温室効果ガスの80％排出削減を通じ「脱炭素社会」を目指すことを掲げた。

エ　妥当でない。 2016年の世界最大のエネルギー消費国は中国（世界全体の22％）であり，アメリカ（世界全体の16％）がそれに続いている（出典：IEA「WORLD ENERGY OUTLOOK 2016」）。

オ　妥当でない。 2020年前半，新型コロナウイルス感染症による経済の失速，ロックダウンによる石油需要の急減により，石油価格が急落した。

以上により，妥当なものは，ア及びウであるから，正解は２である。

正解　2

ポイントチェック

わが国のエネルギー消費（資源エネルギー庁「エネルギー白書2021」による）

　一次エネルギー供給は，石油，天然ガス，石炭，原子力，太陽光，風力などといったエネルギーの元々の形態であるのに対して，最終エネルギー消費では，最終的に使用する石油製品（ガソリン，灯油，重油など），都市ガス，電力，熱などの形態になっている。一次エネルギーの種類別にその流れを見ると，原子力，再生可能エネルギーなどは，その多くが電力に転換され，消費されている。一方，天然ガスについては，電力への転換のみならず，熱量を調整した都市ガスへの転換と消費も大きな割合を占めている。石油については，電力への転換の割合は比較的小さく，そのほとんどが石油精製の過程を経て，ガソリン，軽油などの輸送用燃料，灯油や重油などの石油製品，石油化学原料用のナフサなどとして消費されている。石炭については，電力への転換及び製鉄に必要なコークス用原料としての使用が大きな割合を占めている。

問　題

　日本の廃棄物処理に関する次のア～オの記述のうち，妥当でないものの組合せはどれか。

ア　廃棄物処理法*では，廃棄物を，産業廃棄物とそれ以外の一般廃棄物とに大きく区分している。

イ　家庭から排出される一般廃棄物の処理は市区町村の責務とされており，排出量を抑制するなどの方策の一つとして，ごみ処理の有料化を実施している市区町村がある。

ウ　産業廃棄物の処理は，排出した事業者ではなく，都道府県が行うこととされており，排出量を抑制するために，産業廃棄物税を課す都道府県がある。

エ　産業廃棄物の排出量増大に加えて，再生利用や減量化が進まないことから，最終処分場の残余容量と残余年数はともに，ここ数年で急減している。

オ　一定の有害廃棄物の国境を越える移動およびその処分の規制について，国際的な枠組みおよび手続等を規定したバーゼル条約があり，日本はこれに加入している。

　（注）　＊　廃棄物の処理及び清掃に関する法律

1　ア・イ
2　ア・オ
3　イ・ウ
4　ウ・エ
5　エ・オ

問題分析　　★★☆

本問は，日本の廃棄物処理に関する法律に関する問題です。

各肢の解説

ア　妥当である。 廃棄物処理法2条2項及び4項の通り。

イ　妥当である。 廃棄物処理法に基づく「廃棄物の減量その他その適正な処理に関する施策の総合的かつ計画的な推進を図るための基本的な方針」でも，一般廃棄物処理の有料化を推進するべきことが示されている。

ウ　妥当でない。 産業廃棄物の処理の責任を負うのは，「事業者」である（廃棄物処理法3条1項）。

エ　妥当でない。 2018（平成30）年度の産業廃棄物の最終処分場の残余容量は，1.59億m³であり，ここ数年は横ばいになっている。また，産業廃棄物の最終処分場の残余年数は，17.4年であり，これも2016（平成28）年度の16.8年をピークに横ばいになっている（環境省『令和3年版環境白書・循環型社会白書・生物多様性白書』）。したがって，「産業廃棄物の最終処分場の残余容量と残余年数はともに，ここ数年で急減している」という事実は存在しない。

オ　妥当である。 バーゼル条約の国内実施法として「特定有害廃棄物等の輸出入等の規制に関する法律（バーゼル法）」（平成4年法律第108号）が制定され，輸出入の承認が行われている。

以上により，妥当でないものは，ウ及びエであるから，正解は4である。

正解　4

ポイントチェック

バーゼル条約・バーゼル法

　1980年代に，先進国からの廃棄物が途上国に放置されて環境汚染が生じるという問題がしばしば発生したことを受け，こうした課題に対処するためにバーゼル条約が採択された。有害物質を含む廃棄物や再生資源などの貨物の輸出入を行う場合に，当該貨物がバーゼル法に規定する「特定有害廃棄物等」や廃棄物処理法に規定する「廃棄物」に該当する場合には，関税法の手続に加え，「外国為替及び外国貿易法」（外為法）に基づく経済産業大臣の承認，環境大臣による確認等を受けることとなっている。

問題

　度量衡に関する次の記述のうち，Aの方がBよりも大きな値となるものはどれか。

	A	B
1	1坪	1平方メートル
2	1間	2メートル
3	1町歩	1平方キロメートル
4	1升	2リットル
5	1里	10キロメートル

key word

度量衡

　長さ，面積，体積及び質量の単位，標準，ならびにこれらの計量器について定められた慣習や制度。

問 題 分 析　　★★☆

本問は，度量衡に関する問題です。

各 肢 の 解 説

1　**Aの方がBよりも大きな値となる。**1坪は，「約3.3平方メートル」であり，1平方メートルよりも大きい。

2　**Aの方がBよりも大きな値とならない。**1間は，「約1.8メートル」であり，2メートルよりも小さい。

3　**Aの方がBよりも大きな値とならない。**1町歩は，「約0.00991736平方キロメートル」であり，1平方キロメートルよりも小さい。

4　**Aの方がBよりも大きな値とならない。**1升は，「約1.8リットル」であり，2リットルよりも小さい。

5　**Aの方がBよりも大きな値とならない。**1里は，「約3.924キロメートル」であり，10キロメートルよりも小さい。

以上により，Aの方がBよりも大きな値となるものは，1である。

正解　1

問題

　次の記述のうち，社会の様々な問題を題材に取り上げた小説家・山崎豊子の著作として，妥当なものはどれか。

1 　『官僚たちの夏』では，政権交代によって政治主導の政策形成が強まるなかで，筋を通した大蔵省官僚が，官邸の政治力の前に挫折する姿を描いた。

2 　『苦海浄土』では，原子力発電所事故による放射能汚染によって故郷を追われた避難者の姿を通して，原子力安全神話の問題性を告発した。

3 　『白い巨塔』では，国立大学医学部における教授選挙を巡る闘争や，外科手術に関連する医療過誤訴訟を描いた。

4 　『蟹工船』では，日本とソ連崩壊後のロシアとの間の北方領土と北洋の「共同開発」を巡る利権争いを，労働者の視点から描き出した。

5 　『複合汚染』では，全国各地の湾岸の埋立地が，様々な物質によって汚染されている実態を明らかにした。

key word

北方領土

　択捉島，国後島，色丹島及び歯舞群島からなる北方四島。日本固有の領土であるが，1945年に北方四島がソ連に占領されて以降，今日に至るまでソ連・ロシアによる不法占拠が続いている。

本問は，小説家・山崎豊子に関する問題です。

各 肢 の 解 説

1　**妥当でない。**『官僚たちの夏』の作者は，城山三郎である。

2　**妥当でない。**『苦海浄土』の作者は，石牟礼道子である

3　**妥当である。**問題文の通り。

4　**妥当でない。**『蟹工船』の作者は，小林多喜二である。

5　**妥当でない。**『複合汚染』の作者は，有吉佐和子である。

一般知識

正解　3

問 題

　戦後日本の消費生活協同組合（以下「生協」という。）に関する次の記述のうち，妥当なものはどれか。

1　生協は一定の地域による人と人との結合であるため，職域による人と人の結合である生協は認められていない。

2　生協には，加入・脱退の自由がなく，一定の地域に住所を有する者は当然に組合員となる。

3　生協の組合員の議決権・選挙権は，出資口数に比例して認められている。

4　生協は，その主たる事務所の所在地に住所が在るものとされている。

5　生協は法人であり，特定の政党のために，これを利用することが認められている。

key word

消費生活協同組合

　消費生活協同組合法（昭和23年法律第200号）に基づいて設立された法人で，同じ地域（都道府県内に限る。）に住む人，または同じ職場に勤務する人が，生活の安定と生活文化の向上を図るため，相互の助け合いにより自発的に組織する非営利団体。

問 題 分 析　　★★★

本問は，戦後日本の消費生活協同組合に関する問題です。

各 肢 の 解 説

1　妥当でない。生協には，職域による人と人の結合である生協も認められている（消費生活協同組合法2条1項1号）。

2　妥当でない。生協には，加入・脱退の自由がある（消費生活協同組合法2条1項3号）。

3　妥当でない。生協の議決権・選挙権は，平等である（消費生活協同組合法2条1項4号）。

4　妥当である。生協は，その主たる事務所の所在地に住所が在るものとされている（消費生活協同組合法6条）。

5　妥当でない。生協は，特定の政党のために，これを利用することは認められていない（消費生活協同組合法2条2項）。

正解　4

問 題

　日本の墓地および死体の取扱い等に関する次の記述のうち，妥当なものはどれか。

1　墓地の経営には，都道府県知事の許可が必要であるが，納骨堂の経営は届出のみでよい。

2　死体を火葬する際には，生前に住民登録があった市町村の長の許可証を得ることが法律で義務付けられている。

3　死体の火葬を死亡又は死産の当日に行うことは法律で禁止されておらず，感染症などによる死亡の場合には，むしろ死亡当日の火葬が法律で義務付けられている。

4　死体は火葬されることが多いが，土葬も法律で認められている。

5　墓地使用者が所在不明となって10年経過した墓については，経営者の裁量で撤去することが，法律で認められている。

問 題 分 析　　★★★

本問は，日本の墓地および死体の取扱い等に関する問題です。

各 肢 の 解 説

1　**妥当でない。**納骨堂の経営も都道府県知事の許可が必要である（墓地，埋葬等に関する法律10条）。

2　**妥当でない。**「死体埋火葬許可証」を発行するのは，①死亡者の本籍地，②届出人の所在地，③死亡した場所のいずれかの市区町村町である。

3　**妥当でない。**墓地，埋葬等に関する法律3条で「埋葬又は火葬は，他の法令に別段の定があるものを除く外，死亡又は死産後24時間を経過した後でなければ，これを行つてはならない。」と定められている。

4　**妥当である。**火葬が多いが，土葬も法律で認められている（墓地，埋葬等に関する法律2条1項）。

5　**妥当でない。**墓地使用者が所在不明である墓（いわゆる「無縁墳墓」）について，経営者の裁量で撤去できる旨は，墓地，埋葬等に関する法律等の法律で定められているわけではなく，地方公共団体によって条例で定めている所があるに過ぎない。

正解　4

問題

　次に掲げるア～オの営業形態のうち，風適法*による許可または届出の対象となっていないものの組合せはどれか。

ア　近隣の風俗営業に関する情報を提供する，いわゆる風俗案内所

イ　店舗を構えて性的好奇心に応えるサービスを提供する，いわゆるファッションヘルス

ウ　射幸心をそそるような遊興用のマシンを備えた，いわゆるゲームセンター

エ　性的好奇心を煽るような，いわゆるピンクチラシ類を印刷することを業とする事業所

オ　店舗を構えずに，異性との性的好奇心を満たすための会話の機会を提供し異性を紹介する営業である，いわゆる無店舗型テレクラ

1　ア・イ

2　ア・エ

3　イ・ウ

4　ウ・オ

5　エ・オ

（注）　*　風俗営業等の規制及び業務の適正化等に関する法律

問 題 分 析　　★★☆

本問は，風俗営業等の規制および業務の適正化等に関する法律に関する問題です。

各 肢 の 解 説

ア　許可・届出の対象でない。

イ　許可・届出の対象である。 営業する各都道府県公安委員会に届出をして営業する「店舗型性風俗特殊営業」に該当（風適法2条6項2号，27条1項）。

ウ　許可・届出の対象である。 店舗所在地の各都道府県公安委員会の許可を受け営業する「風俗営業」に該当（風適法2条1項5号，3条1項）。

エ　許可・届出の対象でない。

オ　許可・届出の対象である。 営業する各都道府県公安委員会に届出をして営業する無店舗型電話異性紹介営業（テレフォンクラブなど）に該当（風適法2条10項，31条の17第1項）。

以上により，許可・届出の対象となっていないものは，ア及びエであるから，正解は2である。

正解　2

ポイントチェック

風俗営業等の規制及び業務の適正化等に関する法律

（目的）

第1条　この法律は，善良の風俗と清浄な風俗環境を保持し，及び少年の健全な育成に障害を及ぼす行為を防止するため，風俗営業及び性風俗関連特殊営業等について，営業時間，営業区域等を制限し，及び年少者をこれらの営業所に立ち入らせること等を規制するとともに，風俗営業の健全化に資するため，その業務の適正化を促進する等の措置を講ずることを目的とする。

問題

　元号制定の手続に関する次の記述のうち，妥当なものはどれか。

1　元号は，憲法に基づいて内閣総理大臣が告示で定める。

2　元号は，皇室典範に基づいて天皇が布告で定める。

3　元号は，法律に基づいて内閣が政令で定める。

4　元号は，法律に基づいて天皇が勅令で定める。

5　元号は，慣習に基づいて皇室会議が公示で定める。

key word

皇室典範

　天皇，皇族に関する重要事項を定めた憲法附属法典の1つ。憲法に名称が定められているが，通常の法律であり国会は自由に改正することができる。

問 題 分 析　　　★☆☆

本問は，元号制定の手続に関する問題です。

各 肢 の 解 説

元号は，元号法（昭和54年法律第43号）において，「元号は，政令で定める」（第1条）とされている。例えば，令和の改元に際しては，「元号を定める政令」（平成31年政令第143号）が制定された。

正解　3

ポイントチェック

元号

年に付ける呼び名。日本では645年の「大化」がはじめとされる。古くは天災・事変・祥瑞・即位などによって改めたが，明治以後一世一元とされた。現在は1979（昭和54）年制定の元号法により皇位の継承があった場合に限り元号を改めると規定されている。

情報通信・個人情報保護

問題

日本の著作権に関する次のア〜オの記述のうち，妥当なものの組合せはどれか。

ア　裁判所の出す判決は，裁判官らによって書かれているが，その公共性の高さから著作権が認められていない。

イ　著作権法の目的は，権利者の保護，著作物の普及推進，国民経済の発展の三つとされている。

ウ　著作物に該当するかどうかは，創作性，表現性，財産性の三つから判断することとされている。

エ　データベースは著作物ではないので著作権法の保護の対象とならない。

オ　原作を映画化したり脚色した作品も，原作とは別に著作権法上保護の対象となる。

1　ア・ウ
2　ア・オ
3　イ・ウ
4　イ・エ
5　エ・オ

key word

データベース

　大量のデータを集めて，コンピューターでデータの追加，削除，検索をしやすい形に整理したもの。

問題分析　★★☆

本問は，日本の著作権に関する問題です。

各肢の解説

ア　妥当である。 裁判所の判決は，著作権の目的とならない（著作権法13条3号）。

イ　妥当でない。 著作権法の目的は，「著作者等の権利の保護」を図り「文化の発展」に寄与することである（著作権法1条）。

ウ　妥当でない。 著作権法において，著作物とは，「思想又は感情を創作的に表現したものであつて，文芸，学術，美術又は音楽の範囲に属するものをいう」（著作権法2条1項1号）とされ，「創作性」が求められる。財産性は判断基準とはされていない。

エ　妥当でない。 著作権法において，「データベース」とは「論文，数値，図形その他の情報の集合物であつて，それらの情報を電子計算機を用いて検索することができるように体系的に構成したもの」（著作権法2条1項10号の3）であり，データベースでその情報の選択又は体系的な構成によつて創作性を有するものは，著作物として保護される（著作権法12条の2第1項）。

オ　妥当である。 原作を映画化したり，脚色した作品は，著作隣接物として，原作とは別に著作権法上の保護の対象となる（著作権法89条以下参照）。

以上により，妥当なものは，ア及びオであるから，正解は2である。

正解　2

ポイントチェック

著作権について

・著作物を「思想又は感情を」「創作物に」「表現したもの」で，「文芸，学術，美術又は音楽の範囲に属するもの」と定義している。
・著作者の権利には，財産的な利益を守る権利だけでなく，人格や名誉に関わる部分を保護する権利も定められている。著作権法では，前者を「著作権（財産権）」，後者を「著作者人格権」として区別している。
・著作権法では，「創作した人」である著作者の権利のほかに，アーティスト（実演家）・レコード製作者・放送事業者など，著作物を「人々に伝える人」の権利である「著作隣接権」についても定めている。

問　題

　ビットコインに関する次の文章の空欄　I 　～　IV 　に入る適切な語の組合せとして，妥当なものはどれか。

　仮想通貨とは「国家の裏付けがなくネットワークなどを介して流通する決済手段」のことを指す。仮想通貨にはこれまで様々な種類の仕組みが開発されてきたが，その１つがビットコインである。ビットコインは分散型仮想通貨と呼ばれるが，実際の貨幣と同様，当事者間で直接譲渡が可能な流通性を備えることから　I 　と異なる。　II 　型で，通常の通貨とは異なり国家の裏付けがなくネットワークのみを通じて流通する決済手段である。ビットコインを送金するためには，電子財布に格納されている秘密鍵で作成する電子署名と，これを検証するための公開鍵が必要となる。

　　II 　型ネットワークをベースにするため，中心となるサーバもないし，取引所で取引を一括して把握するようなメカニズムも存在しない。取引データは利用者それぞれの端末に記録され，そうした記録がブロックチェーンに蓄積される。ブロックチェーンとは，ブロックと呼ばれる順序付けられたレコードが連続的に増加していくリストを持った　III 　型データベースをいい，それぞれのブロックには　IV 　と前のブロックへのリンクが含まれている。一度生成記録されたデータは遡及的に変更できない。この仕組みがビットコインの参加者に過去の取引に対する検証と監査を可能としている。

	ア	イ
I	電子マネー	クレジットカード
II	P2P	解放
III	分散	集約
IV	所有者名	タイムスタンプ

	I	II	III	IV
1	ア	ア	ア	ア
2	ア	ア	ア	イ
3	ア	イ	ア	イ
4	イ	ア	イ	ア
5	イ	イ	イ	ア

問 題 分 析　　　★★☆

　本問は，ビットコインに関する問題です。

各 肢 の 解 説

　ビットコインは，当事者間で直接譲渡可能な流通性を備えることから，それを備えていない通貨である「電子マネー」（空欄Ⅰ）と異なる。また，「P2P（Peer-to-peer）形」（空欄Ⅱ）という，ネットワーク上で「対等」な関係にある端末間でデータをやりとりする通信方式が採用されている。

　さらに，ブロックチェーンは，「分散型」データベース（空欄Ⅲ）であり，それぞれのブロックには，「タイムスタンプ」（空欄Ⅳ）と前のブロックへのリンクが含まれている。

　以上により，組合せとして妥当なものは，2である。

正解　2

問題

次の文章の ア ～ オ に当てはまる用語の組合せとして，妥当なものはどれか。

「クラウド」は， ア の意味である場合と， イ の意味である場合がある。ネットワークを通じて，多くの人からアイデアを募ったり，サービスを提供してもらう ウ ではクラウドは ア の意味であり，多くの人から資金を募る エ も同じく ア の意味である。これに対し，端末ではなく，ネットワーク上でアプリケーションやデータを操作する オ においては，クラウドは イ の意味で用いられている。

	ア	イ	ウ	エ	オ
1	Cloud	Crowd	クラウドソーシング	クラウドファンディング	クラウドコンピューティング
2	Crowd	Cloud	クラウドファンディング	クラウドコンピューティング	クラウドソーシング
3	Cloud	Crowd	クラウドコンピューティング	クラウドファンディング	クラウドソーシング
4	Cloud	Crowd	クラウドソーシング	クラウドコンピューティング	クラウドファンディング
5	Crowd	Cloud	クラウドソーシング	クラウドファンディング	クラウドコンピューティング

key word

アプリケーション

ソフトウェアの分類のうち，特定の作業を行うために使用されるソフトウェアの総称。

問　題　分　析　　　★★☆

本問は，クラウドに関する問題です。

各　肢　の　解　説

「クラウド」には，「Crowd（人混み・群衆）」，「Cloud（雲）」の両方の意味がある。ネットワークを通じて，多く人からアイデアを募ったり，サービスを提供してもらう「クラウドソーシング」（ウ），及び，多くの人から資金を募る「クラウドファンディング」（エ）は前者の意味であるから，アは「Crowd」である。また，端末ではなく，ネットワーク上でアプリケーションやデータを操作する「クラウドコンピューティング」（オ）においては，後者の意味であるから，イは「Cloud」である。

正解　5

問題

情報技術に関する次のア～オの記述のうち，妥当なものの組合せはどれか。

ア ワームとはアプリケーションの開発時に発生したプログラムのミスが原因で起きる不具合のことをいう。

イ DNSとはDigital Network Solutionの略であり，コンピュータ・ネットワークにおいてセキュリティを確保するための国際的に標準化された仕組みである。

ウ クッキー（cookie）とは，ブラウザにデータとして蓄積されている閲覧先リストを指す。ウェブ・サーバーとブラウザ間でやり取りされる通信プロトコルの一種でもあるが，一般的には，利用者がどのようなサイトを訪れたかに関する情報をいう。

エ トロイの木馬とは，トロイ戦争で木馬の中に兵を潜ませた逸話に模した手法である。ウイルスをユーザーに気付かれずにメールに添付したりソフトウェアに潜ませたりして感染させる。

オ ホストとは，コンピュータOSにおいて管理者権限を持つ者を指す用語である。システムを中心的に操作する者という意味で名付けられた。

1 ア・イ
2 ア・オ
3 イ・エ
4 ウ・エ
5 ウ・オ

key word

通信プロトコル

通信規約。通信をするときの手順を取り決めた約束事。

本問は，情報処理に関する問題である。

各　肢　の　解　説

ア　妥当でない。記述の内容は，「ワーム」ではなく，「バグ」である。「ワーム」とは，ネットワークを使って他のホストに伝染させる自己伝染機能を持つウイルスのことである。

イ　妥当でない。「DNS」とは，Domain Name Systemの略であり，ドメインとIPアドレスを対応付けて管理するシステムのことである。

ウ　妥当である。クッキー（cookie）の記述として正しい。

エ　妥当である。トロイの木馬の記述として正しい。

オ　妥当でない。「ホスト」ではなく，「アドミニストレータ」である。

以上により，妥当なものは，ウ及びエであるから，正解は4である。

正解　4

一般知識

問題

情報や通信に関する次のア～オの記述にふさわしい略語等の組合せとして，妥当なものはどれか。

ア 現実ではないが，実質的に同じように感じられる環境を，利用者の感覚器官への刺激などによって人工的に作り出す技術

イ 大量のデータや画像を学習・パターン認識することにより，高度な推論や言語理解などの知的行動を人間に代わってコンピュータが行う技術

ウ ミリ波などの高い周波数帯域も用いて，高速大容量，低遅延，多数同時接続の通信を可能とする次世代無線通信方式

エ 人が介在することなしに，多数のモノがインターネットに直接接続し，相互に情報交換し，制御することが可能となる仕組み

オ 加入している会員同士での情報交換により，社会的なつながりを維持・促進することを可能とするインターネット上のサービス

	ア	イ	ウ	エ	オ
1	SNS	IoT	5G	VR	AI
2	SNS	AI	5G	VR	IoT
3	VR	5G	AI	SNS	IoT
4	VR	5G	AI	IoT	SNS
5	VR	AI	5G	IoT	SNS

問 題 分 析　　★☆☆

本問は，情報や通信で用いられる略語等に関する問題です。

各 肢 の 解 説

ア　「VR」である。「Virtual Reality」の略で，表面的には現実ではないが，本質的には現実という意味であり，限りなく実体験に近い体験が得られる。

イ　「AI」である。「artificial intelligence」の略で，言語の理解や推論，問題解決などの知的行動を人間に代わってコンピュータに行わせる技術のことである。

ウ　「5G」である。「5th Generation」の略で，携帯電話やスマートフォンなどの通信に用いられる次世代通信規格のことである。

エ　「IoT」である。「Internet of Things」の略，センサーやデバイスといった「モノ」がインターネットを通じてクラウドやサーバーに接続され，情報交換することにより相互に制御する仕組みのことである。

オ　「SNS」である。「social networking service」の略で，Web上で社会的ネットワークを構築可能にするサービスのことである。

以上により，妥当な語句の組合せは，5である。

正解　5

問題

インターネット通信で用いられる略称に関する次のア～オの記述のうち，妥当なものの組合せはどれか。

ア BCCとは，Backup Code for Clientの略称。インターネット通信を利用する場合に利用者のデータのバックアップをおこなう機能。

イ SMTPとは，Simple Mail Transfer Protocolの略称。電子メールを送信するための通信プロトコル。

ウ SSLとは，Social Service Lineの略称。インターネット上でSNSを安全に利用するための専用線。

エ HTTPとは，Hypertext Transfer Protocolの略称。Web上でホストサーバーとクライアント間で情報を送受信することを可能にする通信プロトコル。

オ URLとは，User Referencing Locationの略称。インターネット上の情報発信ユーザーの位置を特定する符号。

1 ア・イ

2 ア・オ

3 イ・エ

4 ウ・エ

5 ウ・オ

本問は，インターネット通信で用いられる略称に関する問題です。

各 肢 の 解 説

ア　妥当でない。 BCCとは，Blind Carbon Copyの略称である。電子メールの機能の一種で，複数の利用者あてに電子メールを同時送信する際，受取人以外の送信先メールアドレスを伏せて送信することである。

イ　妥当である。 なお，これに対し電子メールを受信するための通信プロトコルは，POP（Post Office Protocol）という。

ウ　妥当でない。 SSLとは，Secure Sockets Layerの略称であり，インターネット上におけるウェブブラウザとウェブサーバ間でのデータの通信を暗号化し，送受信させる仕組みのことである。

エ　妥当である。 なお，似たものに，HTTPSがあるが，SはSecureのことで，より安全なプロトコルである。

オ　妥当でない。 URLとは，Uniform Resource Locatorの略称であり，インターネット上のリソース（資源）を特定するための形式的な記号の並びのことである。

以上により，妥当なものは，イ及びエであるから，正解は3である。

正解　3

ポイントチェック

プロトコル

コンピュータ同士の通信をする際の手順や規格のこと。

・Webアクセスに使われるHTTP（Hypertext Transfer Protocol），電子メールのやりとりに使われるPOP（Post Office Protocol），SMTP（Simple Mail Transfer Protocol）
・別のコンピュータへのデータ伝送を制御するTCP（Transmission Control Protocol），ネットワーク上のほかのホストへデータグラムを送るUDP（User Datagram Protocol）
・ネットワーキングのためのプロトコルであるIP（Internet Protocol）

問 題

　通信の秘密に関する次のア～オの記述のうち，妥当でないものの組合せはどれか。

ア　通信の秘密を守る義務を負うのは電気通信回線設備を保有・管理する電気通信事業者であり，プロバイダなど他の電気通信事業者の回線設備を借りている電気通信事業者には通信の秘密保持義務は及ばない。

イ　電気通信事業者のみならず，通信役務に携わっていない者が通信の秘密を侵した場合にも，処罰の対象となる。

ウ　通信傍受法*によれば，薬物関連，銃器関連，集団密航関連など特定の犯罪に限り，捜査機関が裁判所の令状なしに通信の傍受をすることが認められる。

エ　刑事施設の長は，通信の秘密の原則に対する例外として，受刑者が発受信する信書を検査し，その内容によっては差止めをすることができる。

オ　通信の秘密には，通信の内容のみならず，通信当事者の氏名・住所，通信日時，通信回数も含まれる。

　（注）　＊　犯罪捜査のための通信傍受に関する法律

　1　ア・イ
　2　ア・ウ
　3　イ・エ
　4　ウ・オ
　5　エ・オ

本問は，通信の秘密に関する問題です。

各　肢　の　解　説

ア　妥当でない。電気通信事業法４条の秘密保持義務は，プロバイダなど他の電機通信事業者の回線設備を借りている電気通信事業者にも及ぶ。

イ　妥当である。通信役務に携わっていない者が通信の秘密を侵した場合にも，処罰の対象となる（電気通信事業法179条１項）。

ウ　妥当でない。通信傍受法では，裁判所の令状を前提に，捜査機関が通信の傍受をすることが認められる。

エ　妥当である。刑事収容施設及び被収容者等の処遇に関する法律による。

オ　妥当である。通信の秘密には，通信の内容のみならず，通信当事者の氏名・住所，通信日時，通信回数も含まれる。

以上により，妥当でないものは，ア及びウであるから，正解は２である。

正解　２

一般知識

問題

　放送または通信の手法に関する次のア～オのうち，主としてアナログ方式で送られているものの組合せとして，妥当なものはどれか。

ア　AMラジオ放送
イ　公衆交換電話網
ウ　ISDN
エ　無線LAN
オ　イーサネット

　1　ア・イ
　2　ア・エ
　3　イ・オ
　4　ウ・エ
　5　ウ・オ

問 題 分 析　　★★☆

本問は，放送または通信の手法に関する問題です。

各 肢 の 解 説

　放送または通信の手法には大きく分けてアナログ方式とデジタル方式とがある。アナログ方式は，音声や画像・映像の波をそのまま電波にして送るので，品質が落ちやすい。これに対し，デジタル方式は，音声や画像・映像の波を0と1の信号に数字化（デジタル化）して送るので，受け取る側で品質を維持したまま復元できる。情報を正確に伝達できたり，情報の圧縮が可能なので，一度に多くの情報を送ることができたりするメリットがある。

　選択肢の中で，アのAMラジオ放送とイの公衆交換電話網はアナログ方式であり，ウのISDN（公衆通信網の一種で，すべての通信をデジタル化し，一つの回線網で音声通話やFAX，各種のデータ通信などの通信サービスを統合的に取り扱うもの），エの無線LAN，オのイーサネット（主に室内や建物内でコンピュータや電子機器をケーブルで繋いで通信する有線LAN（構内ネットワーク）の標準の一つ）は，デジタル方式である。

　したがって，妥当なものは，1である。

正解　1

問題

　国土交通省自動車局による自動運転ガイドラインに定められた車両の自動運転化の水準（レベル）に関する次の記述のうち，妥当でないものはどれか。

1　レベル1は，縦方向か横方向か，いずれかの車両運動制御に限定された機能についてシステムが運転支援を行い，安全運転については運転者が主体となる。

2　レベル2は，縦方向・横方向，両方の方向の車両運動制御について自動運転機能を有するが，安全運転については運転者が主体となる。

3　レベル3は，全ての方向の車両運動制御について自動運転機能を有し，人の介入を排除し，安全運転についてもシステム側が完全に主体となる。

4　レベル4は，限られた領域で無人自動運転を実施し，システム側が安全運転主体となる。

5　レベル5は，自動運転に関わるシステムが全ての運転タスクを実施し，システム側が安全運転主体となる。

key word

自動運転ガイドライン

　自動運転車の導入初期段階において車両が満たすべき安全要件を定めることにより，国際的な議論を踏まえた安全基準や安全性評価（基準認証）手法が策定されるまでの間においても，適切に安全性を考慮した自動運転車の開発，実用化を促すことを目的として，2018（平成30）年9月に国土交通省自動車局によって策定された。

問 題 分 析　　★☆☆

本問は，国土交通省自動車局による自動運転ガイドラインに関する問題です。

各 肢 の 解 説

1　**妥当である。**2018（平成30）年9月に国土交通省自動車局が定めた『自動運転車の安全技術ガイドライン』によると，レベル1（運転支援）は，「システムが縦方向又は横方向のいずれかの車両運動制御のサブタスクを限定領域において実行」とされる。安全運転に係る監視，対応主体は運転者である。

2　**妥当である。**レベル2（部分運転自動化）は，「システムが縦方向及び横方向両方の車両運動制御のサブタスクを限定領域において実行」とされる。安全運転に係る監視，対応主体は運転者である。

3　**妥当でない。**レベル3（条件付運転自動化）は，「システムが全ての動的運転タスクを限定領域において実行。作動継続が困難な場合は，システムの介入要求等に適切に応答」とされる。安全運転に係る監視，対応主体はシステム（作動継続が困難な場合は運転者）である。

4　**妥当である。**レベル4（高度運転自動化）は，「システムが全ての動的運転タスク及び作動継続が困難な場合への応答を限定領域において実行」とされる。安全運転に係る監視，対応主体はシステムである。

5　**妥当である。**レベル5（完全運転自動化）は，「システムが全ての動的運転タスク及び作動継続が困難な場合への応答を無制限に（すなわち，限定領域内ではない）実行」とされる。安全運転に係る監視，対応主体はシステムである。

正解　3

問　題

　防犯カメラに関する次のア〜オの記述のうち，妥当でないものの組合せはどれか。

ア　防犯カメラの設置は許可制であり，私人が設置する場合には都道府県公安委員会の許可を受ける必要がある。

イ　地方自治体の設置する防犯カメラの映像は個人情報であるとして，当該地方自治体の情報公開条例，個人情報保護条例による保護の対象となっている場合がある。

ウ　都道府県警察の設置した防犯カメラが特定の建物の入口を監視していることを理由に，裁判所により撤去を命じられた事例がある。

エ　市町村が道路など公の場所に防犯カメラを設置するためには，個別の法律の根拠に基づく条例が必要である。

オ　図書館等で防犯カメラを設置する場合，設置場所を明示し，撮影されることを知らせることが必要であるとする地方自治体がある。

1　ア・イ
2　ア・エ
3　イ・オ
4　ウ・エ
5　ウ・オ

714

問　題　分　析　　　★☆☆

本問は，防犯カメラに関する問題です。

各　肢　の　解　説

ア　妥当でない。防犯カメラの設置が許可制である訳ではない。

イ　妥当である。防犯カメラの映像が個人情報であるとして，地方自治体の情報公開条例，個人情報保護条例による保護対象としている例として，中野区等の防犯カメラ等の運用に関する要綱がある。

ウ　妥当である。西成監視カメラ訴訟（大阪地裁平成6・4・27）では，警察署による街頭防犯用監視テレビカメラ設置の違憲性・違法性が争われた事案であり，公道上に設置された15台のテレビカメラのうち1台について，設置により得られる利益より侵害されるプライバシーの利益の方が大きいとして撤去を命じた。

エ　妥当でない。市町村が道路など公の場所に防犯カメラを設置する場合でも，個別の法律の根拠に基づく条例は必要ではない。

オ　妥当である。品川区の「品川区立図書館防犯カメラシステムの管理および運用に関する要綱」等の例がある。

以上により，妥当でないものは，ア及びエであるから，正解は2である。

正解　2

問題

次の文章の空欄 I ～ V には，それぞれあとのア～コのいずれかの語句が入る。その組合せとして妥当なものはどれか。

「顔認識（facial recognition）システム」とは，撮影された画像の中から人間の顔を検出し，その顔の性別や年齢，ⅠⅠなどを識別するシステムのことをいう。

「顔認証（facial identification）システム」とは，検出した顔データを事前に登録しているデータと照合することにより Ⅱ を行うものをいう。

日本の場合，こうした Ⅲ の利用については， Ⅳ の規制を受ける場合もある。

たとえば，監視カメラによって，本人の同意を得ることなく撮影された顔情報を犯罪歴と照合したり，照合する目的で撮影したりすると， Ⅳ における要配慮個人情報に該当する問題となりうる。

既に米国のいくつかの州では， Ⅴ 保護の観点から生体特定要素に「顔の形状」が含まれるとして，顔データの収集について事前の同意を必要とし第三者への生体データの販売に制限を設けるようになっている。欧州でも，欧州委員会から公共空間で取得した顔認識を含む Ⅲ を利用した捜査を禁止する方針が明らかにされた。

ア 表情	イ 大きさ	ウ 前歴確認	エ 本人確認
オ 生体情報	カ 特定個人情報	キ 個人情報保護法	ク 刑事訴訟法
ケ 匿名性	コ プライバシー		

	I	II	III	IV	V
1	ア	ウ	オ	キ	ケ
2	ア	ウ	カ	ク	ケ
3	ア	エ	オ	キ	コ
4	イ	エ	カ	ク	コ
5	イ	エ	オ	キ	コ

問 題 分 析　　★☆☆

本問は，顔認識システム・顔認証システムに関する問題です。

各 肢 の 解 説

　顔認識システム・顔認証システムとは，カメラのデジタル画像から，人を自動的に識別・認証するためのコンピュータシステムである。顔の目，鼻，口などの特徴点の位置や顔領域の位置や大きさをもとに照合を行う。なりすましが困難なためセキュアであり，物理的な鍵を持ったり，パスワードを設定する必要がない。専用装置が不要で導入しやすく，利便性に優れるなどの特長を持っている。

　Ｉには，「表情」が入る。

　Ⅱには，「本人確認」が入る。

　Ⅲには，「生体情報」が入る。

　Ⅳには，「個人情報保護法」が入る。

　Ⅴには，「プライバシー」が入る。

以上により，語句の組合せとして妥当なものは，３である。

正解　3

ポイントチェック

生体認証

　生体認証とは，身体的または行動的特徴を用いて個人を認証するもの。生体認証に用いられる身体的な特徴として，指紋，顔，静脈，虹彩（瞳孔周辺の渦巻き状の文様）などが，行動的特徴として，声紋（音声），署名（手書きのサイン）などがある。生体認証は，広く個人認証として用いられているパスワードによる認証やICカードによる認証と比較して，パスワードの記憶やICカードの管理が不要なため利便性が高く，また，記憶忘れや紛失によるトラブルもないという長所がある。

問題

　欧州データ保護規則（ＧＤＰＲ＊¹）に関する次のア～オの記述のうち，妥当なものの組合せはどれか。

ア　欧州経済領域＊²内に本社を置く企業に限りＧＤＰＲの規制対象となる。

イ　欧州経済領域内で業務を展開する企業に限りＧＤＰＲの規制対象となる。

ウ　ＧＤＰＲの保護対象は，欧州各国政府の保有する各国民の個人データに限られる。

エ　ＧＤＰＲの保護対象は，欧州経済領域内で取り扱われている個人データである。

オ　ＧＤＰＲの規制に違反して域外にデータを移転しても制裁はない。

　（注）　＊１　ＧＤＰＲ：General Data Protection Regulationの略

　　　　＊２　欧州経済領域：EU加盟国28か国とアイスランド，リヒテンシュタイン，ノルウェーを指す。

1　ア・エ

2　ア・オ

3　イ・ウ

4　イ・エ

5　ウ・オ

key word

欧州データ保護規則（ＧＤＰＲ）

　欧州経済領域（European Economic Area：ＥＥＡ＝ＥＵ加盟28カ国およびアイスランド，リヒテンシュタイン，ノルウェー）の個人データ保護を目的とした管理規則であり，個人データの移転と処理についての法的要件を定めている。

問 題 分 析　　★★☆

本問は，個人情報（データ）の保護を目的とする欧州データ保護規則（ＧＤＰＲ）に関する問題です。

各 肢 の 解 説

ア　妥当でない。 欧州データ保護規則（ＧＤＰＲ）は，欧州経済領域内に本社を置く企業だけでなく，欧州経済領域内で業務を展開する企業も規制対象となる。

イ　妥当である。 欧州データ保護規則（ＧＤＰＲ）は，欧州経済領域内で業務を展開する企業が規制対象となる。

ウ　妥当でない。 欧州データ保護規則（ＧＤＰＲ）の保護対象には，欧州各国政府が保有する個人データに限らず，企業等その他の活動主体が保有する個人データも含まれる。

エ　妥当である。 欧州データ保護規則（ＧＤＰＲ）の保護対象には，欧州経済領域内で取り扱われている個人データである。

オ　妥当でない。 欧州データ保護規則（ＧＤＰＲ）の規制に違反して域外にデータを移転した場合，制裁がある。

以上により，妥当なものは，イ及びエであるから，正解は４である。

正解　4

ポイントチェック

欧州データ保護規則（ＧＤＰＲ）の主な内容
- 2018年5月から適用開始
- 個人データの保護に対する権利という基本的人権の保護を目的とした法律
- 適正な管理が必要とされ，違反には厳しい行政罰が定められている
- ＥＥＡ内に支店，現地法人などがなくても，ネット取引などでＥＥＡ所在者の個人データをやり取りする場合は対象になる
- 組織の規模，公的機関，非営利団体等関係なく対象となる（中小零細企業でも対象だが一部例外措置あり）

問　題

　情報公開法制と個人情報保護法制に関する次の記述のうち，妥当なものはどれか。

1 * 個人情報の保護に関する法律は，国・地方公共団体を問わず，等しく適用される。これに対し，情報公開法制は，国の行政機関の保有する情報の公開に関する法律と地方公共団体の情報公開条例の二本立てとなっている。

2　行政機関の保有する情報の公開に関する法律は，国・地方公共団体を問わず，等しく適用される。これに対し，個人情報保護法制は，国の法律と地方公共団体の条例の二本立てとなっている。

3　情報公開法制・個人情報保護法制に基づく開示請求については，法定受託事務に関する文書・情報の場合，地方公共団体が当該文書・情報を管理している場合においても，主務大臣がその開示の許否を判断する。

4　個人情報の訂正請求に対する地方公共団体による拒否決定について，地方公共団体の個人情報保護に関する審査会が示した決定に不服のある者は，国の情報公開・個人情報保護審査会に対し審査請求をすることができる。

5　国の行政機関の長は，国に対する開示請求に係る文書に，国・地方公共団体等の事務または事業に関する情報が含まれており，監査・検査など当該事務事業の性質上，公開によりその適正な遂行に支障を及ぼすおそれがあるときには，その開示を拒否することができる。

　*　問題文をアレンジしてあります。

問 題 分 析　　★★☆

本問は，情報公開法制と個人情報保護法制に関する問題です。

各 肢 の 解 説

1　**妥当でない。** 個人情報の保護に関する法律の定める行政機関等の義務等（60条～126条）の規定は，国の行政機関を規制の対象とし（同法2条8項参照），地方公共団体を適用対象としていない。地方公共団体については，地方公共団体ごとに条例によって規律している。なお，情報公開法制についての記述は妥当である。

2　**妥当でない。** 行政機関の保有する情報の公開に関する法律は，国の行政機関を対象とし（同法2条1項，25条参照），地方公共団体を適用対象としていない。地方公共団体については，地方公共団体ごとに条例によって規律している。なお，個人情報保護法制については，国の法律（個人情報保護法）と地方公共団体の条例との二本立てとなっているから，後段の記述は妥当である。

3　**妥当でない。** 法定受託事務に関する文書・情報についても，地方公共団体がその開示の諾否を判断することになる。

4　**妥当でない。** 情報公開・個人情報保護審査会は，①行政機関の保有する情報の公開に関する法律19条1項，②独立行政法人等の保有する情報の公開に関する法律19条1項，③個人情報の保護に関する法律105条1項の規定による行政機関の長等からの諮問に応じ審査請求について調査審議するため，総務省に置かれる組織である（情報公開・個人情報保護審査会設置法2条）。したがって，本肢のような場合，情報公開・個人情報保護審査会に対し，審査請求をすることはできない。

5　**妥当である。** 国または地方公共団体が行う事務または事業に関する情報であって，公にすることにより，監査，検査等の事務に関し，正確な事実の把握を困難にするおそれ，または違法もしくは不当な行為を容易にし，もしくはその発見を困難にするおそれその他当該事務または事業の性質上，当該事務または事業の適正な遂行に支障を及ぼすおそれがあるものは，不開示情報とされている（行政機関情報公開法5条6号イ，個人情報保護法78条7号ハ）。

正解　5

問　題

　個人情報保護法＊2条2項にいう「個人識別符号」であるものとして次のア〜オのうち，妥当なものの組合せはどれか。

ア　携帯電話番号

イ　個人番号（マイナンバー）

ウ　メールアドレス

エ　クレジットカード番号

オ　指紋データ

　1　ア・イ

　2　ア・ウ

　3　イ・オ

　4　ウ・エ

　5　エ・オ

（注）　＊　個人情報の保護に関する法律

問 題 分 析　　★☆☆

本問は，個人情報保護法の個人識別符号に関する問題です。

各 肢 の 解 説

　個人情報保護法２条２項の「個人識別符号」とは，同条項各号のいずれかに該当する文字，番号，記号その他の符号のうち，政令で定めるものをいう。この規定を受けて，同法施行令１条は，個人情報保護法２条２項の政令で定める文字，番号，記号その他の符号は，①（ⅰ）細胞から採取されたデオキシリボ核酸（別名DNA）を構成する塩基の配列，（ⅱ）虹彩の表面の起伏により形成される線状の模様，（ⅲ）手のひら又は手の甲若しくは指の皮下の静脈の分岐及び端点によって定まるその静脈の形状，（ⅳ）**指紋**又は掌紋等の身体の特徴のいずれかを電子計算機の用に供するために変換した文字，番号，記号その他の符号であって，特定の個人を識別するに足りるものとして個人情報保護委員会規則で定める基準に適合するもの，②旅券の番号，③基礎年金番号，④運転免許証の番号，⑤住民票コード，⑥**個人番号**，⑦各種被保険者証に記載された個人情報保護委員会規則で定める文字，番号，記号その他の符号，⑧その他前各号に準ずるものとして個人情報保護委員会規則で定める文字，番号，記号その他の符号をいうと定めている。

　以上により，個人識別符号であるものは，イ及びオであるから，正解は３である。

正解　３

ポイントチェック

個人識別符号（２条２項）

　次の各号のいずれかに該当する文字，番号，記号その他の符号のうち，政令で定めるもの。
- 一　特定の個人の身体の一部の特徴を電子計算機の用に供するために変換した文字，番号，記号その他の符号であって，当該特定の個人を識別することができるもの
- 二　個人に提供される役務の利用若しくは個人に販売される商品の購入に関し割り当てられ，又は個人に発行されるカードその他の書類に記載され，若しくは電磁的方式により記録された文字，番号，記号その他の符号であって，その利用者若しくは購入者又は発行を受ける者ごとに異なるものとなるように割り当てられ，又は記載され，若しくは記録されることにより，特定の利用者若しくは購入者又は発行を受ける者を識別することができるもの

問題

個人情報保護法*に関する次の記述のうち，妥当でないものはどれか。

1　匿名加工情報については，匿名加工情報取扱事業者に関する規定が設けられており，個人情報取扱事業者に関する規定は直接適用されることはない。

2　地方公共団体が取り扱う情報には，個人情報保護法の個人情報取扱事業者に関する規定が適用されることはなく，各地方公共団体が定める個人情報保護に関連する条例が適用されることになる。

3　個人情報保護法の改正において，要配慮個人情報という概念が新たに設けられ，要配慮個人情報を個人情報取扱事業者が取り扱う場合，他の個人情報とは異なる取扱いを受けることになった。

4　個人情報保護法が適用されるのは，個人情報取扱事業者が取り扱う個人情報データベース等を構成する個人データであり，個人情報データベース等を構成しない散在する個人情報は個人データではない。

5　報道機関や著述を業として行う者は，報道・著述を目的として個人情報を扱う場合にも，個人情報取扱事業者であり，部分的適用除外はあるものの個人情報取扱事業者に関する規定の適用を受ける。

　（注）　＊　個人情報の保護に関する法律

問 題 分 析

本問は，個人情報保護法に関する問題です。

※「選択肢1，選択肢4及び選択肢5の表現が的確でないおそれがあり，複数の正答が考えられる」ため，「受験者全員の解答を正解として採点する」旨の発表が一般財団法人行政書士試験研究センターからありました。

各 肢 の 解 説

1 **妥当でないと判断し得る。**匿名加工情報については，匿名加工情報取扱事業者等の義務規定（43条から46条まで）が設けられている。これに対し，個人情報については，個人情報取扱事業者の義務規定（17条から40条まで）が別に定められている。匿名加工情報は，個人情報でない以上，個人情報保護法17条以下の規定の規制は直接適用されない。もっとも，個人情報取扱事業者が匿名加工情報を作成した場合について定めた規定があり（43条），この規定が問題文の「個人情報取扱事業者に関する規定」であるとし，この規定が存在することを「直接適用」と考えるとすれば本肢は妥当でない。

2 **妥当である。**地方公共団体は，個人情報取扱事業者から除外されており（16条2項2号），各地方公共団体が定める個人情報保護に関する条例が適用される。

3 **妥当である。**要配慮個人情報（2条3項）については他の個人情報とは異なる取扱いが定められている。たとえば，要配慮個人情報については，法令に基づく場合等一定の事由に該当する場合を除いて，本人の同意を得ないで個人情報を取得することができない（20条2項）。

4 **妥当でないと判断し得る。**個人情報取扱事業者の義務規定の多くは，「個人データ」（個人情報データベース等を構成する個人情報）に関して適用される（22条から30条まで）が，個人情報保護法には「個人情報」に関して適用される規定もある（17条から21条まで等）。

5 **妥当でないと判断し得る。**報道機関や著述を業として行う者は，報道・著述を目的として個人情報を扱う場合には，個人情報保護法第4章の個人情報取扱事業者等の義務等に係る規定は適用されない（57条1項1号，2号）。ただし，これらの者にも個人情報保護法174条（個人情報データベース等不正提供罪）は適用されるから，個人情報取扱事業者に関する規定の適用は受ける。もっとも，問題文の「個人情報取扱事業者に関する規定」が個人情報保護法174条を想定せず個人情報保護法第4章の個人情報取扱事業者等の義務等に係る規定のみを想定しているなら，「個人情報取扱事業者に関する規定」の適用は受けないといえ本肢は妥当でない。

正解なし

個人情報の保護に関する法律に関する次の記述のうち，正しいものはどれか。

1 個人情報取扱事業者は，個人データの取扱いの安全管理を図る措置をとった上で，個人データの取扱いについて，その一部を委託することは可能であるが，全部を委託することは禁止されている。

2 個人情報取扱事業者は，公衆衛生の向上のため特に必要がある場合には，個人情報によって識別される特定の個人である本人の同意を得ることが困難でない場合でも，個人データを当該本人から取得することができ，当該情報の第三者提供にあたっても，あらためて，当該本人の同意を得る必要はない。

3 個人情報取扱事業者は，合併その他の事由による事業の承継に伴って個人データの提供を受ける者が生じる場合には，個人情報によって識別される特定の個人である本人の同意を得なければならない。

4 個人情報取扱事業者は，地方公共団体が法令の定める事務を遂行することに対して協力する必要がある場合でも，個人情報によって識別される特定の個人である本人の同意を得た場合に限り，個人データを当該地方公共団体に提供することができる。

5 個人情報取扱事業者は，個人情報の取得にあたって通知し，又は公表した利用目的を変更した場合は，変更した利用目的について，個人情報によって識別される特定の個人である本人に通知し，又は公表しなければならない。

問 題 分 析　　★★☆

　本問は，個人情報の保護に関する法律（個人情報保護法）における個人情報取扱事業者の義務に関する問題です。

各 肢 の 解 説

1　**誤り。**個人情報取扱事業者は，個人データの取扱いの「全部」を委託することも可能である（25条参照）。

2　**誤り。**個人情報取扱事業者が，あらかじめ本人の同意を得ないで，個人データを取得し，第三者提供をすることができるのは，公衆衛生の向上又は児童の健全な育成の推進のために特に必要がある場合において，「本人の同意を得ることが困難であるとき」に限られる（20条2項3号，27条1項3号）。

3　**誤り。**個人情報取扱事業者は，「合併その他の事由により他の個人情報取扱事業者から事業を承継することに伴って個人情報を取得した場合は，あらかじめ本人の同意を得ないで，承継前における当該個人情報の利用目的の達成に必要な範囲を超えて，当該個人情報を取り扱ってはならない」（18条2項）とされるが，承継前の利用目的の範囲内の利用であれば，本人の同意は必要ない。

4　**誤り。**個人情報取扱事業者は，地方公共団体が法令の定める事務を遂行することに対して協力する必要が場合であっても，本人の同意を得ることにより当該事務の遂行に支障を及ぼすおそれがあるときは，本人の同意を得ないで個人データを第三者に提供することができる（27条1項4号）。

5　**正しい。**個人情報取扱事業者は，（あらかじめその利用目的を公表している場合において）個人情報を取得した場合は，速やかに，その利用目的を，本人に通知し（21条1項），利用目的を変更した場合は，変更された利用目的について，本人に通知し，又は公表しなければならない（21条3項）。

正解　5

ポイントチェック

利用目的による制限を受けない場合（18条3項）

(1)　法令に基づく場合

(2)　人の生命，身体又は財産の保護のために必要がある場合であって，本人の同意を得ることが困難であるとき。

(3)　公衆衛生の向上又は児童の健全な育成の推進のために特に必要がある場合であって，本人の同意を得ることが困難であるとき。

(4)　国の機関若しくは地方公共団体又はその委託を受けた者が法令の定める事務を遂行することに対して協力する必要がある場合であって，本人の同意を得ることにより当該事務の遂行に支障を及ぼすおそれがあるとき。

(5)　個人情報取扱事業者が学術研究機関等である場合であって，個人情報を学術研究目的取り扱う必要があるとき。

(6)　学術研究機関等に個人データを提供する場合であって，学術研究機関等が個人データを学術研究目的で取り扱う必要があるとき。

問 題

個人情報の保護に関する法律に定める行政機関等の義務等に関する次の記述の
うち，正しいものはどれか。

1 行政機関の長は，開示請求に係る保有個人情報が他の行政機関から提供され
たものであるときは，いったん開示請求を却下しなければならない。

2 行政機関の長は，開示することにより，公共の安全と秩序の維持に支障を及
ぼすおそれがあると行政機関の長が認めることにつき相当の理由がある情報
は，開示する必要はない。

3 行政機関の長は，開示請求に係る保有個人情報については，必ず当該保有個
人情報の存否を明らかにしたうえで，開示または非開示を決定しなければなら
ない。

4 行政機関の長は，開示請求に係る保有個人情報に個人識別符号が含まれてい
ない場合には，当該開示請求につき情報公開法*にもとづく開示請求をするよ
うに教示しなければならない。

5 行政機関の長は，開示請求に係る保有個人情報に法令の規定上開示すること
ができない情報が含まれている場合には，請求を却下する前に，開示請求者に
対して当該請求を取り下げるように通知しなければならない。

（注） ＊ 行政機関の保有する情報の公開に関する法律

key word

保有個人情報

行政機関等の職員が職務上作成し，又は取得した個人情報であって，当該行政
機関等の職員が組織的に利用するものとして，当該行政機関等が保有しているも
の。ただし，行政文書（行政機関情報公開法2条2項に規定する行政文書）また
は法人文書（独立行政法人等情報公開法2条2項に規定する法人文書）に記録さ
れているものに限る。

問 題 分 析　　★☆☆

　本問は，個人情報の保護に関する法律に定める行政機関等の義務等に関する問題です。

各 肢 の 解 説

1　**誤り。**行政機関の長は，開示請求に係る行政文書が他の行政機関により作成されたものであるときその他の行政機関の長において開示決定等をすることにつき正当な理由があるときは，当該他の行政機関の長と協議の上，当該他の行政機関の長に対し，事案を移送することができる（85条1項前段）。開示請求を却下しなければならないわけではない。

2　**正しい。**個人情報保護法78条5号の不開示情報である。

3　**誤り。**開示請求に対し，当該開示請求に係る保有個人情報が存在しているか否かを答えるだけで，不開示情報を開示することとなるときは，行政機関の長は，当該保有個人情報の存否を明らかにしないで，当該開示請求を拒否することができる（81条）。

4　**誤り。**本肢のような教示を義務づける条文はない。

5　**誤り。**行政機関の長は，開示請求に係る保有個人情報の全部を開示しないときは，開示をしない旨の決定をし，開示請求者に対し，その旨を書面により通知しなければならない（82条2項）が，「請求を却下する前に，開示請求者に対して請求を取り下げるように通知しなければならない」とはされていない。

正解　2

ポイントチェック

個人情報ファイル（60条2項）

　保有個人情報を含む情報の集合物であって，次の（ⅰ）または（ⅱ）のいずれかに該当するものをいう。

（ⅰ）　一定の事務の目的を達成するために特定の保有個人情報を電子計算機を用いて検索することができるように体系的に構成したもの（1号）

（ⅱ）　上記（ⅰ）のほか，一定の事務の目的を達成するために氏名，生年月日，その他の記述等により特定の保有個人情報を容易に検索することができるように体系的に構成したもの（2号）

問題

　国の行政機関の個人情報保護制度に関する次の記述のうち，正しいものはどれか。

1　行政機関の長は，保有個人情報の利用停止請求があった場合には，当該利用停止請求者の求めに応じ，すべての事案において一時的に利用の停止を決定し，その上で利用停止の必要性，相当性について行政機関内において検討し，その必要がないと認められるときには，利用停止を解除する必要がある。

2　行政機関の長は，開示請求に係る保有個人情報に不開示情報が含まれている場合において，不開示情報に該当する部分を容易に区分して除くことができ，かつ，不開示情報に該当する箇所に関係する関係機関の同意が得られたときは，開示可能な部分について開示しなければならない。

3　行政機関の長は，開示請求に係る保有個人情報に不開示情報が含まれている場合には，個人の権利利益を保護するための特別の必要性の有無を考慮しても，開示請求者に対して開示することは一切認められない。

4　行政機関の長は，開示請求に係る保有個人情報に開示請求者以外のものに関する情報が含まれているときは，開示決定等をするにあたって，当該第三者に関する情報の内容等を当該情報に係る第三者に対して通知するとともに，聴聞の機会を付与しなければならない。

5　行政機関の長は，保有個人情報の開示について，当該保有個人情報が電磁的記録に記録されているときは，その種別，情報化の進展状況等を勘案して行政機関が定める方法により行う。

問 題 分 析　　★★☆

本問は，国の行政機関の個人情報保護制度に関する問題です。

各 肢 の 解 説

1　**誤り**。行政機関の長は，利用停止請求があった場合において，当該利用停止請求に理由があると認めるときは，「当該行政機関の長等の属する行政機関等における個人情報の適正な取扱いを確保するために必要な限度で，当該利用停止請求に係る保有個人情報の利用停止をしなければならない」（個人情報保護法100条）。すべての事案において一時的に利用の停止を決定するものではない。

2　**誤り**。行政機関の長は，開示請求に係る保有個人情報に不開示情報が含まれている場合において，不開示情報に該当する部分を容易に区分して除くことができるときは，開示請求者に対し，当該部分を除いた部分につき開示しなければならない（個人情報保護法79条1項）。関係機関の同意は不要である。

3　**誤り**。行政機関の長は，開示請求に係る保有個人情報に不開示情報が含まれている場合であっても，「個人の権利利益を保護するため特に必要があると認めるときは，開示請求者に対し，当該保有個人情報を開示することができる」（個人情報保護法80条）。

4　**誤り**。開示請求に係る保有個人情報に国，独立行政法人等，地方公共団体，地方独立行政法人及び開示請求者以外の者（第三者）に関する情報が含まれているときは，行政機関の長等は，開示決定等をするに当たって，当該情報に係る第三者に対し，政令で定めるところにより，「当該第三者に関する情報の内容その他政令で定める事項を通知して，意見書を提出する機会を与えることができる」（個人情報保護法86条1項）。聴聞の機会を付与する必要はない。

5　**正しい**。保有個人情報の開示は，当該保有個人情報が，文書又は図画に記録されているときは閲覧又は写しの交付により，電磁的記録に記録されているときはその種別，情報化の進展状況等を勘案して行政機関が定める方法により行う（個人情報保護法87条1項）。

正解　5

ポイントチェック

令和3年改正個人情報保護法

　「デジタル社会の形成を図るための関係法律の整備に関する法律」による個人情報保護法の一部改正により，個人情報保護法，行政機関個人情報保護法，独立行政法人等個人情報保護法の3本の法律が1本の法律に統合された（令和4年4月1日施行分）。

問　題

個人情報保護委員会に関する次の記述のうち，妥当でないものはどれか。

1　個人情報保護委員会は，総務大臣，経済産業大臣および厚生労働大臣の共管である。

2　個人情報保護委員会は，法律の施行に必要な限度において，個人情報取扱事業者に対し，必要な報告または資料の提出を求めることができる。

3　個人情報保護委員会の委員長および委員は，在任中，政党その他の政治団体の役員となり，または積極的に政治運動をしてはならない。

4　個人情報保護委員会は，認定個人情報保護団体*が法律の定める認定取消要件に該当する場合には，その認定を取り消すことができる。

5　個人情報保護委員会の委員長，委員，専門委員および事務局の職員は，その職務を退いた後も，職務上知ることのできた秘密を漏らし，または盗用してはならない。

（注）　*　認定個人情報保護団体とは，個人情報の適正な取扱いの確保を目的として，個人情報保護委員会の認定（個人情報の保護に関する法律47条）を受けた団体を指す。

問 題 分 析　　★☆☆

本問は，個人情報保護委員会に関する問題です。

各 肢 の 解 説

1　**妥当でない**。個人情報保護委員会は，内閣総理大臣の所轄に属する（個人情報の保護に関する法律127条2項）。

2　**妥当である**。個人情報の保護に関する法律143条1項。

3　**妥当である**。個人情報の保護に関する法律139条1項。

4　**妥当である**。個人情報の保護に関する法律152条1項。

5　**妥当である**。個人情報の保護に関する法律140条。

正解　1

文章理解

問 題

　本文中の空欄 _____ に入る文章を，あとのア～オを並べ替えて作る場合，その順序として妥当なものはどれか。

　一九八七年の夏，志摩の漁村をおとずれた。そこで知人の漁民から，漁の話をいろいろきいた。そのとき，海のうえでの漁場の位置はヤマをみてきめるのだ，ということを具体的にしった。そういうことをいままでしらないでもなかったが，あまり真剣にかんがえたことがなかった。それからわたしは興にひかれて漁場の本をいろいろよみあさった。

　漁師は，漁場のことをバという。そのバは，ヤマをたててきめる。魚は海のどこにでもいるわけではない。海はひろいが，魚がいるのは，その一部のごくかぎられたところである。魚がいつも群れているところは，海のなかの点でしかない。

　　　　　　　　　　　　　　　　　　　　　　　　　　　　　　　　　　　　

　そこで，そのバをおぼえるのには，陸をみる。たとえば，浜辺の岩とそのむこうの一本杉とをかさねて，一直線の見通し線をたてる。また，べつの方向の煙突とそのむこうの山の頂きとをかさねて，見通し線をたてる。そして，その交点にバがくるようにする。つまり，陸上の四点の地形，地物を選びだして二本の直線をひき，その交点としてバをおぼえるのである。そのような陸上のランドマークとなるものは，岩であれ，杉の木であれ，煙突であれ，山であれ，なんでもいい。漁民にしてみれば，特徴のある陸上の地形，地物はみなヤマになりうる。わたしたちが試験のときにヤマをかけるといい，ヤマカンというのは，みなこのヤマからきている。それほどたいせつなヤマだから，漁師の頭のなかには，ヤマがいっぱいつまっている。たとえば，わたしたちが船で釣りにいったときなど，漁師がここで釣れ，といい，もしそこで釣れないときには，船を動かしてべつのところに移動する。そのとき漁師は，わたしたちの顔をみず，陸地ばかりみて操船している。よい漁師とは，ヤマのよくみえる漁師のことである。漁師という漁師は，すべて，一生ヤマばかりみてくらす。

　　　　　　　　　（出典　上田篤「日本の都市は海からつくられた」から）

ア　それを食べる魚がいて，またさらに大きな魚もくる。
イ　岩礁には穴がたくさんあって，そこを隠れ家とする小魚がいっぱいいる。
ウ　しかし，そこは，海のうえからみてもなにもわからない。
エ　たとえば，バでいちばんおおいのは，岩礁である。
オ　たとえわかっても，海のうえに印をつけることができない。

　1　イ→ア→エ→ウ→オ
　2　イ→ウ→オ→エ→ア
　3　エ→イ→ア→ウ→オ
　4　エ→ウ→イ→ア→オ
　5　エ→オ→ウ→イ→ア

問 題 分 析　　★☆☆

本問は，文章の並びかえに関する問題です。

各 肢 の 解 説

　アの「それを食べる魚」の「それ」とは小魚のことであるから，「小魚」が含まれるイとの関係は，イ→アという順番になりそうである。また，イとエはともに「岩礁」の話をしており，バの例として岩礁をあげるエがイの前に来るから，エ→イ→アという順番になりそうである。残るウとオは，「バがわかる・わからない」という内容の話であって，「わからない」，「たとえわかっても…」との流れから，ウ→オという順番になりそうである。空欄の後の文章では，バがわかったことを前提に，バを覚える話が続いていることから，空欄部分の後半はウ→オになる。

　以上により，エ→イ→ア→ウ→オとなるから，正解は3である。

正解　3

問　題

　本文中の空欄　Ⅰ　〜　Ⅴ　には，それぞれあとのア〜オのいずれかの文が入る。その組合せとして妥当なものはどれか。

　白は，完成度というものに対する人間の意識に影響を与え続けた。紙と印刷の文化に関係する美意識は，文字や活字の問題だけではなく，言葉をいかなる完成度で定着させるかという，情報の仕上げと始末への意識を生み出している。白い紙に黒いインクで文字を印刷するという行為は，不可逆な定着をおのずと成立させてしまうので，未成熟なもの，吟味の足らないものはその上に発露されてはならないという，暗黙の了解をいざなう。

　推敲という言葉がある。推敲とは中国の唐代の詩人，賈島（かとう）の，詩作における逡巡の逸話である。詩人は求める詩想において「僧は推す月下の門」がいいか「僧は敲く（たたく）月下の門」がいいかを決めかねて悩む。逸話が逸話たるゆえんは，選択する言葉のわずかな差異と，その微差において詩のイマジネーションになるほど大きな変容が起こり得るという共感が，この有名な逡巡を通して成立するということであろう。月あかりの静謐な風景の中を，音もなく門を推すのか，あるいは静寂の中に木戸を敲く音を響かせるかは，確かに大きな違いかもしれない。いずれかを決めかねる詩人のデリケートな感受性に，人はささやかな同意を寄せるかもしれない。しかしながら一方で，推すにしても敲くにしても，それほどの逡巡を生み出すほどの大事でもなかろうという，微差に執着する詩人の神経質さ，器量の小ささをも同時に印象づけているかもしれない。これは「定着」あるいは「完成」という状態を前にした人間の心理に言及する問題である。

　白い紙に記されたものは不可逆である。後戻りができない。

Ⅰ

Ⅱ

Ⅲ

Ⅳ

Ⅴ

（出典　原研哉「白」から）

ア 思索を言葉として定着させる行為もまた白い紙の上にペンや筆で書くという不可逆性，そして活字として書籍の上に定着させるというさらに大きな不可逆性を発生させる営みである。

イ 今日，押印したりサインしたりという行為が，意思決定の証として社会の中を流通している背景には，白い紙の上には訂正不能な出来事が固定されるというイマジネーションがある。

ウ 推敲という行為はそうした不可逆性が生み出した営みであり美意識であろう。

エ このような，達成を意識した完成度や洗練を求める気持ちの背景に，白という感受性が潜んでいる。

オ 白い紙の上に朱の印泥を用いて印を押すという行為は，明らかに不可逆性の象徴である。

	I	II	III	IV	V
1	イ	エ	ウ	オ	ア
2	イ	オ	ア	ウ	エ
3	エ	ウ	オ	イ	ア
4	エ	オ	ア	イ	ウ
5	オ	イ	ウ	ア	エ

問 題 分 析　　★★★

本問は，順序整理に関する問題です。

各 肢 の 解 説

　各文の内容に着目すると，(1) イとオの文が共に「白い紙の上に押印する」という内容であるので，前後の連続した文であると考えられる。また，(2) アの文は「〜行為もまた白い紙の上にペンや筆で書く」であるから，アに先行する文に「白い紙の上に書く」という文がくることになる。さらに，(3) ウの文に「そうした不可逆性」とあるから，「不可逆性」という言葉が含まれるア・オの文が，ウに先行すると考えられる。(1)〜(3) を満たしているのは，選択肢2である。

正解　2

問　題

　本文中の空欄 □□□□ に入る文章を，あとのア～オを並べ替えて作る場合，その順序として妥当なものはどれか。

　それにしても，科学というものは，常識的なものの見方を超えた客観性をもつと考えられている。深い経験的な知識が，特定の範囲にかぎって「ほぼ妥当する」のとは違って，科学の知識は「いつでも必ず成り立つ客観性」をもつと信じられている。なぜこのように，科学は万能ともいえる「絶対的な客観性」をもっているのだろうか。万能というと，これはもう信仰の対象に近く，わたしたちは宗教と似たかたちで，科学の客観性を信じているのかもしれない。ところが，実のところ科学は，もっと控えめな客観性しか持ち合わせていないのである。それでも立派に科学の役割は果たされる。

　たとえば，技術上の画期的なアイデアが生まれた場面や，科学的な知識が革命的な飛躍をとげた場面を調べてみると，それらの場面ではほとんど例外なく，発明家や科学者たちが驚きとともに斬新な「ものの見方」を獲得していた事実に気づかされる。科学の歴史をたどると，それこそ無数に実例があるのだが，ここでは話を分かりやすくするために，より身近な具体例で考えてみたい。

　　　　　　　　　　　（出典　瀬戸一夫「科学的思考とは何だろうか」から）

ア　深い経験的な知識や知恵が，驚きとともにわたしたちの目を見開かせ，常識の揺らぎを新たな発見へと誘うように，科学にもこれと同様の性格が備わっている。

イ　その客観性は人間の主体的な創造へとつながる「ものの見方」に由来するのである。

ウ　しかし，その性格は，信仰に類する絶対的な客観性や万能性とは違う。

エ　科学はむしろ「控えめな客観性」に留まる点で素晴らしい。

オ 科学がもつのは，もっと控えめな客観性にすぎない。

1 ア → ウ → イ → オ → エ
2 エ → ア → ウ → オ → イ
3 エ → ウ → イ → ア → オ
4 オ → イ → ウ → エ → ア
5 オ → ウ → ア → エ → イ

問 題 分 析　　★★☆

本問は，空欄に当てはまる文章の順番に関する問題です。

各 肢 の 解 説

文章アからオについて，

(1) 「性格」という語句が2回（ア，ウ）出てくるが，ウの方が「その性格」であり，先に出てくる性格を引用しているので，ア→ウの順番である。また，アの直後がウとなる可能性が高い。

(2) 空欄の先頭の文章としては，空欄の直前で「控えめな客観性しか持ち合わせていない」とあるので，「むしろ控えめな客観性に留まる点で素晴らしい」（エ）がつながりがよい。

(3) 空欄の後に「ものの見方」の『具体例』の話が出てきているので，空欄の最後（のほう）に，ものの見方の内容が含まれるイが来る可能性が高い。
これらを満たしているのは，選択肢2である。

正解　**2**

問　題

　本文中の空欄 I ～ IV には，それぞれあとのア～エのいずれかの文が入る。その組合せとして妥当なものはどれか。

　私たちはこれまで常に「誰かが意味を与えてくれる」ことに慣れていた。子どものときは親が意味を与えてくれる。学校が意味を与えてくれる。そして就職すれば会社が意味を与えてくれる。そのように社会の側が私たちの「生きる意味」を与えてくれていた。　　　　　 I 　　　　　。

　社会が転換期を迎えるときには，評論家とかオピニオンリーダーと呼ばれる入たちが次の時代に目指すべき意味を指し示してくれてきた。そして私たちは「次の時代の潮流に乗り遅れないようにしなければ」と必死だった。　　　 II 　　　　。

　かなり前から「これからはモノの時代ではなく，心の時代だ」と言われるようになった。そして新聞などの世論調査を見ても，「モノより心だ」という意識は顕著に表れてきているし，私もその方向性には共感を覚える。しかし繰り返し「心の時代」が説かれているにもかかわらず，私たちがいっこうに豊かさを感じることができないのは何故だろう。

　それは「心の時代」の「心」が誰の心なのかという出発点に全く意識が払われていないからだ。「心の時代」の「心」が誰の心なのかと言われれば，それは「あなたの心」でしかありえない。「心の時代」とは私たちひとりひとりの心の満足が出発点になる時代のことなのだ。　　　　 III 　　　　。

　あなたの人生のQOL，クオリティー・オブ・ライフは，あなた自身が自分自身の「生きる意味」をどこに定めるかで決まってくるものだ。評論家やオピニオンリーダーの言うことを鵜呑みにしてしまうのでは，それは既にあなたの入生のQOLではなくなってしまう。この混迷する世の中で，「あなたはこう生きろ！」「こうすれば成功する！」といった書物が溢れている。そして，自信のない私たちはそうした教えに頼ってしまいそうになる。　　　　 IV 　　　　。

（出典　上田紀行「生きる意味」から）

ア しかし,「おすがり」からは何も生まれない

イ しかし誰かが指し示す潮流にただ流されて進んでいくことからは,もはや私たちの生き方は生まれえないのである

ウ しかし,私たちの多くはこれまでのように「誰かが私たちの心を満足させてくれる方法を教えてくれるだろう」とか「心の時代の上手な生き方を示してくれるだろう」と思ってしまっている

エ しかし,いまやその「与えられる」意味を生きても私たちに幸せは訪れない

	Ⅰ	Ⅱ	Ⅲ	Ⅳ
1	ア	ウ	イ	エ
2	イ	ア	エ	ウ
3	ウ	エ	ア	イ
4	エ	イ	ウ	ア
5	エ	ウ	イ	ア

問 題 分 析   ★☆☆

本問は,空欄に当てはまる文章に関する問題です。

各 肢 の 解 説

Ⅰは,直前の「社会が生きる意味を与えてくれていた」という文章と逆説の趣旨になる,「その「与えられる」意味を生きても」という趣旨のエが入る。Ⅱは,直前の「次の時代の潮流に乗り遅れないようにする」という文書と逆説の趣旨になる,「しかし,誰かが指し示す潮流にただ流されて」という趣旨のイが入る。Ⅲは,直前の「心の時代の心が,あなたの心である」という趣旨の文章と逆説の趣旨になる,「しかし,誰かが私たちの心を満足させる方法を教えてくれる」という趣旨のウが入る。Ⅳは,直前の「教えに頼る」という趣旨の文章と逆説の趣旨になる,「「おすがり」からは何も生まれない」という趣旨のアが入る。

正解　4

問題

本文中の空欄 I ～ V には，それぞれあとのア～オのいずれかの文が入る。その組合せとして妥当なものはどれか。

　言葉というのは，人間が持っているコミュニケーション手段であり，これが人間の最大の特徴だといっても良い。言葉によってコミュニケーションが取れない状態というのは，人間的な行為がほとんどできない状況に近い。しかし，それでも，その言葉は，それを発する人の本心だという保証はまったくないのである。故意に嘘をつくこともできるし，また，言い間違える，ついうっかり発言してしまう，無意識に言ってしまう，売り言葉に買い言葉で返してしまう，などなど，多分にエラーを含んだものである。〔　　　I　　　〕。行動で判断できるのは，単に「好意的」か「敵対的」かといった雰囲気でしかない。

　したがって，自分が認められていない，という判断は，多分に主観であるから，自分で自分の寂しさ，孤独感を誘発することになる。仲間の中に自分がいても，孤独を感じることになる。〔　　　II　　　〕。孤独とは，基本的に主観が作るものなのである。

　〔　　　III　　　〕。大人になれば，あからさまな危害というのは（法律で禁止されているわけだから）滅多に受けないが，子供のうちは，そうともいえない。突然暴力を振るってくる他者がすぐ近くにいるかもしれない。相手にも相手の理屈があって，「目つきが悪い」というような言いがかりをつけられることだってあるだろう（大人でも，不良ややくざならあるかも）。〔　　　IV　　　〕。こういった物理的な被害があれば，誰でも，「自分はあいつにとっては良い子ではない」と判断するだろう。〔　　　V　　　〕。これなどは・客観に近いといえるかもしれない。

（出典　森博嗣「孤独の価値」から）

ア　しかし，これ以外に，相手の気持ちというのはなかなか認知できない

イ　勝手な主観で，「敵対的」だと判断され，先制攻撃を受けるわけである

ウ　ようするに「気に入られていない」状況であり，つまりは，認められていないわけである

エ ただ，もちろん，主観とはいえないような状況も存在する

オ それは，たとえば，都会のような大勢の人々がいる場所でも孤独になれるということだ

	I	II	III	IV	V
1	ア	イ	エ	オ	ウ
2	ア	オ	エ	イ	ウ
3	イ	オ	ウ	ア	エ
4	エ	ウ	オ	イ	ア
5	オ	エ	イ	ア	ウ

問 題 分 析　　★☆☆

本問は，空欄に当てはまる文章を選ぶ問題です。

各 肢 の 解 説

空欄にあてはまる文章を特定するには，含まれる「接続詞」（しかし，ようするに，ただ，たとえば，等）に着目するとよい。

ウの「ようするに」は，直前の文章に「気に入られていない状況」があることを示すから，直前の文章に「自分はあいつにとっては良い子ではない」がある空欄Vに入るのが正しい。オの「たとえば」は，「都会のような大勢の人々がいる場所でも孤独になれる」がその例にあたる文章が直前にあることを示すから，直前の文章に「仲間の中に自分がいても，孤独を感じることになる」がある空欄IIに入るのが正しい。

この段階で2が妥当ということになるが，空欄I・空欄III・空欄IVにそれぞれア・エ・イが入るかどうかを確認してみるとやはり正しいので，正解は2となる。

正解　2

問 題

本文中の空欄□□□に入る文章として，妥当なものはどれか。

　そもそも住宅とは何だろう。試みに辞書を引くと「人が住み，生活するための家」（『国語辞典』集英社）とある。確かに，住宅は人が生活する場であり，住人の交代や生活の変化に伴い，姿を変えてゆくものである。

　しかしその一方，住宅の平面や形は生活だけで決まるものではない。たとえば，社宅のように同じ間取りが並ぶ場合でも，内部の造作や家具は住人によって異なり，全く違う住宅にみえることがある。住宅としての機能が同じでも，意匠が異なれば周囲に与える影響は異なる。これは，「機能」と「意匠」がどちらも住宅を構成する重要な要素でありながら，全く異なる意味を持っているためである。

　ファッションにたとえるとわかりやすい。

住宅の意匠もまた，住人の好みや生活だけで決まるものではなく，住人の思想，地位，身分を表現するために周到に選ばれる。住宅は，「生活の器」であると同時に，自分をどう見せたいのか，どう表現したいのか，その「欲望を映す鏡」ともいえる。

　住宅はまた，気候や風土などの自然条件，建てるための技術，さらには社会思想の変化も反映する。住宅の祖型ともいえる竪穴住居の場合，人を自然から守ることが最も重視されたはずだが，江戸時代の書院造では生活の快適さよりむしろそこに坐る人の身分を視覚的に示すことが求められたし，近代に入り，大正時代には住宅による生活改善が社会的なテーマとなった。住宅に求められるものは，時代や社会背景によって異なる。住宅はすなわち，「時代を映す鏡」ともいえるのである。

（出典　小沢朝江・水沼淑子「日本住居史」から）

1　人は，夏には涼しく，冬には暖かく過ごせるように，気候にふさわしい服を選ぶ。もちろん人それぞれに好みもあるだろう。でも，学生が就職活動に当た

り一様にリクルートスーツを着るのは，その服が快適だからでも，好きだからでもなく，「社会人の卵」であり「良識ある大人」である自分を表現するためといえる。

2　人は，春にはあでやかに，秋にはしとやかに過ごせるように，季節にあわせた服を選ぶ。もちろん人それぞれに好みもあるだろう。でも，学生が卒業式に当たり一様にスクールカラーを意識した服を身につけるのは，その服が快適だからでも，好きだからでもなく，「社会人の卵」であり「節度ある学生」である自分を表現するためといえる。

3　人は，公的には清潔に，私的には快適に過ごせるように，気分にあわせた服を選ぶ。もちろん人それぞれに好みもあるだろう。でも，生徒たちが体育祭で一様にチームカラーのTシャツを着るのは，その服が快適だからでも，好きだからでもなく，「社会人の鏡」であり「良識ある生徒」である自分を表現するためといえる。

4　人は，表面では上品に，内面では安逸に過ごせるように，時宜にあわせた服を選ぶ。もちろん人それぞれに好みもあるだろう。でも，社員たちが真夏の職場でクールビズの服を着るのは，その服が快適だからでも，好きだからでもなく，「社会人の鏡」であり「自由ある個人」である自分を表現するためといえる。

5　人は，集団では一律に，個人では個性豊かに過ごせるように，場所にあわせた服を選ぶ。もちろん人それぞれに好みもあるだろう。でも，社員たちが会社の社員旅行の宴会で一様に旅館の浴衣を着るのは，その服が快適だからでも，好きだからでもなく，「社会人の鏡」であり「自信ある個人」である自分を表現するためといえる。

問 題 分 析　★★☆

本問は，空欄に当てはまる文章に関する問題です。

各 肢 の 解 説

　空欄部分には，本文6行目の「機能が同じでも，意匠が異なれば周囲に与える影響は異なる」という趣旨を，ファッションに例えた文章が入るため，前半は「機能」，後半は「意匠と周囲に与える影響」に対応する文章を選ぶことになる。

　この観点から，各選択肢を比較検討すると，1が妥当である。

正解　**1**

問題

本文中の空欄□□□に入る文章として，妥当なものはどれか。

人は悲しいから泣くのだろうか，それとも泣くから悲しいのだろうか。もちろん悲しいとわかっているから泣くのだ，という人がほとんどだろう。しかし心理学者，生理学者たちはむしろ泣くから悲しく感じるのだ，と主張してきた。

この説は直感に反するように見えるかも知れない。しかし実際に感情（生理反応を含めて情動と呼ぶ）を経験する場面を考えると，案外そうでもない。□

□また人を好きになるときは，「気がついたらもう好きになっていた」ということがむしろ多いのではないか。身体の情動反応が先にあり，それが原因になって感情経験が白覚されるという訳だ。「身体の情動反応が感情に先立つ」という話の順序が逆に見えるのは，身体の情動反応が無白覚的（不随意的ともいう）であることが多く，気づきにくいからだ。

（出典　朝日新聞2003（平成15）年12月4日付け夕刊下條信輔「体と心の相互作用知らぬ間に，見ることで好きになる」から）

1　たとえば会社のエレベーターで偶然嫌な上司と乗り合わせたとしよう。まず状況を分析し，あの人は本当はいい人なのだ，と言いきかせてからおもむろにエレベーターから降りる人がいるだろうか。その場は表面的にとりつくろい，デスクに戻って落ち着いてからあらためて嫌悪感が込み上げて来る，という方が普通ではないか。

2　たとえば山道で突然クマに出会ったとしよう。まず状況を分析し，自分は怖いのだ，と結論してからおもむろに逃げる人がいるだろうか。足が反射的に動いて山道を駆け下り，人里に辿り着いて一息ついてから恐怖が込み上げて来る，という方が普通ではないか。

3 たとえば街で突然昔の恋人を見かけたとしよう。まず状況を分析し，自分が好きだった人だ，と確認してからおもむろにすれ違う人がいるだろうか。表情は理性的に装って通り過ぎ，自分の家に戻ってから懐かしさが込み上げて来る，という方が普通ではないか。

4 たとえば台所で偶然ゴキブリを見つけたとしよう。まず状況を分析し，害虫は殺してもいいのだ，と弁別してからおもむろに殺虫剤を探す人がいるだろうか。手が反射的に敲きまくり，ごみ箱の前で我に返ってから生命の重さを考える，という方が普通ではないか。

5 たとえば夜中にトイレで突然幽霊と遭遇したとしよう。まず状況を分析し，あれは人間ではないのだ，と認知してからおもむろに叫び声をあげる人がいるだろうか。目を反射的に覆って用を足して，ベッドに戻って一息ついてから幽霊は存在しないのだと科学的に考える，という方が普通ではないか。

問 題 分 析　　★☆☆

本問は，空欄に当てはまる文章を選ぶ問題です。

各 肢 の 解 説

　空欄部分には，空欄の後の文章である「身体の情動反応（生理反応を含む）」が先にあり，それが原因になって，「感情経験が自覚」される，に該当する文章があてはまる。

　1の「その場は（上司に対する嫌悪感から）表面的にとりつくろう」は，身体の情動反応に該当しない。

　2の「足が反射的に動く」は，身体の情動反応に該当する。また，「恐怖が込み上げて来る」は，感情経験の自覚に該当する。

　3の「表情は理性的に装う」は，身体の情動反応に該当しない。

　4の「生命の重さを考える」は，感情経験の自覚に該当しない。

　5の「幽霊は存在しないのだと科学的に考える」は，感情経験の自覚に該当しない。

　したがって，2が正解である。

正解　2

問題

本文中の空欄　Ⅰ　および　Ⅱ　には，それぞれあとのア～カのいずれかの文が入る。その組合せとして妥当なものばどれか。

コミュニケーション失調からの回復のいちばん基本的な方法は，いったん口をつぐむこと，いったん自分の立場を「かっこにいれる」ことです。「あなたは何が言いたいのか，私にはわかりません。そこで，しばらく私のほうは黙って耳を傾けることにしますから，私にもわかるように説明してください」。そうやって相手に発言の優先権を譲るのが対話というマナーです。

でも，この対話というマナーは，今の日本社会ではもうほとんど採択されていません。今の日本でのコミュニケーションの基本的なマナーは，「　　　　Ⅰ　　　　」だからです。相手に「私を説得するチャンス」を与える人間より，相手に何も言わせない人間のほうが社会的に高い評価を得ている。そんな社会でコミュニケーション能力が育つはずがありません。

「相手に私を説得するチャンスを与える」というのは，コミュニケーションが成り立つかどうかを決する死活的な条件です。それは「　　　　Ⅱ　　　　」ということを意味するからです。

それはボクシングの世界タイトルマッチで，試合の前にチャンピオンベルトを返還して，それをどちらにも属さない中立的なところに保管するのに似ています。真理がいずれにあるのか，それについては対話が終わるまで未決にしておく。いずれに理があるのかを，しばらく宙づりにする。これが対話です。論争とはそこが違います。論争というのはチャンピオンベルトを巻いたもの同士が殴り合って，相手のベルトを剥ぎ取ろうとすることだからです。

対話において，真理は仮説的にではあれ，未決状態に置かれねばなりません。そうしないと説得という手続きには入れない。説得というのは，相手の知性を信頼することです。両者がともに認める前提から出発し，両者がともに認める論理に沿って話を進めれば，いずれ私たちは同じ結論にたどりつくはずだ，そう思わなければ人は「説得」することはできません。

（出典　内田樹「街場の共同体論」から）

ア 自分の言いたいことばかりを必死に情緒に訴えて，相手を感動に導くこと

イ 自分の言いたいことのみを先んじて冷淡に述べ，相手の発言意欲を引き出すこと

ウ 自分の言いたいことだけを大声でがなり立て，相手を黙らせること

エ あなたの言い分も私の言い分も，どちらも立つように，しばらく判断をキャスティングする

オ あなたの言い分が正しいのか，私の言い分が正しいのか，しばらく判断をペンディングする

カ あなたの言い分も正しいけれど，私の言い分はもっと正しいと，しばらく判断をマウンティングする

	I	II
1	ア	エ
2	イ	エ
3	イ	オ
4	ウ	オ
5	ウ	カ

問 題 分 析　★☆☆

本問は，空欄に当てはまる文章に関する問題です。

各 肢 の 解 説

　空欄Ⅰには，空欄の後の文章である『相手に「私を説得するチャンス」を与える人間より，相手に何も言わせない人間のほうが社会的に高い評価を得ている。』に対応する内容があてはまる。「相手に何も言わせない」のは，選択肢中の「相手を黙らせること」が最も近いから，選択肢ウがあてはまる。

　空欄Ⅱの後には，『それはボクシングの世界タイトルマッチで，試合の前にチャンピオンベルトを返還して，それをどちらにも属さない中立的なところに保管するのに似ています。』とあることから，これに対応する内容があてはまる。「判断をペンディング」するのは，判断を保留する，という意味であるから，選択肢オがあてはまる。

　これらを満たしているのは，選択肢4である。

正解　4

問 題

　本文中の空欄　Ⅰ　～　Ⅴ　には，それぞれあとのア～オのいずれかの文が入る。その組合せとして妥当なものはどれか。

　「彼は大いに勉強したが，落第した。」という場合は，大いに勉強したという事実と，落第したという事実とが同時に指摘されている。「彼は大いに勉強したが，合格した。」という場合は，大いに勉強したという事実と，合格したという事実とが同時に指摘されている。　　Ⅰ　　。それが正直な気持というものである。そして，この二つの事実は「が」で結ばれて，そのまま表現されたのである。つまり，「が」は，こうした無規定的直接性をその通り表現するのに役立つのである。「が」で結ばれた二つの句も，これはこれで文章である。　　Ⅱ　　。「彼は大いに勉強したのに，落第した。」「彼は大いに勉強したので，合格した。」こう書き換えると，「が」で繋いでいた時とは違って，二つの句の関係がクッキリと浮かび上って来る。「のに」——もっと強く言えば，「にも拘らず」——を使えば，大いに勉強したという事実と，落第したという事実とがただ一瞬に現われるのでなく，ハッキリした反対の関係に立つことになり，こうなると，今度は，大いに勉強したという事実は少し怪しいのではないか，あの程度の勉強では不十分なのではないかという風に考えが進み始めるであろう。また，大いに勉強したという事実と，合格したという事実との間を「ので」——もっと強く言えば，「結果」——で繋げば，一つの因果関係が設定されることになり，運不運でなく，立派に勉強さえすれば合格するものだという考えへ導かれるであろう。こちらの考えが決まり，態度が決まって来る。　　Ⅲ　　。無規定的直接性というのは，一種の抽象的な原始状態であって，それはやがて，「のに」や「にも拘らず」，「ので」や「ゆえに」を初めとして，多くの具体的関係がそこから成長し分化して行く母胎である。

　　Ⅳ　　。人間の精神が強く現実へ踏み込んで，その力で現実を成長させ，分化させるのである。人間の精神が受身の姿勢でいる間は，外部の事態にしろ，自分の気持にしろ，ただボンヤリと「が」で結ばれた諸部分から成り立っている。これらの諸部分の間に，「のに」や「にも拘らず」，「ので」や「ゆえに」を嵌め込むのには，精神が能動的姿勢にならなければ駄目である。　　Ⅴ　　。

本当に文章を書くというのは，無規定的直接性を克服すること，モヤモヤの原始状態を抜け出ることである。

（出典　清水幾太郎「論文の書き方」から）

ア　しかし，この成長や分化は自然に行われるものではない
イ　精神が多くのエネルギーを放出し，強く緊張しなければならぬ
ウ　しかし，「が」をやめて，次のように表現してみたら，どうであろう
エ　「が」は無規定的直接性をそのまま表現するのに適している言葉である
オ　最初の実感としては，それぞれ二つの事実が一度に眼前や心中に現われるに違いない

	I	II	III	IV	V
1	イ	ア	エ	ウ	オ
2	ウ	イ	エ	ア	オ
3	ウ	エ	イ	オ	ア
4	オ	エ	ア	ウ	イ
5	オ	ウ	エ	ア	イ

問 題 分 析　　★☆☆

本問は，空欄に当てはまる文章に関する問題です。

各 肢 の 解 説

　空欄 I は，直前の文章に 2 つの事実が記載されていることから，「それぞれ二つの事実」を含むオがあてはまる。

　空欄 II は，直後の文章で「が」が「のに」「ので」に改められていることから，ウがあてはまる。

　空欄 III は，直後に「無規定的直接性というのは」という形で補足説明がされていることから，エがあてはまる。

　空欄 IV は，直前に「成長」「分化」という言葉があるから，アがあてはまる。

　空欄 V は，直前で「精神」の話をしているから，イがあてはまる。

　これらを満たしているのは，5 である。

正解　5

問 題

本文中の空欄 ⓘ には，あとのア～ウのいずれかの文が入り，空欄 ⓘⓘ には，あとのA～Cのいずれかの文が入る。その組合せとして妥当なものはどれか。

　ことばの「定義」の一番基本的なものは，何かを示して，「これは――です」と言うことである。それは普通「指示定義」と呼ばれている。「指示定義」は，「定義」の内では最も簡単なものであるけれども，またいろいろと不完全な点も多い。目の前に対象がなければならないことは勿論であるが，もっと重要な欠点は，そのことばを教える人が，眼前にある対象の持つ，どの部分に注目してそのことばを使っているのかが，教えられる人に分らないことである。

　たとえば，小さな幼児に，ボールを見せて，「これはまりだよ」と教えたとしよう。 ⓘ 。しかしこの子供は，「まり」ということばをいろいろなものに使うたびに，ほめられたり笑われたりしながら，ある球形をした対象が，どのような条件を持っている場合にのみ，「まり」と呼ばれるものかを悟っていくのである。

　指示の代りに，ことばを使って或ることばを人に教えることは，本質的には「指示定義」をいろいろな情況の下で繰返すことの代りであると考えられる。つまり，自分がある特定のことばに関して持っている経験と，同等の経験を，他の人が持てるように，あれこれと，情況の範囲を制限し，条件をつけていくのである。したがって，ことばによることばの「定義」は，教える人の経験と，教わる人の経験の差，および「定義」をする目的などの条件で千差万別の形をとり得る。

　たとえばライオンを知らない子供にライオンとは何かを，ことばだけで教えようとする。 ⓘⓘ 。しかしこれだけでは虎との区別，ヒョウとの区別を子供がつけることはできないから，そこで，更に詳しい説明が必要となる。しかしいくら詳しく説明しても絶対的な意味での充分ということはないのである。

（出典　鈴木孝夫「ことばと文化」から）

ア　子供は「まり」とは球技の用具を呼ぶのかと思い込んで，次に野球のボールを見ても，テニスのラケットを見ても「まり」と言うようになることがある

イ　子供は球状をしたものを「まり」と呼ぶのかと思い込んで，次に西瓜を見て

も，豆を見ても「まり」と言うようになることがある

ウ　子供はボールを別名「まり」と呼ぶのかと思い込んで，次にアメリカ人に見せても，フランス人に見せても「まり」と言うようになることがある

A　もしその子がライオンの生態をあまり知らなかった場合でも，ライオンは猫のお友だちであるということで対象の範囲はかなり狭められる

B　もしその子が猫とライオンが虎やヒョウの仲間だと知っている場合には，ライオンは百獣の王だということで対象の範囲はかなり狭められる

C　もしその子が猫をすでに知っている場合には，ライオンとはとても大きな猫の一種だということで対象の範囲はかなり狭められる

	I	II
1	ア	C
2	イ	B
3	イ	C
4	ウ	A
5	ウ	C

問 題 分 析　★★☆

本問は，空欄に当てはまる文章に関する問題です。

各 肢 の 解 説

空欄Ⅰは，直後の文章に「ある球形をした対象」とあるので，「テニスのラケット」が含まれるアはあてはまらず，「西瓜」「豆」と球形をしたものに限定されるイがあてはまる。ウは，空欄Ⅰ直後の文章に「「まり」ということばをいろいろなものに使う」とあるので，ボールだけに使っているウはあてはまらない。

空欄Ⅱは，直後の文章で「ライオン」の虎・ヒョウとの区別が問題になっていることから，ライオン・虎・ヒョウの3者を含むように対象の範囲を狭めている表現であるCがあてはまる。

これらを満たしているのは，3である。

正解　3

問 題

本文中の空欄　I　～　IV　に入る語句の組合せとして，妥当なものはどれか。

　わたしたちは，現代日本語で，「恋人のことを思う（想う）」と言ったり，「来週の旅行の計画を考える」と言ったりする。「思う」と「考える」，二つの漢字から成る熟語が「思考」だが同じ「思考」でも，感情の籠もった思念を心に　I　と浮かべることが「おもう」，筋道を立てて理知的に頭を働かせることが「かんがえる」——わたしたちは二つの動詞をおおむねそんなふうに使い分けているようだ。幼年期以来の言語生活の諸場面の蓄積から，そうした使い分けを習得し，それに　II　してきたということだ。

　ただし，さほど区別せずに混用し，「そう思います」と言ったり「そう考えます」と言ったりもしている。「考えます」の方がいくらか改まった感じになるといったところか。しかし，二つの動詞それぞれの意味領野は正確にはいったいどのようなものなのか，両者はどのように食い違い，またどのように重なるのか。そんな疑問がふと湧くこともないではない。そういうときこそ古語辞典の出番である。

　「おもふ」について，「オモ（面）オフ（覆）の約」と説明している辞典がある。胸のうちに様々な感情を抱いているが，「おもて」（オモ（面）テ（方向）であり，そこからオモテ（表）の意味にもなる）には出さず，じっと蓄えているというのが　III　である，と。共同体の公共の場面には露出しがたい，顔の裏に（裏面に）「覆われた」感情——それが「おもひ」なのである。

　では，「かんがふ」はどうか。元来は「かむがふ」，さらに遡れば「かむかふ」なのだという。カはアリカ，スミカのカ，すなわち「所」「点」で，ムカフは両者を向き合わせるの意。「かんがふ」とは，二つの物事を突き合わせ，その合否を調べ，ただすことなのだ。

　語源の探索は，客観的に実証されうる場合と推量や想像によるしかない場合とがある。「おもふ」「かんがふ」の以上のような語源説明がそのどちらであるのか，国語学の専門家でもないわたしは詳らかにしない。ひょっとしたら，辞典の項目執筆者にはまことに失礼ながら，まったくの憶測，当て推量，こじつけに近い語源説なのかもしれない。が，たとえそうであるにせよ，「おもふ」なら「おもふ」，「かんがふ」なら「かんがふ」というきわめて基本的な語彙が，長い歳月をくぐ

り抜ける中で蒙ってきた変容の過程に，ふと「おもひ」を致させてくれる，それをめぐって何がしか「かんがへ」をめぐらすきっかけを与えてくれるという意味で，ときにこうした記述を参照してみるのはきわめて刺激的かつ有用な振る舞いだろう。自分が日常何げなく用いている単純な言葉のうちに，民族の歴史の膨大な時間が孕まれていることを気づかせてくれるからだ。単に古典を理解するための　Ⅳ　というにとどまらない古語辞典の愉しみが，そんなところにもある。

　結局，本来はまったく意味を異にする二語だったということだ。「おもひ」とはもともとは内に秘め隠された思いのことであり，だとすれば「何々と思います」などと今日わたしたちがおおっぴらに口にするのは，原義とは完全に矛盾した言葉の使いかたということになる。それは顔の表情に表われないように抑制しつつ，心のうちにじっと堪えている不安，怨恨，執念，恋情など，何かしら激しい情動を孕んだ思念であった。他方，「かんがふ」とは，二つの物事を対峙させ，比較考量するというきわめて厳格な知性の働きを意味していた。その働きが窮まるところ，調べただし，罰を与えるという意味を帯びるまでになったという。

（出典　松浦寿輝「『おもひ』と『かんがへ』」から）

	I	II	III	IV
1	漠然	習熟	原義	補助ツール
2	整然	修練	言辞	補助コンテンツ
3	漠然	錬成	言辞	補充アイテム
4	判然	納得	原義	主要ツール
5	漫然	習熟	語彙	主要アイテム

問 題 分 析　★☆☆

本問は，空欄に当てはまる語句に関する問題です。

各 肢 の 解 説

　Ⅰは，「筋道を立てて理知的に頭を働かせる（＝かんがえる）」ことと逆の概念の語句があてはまることから，「漠然」があてはまる。Ⅱは，幼年期以来，慣れてきたというニュアンスから，「習熟」があてはまる。Ⅲは，語源について述べている部分であり，元々の意味という意味で，「原義」があてはまる。Ⅳは，古語辞典について，「単に古典を理解する」というところから，「補助ツール」があてはまる。

正解　1

本文中の空欄 ⅠⅠ ～ ⅣⅣ に入る語句の組合せとして，妥当なものはどれか。

　そもそもコミュニケーションは，自分の気持ちや意見，それに決意などを伝え，それを相手が受け入れて理解するところまでしないと，成立したとはいえない。もしそうでなかったら，そこには誤算や失敗しかなく，時間と努力を無駄に使った結果になる。

　政治やビジネスの世界では，リーダーと称する人たちが大見えを切った発言をしている場を ⅠⅠ に見る。大風呂敷を広げて広大な目標を掲げて「世界に向かって発信していく」と ⅡⅡ している。まさに「発信」だけであって，人々が受け入れて理解をし，賛同したり協力したりするところまでは気を配っていない。

　すなわち，人々がきちんと「受信」してくれるところまで説明をしたり説得したりする努力を続けていない。発信主義では相互理解の世界にはならない。口を開くときには，受信に重きをおいた「受信主義」に徹しようとする心構えが必要不可欠だ。

　もちろん，伝えようとする中身は重要である。それが間違っていたりピンぼけになっていたりしたら，話にならない。だが，相手が正しく受け入れて理解できるような伝え方をしなかったら， ⅢⅢ の目的は達成できない。相手の受信に重点をおいたコミュニケーションの仕方が大切である ⅣⅣ だ。

（出典　山﨑武也「外国人は日本文化の『何』を知りたがっているのか－そのエッセンスは茶道の中に－」から）

	Ⅰ	Ⅱ	Ⅲ	Ⅳ
1	間近	公言	初期	所謂
2	頻繁	豪語	所期	所以
3	往々	広言	庶幾	由来
4	目前	壮語	所記	由緒
5	身近	高言	書記	由縁

本問は，空欄に当てはまる語句の組合せに関する問題です。

　空欄Ⅲには，「前もって定めておくこと」という意味の語句である『所期』が入るから正解は選択肢2となるが，空欄Ⅰ・空欄Ⅱ・空欄Ⅳが正しいか念のため検証する。空欄Ⅰは「『頻繁』に見る」，空欄Ⅱは「発信していくと『豪語』している」，空欄Ⅳは「コミュニケーションの仕方が大切である『所以』だ」といずれも正しくあてはまることから，正解は選択肢2である。

正解　2

問　題

本文中の空欄　Ⅰ　～　Ⅴ　に入る語句の組合せとして，妥当なものはどれか。

　身体には個人の意図からは独立した自然の秩序が存在する。骨格の構造にして
も，体内の循環機能にしても・また自然体と言われる姿勢の　Ⅰ　にしても，そ
れらは個人の意図からは独立した本来的秩序の上に成り立っている。体内の流れ
に自然な調和を保つはたらきのことを恒常性機能というが，そのメカニズムにつ
いては　Ⅱ　的にも明らかになっている。しかし，人間の身体に「なぜそのよう
な秩序が存在するのか？」という問いについては科学的な説明のおよぶところで
はなく，「事実としてそうである」としか言いようがない。

　古来，日本人の態度として，人間の力によらないものについては敢えて意味付
けをしない風習のようなものがあった。ある意味それは自然に対する　Ⅲ　の念
からでもあっただろうし，つまり，　Ⅳ　を超えたところではたらいている秩序
に対して，人間に理解可能な理屈のなかだけで向き合おうとするのは　Ⅴ　きわ
まりない態度である，と昔の日本人ならばそう考えたかも知れない。そこでわれ
われの先祖は，理屈で物事を考える前に，まずは「観る」ということを，物事と
向き合う基本に据えたのであろう。

　　　　　　（出典　矢田部英正「たたずまいの美学―日本人の身体技法」から）

	Ⅰ	Ⅱ	Ⅲ	Ⅳ	Ⅴ
1	形態	現象学	尊敬	人知	無法
2	形態	遺伝学	尊攘	既知	不遜
3	形態	解剖学	畏敬	人知	不遜
4	態度	遺伝学	畏敬	想定	無法
5	態度	解剖学	尊攘	既知	不埒

問 題 分 析　　　★☆☆

　本問は，空欄に当てはまる語句を選ぶ問題です。

各 肢 の 解 説

　空欄Ⅰは，物のかたちを示す「形態」があてはまる。

　空欄Ⅱは，生物体の形態・構造・機能を示す「解剖学」的があてはまる。

　空欄Ⅲは，心からおそれ敬うことを示す「畏敬」があてはまる。

　空欄Ⅳは，人間の知識や知恵を示す「人知」があてはまる。

　空欄Ⅴは，思いあがっていることやおごりたかぶっていることを示す「不遜」があてはまる。

　これらを満たしているのは，3である。

正解　3

問題

本文中の空欄 ⬛ I ⬛ ～ ⬛ V ⬛ に入る語句の組合せとして，妥当なものはどれか。

　自信のあること，当然だと思うことは，小さい声で言うようにしましょう。その小さな声が，池に小石を投げ入れたときのように， ⬛ I ⬛ を広げていって，はじめてそれまでの流れが変わり，決定が覆る可能性が出てくるのです。普段から大きい声を出さないようにする習慣を身につけていたほうがいいかもしれません。

　また，怒っている気持ちを外に表すような言い方や態度での発言も感心しません。会議では，それはほとんどの場合，逆効果です。

　議論が ⬛ II ⬛ するにつれて，言葉が荒く汚くなる人がいますが，これにも注意しましょう。感情的になりすぎない姿勢が大切です。

　議論というのは言葉で行われるものであり，まずは ⬛ III ⬛ であることが求められます。それには，仕事のなかでの鍛錬が大きな意味を持ちます。また独り善がりでなく，相手が聞いてくれる話し方が必要になります。それは，立場を変えて考えてみれば容易にわかるはずです。

　とくに，話し合いの場が厳しいときほどユーモアを交えた話し方ができると一目置かれます。言うまでもありませんが，ユーモアは，社交を ⬛ IV ⬛ し，表明した意見のアタリを弱める役割があるのです。

　反論や問題提起は，言う側も言われる側も，心理的 ⬛ V ⬛ が高まります。そうしたときに，場にあったユーモアを発することは大きな味方になります。

　自分の意見が受け入れられたときに「勝ち誇った」顔を見せないことも大事です。

（出典　岡本浩一「会議を制する心理学」から）

	I	II	III	IV	V
1	波紋	白熱	正確	促進	葛藤
2	波乱	熱中	親密	推進	抑圧
3	波紋	過熱	正常	推進	葛藤
4	波及	白熱	親密	進捗	抑圧
5	波乱	過熱	正確	進捗	懊悩

問 題 分 析　　★☆☆

本問は，空欄に当てはまる語句に関する問題です。

各 肢 の 解 説

　空欄Ⅰは，水面に物の落ちたときなどに，いく重にも輪を描いて広がる波の模様を示す「波紋」があてはまる。

　空欄Ⅱは，議論の態様を示すものであるから，「白熱」がふさわしい。

　空欄Ⅲは，議論における言葉に求められるものであるから，「正確」がふさわしい。

　空欄Ⅳは，ユーモアが社交に与える影響であるから，「促進」がふさわしい。

　空欄Ⅴは，反論等が当事者双方に生じさせるものであるから，「葛藤」がふさわしい。

　これらを満たしているのは，選択肢 1 である。

正解　　1

問題

本文中の空欄 Ⅰ ～ Ⅴ に入る語句の組合せとして，妥当なものはどれか。

　いじめ対策として昨今とくに注目されているのは，いじめはけっして許さないという Ⅰ たる態度を示すために，いじめの加害者を出席停止処分にするような強い措置を徹底すべきだという，たとえば教育再生会議の提言だろう。いじめ被害の深刻な生徒がしばしば転校を強いられているという事実からすれば，この発想はじゅうぶんに理解できる。加害者ではなく被害者にしわ寄せが行くような対処の仕方は，あまりに理不尽であって Ⅱ ともいえるからである。

　出席停止にした加害者にもじゅうぶんな教育的指導のケアがなされるなら，このような処分が有効なケースも確かにあるだろう。しかし，それはあくまで加害と被害の関係が固定化した特殊なケースに対する緊急措置にすぎず，あらゆるいじめに対する Ⅲ 策ではない。

　特定の加害者を見つけ出して処分したからといって，それだけで問題の Ⅳ 的な解決に至るわけではない。現象の上面に引きずられることなく，その本質にまで迫ろうとするなら，そのような Ⅴ 療法だけで終わりにせず，生徒たちがつねに晒されている人間関係のあり方にまで視野を広げていかなければならない。

（出典　土井隆義「友だち地獄」から）

	Ⅰ	Ⅱ	Ⅲ	Ⅳ	Ⅴ
1	厳然	荒唐無稽	一般	抜擢	対蹠
2	毅然	本末転倒	万能	抜本	対症
3	毅然	換骨奪胎	弥縫	抜粋	対処
4	浩然	本末転倒	弥縫	抜擢	対症
5	厳然	荒唐無稽	一般	抜本	対処

問 題 分 析　　★☆☆

　本問は，空欄に当てはまる語句に関する問題です。

各 肢 の 解 説

　空欄Ⅰは，「毅然」があてはまる。いじめはけっして許さないという態度であるから，断固としたさまをあらわす毅然である。

　空欄Ⅱは，「本末転倒」があてはまる。いじめ対策が被害者にしわ寄せが行くのであれば当初の目的が果たせず本末転倒である。

　空欄Ⅲは，「万能」があてはまる。あらゆるいじめに対するものであるから，万能策である。

　空欄Ⅳは，「抜本」があてはまる。根本的な解決との意味合いであるから抜本的な解決である。

　空欄Ⅴは，「対症」があてはまる。「対症療法」と「対処療法」は似ていて間違いやすいが正しいのは「対症療法」である。

　これらを満たしているのは，２である。

正解　２

科目別掲載頁一覧

＊は法改正等によりアレンジしてある問題です。

❶ 業務法令

行政法の法理論

※平成26年問題46，平
成28年問題45は，改正
前の法制度を前提とす
る問題であるため，削
除しました。

商法・会社法

❷ 一般知識

【法改正（正誤）情報について】

　本書に関する法改正等受験上の有益情報，誤植の訂正その他追加情報は，東京法経学院ホームページ「オンラインショップ」内の「法改正（正誤）情報」（下記ＵＲＬ）をご参照ください。

◆ＵＲＬ　https://www.thg.co.jp/support/book/

【本書に関するお問合せについて】

　本書の正誤に関するご質問は，書面にて下記の送付先まで郵送もしくはＦＡＸでご送付ください。なお，その際にはご質問される方のお名前，ご住所，ご連絡先電話番号（ご自宅/携帯電話等），ＦＡＸ番号を必ず明記してください。

　また，お電話でのご質問および正誤のお問合せ以外の書籍に関する解説につきましてはお受けいたしかねます。あらかじめご了承くださいますようお願い申し上げます。

◆郵　送　〒162-0845　東京都新宿区市谷本村町3-22　ナカバビル1Ｆ
　　　　　東京法経学院「2022年版 行政書士過去問マスターＤＸ」
　　　　　編集係宛

◆ＦＡＸ　03-3266-8018

2022年版　　行政書士過去問マスター DX（デラックス）

　　2016年5月3日　　初版発行
　　2022年3月18日　　2022年版発行

　　　　　　　　　　　　編　者　　東京法経学院 編集部
　　　　　　　　　　　　発行者　　立　石　寿　純
　　　　　　　　　　　　発行所　　東 京 法 経 学 院
　　　　　　　　　〒162-0845　東京都新宿区市谷本村町3-22
　　　　　　　　　　　　　　　　　ナカバビル1Ｆ
　　　　　　　　　　　電　話　　（03）6228-1164（代表）
　　　　　　　　　　　ＦＡＸ　　（03）3266-8018（営業）
　版 権 所 有　　　　郵便振替口座　　00120-6-22176

乱丁・落丁の場合はお取り替え致します。
幸和印刷／根本製本
ISBN978-4-8089-6560-0